눈으로 보고! 입으로 말하며 익힌다!

상공회의소 한자시험
김봉환

중급 기본서 3급

교재의 특성을 200% 살린
동영상 강의 **무·료·쿠·폰**

쿠폰 이용절차

❶ 시스컴 회원 가입 ▶ ❷ 나의 공간 ▶ ❸ 쿠폰 인증번호 등록 ▶
❹ 쿠폰 인증번호 입력 ▶ ❺ 입력 완료

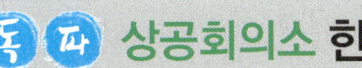 상공회의소 한자시험　중급 기본서 3급

동영상 강의 무료 쿠폰

인증번호 : 180111 – KZGAPU – JR

- **인증방법**
  www.siscom.co.kr 회원가입 ▶ 나의 공간 ▶ 쿠폰 인증번호 등록 ▶ 쿠폰 인증번호 입력 ▶ 입력완료

- **다운로드 하는 방법** 〈쿠폰 관련 문의 : 02)866-9311〉
  시스컴 홈페이지 로그인 ▶ 나의 공간

★ 본 쿠폰은 시스컴 홈페이지에서만 사용 가능합니다.　★ 본 쿠폰은 해당 도서에만 적용됩니다.

쿠폰 관련 문의 : 02)866-9311

지은이	김봉환
약 력	구례 초동서사에서 사서삼경 수학
	고려대학교 동양사 전공
	청학동 예절학당 강사
	한자급수 시험 출제
	한자능력검정시험 1급 자격증 취득
	상공회의소 한자 1급 자격증 취득

인쇄일 2018년 2월 20일 3판 1쇄 인쇄
발행일 2018년 2월 25일 3판 1쇄 발행
등 록 제17-269호
판 권 시스컴2018

발행처 시스컴 출판사
발행인 송인식
지은이 김봉환

ISBN 979-11-6215-110-5 13710
정 가 18,000원

주소 서울시 양천구 목동동로 233-1, 1007호(목동, 드림타워) | 홈페이지 www.siscom.co.kr
E-mail master@siscom.co.kr | 전화 02)866-9311 | Fax 02)866-9312

발간 이후 발견된 정오사항은 시스컴 홈페이지 도서정오표에서 알려드립니다(시스컴 홈페이지→학습 자료실→도서정오표).

이 책의 무단 복제, 복사, 전재 행위는 저작권법에 저촉됩니다. 파본은 구입처에서 교환하실 수 있습니다.

동영상 강의 커리큘럼

PART1 한자의 기초

1강 〉〉 한자의 이해, 육서, 부수, 배정한자

PART2 한자 익히기

2강~19강 〉〉 5급 배정한자

20강~27강 〉〉 4급 배정한자

28강~51강 〉〉 3급 배정한자

상공회의소 한자 자격시험 안내

1 자격종목 안내

① 시행기관 : 대한상공회의소(www.korcham.net)
② 시험의 성격 및 목적 : "상공회의소 한자"시험은 국어의 상당 부분을 차지하는 한자 및 한자어의 이해와 활용능력을 평가하는 자격검정으로, 학생들은 물론 취업을 준비하는 일반인들에게 한자 및 한자어의 학습방향을 제시하고 한자 및 한자어의 이해와 활용능력을 제고하며 아울러 그 결과를 진학, 취업 등에 활용할 수 있도록 하는 데 그 목적이 있다.
③ 응시자격 : 제한 없음
④ 종류 : 1급 · 2급(고급), 3급 · 4급 · 5급(중급), 6급 · 7급 · 8급 · 9급(초급)
⑤ 합격 결정기준
  - 1급 : 전과목 60% 이상 득점하고 만점의 90% 이상 득점해야 함
  - 2~3급 : 전과목 60% 이상 득점하고 만점의 80% 이상 득점해야 함
  - 4~5급 : 70% 이상 득점해야 함
  - 6~9급 : 60% 이상 득점해야 함

2 인터넷 원서접수 및 교부

① 종목 및 등급 선택 : 응시하고자 하는 시험종목과 급수 선택
② 인적사항 입력 : 성명, 주민등록번호, 주소, 전화번호 등 입력
③ 사진 올리기 : 본인의 이미지 사진(디지털 사진 또는 스캐닝 사진)을 올림(사진크기 3cm×4cm, 파일형태 : JPG, GIF)
④ 원하는 지역 선택 : 서울, 부산, 인천 등 본인이 응시하고자 하는 지역 선택
⑤ 원하는 시험장 선택 : 선택한 지역 내 개설된 시험장 중 본인이 원하는 시험장 선택
⑥ 선택내역 확인 : 본인이 입력한 사항 확인

⑦ **전자결제** : 검정수수료와 인터넷 원서접수 수수료를 합친 금액을 결제
⑧ **수험표 출력** : 수험번호, 시험일자, 시험 시작시간, 시험장 확인

3 시험시간

① 필기시험 입실시간
- 1~2급 : 09:00
- 3~5급 : 11:00
- 6~7급 : 09:00
- 8~9급 : 09:00

② 필기시험시간
- 1~2급 : 09:15 ~ 10:35 (80분)
- 3~5급 : 11:15 ~ 12:15 (60분)
- 6~7급 : 09:15 ~ 09:55 (40분)
- 8~9급 : 09:15 ~ 09:45 (30분)

※ 반드시 입실시간(시험 시작시간)을 준수하여야 하며, 입실시간(시험 시작시간) 이후에는 입실이 불가능합니다.

4 성적증명서 및 자격증

상공회의소 한자시험은 자격증 및 성적증명서가 발부됩니다.
① **자격증** : 인터넷 및 방문으로 유료 발급함
② **성적증명서** : 마이페이지 취득내역에서 무료 출력 가능
③ **성적조회** : 수험자 본인의 성적을 단순히 알고자 하는 경우 인터넷 웹페이지상으로 출력, 조회가 가능하며 합격자 발표일로부터 2개월간 조회가능(단, 성적증명서로써 사용이 불가능함)

※ 위 내용은 변경될 수 있으므로 원서 접수 전 반드시 시험 공고를 확인하시기 바랍니다.

5 주요 변경사항(2013년 시험부터 반영)

구분	급수	기존	변경
1. 배정한자 조정	1급	배정한자 : 3,108자 누적한자 : 4,908자	1,607자 4,908자
	2급	배정한자 : 3,108자 누적한자 : 4,908자	1,501자 3,301자
2. 문항 수 축소	1급	300문항	150문항
	2급	270문항	130문항
	3급	210문항	120문항
	4급	150문항	110문항
	5급	120문항	100문항
	6급	100문항	90문항
	7급	80문항	70문항
	8급	60문항	50문항
	9급	40문항	30문항
3. 시험시간 조정	1~2급	120분	80분
	3~5급	90분	60분
	6~7급	60분	40분
	8~9급	60분	30분
4. 문제유형 변경		4지선다	5지선다
5. 초급의 합격기준 상향 조정		총점의 60% 이상	총점의 70% 이상
6. 과목별 배점 조정		한자 3점	4점
		어휘 3점	6점
		독해 4점	8점
7. 접수방식 변경		고급/중급으로 응시	급수별(1~5급) 응시

6 시험의 검정 기준

급수	검정기준	
	한자 능력 수준에 따른 검정기준	급수별 배정한자에 따른 검정기준
1급	전문적 한자어가 사용된 국한혼용의 신문이나 잡지, 서류, 서적 등을 능숙하게 읽고 이해할 수 있는 최상급의 한자 능력 수준	교육부가 제정한 중·고등학교 한문교육용 기초한자 1,800자와 국가 표준의 KS X 1001 한자 4,888자 및 대법원이 제정한 인명용 한자 3,153자(중복한자를 제외하면 3,108자) 중 4,908자를 이해하고 국어생활에서 활용할 수 있다.
2급	전문적 한자어가 사용된 국한혼용의 신문이나 잡지, 서류, 서적 등을 별 무리 없이 읽고 이해할 수 있는 상급의 한자 능력 수준	교육부가 제정한 중·고등학교 한문교육용 기초한자 1,800자와 국가 표준의 KS X 1001 한자 4,888자 및 대법원이 제정한 인명용 한자 3,153자(중복한자 제외하면 1,501자) 중 3,301자를 이해하고 국어생활에서 활용할 수 있다.
3급	고등학교 수준의 일상적인 한자어가 사용된 국한혼용의 신문이나 잡지, 서류, 서적 등을 어느 정도 읽고 이해할 수 있는 한자 능력 수준	교육부가 제정한 중·고등학교 한문교육용 기초한자 1,800자를 이해하고 국어 생활에서 활용할 수 있다.
4급	중학교 수준의 일상적인 한자어가 사용된 국한혼용의 글이나 책을 어느 정도 읽고 이해할 수 있는 중하급의 능력 수준	교육부가 제정한 중학교 한문교육용 기초한자 900자를 이해하고 국어 생활에서 활용할 수 있다.
5급	초등학교 수준의 일상적인 한자어가 사용된 국한혼용의 글이나 책을 어느 정도 읽고 이해할 수 있는 한자 능력 수준	고려대학교 한자한문연구소가 선정한 초등학교 교육용 기초한자 600자를 이해하고 국어 생활에서 활용할 수 있다.
6급	초등학교 5~6학년 수준의 일상적인 한자어가 사용된 국한혼용의 문장이나 책을 어느 정도 읽고 이해할 수 있는 한자 능력 수준	고려대학교 한자한문연구소가 선정한 초등학교 교육용 기초한자 600자 중에서 초등학교 5~6학년용 기초한자 450자를 이해하고 국어 생활에서 활용할 수 있다.
7급	초등학교 3~4학년 수준의 일상적인 한자어가 사용된 국한혼용의 문장을 어느 정도 읽고 이해할 수 있는 한자 능력 수준	고려대학교 한자한문연구소가 선정한 초등학교 교육용 기초한자 600자 중에서 초등학교 3~4학년용 기초한자 300자를 이해하고 국어 생활에서 활용할 수 있다.
8급	초등학교 2학년 수준의 일상적인 한자어가 사용된 국한혼용의 문장을 어느 정도 읽고 이해할 수 있는 한자 능력 수준	고려대학교 한자한문연구소가 선정한 초등학교 교육용 기초한자 600자 중에서 초등학교 2학년용 기초한자 150자를 이해하고 국어 생활에서 활용할 수 있다.
9급	초등학교 1학년 수준의 일상적인 한자어가 사용된 국한혼용의 문장을 어느 정도 읽고 이해할 수 있는 한자 능력 수준	고려대학교 한자한문연구소가 선정한 초등학교 교육용 기초한자 600자 중에서 초등학교 1학년용 기초한자 50자를 이해하고 국어 생활에서 활용할 수 있다.

7 검정과목 및 검정방법

구분	급수	검정과목별 문항 수			전체 문항 수	시험시간	비고
		한자	어휘	독해			
고급	1급	50	50	50	150	80분	국가공인
	2급	50	40	40	130		
중급	3급	40	40	40	120	60분	국가공인
	4급	40	35	35	110		민간 자격
	5급	40	30	30	100		
초급	6급	45	30	15	90	40분	민간 자격
	7급	40	20	10	70		
	8급	30	15	5	50	30분	
	9급	20	10	–	30		

※ 전 급수 객관식 5지선다형임
※ 2008년부터 1·2·3급에 한해 국가공인 자격이며, 그 외 4급 이하의 급수 자격과 2007년 이전에 취득한 자격은 민간자격증으로 인정함

8 합격기준

급수	과목	문항 수	과목별 총점	과목별 합격점수	전체 총점	합격 점수
1급	한자	50	200	120	900	810
	어휘	50	300	180		
	독해	50	400	240		
2급	한자	50	200	120	760	608
	어휘	40	240	144		
	독해	40	320	192		
3급	한자	40	160	96	720	576
	어휘	40	240	144		
	독해	40	320	192		
4급	한자	40	160	96	650	520
	어휘	35	210	126		
	독해	35	280	168		

급수	과목	문항수	배점		만점	합격점수
5급	한자 어휘 독해	40 30 30	160 180 240	96 108 144	580	464
6급	한자 어휘 독해	45 30 15	180 180 120	108 108 72	480	336
7급	한자 어휘 독해	40 20 10	160 120 80	96 72 48	360	252
8급	한자 어휘 독해	30 15 5	120 90 40	72 54 24	250	175
9급	한자 어휘 독해	20 10 0	80 60 0	48 36 0	140	98

※ 합격점수 : 1급(만점의 90%), 2~3급(80%), 4~5급(70%), 6~9급(60%)
※ 과목별 최소 합격점수(1~3급) : 전 과목 60% 이상 득점해야 함
※ 과목별 1문항 당 배점 : 한자(4점), 어휘(6점), 독해(8점)

9 출제기준

과목	분류	
	중분류	소분류
1. 한자 (漢字)	1. 漢字의 部首, 劃數, 筆順	1. 漢字의 部首
		2. 漢字의 劃數
		3. 漢字의 筆順
	2. 漢字의 짜임	1. 漢字의 짜임
	3. 漢字의 음과 뜻	1. 漢字의 音
		2. 音에 맞는 漢字
		3. 音이 같은 漢字
		4. 漢字의 뜻
		5. 뜻에 맞는 漢字
		6. 뜻이 비슷한 漢字
2. 어휘 (語彙)	1. 漢字語의 짜임	1. 漢字語의 짜임
	2. 漢字語의 음과 뜻	1. 漢字語의 음
		2. 音에 맞는 漢字語
		3. 音이 같은 漢字語
		4. 여러 개의 音을 가진 漢字
		5. 漢字語의 뜻
		6. 뜻에 맞는 漢字語
		7. 3개 어휘에 공통되는 漢字
		8. 反義語 · 相對語
	3. 成語	1. 成語의 빠진 글자 채워 넣기
		2. 成語의 뜻
		3. 뜻에 맞는 成語
3. 독해 (讀解)	1. 文章에 使用된 漢字語의 음과 뜻	1. 文章 속 漢字語의 音
		2. 文章 속 漢字語의 뜻
		3. 文章 속 漢字語의 채워 넣기
	2. 綜合問題	4. 文章 속 틀린 漢字語 고르기
		5. 文章 속 單語의 漢字 表記
		6. 文章 속 語句의 漢字 表記
	2. 綜合問題	1. 綜合問題

10 출제기준별 문항 수

급수	9급	8급	7급	6급	초급 누계	5급	4급	3급	중급 누계	2급	1급	고급 누계
대상한자 수	50	100	150	150	450	150	300	900	1,350	1,501	1,607	3,108
누적한자 수	50	150	300	450	450	600	900	1,800	1,800	1,800	4,908	4,908
한자의 필순						2			2			
한자의 획수	1	1			2	2			2			
한자의 부수	1	1	1		3	2			2			
한자의 짜임			1	1	2	2			2			
한자의 음	5	2	2	1	10	6			6	11		11
음에 맞는 한자	5	2	2	1	10	5			5	7		7
음이 같은 한자						5			5	7		7
한자의 뜻	4	2	2	1	9	6			6	11		11
뜻에 맞는 한자	4	2	2	1	9	5			5	7		7
뜻이 비슷한 한자						5			5	7		7
한자 계	20	10	10	5	45	40	0	0	40	50	0	50
한자어의 짜임									0	2	1	3
한자어의 음	4	2	2	2	10				0	2	1	3
음에 맞는 한자어	2	1	1	6	10				0	2	1	3
음이 같은 한자어						3	1	1	5	3	2	5
여러 개의 음을 가진 한자							1	1	2	1	1	2
한자어의 뜻	2	1	1	1	5				0	2	1	3
뜻에 맞는 한자어	2	1	1	1	5				0	2	1	3
3개 어휘에 공통되는 한자						8	1	1	10	6	2	8
반의어·상대어						4	2	2	8	5		5
성어의 빠진 글자 채워 넣기						5			5	5		5
성어의 뜻						5			5	5		5
뜻에 맞는 성어						5			5	5		5
어휘 계	10	5	5	10	30	30	5	5	40	40	10	50
문장 속 한자어의 음		3			3	6			6	7	3	10
문장 속 한자어의 뜻		2	3		5	6			6	5		5
문장 속 한자어 채워 넣기			2	3	5	3			3	5		5
문장 속 틀린 한자어 고르기						3			3	5		5
문장 속 단어의 한자표기						3			3	8	2	10
문장 속 어구의 한자표기						3			3	5		5
종합문제				2	2	6	5	5	16	5	5	10
독해 계	0	5	5	5	15	30	5	5	40	40	10	50
누계	30	20	20	20	90	100	10	10	120	130	20	150

구성과 특징

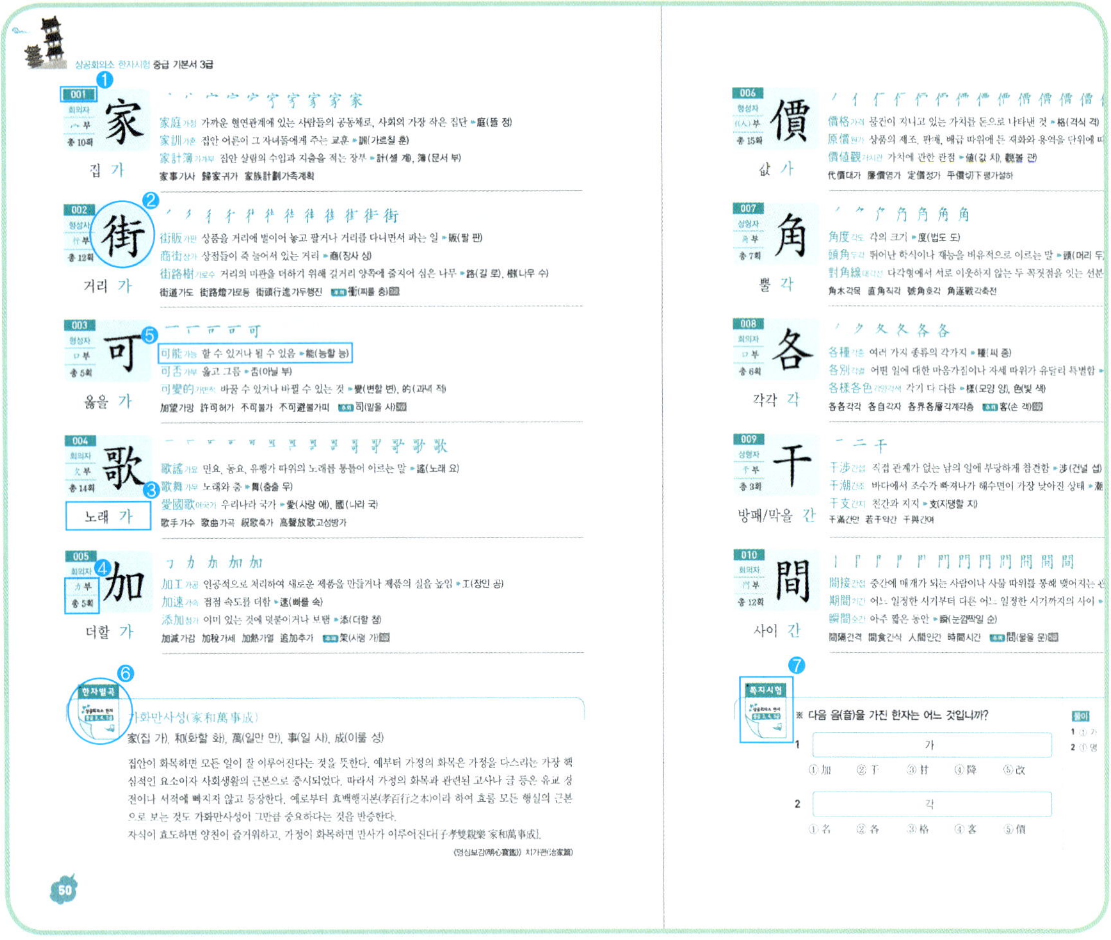

❶ 일련번호 : 한자별로 일련번호를 부여하여 배정한자 수를 파악하고 번호순서대로 찾아볼 수 있도록 하였습니다.

❷ 표제어 : 한자를 한눈에 파악할 수 있도록 큰 글자로 편집 수록하였습니다.

❸ 독음 : 한자의 훈과 음을 표제어 바로 밑에 표기하여 해당한자를 눈으로 보며 훈과 음을 입으로 읽고 말할 수 있도록 하였습니다.

❹ 한자풀이 : 부수와 총획수를 표시하여 해당 표제어의 한자풀이에 대한 이해를 돕도록 하였습니다.

❺ 용례 : 표제어가 사용된 일상 용례로 적절히 구성하여 한자의 쓰임새를 올바르게 파악하고, 단어활용이 용이하도록 하였습니다.

❻ 한자별곡 : 배정한자와 연관된 용례를 자세히 풀이하여 한자학습에 재미와 유익함을 더하였습니다.

❼ 쪽지시험 : 배정한자의 일부를 문제 형식으로 출제하여 한자시험에 대비할 수 있도록 하였습니다.

상공회의소 한자시험 중급 기본서 3급

1 반대자·상대자
2 반대어·상대어

3-1 유의자
3-2 유의어

 동음이의어

가구
家口 주거와 생계를 같이하는 단위
家具 가정 살림에 쓰이는 온갖 세간

감사
監事 공공단체의 서무를 맡아보는…

4 동음이의어

5 혼동하기 쉬운 한자

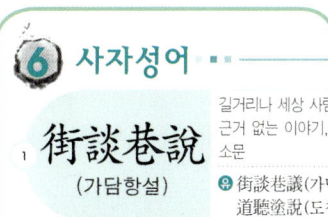

6 사자성어

❽ 한자 깊이 익히기

반대자·상대자, 반대어·상대어, 유의자·유의어, 동음이의어, 혼동하기 쉬운 한자, 사자성어 등에 대한 장을 따로 마련하여 앞서 공부한 배정한자들을 활용하여 우리가 익히 알고 있었던 한자를 좀 더 깊이 이해하고 학습할 수 있도록 하였습니다.

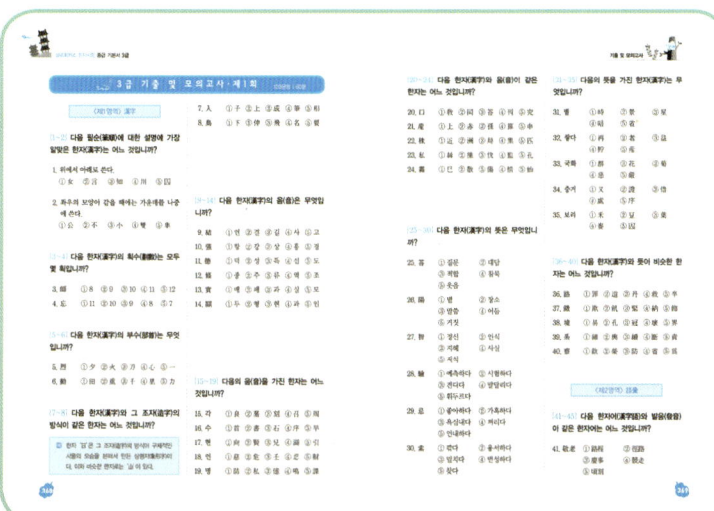

❾ 기출문제 및 모의고사

대한상공회의소에서 주관하는 시험에 대비할 수 있도록 시험에 꼭 나올만한 기출문제 및 유사문제

이 책의 **목차**

한자의 기초

1. 한자의 이해 ·· 20
2. 육서(六書) ·· 24
3. 부수(部首) ·· 28
4. 중급(3·4·5급) 배정한자(總錄) ············ 36

한자 익히기

1. 5급 배정한자 ······································· 50
   (600자, 하위급수 포함)
2. 4급 배정한자(300자) ·························· 172
3. 3급 배정한자(900자) ·························· 204

한자 깊이 익히기

1. 반대자 · 상대자 … 296
2. 반대어 · 상대어 … 300
3. 유의자 · 유의어 … 304
4. 동음이의어 … 310
5. 틀리기 쉬운 한자 … 324
6. 사자성어 … 330

기출 및 모의고사

3급 기출 및 모의고사 제1회 … 368
3급 기출 및 모의고사 제2회 … 377
3급 기출 및 모의고사 제3회 … 386
한눈에 보는 정답표 … 396

상공회의소 한자시험, 이것이 궁금하다!
상공회의소 한자시험 問묻고 答답하기

問 상공회의소 한자시험이란 무엇인가요?

答 대한상공회의소에서 주관하는 한자검정시험입니다. 중국, 대만, 일본 등 한자문화권 국가와의 교류가 증가함에 따라 이에 필요한 기업업무 및 일상생활에서 사용 가능한 한자의 이해 및 구사능력을 평가하는 시험입니다.

問 상공회의소 한자시험은 국가 공인 자격시험인가요?

答 상공회의소 한자시험은 2007년 11월 1·2·3급이 국가 공인 자격으로 인정되었습니다. 2008년 시행 시험부터 국가 공인 자격으로 인정받고 있습니다.

問 상공회의소 한자시험과 다른 한자검정시험은 어떻게 다른가요?

答 다른 기관에서 주관하는 한자검정시험과는 다르게 상공회의소 한자시험은 기업 위주의 실무 능력을 위해 읽기 능력을 중심적으로 평가하는 시험입니다.

問 시험 문제는 공개되나요?

答 2013년부터 급수별 문제은행 시스템으로 출제관리가 이루어지게 되어 시험문제를 공개하지 않고 있습니다.

www.siscom.co.kr

Special Information Service Company
SISCOM

상공회의소 한자시험 중급 기본서 3급

한자의 기초

1. 한자의 이해
2. 육서(六書)
3. 부수(部首)
4. 중급(3·4·5급) 배정한자(總錄)

1. 한자의 이해

(1) 한자의 표현

한자는 사물의 모양을 본떠서 만든 글자이기 때문에 각 글자마다 어떤 뜻을 내포하고 있는 표의문자(表意文字)이다. '目'은 사람의 눈을 보고 만들어졌는데, 이 글자는 '눈(보다)'이라는 뜻을 가지며 '목'이라고 읽는다.

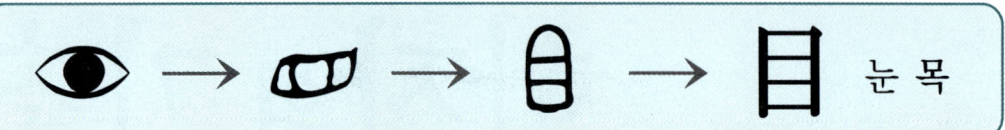

(2) 한자의 3요소

한자는 형(形;모양), 음(音;소리), 의(義;뜻)의 3가지 요소로 만들어져 있다. 즉, 뜻이 있어 말로 표현하고 이를 형태로 나타내게 된 것인데, 한자는 이 3가지가 삼위일체(三位一體)로 구성된 문자이다.

1) 모양(形) : 한자와 한자가 각각 시각적으로 구분되는 요소로, 한자가 지니고 있는 자체의 글자 형태이다.
2) 소리(音) : 한자를 읽는 음을 말하며 한자도 1자 1음이 원칙이기는 하나, 우리의 한글과 달리 1자 2음 또는 1자 3음의 예도 있다.
3) 뜻(義) : 한자가 지니고 있는 의미를 말하는데, 한자의 뜻을 우리말로 새긴 것을 훈(訓)이라고 한다.

모양	月	木	人	水	土
소리	월	목	인	수	토
뜻	달	나무	사람	물	흙

(3) 한자의 필순

필순(筆順)이란 한자를 쓰는 순서를 말하는데, 한자를 짜임새 있고 편리하게 쓰기 위해 합리적인 순서를 정한 것이다.

☞ 한자의 필순은 개인이나 국가 또는 그 서체에 따라 달라지는 경우가 있으나, 일반적이고 보편적으로 통용되는 것을 그 기준으로 삼는다.

1) 위에서 아래로 쓴다 : 三, 工, 言, 客

　　예 三(석 삼) : 一 ⇨ 二 ⇨ 三

2) 왼쪽에서 오른쪽으로 쓴다 : 川, 州, 外, 側

　　예 川(내 천) : 丿 ⇨ 刂 ⇨ 川

3) 가로와 세로가 겹칠 때는 가로획을 먼저 쓴다 : 十, 支, 春, 寸, 古

　　예 十(열 십) : 一 ⇨ 十

　　예외 田, 角, 推 : 세로획부터 쓴다.

4) 좌우 모양이 같을 때는 가운데를 먼저 쓰고 좌, 우순으로 쓴다 : 小, 水, 光, 永, 樂

　　예 小(작을 소) : 丨 ⇨ 小 ⇨ 小

　　예외 火 : 가운데를 나중에 쓴다.

5) 상하로 꿰뚫는 세로획은 맨 나중에 쓴다 : 中, 手, 車, 牛

　　예 中(가운데 중) : 丨 ⇨ 冂 ⇨ 口 ⇨ 中

6) 좌우로 꿰뚫는 가로획은 맨 나중에 쓴다 : 女, 母

　　예 女(계집 녀) : 人 ⇨ 女 ⇨ 女

　　예외 世 : 가로획부터 쓴다.

7) 몸과 안으로 된 글자는 몸을 먼저 쓴다 : 同, 內, 因, 司

　　예 同(한가지 동) : 丨 ⇨ 冂 ⇨ 冂 ⇨ 同 ⇨ 同 ⇨ 同

　　예외 匹, 臣, 區 : 우측이 터진 경우는 안을 먼저 쓴다.

8) 삐침과 파임이 교차할 때는 삐침부터 쓴다 : 人, 父, 合, 今, 分, 命

　　예 人(사람 인) : 丿 ⇨ 人

9) 가로획이 길고 왼쪽 삐침이 짧으면 왼쪽 삐침부터 쓴다 : 九, 右, 布, 有, 希

   예) 九(아홉 구) : ノ ⇨ 九

10) 가로획이 짧고 왼쪽 삐침이 길면 가로획부터 쓴다 : 力, 左, 友, 在

    예) 力(힘 력) : 一 ⇨ 力

11) 오른쪽 위의 점은 맨 나중에 쓴다 : 犬, 代, 成

    예) 犬(개 견) : 一 ⇨ ナ ⇨ 大 ⇨ 犬

12) 책받침류 중 '走'나 '是'는 먼저 쓴다.

    예) 起(일어날 기) : 十 ⇨ 土 ⇨ 丰 ⇨ 走 ⇨ 起

    예) 題(표제 제) : 日 ⇨ 旦 ⇨ 是 ⇨ 題 ⇨ 題

13) 책받침류 중 '辶'나 '廴'은 나중에 쓴다.

    예) 道(길 도) : 丷 ⇨ 丷 ⇨ 丷 ⇨ 首 ⇨ 道

    예) 建(세울 건) : 一 ⇨ 二 ⇨ ヨ ⇨ ヨ ⇨ 聿 ⇨ 建

(4) 한자어의 구조

1) 竝列關係(병렬관계)

   ① 유사관계 : 뜻이 같거나 비슷한 글자들이 결합하여 본래의 뜻을 더욱 확대시키거나 분명하게 한다.

      예) 土地, 家屋, 海洋, 敎育, 英雄, 販賣, 繁盛, 明朗

   ② 대립관계 : 뜻이 서로 반대되는 글자끼리 결합하여 복합어를 만든다.

      예) 天地, 男女, 左右, 黑白, 開閉, 問答, 往來, 晝夜

   ③ 대등관계 : 대등한 뜻의 글자들이 서로 맞서 독립된 뜻을 나타내며 나열된 구조를 갖는다.

      예) 仁義, 忠孝, 言行, 草木

④ 첩어관계 : 같은 뜻을 가진 글자들을 결합시켜서 뜻을 강조한다.

　　예 時時, 年年, 家家, 方方, 堂堂, 處處, 汲汲, 翩翩

⑤ 융합관계 : 서로 전혀 다르거나 관계가 없는 두 개의 글자가 결합하여 새로운 뜻을 가진다.

　　예 春秋, 光陰, 矛盾

2) 修飾關係(수식관계)

'수식어 + 피수식어'의 관계로 짝지어진 한자어

① 형용사 + 명사 : A한 B

　　예 美人, 白雪, 靑山, 高山, 大門, 明月, 野獸, 韓屋

② 부사 + 동사 : A하게 B하다.

　　예 必勝, 晩成, 徐行, 疾走

③ 부사 + 형용사 : A하게 B한

　　예 至當, 至高, 極大, 最長

3) 主述關係(주술관계)

'주어 + 서술어'의 관계로 짝지어진 한자어

　　예 月明, 春來, 日出, 日沒, 年少, 雪白, 水明

4) 述目關係(술목관계)

'서술어 + 목적어'의 관계로 짝지어진 한자어

　　예 讀書, 愛國, 治國, 修身, 乘車, 脫衣, 植木, 成功, 敬老, 犯法

5) 述補關係(술보관계)

'서술어 + 보어'의 관계로 짝지어진 한자어

　　예 入學, 入室, 歸家, 下車, 非常, 未知, 無識, 出戰, 有名, 登山

2. 육서(六書)

(1) 의의

한자가 만들어진 원리나 짜임새에 대한 이론을 육서라고 하며, 상형(象形), 지사(指事), 회의(會意), 형성(形聲), 전주(轉注), 가차(假借)의 6가지로 분류된다.

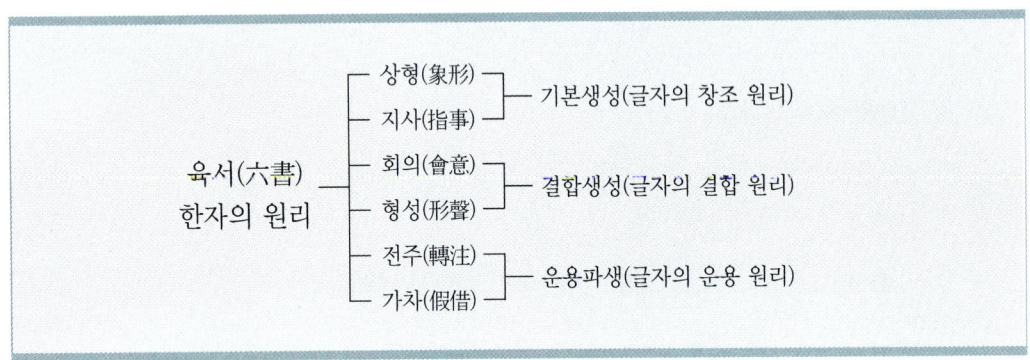

☞ 육서(六書)는 후한(後漢)의 허신(許愼)이라는 사람이 그 당시 사용하던 9,353자의 구성원칙을 밝히고 한 글자 한 글자의 풀이를 해 놓은 『설문해자(說文解字)』란 저서에서 비롯되었다.

(2) 분류

1) 상형문자(象形文字) : 구체적인 사물의 모양을 본떠서 만든 문자

한자가 만들어지는 가장 기본적인 원리로, 눈에 보이는 구체적인 사물의 모양을 있는 그대로 본떠 형상화하여 만든 문자이다.

예 日, 月, 山, 人, 川, 木, 水, 雨, 手, 足, 目, 首, 魚, 馬, 鳥

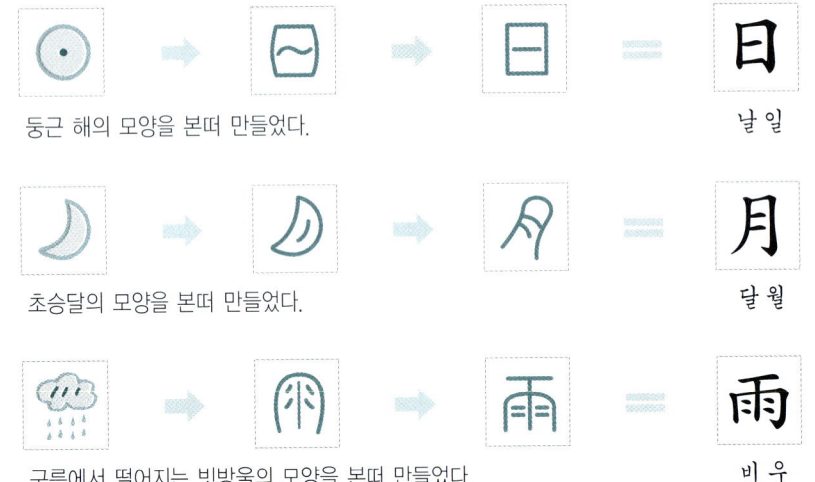

둥근 해의 모양을 본떠 만들었다.   날 일

초승달의 모양을 본떠 만들었다.   달 월

구름에서 떨어지는 빗방울의 모양을 본떠 만들었다.   비 우

2) 지사문자(指事文字) : 추상적인 뜻을 점이나 선으로 표시한 문자

　　마음속의 생각이나 뜻 또는 위치나 동작 등 눈에 보이지 않는 추상적인 개념을 구체적인 부호나 도형으로 표시한 문자이다.

　　예) 一, 二, 三, 四, 七, 八, 久, 上, 中, 下, 本, 末, 寸, 丹

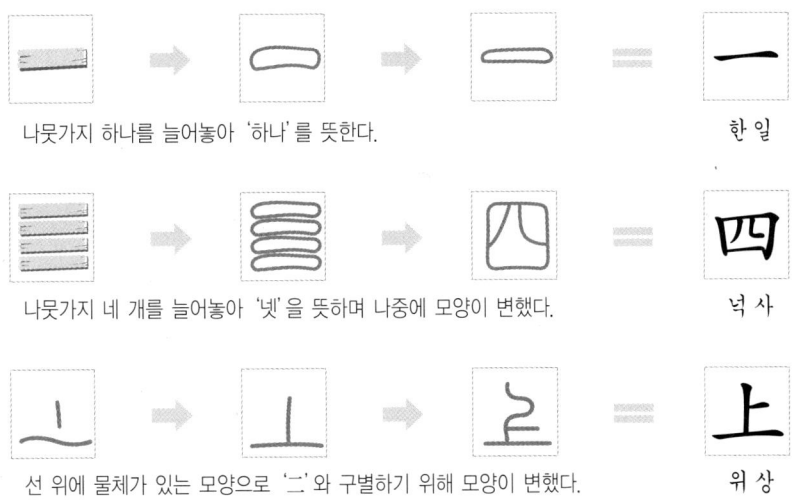

3) 회의문자(會意文字) : 두 개 이상의 글자를 그 뜻으로 합쳐 새로운 뜻으로 만든 글자

　　이미 만들어진 상형문자나 지사문자를 둘 이상 그 뜻으로 모아 처음의 두 글자와는 다른 새로운 뜻을 나타내는 문자이다.

　　예) 明, 信, 男, 好, 林, 休, 孝, 孫, 軍, 伐, 位, 安, 守

> ▶ 日(일) + 月(월) = 明(명) : 해와 달이 합쳐 밝다는 뜻
> ▶ 木(목) + 木(목) = 林(림) : 나무와 나무가 합쳐 수풀을 이룬다는 뜻
> ▶ 女(녀) + 子(자) = 好(호) : 여자와 남자가 만나니 좋다는 뜻
> ▶ 人(인) + 木(목) = 休(휴) : 나무 옆에 사람이 쉬고 있으니 휴식한다는 뜻

4) **형성문자(形聲文字)** : 뜻 부분과 음 부분의 결합으로 만든 문자

　이미 만들어진 상형문자나 지사문자를 둘 이상 결합하되, 한 자는 그 뜻을 그리고 다른 한 자는 그 음을 모아 처음의 두 글자와는 다른 새로운 뜻을 나타내는 문자이다.

　예) 記, 期, 問, 聞, 洋, 忠, 江, 村, 和, 談, 論, 漁, 味, 固, 城, 誠

> ▶ 門(문 문 : 음) + 口(입 구 : 뜻) = 問(물을 문)
> ▶ 中(가운데 중 → 충 : 음) + 心(마음 심 : 뜻) = 忠(충성 충)
> ▶ 工(장인 공 → 강 : 음) + 水(물 수 : 뜻) = 江(강 강)
> ▶ 口(입 구 : 뜻) + 未(아닐 미 : 음) = 味(맛 미)

5) **전주문자(轉注文字)** : 이미 만들어진 문자를 가지고 유추하여 다른 뜻으로 쓰는 문자

　이미 만들어진 문자의 뜻을 이용하여 다른 뜻으로 굴리고[轉] 끌어대어[注] 쓰게 된 문자로, 기존 글자의 원 뜻이 유추·확대·변화되어 새로운 뜻으로 바꾸어 쓰는 문자이다.

　예) 長, 老, 度, 更, 惡, 說, 降, 樂

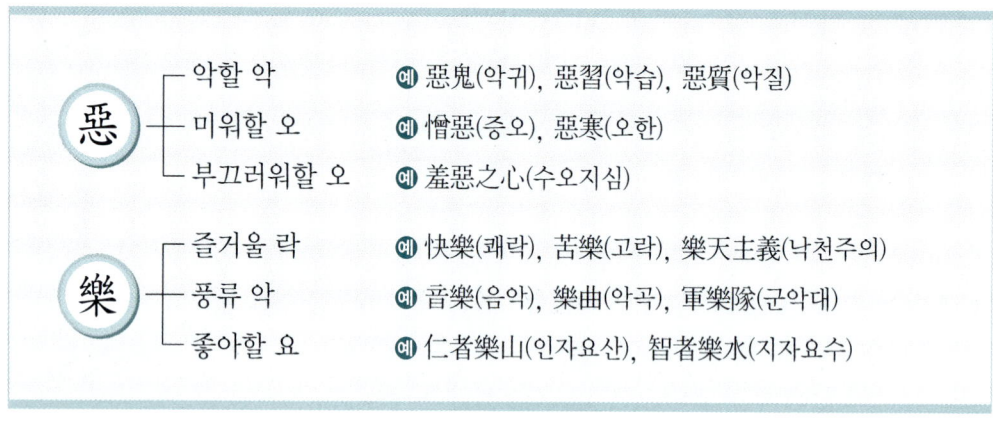

☞ 전주문자는 이미 만들어진 문자를 가지고 유추하며 다른 뜻으로 쓰는 문자로, 위의 예에서 제시된 글자는 본래의 육서분류에 따른다. 예를 들어 '長'은 본디 상형문자이며 유추하여 다른 뜻으로 사용될 때 전주문자가 되는 것이다.

6) 가차문자(假借文字) : 이미 있는 글자의 뜻에 관계없이 음이나 형태를 빌려다 쓰는 문자

본래 글자는 없이 소리만 존재하는 것을 소리가 같거나 비슷한 글자를 대신 쓰는 것으로, 의성어·의태어 특히 외래어의 쓰임에 사용되는 문자이다.

- ▶ 당당하다 ⇨ 堂堂하다
- ▶ Coca Cola ⇨ 可口可樂[커코커러]
- ▶ Coffee ⇨ 咖啡[카훼이]
- ▶ 부다(Buddha) ⇨ 불타(佛陀)
- ▶ 예수(Jesus) ⇨ 야소(耶蘇)
- ▶ 크라이스트(Christ) ⇨ 그리스도 ⇨ 기독(基督)
- ▶ 달러(Dollar) ⇨ 불(弗)
- ▶ 아시아(Asia) ⇨ 아세아(亞細亞)
- ▶ 인디아(India) ⇨ 인도(印度)
- ▶ 프랑스(France) ⇨ 법랑서(法朗西) ⇨ 법국(法國) ⇨ 불란서(佛蘭西)
- ▶ 잉글랜드(England) ⇨ 영격란국(英格蘭國) ⇨ 영길리(英吉利) ⇨ 영국(英國)

3. 부수(部首)

(1) 부수의 위치와 명칭

☞ 부수란 옥편이나 자전에서 한자를 찾는 데 필요한 길잡이가 되는 글자로서, 소리글자인 한글의 자모나 영어의 알파벳에 해당된다.

1) **변(邊)**
부수가 글자의 왼쪽에 있는 경우

人(亻)	사람 인(사람인변)	仁(어질 인), 仙(신선 선), 休(쉴 휴), 作(지을 작)
水(氵)	물 수(삼수변)	江(강 강), 波(물결 파), 海(바다 해), 淸(맑을 청)
手(扌)	손 수(재방변)	招(부를 초), 持(가질 지), 指(가리킬 지), 授(줄 수)
言	말씀 언	記(기록할 기), 訓(가르칠 훈), 詐(속일 사), 訴(하소연할 소)

2)  **방(傍)**
부수가 글자의 오른쪽에 있는 경우

刀(刂)	칼 도(선칼도방)	列(벌일 렬), 刑(형벌 형), 判(판단할 판), 到(이를 도)
卩	병부 절	卯(토끼 묘), 印(도장 인), 卵(알 란), 卽(곧 즉)
欠	하품 흠	次(버금 차), 欲(하고자할 욕), 欺(속일 기), 歎(읊을 탄)
頁	머리 혈	須(모름지기 수), 順(순할 순), 項(항목 항), 頭(머리 두)

3) **머리(冠;관)**
부수가 글자의 위에 있는 경우

宀	집 면, 갓머리	守(지킬 수), 安(편안할 안), 家(집 가), 實(열매 실)
艸(艹)	풀 초(초두머리)	花(꽃 화), 英(꽃부리 영), 菊(국화 국), 落(떨어질 락)
竹	대 죽	第(차례 제), 答(대답할 답), 筆(붓 필), 算(셀 산)
雨	비 우	雪(눈 설), 雲(구름 운), 霜(서리 상), 露(이슬 로)

4) 발(脚;각)

부수가 글자의 아래에 있는 경우

儿	어진사람 인	元(으뜸 원), 兄(맏 형), 先(먼저 선), 兒(아이 아)
火(灬)	불 화(연화발)	無(없을 무), 然(그러할 연), 照(비출 조), 熱(더울 열)
心	마음 심	忠(충성 충), 思(생각할 사), 恩(은혜 은), 意(뜻 의)
皿	그릇 명	益(더할 익), 盛(성할 성), 監(볼 감), 盡(다할 진)

☞ 心은 性(성품 성), 恨(원통할 한), 悟(깨달을 오), 情(뜻 정) 등에서는 忄(심방변)으로도 사용되므로, 부수자는 경우에 따라서는 다른 종류의 위치에서 사용될 수 있다.

5) 엄(广)

부수가 글자의 위와 왼쪽에 걸쳐 있는 경우

厂	굴바위 엄, 민엄호	厄(액 액), 厚(두터울 후), 原(근원 원), 厭(싫을 염)
广	집 엄, 엄호	床(상 상), 店(가게 점), 度(법도 도), 廣(넓을 광)
尸	주검 시	尺(자 척), 尾(꼬리 미), 居(살 거), 展(펼 전)
虍	범 호	虎(범 호), 虐(사나울 학), 處(곳 처), 虛(빌 허)

6) 받침(繞;요)

부수가 글자의 왼쪽과 아래에 걸쳐있는 경우

廴	길게걸을 인, 민책받침	延(늘일 연), 廷(조정 정), 建(세울 건), 廻(돌 회)
辶(辵)	쉬엄쉬엄갈 착(책받침)	近(가까울 근), 迎(맞이할 영), 送(보낼 송), 追(쫓을 추)
走	달릴 주	起(일어날 기), 越(넘을 월), 超(뛰어넘을 초), 趣(뜻 취)

7) 몸(構;구)

부수가 글자를 둘러싸고 있는 경우

ㄷ	감출 혜, 터진에운담	匹(짝 필), 區(구역 구), 匿(숨을 닉)
口	에울 위, 큰입구몸	四(넉 사), 囚(가둘 수), 國(나라 국), 圖(그림 도)
行	다닐 행	衍(넘칠 연), 術(재주 술), 街(거리 가), 衛(지킬 위)
門	문 문	閉(닫을 폐), 間(사이 간), 開(열 개), 閑(한가할 한)

8) 제부수(獨;독)

부수 자체가 글자인 경우

一(일)	二(이)	人(인)	入(입)	八(팔)	刀(도)	力(력)	又(우)
口(구)	土(토)	士(사)	夕(석)	大(대)	女(녀)	子(자)	寸(촌)
小(소)	山(산)	工(공)	己(기)	巾(건)	干(간)	弓(궁)	心(심)
文(문)	斗(두)	日(일)	曰(왈)	月(월)	木(목)	止(지)	水(수)
火(화)	父(부)	瓦(와)	甘(감)	用(용)	皮(피)	石(석)	穴(혈)
立(립)	老(로)	耳(이)	肉(육)	臣(신)	至(지)	虫(충)	血(혈)
行(행)	見(견)	角(각)	言(언)	谷(곡)	貝(패)	赤(적)	走(주)
足(족)	身(신)	車(거)	辰(진)	邑(읍)	金(금)	長(장)	門(문)
雨(우)	靑(청)	面(면)	革(혁)	音(음)	風(풍)	飛(비)	食(식)
首(수)	香(향)	馬(마)	骨(골)	高(고)	鬼(귀)	魚(어)	鳥(조)
鹿(록)	麥(맥)	麻(마)	黃(황)	黑(흑)	鼎(정)	鼓(고)	鼠(서)
鼻(비)	齊(제)	齒(치)	龍(룡)	龜(귀)			

(2) 214자 부수 익히기

1획(6자)

①	一	한 일	④	ノ	삐침 별
②	丨	뚫을 곤	⑤	乙	새 을
③	丶	점 주	⑥	亅	갈고리 궐

2획(23자)

⑦	二	두 이	⑲	力	힘 력
⑧	亠	돼지해머리	⑳	勹	쌀 포
⑨	人(亻)	사람 인(사람인변)	㉑	匕	비수 비
⑩	儿	어진사람 인	㉒	匚	상자 방, 튼입구몸
⑪	入	들 입	㉓	匸	감출 혜, 터진에운담
⑫	八	여덟 팔	㉔	十	열 십
⑬	冂	멀 경	㉕	卜	점 복
⑭	冖	덮을 멱, 민갓머리	㉖	卩·㔾	병부 절
⑮	冫	얼음 빙, 이수변	㉗	厂	굴바위 엄, 민엄호
⑯	几	안석 궤	㉘	厶	사사로울 사, 마늘모
⑰	凵	입벌릴 감, 위터진입 구	㉙	又	또 우
⑱	刀(刂)	칼 도(선칼도방)			

3획(31자)

㉚	口	입 구	㊴	子	아들 자
㉛	囗	에울 위, 큰입구몸	㊵	宀	집 면, 갓머리
㉜	土	흙 토	㊶	寸	마디 촌
㉝	士	선비 사	㊷	小	작을 소
㉞	夂	뒤져올 치	㊸	尢·尣·兀	절름발이 왕
㉟	夊	천천히걸을 쇠	㊹	尸	주검 시
㊱	夕	저녁 석	㊺	屮(艸)	왼손 좌(싹날 철)
㊲	大	큰 대	㊻	山	뫼 산
㊳	女	계집 녀	㊼	巛(川)	개미허리 천(내 천)

(48)	工	장인 공	(55)	廾	두손으로받들 공, 스물입발
(49)	己	몸 기	(56)	弋	주살 익
(50)	巾	수건 건	(57)	弓	활 궁
(51)	干	방패 간	(58)	彐·彑·⺕	돼지머리 계, 튼가로왈
(52)	幺	작을 요	(59)	彡	터럭 삼
(53)	广	집 엄, 엄호	(60)	彳	조금걸을 척, 두인변
(54)	廴	길게걸을 인, 민책받침			

4획 (34자)

(61)	心(忄,㣺)	마음 심(심방변, 밑마음 심)	(78)	歹(歺)	앙상한뼈 알(죽을사변)
(62)	戈	창 과	(79)	殳	칠 수, 갖은등글월문
(63)	户	지게 호	(80)	毋	말 무
(64)	手(扌)	손 수(재방변)	(81)	比	견줄 비
(65)	支	지탱할 지	(82)	毛	털 모
(66)	攴(攵)	칠 복(등글월문)	(83)	氏	성씨 씨
(67)	文	글월 문	(84)	气	기운 기
(68)	斗	말 두	(85)	水(氵)	물 수(삼수변)
(69)	斤	도끼 근	(86)	火(灬)	불 화(연화발)
(70)	方	모 방	(87)	爪(爫)	손톱 조(손톱조머리)
(71)	无	없을 무, 이미기방	(88)	父	아비 부
(72)	日	날 일	(89)	爻	본받을 효, 점괘 효
(73)	曰	가로 왈	(90)	爿	나무조각 장, 장수장변
(74)	月	달 월	(91)	片	조각 편
(75)	木	나무 목	(92)	牙	어금니 아
(76)	欠	하품 흠	(93)	牛	소 우
(77)	止	그칠 지	(94)	犬(犭)	개 견(개사슴록변)

5획 (23자)

(95)	玄	검을 현	(97)	瓜	오이 과
(96)	玉(王)	구슬 옥(임금 왕, 구슬옥변)	(98)	瓦	기와 와

99	甘	달 감		109	目	눈 목
100	生	날 생		110	矛	창 모
101	用	쓸 용		111	矢	화살 시
102	田	밭 전		112	石	돌 석
103	疋	필 필, 발 소		113	示(礻)	보일 시(보일시변)
104	疒	병들어기댈 녁, 병질엄		114	禸	짐승발자국 유
105	癶	등질 발, 필발머리		115	禾	벼 화
106	白	흰 백		116	穴	구멍 혈
107	皮	가죽 피		117	立	설 립
108	皿	그릇 명				

6획 (29자)

118	竹	대 죽		133	至	이를 지
119	米	쌀 미		134	臼	절구 구
120	糸	실 사		135	舌	혀 설
121	缶	장군 부		136	舛	어그러질 천
122	网·罒·㓁	그물 망		137	舟	배 주
123	羊	양 양		138	艮	그칠 간, 괘이름 간
124	羽	깃 우		139	色	빛 색
125	老(耂)	늙을 로(늙을로엄)		140	艸(艹)	풀 초(초두머리)
126	而	말이을 이		141	虍	범 호
127	耒	쟁기 뢰		142	虫	벌레 충, 벌레 훼
128	耳	귀 이		143	血	피 혈
129	聿	붓 율, 오직 율		144	行	다닐 행
130	肉(月)	고기 육(육달 월)		145	衣(衤)	옷 의(옷의변)
131	臣	신하 신		146	襾	덮을 아
132	自	스스로 자				

7획 (20자)

147	見	볼 견		148	角	뿔 각

7획(20자)

⑭⑨	言	말씀 언	⑮⑧	身	몸 신
⑮⓪	谷	골 곡	⑮⑨	車	수레 거, 수레 차
⑮①	豆	콩 두	⑯⓪	辛	매울 신
⑮②	豕	돼지 시	⑯①	辰	별 진
⑮③	豸	발없는벌레 치, 갖은돼지시변	⑯②	辵(辶)	쉬엄쉬엄갈 착(책받침)
⑮④	貝	조개 패	⑯③	邑(阝)	고을 읍(우부방)
⑮⑤	赤	붉을 적	⑯④	酉	닭 유
⑮⑥	走	달릴 주	⑯⑤	釆	분별할 변
⑮⑦	足	발 족	⑯⑥	里	마을 리

8획(9자)

⑯⑦	金	쇠 금	⑰②	隹	새 추
⑯⑧	長·镸	길 장	⑰③	雨	비 우
⑯⑨	門	문 문	⑰④	靑	푸를 청
⑰⓪	阜(阝)	언덕 부(좌부변)	⑰⑤	非	아닐 비
⑰①	隶	미칠 이			

9획(11자)

⑰⑥	面	낯 면	⑱②	風	바람 풍
⑰⑦	革	가죽 혁	⑱③	飛	날 비
⑰⑧	韋	다름가죽 위	⑱④	食	밥 식
⑰⑨	韭	부추 구	⑱⑤	首	머리 수
⑱⓪	音	소리 음	⑱⑥	香	향기 향
⑱①	頁	머리 혈			

10획(8자)

⑱⑦	馬	말 마	⑲①	鬥	싸울 투
⑱⑧	骨	뼈 골	⑲②	鬯	울창주 창
⑱⑨	高	높을 고	⑲③	鬲	다리굽은솥 력, 오지병 격
⑲⓪	髟	머리털드리울 표, 터럭발	⑲④	鬼	귀신 귀

한자의 기초

11획(6자)
- ⑲⑤ 魚 물고기 어
- ⑲⑥ 鳥 새 조
- ⑲⑦ 鹵 소금밭 로
- ⑲⑧ 鹿 사슴 록
- ⑲⑨ 麥 보리 맥
- ⑳⓪ 麻 삼 마

12획(4자)
- ㉒①黃 누를 황
- ㉒② 黍 기장 서
- ㉒③ 黑 검을 흑
- ㉒④ 黹 바느질할 치

13획(4자)
- ㉒⑤ 黽 맹꽁이 맹
- ㉒⑥ 鼎 솥 정
- ㉒⑦ 鼓 북 고
- ㉒⑧ 鼠 쥐 서

14획(2자)
- ㉒⑨ 鼻 코 비
- ㉑⓪ 齊 가지런할 제

15획(1자)
- ㉑① 齒 이 치

16획(2자)
- ㉑② 龍 용 룡
- ㉑③ 龜 거북 귀

17획(1자)
- ㉑④ 龠 피리 약

4. 중급(3·4·5급) 배정한자(總錄)

(1) 5급 배정한자(600자, 하위급수 포함)

ㄱ (88자)

가 家　街　가 可　歌　가 加　가 價　각 角　各　간 干　間
감 感　강 江　强　개 改　個　개 開　객 客　거 去　車　擧
건 建　견 見　犬　결 決　結　경 京　景　經　敬　慶
競　계 季　界　計　고 古　故　固　考　高　告
곡 曲　곡 谷　골 骨　공 工　功　空　共　公　과 果　課
科　過　관 官　觀　광 光　廣　교 交　校　敎　구 九
口　救　究　久　句　求　국 國　군 君　軍　郡
궁 弓　권 權　귀 貴　근 近　勤　根　금 金　今　禁　기 記
期　基　氣　技　己　其　起　길 吉

ㄴ (10자)

난 難　남 南　男　내 內　녀 女　년 年　념 念　노 勞　농 農　능 能

ㄷ (33자)

다 多　단 單　丹　短　달 達　담 談　답 答　당 堂　대 大　對
代　덕 德　도 到　度　道　島　都　圖　刀　독 獨
讀　동 同　洞　童　冬　東　動　두 斗　豆　頭
득 得　등 等　登

ㄹ (28자)

락 落　樂　란 卵　래 來　랭 冷　량 良　量　려 旅　력 力　歷
련 連　렬 列　령 令　례 例　禮　로 路　老　론 論　료 料　류 流
留　륙 陸　률 律　리 里　理　利　림 林　립 立

ㅁ (32자)

마 馬　만 萬　滿　말 末　망 望　亡　매 每　賣　면 勉　面

한자의 기초

	명名	命	明	모母	毛	목木	目	무武	務	舞
	無	문門	問	聞	文	물物	미美	未	味	米
	민民	밀密								

ㅂ 36자	반反	半	발發	방方	放	訪	防	배拜	백白	百
	번番	법法	변變	別	병病	兵	보保	步	報	복福
	服	復	본本	봉奉	부夫	父	富	婦	북北	분分
	불不	비比	非	備	飛	빙氷				

ㅅ 95자	사四	士	史	師	死	思	事	仕	使	寺
	射	산山	産	算	살殺	삼三	상上	賞	商	相
	想	尙	색色	생生	서西	序	書	석夕	石	席
	선先	線	善	選	鮮	船	仙	설雪	說	設
	성姓	性	成	城	省	星	誠	聲	세世	洗
	勢	歲	소小	少	所	消	素	속俗	速	孫
	송送	수水	手	受	授	守	收	數	首	순順
	습習	승勝	시市	示	是	時	詩	施	視	始
	식食	植	識	式	신身	神	臣	信	新	실失
	室	實	심心	십十	씨氏					

ㅇ 90자	아兒	안安	案	애愛	야夜	野	약約	藥	弱	若
	양羊	兩	洋	養	陽	어魚	語	漁	언言	업業
	역易	逆	연然	硏	열熱	영永	英	榮	예藝	오五

오午	오烏	옥玉	옥屋	온溫	완完	왕王	왕往	외外	요要	
욕浴	용用	용勇	용容	우右	우牛	우友	우雨	우宇	운雲	
운運	웅雄	원元	원原	원遠	원園	원願	월月	위位	위爲	
유由	유油	유有	유遺	육六	육肉	육育	은恩	은銀	음音	
음飮	읍邑	응應	의衣	의義	의議	의醫	의意	이二	이耳	
이移	이以	익益	인人	인因	인引	인仁	일一	일日	입入	

ㅈ 80자

자子	자字	자自	자者	작作	장長	장場	장將	장章	재材
재財	재在	재再	재才	쟁爭	저貯	적的	전田	전全	전前
전展	전電	전傳	전典	전戰	절節	절絶	점店	접接	정正
정政	정定	정情	정庭	정精	제弟	제帝	제題	제製	제第
조兆	조早	조造	조鳥	조調	조朝	조助	조祖	족足	족族
존存	졸卒	종種	종宗	좌左	죄罪	주主	주注	주住	주宙
주晝	주走	죽竹	중中	중衆	중重	증增	지止	지知	지地
지指	지志	지至	지紙	지支	직直	진眞	진進	질質	집集

ㅊ 35자

차次	착着	찰察	참參	창唱	창窓	책册	책責	처處	천千
천天	천川	청靑	청淸	체體	초初	초草	촌村	촌寸	최最
추秋	추追	축祝	춘春	출出	충充	충忠	충蟲	취取	치治
치致	치齒	칙則	친親	칠七					

ㅋ 1자

쾌快								

ㅌ 8자

타打	태太	택宅	토土	통通	통統	퇴退	특特

ㅍ 15자	파波 판判 팔八 패敗 패貝 편便 편片 평平 표表 품品
	풍風 풍豐 피皮 필必 필筆
ㅎ 49자	하下 하夏 하河 학學 한韓 한漢 한限 합合 해海 해解
	해害 행行 행幸 향香 향鄕 향向 혁革 현現 혈血 협協
	형兄 형形 혜惠 호好 호號 호湖 호虎 혼婚 화火 화化
	화花 화和 화話 화貨 화畫 환患 활活 황黃 황皇 회回
	회會 효孝 효效 후後 훈訓 휴休 흉凶 흥興 희希

(2) 4급 배정한자(300자)

ㄱ 42자	가佳 가假 각脚 간看 갈渴 감敢 감減 감甘 갑甲 강講
	강降 개皆 갱更 거居 거巨 건乾 견堅 결潔 경庚 경耕
	경輕 경驚 계溪 계癸 계鷄 고苦 곡穀 곤困 곤坤 관關
	교橋 구舊 권勸 권卷 귀歸 균均 극極 급及 급急 급給
	기幾 기旣
ㄴ 3자	난暖 내乃 노怒
ㄷ 6자	단但 단端 당當 대待 도徒 등燈
ㄹ 11자	랑浪 랑郎 량凉 련練 렬烈 령領 로露 록綠 류柳 륜倫
	리李
ㅁ 18자	막莫 만晚 망忘 망忙 매妹 매買 맥麥 면免 면眠 명鳴
	모暮 묘卯 묘妙 무戊 무茂 묵墨 물勿 미尾

ㅂ (18자)

박朴 반飯 방房 배杯 벌伐 범凡 병丙 복伏 봉逢 부否
扶 부浮 部 불佛 붕朋 비悲 鼻 빈貧

ㅅ (43자)

사已 私 絲 舍 謝 산散 상傷 喪 常 霜
서暑 석惜 昔 설舌 성盛 聖 세稅 細 소笑 속續
송松 수修 壽 愁 樹 秀 誰 雖 須 숙叔
宿 淑 순純 술戌 숭崇 습拾 승乘 承 시試 신申
辛 심深 甚

ㅇ (64자)

아我 악惡 안眼 顔 암巖 暗 앙仰 애哀 야也 양揚
讓 어於 억億 憶 엄嚴 여余 如 汝 與 餘
역亦 연煙 열悅 염炎 엽葉 영迎 오吾 悟 誤 와瓦
臥 왈曰 욕欲 우于 又 尤 憂 遇 운云 원圓
怨 위偉 危 威 유唯 幼 柔 猶 遊 酉
을乙 음吟 陰 읍泣 의依 矣 이已 異 而 인印
寅 忍 認 임壬

ㅈ (39자)

자姊 慈 작昨 장壯 재哉 栽 저低 著 적敵 赤
適 전錢 정丁 井 停 淨 貞 靜 頂 제祭
諸 除 존尊 종從 終 鐘 좌坐 주朱 酒 즉卽
증曾 證 지之 只 持 枝 진盡 辰 집執

ㅊ (20자)

차且 借 此 창昌 채採 菜 처妻 척尺 천泉 淺
철鐵 청晴 聽 請 초招 추推 축丑 취吹 就 침針

ㅌ 5자	ᵗᵃ他 ᵗᵃˡ脫 ᵗᵃᵐ探 ᵗᵃᵉ泰 ᵗᵘ投

ㅍ 8자	ᵖᵃ破 ᵖʸᵉᵒⁿ篇 ᵖʸᵉ閉 ᵖᵒ布 抱 ᵖᵒᵏ暴 ᵖⁱ彼 ᵖⁱˡ匹

ㅎ 23자	하何 하賀 한寒 한恨 한閑 항恒 해亥 허虛 허許 현賢 형刑 호乎 호呼 호戶 혹或 혼混 홍紅 화華 환歡 후厚 흉胸 흑黑 희喜

(3) 3급 배정한자(900자)

ㄱ 149자	가架 가暇 각却 각閣 각覺 각刻 간刊 간肝 간幹 간簡
	간姦 간懇 감監 감鑑 강康 강剛 강鋼 강綱 개介 개慨
	개概 개蓋 거距 거拒 거據 건健 건件 걸傑 걸乞 검儉
	검劍 검檢 격格 격擊 격激 격隔 견絹 견肩 견遣 견牽
	결缺 겸兼 겸謙 경竟 경境 경鏡 경頃 경傾 경硬 경警
	경徑 경卿 계系 계係 계戒 계械 계繼 계契 계桂 계啓
	계階 계繫 고枯 고姑 고庫 고孤 고鼓 고稿 고顧 곡哭
	공孔 공供 공恭 공攻 공恐 공貢 과寡 과誇 곽郭 관館
	관管 관貫 관慣 관冠 관寬 광鑛 광狂 괘掛 괴塊 괴愧
	괴怪 괴壞 교郊 교較 교巧 교矯 구丘 구俱 구懼 구狗
	구龜 구驅 구構 구具 구區 구拘 구球 구苟 국菊 국局
	군群 굴屈 궁窮 궁宮 권券 권拳 궐厥 궤軌 귀鬼 규規

	叫	糾	균 菌	극 克	劇	근 斤	僅	謹	금 琴	禽
	錦	급 級	궁 肯	기 忌	棄	祈	豈	機	騎	紀
	飢	旗	欺	企	奇	寄	器	畿	긴 緊	

ㄴ 10자 | 나 那 | 납 納 | 내 奈 | 耐 | 녕 寧 | 노 努 | 奴 | 뇌 腦 | 惱 | 니 泥 |

ㄷ 41자
다 茶	단 旦	團	壇	斷	段	檀	담 淡	擔	답 畓
踏	당 唐	糖	黨	대 貸	臺	隊	帶	도 桃	稻
跳	途	陶	逃	倒	導	挑	盜	渡	塗
독 毒	篤	督	돈 豚	敦	돌 突	동 凍	銅	둔 鈍	屯
등 騰									

ㄹ 60자
라 羅	락 諾	絡	란 亂	欄	蘭	람 濫	覽	랑 娘	廊
략 略	掠	량 梁	糧	諒	려 麗	慮	勵	력 曆	련 鍊
憐	聯	戀	蓮	렬 劣	裂	렴 廉	렵 獵	령 零	靈
嶺	례 隸	로 爐	록 祿	錄	鹿	롱 弄	뢰 賴	雷	료 了
僚	룡 龍	루 屢	樓	累	淚	漏	류 類	륜 輪	률 栗
率	륭 隆	릉 陵	리 吏	離	裏	履	梨	린 隣	림 臨

ㅁ 46자
마 磨	麻	막 幕	漠	만 漫	慢	망 茫	妄	罔	매 媒
梅	埋	맥 脈	맹 孟	盲	盟	猛	면 綿	멸 滅	명 銘
冥	모 募	某	謀	貌	慕	模	侮	冒	목 牧
睦	몰 沒	몽 夢	蒙	묘 墓	廟	苗	무 貿	霧	묵 默
미 微	眉	迷	민 敏	憫	밀 蜜				

한자의 기초

ㅂ 79자	ᄇ박 泊	博	拍	薄	迫	ᄇ반 叛	班	返	盤	般
	伴	ᄇ발 髮	拔	ᄇ방 倣	芳	邦	妨	傍	ᄇ배 培	輩
	倍	排	配	背	ᄇ백 伯	ᄇ번 煩	飜	繁	ᄇ벌 罰	ᄇ범 範
	犯	ᄇ벽 壁	碧	ᄇ변 辨	辯	邊	ᄇ병 竝	屛	ᄇ보 補	寶
	譜	普	ᄇ복 卜	複	腹	覆	ᄇ봉 蜂	鳳	封	峯
	ᄇ부 符	簿	賦	赴	附	付	腐	府	副	負
	ᄇ분 紛	奮	墳	奔	粉	憤	ᄇ불 拂	ᄇ붕 崩	ᄇ비 卑	妃
	批	肥	碑	祕	婢	費	ᄇ빈 賓	頻	聘	

ㅅ 100자	ᄉ사 似	捨	斯	沙	蛇	詐	詞	賜	寫	辭
	邪	査	斜	司	社	祀	ᄉ삭 削	朔	ᄉ상 嘗	裳
	詳	祥	床	象	像	桑	狀	償	ᄉ쌍 雙	ᄉ새 塞
	ᄉ색 索	ᄉ서 敍	徐	庶	恕	署	緖	誓	逝	ᄉ석 析
	釋	ᄉ선 宣	禪	旋	ᄉ섭 涉	攝	ᄉ소 召	昭	蘇	騷
	燒	訴	掃	疏	蔬	ᄉ속 束	粟	屬	ᄉ손 損	ᄉ송 訟
	誦	頌	ᄉ쇄 刷	鎖	ᄉ쇠 衰	ᄉ수 囚	睡	輸	遂	隨
	帥	獸	殊	需	垂	搜	ᄉ숙 孰	肅	熟	ᄉ순 循
	旬	殉	瞬	脣	巡	ᄉ술 術	述	ᄉ습 濕	襲	ᄉ승 僧
	昇	ᄉ시 侍	矢	ᄉ식 息	飾	ᄉ신 伸	愼	晨	ᄉ심 審	尋

ㅇ 110자	ᄋ아 牙	亞	芽	雅	餓	ᄋ악 岳	ᄋ안 雁	岸	ᄋ알 謁	ᄋ압 壓
	押	ᄋ앙 央	殃	ᄋ애 涯	ᄋ액 厄	額	ᄋ야 耶	ᄋ약 躍	ᄋ양 樣	壤

43

	楊	어 御	억 抑	언 焉	여 予	興	역 域	役	驛	疫
	譯	연 宴	燕	沿	燃	演	鉛	延	軟	緣
	열 閱	염 染	鹽	영 泳	詠	映	營	影	예 豫	譽
	銳	오 傲	嗚	娛	汚	옥 獄	옹 翁	擁	완 緩	외 畏
	요 腰	遙	謠	搖	욕 慾	辱	용 庸	우 偶	愚	郵
	羽	優	운 韻	원 援	院	源	員	월 越	위 緯	胃
	謂	違	圍	慰	僞	衛	委	유 幽	惟	維
	乳	儒	裕	誘	愈	悠	윤 閏	潤	은 隱	음 淫
	응 凝	의 儀	疑	宜	이 夷	익 翼	인 姻	일 逸	임 任	賃

ㅈ 108자

	자 刺	姿	紫	資	茲	恣	작 爵	酌	잔 殘	잠 潛
	暫	잡 雜	장 張	粧	腸	莊	裝	墻	障	藏
	丈	掌	葬	獎	帳	臟	재 載	災	裁	宰
	저 抵	底	적 寂	摘	滴	績	跡	賊	積	籍
	전 專	轉	殿	절 折	切	竊	점 點	漸	占	접 蝶
	정 廷	訂	程	亭	征	整	제 際	堤	濟	制
	齊	提	조 弔	照	租	燥	組	條	操	潮
	졸 拙	종 縱	좌 佐	座	주 周	舟	州	柱	株	洲
	奏	珠	鑄	준 準	俊	遵	중 仲	증 憎	症	蒸
	贈	지 遲	智	誌	池	직 職	織	진 珍	鎭	振
	陳	陣	震	질 姪	疾	秩	징 徵	懲		

한자의 기초

ㅊ 67자

차差 착捉 錯 찬贊 讚 참慽 慘 창創 暢 蒼
倉 채債 彩 책策 척斥 戚 拓 천薦 賤 遷
踐 철哲 徹 첨尖 添 첩妾 청廳 체替 滯 逮
遞 초抄 肖 礎 超 秒 촉促 觸 燭 총總
聰 銃 최催 추抽 醜 축逐 縮 畜 築 蓄
충衝 취臭 趣 醉 측側 測 층層 치恥 値 置
칠漆 침沈 侵 寢 枕 浸 칭稱

ㅌ 24자

타墮 妥 탁托 濁 濯 卓 탄歎 彈 炭 誕
탈奪 탐貪 탑塔 탕湯 태怠 殆 態 택澤 擇 토討
吐 통痛 투鬪 透

ㅍ 31자

파播 罷 派 頗 把 판販 版 板 편編 遍
偏 평評 폐幣 廢 弊 肺 蔽 포胞 包 浦
飽 捕 폭幅 爆 표標 票 漂 피被 避 疲
필畢

ㅎ 75자

하荷 학鶴 한旱 汗 할割 함含 咸 陷 항巷 港
航 抗 項 해奚 該 핵核 향響 享 헌軒 憲
獻 험險 驗 현顯 懸 玄 縣 絃 혈穴 혐嫌
협脅 형亨 螢 衡 혜慧 兮 호毫 互 浩 胡
豪 護 혹惑 혼昏 魂 홀忽 홍洪 弘 鴻 화禾
禍 확擴 確 穫 환還 環 丸 換 황荒 況

45

_회悔 懷 _획獲 劃 _횡橫 _효曉 _후侯 候 _훼毀 _휘輝 揮 _휴携 _흡吸 _희稀 戲

學而時習之 不亦說乎
학이시습지 불역열호
배우고 때때로 익히면 또한 기쁘지 아니한가?

상공회의소 한자시험 중급 기본서 3급

한자 익히기

5급 배정한자(600자, 하위급수 포함)

001
회의자 / 宀부 / 총 10획

家 집 가

丶丶宀宀宀宁字字家家家

家庭가정 가까운 혈연관계에 있는 사람들의 공동체로, 사회의 가장 작은 집단 ▶庭(뜰 정)
家訓가훈 집안 어른이 그 자녀들에게 주는 교훈 ▶訓(가르칠 훈)
家計簿가계부 집안 살림의 수입과 지출을 적는 장부 ▶計(셀 계), 簿(문서 부)
家事가사 歸家귀가 家族計劃가족계획

002
형성자 / 行부 / 총 12획

街 거리 가

丶彳彳彳彳扩街街街街街街

街販가판 상품을 거리에 벌이어 놓고 팔거나 거리를 다니면서 파는 일 ▶販(팔 판)
商街상가 상점들이 죽 늘어서 있는 거리 ▶商(장사 상)
街路樹가로수 거리의 미관을 더하기 위해 길거리 양쪽에 줄지어 심은 나무 ▶路(길 로), 樹(나무 수)
街道가도 街路燈가로등 街頭行進가두행진 주의 衝(찌를 충) 3급

003
형성자 / 口부 / 총 5획

可 옳을 가

一丁丂可可

可能가능 할 수 있거나 될 수 있음 ▶能(능할 능)
可否가부 옳고 그름 ▶否(아닐 부)
可變的가변적 바꿀 수 있거나 바뀔 수 있는 것 ▶變(변할 변), 的(과녁 적)
加望가망 許可허가 不可不불가불 不可避불가피 주의 司(맡을 사) 3급

004
회의자 / 欠부 / 총 14획

歌 노래 가

一丁丅可可叮叮哥哥哥哥歌歌歌

歌謠가요 민요, 동요, 유행가 따위의 노래를 통틀어 이르는 말 ▶謠(노래 요)
歌舞가무 노래와 춤 ▶舞(춤출 무)
愛國歌애국가 우리나라 국가 ▶愛(사랑 애), 國(나라 국)
歌手가수 歌曲가곡 祝歌축가 高聲放歌고성방가

005
회의자 / 力부 / 총 5획

加 더할 가

フカカ加加

加工가공 인공적으로 처리하여 새로운 제품을 만들거나 제품의 질을 높임 ▶工(장인 공)
加速가속 점점 속도를 더함 ▶速(빠를 속)
添加첨가 이미 있는 것에 덧붙이거나 보탬 ▶添(더할 첨)
加減가감 加稅가세 加熱가열 追加추가 주의 架(시렁 가) 3급

한자별곡

가화만사성(家和萬事成)

家(집 가), 和(화할 화), 萬(일만 만), 事(일 사), 成(이룰 성)

집안이 화목하면 모든 일이 잘 이루어진다는 것을 뜻한다. 예부터 가정의 화목은 가정을 다스리는 가장 핵심적인 요소이자 사회생활의 근본으로 중시되었다. 따라서 가정의 화목과 관련된 고사나 글 등은 유교 경전이나 서적에 빠지지 않고 등장한다. 예로부터 효백행지본(孝百行之本)이라 하여 효를 모든 행실의 근본으로 보는 것도 가화만사성이 그만큼 중요하다는 것을 반증한다.

자식이 효도하면 양친이 즐거워하고, 가정이 화목하면 만사가 이루어진다[子孝雙親樂 家和萬事成].

《명심보감(明心寶鑑)》 치가편(治家篇)

5급 배정한자

006
형성자 | 亻(人) 부 | 총 15획
價 값 가

ノ 亻 亻 亻 伊 伊 伊 價 價 價 價 價

價格가격 물건이 지니고 있는 가치를 돈으로 나타낸 것 ▶格(격식 격)
原價원가 상품의 제조, 판매, 배급 따위에 든 재화와 용역을 단위에 따라 계산한 가격 ▶原(언덕 원)
價值觀가치관 가치에 관한 관점 ▶值(값 치), 觀(볼 관)
代價대가 廉價염가 定價정가 平價切下평가절하

007
상형자 | 角 부 | 총 7획
角 뿔 각

ノ ク 凸 角 角 角 角

角度각도 각의 크기 ▶度(법도 도)
頭角두각 뛰어난 학식이나 재능을 비유적으로 이르는 말 ▶頭(머리 두)
對角線대각선 다각형에서 서로 이웃하지 않는 두 꼭짓점을 잇는 선분 ▶對(대할 대), 線(줄 선)
角木각목 直角직각 號角호각 角逐戰각축전

008
회의자 | 口 부 | 총 6획
各 각각 각

ノ ク 夂 冬 各 各

各種각종 여러 가지 종류의 각가지 ▶種(씨 종)
各別각별 어떤 일에 대한 마음가짐이나 자세 따위가 유달리 특별함 ▶別(나눌 별)
各樣各色각양각색 각기 다 다름 ▶樣(모양 양), 色(빛 색)
各各각각 各自각자 各界各層각계각층 주의 客(손 객) 5급

009
상형자 | 干 부 | 총 3획
干 방패/막을 간

一 二 干

干涉간섭 직접 관계가 없는 남의 일에 부당하게 참견함 ▶涉(건널 섭)
干潮간조 바다에서 조수가 빠져나가 해수면이 가장 낮아진 상태 ▶潮(조수 조)
干支간지 천간과 지지 ▶支(지탱할 지)
干滿간만 若干약간 干與간여

010
회의자 | 門 부 | 총 12획
間 사이 간

丨 ㄲ ㄲ ㄲ ㄲ 門 門 門 問 問 間

間接간접 중간에 매개가 되는 사람이나 사물 따위를 통해 맺어지는 관계 ▶接(이을 접)
期間기간 어느 일정한 시기부터 다른 어느 일정한 시기까지의 사이 ▶期(기약할 기)
瞬間순간 아주 짧은 동안 ▶瞬(눈깜짝일 순)
間隔간격 間食간식 人間인간 時間시간 주의 問(물을 문) 5급

쪽지시험
상공회의소 한자 중급 3, 4, 5급

※ 다음 음(音)을 가진 한자는 어느 것입니까?

1 [가]
① 加 ② 干 ③ 甘 ④ 降 ⑤ 改

2 [각]
① 名 ② 各 ③ 格 ④ 客 ⑤ 價

풀이
1 ① 가 ② 간 ③ 감 ④ 강 ⑤ 개
2 ① 명 ② 각 ③ 격 ④ 객 ⑤ 가

답 1. ① 2. ②

011 感 (느낄 감)
형성자 / 心부 / 총 13획

一 厂 厂 厂 厂 咸 咸 咸 咸 咸 感 感 感

- 感激감격 마음에 깊이 느끼어 크게 감동함 ▶激(격할 격)
- 感謝감사 고맙게 여김. 또는 그런 마음 ▶謝(사례할 사)
- 感想감상 마음속에서 일어나는 느낌이나 생각 ▶想(생각 상)
- 感歎詞감탄사 感慨無量감개무량 感情移入감정이입 【주의】惑(미혹할 혹) 3급

012 江 (강 강)
형성자 / 水(氵)부 / 총 6획

丶 丶 氵 氵 江 江

- 漢江한강 우리나라 중부를 흐르는 강 ▶漢(한수 한)
- 江村강촌 강가에 있는 마을 ▶村(마을 촌)
- 渡江도강 강물을 건넘 ▶渡(건널 도)
- 江南강남 江湖강호 江邊道路강변도로

013 强 (강할 강)
형성자 / 弓부 / 총 12획

丨 丨 弓 弓 弓' 弓" 弹 弹 弹 强 强

- 强弱강약 강하고 약함 ▶弱(약할 약)
- 强盜강도 폭행이나 협박 따위의 수단으로 남의 재물을 빼앗는 도둑 ▶盜(도둑 도)
- 强力강력 힘이나 영향이 강함 ▶力(힘 력)
- 强調강조 强忍강인 强大國강대국 强迫觀念강박관념

014 改 (고칠 개)
형성자 / 攵(攴)부 / 총 7획

丨 丨 己 己' 𢼸 改 改

- 改革개혁 제도나 기구 따위를 새롭게 뜯어고침 ▶革(가죽 혁)
- 改選개선 의원이나 임원 등이 사퇴하거나 그 임기가 다 되었을 때 새로 선출함 ▶選(가릴 선)
- 改閣개각 내각을 개편함 ▶閣(집 각)
- 改造개조 改良개량 改編개편 改過遷善개과천선 【주의】政(정사 정) 5급

015 個 (낱 개)
형성자 / 亻(人)부 / 총 10획

丿 亻 亻' 们 们 個 個 個 個 個

- 個人개인 국가나 사회, 단체 등을 구성하는 낱낱의 사람 ▶人(사람 인)
- 個性개성 다른 사람이나 개체와 구별되는 고유의 특성 ▶性(성품 성)
- 個體개체 하나의 독립된 생물체 ▶體(몸 체)
- 別個별개 個別的개별적 個人敎授개인교수

한자별곡

개과천선(改過遷善)

改(고칠 개), 過(지날 과), 遷(옮길 천), 善(착할 선)

지난날의 잘못이나 허물을 고쳐 올바르고 착한 사람으로 다시 태어남을 말한다.

진(晉)나라 혜제(惠帝) 때 젊은 시절 방탕한 생활을 하던 주처(周處)라는 사람이 철이 들어 자신의 과오를 깨닫고 새사람이 되겠다고 결심을 했다. 하지만 마을 사람들이 그의 말을 믿지 않자, 실망한 그는 마을을 떠나 동오(東吳)에 가서 육기(陸機)라는 사람을 만난다. 그는 "굳은 의지를 지니고 지난날의 과오를 고쳐서 새사람이 된다는 개과천선이면 자네의 앞날은 무한하네."라고 격려를 해주었다. 이에 용기를 얻은 주처는 이후 10여 년 동안 학문과 덕을 익혀 마침내 훌륭한 학자가 되었다.

《진서(晉書)》 본전(本傳)의 입지담(立志談)

5급 배정한자

016 형성자 | 門 부 | 총 12획
開 열 개

丨 ｢ ｢ ｢ ｢ 門 門 門 閂 閆 開 開

開發개발 토지나 천연자원 따위를 개척하여 유용하게 만듦 ▶發(필 발)
開催개최 모임이나 회의 따위를 주최하여 엶 ▶催(재촉할 최)
開業개업 영업을 처음 시작함 ▶業(업 업)
開通개통 開拓개척 開天節개천절 開放政策개방정책 주의 閉(닫을 폐) 4급

017 형성자 | 宀 부 | 총 9획
客 손 객

丶 丶 宀 宀 宀 灾 灾 客 客

客席객석 극장 따위에서 손님이 앉는 자리 ▶席(자리 석)
客室객실 손님을 거처하게 하거나 접대할 수 있도록 정해 놓은 방 ▶室(집 실)
客地객지 자기 집을 멀리 떠나 임시로 있는 곳 ▶地(땅 지)
顧客고객 醉客취객 客觀的객관적 주의 容(얼굴 용) 5급

018 상형자 | 厶 부 | 총 5획
去 갈 거

一 十 土 去 去

去就거취 사람이 어디로 가거나 다니거나 하는 움직임 ▶就(나아갈 취)
去勢거세 동물의 생식 기능을 잃게 함 ▶勢(형세 세)
除去제거 없애 버림 ▶除(덜 제)
去來거래 過去事과거사 證券去來증권거래

019 상형자 | 車 부 | 총 7획
車 수레 거/차

一 ㄧ 戶 百 亘 車

自轉車자전거 사람이 타고 앉아 양발의 힘으로 바퀴를 돌려서 나아가게 한 탈 것 ▶自(스스로 자), 轉(구를 전)
停車場정거장 버스나 열차가 일정하게 머무르도록 정하여진 장소 ▶停(머무를 정), 場(마당 장)
車庫차고 자동차, 기차, 전차 따위의 차량을 넣어 두는 곳 ▶庫(곳집 고)
洗車세차 廢車폐차 途中下車도중하차

020 회의자 | 手 부 | 총 18획
擧 들 거

丨 ｢ ｢ ｢ ｢ ｢ 臼 臼 臼 爾 與 與 與 與 擧 擧 擧

擧國거국 온 나라. 또는 국민 전체 ▶國(나라 국)
擧動거동 몸을 움직임. 또는 그런 짓이나 태도 ▶動(움직일 동)
選擧선거 일정한 조직이나 집단이 대표자나 임원을 뽑는 일 ▶選(가릴 선)
快擧쾌거 一擧兩得일거양득 擧手敬禮거수경례

쪽지시험

※ 다음 한자(漢字)와 음(音)이 같은 한자는 어느 것입니까?

1 感
① 可 ② 或 ③ 減 ④ 含 ⑤ 車

2 去
① 固 ② 居 ③ 句 ④ 君 ⑤ 古

풀이
1 感(느낄 감)
① 가 ② 혹 ③ 감 ④ 함 ⑤ 거
2 去(갈 거)
① 고 ② 거 ③ 구 ④ 군 ⑤ 고

답 1. ③ | 2. ②

상공회의소 한자시험 중급 기본서 3급

021 建 세울 건
회의자 / 廴부 / 총 9획

ㄱ ㄱ ㅋ ㅋ ㅋ 聿 聿 建 建

- **建國**건국 나라를 세움 ▶國(나라 국)
- **建物**건물 사람이 들어 살거나, 일을 하기 위하여 지은 집을 통틀어 이르는 말 ▶物(물건 물)
- **建築**건축 구조물을 흙이나 나무, 돌, 벽돌, 쇠 따위를 써서 세우거나 쌓아 만드는 일 ▶築(쌓을 축)
- 建設건설 建造건조 建蔽率건폐율 建議事項건의사항 　주의 健(굳셀 건) 3급

022 見 볼 견/뵈올 현
회의자 / 見부 / 총 7획

ㅣ ㄇ ㄇ 目 目 見 見

- **見學**견학 실제로 보고 그 일에 관한 구체적인 지식을 넓힘 ▶學(배울 학)
- **見本**견본 전체 상품의 품질이나 상태 따위를 알아볼 수 있도록 본보기로 보이는 물건 ▶本(근본 본)
- **見積**견적 어떤 일을 하는 데 필요한 비용 따위를 미리 어림잡아 계산함 ▶積(쌓을 적)
- 見解견해 謁見알현 見習工견습공 見物生心견물생심

023 犬 개 견
상형자 / 犬부 / 총 4획

一 ナ 大 犬

- **愛犬**애견 개를 귀여워함 ▶愛(사랑 애)
- **忠犬**충견 주인에게 충성스러운 개 ▶忠(충성 충)
- **軍犬**군견 군용견 ▶軍(군사 군)
- 鬪犬투견 猛犬맹견 狂犬病광견병 　주의 太(클 태) 5급

024 決 결단할 결
형성자 / 氵(水)부 / 총 7획

丶 丶 氵 氵 決 決 決

- **決鬪**결투 승패를 결정하기 위하여 벌이는 싸움 ▶鬪(싸움 투)
- **決算**결산 일정한 기간 동안의 수입과 지출을 마감하여 계산함 ▶算(셈 산)
- **解決**해결 제기된 문제를 해명하거나 얽힌 일을 잘 처리함 ▶解(풀 해)
- 議決의결 判決판결 決勝戰결승전 死生決斷사생결단

025 結 맺을 결
형성자 / 糸부 / 총 12획

ㄥ ㄥ ㄠ 幺 乡 糸 糸 糸 紅 紆 結 結 結

- **結論**결론 말이나 글의 끝을 맺는 부분 ▶論(논할 론)
- **結果**결과 어떤 원인으로 결말이 생김. 또는 그런 결말의 상태 ▶果(과실 과)
- **結末**결말 어떤 일이 마무리되는 끝 ▶末(끝 말)
- 結婚결혼 結實결실 團結단결 結者解之결자해지 結草報恩결초보은

결자해지(結者解之)

結(맺을 결), 者(놈 자), 解(풀 해), 之(갈 지)

매듭을 묶은 자가 풀어야 한다는 뜻으로, 누구나 자신이 저지른 일은 무슨 일이 있어도 끝까지 책임지고 해결해야 한다는 말이다. 자신이 일을 해놓고 끝마친 후 자신에게 유리하지 않을 것을 예상하여 그만두거나, 남에게 책임을 전가하는 등 책임감이 없는 사람을 비유할 때 쓰는 말이다.

맺은 자가 그것을 풀고, 일을 시작한 자가 마땅히 끝까지 책임져야 한다[結者解之 其始者 當任其終].

《순오지(旬五志)》

5급 배정한자

026 京 서울 경
- 상형자
- 亠 부
- 총 8획

丶 一 亠 亡 宁 亨 京 京

- 京城경성 도읍의 성 ▶城(성 성)
- 歸京귀경 서울로 돌아가거나 돌아옴 ▶歸(돌아갈 귀)
- 上京상경 지방에서 서울로 올라옴 ▶上(위 상)
- 京畿道경기도 京仁線경인선 京鄕新聞경향신문 주의 宗(마루 종) 5급

027 景 볕 경
- 형성자
- 日 부
- 총 12획

丶 冂 日 日 旦 呈 昙 景 景 景 景 景

- 景致경치 산이나 들, 강, 바다 따위의 자연이나 지역의 풍경 ▶致(이를 치)
- 背景배경 사건이나 환경, 인물 따위를 둘러싼 주위의 정경 ▶背(등 배)
- 風景풍경 어떤 정경이나 상황 ▶風(바람 풍)
- 景觀경관 景福宮경복궁 關東八景관동팔경 주의 京(서울 경) 5급

028 經 지날/글 경
- 형성자
- 糸 부
- 총 13획

丶 ㄴ ㅿ 幺 糸 糸 糸 糽 經 經 經 經 經

- 經濟경제 인간의 생활에 필요한 재화나 용역을 생산·분배·소비하는 모든 활동 ▶濟(건널 제)
- 經營경영 기업이나 사업을 관리하고 운영함 ▶營(경영할 영)
- 經驗경험 자신이 실제로 해 보거나 겪어 봄 ▶驗(시험할 험)
- 經歷경력 經過경과 經緯경위 牛耳讀經우이독경 주의 徑(지름길 경) 3급

029 敬 공경 경
- 회의자
- 攵(攴) 부
- 총 13획

丶 ㄅ ㅅ ㅆ 艹 芍 苟 苟 苟 苟 敬 敬 敬

- 敬禮경례 공경의 뜻을 나타내기 위하여 인사하는 일 ▶禮(예도 례)
- 敬愛경애 공경하고 사랑함 ▶愛(사랑 애)
- 敬畏경외 공경하면서 두려워함 ▶畏(두려워할 외)
- 敬聽경청 恭敬공경 尊敬존경 敬老思想경로사상

030 慶 경사 경
- 회의자
- 心 부
- 총 15획

丶 亠 广 户 庐 庐 庐 声 庾 庾 庚 庚 慶 慶 慶

- 慶事경사 축하할만한 기쁜 일 ▶事(일 사)
- 慶祝경축 경사스러운 일을 축하함 ▶祝(빌 축)
- 慶賀경하 경사스러운 일을 치하함 ▶賀(하례 하)
- 慶弔경조 國慶日국경일 弄瓦之慶농와지경

쪽지시험

※ 다음의 뜻을 가진 한자(漢字)는 어느 것입니까?

1 맺다

① 去 ② 結 ③ 決 ④ 拒 ⑤ 開

2 공경하다

① 敬 ② 經 ③ 京 ④ 景 ⑤ 客

풀이

1 ① 去(갈 거) ② 結(맺을 결)
  ③ 決(결단할 결) ④ 拒(막을 거)
  ⑤ 開(열 개)

2 ① 敬(공경 경) ② 經(지날 경)
  ③ 京(서울 경) ④ 景(볕 경)
  ⑤ 客(손 객)

답 1. ② 2. ①

031
회의자
호 부
총 20획

競

다툴 경

`, 一 ヽ 子 立 产 音 咅 竞 竞 竟 竞' 竞产 竞产 竞产 竞产 竞产 竞严 競`

競技경기 기술의 낫고 못함을 서로 겨루는 일 ▶技(재주 기)
競走경주 사람, 동물, 차량 따위가 일정한 거리를 달려 빠르기를 겨루는 일 ▶走(달릴 주)
競合경합 서로 맞서 겨룸 ▶合(합할 합)
競賣경매 競馬경마 競輪경륜 競爭力경쟁력 **주의** 兢(삼가할 긍) **2급**

032
회의자
子 부
총 8획

季

계절 계

`一 二 千 禾 禾 季 季 季`

季節계절 규칙적으로 되풀이되는 자연현상에 따라서 일 년을 구분한 것 ▶節(마디 절)
春季춘계 봄의 시기 ▶春(봄 춘)
季節風계절풍 계절에 따라 주기적으로 일정한 방향으로 부는 바람 ▶節(마디 절), 風(바람 풍)
夏季하계 冬季동계 四季節사계절 **주의** 李(오얏 리) **4급**

033
형성자
田 부
총 9획

界

지경 계

`丨 冂 冂 田 田 尹 甼 界 界`

境界경계 사물이 어떠한 기준에 의하여 분간되는 한계 ▶境(지경 경)
視界시계 시력이 미치는 범위 ▶視(볼 시)
學界학계 학문을 연구하는 사회. 또는 학자의 사회 ▶學(배울 학)
經濟界경제계 各界各層각계각층 死後世界사후세계

034
회의자
言 부
총 9획

計

셀 계

`, 一 ヽ 子 言 言 言 言 計`

計算계산 수를 헤아림 ▶算(셈 산)
計劃계획 앞으로 할 일의 절차, 방법, 규모 따위를 미리 헤아려 작정함 ▶劃(그을 획)
計略계략 어떤 일을 이루기 위한 꾀나 수단 ▶略(책략 략)
計測계측 計座계좌 家計簿가계부 百年大計백년대계

035
회의자
口 부
총 5획

古

예 고

`一 十 十 古 古`

古典고전 옛날의 의식이나 법식 ▶典(법 전)
古宮고궁 옛 궁궐 ▶宮(집 궁)
古墳고분 고대에 만들어진 무덤 ▶墳(무덤 분)
考古學고고학 古物商고물상 東西古今동서고금

고육지책(苦肉之策)

苦(쓸 고), 肉(고기 육), 之(갈 지), 策(꾀 책)

제 몸을 상해가면서까지 꾸며내는 방책이라는 뜻으로, 일반적으로 어려운 상태에서 벗어나기 위한 수단으로 어쩔 수 없이 하는 계책을 말한다.

주유의 심복인 황개(黃蓋)가 찾아와 화공(火攻)을 건의했다. 사실 주유도 그것을 생각하고 있었지만 진중에는 조조의 첩자 채씨 형제가 있어 노련한 주유가 화공 같은 중요한 작전을 함부로 말할 수 없는 노릇이었다. 그래서 나온 것이 먼저 거짓으로 항복하는 이른바 사항계(詐降計)를 생각해냈다. 문제는 그것을 행동에 옮길 사람이었다. 그러자 황개가 선뜻 자청하고 나서니, 이 일은 살갗이 터지는 고통 없이 할 수 없는 이른바 고육계(苦肉計)다.

《삼국지연의(三國志演義)》

5급 배정한자

036 故 예/본디 고
형성자 / 攵(攴)부 / 총 9획

一 十 古 古 古 古 故 故

故鄕고향 자기가 태어나서 자란 곳 ▶鄕(시골 향)
故障고장 기구나 기계가 제대로 움직이지 못하게 되는 기능상의 장애 ▶障(막을 장)
故人고인 죽은 사람 ▶人(사람 인)
緣故연고 事故사고 故意的고의적 竹馬故友죽마고우

037 固 굳을 고
형성자 / 囗부 / 총 8획

丨 冂 冂 冂 冂 周 周 固

固執고집 자기의 의견을 바꾸거나 고치지 않고 굳게 버팀 ▶執(잡을 집)
固有고유 본래부터 가지고 있는 특유한 것 ▶有(있을 유)
固守고수 차지한 물건이나 형세 따위를 굳게 지킴 ▶守(지킬 수)
固定고정 固體고체 固着고착 確固不動확고부동

038 考 생각할 고
형성자 / 耂(老)부 / 총 6획

一 十 土 耂 老 考

考察고찰 어떤 것을 깊이 생각하고 연구함 ▶察(살필 찰)
考試고시 어떤 자격이나 면허를 주기 위하여 시행하는 여러 가지 시험 ▶試(시험 시)
考證고증 예전에 있던 사물들의 시대, 가치 등을 증거를 세워 이론적으로 밝힘 ▶證(증거 증)
思考사고 備考비고 熟考숙고 深思熟考심사숙고   주의 老(늙을 로)5급

039 高 높을 고
상형자 / 高부 / 총 10획

丶 亠 亠 宀 古 古 高 高 高 高

高級고급 물건 따위의 품질이 뛰어나고 값이 비쌈 ▶級(등급 급)
高貴고귀 훌륭하고 귀중함 ▶貴(귀할 귀)
高尙고상 품위나 몸가짐이 속되지 아니하고 훌륭함 ▶尙(고상할 상)
高血壓고혈압 高等法院고등법원 天高馬肥천고마비

040 告 고할 고
회의자 / 口부 / 총 7획

丿 一 丄 牛 牛 告 告

告訴고소 고하여 하소연함 ▶訴(호소할 소)
告發고발 세상에 잘 알려지지 않은 잘못이나 비리 따위를 드러내어 알림 ▶發(필 발)
廣告광고 세상에 널리 알림. 또는 그런 일 ▶廣(넓을 광)
原告원고 警告경고 報告書보고서 告解聖事고해성사

쪽지시험
성공회외소 한자
[중급 3, 4, 5급]

※ 다음 한자(漢字)와 뜻이 비슷한 한자는 어느 것입니까?

1 競
① 爭 ② 決 ③ 徒 ④ 轉 ⑤ 令

2 固
① 告 ② 因 ③ 硏 ④ 末 ⑤ 堅

풀이

1 競(다툴 경)
① 爭(다툴 쟁) ② 決(결단할 결)
③ 徒(무리 도) ④ 轉(구를 전)
⑤ 令(하여금 령)

2 固(굳을 고)
① 告(고할 고) ② 因(인할 인)
③ 硏(갈 연)   ④ 末(끝 말)
⑤ 堅(굳을 견)

답 1. ① | 2. ⑤

041 曲 굽을 곡
- 상형자 / 日부 / 총 6획
- 필순: 一 冂 冂 曲 曲 曲
- **曲線**곡선 모나지 아니하고 부드럽게 굽은 선 ▶線(줄 선)
- **曲解**곡해 사실을 굽혀 옳지 아니하게 해석함 ▶解(풀 해)
- **屈曲**굴곡 이리저리 굽어 꺾여 있음 ▶屈(굽힐 굴)
- 懇曲간곡 作曲작곡 曲藝師곡예사 九曲肝腸구곡간장 주의 由(말미암을 유)5급

042 谷 골 곡
- 회의자 / 谷부 / 총 7획
- 필순: 丿 八 夕 夂 𠔻 谷 谷
- **谷風**곡풍 골짜기에서부터 산꼭대기로 부는 바람 ▶風(바람 풍)
- **盲谷**맹곡 카르스트 지형의 한 부분 ▶盲(눈멀 맹)
- **谷底**곡저 골짜기의 밑바닥 ▶底(밑 저)
- 乾谷건곡 溪谷계곡 深山幽谷심산유곡 空谷足音공곡족음

043 骨 뼈 골
- 회의자 / 骨부 / 총 10획
- 필순: 一 冂 冂 冋 罓 罓 骨 骨 骨
- **骨格**골격 동물의 체형을 이루고 몸을 지탱하는 뼈의 조직 ▶格(격식 격)
- **骨盤**골반 몸통의 아래쪽 부분을 이루는 뼈 ▶盤(소반 반)
- **骨折**골절 뼈가 부러짐 ▶折(꺾을 절)
- 露骨的노골적 刻骨難忘각골난망 甲骨文字갑골문자

044 工 장인 공
- 상형자 / 工부 / 총 3획
- 필순: 一 丅 工
- **工場**공장 원료나 재료를 가공하여 물건을 만들어 내는 설비를 갖춘 곳 ▶場(마당 장)
- **工事**공사 토목이나 건축 따위의 일 ▶事(일 사)
- **着工**착공 공사를 시작함 ▶着(붙을 착)
- 施工시공 完工완공 工藝品공예품 人工知能인공지능

045 功 공 공
- 형성자 / 力부 / 총 5획
- 필순: 一 丅 工 功 功
- **功路**공로 쳐들어가는 길 ▶路(길 로)
- **功績**공적 쌓은 공로 ▶績(공적 적)
- **功德**공덕 착한 일을 하여 쌓은 업적과 어진 덕 ▶德(덕 덕)
- 功臣공신 成功성공 武功무공 螢雪之功형설지공 주의 攻(칠 공)3급

한자별곡

월인천강지곡(月印千江之曲)
月(달 월), 印(도장 인), 千(일천 천), 江(강 강), 之(갈 지), 曲(악곡 곡)

조선 세종이 1449년에 지은 불교 찬가로 보물 제398호로 지정되어 있다. 《월인천강지곡》이란, 부처가 나서 교화한 자취를 칭송한 노래라는 뜻으로, 상·중·하 3권에 500여 수의 노래가 수록되어 있다. 이는 《용비어천가(龍飛御天歌)》와 아울러 훈민정음으로 표기된 한국 최고(最古)의 가사(歌詞)이다. 또한 이 책은 표기법에 있어 몇 가지 두드러진 특징을 보이는데, 표음주의 원칙의 표기법이나 한글을 앞세우고 그 밑에 한자를 다는 표기법 등이 바로 그것이다. 이러한 점에서 《석보상절》 및 《훈민정음언해》 등과 함께 정음 창제 당시의 언어연구 자료로서 그 가치를 인정받고 있다.

5급 배정한자

046 空 빌 공
형성자 / 穴부 / 총 8획

丶 宀 宀 宂 空 空 空 空

空中공중 하늘, 하늘 가운데 ▶中(가운데 중)
空間공간 상하, 전후, 좌우로 끝없이 퍼져 있는 빈 곳 ▶間(사이 간)
虛空허공 텅 빈 공중 ▶虛(빌 허)
空念佛공염불 空想科學공상과학 空輸部隊공수부대   주의 究(연구할 구) 5급

047 共 한가지 공
형성자 / 八부 / 총 6획

一 十 廾 共 共 共

共同공동 여러 사람이 일을 같이 함 ▶同(한가지 동)
共感공감 남의 의견이나 논설 따위에 대하여 자기도 똑같이 느낌 ▶感(느낄 감)
共犯공범 몇 사람이 공모하여 공동으로 행한 범죄 ▶犯(범할 범)
共謀공모 天人共怒천인공노 共産主義공산주의

048 公 공평할 공
회의자 / 八부 / 총 4획

丿 八 公 公

公共공공 여러 사람이 모여 힘을 함께함 ▶共(한가지 공)
公演공연 여러 사람 앞에서 연극, 무용, 음악 따위를 연출하여 공개함 ▶演(펼 연)
公債공채 국가나 지방자치단체가 수지의 균형을 꾀하기 위하여 임시로 지는 빚 ▶債(빚 채)
公聽會공청회 公訴時效공소시효 公衆道德공중도덕

049 果 과실 과
상형자 / 木부 / 총 8획

丨 冂 冃 日 旦 甲 果 果

果實과실 열매 ▶實(열매 실)
果刀과도 과일칼 ▶刀(칼 도)
結果결과 어떤 원인으로 결말이 생김 ▶結(맺을 결)
效果효과 成果성과 果樹園과수원 因果應報인과응보   주의 東(동녘 동) 5급

050 課 과정 과
형성자 / 言부 / 총 15획

丶 亠 亠 言 言 言 言 訁 訁 訊 訳 課 課 課 課

課題과제 처리하거나 해결해야 할 문제 ▶題(제목 제)
課業과업 꼭 하여야 할 일이나 임무 ▶業(업 업)
課長과장 관청이나 회사 따위에서, 한 과의 업무나 직원을 감독하는 직책 ▶長(어른 장)
課外과외 課稅과세 賦課부과 公課金공과금

쪽지시험

※ 다음 한자어(漢字語)와 발음(發音)이 같은 한자어는 어느 것입니까?

1 [公同]
① 共動 ② 公使 ③ 空間 ④ 功臣 ⑤ 共犯

2 [告訴]
① 苦笑 ② 高等 ③ 告發 ④ 高貴 ⑤ 考試

풀이

1 공동
① 공동 ② 공사 ③ 공간 ④ 공신 ⑤ 공범

2 고소
① 고소 ② 고등 ③ 고발 ④ 고귀 ⑤ 고시

답 1. ① / 2. ①

상공회의소 한자시험 중급 기본서 3급

051 회의자 禾부 총 9획 — 科 과목 과

`一 二 千 千 千 禾 禾 科 科`

- 科目과목 가르치거나 배워야 할 지식 및 경험의 체계를 세분하여 계통을 세운 영역 ▶目(눈 목)
- 科學과학 보편적인 진리나 법칙의 발견을 목적으로 한 체계적인 지식 ▶學(배울 학)
- 科擧과거 우리나라와 중국에서 관리를 뽑을 때 실시하던 시험 ▶擧(들 거)
- 齒科치과   文科문과   敎科書교과서   百科事典백과사전   주의 料(헤아릴 료) 5급

052 형성자 辶(辵)부 총 13획 — 過 지날 과

`丨 冂 冃 冃 冎 咼 咼 咼 冎 過 過 過 過`

- 過去과거 이미 지나간 때 ▶去(갈 거)
- 過速과속 자동차 따위의 주행 속도를 너무 빠르게 함 ▶速(빠를 속)
- 過熱과열 지나치게 뜨거워짐 ▶熱(더울 열)
- 看過간과   改過遷善개과천선   過小評價과소평가   주의 遇(만날 우) 4급

053 회의자 宀부 총 8획 — 官 벼슬 관

`丶 丶 宀 宀 宁 宁 官 官`

- 官吏관리 관직에 있는 사람 ▶吏(벼슬아치 리)
- 官職관직 직무의 일반적 종류를 뜻하는 관과 구체적 범위를 뜻하는 직을 통틀어 이르는 말 ▶職(벼슬 직)
- 官廳관청 국가의 사무를 집행하는 국가 기관 ▶廳(관청 청)
- 長官장관   官僚主義관료주의   貪官汚吏탐관오리   주의 宮(집 궁) 3급

054 형성자 見부 총 25획 — 觀 볼 관

`一 十 艹 艹 艹 艹 岜 芦 芦 萨 雚 雚 雚 雚 雚 雚 雚 雚 觀 觀 觀 觀 觀 觀`

- 觀覽관람 연극, 영화, 운동 경기, 미술품 따위를 구경함 ▶覽(볼 람)
- 觀衆관중 연극이나 운동 경기 따위를 구경하는 무리 ▶衆(무리 중)
- 觀念관념 어떤 일에 대한 견해나 생각 ▶念(생각 념)
- 觀察관찰   參觀참관   價値觀가치관

055 회의자 儿부 총 6획 — 光 빛 광

`丨 丨 丨 ⺌ ⺌ 光`

- 光線광선 빛의 줄기 ▶線(줄 선)
- 觀光관광 다른 지방이나 다른 나라에 가서 그 곳의 풍경, 풍습, 문물 따위를 구경함 ▶觀(볼 관)
- 發光발광 빛을 냄 ▶發(필 발)
- 月光월광   光速度광속도   電光石火전광석화   주의 先(먼저 선) 5급

한자별곡

금란지교(金蘭之交)

金(쇠 금), 蘭(난초 란), 之(갈 지), 交(사귈 교)

쇠처럼 단단하고 난초(蘭草) 향기처럼 그윽한 사귐의 의리를 맺는다는 뜻으로, 사이좋은 벗끼리 마음을 합치면 단단한 쇠도 자를 수 있고, 우정의 아름다움이 난의 향기와 같이 그윽함을 이르는 말이다. 금란지계(金蘭之契)·금석지교(金石之交)·단금지계(斷金之契) 등 같은 의미를 가진 여러 말이 있다.
두 사람의 마음이 같으니 그 예리함이 금석을 자를 수 있고, 같은 마음에서 나오는 말은 그 향기가 난과 같다[二人同心 其利斷金 同心之言 其臭如蘭].

《역경(易經)》 계사전(繫辭傳)

5급 배정한자

056 廣 넓을 광
형성자 / 广부 / 총 15획

丶 亠 广 广 广 广 产 产 产 庐 庐 庐 庐 廣 廣

- 廣場광장 많은 사람이 모일 수 있게 거리에 만들어 놓은 넓은 빈 터 ▶場(마당 장)
- 廣野광야 텅 비고 아득히 넓은 들 ▶野(들 야)
- 廣告광고 세상에 널리 알림 ▶告(고할 고)
- 廣義광의 廣範圍광범위 廣域市광역시

057 交 사귈 교
상형자 / 亠부 / 총 6획

丶 亠 𠆢 六 亥 交

- 交際교제 서로 사귀어 가까이 지냄 ▶際(즈음 제)
- 交換교환 서로 바꿈 ▶換(바꿀 환)
- 交通교통 탈 것을 이용하여 사람이 오고 가는 일이나, 짐을 실어 나르는 일 ▶通(통할 통)
- 絶交절교 金蘭之交금란지교 交涉團體교섭단체

058 校 학교 교
형성자 / 木부 / 총 10획

一 十 扌 木 木 朷 朸 柊 柊 校

- 學校학교 일정한 목적·교육과정 및 법규에 의하여 교사가 학생에게 교육을 실시하는 기관 ▶學(배울 학)
- 校長교장 대학이나 학원을 제외한 각급 학교의 으뜸 직위. 또는 그 직위에 있는 사람 ▶長(어른 장)
- 校監교감 학교장을 도와서 학교의 일을 관리하거나 수행하는 직책 ▶監(살필 감)
- 校服교복 校歌교가 校庭교정 校則교칙

059 敎 가르칠 교
회의자 / 攵(攴)부 / 총 11획

丿 乂 ナ 孑 孝 耂 耂 孝 孝 敎 敎

- 敎授교수 학문이나 기예를 가르침 ▶授(줄 수)
- 敎育교육 지식과 기술 따위를 가르치며 인격을 길러 줌 ▶育(기를 육)
- 敎訓교훈 앞으로의 행동이나 생활에 지침이 될 만한 가르침 ▶訓(가르칠 훈)
- 敎鍊교련 敎皇교황 殉敎순교 敎生實習교생실습 [주의] 殺(죽일 살) 3급

060 九 아홉 구
지사자 / 乙부 / 총 2획

丿 九

- 九泉구천 땅속 깊은 밑바닥이란 뜻으로, 죽은 뒤에 넋이 돌아가는 곳을 이르는 말 ▶泉(샘 천)
- 九官鳥구관조 찌르레기과의 새 官(벼슬 관), 鳥(새 조)
- 九牛一毛구우일모 매우 많은 것 가운데 극히 적은 수를 이르는 말 ▶牛(소 우), 一(한 일), 毛(털 모)
- 十中八九십중팔구 九死一生구사일생 三旬九食삼순구식

쪽지시험

※ 다음 단어들의 □ 안에 공통으로 들어갈 알맞은 한자는 어느 것입니까?

1. □光, 景□, □察
   ① 脚 ② 氣 ③ 視 ④ 觀 ⑤ 過

2. □場, □告, □野
   ① 現 ② 原 ③ 廣 ④ 平 ⑤ 交

풀이
1. 觀光(관광), 景觀(경관), 觀察(관찰)
2. 廣場(광장), 廣告(광고), 廣野(광야)

답 1. ④ | 2. ③

상공회의소 한자시험 중급 기본서 3급

061
상형자 / 口 부 / 총 3획

口 입 구

ㅣ ㅁ ㅁ

口頭구두 마주 대하여 입으로 하는 말 ▶頭(머리 두)
口號구호 집회나 시위 따위에서 어떤 요구나 주장 따위를 간결한 형식으로 표현한 문구 ▶號(이름 호)
口傳구전 말로 전함. 또는 말로 전하여 내려옴 ▶傳(전할 전)
窓口창구   港口항구   異口同聲이구동성

062
형성자 / 攵(攴) 부 / 총 11획

救 구원할 구

一 十 ナ ナ 才 求 求 求 求 救 救

救援구원 어려움이나 위험에 빠진 사람을 구하여 줌 ▶援(도울 원)
救出구출 위험한 상태에서 구하여 냄 ▶出(날 출)
救濟구제 자연적인 재해나 사회적인 피해를 당하여 어려운 처지에 있는 사람을 도와줌 ▶濟(건널 제)
救急車구급차   救世主구세주   救命運動구명운동

063
형성자 / 穴 부 / 총 7획

究 연구할 구

丶 丷 宀 宀 空 空 究

研究연구 어떤 일이나 사물에 대하여서 깊이 있게 조사하고 생각하여 진리를 따져 보는 일 ▶研(갈 연)
探究탐구 진리, 학문 따위를 파고들어 깊이 연구함 ▶探(찾을 탐)
講究강구 좋은 대책과 방법을 궁리하여 찾아내거나 그런 대책을 세움 ▶講(욀 강)
窮究궁구   學究熱학구열   硏究所연구소   주의 空(빌 공) 5급

064
지사자 / 丿 부 / 총 3획

久 오랠 구

丿 ク 久

永久영구 어떤 상태가 시간상으로 무한히 이어짐 ▶永(길 영)
悠久유구 아득하게 오래됨 ▶悠(멀 유)
長久장구 매우 길고 오래됨 ▶長(길 장)
耐久性내구성   恒久的항구적   持久力지구력   天長地久천장지구

065
형성자 / 口 부 / 총 5획

句 글귀 구

丿 ク 勹 句 句

句文구문 한시 따위에서 두 마디가 한 덩이씩 되게 지은 글 ▶文(글월 문)
句節구절 한 토막의 말이나 글 ▶節(마디 절)
警句경구 진리나 삶에 대한 느낌이나 사상을 간결하고 날카롭게 표현한 말 ▶警(경계할 경)
詩句시구   高句麗고구려   美辭麗句미사여구   주의 苟(진실로 구) 3급

각주구검(刻舟求劍)

刻(새길 각), 舟(배 주), 求(구할 구), 劍(칼 검)

어리석고 미련하여 융통성이 없다는 뜻으로, 옛것을 지키다 시세의 추이도 모르고 눈앞에 보이는 하나만을 고집하는 처사를 비유해 이르는 말이다.

중국 춘추전국시대 초(楚)나라 사람이 배를 타고 강을 건너다가 들고 있던 칼을 실수로 물속에 빠뜨렸다. 그러자 그는 칼을 빠뜨린 뱃전에 칼자국을 내어 표시를 해 두었다. 배가 언덕에 와 닿자 나중에 배가 움직인 것을 생각하지 않고 칼자국이 있는 뱃전 밑 물속으로 뛰어들었지만 당연히 그곳에 칼이 있을 리 없었다. 이것을 보고 사람들이 그의 어리석은 행동을 비웃었다.

《여씨춘추(呂氏春秋)》 찰금편(察今篇)

5급 배정한자

---

066 상형자 / 水부 / 총 7획

求 구할 구

一 十 十 才 求 求 求

求職구직 일정한 직업을 찾음 ▶職(벼슬 직)
求愛구애 이성에게 사랑을 구함 ▶愛(사랑 애)
求乞구걸 돈이나 곡식, 물건 따위를 거저 달라고 빎 ▶乞(빌 걸)
渴求갈구 促求촉구 求人難구인난 刻舟求劍각주구검

---

067 회의자 / 口부 / 총 11획

國 나라 국

丨 冂 冂 冂 同 同 국 國 國 國 國

國家국가 일정한 영토와 거기에 사는 사람들, 하나의 통치 조직을 가지고 있는 사회 집단 ▶家(집 가)
國語국어 한 나라의 국민이 쓰는 말 ▶語(말씀 어)
國民국민 국가를 구성하는 사람. 또는 그 나라의 국적을 가진 사람 ▶民(백성 민)
國會국회 國軍국군 國慶日국경일 大韓民國대한민국

---

068 형성자 / 口부 / 총 7획

君 임금 군

ㄱ ㅋ 彐 尹 尹 君 君

君主군주 세습적으로 나라를 다스리는 최고 지위에 있는 사람 ▶主(주인 주)
君臨군림 임금으로서 나라를 거느려 다스림 ▶臨(임할 림)
暴君폭군 사납고 악한 임금 ▶暴(사나울 폭)
聖君성군 郎君낭군 四君子사군자 君臣有義군신유의

---

069 회의자 / 車부 / 총 9획

軍 군사 군

冖 冖 冖 冖 冃 冒 宣 軍

軍人군인 군대에서 복무하는 사람. 육해공군의 장교, 하사관, 사병을 통틀어 이르는 말 ▶人(사람 인)
軍隊군대 일정한 규율과 질서를 가지고 조직된 군인의 집단 ▶隊(무리 대)
軍歌군가 군대의 사기를 북돋우기 위하여 부르는 노래 ▶歌(노래 가)
豫備軍예비군 軍國主義군국주의 白衣從軍백의종군 주의 車(수레 거)5급

---

070 형성자 / 阝(邑)부 / 총 10획

郡 고을 군

ㄱ ㅋ 彐 尹 尹 君 君' 君3 郡

郡廳군청 군의 행정 사무를 맡아보는 기관. 또는 그 청사 ▶廳(관청 청)
郡守군수 군의 행정을 맡아보는 으뜸 직위에 있는 사람. 또는 그 직위 ▶守(지킬 수)
郡史군사 고을의 역사 ▶史(역사 사)
郡民군민 郡界군계 漢四郡한사군 주의 群(무리 군)3급

쪽지시험

※ 다음 성어에서 □ 안에 들어갈 알맞은 한자는 어느 것입니까?

1 □死一生
  ①求 ②九 ③救 ④口 ⑤軍

2 白衣從□
  ①君 ②軍 ③郡 ④揮 ⑤久

풀이

1 九死一生(구사일생) : 아홉 번 죽을 뻔하다 한 번 살아난다는 뜻으로, 죽을 고비를 여러 차례 넘기고 겨우 살아남음을 이르는 말

2 白衣從軍(백의종군) : 벼슬 없이 군대를 따라 싸움터로 감

답 1.② | 2.②

상공회의소 한자시험 중급 기본서 3급

071 弓 활 궁
상형자 / 弓부 / 총 3획

一 フ 弓

- 弓手궁수 활 쏘는 일을 맡아 하는 군사 ▶手(손 수)
- 弓道궁도 활을 쏘는 기술을 닦는 일 ▶道(길 도)
- 弓矢궁시 활과 화살 ▶矢(화살 시)
- 國弓국궁 名弓명궁 傷弓之鳥상궁지조

072 權 권세 권
형성자 / 木부 / 총 22획

一 十 才 才 木 木' 木" 木" 木" 柯 柯 柯 桠 榑 榑 權 權 權 權 權

- 權勢권세 권력과 세력을 아울러 이르는 말 ▶勢(형세 세)
- 權力권력 남을 복종시키거나 지배할 수 있는 공인된 권리와 힘 ▶力(힘 력)
- 權凶권흉 권세를 함부로 휘두르는 나쁜 사람 ▶凶(흉할 흉)
- 權利권리 權限권한 權益권익 權謀術數권모술수

073 貴 귀할 귀
형성자 / 貝부 / 총 12획

丨 口 口 中 虫 串 串 肯 肯 昔 貴 貴

- 貴族귀족 가문이나 신분 따위가 좋아 정치적·사회적 특권을 가진 계층 ▶族(겨레 족)
- 貴賓귀빈 귀한 손님 ▶賓(손 빈)
- 貴賤귀천 부귀와 빈천을 아울러 이르는 말 ▶賤(천할 천)
- 稀貴희귀 珍貴진귀 貴重品귀중품 富貴榮華부귀영화 주의 員(인원 원) 3급

074 近 가까울 근
형성자 / 辶(辵)부 / 총 8획

一 厂 斤 斤 斤 沂 沂 近

- 近處근처 가까운 곳 ▶處(곳 처)
- 近況근황 요즈음의 상황 ▶況(상황 황)
- 近來근래 가까운 요즈음 ▶來(올 래)
- 最近최근 附近부근 近代史근대사 近距離근거리

075 勤 부지런할 근
형성자 / 力부 / 총 13획

一 十 廿 廿 廿 芇 苩 苩 荁 堇 堇 勤 勤

- 勤勉근면 부지런히 일하며 힘씀 ▶勉(힘쓸 면)
- 出勤출근 일터로 근무하러 나가거나 나옴 ▶出(날 출)
- 退勤퇴근 일터에서 근무를 마치고 돌아가거나 돌아옴 ▶退(물러날 퇴)
- 夜勤야근 缺勤결근 勤勞者근로자 勤儉節約근검절약 주의 動(움직일 동) 5급

한자별곡 (상공회의소 한자 중급 3, 4, 5급)

극락왕생(極樂往生)

極(다할 극), 樂(즐거울 락), 往(갈 왕), 生(날 생)

불교에서는 사람이 죽은 후 다른 세상에 가서 태어나는 것을 '왕생(往生)'이라고 하는데, 특히 서방 극락세계에 다시 태어나는 것을 극락왕생이라고 한다. 무량수경(無量壽經)을 소의경전(所依經典)으로 한다. 아미타불의 서방정토에 태어나려는 정토신앙(淨土信仰)은 이를 목적으로 하는 가르침이며, 대승불교에서는 중생의 구제수단으로 이 사상을 널리 설법한다.

- 시방왕생(十方往生) : 시방세계의 불국토에 다시 태어나는 것, 시방수원왕생경(十方授願往生經)
- 도솔왕생(兜率往生) : 미륵보살이 계시는 도솔천에 다시 태어나는 것, 미륵상생경(彌勒上生經)

5급 배정한자

| 076
형성자
木 부
총 10획

根

뿌리 근 |

一 十 才 木 村 村 村 村 根 根

根據근거 근본이 되는 거점 ▶據(근거 거)
根性근성 태어날 때부터 지니고 있는 근본적인 성질 ▶性(성품 성)
根幹근간 뿌리와 줄기를 아울러 이르는 말 ▶幹(줄기 간)
根源근원 禍根화근 根抵當근저당 根本對策근본대책 주의 恨(한할 한) 4급

| 077
형성자
金 부
총 8획

金

쇠 금/성 김 |

ノ 人 스 스 수 수 余 金

金錢금전 화폐 ▶錢(돈 전)
金庫금고 화재나 도난을 막기 위하여 돈, 귀중품 따위를 간수하여 보관하는 데 쓰는 궤 ▶庫(곳집 고)
金額금액 돈의 액수 ▶額(이마 액)
罰金벌금 金剛山금강산 金枝玉葉금지옥엽 金九김구

| 078
회의자
人 부
총 4획

今

이제 금 |

ノ 人 스 今

今年금년 올해 ▶年(해 년)
只今지금 이 시간 ▶只(다만 지)
昨今작금 어제와 오늘을 아울러 이르는 말 ▶昨(어제 작)
今世紀금세기 今時初聞금시초문 東西古今동서고금 주의 令(하여금 령) 5급

| 079
형성자
示 부
총 13획

禁

금할 금 |

一 十 才 木 村 材 林 林 林 禁 禁 禁 禁

禁煙금연 담배를 피우는 것을 금함 ▶煙(연기 연)
禁慾금욕 욕구나 욕망을 억제하고 금함 ▶慾(욕심 욕)
禁酒금주 술을 마시지 못하게 함 ▶酒(술 주)
監禁감금 軟禁연금 出入禁止출입금지 주의 楚(초나라 초) 2급

| 080
형성자
言 부
총 10획

記

기록할 기 |

丶 一 亠 言 言 言 訁 訂 記 記

記錄기록 주로 후일에 남길 목적으로 어떤 사실을 적음 ▶錄(기록할 록)
記述기술 대상이나 과정의 내용과 특징을 있는 그대로 열거하거나 기록하여 서술함 ▶述(지을 술)
記號기호 어떠한 뜻을 나타내기 위하여 쓰이는 부호, 문자, 표지 따위를 통틀어 이르는 말 ▶號(이름 호)
暗記암기 登記所등기소 日記帳일기장 新記錄신기록 주의 紀(벼리 기) 3급

쪽지시험

※ 다음 음(音)을 가진 한자는 어느 것입니까?

1 [근]

① 根 ② 幹 ③ 遠 ④ 極 ⑤ 弓

2 [귀]

① 買 ② 寅 ③ 貴 ④ 婦 ⑤ 近

풀이
1 ① 근 ② 간 ③ 원 ④ 극 ⑤ 궁
2 ① 매 ② 인 ③ 귀 ④ 부 ⑤ 근

답 1. ① | 2. ③

081 期 기약할 기
형성자 / 月부 / 총 12획

一 十 十 十 十 甘 甘 其 其 期 期 期

期約기약 때를 정하여 약속함 ▶約(맺을 약)
期間기간 어느 일정한 시기부터 다른 어느 일정한 시기까지의 사이 ▶間(사이 간)
滿期만기 미리 정한 기한이 다 참. 또는 그 기한 ▶滿(찰 만)
延期연기 思春期사춘기 早期敎育조기교육 【주의】斯(이 사) 3급

082 基 터 기
형성자 / 土부 / 총 11획

一 十 十 十 甘 甘 其 其 其 基 基

基準기준 기본이 되는 표준 ▶準(준할 준)
基盤기반 기초가 되는 바탕. 또는 사물의 토대 ▶盤(소반 반)
基金기금 어떤 목적이나 사업, 행사 따위에 쓸 기본적인 자금 ▶金(쇠 금)
基督敎기독교 基幹産業기간산업 基礎工事기초공사 【주의】其(그 기) 5급

083 氣 기운 기
형성자 / 气부 / 총 10획

ノ ー ヒ 气 气 気 気 氧 氣 氣

氣運기운 어떤 일이 벌어지려고 하는 분위기 ▶運(옮길 운)
氣溫기온 대기의 온도 ▶溫(따뜻할 온)
氣候기후 기온, 비, 눈, 바람 따위의 대기 상태 ▶候(기후 후)
濕氣습기 感氣감기 無氣力무기력 氣高萬丈기고만장

084 技 재주 기
형성자 / 扌(手)부 / 총 7획

一 十 扌 扌 扌 抃 技

技能기능 육체적, 정신적 작업을 정확하고 손쉽게 해 주는 기술상의 재능 ▶能(능할 능)
技師기사 관청이나 회사에서 전문 지식이 필요한 특별한 기술 업무를 맡아보는 사람 ▶師(스승 사)
技巧기교 기술이나 솜씨가 아주 교묘함. 또는 그런 기술이나 솜씨 ▶巧(공교할 교)
競技경기 球技種目구기종목 尖端技術첨단기술 【주의】伎(재주 기) 2급

085 己 몸 기
상형자 / 己부 / 총 3획

ㄱ ㄱ 己

自己자기 그 사람 자신 ▶自(스스로 자)
克己극기 자기의 감정이나 욕심, 충동 따위를 이성적 의지로 눌러 이김 ▶克(이길 극)
修己수기 자신의 몸을 닦음 ▶修(닦을 수)
十年知己십년지기 知己之友지기지우 知彼知己지피지기 【주의】已(이미 이) 4급

한자별곡

기사회생(起死回生)

起(일어날 기), 死(죽을 사), 回(돌아올 회), 生(날 생)

죽은 사람을 다시 살려낸다는 뜻으로, 위기에 처한 상황에서 구원하여 사태를 호전시킴을 말한다.
노나라 사람 공손작(公孫綽)이 "나는 죽은 사람을 살릴 수 있다."하여 사람들이 방법을 물어보니, "나는 반신불수(半身不隨)를 고칠 수 있는데 반신불수를 고치는 약을 배로 늘리면 그것으로 죽은 사람을 살릴 것이오[治半身不隨之藥倍增 以是起死回生矣]."라고 대답하였다. 여기서 '기사회생'이라는 말이 유래되었다.

《여씨춘추(呂氏春秋)》 별류편(別類篇)

5급 배정한자

086 其 (그 기)
상형자 / 八부 / 총 8획

一 十 廿 廿 甘 並 其 其

- 其他기타 또 다른 것 ▶他(다를 타)
- 其間기간 어느 때부터 다른 어느 때까지의 동안 ▶間(사이 간)
- 各其각기 저마다의 사람이나 사물 ▶各(각각 각)
- 及其也급기야 不知其數부지기수 주의 基(터 기)5급

087 起 (일어날 기)
형성자 / 走부 / 총 10획

一 十 土 キ キ 走 起 起 起 起

- 起訴기소 공소를 제기함 ▶訴(호소할 소)
- 起立기립 일어나서 섬 ▶立(설 립)
- 提起제기 의견이나 문제를 내어 놓음 ▶提(끌 제)
- 起案기안 起承轉結기승전결 起死回生기사회생 주의 赴(나아갈 부)3급

088 吉 (길할 길)
회의자 / 口부 / 총 6획

一 十 士 吉 吉 吉

- 吉鳥길조 까치나 황새 따위와 같이 좋은 일이 생길 것을 미리 알려 주는 새 ▶鳥(새 조)
- 吉夢길몽 좋은 징조의 꿈 ▶夢(꿈 몽)
- 吉日길일 운이 좋거나 상서로운 날 ▶日(날 일)
- 吉祥文길상문 立春大吉입춘대길 吉凶禍福길흉화복 주의 古(예 고)5급

089 難 (어려울 난)
형성자 / 隹부 / 총 19획

一 十 卄 丱 芇 苩 莒 堇 堇 菓 菓 菓 勤 勤 勤 難 難 難 難

- 難民난민 전쟁이나 재난 따위를 당하여 곤경에 빠진 백성 ▶民(백성 민)
- 難關난관 일을 하여 나가면서 부딪치는 어려운 고비 ▶關(빗장 관)
- 險難험난 지세가 다니기에 위험하고 어려움 ▶險(험할 험)
- 求人難구인난 進退兩難진퇴양난 難攻不落난공불락

090 南 (남녘 남)
회의자 / 十부 / 총 9획

一 十 十 冇 冉 冉 南 南 南

- 南部남부 어떤 지역의 남쪽 부분 ▶部(떼 부)
- 越南월남 어떤 경계선을 지나 남쪽으로 넘음 ▶越(넘을 월)
- 江南강남 강의 남쪽 ▶江(강 강)
- 湖南地方호남지방 南柯一夢남가일몽 南男北女남남북녀

쪽지시험

상공회의소 한자
중급 3, 4, 5급

※ 다음 한자(漢字)와 음(音)이 같은 한자는 어느 것입니까?

1 基
① 技   ② 對   ③ 授   ④ 打   ⑤ 句

2 南
① 難   ② 農   ③ 男   ④ 北   ⑤ 念

풀이
1 基(터 기)
①기 ②대 ③수 ④타 ⑤구
2 南(남녘 남)
①난 ②농 ③남 ④북 ⑤념

답 1. ① | 2. ③

| 091
회의자
田 부
총 7획 | 男 사내 남 | ㅣ 冂 冂 用 田 囝 男
男便남편 혼인하여 사는 남자를, 그 아내를 기준으로 일컫는 말 ▶便(편할 편)
男兒남아 사내 아이 ▶兒(아이 아)
次男차남 둘째 아들 ▶次(버금 차)
得男득남 善男善女선남선녀 男尊女卑남존여비 **주의** 勇(날랠 용) 5급 |

| 092
회의자
入 부
총 4획 | 內 안 내 | ㅣ 冂 冂 内
內外내외 나라 안과 나라 밖 ▶外(바깥 외)
內容내용 그릇이나 포장 따위의 안에 든 것 ▶容(얼굴 용)
內亂내란 나라 안에서 정권을 차지할 목적으로 벌어지는 큰 싸움 ▶亂(어지러울 란)
白內障백내장 內務部내무부 外柔內剛외유내강 |

| 093
상형자
女 부
총 3획 | 女 계집 녀 | く 女 女
女子여자 여성으로 태어난 사람 ▶子(아들 자)
淑女숙녀 교양과 예의와 품격을 갖춘 현숙한 여자 ▶淑(맑을 숙)
女王여왕 여자 임금. 또는 어떤 영역에서 중심이 되는 위치에 있는 여자를 비유적으로 이르는 말 ▶王(임금 왕)
女性여성 老處女노처녀 男女平等남녀평등 |

| 094
형성자
干 부
총 6획 | 年 해 년 | ノ ㇒ ㇒ 느 듵 年
年度연도 사무나 회계 결산 따위의 처리를 위하여 편의상 구분한 일 년 동안의 기간 ▶度(법도 도)
年末연말 한 해의 마지막 무렵 ▶末(끝 말)
來年내년 올해의 바로 다음 해 ▶來(올 래)
送年송년 年賀狀연하장 年中無休연중무휴 **주의** 午(낮 오) 5급 |

| 095
형성자
心 부
총 8획 | 念 생각 념 | ノ 人 ㅅ 今 今 念 念 念
念慮염려 앞일에 대하여 여러 가지로 마음을 써서 걱정함 ▶慮(생각할 려)
念頭염두 생각의 시초 ▶頭(머리 두)
理念이념 이상적인 것으로 여겨지는 생각이나 견해 ▶理(다스릴 리)
信念신념 概念개념 空念佛공염불 記念碑기념비 **주의** 今(이제 금) 5급 |

한자별곡

외유내강(外柔內剛)

外(바깥 외), 柔(부드러울 유), 內(안 내), 剛(굳셀 강)

겉으로는 부드럽고 순하게 보이지만 속마음은 실제로 단단하고 강하다는 뜻으로, 내강외유라고도 한다.
당(唐)황제가 절도사(節度使) 이복(李復)의 후임으로 요남중(姚南仲)을 임명하자 군대감독관인 설영진(薛盈珍)은 요남중이 서생(書生)이었다고 하며 반대하였다. 이에 대해 노탄(盧坦)은 "요남중은 외유중강(外柔中剛)이고, 설영진이 요남중의 인사에 동의하지 않는다면 이에 따르지 않겠다."고 말하면서 설영진을 비판하였다.

《당서(唐書)》 노탄전(盧坦傳)

5급 배정한자

096 勞 일할 노
- 회의자
- 力 부
- 총 12획

筆順: 丶 丶 ⺌ ⺌ ⺌ ⺌ 炒 炒 烨 熒 勞 勞

過勞과로 몸이 고달플 정도로 지나치게 일함 ▶過(지날 과)
疲勞피로 과로로 정신이나 몸이 지친 상태 ▶疲(피곤할 피)
慰勞위로 따뜻한 말이나 행동으로 괴로움을 덜어 주거나 슬픔을 달래 줌 ▶慰(위로할 위)
勞組노조 勞使노사 勤勞者근로자 勞動三權노동삼권

097 農 농사 농
- 회의자
- 辰 부
- 총 13획

筆順: 一 冂 曰 曲 曲 曲 芦 芦 芦 農 農 農 農

農事농사 곡류, 과채류 따위의 씨나 모종을 심어 기르고 거두는 따위의 일 ▶事(일 사)
農藥농약 농작물에 해로운 벌레, 병균, 잡초 따위를 없애거나 농작물이 잘 자라게 하는 약품 ▶藥(약 약)
歸農귀농 다른 일을 하던 사람이 그 일을 그만두고 농사를 지으려고 농촌으로 돌아가는 현상 ▶歸(돌아갈 귀)
離農이농 農機械농기계 農業協同組合농업협동조합

098 能 능할 능
- 회의자
- 月(肉) 부
- 총 10획

筆順: 厶 厶 幺 台 台 台 肖 能 能 能

能熟능숙 능하고 익숙함 ▶熟(익을 숙)
能通능통 능히 오거나 감 ▶通(통할 통)
能動능동 스스로 내켜서 움직이거나 작용함 ▶動(움직일 동)
能辯능변 放射能방사능 超能力초능력 주의 態(모양 태)3급

099 多 많을 다
- 회의자
- 夕 부
- 총 6획

筆順: 丿 ク 夕 夕 多 多

多少다소 분량이나 정도의 많음과 적음 ▶少(적을 소)
多量다량 많은 분량 ▶量(헤아릴 량)
多彩다채 여러 가지 색채나 형태, 종류 따위가 어울리어 호화스러움 ▶彩(채색 채)
大多數대다수 多樣性다양성 公私多忙공사다망

100 單 홑 단
- 회의자
- 口 부
- 총 12획

筆順: 丶 口 口 吅 吅 吅 吅 吅 罒 罒 單 單

單獨단독 단 한 사람 ▶獨(홀로 독)
單位단위 길이, 무게, 수효, 시간 따위의 수량을 수치로 나타낼 때 기초가 되는 일정한 기준 ▶位(자리 위)
單純단순 복잡하지 않고 간단함 ▶純(순수할 순)
食單식단 傳單전단 單價단가 單科大學단과대학

쪽지시험

※ 다음의 뜻을 가진 한자(漢字)는 어느 것입니까?

1 생각
① 相 ② 念 ③ 怒 ④ 應 ⑤ 多

2 능하다
① 能 ② 爲 ③ 量 ④ 敎 ⑤ 流

풀이
1 ① 相(서로 상) ② 念(생각 념)
  ③ 怒(성낼 노) ④ 應(응할 응)
  ⑤ 多(많을 다)
2 ① 能(능할 능) ② 爲(할 위)
  ③ 量(헤아릴 량) ④ 敎(가르칠 교)
  ⑤ 流(흐를 류)

답 1. ② 2. ①

101 지사자 · 부 총 4획
丹 붉을 단/정성스러울 란

丿 刀 月 丹

丹脣단순 여자의 붉고 고운 입술 ▶脣(입술 순)
丹靑단청 옛날식 집의 벽, 기둥, 천장 따위에 여러 가지 빛깔로 그림이나 무늬를 그림 ▶靑(푸를 청)
丹田단전 배꼽 아래 한 치 다섯 푼 되는 곳 ▶田(밭 전)
粉丹粧분단장　一片丹心일편단심　牧丹모란

102 회의자 矢부 총 12획
短 짧을 단

丿 卜 上 午 矢 矢 矢 知 知 知 短 短

短期단기 단기간 ▶期(기약할 기)
短命단명 목숨이 짧음 ▶命(목숨 명)
超短波초단파 파장이 아주 짧은 전자기파 ▶超(뛰어넘을 초), 波(물결 파)
短距離단거리　短篇集단편집　短縮授業단축수업

103 형성자 辶(辵)부 총 13획
達 통달할 달

一 十 土 + 去 幸 幸 幸 幸 達 達 達

達人달인 학문이나 기예에 통달하여 남달리 뛰어난 역량을 가진 사람 ▶人(사람 인)
達辯달변 능숙하여 막힘이 없는 말 ▶辯(말씀 변)
達成달성 목적한 것을 이룸 ▶成(이룰 성)
發達발달　熟達숙달　調達청조달청　公示送達공시송달　주의 建(세울 건)5급

104 형성자 言부 총 15획
談 말씀 담

丶 宀 亠 亠 言 言 言 言 訁 訁 談 談 談 談 談

德談덕담 남이 잘되기를 비는 말 ▶德(덕 덕)
險談험담 남의 흠을 들추어 헐뜯음 ▶險(험할 험)
雜談잡담 쓸데없이 지껄이는 말 ▶雜(섞일 잡)
懇談會간담회　豪言壯談호언장담　頂上會談정상회담

105 형성자 竹부 총 12획
答 대답 답

丿 卜 圤 牛 竹 竹 灰 灰 答 答 答 答

對答대답 부르는 말에 응하여 어떤 말을 함 ▶對(대할 대)
確答확답 확실하게 대답함 ▶確(굳을 확)
應答응답 부름이나 물음에 응하여 답함 ▶應(응할 응)
答禮답례　愚問賢答우문현답　默默不答묵묵부답　주의 笑(웃음 소)4급

공시송달(公示送達)
公(공평할 공), 示(보일 시), 送(보낼 송), 達(통달할 달)

민사소송법에서 당사자의 주거 불명 따위의 사유로 소송에 관한 서류를 전달하기 어려울 때에 그 서류를 법원 게시판이나 신문에 일정한 기간 동안 게시함으로써 송달한 것과 똑같은 효력을 발생시키는 방법이다. 재판장의 직권 또는 당사자의 신청에 의하여 행하여지며, 신청인은 특히 공시송달의 사유를 소명(疏明)하여야 한다. 공시송달은 게시한 날로부터 2주(외국에서 할 송달에 있어서는 2개월간)를 경과함으로써 그 효력이 생긴다. 이 기간은 단축할 수 없으나, 동일한 당사자에 대한 이후의 공시송달은 게시한 다음날부터 그 효력이 생긴다.

5급 배정한자

106 형성자 / 土부 / 총 11획
堂 집 당
一 丷 ⺌ 丷 屮 尚 尚 尚 堂 堂 堂
- 講堂강당 강연이나 강의, 의식 따위를 할 때에 쓰는 건물이나 큰 방 ▶講(욀 강)
- 聖堂성당 천주교의 종교의식이 행해지는 집 ▶聖(성인 성)
- 殿堂전당 높고 크게 지은 화려한 집 ▶殿(전각 전)
- 堂叔당숙 正正堂堂정정당당 國會議事堂국회의사당 주의 當(마땅 당) 4급

107 상형자 / 大부 / 총 3획
大 큰 대
一 ナ 大
- 大將대장 한 무리의 우두머리 ▶將(장수 장)
- 大學대학 고등 교육을 베푸는 교육 기관 ▶學(배울 학)
- 大義대의 사람으로서 마땅히 지키고 행하여야 할 큰 도리 ▶義(옳을 의)
- 大勢대세 大陸대륙 大西洋대서양 大器晩成대기만성 주의 太(클 태) 6급

108 회의자 / 寸부 / 총 14획
對 대할 대
一 丨 丷 ⺌ 屮 业 业 业 堂 堂 堂 對 對
- 對話대화 마주 대하여 이야기를 주고받음 ▶話(말씀 화)
- 對答대답 부르는 말에 응하여 어떤 말을 함 ▶答(대답 답)
- 對應대응 어떤 일이나 사태에 맞추어 태도나 행동을 취함 ▶應(응할 응)
- 對決대결 對談대담 反對반대 對角線대각선

109 형성자 / 亻(人)부 / 총 5획
代 대신 대
ノ 亻 仁 代 代
- 代身대신 어떤 대상과 자리를 바꿔 있게 되거나 어떤 대상이 하게 될 구실을 바꿔 하게 됨 ▶身(몸 신)
- 代表대표 전체의 상태나 성질을 어느 하나로 잘 나타냄 ▶表(겉 표)
- 代案대안 어떤 안을 대신하는 안 ▶案(안건 안)
- 代金대금 世代세대 代理人대리인 新陳代謝신진대사 주의 伐(칠 벌) 4급

110 형성자 / 彳부 / 총 15획
德 덕 덕
ノ ⺈ 彳 彳 彳 彳 ⽧ ⽧ ⽧ 德 德 德 德 德
- 德目덕목 충, 효, 인, 의 따위의 덕을 분류하는 명목 ▶目(항목 목)
- 德談덕담 남이 잘되기를 비는 말 ▶談(말씀 담)
- 道德도덕 사회의 구성원들이 스스로 마땅히 지켜야 할 행동 준칙이나 규범의 총체 ▶道(길 도)
- 惡德악덕 變德변덕 福德房복덕방 背恩忘德배은망덕

쪽지시험 상공회의소 한자 초급 3, 4, 5급

※ 다음 한자(漢字)와 뜻이 비슷한 한자는 어느 것입니까?

1 堂
① 官 ② 家 ③ 國 ④ 里 ⑤ 來

2 談
① 話 ② 記 ③ 設 ④ 認 ⑤ 誠

풀이

1 堂(집 당)
① 官(벼슬 관) ② 家(집 가)
③ 國(나라 국) ④ 里(마을 리)
⑤ 來(올 래)

2 談(말씀 담)
① 話(말씀 화) ② 記(기록할 기)
③ 設(베풀 설) ④ 認(알 인)
⑤ 誠(정성 성)

답 1. ② 2. ①

111 到 이를 도
형성자 / 刂(刀)부 / 총 8획

一 丆 丆 至 至 到 到

到着도착 목적한 곳에 다다름 ▶着(붙을 착)
到達도달 목적한 곳이나 수준에 다다름 ▶達(통달할 달)
到來도래 어떤 시기나 기회가 닥쳐옴 ▶來(올 래)
殺到쇄도 用意周到용의주도 周到綿密주도면밀 주의 倒(넘어질 도) 3급

112 度 법도 도/헤아릴 탁
형성자 / 广부 / 총 9획

丶 亠 广 广 庐 庐 庐 度 度

度量도량 사물을 너그럽게 용납하여 처리할 수 있는 넓은 마음과 깊은 생각 ▶量(헤아릴 량)
態度태도 몸의 동작이나 몸을 거두는 모양새 ▶態(모양 태)
溫度온도 따뜻함과 차가움의 정도. 또는 그것을 나타내는 수치 ▶溫(따뜻할 온)
濕度습도 難易度난이도 度支部탁지부

113 道 길/행정 도
형성자 / 辶(辵)부 / 총 13획

丶 䒑 丷 丷 首 首 首 首 首 道 道 道 道

道路도로 사람, 차 따위가 잘 다닐 수 있도록 만들어 놓은 비교적 넓은 길 ▶路(길 로)
道廳도청 도의 행정을 맡아 처리하는 지방 관청 ▶廳(관청 청)
鐵道철도 침목 위의 철제 궤도 위로 차량을 운전하여 여객과 화물을 운송하는 시설 ▶鐵(쇠 철)
道術도술 濟州道제주도 橫斷步道횡단보도 주의 首(머리 수) 5급

114 島 섬 도
형성자 / 山부 / 총 10획

' 亻 亼 冂 自 自 鸟 鸟 島 島

獨島독도 경상북도 울릉군에 속하는 화산섬 ▶獨(홀로 독)
落島낙도 육지에서 멀리 떨어진 외딴섬 ▶落(떨어질 락)
韓半島한반도 '우리나라'를 지형적으로 일컫는 말 ▶韓(나라이름 한), 半(반 반)
三多島삼다도 汝矣島여의도 無人孤島무인고도 주의 鳥(새 조) 5급

115 都 도읍 도
형성자 / 阝(邑)부 / 총 12획

一 十 土 耂 耂 耂 者 者 者 者' 者' 都 都

都邑도읍 그 나라의 수도 ▶邑(고을 읍)
都市도시 일정한 지역의 정치·경제·문화의 중심이 되는, 사람이 많이 사는 지역 ▶市(저자 시)
都心도심 도시의 중심부 ▶心(마음 심)
遷都천도 首都수도 都賣商도매상

한자별곡

삼척동자(三尺童子)
三(석 삼), 尺(자 척), 童(아이 동), 子(아들 자)

키가 석 자밖에 되지 않는 어린 아이라는 뜻으로, 철이 없는 어리석은 아이를 이르는 말이다. 일의 이치를 판단하는 능력이 부족하고, 보고 들어서 얻은 지식이 적은 사람을 비유적으로 이르는 말이기도 하다. 키가 5척인 아이를 뜻하는 '오척지동(五尺之童)'도 유사한 뜻을 가지고 있다.

"키가 석 자밖에 안 되는 어린 아이는 어리석은데, 그에게 개와 돼지를 가리키며 절을 하도록 시키면 바로 발끈 성을 냅니다. 지금, 추노(醜虜)가 곧 개나 돼지와 같은 것입니다."

《상고종봉사(上高宗封事)》

116 會意字 口부 총 14획
圖
그림 도

丨 冂 冂 冋 冋 局 局 局 局 局 局 圖 圖 圖
圖面도면 토목, 건축, 기계 따위의 구조나 설계 따위를 기하학적으로 나타낸 그림 ▶面(낯 면)
圖案도안 미술 작품을 만들 때 형상, 모양 따위에 관한 것을 그림으로 설계하여 나타낸 것 ▶案(책상 안)
圖解도해 글의 내용을 그림으로 풀이함 ▶解(풀 해)
略圖약도　地圖지도　圖書館도서관　圖畫紙도화지　주의 圓(둥글 원) 4급

117 象形字 刀부 총 2획
刀
칼 도

丿 刀
刀劍도검 칼이나 검을 아울러 이르는 말 ▶劍(칼 검)
短刀단도 날이 한쪽에만 서 있는 짧은 칼 ▶短(짧을 단)
果刀과도 과일칼 ▶果(과실 과)
面刀면도　銀粧刀은장도　單刀直入단도직입

118 形聲字 犭(犬)부 총 16획
獨
홀로 독

丿 亅 犭 犭 犭 犭 犭 犭 犭 犭 獨 獨 獨 獨 獨
獨立독립 다른 것에 예속하거나 의존하지 아니하는 상태로 됨 ▶立(설 립)
獨裁독재 특정한 개인, 단체가 어떤 분야에서 권력을 차지하여 모든 일을 독단으로 처리함 ▶裁(마를 재)
獨斷독단 남과 상의하지도 않고 혼자서 판단하거나 결정함 ▶斷(끊을 단)
獨善독선　孤獨고독　獨創的독창적　獨不將軍독불장군

119 形聲字 言부 총 22획
讀
읽을 독/구절 두

丶 亠 主 言 言 言 言 言 訁 訁 訁 訁 訁 讀 讀 讀 讀 讀 讀 讀 讀 讀
讀書독서 책을 읽음 ▶書(글 서)
讀者독자 책·신문·잡지 따위의 출판물을 읽는 사람 ▶者(놈 자)
通讀통독 처음부터 끝까지 내리 읽음 ▶通(통할 통)
句讀點구두점　讀後感독후감　晝耕夜讀주경야독

120 會意字 口부 총 6획
同
한가지 동

丨 冂 冂 冋 同 同
同行동행 같이 길을 감 ▶行(다닐 행)
同乘동승 차, 배, 비행기 따위를 같이 탐 ▶乘(탈 승)
同僚동료 같은 직장이나 같은 부문에서 함께 일하는 사람 ▶僚(동료 료)
同義동의　同甲동갑　同居人동거인　同盟罷業동맹파업

쪽지시험

※ 다음 한자어(漢字語)와 발음(發音)이 같은 한자어는 어느 것입니까?

1　程度
　① 半島　② 地圖　③ 遷都　④ 定道　⑤ 吉夢

2　同化
　① 東方　② 洞里　③ 銅賞　④ 洞長　⑤ 童話

풀이
1 정도
　① 반도　② 지도　③ 천도　④ 정도　⑤ 길몽
2 동화
　① 동방　② 동리　③ 동상　④ 동장　⑤ 동화

답 1. ④ | 2. ⑤

121 형성자 氵(水) 부 총 9획	洞 골 동/꿰뚫을 통

丶 丶 氵 氵 沪 沪 洞 洞 洞

洞口동구 동네 어귀 ▶ 口(입 구)
空洞공동 텅 빈 굴 ▶ 空(빌 공)
洞長동장 한 동네의 우두머리 ▶ 長(어른 장)
洞達통달 洞燭통촉 洞察통찰

122 회의자 立부 총 12획	童 아이 동

丶 丶 亠 产 产 音 音 音 音 童 童

童話동화 어린이를 위하여 동심을 바탕으로 지은 이야기 ▶ 話(말씀 화)
童謠동요 어린이를 위하여 동심을 바탕으로 지은 노래 ▶ 謠(노래 요)
童詩동시 주로 어린이를 독자로 예상하고 어린이의 정서를 읊은 시 ▶ 詩(시 시)
童心동심 童顏동안 兒童아동 三尺童子삼척동자 주의 重(무거울 중) 5급

123 형성자 冫부 총 5획	冬 겨울 동

丿 ク 夂 冬 冬

冬季동계 겨울철 ▶ 季(계절 계)
冬至동지 이십사절기의 하나 ▶ 至(이를 지)
冬眠동면 겨울이 되면 동물이 활동을 중단하고 땅속 따위에서 겨울을 보내는 일 ▶ 眠(잠잘 면)
越冬월동 冬節氣동절기 嚴冬雪寒엄동설한

124 상형자 木부 총 8획	東 동녘 동

一 厂 厂 戶 百 申 東 東

東洋동양 유라시아 대륙의 동부 지역 ▶ 洋(큰바다 양)
東海동해 동쪽에 있는 바다 ▶ 海(바다 해)
東西古今동서고금 동양과 서양, 그리고 옛날과 오늘 ▶ 西(서녘 서), 古(예 고), 今(이제 금)
東醫寶鑑동의보감 東西南北동서남북 馬耳東風마이동풍 주의 束(묶을 속) 3급

125 형성자 力부 총 11획	動 움직일 동

一 二 千 千 台 台 盲 重 重 動 動

動物동물 생물계의 두 갈래 가운데 하나 ▶ 物(물건 물)
動力동력 전기 또는 자연에 있는 에너지를 쓰기 위하여 기계적인 에너지로 바꾼 것 ▶ 力(힘 력)
動作동작 몸이나 손발 따위를 움직임 ▶ 作(지을 작)
動亂동란 衝動충동 變動변동 能動態능동태 주의 勤(부지런할 근) 5급

한자별곡

동의보감(東醫寶鑑)
東(동녘 동), 醫(의원 의), 寶(보배 보), 鑑(거울 감)

조선시대의 의관(醫官)인 허준이 선조(宣祖)의 명에 따라 편찬한 한방의서로, 2009년 세계기록유산으로 등재되었다. 선조 29년(1596)에 우리나라와 중국의 의서를 모아 엮어 광해군 2년(1610)에 완성하였다. 임상 의학적 방법에 따라 내·외과 따위의 전문과별로 나누어 각 병마다 진단과 처방이 나와 있으며, 탕약편(湯藥篇)에는 수백 종의 향약명(鄕藥名)이 한글로 적혀 있다. 총 25권 25책, 금속활자로 발행된 동의보감은 동양에서 가장 우수한 의학서 중 하나로 평가받고 있다. 2009년에는 의학서적으로는 처음으로 유네스코 세계기록유산으로 등재되었다.

5급 배정한자

126 상형자 斗부 총 4획	斗 말 두

丶 亠 ニ 斗

斗量두량 되나 말로 곡식 따위를 셈 ▶量(헤아릴 량)
泰斗태두 어떤 분야에서 가장 권위가 있는 사람을 비유하는 말 ▶泰(클 태)
斗落두락 마지기 ▶落(떨어질 락)
斗酒不辭두주불사 北斗七星북두칠성 車載斗量거재두량

127 상형자 豆부 총 7획	豆 콩 두

一 ㄇ ㅁ ㅁ 丆 豆 豆

豆腐두부 콩으로 만든 식품의 하나 ▶腐(썩을 부)
豆乳두유 물에 불린 콩을 간 다음, 물을 붓고 끓여 걸러서 만든 우유 같은 액체 ▶乳(젖 유)
豆油두유 콩기름 ▶油(기름 유)
綠豆녹두 豆滿江두만강 種豆得豆종두득두

128 형성자 頁부 총 16획	頭 머리 두

一 ㄇ ㅁ ㅁ 丆 豆 豆 豆 丆 頭 頭 頭 頭 頭 頭 頭

頭腦두뇌 신경 세포가 모여 신경계의 중심을 이루고 있는 부분 ▶腦(골 뇌)
頭髮두발 머리털 ▶髮(터럭 발)
沒頭몰두 어떤 일에 온 정신을 다 기울여 열중함 ▶沒(빠질 몰)
頭蓋骨두개골 偏頭痛편두통 龍頭蛇尾용두사미 주의 項(항목 항) 3급

129 회의자 彳부 총 11획	得 얻을 득

丿 ㇇ 彳 彳 彳 乃 彳日 彳日 彳日 彳日 得

得票득표 투표에서 찬성표를 얻음 ▶票(표 표)
得男득남 아들을 낳음 ▶男(사내 남)
得點득점 시험이나 경기 따위에서 점수를 얻음 ▶點(점 점)
所得소득 習得습득 獲得획득 取得稅취득세 一擧兩得일거양득

130 회의자 竹부 총 12획	等 무리/등급 등

丿 ㇇ ㇇ ㇈ ㇈ ㇈ 笁 笁 笁 等 等 等

等級등급 높고 낮음이나 좋고 나쁨 따위의 차이를 여러 층으로 구분한 단계 ▶級(등급 급)
等數등수 등급에 따라 정한 차례 ▶數(셈 수)
對等대등 양쪽이 높고 낮음이나 낫고 못함이 없이 비슷함 ▶對(대할 대)
差等차등 初等學校초등학교 高等動物고등동물 주의 寺(절 사) 5급

 쪽지시험

※ 다음 단어들의 □ 안에 공통으로 들어갈 알맞은 한자는 어느 것입니까?

1 行□, □作, □物
①運 ②始 ③動 ④建 ⑤農

2 對□, □數, 平□
①立 ②分 ③等 ④和 ⑤豆

풀이
1 行動(행동), 動作(동작), 動物(동물)
2 對等(대등), 等數(등수), 平等(평등)

답 1.③ | 2.③

상공회의소 한자시험 중급 기본서 3급

131 登 오를 등
- 회의자
- 癶 부
- 총 12획

ㄱ ㅋ ㅋ' ㅋ" 癶 癶 ᄍ 癶 登 登 登 登

- 登山등산 운동, 놀이, 탐험 따위의 목적으로 산에 오름 ▶山(뫼 산)
- 登校등교 학생이 학교에 감 ▶校(학교 교)
- 登載등재 일정한 사항을 장부나 대장에 올림 ▶載(실을 재)
- 登錄金등록금 登龍門등용문 登記郵便등기우편

132 落 떨어질 락
- 형성자
- 艸(艹) 부
- 총 13획

一 十 艹 艹 艿 艿 莎 莎 茨 茨 落 落 落

- 落鄕낙향 시골로 거처를 옮기거나 이사함 ▶鄕(시골 향)
- 落選낙선 선거에서 떨어짐 ▶選(가릴 선)
- 落第낙제 진학 또는 진급을 못함 ▶第(차례 제)
- 當落당락 漏落누락 秋風落葉추풍낙엽

133 樂 즐거울 락/풍류 악/좋아할 요
- 상형자
- 木 부
- 총 15획

' ⁄ ſ 白 白 伯 伯 的 幽 幽 幽 樂 樂 樂

- 快樂쾌락 유쾌하고 즐거움 ▶快(쾌할 쾌)
- 娛樂오락 쉬는 시간에 여러 가지 방법으로 기분을 즐겁게 하는 일 ▶娛(즐길 오)
- 音樂음악 목소리나 악기를 통하여 사상 또는 감정을 나타내는 예술 ▶音(소리 음)
- 樂譜악보 喜怒哀樂희로애락 樂山樂水요산요수 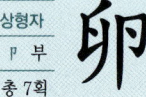 藥(약 약) 5급

134 卵 알 란
- 상형자
- 卩 부
- 총 7획

' ㄣ ㄷ 白 卯 卯 卵

- 鷄卵계란 닭의 알 ▶鷄(닭 계)
- 土卵토란 천남성과의 여러해살이풀 ▶土(흙 토)
- 明卵명란 명태의 알 ▶明(밝을 명)
- 産卵산란 排卵배란 受精卵수정란 주의 卯(토끼 묘) 4급

135 來 올 래
- 상형자
- 人 부
- 총 8획

一 厂 厂 厷 厷 来 来 來

- 來日내일 오늘의 바로 다음날 ▶日(날 일)
- 來年내년 올해의 바로 다음 해 ▶年(해 년)
- 來韓내한 외국인이 한국에 옴 ▶韓(나라이름 한)
- 來賓내빈 未來미래 到來도래 招來초래 去來거래

한자별곡

일거양득(一擧兩得)

一(한 일), 擧(들 거), 兩(두 양), 得(얻을 득)

한 가지 일로써 두 가지 이익을 얻는다는 뜻이다.

힘이 장사인 변장자(辨莊子)가 여관에 투숙하였는데, 밖에서 호랑이가 나타났다는 소리가 들렸다. 이 말을 듣고 그가 호랑이를 잡으려 나가려 하자, 여관의 사동(使童)이 말리면서 "지금 호랑이 두 마리가 서로 소를 차지하려고 싸우고 있습니다. 잠시 후면 한 마리는 죽고, 한 마리는 상처를 입을 것입니다. 그러면 그때 가서 잡으십시오."라고 하였다. 사동의 말대로 변장자는 힘 들이지 않고 한꺼번에 호랑이 두 마리를 잡았다고 한다.

《춘추후어(春秋後語)》

5급 배정한자

---

136 형성자 冫부 총 7획

冷
찰 랭

丶 冫 冫 冷 冷 冷 冷

冷凍냉동 생선이나 육류 따위를 신선하게 보관하기 위해 얼림 ▶凍(얼 동)
急冷급랭 급속히 얼리거나 식힘 ▶急(급할 급)
冷徹냉철 생각이나 판단 따위가 감정에 치우치지 않고 침착하며 사리에 밝음 ▶徹(통할 철)
冷水냉수　冷藏庫냉장고　寒冷前線한랭전선　주의 令(하여금 령) 5급

---

137 상형자 艮부 총 7획

良
어질 량

丶 ㄱ ㅋ ㅋ 良 良 良

良心양심 자기의 행위에 대하여 옳고 그름과 선과 악의 판단을 내리는 도덕적 의식 ▶心(마음 심)
良民양민 선량한 백성 ▶民(백성 민)
良識양식 뛰어난 식견이나 건전한 판단 ▶識(알 식)
良書양서　良好양호　優良兒우량아　賢母良妻현모양처　주의 艮(괘이름 간) 2급

---

138 상형자 里부 총 12획

量
헤아릴 량

丨 口 日 日 旦 早 昌 昌 昌 量 量 量

重量중량 무게 ▶重(무거울 중)
質量질량 물체의 고유한 역학적 기본량 ▶質(바탕 질)
雅量아량 너그럽고 속이 깊은 마음씨 ▶雅(맑을 아)
度量도량　境界測量경계측량　體重減量체중감량　주의 里(마을 리) 5급

---

139 회의자 方부 총 10획

旅
나그네 려

丶 亠 丅 方 方 方 扩 扩 旅 旅

旅行여행 일이나 유람을 목적으로 다른 고장이나 외국에 가는 일 ▶行(다닐 행)
旅券여권 외국을 여행하는 사람의 신분이나 국적을 증명하고 상대국에 그 보호를 의뢰하는 문서 ▶券(문서 권)
旅館여관 돈을 받고 손님을 묵게 하는 집 ▶館(집 관)
旅費여비　旅程여정　旅人宿여인숙　주의 旋(돌 선) 3급

---

140 상형자 力부 총 2획

力
힘 력

フ 力

重力중력 지구 위의 물체가 지구 중심으로부터 받는 힘 ▶重(무거울 중)
武力무력 때리거나 부수는 따위의 육체를 사용한 힘 ▶武(굳셀 무)
力道역도 무거운 역기를 들어 올려 그 중량을 겨루는 경기 ▶道(길 도)
努力노력　推進力추진력　記憶力기억력　주의 刀(칼 도) 5급

쪽지시험

성공회외소 한자 총급 3, 4, 5급

※ 다음 성어에서 □ 안에 들어갈 알맞은 한자는 어느 것입니까?

1　賢母□妻

① 羊　② 良　③ 兩　④ 量　⑤ 落

2　樂山□水

① 慧　② 樂　③ 例　④ 藝　⑤ 得

풀이

1 賢母良妻(현모양처) : 어진 어머니면서 착한 아내
2 樂山樂水(요산요수) : 산수의 자연을 즐기고 좋아함

답 1. ② | 2. ②

141 歷 지낼 력
형성자 / 止부 / 총 16획

一 厂 厂 F 厈 厤 歷 歷 歷 歷 歷 歷 歷 歷

- 歷史역사 인류 사회의 변천과 흥망의 과정 ▶史(역사 사)
- 歷任역임 여러 직위를 두루 거쳐 지냄 ▶任(맡길 임)
- 歷代역대 대대로 이어 내려온 여러 대 ▶代(대할 대)
- 經歷경력 病歷병력 略歷약력 履歷書이력서   주의 曆(책력 력) 3급

142 連 이을 련
회의자 / 辶(辵)부 / 총 11획

一 厂 厂 亓 盲 亘 車 連 連 連 連

- 連續연속 끊이지 아니하고 죽 이어지거나 지속함 ▶續(이을 속)
- 連繫연계 어떤 일이나 사람과 관련하여 관계를 맺음 ▶繫(맬 계)
- 連鎖연쇄 연결된 사슬 ▶鎖(쇠사슬 쇄)
- 連結연결 連理枝연리지 連發彈연발탄 連戰連勝연전연승   주의 運(옮길 운) 5급

143 列 벌일 렬
회의자 / 刂(刀)부 / 총 6획

一 ブ 歹 歹 列 列

- 列擧열거 여러 가지 예나 사실을 낱낱이 죽 늘어놓음 ▶擧(들 거)
- 行列행렬 여럿이 줄지어 감 ▶行(다닐 행)
- 角列각렬 서로 버티어 늘어섬 ▶角(뿔 각)
- 齒列치열 配列배열 緩行列車완행열차   주의 烈(매울 렬) 4급

144 令 하여금 령
회의자 / 人부 / 총 5획

ノ 人 人 今 令

- 法令법령 국가 기관에서 공포되는 법적 효력을 가진 법규를 통틀어 이르는 말 ▶法(법 법)
- 訓令훈령 상급 관청에서 하급 관청을 지휘, 감독하기 위하여 명령을 내림 ▶訓(가르칠 훈)
- 號令호령 부하나 동물 따위를 지휘하여 명령함 ▶號(이름 호)
- 假令가령 令狀영장 戒嚴令계엄령 待機發令대기발령   주의 今(이제 금) 5급

145 例 법식 례
형성자 / 亻(人)부 / 총 8획

ノ 亻 亻 亻 佇 㑃 例 例

- 例外예외 일반적 규칙이나 정례에서 벗어나는 일 ▶外(바깥 외)
- 先例선례 이전부터 있었던 사례 ▶先(먼저 선)
- 實例실례 구체적인 실제의 보기 ▶實(열매 실)
- 慣例관례 類例유례 判例판례 比例代表制비례대표제

한자별곡

노동삼권(勞動三權)

勞(일할 로), 動(움직일 동), 三(석 삼), 權(권세 권)

노동삼권은 근로자의 인간다운 생활을 보장하기 위해 헌법에서 정한 단결권, 단체교섭권, 단체행동권을 말하며 노동조합법은 헌법에 의거하여 노동삼권을 보장한다. 노동자의 권익과 근로조건의 향상을 위하여 헌법상 보장되는 기본권으로 생활권(생존권 또는 사회권)에 속한다. 우리나라 헌법에서는 노동삼권을 보장하고 있으나, 단체행동권의 행사는 법률이 정하는 범위 내에서 보장된다. 또한 공무원인 근로자는 법률로 인정된 자(단순한 노무에 종사하는 공무원 등)를 제외하고는 노동삼권이 인정되지 않는다.

5급 배정한자

146 형성자 / 示부 / 총 18획
禮
예도 례

一 亓 亓 亓 亓 利 利 神 神 神 神 神 禮 禮 禮 禮 禮

缺禮결례 예의범절에서 벗어나는 짓을 함 ▶缺(이지러질 결)
禮拜堂예배당 교회의 전 용어 ▶拜(절 배), 堂(집 당)
謝禮金사례금 사례의 뜻으로 주는 돈 ▶謝(사례할 사), 金(쇠 금)
婚禮式혼례식 葬禮式장례식 禮儀凡節예의범절

147 회의자 / 足부 / 총 13획
路
길 로

丨 口 口 卩 卩 兄 足 足 足 趵 趵 路 路 路

進路진로 앞으로 나아갈 길 ▶進(나아갈 진)
迷路미로 어지럽게 갈래가 져서, 한번 들어가면 다시 빠져나오기 어려운 길 ▶迷(미혹할 미)
路上노상 길바닥 ▶上(위 상)
經路경로 高速道路고속도로 航空路線항공노선

148 상형자 / 老부 / 총 6획
老
늙을 로

一 十 土 耂 老 老

老人노인 나이가 들어 늙은 사람 ▶人(사람 인)
老衰노쇠 늙어서 쇠약하고 기운이 별로 없음 ▶衰(쇠할 쇠)
老患노환 늙고 쇠약해지면서 생기는 병 ▶患(근심 환)
敬老堂경로당 不老長生불로장생 敬老思想경로사상 주의 孝(효도 효) 5급

149 형성자 / 言부 / 총 15획
論
논할 론

丶 亠 亠 宀 言 言 言 言 訁 訁 訡 論 論 論 論

概論개론 내용을 대강 추려서 서술함 ▶概(대개 개)
論爭논쟁 서로 다른 의견을 가진 사람들이 각각 자기의 주장을 말이나 글로 논하여 다툼 ▶爭(다툴 쟁)
結論결론 말이나 글의 끝을 맺는 부분 ▶結(맺을 결)
論述논술 輿論收斂여론수렴 卓上空論탁상공론

150 회의자 / 斗부 / 총 10획
料
헤아릴/재료 료

丶 丶 ୰ 乂 半 米 米 米 料 料

料金요금 남의 힘을 빌리거나 사물을 사용·소비·관람한 대가로 치르는 돈 ▶金(쇠 금)
料理요리 음식을 일정한 방법으로 만듦 ▶理(다스릴 리)
給料급료 일에 대한 대가로 고용주가 지급하는 돈 ▶給(줄 급)
飲料水음료수 過怠料과태료 化學肥料화학비료 주의 科(과목 과) 5급

쪽지시험

※ 다음 음(音)을 가진 한자는 어느 것입니까?

1 로
①歷 ②列 ③綠 ④論 ⑤路

2 료
①流 ②料 ③律 ④林 ⑤論

풀이
1 ①력 ②렬 ③록 ④론 ⑤로
2 ①류 ②료 ③률 ④림 ⑤론

답 1. ⑤ | 2. ②

151 형성자 / 氵(水) 부 / 총 10획	流 흐를 류	ヽ ヽ ヾ シ 汙 汙 浐 浐 流 流 **流行**유행 전염병이 널리 퍼져 돌아다님 ▶ 行(다닐 행) **寒流**한류 온도가 비교적 낮은 해류 ▶ 寒(찰 한) **急流**급류 물이 빠른 속도로 흐름 ▶ 急(급할 급) 漂流표류 流動性유동성 流配地유배지
152 형성자 / 田 부 / 총 10획	留 머무를 류	´ ⺋ ⺋ 卯 卯 卯 留 留 留 留 **留念**유념 잊거나 소홀히 하지 않도록 마음속에 깊이 간직하여 생각함 ▶ 念(생각 념) **留保**유보 일정한 권리나 의무 따위를 뒷날로 미루거나 보존하는 일 ▶ 保(지킬 보) **留級**유급 학교나 직장에서 상위 학년이나 직책으로 진급하지 못하고 그대로 남음 ▶ 級(등급 급) 留任유임 押留압류 留宿유숙 海外留學해외유학
153 형성자 / 阝(阜) 부 / 총 11획	陸 뭍 륙	´ ⻖ ⻖ ⻖ ⻖ 陸 陸 陸 陸 陸 陸 **陸地**육지 땅 ▶ 地(땅 지) **陸橋**육교 도로나 철로 위를 사람들이 안전하게 횡단할 수 있도록 공중으로 이어 놓은 다리 ▶ 橋(다리 교) **大陸**대륙 넓은 면적을 가지고 해양의 영향이 내륙부에까지 직접적으로 미치지 않는 육지 ▶ 大(큰 대) 着陸착륙 水陸兩用수륙양용 陸海空軍육해공군
154 형성자 / 彳 부 / 총 9획	律 법칙 률	´ ㇗ ⼻ 彳 彳 彳 律 律 律 **法律**법률 법 ▶ 法(법 법) **規律**규율 질서나 제도를 유지하기 위하여 정하여 놓은, 행동의 준칙이 되는 본보기 ▶ 規(법 규) **律動**율동 일정한 규칙을 따라 주기적으로 움직임 ▶ 動(움직일 동) 旋律선율 千篇一律천편일률 自律學習자율학습
155 회의자 / 里 부 / 총 7획	里 마을 리	ㅣ 冂 日 日 旦 甲 里 **里長**이장 행정 구역의 단위인 '리(里)'를 대표하여 일을 맡아보는 사람 ▶ 長(어른 장) **村里**촌리 마을 ▶ 村(마을 촌) **鄕里**향리 고향 ▶ 鄕(시골 향) 千里眼천리안 萬里長城만리장성 五里霧中오리무중

한자별곡

마이동풍(馬耳東風)

馬(말 마), 耳(귀 이), 東(동녘 동), 風(바람 풍)

'말의 귀에 동풍'이라는 뜻으로, 따뜻한 봄바람이 불면 사람들은 기뻐하는데 말의 귀는 봄바람이 불어도 전혀 느끼는 낌새가 없음을 의미한다. 즉, 남의 비평이나 의견을 조금도 귀담아 듣지 아니하고 흘려버림을 이르는 말로 '쇠 귀에 경 읽기'와 같은 의미이다.

왕십이(王十二)가 이백(李白)에게 "한야(寒夜)에 홀로 술잔을 들며 수심에 잠긴다."라고 자신의 처지를 하소연하니, 이백이 "세상 사람들은 우리가 지은 시부(詩賦)를 들어도 고개를 가로저으며 들으려 하지 않음이 마치 봄바람이 말의 귀에 부는 것과 같다."고 답하였다.

《답왕십이한야독작유회(答王十二寒夜獨酌有懷)》

5급 배정한자

156 理
형성자 / 王(玉)부 / 총 11획
다스릴 리

一 ニ Ŧ 王 玗 玾 玾 理 理 理 理

原理원리 사물의 근본이 되는 이치 ▶原(근원 원)
理念이념 이상적인 것으로 여겨지는 생각이나 견해 ▶念(생각 념)
理解이해 사리를 분별하여 해석함 ▶解(풀 해)
窮理궁리 整理정리 理髮所이발소 心理學심리학

157 利
회의자 / 刂(刀)부 / 총 7획
이로울/날카로울 리

ノ ニ Ŧ 禾 禾 利 利

權利권리 권세와 이익 ▶權(권세 권)
複利복리 복리법으로 계산된 이자 ▶複(겹칠 복)
利用이용 대상을 필요에 따라 이롭게 씀 ▶用(쓸 용)
銳利예리 暴利폭리 勝利感승리감 利害得失이해득실   주의 判(판단할 판)5급

158 林
회의자 / 木부 / 총 8획
수풀 림

一 十 オ 木 木 杧 材 林

林野임야 숲과 들을 아울러 이르는 말 ▶野(들 야)
林業임업 각종 임산물에서 얻는 경제적 이윤을 위하여 삼림을 경영하는 사업 ▶業(업 업)
原始林원시림 사람의 손이 가지 아니한 자연 그대로의 삼림 ▶原(근원 원), 始(처음 시)
山林廳산림청 國有林국유림 密林地帶밀림지대

159 立
상형자 / 立부 / 총 5획
설 립

丶 ㅗ 六 寸 立

創立창립 기관이나 단체 따위를 새로 만들어 세움 ▶創(비롯할 창)
確立확립 체계나 견해, 조직 따위가 굳게 섬 ▶確(굳을 확)
起立기립 일어나서 섬 ▶起(일어날 기)
立冬입동 獨立軍독립군 立春大吉입춘대길   주의 位(자리 위)5급

160 馬
상형자 / 馬부 / 총 10획
말 마

丨 厂 F F 丐 馬 馬 馬 馬 馬

馬車마차 말이 끄는 수레 ▶車(수레 차)
競馬경마 일정한 거리를 말을 타고 달려 빠르기를 겨루는 경기 ▶競(다툴 경)
馬夫마부 말을 부려 마차나 수레를 모는 사람 ▶夫(지아비 부)
塞翁之馬새옹지마 馬耳東風마이동풍 竹馬故友죽마고우   주의 鳥(새 조)5급

쪽지시험

상공회의소 한자 3, 4, 5급

※ 다음 한자(漢字)와 음(音)이 같은 한자는 어느 것입니까?

1 利
① 理 ② 立 ③ 令 ④ 留 ⑤ 力

2 流
① 賣 ② 勉 ③ 望 ④ 留 ⑤ 老

풀이
1 利(이로울 리)
① 리 ② 립 ③ 령 ④ 류 ⑤ 력

2 流(흐를 류)
① 매 ② 면 ③ 망 ④ 류 ⑤ 로

답 1. ① 2. ④

161 상형자 艹(艸)부 총 13획
萬
일만 만

一 十 艹 艹 艻 苫 苗 茴 苩 莒 萬 萬 萬

- 萬能만능 모든 일에 다 능통하거나 모든 일을 다 할 수 있음 ▶ 能(능할 능)
- 萬物만물 세상에 있는 모든 것 ▶ 物(물건 물)
- 萬若만약 있을지도 모르는 뜻밖의 경우 ▶ 若(같을 약)
- 萬事만사　氣高萬丈기고만장　萬病通治만병통치

162 형성자 氵(水)부 총 14획
滿
찰 만

丶 丶 氵 氵 汁 汁 泮 泮 泄 滞 满 満 滿 滿

- 滿足만족 마음에 흡족함 ▶ 足(만족할 족)
- 滿員만원 정한 인원이 다 참 ▶ 員(인원 원)
- 滿開만개 꽃이 활짝 다 핌 ▶ 開(열 개)
- 充滿충만　欲求不滿욕구불만　滿場一致만장일치　주의 漏(샐 루) 3급

163 지사자 木부 총 5획
末
끝 말

一 二 十 才 末

- 末年말년 일생의 마지막 무렵 ▶ 年(해 년)
- 末期말기 정해진 기간이나 일의 끝 무렵 ▶ 期(기약할 기)
- 末伏말복 삼복에서 마지막 복 ▶ 伏(엎드릴 복)
- 末端말단　末尾말미　末世말세　結末결말　卷末권말　주의 未(아닐 미) 5급

164 상형자 月부 총 11획
望
바랄/보름 망

丶 二 亡 亡 切 切 坍 朔 望 望 望

- 希望희망 앞일에 대하여 어떤 기대를 가지고 바람 ▶ 希(바랄 희)
- 慾望욕망 부족을 느껴 무엇을 가지거나 누리고자 탐함 ▶ 慾(욕심 욕)
- 野望야망 크게 무엇을 이루어 보겠다는 희망 ▶ 野(들 야)
- 所望소망　失望실망　望夫石망부석　望遠鏡망원경　望月망월

165 회의자 亠부 총 3획
亡
망할 망

丶 亠 亡

- 亡命망명 혁명 등의 이유로 자기 나라에서 박해를 받고 있는 사람이 외국으로 몸을 피함 ▶ 命(목숨 명)
- 亡國망국 이미 망하여 없어진 나라 ▶ 國(나라 국)
- 逃亡도망 피하거나 쫓기어 달아남 ▶ 逃(도망할 도)
- 滅亡멸망　死亡者사망자　敗家亡身패가망신

한자별곡

망부석(望夫石)

望(바랄 망), 夫(지아비 부), 石(돌 석)

정조를 굳게 지키던 아내가 멀리 떠난 남편을 기다리다 그대로 죽어서 화석이 되었다는 전설적인 돌, 또는 아내가 그 위에 서서 남편을 기다렸다는 돌을 말한다.

망부석에 관한 전설은 여러 지방에 전해지는데, 대표적인 것이 박제상의 처(妻)에 관한 전설이다. 신라 눌지왕(訥祗王) 때 박제상(朴堤上)은 일본에 볼모로 있는 왕자를 구출하고 자신은 체포되어 죽음을 당하여 고국으로 돌아오지 못했다. 그의 아내는 수릿재에 올라가 높은 바위 위에서 멀리 왜국을 바라보며 통곡하다가 그대로 돌부처가 되어 수릿재 신모(神母)가 되었고, 훗날 사람들이 그 바위를 망부석이라 불렀다.

5급 배정한자

166 每 매양 매
- 회의자
- 母 부
- 총 7획

ノ ー 仁 与 毎 毎 毎

每年매년 한 해 한 해 ▶年(해 년)
每月매월 한 달 한 달 ▶月(달 월)
每日매일 각각의 개별적인 나날 ▶日(날 일)
每事매사 每回매회 每番매번 주의 母(어미 모) 5급

167 賣 팔 매
- 형성자
- 貝 부
- 총 15획

一 十 士 士 吉 吉 吉 吉 声 青 青 青 膏 賣 賣

賣買매매 물건을 팔고 사는 일 ▶買(살 매)
賣出매출 물건을 내다 파는 일 ▶出(날 출)
賣却매각 물건을 팔아 버림 ▶却(물리칠 각)
賣店매점 發賣발매 賣票所매표소 都賣商도매상 주의 買(살 매) 4급

168 勉 힘쓸 면
- 형성자
- 力 부
- 총 9획

ノ ケ ク ム 色 命 免 免 勉

勉學면학 학문에 힘씀 ▶學(배울 학)
勉勵면려 스스로 애써 노력하거나 힘씀 ▶勵(힘쓸 려)
勸勉권면 알아듣도록 권하고 격려하여 힘쓰게 함 ▶勸(권할 권)
勉强면강 勉行면행 勤勉誠實근면성실 주의 免(면할 면) 4급

169 面 낯 면
- 상형자
- 面 부
- 총 9획

一 ｢ 丆 丙 而 而 面 面 面

顔面안면 얼굴 ▶顔(낯 안)
面會면회 일반인의 출입이 제한되는 어떤 기관 등에 찾아가서 만나 봄 ▶會(모일 회)
面接면접 서로 대면하여 만나 봄 ▶接(이을 접)
局面국면 假面가면 面識犯면식범 주의 而(말이을 이) 4급

170 名 이름 명
- 회의자
- 口 부
- 총 6획

ノ ク タ 夕 名 名

姓名성명 성과 이름을 아울러 이르는 말 ▶姓(성씨 성)
名稱명칭 사람이나 사물 따위를 부르는 이름 ▶稱(일컬을 칭)
名聲명성 세상에 널리 퍼져 평판 높은 이름 ▶聲(소리 성)
名分명분 名作명작 名單명단 주의 各(각각 각) 5급

쪽지시험

상공회의소 한자
중급 3, 4, 5급

※ 다음의 뜻을 가진 한자(漢字)는 어느 것입니까?

1 [팔다]
①每 ②買 ③賣 ④妹 ⑤留

2 [바라다]
①苦 ②果 ③望 ④郡 ⑤明

풀이
1 ①每(매양 매) ②買(살 매)
  ③賣(팔 매) ④妹(누이 매)
  ⑤留(머무를 류)
2 ①苦(쓸 고) ②果(과실 과)
  ③望(바랄 망) ④郡(고을 군)
  ⑤明(밝을 명)

답 1.③ | 2.③

171
형성자 / 口부 / 총 8획

命 목숨 명

丿 人 ㅅ 合 合 合 命 命

生命생명 사람이 살아서 숨 쉬고 활동할 수 있게 하는 힘 ▶生(날 생)
命令명령 윗사람이나 상위 조직이 아랫사람에게나 하위 조직에 무엇을 하게 함 ▶令(명령할 령)
運命운명 인간을 포함한 모든 것을 지배하는 초인간적인 힘 ▶運(운수 운)
宿命숙명　産業革命산업혁명　救命運動구명운동

172
회의자 / 日부 / 총 8획

明 밝을 명

丨 冂 日 日 町 明 明 明

明暗명암 밝음과 어두움을 통틀어 이르는 말 ▶暗(어두울 암)
明快명쾌 말이나 글 따위의 내용이 명백하여 시원함 ▶快(쾌할 쾌)
說明설명 어떤 일이나 대상의 내용을 상대편이 잘 알 수 있도록 밝혀 말함 ▶說(말씀 설)
不分明불분명　發明品발명품　明明白白명명백백　주의 朋(벗 붕) 4급

173
상형자 / 母부 / 총 5획

母 어미 모

ㄴ 凸 日 母 母

母親모친 '어머니'를 정중히 이르는 말 ▶親(친할 친)
母國모국 자기가 태어난 나라 ▶國(나라 국)
乳母유모 남의 아이에게 그 어머니 대신 젖을 먹여 주는 여자 ▶乳(젖 유)
丈母장모　母子모자　母性愛모성애　賢母良妻현모양처　주의 毋(말 무) 2급

174
상형자 / 毛부 / 총 4획

毛 털 모

丿 二 三 毛

毛髮모발 사람의 몸에 난 털을 통틀어 이르는 말 ▶髮(터럭 발)
毛皮모피 털가죽 ▶皮(가죽 피)
毛織모직 털실로 짠 피륙 ▶織(짤 직)
二毛作이모작　不毛地불모지　毛細血管모세혈관　주의 手(손 수) 3급

175
상형자 / 木부 / 총 4획

木 나무 목

一 十 才 木

木材목재 건축이나 가구 따위에 쓰는, 나무로 된 재료 ▶材(재목 재)
木刻목각 나무에 그림이나 글자 따위를 새기는 일 ▶刻(새길 각)
木手목수 나무를 다루어 집을 짓거나 가구, 기구 따위를 만드는 일을 업으로 하는 사람 ▶手(손 수)
原木원목　枯木고목　木馬목마　植木日식목일　주의 本(근본 본) 5급

한자별곡

동방견문록(東方見聞錄)
東(동녘 동), 方(모 방), 見(볼 견), 聞(들을 문), 錄(기록할 록)

이탈리아의 여행가 마르코 폴로가 동방을 여행한 체험담을 기록한 여행기이다. 1271년부터 1295년까지 동방의 여러 나라를 거치고 중국에 17년 동안 머무르면서 보고 들은 내용이 담겨져 있다. 《동방견문록》은 마르코 폴로가 여행한 지역의 방위와 거리, 주민의 언어, 종교, 산물, 동물과 식물 등을 하나씩 기록한 탐사 보고서의 성격을 갖고 있다. 비교적 정확한 내용도 있지만, 중국의 차(茶)나 전족(纏足) 문화에 대한 언급이 빠져 있고, 이슬람교를 다른 종교를 탄압한 종교로 헐뜯고 있는 등 실제 역사에 대해 잘못 기술된 부분도 있어 내용의 진정성에 관해서는 많은 비판이 있다.

5급 배정한자

176 | 目 | 눈 목
상형자 / 目부 / 총 5획

丨 冂 冂 目 目

- 目的목적 실현하려고 하는 일이나 나아가는 방향 ▶的(과녁 적)
- 目標목표 어떤 목적을 이루려고 지향하는 실제적 대상으로 삼음 ▶標(표할 표)
- 目次목차 목록이나 제목, 조항 따위의 차례 ▶次(버금 차)
- 科目과목 題目제목 目擊者목격자 名目賃金명목임금 주의 自(스스로 자) 5급

177 | 武 | 굳셀 무
회의자 / 止부 / 총 8획

一 二 千 千 斤 止 武 武

- 武士무사 무예를 익히어 그 방면에 종사하는 사람 ▶士(선비 사)
- 武器무기 전쟁에 사용되는 기구를 통틀어 이르는 말 ▶器(그릇 기)
- 武功무공 군사상의 공적 ▶功(공 공)
- 武官무관 武力무력 武術무술 武藝무예 주의 我(나 아) 4급

178 | 務 | 힘쓸 무
형성자 / 力부 / 총 11획

フ マ ス 予 矛 矛 矛 孜 稃 務 務

- 業務업무 직장 같은 곳에서 맡아서 하는 일 ▶業(업 업)
- 任務임무 맡은 일 ▶任(맡길 임)
- 勞務노무 임금을 받으려고 육체적 노력을 들여서 하는 일 ▶勞(일할 노)
- 服務복무 公務員공무원 債務者채무자 實務者실무자

179 | 舞 | 춤출 무
상형자 / 舛부 / 총 14획

丿 ㅜ 亠 ㅜ 느 無 無 舞 舞 舞 舞 舞 舞 舞

- 歌舞가무 노래와 춤을 아울러 이르는 말 ▶歌(노래 가)
- 僧舞승무 장삼과 고깔을 걸치고 북채를 쥐고 추는 민속춤 ▶僧(중 승)
- 鼓舞的고무적 기운을 돋우는 모양 ▶鼓(북 고), 的(과녁 적)
- 鼓舞고무 獨舞臺독무대 歌舞音曲가무음곡

180 | 無 | 없을 무
회의자 / 灬(火)부 / 총 12획

丿 ㅜ 亠 ㅜ 느 無 無 無 無 無 無

- 無識무식 배우지 않은 데다 보고 듣지 못하여 아는 것이 없음 ▶識(알 식)
- 無能무능 능력이나 재능이 없음 ▶能(능할 능)
- 無職무직 직업이 없음 ▶職(벼슬 직)
- 無心무심 無期延期무기연기 天下無敵천하무적

쪽지시험

※ 다음 한자(漢字)와 뜻이 비슷한 한자는 어느 것입니까?

1. [務]
① 勤 ② 武 ③ 德 ④ 勉 ⑤ 毛

2. [目]
① 間 ② 問 ③ 聽 ④ 眼 ⑤ 文

풀이

1 務(힘쓸 무)
① 勤(부지런할 근) ② 武(굳셀 무)
③ 德(덕 덕) ④ 勉(힘쓸 면)
⑤ 毛(털 모)

2 目(눈 목)
① 間(사이 간) ② 問(물을 문)
③ 聽(들을 청) ④ 眼(눈 안)
⑤ 文(글월 문)

답 1.④ | 2.④

181 門 문 문
상형자 / 門부 / 총 8획

丨 冂 冂 冂 冂 門 門 門

正門정문 건물의 정면에 있는 주가 되는 출입문 ▶正(바를 정)
家門가문 가족 또는 가까운 일가로 이루어진 공동체 ▶家(집 가)
破門파문 사제의 의리를 끊고 문하에서 내쫓음 ▶破(깨뜨릴 파)
南大門남대문　烈女門열녀문　門前成市문전성시

182 問 물을 문
형성자 / 口부 / 총 11획

丨 冂 冂 冂 冂 門 門 門 問 問 問

問題문제 해답을 요구하는 물음 ▶題(제목 제)
問責문책 잘못을 캐묻고 꾸짖음 ▶責(꾸짖을 책)
設問설문 조사를 하거나 통계 자료 등을 얻기 위하여 어떤 주제에 대하여 문제를 내어 물음 ▶設(베풀 설)
訪問客방문객　東問西答동문서답　檢問檢索검문검색　주의 間(사이 간) 5급

183 聞 들을 문
형성자 / 耳부 / 총 14획

丨 冂 冂 冂 冂 門 門 門 門 門 聞 聞 聞 聞

新聞신문 새로운 소식이나 견문 ▶新(새 신)
風聞풍문 바람처럼 떠도는 소문 ▶風(바람 풍)
見聞견문 보고 들음 ▶見(볼 견)
申聞鼓신문고　聽聞會청문회　東方見聞錄동방견문록

184 文 글월 문
상형자 / 文부 / 총 4획

丶 亠 ナ 文

漢文한문 중국 고전의 문장 ▶漢(한수 한)
文學문학 사상이나 감정을 언어로 표현한 예술 ▶學(배울 학)
文法문법 말의 구성 및 운용상의 규칙 ▶法(법 법)
文盲문맹　甲骨文字갑골문자　文化遺産문화유산

185 物 물건 물
형성자 / 牛부 / 총 8획

丿 一 ㅓ 牛 牜 牞 物 物

萬物만물 세상에 있는 모든 것 ▶萬(일만 만)
物件물건 일정한 형체를 갖춘 모든 물질적 대상 ▶件(물건 건)
物體물체 구체적인 형태를 가지고 있는 것 ▶體(몸 체)
物質물질　鑛物광물　動植物동식물　假建物가건물　주의 特(특별할 특) 5급

한자별곡

갑골문자(甲骨文字)

甲(갑옷 갑), 骨(뼈 골), 文(글월 문), 字(글자 자)

중국 상(商)나라의 옛 왕도 자리인 은허(殷墟)에서 발굴된 고대 문자로, 귀갑문자·귀갑수골문자(龜甲獸骨文字)라고도 한다. 또한 발견된 지역의 명칭을 따라 은허 문자라고 부르기도 한다. 귀갑이나 짐승의 뼈를 사용한 복점은 신석기시대부터 행해졌지만, 여기에 문자를 새긴 것은 오직 상나라시대만의 특색이다. 갑골문자는 회화적 요소를 다분히 가지고 있으나, 순수한 그림 문자보다는 진보된 형태를 갖고 있다. 또한 상형문자로 가장 오래된 한자 형태를 보여 주고 있다.

186 회의자 羊부 총 9획	美 아름다울 미

丶 丷 丷 半 羊 羊 羊 美 美

美女미녀 용모가 아름다운 여자 ▶女(계집 녀)
美術미술 공간 및 시각의 미를 표현하는 예술 ▶術(재주 술)
美容미용 얼굴이나 머리를 아름답게 매만짐 ▶容(얼굴 용)
美國미국 讚美찬미 脚線美각선미 美人大會미인대회

187 상형자 木부 총 5획	未 아닐 미

一 二 キ 才 未

未來미래 앞으로 올 때 ▶來(올 래)
未安미안 남에게 대하여 마음이 편치 못하고 부끄러움 ▶安(편안할 안)
未滿미만 정한 수효나 정도에 차지 못함 ▶滿(찰 만)
未開人미개인 未成年者미성년자 주의 末(끝 말) 5급

188 형성자 口부 총 8획	味 맛 미

一 丨 口 口- 口二 叶 味 味

別味별미 특별히 좋은 맛 ▶別(특별할 별)
興味흥미 흥을 느끼는 재미 ▶興(일 흥)
趣味취미 전문적으로 하는 것이 아니라 즐기기 위하여 하는 일 ▶趣(뜻 취)
味覺미각 調味料조미료 無意味무의미 山海珍味산해진미 意味深長의미심장

189 상형자 米부 총 6획	米 쌀 미

丶 丷 丷 半 米 米

白米백미 흰쌀 ▶白(흰 백)
玄米현미 벼의 겉껍질만 벗겨 낸 쌀 ▶玄(검을 현)
米穀미곡 쌀을 비롯한 갖가지 곡식 ▶穀(곡식 곡)
軍糧米군량미 精米所정미소 供養米공양미

190 상형자 氏부 총 5획	民 백성 민

𠃍 𠃌 𠃌 𢎘 民

民衆민중 국가나 사회를 구성하는 일반 국민 ▶衆(무리 중)
民謠민요 예로부터 민중 사이에 불려 오던 전통적인 노래를 통틀어 이르는 말 ▶謠(노래 요)
民願민원 주민이 행정 기관에 대하여 원하는 바를 요구하는 일 ▶願(원할 원)
民泊민박 民俗민속 民間人민간인 民主主義민주주의 주의 良(어질 량) 5급

쪽지시험

※ 다음 한자어(漢字語)와 발음(發音)이 같은 한자어는 어느 것입니까?

1 [美名]
① 米穀 ② 未明 ③ 米飮 ④ 未亡 ⑤ 味覺

2 [門弟]
① 問題 ② 文法 ③ 問責 ④ 問答 ⑤ 文盲

풀이
1 미명
① 미곡 ② 미명 ③ 미음 ④ 미망 ⑤ 미각
2 문제
① 문제 ② 문법 ③ 문책 ④ 문답 ⑤ 문맹

답 1. ② 2. ①

191	密	､ ､ 宀 宀 宀 宓 宓 宓 宓 密 密
형성자 宀 부 총 11획	빽빽할 밀	密着밀착 빈틈없이 단단히 붙음 ▶着(붙을 착) 密使밀사 몰래 보내는 사자 ▶使(부릴 사) 密談밀담 남몰래 이야기함 ▶談(말씀 담) 密獵밀렵　親密친밀　綿密면밀　人口密度인구밀도　주의 蜜(꿀 밀) 3급

192	反	一 厂 万 反
회의자 又 부 총 4획	돌이킬 반	反應반응 자극에 대응하여 어떤 현상이 일어남 ▶應(응할 응) 反射반사 일정한 방향의 파동이 다른 물체의 표면에 부딪혀서 방향을 반대로 바꾸는 현상 ▶射(쏠 사) 反論반론 남의 논설이나 비난·논평 따위에 대하여 반박함 ▶論(논할 론) 反則반칙　反省반성　決死反對결사반대　주의 友(벗 우) 5급

193	半	､ 丷 ᅩ 스 半
회의자 十 부 총 5획	반 반	折半절반 하나를 반으로 가름 ▶折(꺾을 절) 半徑반경 원이나 구의 중심에서 그 원둘레 또는 구면상의 한 점에 이르는 선분의 길이 ▶徑(지름길 경) 上半身상반신 사람의 몸에서 허리 위의 부분 ▶上(위 상), 身(몸 신) 韓半島한반도　半導體반도체　半信半疑반신반의

194	發	㇉ ㇈ ㇉ ㇉ 癶 癶 癶 発 発 発 發 發
형성자 癶 부 총 12획	필 발	發達발달 신체, 정서, 지능 따위가 성장하거나 성숙함 ▶達(통달할 달) 發射발사 활·총포·로켓이나 광선·음파 따위를 쏘는 일 ▶射(쏠 사) 發刊발간 책, 신문, 잡지 따위를 만들어 냄 ▶刊(새길 간) 開發개발　揮發油휘발유　發電所발전소　先發隊선발대

195	方	､ 二 亠 方
상형자 方 부 총 4획	모 방	方法방법 어떤 일을 해 나가거나 목적을 이루기 위하여 취하는 수단이나 방식 ▶法(법 법) 方今방금 말하고 있는 시점보다 바로 조금 전 ▶今(이제 금) 方席방석 앉을 때 밑에 까는 작은 깔개 ▶席(자리 석) 方位방위　八方美人팔방미인　地方分權지방분권

백발백중(百發百中)

百(일백 백), 發(필 발), 百(일백 백), 中(가운데 중)

백 번 쏘아 백 번 모두 맞힌다는 뜻으로, 일 또는 계획이 예정대로 진행되거나 무슨 일이든지 생각하는 대로 다 들어맞는 것을 말한다. 이와 유사한 뜻의 한자어로는 '백 보 떨어진 곳에서 버드나무 잎을 맞힌다'는 뜻의 백보천양(百步穿楊), '무슨 일이든지 하나도 실패가 없다'는 뜻의 백무일실(百無一失) 등이 있다.

초(楚)나라에 활을 매우 잘 쏘는 양유기(養由基)라는 사람이 있었다. 그는 백 보나 떨어진 곳에서 버드나무 잎을 쏘아도 백발백중이었으므로 이를 지켜본 수천 명이 활을 잘 쏜다고 하였다. 이때 어떤 자가 양유기의 옆에 가서 "잘한다, 활을 가르쳐 줄만하다."라고 한 데서 유래하였다.

5급 배정한자

196 형성자 / 攵(攴)부 / 총 8획
放 놓을 방
丶 亠 亐 方 方 扩 放 放

- 放學방학 학교에서 학기나 학년이 끝난 뒤 일정 기간 동안 수업을 쉬는 일 ▶學(배울 학)
- 放良방량 노비를 놓아 주어 양인이 되게 하던 일 ▶良(어질 량)
- 釋放석방 법에 의하여 구속하였던 사람을 풀어 자유롭게 하는 일 ▶釋(풀 석)
- 開放개방 放送局방송국 放火犯방화범

197 형성자 / 言부 / 총 11획
訪 찾을 방
丶 亠 亠 言 言 言 言 言 訪 訪 訪

- 訪韓방한 한국을 방문함 ▶韓(나라이름 한)
- 訪美방미 미국을 방문함 ▶美(아름다울 미)
- 答訪답방 다른 사람의 방문에 대한 답례로 방문함 ▶答(대답 답)
- 探訪탐방 巡訪순방 來訪내방 訪問客방문객 〔주의〕妨(방해할 방)〔3급〕

198 형성자 / 阝(阜)부 / 총 7획
防 막을 방
フ 阝 阝 阝 阝 防 防

- 防水방수 스며들거나 새거나 넘쳐흐르는 물을 막음 ▶水(물 수)
- 豫防예방 질병이나 재해 따위가 일어나기 전에 미리 대처하여 막는 일 ▶豫(미리 예)
- 防毒面방독면 독가스 등이 호흡기관에 피해를 주지 못하도록 얼굴을 보호하는 기구 ▶毒(독 독), 面(낯 면)
- 國防部국방부 無防備무방비 防衛産業방위산업

199 회의자 / 手부 / 총 9획
拜 절 배
丶 亠 二 手 手 扌 扌 拝 拜

- 拜上배상 절하며 올린다는 뜻으로, 편지에서 사연을 다 쓴 뒤에 자기 이름 다음에 쓰는 말 ▶上(위 상)
- 拜謁배알 지위가 높거나 존경하는 사람을 찾아가 뵘 ▶謁(뵐 알)
- 拜禮배례 절하는 예 ▶禮(예도 례)
- 參拜참배 崇拜숭배 歲拜세배 主日禮拜주일예배 〔주의〕排(밀칠 배)〔3급〕

200 상형자 / 白부 / 총 5획
白 흰 백
丶 丨 白 白 白

- 白馬백마 털빛이 흰 말 ▶馬(말 마)
- 白墨백묵 칠판에 글씨를 쓰는 필기구 ▶墨(먹 묵)
- 白日場백일장 국가나 단체에서, 글짓기를 장려하기 위하여 실시하는 글짓기 대회 ▶日(날 일), 場(마당 장)
- 白衣從軍백의종군 白雪公主백설공주 白血病백혈병 〔주의〕百(일백 백)〔3급〕

쪽지시험

상공회의소 한자 종급 3, 4, 5급

※ 다음 단어들의 □ 안에 공통으로 들어갈 알맞은 한자는 어느 것입니까?

1 □出, □學, 開□
 ① 外 ② 獨 ③ 發 ④ 放 ⑤ 訪

2 □應, □論, □則
 ① 有 ② 各 ③ 反 ④ 例 ⑤ 發

풀이
1 放出(방출), 放學(방학), 開放(개방)
2 反應(반응), 反論(반론), 反則(반칙)

답 1. ④ | 2. ③

상공회의소 한자시험 중급 기본서 3급

---

201 형성자 / 白부 / 총 6획
百
일백 **백**

一 ㄱ ㄒ 丆 百 百

- 百萬백만 만의 백 배가 되는 수 ▶萬(일만 만)
- 百方백방 여러 가지 방법 ▶方(모 방)
- 百貨店백화점 여러 가지 상품을 부문별로 나누어 판매하는 대규모의 소매점 ▶貨(될 화), 店(가게 점)
- 萬百姓만백성 百發百中백발백중 百年河淸백년하청 〈주의〉白(흰 백)5급

---

202 상형자 / 田부 / 총 12획
番
차례 **번**

ノ ㄥ ㄥ 丬 丬 采 采 番 番 番 番

- 番號번호 차례를 나타내거나 식별하기 위해 붙이는 숫자 ▶號(번호 호)
- 番地번지 땅을 일정한 기준에 따라 나누어서 매겨 놓은 번호 ▶地(땅 지)
- 順番순번 차례대로 돌아가는 번 ▶順(순할 순)
- 非番비번 局番국번 軍番군번 不寢番불침번 〈주의〉審(살필 심)3급

---

203 회의자 / 氵(水)부 / 총 8획
法
법 **법**

丶 丶 氵 氵 汁 注 法 法

- 法律법률 법 ▶律(법칙 률)
- 法則법칙 반드시 지켜야만 하는 규범 ▶則(법칙 칙)
- 法院법원 사법권을 행사하는 국가 기관 ▶院(집 원)
- 法官법관 交通法規교통법규 間接話法간접화법

---

204 형성자 / 言부 / 총 23획
變
변할 **변**

丶 亠 〒 言 言 言 糸 糸 糸 糸 絲 綜 綜 綜 綜 綜 綜 綜 變 變 變

- 變化변화 사물의 성질, 모양, 상태 따위가 바뀌어 달라짐 ▶化(될 화)
- 變更변경 다르게 바꾸어 새롭게 고침 ▶更(고칠 경)
- 變遷변천 세월이 흐름에 따라 바뀌고 변함 ▶遷(옮길 천)
- 慘變참변 不變불변 變聲期변성기 臨時變通임시변통 〈주의〉戀(그리워할 련)3급

---

205 회의자 / 刂(刀)부 / 총 7획
別
나눌 **별**

丨 口 口 另 另 別 別

- 別名별명 사람의 외모나 성격 따위의 특징을 바탕으로 남들이 지어 부르는 이름 ▶名(이름 명)
- 別個별개 관련성이 없이 서로 다름 ▶個(낱 개)
- 別居별거 부부나 한 집안 식구가 따로 떨어져 삶 ▶居(살 거)
- 別莊별장 別添별첨 別味별미 人種差別인종차별

한자별곡

결초보은(結草報恩)

結(맺을 결), 草(풀 초), 報(갚을 보), 恩(은혜 은)

풀을 묶어서 은혜를 갚는다는 뜻으로, 은혜가 사무쳐 죽어서도 잊지 않고 갚음을 말한다.
중국 춘추시대 진(晉)의 위무자(魏武子)는 병이 들자, 아들 위과(魏顆)에게 자기가 죽으면 아름다운 후처, 즉 위과의 서모(庶母)를 개가시켜 순사(殉死)를 면하게 하라고 유언하였다. 그러나 병세가 악화되자 죽으면 후처를 같이 묻어 달라고 유언을 번복하였다. 위무자가 죽은 뒤 위과는 그 유언을 따르지 않고 서모를 개가시켜 순사를 면하게 하였다. 후에 위과가 전쟁에 나가 싸울 때 서모 아버지의 망혼(亡魂)이 나와 적군의 앞길에 풀을 잡아매어 진(秦)의 두회(杜回)가 탄 말이 걸려 넘어지게 하여 그를 사로잡게 하였다.

《춘추좌씨전(春秋左氏傳)》

5급 배정한자

206 형성자 / 疒부 / 총 10획
病
병 병

丶 亠 广 疒 疒 疒 疒 病 病 病

病名병명 병의 이름 ▶名(이름 명)
病席병석 병자가 앓아 누워 있는 자리 ▶席(자리 석)
病暇병가 병으로 말미암아 얻는 휴가 ▶暇(겨를 가)
病勢병세 看病간병 病原菌병원균 주의 疾(병 질) 3급

207 회의자 / 八부 / 총 7획
兵
병사 병

丿 丆 斤 斤 丘 兵 兵

兵士병사 군사 ▶士(선비 사)
兵批병비 병조에서 무관을 골라서 뽑던 일 ▶批(비평할 비)
兵具병구 전쟁에서 쓰는 여러 가지 도구를 통틀어 이르는 말 ▶具(갖출 구)
兵務廳병무청 孫子兵法손자병법 兵役忌避병역기피 富國強兵부국강병 주의 共(한가지 공) 5급

208 회의자 / 亻(人)부 / 총 9획
保
지킬 보

丿 亻 亻 亻' 亻口 亻모 亻못 亻못 保

保存보존 잘 보호하고 간수하여 남김 ▶存(있을 존)
保管보관 물건을 맡아서 간직하고 관리함 ▶管(주관할 관)
保留보류 어떤 일을 당장 처리하지 아니하고 나중으로 미루어 둠 ▶留(머무를 류)
保釋金보석금 傷害保險상해보험 公衆保健공중보건

209 회의자 / 止부 / 총 7획
步
걸음 보

丨 ╵ ╷ 止 止 步 步

散步산보 산책 ▶散(흩을 산)
步幅보폭 걸음을 걸을 때 앞발 뒤축에서 뒷발 뒤축까지의 거리 ▶幅(폭 폭)
步兵보병 육군의 주력을 이루는 도보로 전투하는 병정 ▶兵(병사 병)
步行者보행자 進步黨진보당 橫斷步道횡단보도

210 회의자 / 土부 / 총 12획
報
갚을/알릴 보

一 十 土 キ 幸 幸 幸 幸 幸 幸 報 報

報道보도 대중 전달 매체를 통하여 일반 사람들에게 새로운 소식을 알림 ▶道(길 도)
報償보상 남에게 진 빚 또는 받은 물건을 갚음 ▶償(갚을 상)
報答보답 남의 호의나 은혜를 갚음 ▶答(대답 답)
情報정보 結草報恩결초보은 因果應報인과응보

쪽지시험

※ 다음 성어에서 □ 안에 들어갈 알맞은 한자는 어느 것입니까?

1
| 因果應□ |
①當 ②答 ③手 ④報 ⑤白

2
| 臨時□通 |
①變 ②服 ③復 ④伏 ⑤保

풀이
1 因果應報(인과응보) : 전생 또는 현세의 지은 선악에 따라 현재 또는 내세에서의 행과 불행이 있는 일
2 臨時變通(임시변통) : 갑자기 터진 일을 우선 간단하게 둘러맞추어 처리함

답 1. ④ | 2. ①

211 福 (복 복)
- 회의자, 示부, 총 14획
- 筆順: 福

- **幸福**행복: 복된 좋은 운수 ▶ 幸(다행 행)
- **冥福**명복: 죽은 뒤 저승에서 받는 복 ▶ 冥(어두울 명)
- **福券**복권: 번호나 그림 따위의 특정 표시를 기입한 표 ▶ 券(문서 권)
- 福德房복덕방 福祉社會복지사회 吉凶禍福길흉화복

212 服 (옷/복종할 복)
- 형성자, 月(肉)부, 총 8획
- 筆順: 服

- **服從**복종: 남의 명령이나 의사를 그대로 따라서 좇음 ▶ 從(좇을 종)
- **服役**복역: 공역, 병역 따위에 종사함 ▶ 役(부릴 역)
- **服用**복용: 약을 먹음 ▶ 用(쓸 용)
- 服裝복장 韓服한복 洋服양복 旣成服기성복

213 復 (돌아올 복/다시 부)
- 형성자, 彳부, 총 12획
- 筆順: 復

- **復學**복학: 정학이나 휴학을 하고 있던 학생이 다시 학교에 복귀함 ▶ 學(배울 학)
- **復職**복직: 물러났던 관직이나 직업에 다시 종사함 ▶ 職(벼슬 직)
- **復舊**복구: 손실 이전의 상태로 회복함 ▶ 舊(예 구)
- 復習복습 復興부흥 復活節부활절 原狀回復원상회복 [주의] 複(겹칠 복) 3급

214 本 (근본 본)
- 지사자, 木부, 총 5획
- 筆順: 本

- **根本**근본: 사물의 본질이나 본바탕 ▶ 根(뿌리 근)
- **脚本**각본: 연극이나 영화를 만들기 위하여 쓴 글 ▶ 脚(다리 각)
- **本質**본질: 본디부터 갖고 있는 사물 스스로의 성질이나 모습 ▶ 質(바탕 질)
- 本能본능 本姓본성 本論본론 本校본교 本館본관

215 奉 (받들 봉)
- 형성자, 大부, 총 8획
- 筆順: 奉

- **奉養**봉양: 부모나 조부모와 같은 웃어른을 받들어 모심 ▶ 養(기를 양)
- **奉祝**봉축: 공경하는 마음으로 축하함 ▶ 祝(빌 축)
- **信奉**신봉: 사상이나 학설, 교리 따위를 옳다고 믿고 받듦 ▶ 信(믿을 신)
- 參奉참봉 滅私奉公멸사봉공 奉仕精神봉사정신 [주의] 峯(봉우리 봉) 3급

한자별곡

북두칠성(北斗七星)

北(북녘 북), 斗(말 두), 七 (일곱 칠), 星(별 성)

큰곰자리의 꼬리에 해당하는 7개의 별을 총칭하는 말로 그 모양이 국자 모양과 유사하다. 각각의 이름을 천추(天樞), 천선(天璇), 천기(天璣), 천권(天權), 옥형(玉衡), 개양(開陽), 요광(搖光)이라 하며 앞의 네 별을 괴(魁), 뒤의 세 별을 표(杓)라 하고 합하여 두(斗)라 한다. 7개의 별 모두 2등 내외의 밝은 별로, 예로부터 항해가의 길잡이로서 친근한 별이자 한국과 중국에서는 인간의 수명을 관장하는 별자리로 여겼다. 우리나라 속담에 '북두칠성이 앵돌아졌다.' 란 말이 있는데, 이는 북두칠성이 제자리를 떠나서 획 돌아갔다는 뜻으로, 일이 그릇되거나 틀어지어 낭패가 되었음을 비유적으로 이르는 말이다.

5급 배정한자

216 회의자 大부 총 4획
夫
지아비 부

一 二 乒 夫

夫婦부부 남편과 아내를 아울러 이르는 말 ▶婦(지어미 부)
雜夫잡부 여러 가지 자질구레한 일에 종사하는 인부 ▶雜(섞일 잡)
姑母夫고모부 고모의 남편 ▶姑(시어미 고), 母(어미 모)
大丈夫대장부 配達夫배달부 夫唱婦隨부창부수

217 상형자 父부 총 4획
父
아비 부

ノ ハ グ 父

父母부모 아버지와 어머니 ▶母(어미 모)
父命부명 아버지의 명령 ▶命(목숨 명)
家父長가부장 봉건 사회에서, 가장권의 주체가 되는 사람 ▶家(집 가), 長(어른 장)
父子有親부자유친 漁父之利어부지리 父傳子傳부전자전

218 형성자 宀부 총 12획
富
부자 부

丶 丶 宀 宀 宀 宀 宀 宜 宣 宫 富 富

富者부자 재물이 많아 살림이 넉넉한 사람 ▶者(놈 자)
富豪부호 재산이 넉넉하고 세력이 있는 사람 ▶豪(호걸 호)
貧富빈부 가난함과 부유함 ▶貧(가난할 빈)
富裕부유 富貴榮華부귀영화 富國強兵부국강병 주의 當(마땅 당)4급

219 회의자 女부 총 11획
婦
며느리/지어미 부

く く 女 女 女 女 女 妒 妒 婦 婦

夫婦부부 남편과 아내를 아울러 이르는 말 ▶夫(지아비 부)
主婦주부 한 가정의 살림살이를 맡아 꾸려 가는 안주인 ▶主(주인 주)
婦人부인 결혼한 여자 ▶人(사람 인)
新婦신부 寡婦과부 派出婦파출부 婦女子부녀자

220 상형자 匕부 총 5획
北
북녘 북/달아날 배

一 ㅓ ㅓ ㅓ 北

北韓북한 남북으로 분단된 대한민국의 휴전선 북쪽 지역을 가리키는 말 ▶韓(나라이름 한)
北極북극 자침이 가리키는 북쪽 ▶極(다할 극)
敗北패배 겨루어서 짐 ▶敗(패할 패)
北極星북극성 南男北女남남북녀 北部地方북부지방 주의 比(견줄 비)5급

쪽지시험

상공회의소 한자 중급 3, 4, 5급

※ 다음 음(音)을 가진 한자는 어느 것입니까?

1 [부]
① 都 ② 婦 ③ 防 ④ 陸 ⑤ 分

2 [배]
① 比 ② 服 ③ 奉 ④ 老 ⑤ 北

풀이
1 ① 도 ② 부 ③ 방 ④ 륙 ⑤ 분
2 ① 비 ② 복 ③ 봉 ④ 로 ⑤ 북/배

답 1. ② | 2. ⑤

221
分 나눌 분
- 회의자
- 刀 부
- 총 4획

丶 八 分 分

分類분류 종류에 따라서 가름 ▶ 類(무리 류)
分配분배 생산 과정에 참여한 개개인이 생산물을 사회적 법칙에 따라서 나누는 일 ▶ 配(나눌 배)
充分충분 모자람이 없이 넉넉함 ▶ 充(채울 충)
假分數가분수 大義名分대의명분 地方分權지방분권

222
不 아닐 불/부
- 지사자
- 一 부
- 총 4획

一 ブ 不 不

不正부정 올바르지 아니하거나 옳지 못함 ▶ 正(바를 정)
不當부당 이치에 맞지 아니함 ▶ 當(마땅 당)
不滿불만 마음에 흡족하지 않음 ▶ 滿(찰 만)
不良輩불량배 不條理부조리 優柔不斷우유부단

223
比 견줄 비
- 상형자
- 比 부
- 총 4획

一 ヒ 比 比

比例비례 한쪽의 양이나 수가 증가하는 만큼 그와 관련 있는 다른 쪽의 양이나 수도 증가함 ▶ 例(법식 례)
比重비중 다른 것과 비교할 때 차지하는 중요도 ▶ 重(무거울 중)
對比대비 두 가지의 차이를 밝히기 위하여 서로 맞대어 비교함 ▶ 對(대할 대)
比較法비교법 比比有之비비유지 比例代表制비례대표제 주의 北(북녘 북) 5급

224
非 아닐 비
- 상형자
- 非 부
- 총 8획

丿 丿 ヺ ヺ ヺ 非 非 非

非理비리 올바른 이치나 도리에서 어그러짐 ▶ 理(다스릴 리)
非難비난 남의 잘못이나 결점을 책잡아서 나쁘게 말함 ▶ 難(어려울 난)
非凡비범 보통 수준보다 훨씬 뛰어남 ▶ 凡(무릇 범)
非常口비상구 非賣品비매품 非命橫死비명횡사

225
備 갖출 비
- 형성자
- 亻(人) 부
- 총 12획

丿 亻 亻 亻 亻 佴 佴 佴 俌 俌 備 備

準備준비 미리 마련하여 갖춤 ▶ 準(준할 준)
兼備겸비 두 가지 이상을 아울러 갖춤 ▶ 兼(겸할 겸)
備蓄비축 만약의 경우를 대비하여 미리 갖추어 모아 두거나 저축함 ▶ 蓄(모을 축)
豫備軍예비군 備考欄비고란 有備無患유비무환

한자별곡

조삼모사(朝三暮四)

朝(아침 조), 三(석 삼), 暮(저물 모), 四(넉 사)

아침에 세 개, 저녁에 네 개라는 뜻으로, 당장 눈앞에 보이는 차이만 알고 결과가 같은 것을 모르는 어리석음을 비유하거나 간사한 꾀를 써서 남을 속임을 이르는 말이다.

춘추전국시대에 송(宋)나라의 저공(狙公)이란 사람이 원숭이를 많이 기르고 있었다. 저공은 먹이가 부족하게 되자 원숭이들에게 "앞으로 도토리를 아침에 3개, 저녁에 4개만 주겠다."고 말하자 원숭이들이 부족하다며 화를 냈다. 저공이 다시 말하기를 "그렇다면 아침에 4개, 저녁에 3개를 주겠다."고 하자 모든 원숭이들이 기뻐하였다.

《열자(列子)》 황제편(黃帝篇)

5급 배정한자

226 飛 (날 비)
상형자 / 飛 부 / 총 9획

乁 乁 乁 㲼 㲼 飛 飛 飛

飛上비상 날아오름 ▶ 上(위 상)
飛躍비약 나는 듯이 높이 뛰어오름 ▶ 躍(뛸 약)
飛報비보 아주 빨리 보고함 ▶ 報(갚을 보)
飛虎비호 雄飛웅비 飛行機비행기 烏飛梨落오비이락

227 氷 (얼음 빙)
회의자 / 水 부 / 총 5획

丨 丬 氵 冰 氷

氷水빙수 얼음냉수 ▶ 水(물 수)
氷河빙하 육상에 퇴적한 거대한 얼음 덩어리가 중력에 의하여 강처럼 흐르는 것 ▶ 河(물 하)
氷板빙판 얼음이 깔린 길바닥 ▶ 板(널 판)
石氷庫석빙고 解氷期해빙기 氷上競技빙상경기   주의 水(물 수) 5급

228 四 (넉 사)
지사자 / 口 부 / 총 5획

丨 冂 冂 四 四

四寸사촌 아버지의 친형제자매의 아들이나 딸과의 촌수 ▶ 寸(마디 촌)
四方사방 동, 서, 남, 북 네 방위를 통틀어 이르는 말 ▶ 方(모 방)
四季節사계절 봄·여름·가을·겨울의 네 철 ▶ 季(계절 계), 節(마디 절)
四君子사군자 四角形사각형 四書三經사서삼경 朝三暮四조삼모사

229 士 (선비 사)
회의자 / 士 부 / 총 3획

一 十 士

博士박사 대학에서 수여하는 가장 높은 학위 ▶ 博(넓을 박)
武士무사 무예를 익히어 그 방면에 종사하는 사람 ▶ 武(굳셀 무)
壯士장사 몸이 우람하고 힘이 아주 센 사람 ▶ 壯(장할 장)
講士강사 騎士기사 兵士병사 辯護士변호사   주의 土(흙 토) 5급

230 史 (역사 사)
회의자 / 口 부 / 총 5획

丨 口 口 史 史

歷史역사 인류 사회의 변천과 흥망의 과정 ▶ 歷(지낼 력)
國史국사 나라의 역사 ▶ 國(나라 국)
史劇사극 역사극 ▶ 劇(연극 극)
史籍사적 三國史記삼국사기 植民史觀식민사관   주의 吏(아전 리) 3급

쪽지시험

성공회의소 한자 3급 3, 4, 5급

※ 다음 한자(漢字)와 음(音)이 같은 한자는 어느 것입니까?

1. 備
① 期 ② 密 ③ 貧 ④ 秋 ⑤ 飛

2. 史
① 使 ② 代 ③ 休 ④ 付 ⑤ 烏

풀이
1 備(갖출 비)
① 기 ② 밀 ③ 빈 ④ 추 ⑤ 비
2 史(역사 사)
① 사 ② 대 ③ 휴 ④ 부 ⑤ 오

답 1.⑤ | 2.①

231 師 스승 사
회의자 / 巾부 / 총 10획

丿 亻 亻 自 自 自 師 師 師

教師교사 학교에서 일정한 자격을 가지고 학생을 가르치는 사람 ▶教(가르칠 교)
講師강사 학교나 학원 따위에서 위촉을 받아 강의를 하는 사람 ▶講(욀 강)
恩師은사 가르침을 받은 은혜로운 스승 ▶恩(은혜 은)
師父사부 師範大學사범대학 君師父一體군사부일체 주의 帥(장수 수) 3급

232 死 죽을 사
회의자 / 歹부 / 총 6획

一 ᅮ ᄃ 歹 歹 死

死別사별 죽어서 이별함 ▶別(이별할 별)
死者사자 죽은 사람 ▶者(놈 자)
死活사활 죽기와 살기라는 뜻으로, 어떤 중대한 문제를 비유적으로 이르는 말 ▶活(살 활)
慘死참사 戰死전사 死亡者사망자 死角地帶사각지대

233 思 생각 사
회의자 / 心부 / 총 9획

丿 冂 日 田 田 囟 思 思 思

思想사상 어떠한 사물에 대하여 가지고 있는 구체적인 사고나 생각 ▶想(생각 상)
思考사고 생각하고 궁리함 ▶考(생각할 고)
思索사색 어떤 것에 대하여 깊이 생각하고 이치를 따짐 ▶索(찾을 색)
思春期사춘기 易地思之역지사지 思慮分別사려분별 주의 恩(은혜 은) 5급

234 事 일 사
상형자 / 亅부 / 총 8획

一 ᅮ ᄃ 戸 写 写 事 事

事業사업 어떤 일을 일정한 목적과 계획을 가지고 짜임새 있게 지속적으로 경영함 ▶業(업 업)
事故사고 뜻밖에 일어난 불행한 일 ▶故(연고 고)
事件사건 사회적으로 문제를 일으키거나 주목을 받을 만한 뜻밖의 일 ▶件(물건 건)
事實사실 行事행사 情事정사 無事安逸무사안일

235 仕 섬길 사
형성자 / 亻(人)부 / 총 5획

丿 亻 亻 什 仕

仕退사퇴 벼슬아치가 정한 시각에 사무를 마치고 물러 나오던 일 ▶退(물러날 퇴)
仕途사도 벼슬길 ▶途(길 도)
奉仕봉사 국가나 사회 또는 남을 위하여 자신을 돌보지 아니하고 힘을 바쳐 애씀 ▶奉(받들 봉)
出仕출사 給仕급사 奉仕精神봉사정신 주의 任(맡길 임) 3급

역지사지(易地思之)

易(바꿀 역), 地(땅 지), 思(생각 사), 之(갈 지)

상대편의 처지나 입장에서 먼저 생각해보고 이해하라는 뜻으로, 역지즉개연(易地則皆然)에서 유래한 말이다. 중국의 전설적인 성인인 하우(夏禹)와 후직(后稷)은 가난한 생활을 이겨내고 도(道)를 즐긴 안회와 같은 뜻을 가졌는데, 하우는 물에 빠진 백성이 있으면 자신이 치수(治水)를 잘못하여 그들을 빠지게 하였다고 여겼으며, 후직은 굶주리는 사람이 있으면 스스로 일을 잘못하여 백성을 굶주리게 하였다고 생각하였다. 하우와 후직과 안회는 처지를 바꾸어도 모두 그렇게 하였을 것이다[禹稷顔子易地則皆然].

《맹자(孟子)》 이루편(離婁篇)

5급 배정한자

236		
형성자	使	ノイイイ仁仁使使
亻(人)부		使臣사신 임금이나 국가의 명령을 받고 외국에 사절로 가는 신하 ▶臣(신하 신)
총 8획		天使천사 천국에서 인간 세계에 파견되어 신과 인간의 중간에서 뜻을 전하는 사자 ▶天(하늘 천)
	하여금/부릴 사	使命感사명감 주어진 임무를 잘 수행하려는 마음가짐 ▶命(목숨 명), 感(느낄 감)
		大使館대사관 使節團사절단 使用貸借사용대차 주의 便(편할 편)5급

237		
회의자	寺	一十土士寺寺
寸부		末寺말사 본사(本寺)의 관리를 받는 작은 절 ▶末(끝 말)
총 6획		山寺산사 산속에 있는 절 ▶山(뫼 산)
	절 사	寺院사원 종교의 교당을 통틀어 이르는 말 ▶院(집 원)
		寺基사기 寺塔사탑 佛國寺불국사

238		
회의자	射	′亻亻亻身身身身射射
寸부		發射발사 활·총포·로켓이나 광선·음파 따위를 쏘는 일 ▶發(필 발)
총 10획		亂射난사 활, 대포, 총 따위를 제대로 겨냥하지 아니하고 아무 곳에나 마구 쏨 ▶亂(어지러울 란)
	쏠 사	射倖心사행심 요행을 바라는 마음 ▶倖(요행 행), 心(마음 심)
		射手사수 射出機사출기 射程距離사정거리

239		
상형자	山	丨山山
山부		山林산림 산과 숲 ▶林(수풀 림)
총 3획		山脈산맥 산봉우리가 선상이나 대상으로 길게 연속되어 있는 지형 ▶脈(줄기 맥)
	뫼 산	山河산하 산과 내를 아울러 이르는 말 ▶河(물 하)
		山川산천 山水산수 白頭山백두산

240		
형성자	産	丶亠立产产产产産産
生부		産業산업 재화나 서비스를 창출하는 생산적 기업이나 조직 ▶業(업 업)
총 11획		産母산모 아기를 갓 낳은 여자 ▶母(어미 모)
	낳을 산	生産생산 인간이 생활하는 데 필요한 각종 물건을 만들어 냄 ▶生(날 생)
		農産物농산물 不動産부동산 産婦人科산부인과

쪽지시험

성공회의소 한자
중급 3, 4, 5급

※ 다음의 뜻을 가진 한자(漢字)는 어느 것입니까?

1 섬기다

①死 ②使 ③思 ④仕 ⑤師

2 낳다

①保 ②飛 ③奉 ④産 ⑤始

풀이

1 ① 死(죽을 사) ② 使(하여금 사)
  ③ 思(생각 사) ④ 仕(섬길 사)
  ⑤ 師(스승 사)

2 ① 保(지킬 보) ② 飛(날 비)
  ③ 奉(받들 봉) ④ 産(낳을 산)
  ⑤ 始(처음 시)

답 1. ④ | 2. ④

| 241 회의자 竹부 총 14획 | 算 셈 산 | ノ ← ← ㅅ ㅆ ㅆ ㅆ 笞 笞 筲 筲 筲 算 算
算數산수 수의 성질, 셈의 기초, 초보적인 기하 따위를 가르치는 학과목 ▶ 數(셈 수)
算出산출 계산하여 냄 ▶ 出(날 출)
算入산입 셈하여 넣음 ▶ 入(들 입)
決算결산 定算정산 換算환산 計算機계산기 |

| 242 형성자 殳부 총 11획 | 殺 죽일 살/빠를 쇄 | ノ ㄨ ㄅ 幸 ゙ ᅦ 乯 쫓 쫓 殺 殺
殺害살해 사람을 해치어 죽임 ▶ 害(해할 해)
殺生살생 사람이나 짐승 따위의 생물을 죽임 ▶ 生(날 생)
被殺피살 죽임을 당함 ▶ 被(입을 피)
殺到쇄도 相殺상쇄 殺人犯살인범 殺身成仁살신성인 |

| 243 지사자 一부 총 3획 | 三 석 삼 | 一 二 三
三位삼위 성부와 성자와 성령을 이르는 말 ▶ 位(자리 위)
三國志삼국지 중국 진나라 때에, 진수가 지은 위・오・촉 삼국의 정사 ▶ 國(나라 국), 志(뜻 지)
三多島삼다도 바람, 여자, 돌, 세 가지가 많은 섬이라는 뜻으로, '제주도'를 뜻함 ▶ 多(많을 다), 島(섬 도)
張三李四장삼이사 四書三經사서삼경 三權分立삼권분립 |

| 244 지사자 一부 총 3획 | 上 위 상 | 丨 ㅏ 上
上流상류 강이나 내의 발원지에 가까운 부분 ▶ 流(흐를 류)
上部상부 위쪽 부분 ▶ 部(떼 부)
頂上정상 산 따위의 맨 꼭대기 ▶ 頂(정수리 정)
雪上加霜설상가상 卓上空論탁상공론 上命下服상명하복 |

| 245 형성자 貝부 총 15획 | 賞 상줄 상 | ノ ㅣ ㅛ ㅛ ㅛ 屵 屵 堂 賞 賞 賞 賞 賞 賞
賞罰상벌 상과 벌을 아울러 이르는 말 ▶ 罰(벌할 벌)
受賞수상 상을 받음 ▶ 受(받을 수)
賞狀상장 상을 주는 뜻을 표하여 주는 증서 ▶ 狀(문서 장)
賞與金상여금 獎勵賞장려상 懸賞手配현상수배 주의 償(갚을 상) 3급 |

장삼이사(張三李四)

張(베풀 장), 三(석 삼), 李(오얏 이), 四(넉 사)

장씨의 셋째 아들과 이씨의 넷째 아들이란 뜻으로, 성명이나 신분이 뚜렷하지 못한 평범한 보통사람들을 일컫는 말이다.

※ 보통사람을 뜻하는 사자성어
- 갑남을녀(甲男乙女) : 갑이라는 남자와 을이라는 여자
- 선남선녀(善男善女) : 착한 남자와 착한 여자
- 필부필부(匹夫匹婦) : 평범한 남자와 평범한 여자

5급 배정한자

246 회의자 / 口부 / 총 11획
商 장사 상

丶 亠 亠 立 产 产 芮 商 商 商

商品상품 사고파는 물품 ▶品(물건 품)
商店상점 일정한 시설을 갖추고 물건을 파는 곳 ▶店(가게 점)
商街상가 상점들이 죽 늘어서 있는 거리 ▶街(거리 가)
小賣商소매상　都賣商도매상　商標登錄상표등록

247 회의자 / 目부 / 총 9획
相 서로 상

一 十 才 才 村 村 机 相 相

相談상담 문제를 해결하거나 궁금증을 풀기 위하여 서로 의논함 ▶談(말씀 담)
相續상속 다음 차례에 이어 주거나 이어받음 ▶續(이을 속)
樣相양상 사물이나 현상의 모양이나 상태 ▶樣(모양 양)
相對便상대편　相扶相助상부상조　相對性理論상대성이론　주의 想(생각 상) 5급

248 상형자 / 心부 / 총 13획
想 생각 상

一 十 才 才 村 村 机 相 相 相 想 想 想

感想감상 마음속에서 일어나는 느낌이나 생각 ▶感(느낄 감)
思想사상 어떠한 사물에 대하여 가지고 있는 구체적인 사고나 생각 ▶思(생각 사)
發想발상 어떤 생각을 해냄 ▶發(필 발)
理想鄕이상향　想像力상상력　豫想問題예상문제

249 회의자 / 小부 / 총 8획
尙 오히려/숭상할 상

丨 ⺌ 小 小 ⺌ 尙 尙 尙

尙宮상궁 고려 시대에, 내명부 가운데 여관의 하나 ▶宮(집 궁)
尙古상고 옛날의 문물이나 사상, 제도 따위를 귀하게 여김 ▶古(예 고)
嘉尙가상 착하고 귀하게 여겨 칭찬함 ▶嘉(아름다울 가)
尙武상무　尙州상주　高尙고상　崇尙숭상　時機尙早시기상조

250 회의자 / 色부 / 총 6획
色 빛 색

丿 ⺈ 夕 夕 刍 色

色盲색맹 색채를 식별하는 감각이 불완전하여 빛깔을 가리지 못하거나 잘못 보는 상태 ▶盲(눈멀 맹)
色相색상 색을 빨강, 노랑, 파랑 따위로 구분하게 하는, 색 자체가 갖는 고유의 특성 ▶相(서로 상)
彩色채색 여러 가지의 고운 빛깔 ▶彩(채색 채)
赤色적색　綠色녹색　顔色안색　形形色色형형색색　주의 邑(고을 읍) 5급

쪽지시험

※ 다음 한자(漢字)와 뜻이 비슷한 한자는 어느 것입니까?

1 | 想 |
① 商　② 堂　③ 思　④ 尙　⑤ 愛

2 | 相 |
① 工　② 己　③ 互　④ 考　⑤ 報

풀이

1 想(생각 상)
　① 商(장사 상)　② 堂(집 당)
　③ 思(생각 사)　④ 尙(오히려 상)
　⑤ 愛(사랑 애)

2 相(서로 상)
　① 工(장인 공)　② 己(몸 기)
　③ 互(서로 호)　④ 考(생각할 고)
　⑤ 報(갚을 보)

답　1. ③ | 2. ③

251 生 (날 생)
상형자 / 生부 / 총 5획

丿 ㄧ ㅗ 牛 生

- 生命생명 사람이 살아서 숨 쉬고 활동할 수 있게 하는 힘 ▶命(목숨 명)
- 生産생산 인간이 생활하는 데 필요한 각종 물건을 만들어 냄 ▶産(낳을 산)
- 生活생활 사람이나 동물이 일정한 환경에서 활동하며 살아감 ▶活(살 활)
- 生計생계 生母생모 生物體생물체 野生動物야생동물

252 西 (서녘 서)
상형자 / 西부 / 총 6획

一 ㄒ 丅 西 西 西

- 西洋서양 유럽과 남북아메리카의 여러 나라를 통틀어 이르는 말 ▶洋(큰바다 양)
- 西紀서기 기원후 ▶紀(벼리 기)
- 西歐서구 서유럽 ▶歐(구역 구)
- 西海岸서해안 東問西答동문서답 東西南北동서남북   주의 酉(닭 유) 4급

253 序 (차례 서)
형성자 / 广부 / 총 7획

丶 一 广 户 庐 序 序

- 序論서론 말이나 글 따위에서 본격적인 논의를 하기 위한 실마리가 되는 부분 ▶論(논할 론)
- 序曲서곡 가극 따위의 막을 열기 전이나 주요한 부분을 시작하기 전에 연주하는 기악곡 ▶曲(악곡 곡)
- 序幕서막 연극 따위에서, 처음 여는 막 ▶幕(장막 막)
- 秩序질서 長幼有序장유유서 年功序列연공서열

254 書 (글 서)
회의자 / 曰부 / 총 10획

フ ㄱ ㅋ ㅋ 肀 聿 聿 書 書 書

- 書店서점 책을 갖추어 놓고 팔거나 사는 가게 ▶店(가게 점)
- 書堂서당 글방 ▶堂(집 당)
- 書藝서예 글씨를 붓으로 쓰는 예술 ▶藝(재주 예)
- 報告書보고서 圖書館도서관 入學願書입학원서   주의 晝(낮 주) 5급

255 夕 (저녁 석)
상형자 / 夕부 / 총 3획

丿 ㄅ 夕

- 夕陽석양 저녁때의 햇빛 ▶陽(볕 양)
- 夕潮석조 저녁때의 조수 ▶潮(조수 조)
- 秋夕추석 우리나라 명절의 하나 ▶秋(가을 추)
- 七夕칠석 一朝一夕일조일석 夕刊新聞석간신문

장유유서(長幼有序)

長(어른 장), 幼(어릴 유), 有(있을 유), 序(차례 서)

오륜(五倫)의 하나로, 어른과 어린이 사이에는 순서와 질서가 있음을 의미한다.

※ 오륜(五倫) - 유교 도덕사상의 기본이 되는 다섯 가지 덕목

- 부자유친(父子有親) : 부자 사이의 친애(親愛)
- 부부유별(夫婦有別) : 부부 사이의 분별(分別)
- 붕우유신(朋友有信) : 붕우 사이의 신의(信義)
- 군신유의(君臣有義) : 군신 사이의 의리(義理)
- 장유유서(長幼有序) : 장유 사이의 차서(次序)

256 상형자 石부 총 5획	石 돌 석	一 丁 ア 石 石

石油석유 땅속에서 천연으로 나는, 탄화수소를 주성분으로 하는 가연성 기름 ▶油(기름 유)
石炭석탄 식물질이 땅속 깊이 묻혀 오랫동안 지압과 지열을 받아 생긴, 타기 쉬운 퇴적암 ▶炭(숯 탄)
礎石초석 주춧돌 ▶礎(주춧돌 초)
石井석정 一石二鳥일석이조 他山之石타산지석 주의 右(오른쪽 우) 5급

257 형성자 巾부 총 10획	席 자리 석	丶 一 广 广 广 庐 庐 庐 席 席

席次석차 자리의 차례 ▶次(버금 차)
座席좌석 앉을 수 있게 마련된 자리 ▶座(자리 좌)
出席출석 어떤 자리에 나아가 참석함 ▶出(날 출)
參席참석 立席입석 病席병석 坐不安席좌불안석

258 회의자 儿부 총 6획	先 먼저 선	丿 一 屮 生 先 先

先生선생 학생을 가르치는 사람 ▶生(날 생)
先親선친 남에게 돌아가신 자기 아버지를 이르는 말 ▶親(친할 친)
先輩선배 같은 분야에서, 지위나 나이·학예 따위가 자기보다 많거나 앞선 사람 ▶輩(무리 배)
先納선납 最先최선 先驅者선구자 先見之明선견지명

259 형성자 糸부 총 15획	線 줄 선	丿 ㄴ ㄠ ㅋ 幺 糸 糸 糽 紗 紳 綿 綿 綿 線 線

電線전선 전류가 흐르도록 하는 도체로서 쓰는 선 ▶電(번개 전)
光線광선 빛의 줄기 ▶光(빛 광)
線路선로 기차나 전차의 바퀴가 굴러 가도록 레일을 깔아 놓은 길 ▶路(길 로)
直線직선 無線電話무선전화 黃金路線황금노선

260 회의자 口부 총 12획	善 착할 선	丶 丷 ソ 丷 羊 羊 羊 盖 盖 善 善 善

善惡선악 착한 것과 악한 것을 아울러 이르는 말 ▶惡(악할 악)
善良선량 행실이나 성질이 착함 ▶良(어질 량)
善處선처 형편에 따라 잘 처리함 ▶處(처리할 처)
眞善美진선미 勸善懲惡권선징악 善男善女선남선녀

쪽지시험

※ 다음 한자어(漢字語)와 발음(發音)이 같은 한자어는 어느 것입니까?

1. 序文
① 西門 ② 西洋 ③ 書式 ④ 書面 ⑤ 選別

2. 光線
① 當選 ② 廣宣 ③ 最善 ④ 商船 ⑤ 急流

풀이

1 서문
① 서문 ② 서양 ③ 서식 ④ 서면 ⑤ 선별

2 광선
① 당선 ② 광선 ③ 최선 ④ 상선 ⑤ 급류

답 1. ① | 2. ②

261 選 가릴 선
- 형성자
- 辶(辵)부
- 총 16획

丶 已 민 민 巴 먼 먼 哭 哭 巽 巽 巽 選 選 選

- 選擇선택 여럿 가운데서 필요한 것을 골라 뽑음 ▶擇(가릴 택)
- 選別선별 가려서 따로 나눔 ▶別(나눌 별)
- 選定선정 여럿 가운데서 어떤 것을 뽑아 정함 ▶定(정할 정)
- 當選당선 公明選擧공명선거 運動選手운동선수 주의 遷(옮길 천) 3급

262 鮮 고울 선
- 회의자
- 魚부
- 총 17획

丿 ク 夕 各 各 角 角 角 魚 魚 魚 魚 魚 鮮 鮮 鮮 鮮

- 生鮮생선 말리거나 절이지 아니한, 물에서 잡아낸 그대로의 물고기 ▶生(날 생)
- 新鮮신선 새롭고 산뜻함 ▶新(새 신)
- 鮮明선명 산뜻하고 뚜렷하여 다른 것과 혼동되지 않음 ▶明(밝을 명)
- 鮮血선혈 古朝鮮고조선 朝鮮王朝조선왕조

263 船 배 선
- 형성자
- 舟부
- 총 11획

丿 ㄎ 凢 凢 月 月 舟 舟 舟 船 船

- 船長선장 배의 항해와 배 안의 모든 사무를 책임지고 선원들을 통솔하는 최고 책임자 ▶長(어른 장)
- 船員선원 배의 승무원 ▶員(인원 원)
- 船積선적 배에 짐을 실음 ▶積(쌓을 적)
- 漁船어선 宇宙船우주선 造船所조선소 주의 航(배 항) 3급

264 仙 신선 선
- 회의자
- 亻(人)부
- 총 5획

丿 亻 仆 仙 仙

- 神仙신선 도를 닦아서 현실의 인간 세계를 떠나 자연과 벗하며 산다는 상상의 사람 ▶神(귀신 신)
- 仙境선경 신선이 산다는 곳 ▶境(지경 경)
- 仙女선녀 선경에 산다는 여자 ▶女(계집 녀)
- 仙家선가 仙人掌선인장 鳳仙花봉선화 神仙圖신선도

265 雪 눈/씻을 설
- 회의자
- 雨부
- 총 11획

一 厂 戶 币 币 雨 雨 雪 雪 雪 雪

- 雪人설인 히말라야 산맥의 산속에 살고 있다는, 인간과 닮은 정체불명의 전설적인 동물 ▶人(사람 인)
- 雪景설경 눈이 내리거나 눈이 쌓인 경치 ▶景(볕 경)
- 暴雪폭설 갑자기 많이 내리는 눈 ▶暴(사나울 폭)
- 雪辱설욕 雪上加霜설상가상 嚴冬雪寒엄동설한 白雪公主백설공주 주의 雲(구름 운) 5급

한자별곡

대기만성(大器晚成)
大(큰 대), 器(그릇 기), 晚(늦을 만), 成(이룰 성)

큰 그릇은 늦게 만들어진다는 뜻으로, 크게 될 인물은 오랜 공적(功績)을 쌓아 만년에 성공하게 됨을 이른다. 위(魏)나라에 최염(崔琰)이라는 이름난 장군이 있었다. 그에게는 최림(崔林)이라는 사촌동생이 있었는데, 외모도 빈약하고 출세가 늦어 친척들로부터 멸시를 당하였다. 하지만 최염만은 그의 재능을 꿰뚫어 보고는 "큰 종이나 큰 솥은 그렇게 쉽사리 만들어지는 것은 아니다. 너도 대기만성형으로 후일에는 반드시 큰 인물이 될 것이다."라고 말하였다. 과연 뒷날에 최림은 삼공(三公)이 되어 천자(天子)를 보필하는 자리에 오르게 되었다.

《노자(老子)》

5급 배정한자

---

266 형성자 / 言부 / 총 14획
說
말씀 설/달랠 세/기쁠 열

丶 亠 亠 訁 言 言 言 訝 訝 說 說 說 說

說明설명 어떤 일이나 대상의 내용을 상대편이 잘 알 수 있도록 밝혀 말함 ▶明(밝을 명)
誘說유세 달콤한 말로 꾐 ▶誘(꾈 유)
解說해설 문제나 사건의 내용 따위를 알기 쉽게 풀어 설명함 ▶解(풀 해)
說得力설득력　甘言利說감언이설　說往說來설왕설래　주의 設(베풀 설) 5급

---

267 회의자 / 言부 / 총 11획
設
베풀 설

丶 亠 亠 訁 言 言 言 訝 訝 設 設

設立설립 기관이나 조직체 따위를 만들어 일으킴 ▶立(설 립)
設計설계 계획을 세움 ▶計(셀 계)
設備설비 필요한 것을 베풀어서 갖춤 ▶備(갖출 비)
建設건설　施設시설　設問調査설문조사

---

268 형성자 / 女부 / 총 8획
姓
성씨 성

乚 乄 女 女 女 妒 妒 姓

姓名성명 성과 이름을 아울러 이르는 말 ▶名(이름 명)
同姓동성 같은 성 ▶同(한가지 동)
姓氏성씨 '성(姓)'을 높여 이르는 말 ▶氏(성씨 씨)
百姓백성　通姓名통성명　同姓同本동성동본　주의 性(성품 성) 5급

---

269 형성자 / 忄(心)부 / 총 8획
性
성품 성

丨 丨 忄 忄 忄 忄 性 性

性格성격 개인이 가지고 있는 고유의 성질이나 품성 ▶格(격식 격)
性質성질 사람이 지닌 마음의 본바탕 ▶質(바탕 질)
性別성별 남녀나 암수의 구별 ▶別(나눌 별)
人性인성　個性개성　習性습성　適性檢査적성검사　주의 姓(성씨 성) 5급

---

270 형성자 / 戈부 / 총 7획
成
이룰 성

丿 厂 厂 戶 成 成 成

成人성인 자라서 어른이 된 사람 ▶人(사람 인)
成熟성숙 생물의 발육이 완전히 이루어짐 ▶熟(익을 숙)
成就성취 목적한 바를 이룸 ▶就(나아갈 취)
贊成찬성　人材育成인재육성　大器晚成대기만성　주의 戌(개 술) 4급

쪽지시험

상공회의소 한자
중급 3, 4, 5급

※ 다음 단어들의 □ 안에 공통으로 들어갈 알맞은 한자는 어느 것입니까?

1 　　　　白□, □景, □辱
　① 日　② 風　③ 雪　④ 屈　⑤ 成

2 　　　　□立, □計, 建□
　① 船　② 國　③ 家　④ 起　⑤ 設

풀이
1 白雪(백설), 雪景(설경), 雪辱(설욕)
2 設立(설립), 設計(설계), 建設(건설)

답 1. ③ | 2. ⑤

상공회의소 한자시험 중급 기본서 3급

271 城 성 성
형성자 / 土부 / 총 10획

一 十 土 圵 圵 圬 城 城 城 城

- 城郭성곽 내성과 외성을 통틀어 이르는 말 ▶郭(성 곽)
- 城壁성벽 성곽의 벽 ▶壁(벽 벽)
- 漢城한성 백제의 두 번째 도읍지 ▶漢(한수 한)
- 皇城황성 南漢山城남한산성 萬里長城만리장성

272 省 살필 성/덜 생
회의자 / 目부 / 총 9획

丿 丨 小 少 少 省 省 省 省

- 省墓성묘 조상의 산소를 찾아가서 돌봄 ▶墓(무덤 묘)
- 省察성찰 자기의 마음을 반성하고 살핌 ▶察(살필 찰)
- 反省반성 자신의 언행에 대하여 잘못이나 부족함이 없는지 돌이켜 봄 ▶反(돌이킬 반)
- 歸省귀성 省略생략 國防省국방성 人事不省인사불성 주의 肖(닮을 초)3급

273 星 별 성
형성자 / 日부 / 총 9획

丨 冂 日 日 甲 旦 早 星 星

- 星雲성운 구름 모양으로 퍼져 보이는 천체 ▶雲(구름 운)
- 星座성좌 별자리 ▶座(자리 좌)
- 流星유성 지구의 대기권 안으로 들어와 빛을 내며 떨어지는 작은 물체 ▶流(흐를 류)
- 金星금성 恒星항성 人工衛星인공위성 주의 皇(임금 황)5급

274 誠 정성 성
형성자 / 言부 / 총 14획

丶 二 三 言 言 言 訁 訌 訞 誠 誠 誠

- 誠心성심 정성스러운 마음 ▶心(마음 심)
- 誠實성실 정성스럽고 참됨 ▶實(열매 실)
- 誠金성금 정성으로 내는 돈 ▶金(쇠 금)
- 孝誠효성 忠誠충성 精誠정성 至誠感天지성감천

275 聲 소리 성
회의자 / 耳부 / 총 17획

一 十 士 吉 吉 吉 声 声 声 殸 殸 殸 殸 聲 聲 聲 聲

- 聲優성우 목소리로만 연기하는 배우 ▶優(배우 우)
- 聲帶성대 후두의 중앙부에 있는 소리를 내는 기관 ▶帶(띠 대)
- 聲量성량 사람의 목소리가 크거나 작은 정도 ▶量(헤아릴 량)
- 音聲음성 發聲발성 銃聲총성 聲樂家성악가

한자별곡

세계칠대불가사의(世界七大不可思議)

世(인간 세), 界(지경 계), 七(일곱 칠), 大(큰 대), 不(아닐 불), 可(옳을 가), 思(생각 사), 議(의논할 의)

지구상에서 불가사의한 것으로 여겨지는 7가지 사물을 말하는데, 고대 7대 불가사의와 자연현상 7대 불가사의 등 여러 가지 경우가 있다. 고대 7대 불가사의로는 이집트 쿠푸왕의 피라미드, 메소포타미아 바빌론의 공중정원, 올림피아 제우스상, 에페소스의 아르테미스 신전, 할리카르나소스의 마우솔로스 능묘, 로도스의 크로이소스 대거상, 알렉산드리아의 파로스 등대가 해당한다. 그 밖에 이집트 피라미드, 로마 콜로세움, 영국 스톤헨지, 이탈리아 피사 사탑, 이스탄불 성소피아 성당, 중국 만리장성, 알렉사드리아 등대를 7대 불가사의로 부르기도 한다. 2007년에는 신(新) 세계 7대 불가사의가 새롭게 발표되기도 하였다.

5급 배정한자

276 회의자 一부 총 5획 **世** 인간 세

一 十 卅 卅 世

世界세계 지구상의 모든 나라 ▶界(지경 계)
世習세습 세상의 풍습 ▶習(익힐 습)
出世출세 사회적으로 높은 지위에 오르거나 유명하게 됨 ▶出(날 출)
一世紀일세기 世代交替세대교체 世上萬事세상만사

277 형성자 氵(水)부 총 9획 **洗** 씻을 세

丶 丶 氵 氵 氵 洴 洗 洗 洗

洗手세수 손이나 얼굴을 씻음 ▶手(손 수)
洗面세면 세수 ▶面(낯 면)
洗禮세례 입교하는 사람에게 모든 죄악을 씻는 표시로 베푸는 의식 ▶禮(예도 례)
洗腦세뇌 洗車세차 洗濯機세탁기

278 형성자 力부 총 13획 **勢** 형세 세

一 十 土 夫 表 幸 坴 刲 執 執 埶 勢 勢

勢力세력 권력이나 기세의 힘 ▶力(힘 력)
形勢형세 살림살이의 형편 ▶形(모양 형)
大勢대세 일이 진행되어 가는 결정적인 형세 ▶大(큰 대)
氣勢기세 强勢강세 實勢실세 勢道家세도가 [주의] 熱(더울 열) 5급

279 형성자 止부 총 13획 **歲** 해 세

⌐ ⌐ ⌐ ⌐ 止 广 屵 屵 屵 歲 歲 歲 歲

歲月세월 흘러가는 시간 ▶月(달 월)
歲拜세배 섣달그믐이나 정초에 웃어른께 인사로 하는 절 ▶拜(절 배)
歲費세비 국가 기관에서 한 해 동안 쓰는 경비 ▶費(쓸 비)
虛送歲月허송세월 歲入歲出세입세출 歲寒三友세한삼우 [주의] 武(굳셀 무) 5급

280 상형자 小부 총 3획 **小** 작을 소

亅 小 小

小說소설 허구적으로 이야기를 꾸며 나간 산문체의 문학 양식 ▶說(말씀 설)
小滿소만 이십사절기의 하나 ▶滿(찰 만)
縮小축소 모양이나 규모 따위를 줄여서 작게 함 ▶縮(줄일 축)
小隊長소대장 小賣商소매상 中小企業중소기업

쪽지시험

 상공회의소 한자 중급 3, 4, 5급

※ 다음 성어에서 □ 안에 들어갈 알맞은 한자는 어느 것입니까?

1. 人事不□
① 成 ② 性 ③ 省 ④ 誠 ⑤ 氏

2. 破竹之□
① 馬 ② 材 ③ 變 ④ 勢 ⑤ 藝

풀이

1 人事不省(인사불성) : 제 몸에 벌어지는 일을 모를 만큼 정신을 잃은 상태

2 破竹之勢(파죽지세) : '대를 쪼개는 기세' 라는 뜻으로, 적을 거침없이 물리치고 쳐들어가는 기세를 이르는 말

답 1. ③ | 2. ④

281 상형자 小부 총 4획	少 적을/젊을 소

丿 小 小 少

少年소년 아직 완전히 성숙하지 아니한 어린 사내아이 ▶年(해 년)
少額소액 적은 액수 ▶額(액수 액)
多少다소 분량이나 정도의 많과 적음 ▶多(많을 다)
僅少근소 稀少價値희소가치 男女老少남녀노소

---

282 회의자 戶부 총 8획	所 바 소

丶 ᅩ ㄏ 戶 戶 所 所 所

所望소망 어떤 일을 바람 ▶望(바랄 망)
所感소감 마음에 느낀 바 ▶感(느낄 감)
場所장소 어떤 일이 이루어지거나 일어나는 곳 ▶場(마당 장)
住所주소 所在소재 所有權소유권 不勞所得불로소득

---

283 형성자 氵(水)부 총 10획	消 사라질 소

丶 丶 氵 氵 氵 沪 消 消 消

消滅소멸 사라져 없어짐 ▶滅(멸할 멸)
消毒소독 병의 감염이나 전염을 예방하기 위하여 병원균을 죽이는 일 ▶毒(독 독)
消却소각 지워서 없애 버림 ▶却(물리칠 각)
解消해소 消化소화 消防署소방서

---

284 회의자 糸부 총 10획	素 본디/흴 소

一 二 ㄗ 主 圭 韦 表 表 妻 素 素

素質소질 본디부터 가지고 있는 성질 ▶質(바탕 질)
素朴소박 꾸밈이나 거짓이 없고 수수함 ▶朴(소박할 박)
素養소양 평소 닦아 놓은 학문이나 지식 ▶養(기를 양)
素服소복 儉素검소 要素요소 活力素활력소

---

285 형성자 亻(人)부 총 9획	俗 풍속 속

丿 亻 亻 亻 伀 伀 伀 俗 俗

風俗풍속 옛날부터 그 사회에 전해 오는 생활 전반에 걸친 습관 따위를 이르는 말 ▶風(바람 풍)
世俗세속 세상 ▶世(인간 세)
俗物속물 속된 물건 ▶物(물건 물)
俗稱속칭 低俗저속 民俗村민속촌

파안대소(破顔大笑)

破(깨뜨릴 파), 顔(낯 안), 大(큰 대), 笑(웃음 소)

얼굴이 찢어지도록 크게 웃는다는 뜻으로, 즐거운 표정으로 한바탕 크게 웃는 웃음을 말한다.

※ 웃음과 관련된 사자성어

- 가가대소(呵呵大笑) : 껄껄거리며 한바탕 크게 웃는 웃음
- 박장대소(拍掌大笑) : 손뼉을 치며 크게 웃는 웃음
- 포복절도(抱腹絶倒) : 웃음을 참지 못해 배를 안고 넘어지면서 웃는 웃음
- 만당홍소(滿堂哄笑) : 방안에 둘러앉은 사람들이 모두 흡족해 크게 웃는 웃음

5급 배정한자

286 형성자 辶(辵)부 총 11획
速 빠를 속
一 一 一 一 一 一 一 一 一 一 一

- 速力속력 속도의 크기 ▶力(힘 력)
- 速記속기 꽤 빨리 적음 ▶記(기록할 기)
- 初速초속 최초의 속도 ▶初(처음 초)
- 減速감속 強速球강속구 光速度광속도 [주의] 連(이을 련) 5급

287 회의자 子부 총 10획
孫 손자 손
一 了 子 孑 孖 孫 孫 孫 孫 孫

- 後孫후손 자신의 세대에서 여러 세대가 지난 뒤의 자녀를 통틀어 이르는 말 ▶後(뒤 후)
- 孫女손녀 아들의 딸 또는 딸의 딸 ▶女(계집 녀)
- 王孫왕손 임금의 손자 또는 후손 ▶王(임금 왕)
- 孫悟空손오공 子孫萬代자손만대 孫子兵法손자병법

288 회의자 辶(辵)부 총 10획
送 보낼 송
丷 ハ ム 䒑 乎 꼿 送 送 送 送

- 送年송년 묵은 한 해를 보냄 ▶年(해 년)
- 發送발송 물건, 편지, 서류 따위를 우편이나 운송 수단을 이용하여 보냄 ▶發(필 발)
- 配送배송 물자를 여러 곳에 나누어 보내 줌 ▶配(나눌 배)
- 放送局방송국 公示送達공시송달 送舊迎新송구영신 [주의] 途(길 도) 3급

289 상형자 水부 총 4획
水 물 수
丨 丁 水 水

- 水泳수영 스포츠나 놀이로서 물속을 헤엄치는 일 ▶泳(헤엄칠 영)
- 水中수중 물속 ▶中(가운데 중)
- 冷水냉수 차가운 물 ▶冷(찰 랭)
- 水道管수도관 輕水爐경수로 水彩畵수채화 [주의] 永(길 영) 5급

290 상형자 手부 총 4획
手 손 수
一 二 三 手

- 手術수술 신체 조직을 의료 기계를 사용하여 자르거나 째거나 조작을 가하여 병을 고치는 일 ▶術(재주 술)
- 手話수화 귀머거리와 벙어리들이 구화를 대신하여 몸짓이나 손짓으로 표현하는 의사 전달 방법 ▶話(말씀 화)
- 手作수작 손으로 만듦 ▶作(지을 작)
- 手信號수신호 手數料수수료 攻擊手공격수 [주의] 乎(어조사 호) 4급

쪽지시험

※ 다음 음(音)을 가진 한자는 어느 것입니까?

1 [소]
① 素 ② 省 ③ 稅 ④ 俗 ⑤ 世

2 [송]
① 速 ② 近 ③ 通 ④ 送 ⑤ 孫

풀이
1 ①소 ②성 ③세 ④속 ⑤세
2 ①속 ②근 ③통 ④송 ⑤손

답 1.① | 2.④

291 受 받을 수
- 형성자
- 又부
- 총 8획

ノ ▽ ▽ ▽ 爫 爫 受 受

受領수령 돈이나 물품을 받아들임 ▶領(거느릴 령)
受給수급 급여, 연금, 배급 따위를 받음 ▶給(줄 급)
受驗生수험생 시험을 치르는 학생 ▶驗(시험할 험), 生(날 생)
感受性감수성 引受人인수인 受動態수동태 주의 愛(사랑 애) 5급

292 授 줄 수
- 형성자
- 扌(手)부
- 총 11획

一 十 扌 扌 扌 扌 扌 护 护 授 授

授受수수 물품을 주고받음 ▶受(받을 수)
授賞수상 상을 줌 ▶賞(상줄 상)
授業수업 교사가 학생에게 지식이나 기능을 가르쳐 줌 ▶業(업 업)
授乳수유 傳授전수 敎授교수 授與式수여식

293 守 지킬 수
- 회의자
- 宀부
- 총 6획

丶 丶 宀 宀 守 守

守衛수위 지키어 호위함 ▶衛(지킬 위)
遵守준수 전례나 규칙, 명령 따위를 그대로 좇아서 지킴 ▶遵(좇을 준)
固守고수 차지한 물건이나 형세 따위를 굳게 지킴 ▶固(굳을 고)
嚴守엄수 守備隊수비대 守護神수호신 保守派보수파

294 收 거둘 수
- 형성자
- 攵(攴)부
- 총 6획

丨 丩 丩 丩 收 收

收穫수확 익은 농작물을 거두어들임 ▶穫(거둘 확)
收入수입 돈이나 물품 따위를 거두어들임 ▶入(들 입)
押收압수 물건의 점유를 취득하는 강제 처분 ▶押(누를 압)
沒收몰수 還收환수 領收證영수증 收益金수익금 주의 攻(칠 공) 3급

295 數 셈 수/자주 삭
- 형성자
- 攵(攴)부
- 총 15획

丶 口 曰 曰 甲 吕 吕 串 婁 婁 婁 婁 婁 數 數

數學수학 수량 및 공간의 성질에 관하여 연구하는 학문 ▶學(배울 학)
數量수량 수효와 분량을 아울러 이르는 말 ▶量(헤아릴 량)
算數산수 수의 성질, 셈의 기초, 초보적인 기하 따위를 가르치는 학과목 ▶算(셈 산)
點數점수 個數개수 假分數가분수 數尿症삭뇨증

한자별곡

수학(數學)

數(셈 수), 學(배울 학)

물건을 헤아리거나 측정하는 것에서 시작되는 수(數)·양(量)에 관한 학문으로, 현대에 이르러 형식논리를 이용해 추상적 구조를 연구하는 영역으로 넓어졌다. 인류의 역사상 가장 오래전부터 발달해 온 학문이자 다른 학문의 기초가 되기도 하는 수학은 고대 이집트, 메소포타미아, 고대 인도, 고대 중국 및 고대 그리스의 수학책에서 찾아볼 수 있으며, 유클리드의 원론에서는 엄밀한 논증이 발견된다. 오늘날 수학은 자연과학, 공학, 의학뿐만 아니라 경제학 등의 사회과학에서도 중요한 도구로서 사용된다. 이러한 경우를 응용수학이라 하고, 이와 달리 수학 자체의 아름다움과 재미를 추구하며 연구하는 것을 순수수학으로 구분한다.

5급 배정한자

296 상형자 | 首부 | 총 9획
首
머리 수

丶 丷 ⺌ ⺍ 产 产 首 首 首

首席수석 등급이나 직위 따위에서 맨 윗자리 ▶席(자리 석)
首相수상 내각의 우두머리 ▶相(서로 상)
首肯수긍 옳다고 인정함 ▶肯(즐길 긍)
首都수도　首腦部수뇌부　鶴首苦待학수고대

297 형성자 | 頁부 | 총 12획
順
순할 순

丿 丿 刂 川 川 川 順 順 順 順 順 順

順序순서 정하여진 기준에서 말하는 전후, 좌우, 상하 따위의 차례 관계 ▶序(차례 서)
順從순종 순순히 따름 ▶從(좇을 종)
順理순리 순한 이치나 도리 ▶理(다스릴 리)
順應순응　筆順필순　優先順位우선순위　주의 須(모름지기 수) 4급

298 회의자 | 羽부 | 총 11획
習
익힐 습

丁 ⺄ ⺕ ⺕⺕ ⺕⺕ 羽 羽 習 習 習 習

習慣습관 어떤 행위를 오랫동안 되풀이하는 과정에서 저절로 익혀진 행동 방식 ▶慣(익숙할 관)
豫習예습 앞으로 배울 것을 미리 익힘 ▶豫(미리 예)
實習실습 이미 배운 이론을 토대로 하여 실지로 해 보고 익히는 일 ▶實(열매 실)
演習연습　弊習폐습　見習工견습공　慣習法관습법

299 형성자 | 力부 | 총 12획
勝
이길 승

丿 刀 月 月 月` 月″ 胖 胖 胖 勝 勝 勝

勝利승리 겨루어서 이김 ▶利(이로울 리)
勝敗승패 승리와 패배를 아울러 이르는 말 ▶敗(패할 패)
必勝필승 반드시 이김 ▶必(반드시 필)
勝戰譜승전보　百戰百勝백전백승　勝負根性승부근성　주의 謄(베낄 등) 2급

300 회의자 | 巾부 | 총 5획
市
저자 시

丶 亠 亠 宀 市

市廳시청 시의 행정 사무를 맡아보는 기관 ▶廳(관청 청)
市民시민 그 시(市)에 사는 사람 ▶民(백성 민)
市場시장 여러 가지 상품을 사고파는 일정한 장소 ▶場(마당 장)
市內시내　市價시가　特別市특별시　市街行進시가행진　주의 弔(조상할 조) 3급

쪽지시험

상공회의소 한자
종급 3, 4, 5급

※ 다음 한자(漢字)와 음(音)이 같은 한자는 어느 것입니까?

1 | 收 |
①技　②授　③拾　④援　⑤詩

2 | 授 |
①首　②見　③頭　④得　⑤星

풀이
1 收(거둘 수)
①기　②수　③습　④원　⑤시
2 授(줄 수)
①수　②견　③두　④득　⑤성

답 1. ② | 2. ①

109

301 示 보일 시
- 상형자
- 示부
- 총 5획

一 二 于 示 示

示威 시위 위력이나 기세를 떨쳐 보임 ▶威(위엄 위)
示範 시범 모범을 보임 ▶範(법 범)
訓示 훈시 상관이 하관에게 집무상의 주의 사항을 일러 보임 ▶訓(가르칠 훈)
提示제시 展示會전시회 意思表示의사표시

302 是 옳을/이 시
- 회의자
- 日부
- 총 9획

丨 冂 日 日 旦 早 异 昰 是

是非 시비 옳음과 그름 ▶非(아닐 비)
是認 시인 어떤 내용이나 사실이 옳거나 그러하다고 인정함 ▶認(알 인)
是正 시정 잘못된 것을 바로잡음 ▶正(바를 정)
必是필시 或是혹시 亦是역시 是是非非시시비비 [주의] 定(정할 정) 5급

303 時 때 시
- 형성자
- 日부
- 총 10획

丨 冂 日 日 日 旪 旪 昈 時 時

時間 시간 어떤 시각에서 어떤 시각까지의 사이 ▶間(사이 간)
時計 시계 시간을 재거나 시각을 나타내는 기계나 장치를 통틀어 이르는 말 ▶計(셀 계)
時代 시대 역사적으로 어떤 표준에 의하여 구분한 일정한 기간 ▶代(시대 대)
時空시공 時機尙早시기상조 時時刻刻시시각각 [주의] 侍(모실 시) 3급

304 詩 시 시
- 형성자
- 言부
- 총 13획

丶 亠 二 三 言 言 言 計 計 詩 詩 詩 詩

詩人 시인 시를 전문적으로 짓는 사람 ▶人(사람 인)
詩集 시집 여러 편의 시를 모아서 엮은 책 ▶集(모일 집)
詩想 시상 시를 짓기 위한 착상이나 구상 ▶想(생각 상)
詩評시평 訟詩송시 漢詩한시 敍事詩서사시

305 施 베풀 시
- 형성자
- 方부
- 총 9획

丶 亠 亍 方 方 扩 於 施 施

施行 시행 실지로 행함 ▶行(다닐 행)
施工 시공 공사를 시행함 ▶工(장인 공)
施設 시설 도구, 기계, 장치 따위를 베풀어 설비함 ▶設(베풀 설)
施策시책 施賞式시상식 施食會시식회 [주의] 族(겨레 족) 5급

자유시(自由詩)

自(스스로 자), 由(말미암을 유), 詩(시 시)

자유시는 정형시에 반대되는 것으로서, 전통적인 형식을 떠나서 자유로운 표현으로 작자의 감정이 표현된 시를 말한다. 자유시 형식의 기원은 멀리는 성서의 《아가(雅歌)》에서 찾을 수 있고, 가까이는 프랑스의 보들레르가 산문시 《파리의 우울》 서문에서 자유시 정신을 부르짖음으로써 출발하였다고 볼 수 있다. 자유시가 정형시의 성립조건에서 탈피한 이유는 근대정신이 운율의 법칙이나 일정한 어수(語數)의 틀 속에 갇혀 있을 수 없을 만큼 복잡해졌을 뿐만 아니라 민주주의의 발달과 더불어 민중의 생활과 그 율동을 함께하기 위한 때문이었다. 초창기 한국 문단에서 자유시를 창작한 주요 시인으로는 김억·주요한·이상화·김소월·한용운·김동환 등이 있다.

5급 배정한자

306 형성자 / 見부 / 총 12획
視 볼 시

一 ㄣ ㅜ ㅜ 禾 禾 和 神 視 視 視 視

- 視力시력 물체의 존재나 형상을 인식하는 눈의 능력 ▶力(힘 력)
- 視覺시각 눈을 통해 빛의 자극을 받아들이는 감각 작용 ▶覺(깨달을 각)
- 錯視착시 시각적인 착각 현상 ▶錯(섞일 착)
- 重視중시 無視무시 視聽覺시청각 視察團시찰단

307 형성자 / 女부 / 총 8획
始 처음 시

ㄑ ㄠ ㄠ 女 女 始 始 始

- 始初시초 맨 처음 ▶初(처음 초)
- 始作시작 어떤 일이나 행동의 처음 단계를 이룸 ▶作(지을 작)
- 始動시동 처음으로 움직이기 시작함 ▶動(움직일 동)
- 始祖시조 創始창시 始務式시무식 始終一貫시종일관 주의 姑(시어미 고) 3급

308 회의자 / 食부 / 총 9획
食 밥 식/먹일 사

ノ 人 人 今 今 今 食 食 食

- 食事식사 끼니로 음식을 먹음 ▶事(일 사)
- 食品식품 사람이 일상적으로 섭취하는 음식물을 통틀어 이르는 말 ▶品(물건 품)
- 食糧식량 양식 ▶糧(양식 량)
- 飮食음식 疏食소사 弱肉强食약육강식 주의 良(어질 량) 5급

309 형성자 / 木부 / 총 12획
植 심을 식

一 十 才 木 木 村 村 柏 柏 植 植 植

- 植物식물 생물계의 두 갈래 가운데 하나 ▶物(물건 물)
- 植樹식수 나무를 심음 ▶樹(나무 수)
- 植栽식재 초목을 심어 재배함 ▶栽(심을 재)
- 植木日식목일 植民地식민지 臟器移植장기이식 주의 殖(번성할 식) 2급

310 형성자 / 言부 / 총 19획
識 알 식/표할 지

ㆍ ㅗ ㅗ 言 言 言 言 言 言 言 訁 詩 詩 諳 識 識 識

- 常識상식 사람들이 보통 알고 있거나 알아야 하는 지식 ▶常(항상 상)
- 認識인식 사물을 분별하고 판단하여 앎 ▶認(알 인)
- 意識의식 깨어 있는 상태에서 자기 자신이나 사물에 대하여 인식하는 작용 ▶意(뜻 의)
- 面識면식 識別식별 標識표지 知識産業지식산업 주의 職(벼슬 직) 3급

쪽지시험

상공회의소 한자
중급 3, 4, 5급

※ 다음의 뜻을 가진 한자(漢字)는 어느 것입니까?

1 [옳다]
① 宿 ② 順 ③ 歲 ④ 是 ⑤ 示

2 [때]
① 寺 ② 時 ③ 詩 ④ 待 ⑤ 施

풀이

1 ① 宿(잘 숙) ② 順(순할 순)
③ 歲(해 세) ④ 是(옳을 시)
⑤ 示(보일 시)

2 ① 寺(절 사) ② 時(때 시)
③ 詩(시 시) ④ 待(기다릴 대)
⑤ 施(베풀 시)

답 1. ④ | 2. ②

311 式 법 식
- 형성자
- 弋 부
- 총 6획

一 二 テ 三 式 式

- 格式격식 격에 맞는 일정한 방식 ▶格(격식 격)
- 樣式양식 일정한 모양이나 형식 ▶樣(모양 양)
- 非公式비공식 국가적으로나 사회적으로 인정되지 않은 사사로운 방식 ▶非(아닐 비), 公(공평할 공)
- 結婚式결혼식 禮式場예식장 株式會社주식회사 **주의** 武(굳셀 무) 5급

312 身 몸 신
- 상형자
- 身 부
- 총 7획

' 亻 亻 亻 自 身 身

- 身分신분 개인의 사회적인 위치나 계급 ▶分(신분 분)
- 獨身독신 배우자가 없는 사람 ▶獨(홀로 독)
- 避身피신 위험을 피하여 몸을 숨김 ▶避(피할 피)
- 心身심신 身體檢査신체검사 身邊保護신변보호

313 神 귀신 신
- 형성자
- 示 부
- 총 10획

一 二 テ 亍 示 示 和 和 和 神

- 神話신화 고대인의 사유나 표상이 반영된 신성한 이야기 ▶話(말씀 화)
- 神奇신기 신비롭고 기이함 ▶奇(기이할 기)
- 神父신부 주교 다음가는 성직자 ▶父(아비 부)
- 鬼神귀신 精神정신 神仙草신선초 神出鬼沒신출귀몰 **주의** 祝(빌 축) 5급

314 臣 신하 신
- 상형자
- 臣 부
- 총 6획

一 T 丅 Ŧ 臣 臣

- 臣下신하 임금을 섬기어 벼슬하는 사람 ▶下(아래 하)
- 忠臣충신 나라와 임금을 위해 충절을 다하는 신하 ▶忠(충성 충)
- 功臣공신 나라를 위하여 특별한 공을 세운 신하 ▶功(공 공)
- 使臣사신 君臣有義군신유의 死六臣墓사육신묘 **주의** 巨(클 거) 4급

315 信 믿을 신
- 회의자
- 亻(人) 부
- 총 9획

丿 亻 亻 亻 信 信 信 信 信

- 信用신용 사람이나 사물이 틀림없다고 믿어 의심하지 아니함 ▶用(쓸 용)
- 信賴신뢰 굳게 믿고 의지함 ▶賴(의뢰할 뢰)
- 信念신념 굳게 믿는 마음 ▶念(생각 념)
- 所信소신 確信확신 自信感자신감 信號燈신호등

한자별곡

상공회의소 한자
중급 3, 4, 5급

사육신(死六臣)과 생육신(生六臣)

死(죽을 사), 六(여섯 륙), 臣(신하 신), 生(날 생), 六(여섯 륙), 臣(신하 신)

사육신은 단종의 복위를 꾀하다가 발각되어 세조에게 죽임을 당한 여섯 명의 신하를 이르는 말로, 성삼문·하위지·유응부·박팽년·이개·유성원이 알려져 있고, 김문기가 사육신의 일원으로 인정받았다. 현재 서울특별시 노량진에 이들을 기념하는 묘지가 있다. 사육신이 절개로 생명을 바친 데 반해 생육신은 살아 있으면서 귀머거리나 소경인 체 또는 방성통곡하거나 두문불출하며 단종을 추모한 여섯 신하를 말한다. 김시습·원호·이맹전·조려·성담수·남효온이 생육신으로 불리며, 사육신과 생육신 등의 신하들을 통칭하여 절의파(節義派)로 부르기도 한다.

5급 배정한자

316 형성자 / 斤부 / 총 13획
新 새 신

丶 亠 ㅗ ㅛ 立 辛 辛 亲 亲 新 新 新 新

新聞신문 새로운 소식이나 견문 ▶聞(들을 문)
更新갱신 이미 있던 것을 고쳐 새롭게 함 ▶更(다시 갱)
革新혁신 묵은 풍속, 관습, 조직, 방법 따위를 완전히 바꾸어서 새롭게 함 ▶革(고칠 혁)
新入生신입생 新世代신세대 溫故知新온고지신 주의 親(친할 친) 5급

317 지사자 / 大부 / 총 5획
失 잃을 실

丿 ㅗ ㅓ 失 失

失手실수 조심하지 아니하여 잘못함 ▶手(손 수)
失點실점 운동 경기나 승부 따위에서 점수를 잃음 ▶點(점 점)
損失손실 잃어버리거나 축나서 손해를 봄 ▶損(덜 손)
過失과실 失職실직 失鄕民실향민 失業率실업률 주의 矢(화살 시) 3급

318 회의자 / 宀부 / 총 9획
室 집 실

丶 宀 宀 宍 宕 宕 宖 室 室

居室거실 거처하는 방 ▶居(살 거)
寢室침실 잠을 자는 방 ▶寢(잘 침)
敎室교실 유치원, 초등학교, 중·고등학교에서 학습 활동이 이루어지는 방 ▶敎(가르칠 교)
娛樂室오락실 溫室效果온실효과 高臺廣室고대광실 주의 堂(집 당) 5급

319 회의자 / 宀부 / 총 14획
實 열매 실

丶 宀 宀 宀 宐 宑 审 寅 寊 寔 實 實 實 實

實踐실천 생각한 바를 실제로 행함 ▶踐(밟을 천)
實力실력 실제로 갖추고 있는 힘이나 능력 ▶力(힘 력)
確實확실 틀림없이 그러함 ▶確(굳을 확)
實名실명 實事求是실사구시 勤勉誠實근면성실 주의 寶(보배 보) 3급

320 상형자 / 心부 / 총 4획
心 마음 심

丶 心 心 心

心性심성 타고난 마음씨 ▶性(성품 성)
心情심정 마음속에 품고 있는 생각이나 감정 ▶情(뜻 정)
慾心욕심 분수에 넘치게 무엇을 탐내거나 누리고자 하는 마음 ▶慾(욕심 욕)
核心핵심 孝心효심 心機一轉심기일전

쪽지 시험

상공회의소 한자 중급 3, 4, 5급

※ 다음 한자(漢字)와 뜻이 비슷한 한자는 어느 것입니까?

1 實
① 序 ② 先 ③ 洗 ④ 果 ⑤ 石

2 身
① 强 ② 神 ③ 精 ④ 體 ⑤ 命

풀이

1 實(열매 실)
① 序(차례 서) ② 先(먼저 선)
③ 洗(씻을 세) ④ 果(열매 과)
⑤ 石(돌 석)

2 身(몸 신)
① 强(강할 강) ② 神(귀신 신)
③ 精(정할 정) ④ 體(몸 체)
⑤ 命(목숨 명)

답 1. ④ | 2. ④

321 十 (열 십)
- 지사자 / 十부 / 총 2획
- 필순: 一 十
- 數十수십: 십의 두서너 배가 되는 수 ▶ 數(셈 수)
- 十長生십장생: 오래도록 살고 죽지 않는다는 열 가지 ▶ 長(길 장), 生(날 생)
- 赤十字적십자: 흰 바탕에 붉은색으로 그린 십자형 ▶ 赤(붉을 적), 字(글자 자)
- 十字架십자가 十中八九십중팔구

322 氏 (성씨 씨)
- 상형자 / 氏부 / 총 4획
- 필순: 一 丆 氏 氏
- 姓氏성씨: '성(姓)'을 높여 이르는 말 ▶ 姓(성씨 성)
- 宗氏종씨: 같은 성으로서 촌수를 따질 정도가 못 되는 사람들 사이에서 서로 부르는 말 ▶ 宗(마루 종)
- 氏族씨족: 공동의 조상을 가진 혈연 공동체 ▶ 族(겨레 족)
- 攝氏섭씨 華氏화씨 氏族社會씨족사회 [주의] 民(백성 민) 5급

323 兒 (아이 아)
- 회의자 / 儿부 / 총 8획
- 필순: 丶 丨 ナ 臼 臼 白 臼 兒
- 兒童아동: 신체적·지적으로 미숙한 단계에 있는 사람 ▶ 童(아이 동)
- 育兒육아: 어린아이를 기름 ▶ 育(기를 육)
- 迷兒미아: 길이나 집을 잃고 헤매는 아이 ▶ 迷(미혹할 미)
- 健兒건아 優良兒우량아 孤兒院고아원 [주의] 兄(맏 형) 5급

324 安 (편안할 안)
- 회의자 / 宀부 / 총 6획
- 필순: 丶 丶 宀 宀 安 安
- 安寧안녕: 아무 탈 없이 편안함 ▶ 寧(편안할 녕)
- 安保안보: 편안히 보전함 ▶ 保(지킬 보)
- 治安치안: 나라를 편안하게 다스림 ▶ 治(다스릴 치)
- 保安보안 問安문안 安息日안식일 安全事故안전사고

325 案 (책상 안)
- 형성자 / 木부 / 총 10획
- 필순: 丶 丶 宀 宀 安 安 安 安 案 案
- 案內안내: 어떤 내용을 소개하여 알려 줌 ▶ 內(안 내)
- 案件안건: 토의하거나 조사하여야 할 사실 ▶ 件(물건 건)
- 提案제안: 의안으로 내어 놓음 ▶ 提(끌 제)
- 立案입안 代案대안 腹案복안 豫算案예산안

한자별곡 — 십장생(十長生)

十(열 십), 長(길 장), 生(날 생)

오래 살고 죽지 아니한다는 10가지의 물상을 말하는데, 해·산·물·돌·소나무·구름·불로초·거북·학·사슴을 십장생으로 꼽는다. 옛 사람들은 장생 불사의 표상인 십장생을 시문(詩文)·그림·조각 등에 많이 이용하였는데, 우리나라에서도 고구려 고분 벽화에 부분적으로 나타난 것을 시작으로 다양한 분야에서 사용되어 왔다. 특히 조선시대에는 설날에 십장생 그림을 궐내에 걸어놓는 풍습이 있었는데, 이후 항간에서도 십장생 그림을 벽과 창문에 그려 붙였고, 병풍·베갯머리, 혼례 때 신부의 수저주머니, 선비의 문방구 등에도 그리거나 수놓았다.

5급 배정한자

326 형성자 / 心부 / 총 13획
愛 사랑 애
丶 ㄟ ㅍ ㅍ ㅍ ㅍ 恶 恶 悉 悉 愛 愛 愛
- 愛國애국 자기 나라를 사랑함 ▶國(나라 국)
- 愛人애인 이성 간에 사랑하는 사람 ▶人(사람 인)
- 愛憎애증 사랑과 미움을 아울러 이르는 말 ▶憎(미울 증)
- 割愛할애 偏愛편애 愛鄕心애향심 祖國愛조국애 주의 受(받을 수) 5급

327 형성자 / 夕부 / 총 8획
夜 밤 야
丶 ㄧ 广 产 产 夜 夜 夜
- 夜間야간 해가 진 뒤부터 먼동이 트기 전까지의 동안 ▶間(사이 간)
- 夜勤야근 퇴근 시간이 지나 밤늦게까지 하는 근무 ▶勤(부지런할 근)
- 深夜심야 깊은 밤 ▶深(깊을 심)
- 夜光야광 徹夜철야 晝耕夜讀주경야독

328 형성자 / 里부 / 총 11획
野 들 야
丨 ㄇ 曰 日 旦 甲 里 野 野 野 野
- 野黨야당 정당 정치에서, 현재 정권을 잡고 있지 아니한 정당 ▶黨(무리 당)
- 野山야산 들 가까이의 나지막한 산 ▶山(뫼 산)
- 野望야망 크게 무엇을 이루어보겠다는 희망 ▶望(바랄 망)
- 廣野광야 野遊會야유회 野營地야영지

329 형성자 / 糸부 / 총 9획
約 맺을 약
ㄥ ㄠ 幺 纟 纟 糸 糸 約 約
- 約束약속 다른 사람과 앞으로의 일을 어떻게 할 것인가를 미리 정하여 둠 ▶束(묶을 속)
- 公約공약 정부, 정당, 입후보자 등이 어떤 일에 대하여 국민에게 실행할 것을 약속함 ▶公(공평할 공)
- 言約언약 말로 약속함 ▶言(말씀 언)
- 誓約서약 約婚式약혼식 團體協約단체협약

330 형성자 / 艹(艸)부 / 총 19획
藥 약 약
一 艹 艹 艹 艹 艹 芹 芐 荳 蒩 蒩 薌 藥 藥 藥 藥 藥
- 藥局약국 약사가 약을 조제하거나 파는 곳 ▶局(판 국)
- 藥師약사 국가의 면허를 받아 약품에 관한 일을 맡아보는 사람 ▶師(스승 사)
- 藥效약효 약의 효험 ▶效(드러날 효)
- 醫藥의약 洋藥양약 補藥보약 韓藥房한약방 주의 樂(즐거울 락) 5급

쪽지시험 상공회의소 한자 중급 3, 4, 5급

※ 다음 한자어(漢字語)와 발음(發音)이 같은 한자어는 어느 것입니까?

1. 　　　　　實名　　　　　
    ① 實科　② 失明　③ 宿命　④ 失點　⑤ 約束

2. 　　　　　保安　　　　　
    ① 寶案　② 溫和　③ 榮華　④ 夜光　⑤ 完全

풀이

1 실명
① 실과　② 실명　③ 숙명　④ 실점　⑤ 약속

2 보안
① 보안　② 온화　③ 영화　④ 야광　⑤ 완전

답 1. ② 2. ①

상곡회의소 한자시험 중급 기본서 3급

331
- 회의자
- 弓부
- 총 10획

弱 약할 약

丁 弓 弓 芎 弱 弱 弱 弱

弱點약점 모자라서 남에게 뒤떨어지거나 떳떳하지 못한 점 ▶點(점 점)
弱冠약관 남자가 스무 살에 관례를 한다는 뜻으로, 남자 나이 스무 살 된 때를 이르는 말 ▶冠(갓 관)
強弱강약 강하고 약함 ▶強(강할 강)
微弱미약 老弱者노약자 弱肉強食약육강식

332
- 상형자
- ⺾(艸)부
- 총 9획

若 같을 약/반야 야

一 艹 艹 艹 艹 艻 若 若

若干약간 얼마 되지 않음 ▶干(방패 간)
萬若만약 있을지도 모르는 뜻밖의 경우 ▶萬(일만 만)
假若가약 가정하여 말하면 ▶假(거짓 가)
般若心經반야심경 明若觀火명약관화 泰然自若태연자약 傍若無人방약무인  苦(쓸 고) 4급

333
- 상형자
- 羊부
- 총 6획

羊 양 양

丶 丷 丷 芏 芏 羊

羊毛양모 양털 ▶毛(털 모)
羊腸양장 양의 창자 ▶腸(창자 장)
羊皮양피 양의 가죽 ▶皮(가죽 피)
九折羊腸구절양장 羊頭狗肉양두구육 亡羊之歎망양지탄

334
- 상형자
- 入부
- 총 8획

兩 두 량

一 丆 襾 襾 雨 雨 兩

兩者양자 일정한 관계에 있는 두 사람이나 두 개의 사물 ▶者(놈 자)
兩國양국 두 나라 ▶國(나라 국)
兩側양측 양쪽의 측면 ▶側(곁 측)
兩極양극 兩家양가 兩面性양면성 一擧兩得일거양득 주의 雨(비 우) 5급

335
- 형성자
- 氵(水)부
- 총 9획

洋 큰바다 양

丶 冫 氵 汸 汸 泮 洋 洋 洋

洋食양식 서양식 음식 ▶食(밥 식)
洋酒양주 서양에서 들여온 술 ▶酒(술 주)
洋服양복 서양식의 의복 ▶服(옷 복)
西洋式서양식 大西洋대서양 遠洋漁業원양어업

천리안(千里眼)

千(일천 천), 里(마을 리), 眼(눈 안)

천 리 밖을 보는 눈이라는 뜻으로, 먼 곳의 것을 볼 수 있는 능력이나 사물을 꿰뚫어 보는 힘을 말한다.
위(魏)나라 양일(楊逸)은 백성들을 괴롭히는 관리가 있으면 엄중히 문책했다. 또 관원이나 병사가 지방으로 나갈 때는 민폐를 끼치지 않도록 식량을 가지고 가게 했다. 혹시 관원이나 병사에게 음식을 대접하려는 사람이 있으면, 그들은 굳이 사양하며 "장관의 눈은 천리안이라, 무엇이든 환히 내다보신다. 도저히 속일 수가 없다."고 말하였다. 이렇게 사람의 눈이 미치지 않는 곳에서도 결코 양일의 명령을 어기려고 하지 않았다.

《위서(魏書)》 양일전(楊逸傳)

5급 배정한자

336 형성자 / 食부 / 총 15획
養 기를 양

丶 丷 以 ド ¥ ¥ 羊 美 美 姜 养 养 養 養 養

- 養成양성 가르쳐서 유능한 사람을 길러 냄 ▶成(이룰 성)
- 養育양육 아이를 보살펴서 자라게 함 ▶育(기를 육)
- 養蜂양봉 꿀을 얻기 위하여 벌을 기름 ▶蜂(벌 봉)
- 養分양분 養老院양로원 養鷄場양계장 養護室양호실

337 형성자 / 阝(阜)부 / 총 12획
陽 볕 양

丶 丨 阝 阝 阡 阳 阳 阳 阳 陽 陽 陽

- 陽地양지 볕이 바로 드는 곳 ▶地(땅 지)
- 陽刻양각 조각에서, 평평한 면에 글자나 그림 따위를 도드라지게 새기는 일 ▶刻(새길 각)
- 太陽태양 태양계의 중심이 되는 별 ▶太(클 태)
- 陽曆양력 斜陽사양 和風暖陽화풍난양 주의 湯(끓일 탕)3급

338 상형자 / 魚부 / 총 11획
魚 고기 어

丿 ㄱ 夕 夕 角 备 备 魚 魚 魚 魚

- 魚類어류 척추동물의 연골어강, 경골어강, 먹장어강, 두갑강, 조기강을 통틀어 이르는 말 ▶類(무리 류)
- 活魚활어 살아 있는 물고기 ▶活(살 활)
- 人魚인어 상반신은 사람과 같고 하반신은 물고기와 같다는 상상의 바다 동물 ▶人(사람 인)
- 養魚場양어장 熱目魚열목어 魚頭肉尾어두육미

339 형성자 / 言부 / 총 14획
語 말씀 어

丶 亠 二 言 言 言 言 訂 評 語 語 語 語

- 言語언어 생각, 느낌 따위를 나타내거나 전달하는 데에 쓰는 음성, 문자 따위의 수단 ▶言(말씀 언)
- 語法어법 말의 일정한 법칙 ▶法(법 법)
- 語源어원 어떤 단어의 근원적인 형태 ▶源(근원 원)
- 熟語숙어 母國語모국어 外國語외국어 주의 話(말씀 화)5급

340 형성자 / 氵(水)부 / 총 14획
漁 고기잡을 어

丶 冫 氵 氵 汒 汒 洢 洢 渔 渔 漁 漁 漁

- 漁業어업 영리를 목적으로 물고기, 조개, 김, 미역 따위를 잡거나 기르는 산업 ▶業(업 업)
- 漁場어장 고기잡이를 하는 곳 ▶場(마당 장)
- 漁獲어획 수산물을 잡거나 채취함 ▶獲(얻을 획)
- 漁港어항 漁父之利어부지리 遠洋漁船원양어선

쪽지시험

※ 다음 단어들의 □ 안에 공통으로 들어갈 알맞은 한자는 어느 것입니까?

1 □成, □育, □護
① 面   ② 陽   ③ 內   ④ 聲   ⑤ 養

2 □極, □家, □面性
① 羊   ② 兩   ③ 無   ④ 服   ⑤ 硏

풀이
1 養成(양성), 養育(양육), 養護(양호)
2 兩極(양극), 兩家(양가), 兩面性(양면성)

답 1.⑤ | 2.②

341 言 말씀 언
회의자 / 言부 / 총 7획

필순: 言言言言言言言

- 言論언론 매체를 통하여 어떤 사실을 밝혀 알리거나 여론을 형성하는 활동 ▶論(논할 론)
- 言爭언쟁 말다툼 ▶爭(다툴 쟁)
- 言聲언성 말하는 목소리 ▶聲(소리 성)
- 證言증언 甘言利說감언이설 有口無言유구무언 주의 語(말씀 어) 5급

342 業 업 업
상형자 / 木부 / 총 13획

필순: 業業業業業業業業業業業業業

- 職業직업 생계를 유지하기 위하여 일정한 기간 동안 계속하여 종사하는 일 ▶職(벼슬 직)
- 副業부업 본업 외에 여가를 이용하여 갖는 직업 ▶副(버금 부)
- 營業영업 영리를 목적으로 하는 사업 ▶營(경영할 영)
- 業務업무 業績업적 業種업종 製造業제조업

343 易 바꿀 역/쉬울 이
상형자 / 日부 / 총 8획

필순: 易易易易易易易易

- 貿易무역 지방과 지방 사이에 서로 물건을 사고팔거나 교환하는 일 ▶貿(무역할 무)
- 交易교역 주로 나라와 나라 사이에서 물건을 사고팔고 하여 서로 바꿈 ▶交(사귈 교)
- 安易안이 너무 쉽게 여기는 태도나 경향 ▶安(편안할 안)
- 周易주역 容易용이 簡易驛간이역 易地思之역지사지

344 逆 거스릴 역
형성자 / 辶(辵)부 / 총 10획

필순: 逆逆逆逆逆逆逆逆逆逆

- 逆境역경 일이 순조롭지 않아 매우 어렵게 된 처지나 환경 ▶境(지경 경)
- 逆說역설 어떤 주의나 주장에 반대되는 이론이나 말 ▶說(말씀 설)
- 逆流역류 물이 거슬러 흐름 ▶流(흐를 류)
- 逆行역행 逆襲역습 逆謀역모 拒逆거역 주의 送(보낼 송) 5급

345 然 그러할 연
회의자 / 灬(火)부 / 총 12획

필순: 然然然然然然然然然然然然

- 當然당연 일의 앞뒤 사정을 놓고 볼 때에 마땅히 그러함 ▶當(마땅 당)
- 忽然홀연 뜻하지 아니하게 갑자기 ▶忽(갑자기 홀)
- 必然필연 사물의 관련이나 일의 결과가 반드시 그렇게 됨 ▶必(반드시 필)
- 不然불연 浩然之氣호연지기 自然保護자연보호 주의 燃(불사를 연) 3급

한자별곡

어부지리(漁父之利)

漁(고기잡을 어), 父(아비 부), 之(갈 지), 利(이로울 리)

어부의 이익이라는 뜻으로, 둘이 다투는 틈을 타서 엉뚱한 제3자가 이익을 봄을 말한다.

민물조개가 강변에 나와 입을 벌리고 햇볕을 쪼이고 있는데, 황새란 놈이 조갯살을 쪼아 먹으려다 깜짝 놀라 입을 오므린 조개에 주둥이를 물리고 말았다. 황새는 비만 오지 않으면 조개가 바짝 말라 죽을 것이라고 생각했고, 조개는 입만 벌려주지 않으면 황새가 굶어 죽게 될 것이라고 생각했다. 이렇게 한참 다투고 있는 순간에 지나가던 어부가 이 광경을 보고 손쉽게 황새와 조개를 한꺼번에 잡아 망태 속에 넣었다.

《전국책(戰國策)》 연책(燕策)

5급 배정한자

346 형성자 / 石부 / 총 11획
研 갈 연

一 ァ 厂 プ 石 石 石 石 研 研 研

研究연구 어떤 일이나 사물에 대하여서 깊이 있게 조사하고 생각하여 진리를 따져 보는 일 ▶究(연구할 구)
研修연수 학문 따위를 연구하고 닦음 ▶修(닦을 수)
研磨연마 주로 돌이나 쇠붙이, 보석, 유리 따위의 고체를 갈고 닦아서 표면을 반질반질하게 함 ▶磨(갈 마)
研究所연구소 研究員연구원 研削材연삭재

347 형성자 / 灬(火)부 / 총 15획
熱 더울 열

一 十 土 耂 耂 耂 幸 幸 考 執 執 執 熱 熱 熱

熱烈열렬 어떤 것에 대한 애정이나 태도가 매우 맹렬함 ▶烈(매울 렬)
熱情열정 어떤 일에 열렬한 애정을 가지고 열중하는 마음 ▶情(뜻 정)
熱氣열기 뜨거운 기운 ▶氣(기운 기)
熱帶魚열대어 以熱治熱이열치열 熱帶地方열대지방 [주의]熟(익을 숙)[3급]

348 상형자 / 水부 / 총 5획
永 길 영

丶 亅 亣 永 永

永遠영원 어떤 상태가 끝이 이어짐 ▶遠(멀 원)
永久영구 어떤 상태가 시간상으로 무한히 이어짐 ▶久(오랠 구)
永住영주 한곳에 오래 삶 ▶住(살 주)
永續영속 永生영생 永世中立國영세중립국

349 형성자 / 艹(艸)부 / 총 9획
英 꽃부리 영

一 艹 艹 艿 艿 苎 苂 英 英

英語영어 인도·유럽 어족 게르만 어파의 서게르만 어군에 속한 언어 ▶語(말씀 어)
英國영국 유럽 서부 대서양 가운데 있는 입헌 군주국 ▶國(나라 국)
英雄영웅 지혜와 재능이 뛰어나고 용맹하여 보통 사람이 하기 어려운 일을 해내는 사람 ▶雄(수컷 웅)
英特영특 英韓辭典영한사전 英才教育영재교육 [주의]央(가운데 앙)[3급]

350 형성자 / 木부 / 총 14획
榮 영화 영

丶 ナ ナ ナ ナ ナ ナ 炒 炒 炒 炒 榮 榮 榮

榮華영화 몸이 귀하게 되어 이름이 세상에 빛남 ▶華(빛날 화)
榮光영광 빛나고 아름다운 영예 ▶光(빛 광)
榮譽영예 영광스러운 명예 ▶譽(기릴 예)
榮轉영전 榮位영위 榮辱영욕 榮枯盛衰영고성쇠 [주의]營(경영할 영)[3급]

쪽지시험

상공회의소 한자 중급 3, 4, 5급

※ 다음 성어에서 □ 안에 들어갈 알맞은 한자는 어느 것입니까?

1. □不成說
① 言 ② 話 ③ 語 ④ 談 ⑤ 左

2. 自□自得
① 業 ② 由 ③ 身 ④ 身 ⑤ 易

풀이
1 語不成說(어불성설): 말이 조금도 사리에 맞지 아니함
2 自業自得(자업자득): 자기가 저지른 일의 결과를 자기가 받음

답 1. ③ | 2. ①

351 藝 재주 예
형성자 ++(艸)부 총 19획

一十艹艹艹艺艺埶埶埶埶蓺蓺藝藝藝

- 藝術예술 기예와 학술을 아울러 이르는 말 ▶術(재주 술)
- 藝能예능 재주와 기능을 아울러 이르는 말 ▶能(능할 능)
- 文藝문예 문학과 예술을 아울러 이르는 말 ▶文(글월 문)
- 書藝서예 學藝학예 曲藝師곡예사 演藝界연예계

352 五 다섯 오
상형자 二부 총 4획

一丁五五

- 五月오월 한 해 열두 달 가운데 다섯째 달 ▶月(달 월)
- 五穀오곡 다섯 가지 중요한 곡식. 쌀, 보리, 콩, 조, 기장을 이름 ▶穀(곡식 곡)
- 五福오복 유교에서 이르는 다섯 가지의 복 ▶福(복 복)
- 五臟오장 五里霧中오리무중 世俗五戒세속오계 주의 玉(구슬 옥) 5급

353 午 낮 오
상형자 十부 총 4획

丿一一午

- 午時오시 십이시의 일곱째 시 ▶時(때 시)
- 午前오전 자정부터 낮 열두 시까지의 시간 ▶前(앞 전)
- 午後오후 정오부터 밤 열두 시까지의 시간 ▶後(뒤 후)
- 端午단오 正午정오 子午線자오선 주의 牛(소 우) 5급

354 烏 까마귀 오
상형자 灬(火)부 총 10획

丿丿丿户户烏烏烏烏烏

- 烏金오금 구리에 1~10%의 금을 섞은 합금 ▶金(쇠 금)
- 白烏백오 중국에서, 상서로운 징조를 뜻한다는 상상 속의 흰 까마귀 ▶白(흰 백)
- 烏竹오죽 검은색 대나무 ▶竹(대 죽)
- 織烏직오 烏骨鷄오골계 烏飛梨落오비이락 烏合之卒오합지졸 주의 鳥(새 조) 5급

355 玉 구슬 옥
상형자 玉부 총 5획

一丁干王玉

- 玉石옥석 옥과 돌이라는 뜻으로, 좋은 것과 나쁜 것을 구분함을 이르는 말 ▶石(돌 석)
- 玉篇옥편 자전 ▶篇(책 편)
- 玉座옥좌 임금이 앉는 자리 ▶座(자리 좌)
- 玉印옥인 玉童子옥동자 金科玉條금과옥조

한자별곡

오리무중(五里霧中)

五(다섯 오), 里(마을 리), 霧(안개 무), 中(가운데 중)

오리(五里)나 되는 짙은 안개 속에 있다는 뜻으로, 무슨 일에 대하여 방향이나 갈피를 잡을 수 없음을 이르는 말이다.

후한(後漢) 순제(順帝) 때 이름난 학자 장해(張楷)는 학문만 잘한 것이 아니라, 도술에도 능하여 곧잘 오리에 걸쳐 안개를 만드는 것으로 유명하였다. 당시 관서에 살던 배우(裵優)라는 사람은 도술로 삼리(三里)에 걸쳐 안개를 만들 수 있었는데, 오리 안개를 배우고자 장해를 찾았다. 그러나 장해는 오리 안개에 자취를 감추고 배우를 만나주지 않았다.

《후한서(後漢書)》 장해전(張楷傳)

5급 배정한자

356 屋 집 옥
회의자 / 尸부 / 총 9획

フ ユ ㄕ ㄕ 尸 居 居 屋 屋

屋上옥상 지붕의 위 ▶上(위 상)
家屋가옥 사람이 사는 집 ▶家(집 가)
韓屋한옥 우리나라 고유의 형식으로 지은 집을 양식 건물에 상대하여 이르는 말 ▶韓(나라이름 한)
洋屋양옥 社屋사옥 屋外集會옥외집회 屋上架屋옥상가옥 주의 居(살 거)4급

357 溫 따뜻할 온
형성자 / 氵(水)부 / 총 13획

丶 冫 氵 氵 沪 汩 沪 淠 渭 渭 溫 溫 溫

溫泉온천 지열에 의하여 지하수가 그 지역의 평균 기온 이상으로 데워져 솟아 나오는 샘 ▶泉(샘 천)
溫暖온난 날씨가 따뜻함 ▶暖(따뜻할 난)
溫和온화 날씨가 맑고 따뜻하며 바람이 부드러움 ▶和(화할 화)
溫水온수 溫情온정 體溫체온 溫故知新온고지신

358 完 완전할 완
형성자 / 宀부 / 총 7획

丶 丶 宀 宀 宁 完 完

完全완전 필요한 것이 모두 갖추어져 모자람이나 흠이 없음 ▶全(온전 전)
完了완료 완전히 끝마침 ▶了(마칠 료)
完結완결 완전하게 끝을 맺음 ▶結(맺을 결)
完治완치 完快완쾌 未完成미완성

359 王 임금 왕
상형자 / 王(玉)부 / 총 4획

一 二 千 王

王權왕권 임금이 지닌 권력이나 권리 ▶權(권세 권)
王位왕위 임금의 자리 ▶位(자리 위)
王室왕실 임금의 집안 ▶室(집 실)
王子왕자 王妃왕비 王冠왕관 朝鮮王朝조선왕조

360 往 갈 왕
형성자 / 彳부 / 총 8획

ノ ケ イ 彳 彳 行 往 往

往來왕래 가고 오고 함 ▶來(올 래)
往復왕복 갔다가 돌아옴 ▶復(돌아올 복)
旣往기왕 이미 지난 이전 ▶旣(이미 기)
往年왕년 右往左往우왕좌왕 說往說來설왕설래 주의 住(살 주)5급

쪽지시험

상공회의소 한자
중급 3, 4, 5급

※ 다음 음(音)을 가진 한자는 어느 것입니까?

1 | 오 |
① 烏 ② 熱 ③ 爲 ④ 漁 ⑤ 玉

2 | 옥 |
① 氷 ② 屋 ③ 炎 ④ 葉 ⑤ 逆

풀이
1 ①오 ②열 ③위 ④어 ⑤옥
2 ①빙 ②옥 ③염 ④엽 ⑤역

답 1. ① | 2. ②

361 外 바깥 외
- 형성자
- 夕부
- 총 5획

ノクタ列外

- **外國**외국 자기 나라가 아닌 다른 나라 ▶國(나라 국)
- **外部**외부 바깥 부분 ▶部(떼 부)
- **外出**외출 집이나 근무지 따위에서 벗어나 잠시 밖으로 나감 ▶出(날 출)
- 外貌외모 外科외과 外務部외무부 外柔內剛외유내강

362 要 요긴할 요
- 상형자
- 襾(両)부
- 총 9획

一冂冂丙两西西要要要

- **要點**요점 가장 중요하고 중심이 되는 사실이나 관점 ▶點(점 점)
- **要約**요약 말이나 글의 요점을 잡아서 간추림 ▶約(맺을 약)
- **要所**요소 중요한 장소나 지점 ▶所(바 소)
- 要塞요새 要望요망 要請요청 募集要綱모집요강

363 浴 목욕할 욕
- 형성자
- 氵(水)부
- 총 10획

丶丶氵氵氵浐浴浴浴

- **浴湯**욕탕 목욕을 할 수 있도록 마련해 놓은 시설 ▶湯(끓을 탕)
- **浴客**욕객 목욕하러 오는 손님 ▶客(손 객)
- **浴室**욕실 목욕할 수 있도록 시설을 갖춘 방 ▶室(집 실)
- 山林浴산림욕 海水浴해수욕 日光浴일광욕 주의 俗(풍속 속)5급

364 用 쓸 용
- 상형자
- 用부
- 총 5획

ノ 刀 月 月 用

- **用件**용건 볼 일 ▶件(물건 건)
- **用務**용무 볼 일 ▶務(힘쓸 무)
- **用途**용도 쓰이는 길 ▶途(길 도)
- 用例용례 用器용기 使用量사용량 水陸兩用수륙양용

365 勇 날랠 용
- 형성자
- 力부
- 총 9획

フマア丙丙甬甬勇勇

- **勇士**용사 용맹스러운 사람 ▶士(선비 사)
- **勇猛**용맹 용감하고 사나움 ▶猛(사나울 맹)
- **勇敢**용감 용기가 있으며 씩씩하고 기운참 ▶敢(감히 감)
- 勇氣용기 武勇談무용담 匹夫之勇필부지용 주의 男(사내 남)5급

한자별곡

옥편(玉篇)
玉(구슬 옥), 篇(책 편)

중국 육조(六朝)시대 양(梁)나라의 고야왕(顧野王)이 만든 자전이다.《설문해자(說文解字)》계통의 저서이지만, 이와 체재를 달리한 분류로 문자를 배열하였다.《옥편》은 부수 542, 수록자수 1만 6917자를 수록하였으며, 문자마다 반절(反切 ; 음)을 달고, 널리 경전사자(經傳史子)의 훈주(訓注)·음의(音義)를 취하여 유서(類書)식의 상세한 설명을 붙였다. 현재 원본은 전하지 않으며 당나라의 손강(孫強)과 송(宋)나라 때 진팽년(陳彭年)이 내용을 첨삭한 30권이 전해진다.《옥편》은 한국에 일찍부터 전해져 광범위하게 이용되었으며, 자서·자전의 대명사로 사용되었다.

5급 배정한자

---

366 형성자 / 宀부 / 총 10획
容
얼굴/용납할 용

丶 丷 宀 宀 宀 灾 灾 容 容 容

容恕용서 지은 죄나 잘못한 일에 대하여 꾸짖거나 벌하지 아니하고 덮어 줌 ▶恕(용서할 서)
容量용량 가구나 그릇 같은 데 들어갈 수 있는 분량 ▶量(헤아릴 량)
容易용이 어렵지 아니하고 매우 쉬움 ▶易(쉬울 이)
容納용납 容疑者용의자 容貌端正용모단정 주의 客(손님 객) 5급

---

367 회의자 / 口부 / 총 5획
右
오른 우

ノ ナ オ 右 右

右側우측 오른쪽 ▶側(곁 측)
右翼우익 새나 비행기 따위의 오른쪽 날개 ▶翼(날개 익)
右文우문 학문을 무예보다 높이 여김 ▶文(글월 문)
右議政우의정 右往左往우왕좌왕 左衝右突좌충우돌 주의 左(왼 좌) 5급

---

368 상형자 / 牛부 / 총 4획
牛
소 우

ノ 𠂉 ⺧ 牛

牛乳우유 소의 젖 ▶乳(젖 유)
牛黃우황 소의 쓸개 속에 병으로 생긴 덩어리 ▶黃(누를 황)
牛角우각 쇠뿔 ▶角(뿔 각)
黃牛황우 九牛一毛구우일모 牛耳讀經우이독경 주의 午(낮 오) 5급

---

369 형성자 / 又부 / 총 4획
友
벗 우

一 ナ 方 友

友情우정 친구 사이의 정 ▶情(뜻 정)
友邦우방 서로 우호적인 관계를 맺고 있는 나라 ▶邦(나라 방)
友好우호 개인끼리나 나라끼리 서로 사이가 좋음 ▶好(좋을 호)
戰友愛전우애 莫逆之友막역지우 朋友有信붕우유신 주의 反(되돌릴 반) 6급

---

370 상형자 / 雨부 / 총 8획
雨
비 우

一 ㄧ 厂 币 币 雨 雨 雨

暴雨폭우 갑자기 세차게 쏟아지는 비 ▶暴(사나울 폭)
雨衣우의 비옷 ▶衣(옷 의)
雨天우천 비가 오는 날씨 ▶天(하늘 천)
降雨量강우량 集中豪雨집중호우 朝雲暮雨조운모우 주의 兩(두 양) 5급

쪽지시험

※ 다음 한자(漢字)와 음(音)이 같은 한자는 어느 것입니까?

1. | 右 |
①干　②牛　③後　④烏　⑤雲

2. | 容 |
①行　②注　③客　④役　⑤用

풀이
1 右(오른 우)
①간　②우　③후　④오　⑤운
2 容(얼굴 용)
①행　②주　③객　④역　⑤용

답 1. ② 2. ⑤

371 형성자 宀부 총 6획	**宇** 집 우	丶丶宀宁宇宇
		宇宙우주 무한한 시간과 만물을 포함하고 있는 끝없는 공간의 총체 ▶宙(집 주)
		宇內우내 하늘 아래 온 세상 ▶內(안 내)
		天宇천우 하늘의 전체 ▶天(하늘 천)
		玉宇옥우 宇宙停車場우주정거장 주의 字(글자 자) 5급

372 형성자 雨부 총 12획	**雲** 구름 운	一丆丙币币雨雪雪雪雲雲雲
		星雲성운 구름 모양으로 퍼져 보이는 천체 ▶星(별 성)
		雲集운집 구름처럼 모인다는 뜻으로, 많은 사람이 모여듦을 이르는 말 ▶集(모을 집)
		雲海운해 구름이 덮인 바다 ▶海(바다 해)
		靑雲之志청운지지 望雲之情망운지정 雲泥之差운니지차 주의 雷(우레 뢰) 3급

373 형성자 辶(辵)부 총 13획	**運** 옮길/운수 운	一ㄇㄇ宀官官宣軍軍運運運
		運轉운전 기계나 자동차 따위를 움직여 부림 ▶轉(구를 전)
		運送운송 사람을 태워 보내거나 물건 따위를 실어 보냄 ▶送(보낼 송)
		運河운하 배의 운항이나 수리 ▶河(물 하)
		運命운명 幸運행운 運動選手운동선수 주의 連(이을 련) 5급

374 형성자 隹부 총 12획	**雄** 수컷 웅	一ナ左左尨尨尨雄雄雄雄
		雄壯웅장 굉장히 우람함 ▶壯(장할 장)
		雄辯웅변 조리가 있고 막힘이 없이 당당하게 말함 ▶辯(말씀 변)
		雄傑웅걸 영웅다운 호걸 ▶傑(뛰어날 걸)
		雄飛웅비 英雄영웅 大雄殿대웅전 주의 雌(암컷 자) 2급

375 회의자 儿부 총 4획	**元** 으뜸 원	一二テ元
		元祖원조 첫 대의 조상 ▶祖(할아비 조)
		元素원소 집합을 이루는 낱낱의 요소 ▶素(본디 소)
		元旦원단 설날 아침 ▶旦(아침 단)
		元老원로 身元신원 國家元首국가원수 주의 完(완전할 완) 5급

대웅전(大雄殿)

大(큰 대), 雄(수컷 웅), 殿(전각 전)

불교 사찰에 설치되는 전당으로, 현세불인 석가모니를 모시는 사찰의 가장 중요한 건물을 말한다. 대웅(大雄)이라는 명칭은 법화경에서 석가모니를 위대한 영웅이라고 지칭한 데서 비롯되었다. 대웅전은 불상을 모시고 예불과 불공·기도·법요 등 불교의 핵심 의식과 신앙 행위가 행해지는 장소이다. 중심에는 불단을 설치하고 그 위에 불상을 올리는데, 이 불단을 수미단(須彌壇)이라고 부른다. 석가모니가 본존불이 되고, 좌우로는 부처의 지혜를 상징하는 문수보살과 부처의 덕을 상징하는 보현보살을 세우는 것이 일반적이다. 마곡사·봉정사·불국사·쌍계사 등의 대웅전이 유명하다.

5급 배정한자

376 회의자 / 厂부 / 총 10획
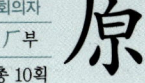
근원/언덕 **원**

一 厂 厂 厂 厅 厉 盾 原 原 原

原則원칙 어떤 행동이나 이론 따위에서 일관되게 지켜야 하는 기본적인 규칙이나 법칙 ▶則(법칙 칙)
原料원료 어떤 물건을 만드는 데 들어가는 재료 ▶料(재료 료)
原油원유 땅속에서 뽑아낸, 정제하지 아니한 그대로의 기름 ▶油(기름 유)
原動力원동력 原始人원시인 高原地帶고원지대 주의 源(근원 원) 3급

---

377 형성자 / 辶(辵)부 / 총 14획
遠
멀 **원**

一 十 土 丰 吉 吉 声 寺 袁 袁 `袁 遠 遠 遠

遠近원근 멀고 가까움 ▶近(가까울 근)
遠視원시 멀리 바라봄 ▶視(볼 시)
遠隔원격 멀리 떨어져 있음 ▶隔(사이뜰 격)
遠距離원거리 遠征隊원정대 遠洋漁業원양어업

---

378 형성자 / 囗부 / 총 13획

동산 **원**

丨 冂 冂 冋 同 周 周 園 園 園 園 園 園

庭園정원 집 안에 있는 뜰이나 꽃밭 ▶庭(뜰 정)
園藝원예 채소, 과일, 화초 따위를 심어서 가꾸는 일이나 기술 ▶藝(재주 예)
樂園낙원 아무런 괴로움이나 고통이 없이 안락하게 살 수 있는 즐거운 곳 ▶樂(즐거울 락)
園頭幕원두막 果樹園과수원 國立公園국립공원 주의 圍(둘레 위) 3급

---

379 형성자 / 頁부 / 총 19획

원할 **원**

一 厂 厂 厂 厂 厉 盾 原 原 原 原 厚 願 願 願 願

所願소원 바라고 원함 ▶所(바 소)
念願염원 마음에 간절히 생각하고 기원함 ▶念(생각 념)
請願청원 일이 이루어지도록 청하고 원함 ▶請(청할 청)
歎願書탄원서 志願兵지원병 入學願書입학원서

---

380 상형자 / 月부 / 총 4획
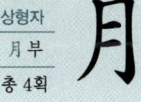
달 **월**

丿 几 月 月

月給월급 일을 한 대가로 달마다 받는 삯 ▶給(줄 급)
月次월차 매달 ▶次(버금 차)
歲月세월 흘러가는 시간 ▶歲(해 세)
月末월말 月刊월간 月賦金월부금

쪽지시험

※ 다음의 뜻을 가진 한자(漢字)는 어느 것입니까?

1 쓰다
① 用 ② 登 ③ 單 ④ 勇 ⑤ 忠

2 옮기다
① 進 ② 遠 ③ 運 ④ 選 ⑤ 送

풀이
1 ① 用(쓸 용) ② 登(오를 등)
  ③ 單(홑 단) ④ 勇(날랠 용)
  ⑤ 忠(충성 충)
2 ① 進(나아갈 진) ② 遠(멀 원)
  ③ 運(옮길 운) ④ 選(가릴 선)
  ⑤ 送(보낼 송)

답 1. ① | 2. ③

381 位 자리 위
회의자 / 亻(人)부 / 총 7획

ノ 亻 亻 伫 伫 位 位

位置위치 일정한 곳에 자리를 차지함 ▶置(둘 치)
位相위상 어떤 사물이 다른 사물과의 관계 속에서 가지는 위치나 상태 ▶相(서로 상)
順位순위 차례나 순서를 나타내는 위치나 지위 ▶順(순할 순)
單位단위 地位지위 滿水位만수위 位階秩序위계질서   주의 泣(울 읍) 4급

382 爲 할 위
상형자 / 爫(爪)부 / 총 12획

 ノ 丶 亠 亣 爫 爫 爲 爲 爲 爲 爲

所爲소위 하는 일 ▶所(바 소)
爲主위주 으뜸으로 삼음 ▶主(주인 주)
爲始위시 여럿 중에서 어떤 대상을 첫자리 또는 대표로 삼음 ▶始(처음 시)
營爲영위 爲政者위정자 無爲徒食무위도식

383 由 말미암을 유
상형자 / 田부 / 총 5획

丨 冂 冂 由 由

自由자유 외부적인 구속이나 무엇에 얽매이지 아니하고 자기 마음대로 행동함 ▶自(스스로 자)
理由이유 어떠한 결론이나 결과에 이른 까닭이나 근거 ▶理(다스릴 리)
緣由연유 사유 ▶緣(인연 연)
由緒유서 由來유래 經由地경유지 事由書사유서   주의 申(납 신) 4급

384 油 기름 유
형성자 / 氵(水)부 / 총 8획

丶 丶 氵 氵 汨 沪 油 油

油田유전 석유가 나는 곳 ▶田(밭 전)
油畫유화 서양화에서, 물감을 기름에 개어 그리는 그림 ▶畫(그림 화)
石油석유 땅속에서 천연으로 나는, 탄화수소를 주성분으로 하는 가연성 기름 ▶石(돌 석)
輕油경유 精油정유 揮發油휘발유

385 有 있을 유
회의자 / 月부 / 총 6획

ノ ナ 才 有 有 有

有無유무 있음과 없음 ▶無(없을 무)
有能유능 능력이 있음 ▶能(능할 능)
有效유효 보람이나 효과가 있음 ▶效(효과 효)
保有보유 有備無患유비무환 有名人士유명인사

원두막(園頭幕)
園(동산 원), 頭(머리 두), 幕(장막 막)

참외·수박 따위를 심은 밭을 지키기 위하여 밭머리나 밭 한가운데 지은 막을 말한다. 원래 원두(園頭)라는 말은 참외·오이·수박·호박 따위를 통틀어 이르는 말이다. 그런데 수박·참외·딸기 따위의 과실이 현장에서 따먹기가 쉽기에, 예전에는 동네 아이들이 서리를 하는 일이 많았다. 이를 막기 위하여 생겨난 것이 바로 원두막이다. 원두막은 보통 기둥 4개를 세워 꼭대기에 짚으로 이엉을 엮어 지붕을 만들고 그 밑에 판자나 통나무로 누대(樓臺)를 만든다. 사방은 볏짚이나 밀짚을 엮어 둘러치되 개폐식으로 하여 막대기로 버티어 열 수 있도록 하였고, 사다리를 놓아 오르내리도록 하였다.

5급 배정한자

386 형성자 辶(辵)부 총 16획	遺 남길 유

丶 口 口 中 虫 虫 串 串 岢 書 貴 貴 貴 遺 遺 遺

遺言유언 죽음에 이르러 말을 남김 ▶言(말씀 언)
遺物유물 선대의 인류가 후대에 남긴 물건 ▶物(물건 물)
遺作유작 죽은 사람이 생전에 남긴 작품 ▶作(지을 작)
遺族유족 遺傳子유전자 遺腹子유복자 文化遺産문화유산

387 지사자 八부 총 4획	六 여섯 육

丶 ㅗ 宀 六

六角육각 육모 ▶角(뿔 각)
六書육서 한자의 구조 및 사용에 관한 여섯 가지의 명칭 ▶書(글 서)
六法육법 동양화를 그릴 때의 여섯 가지 화법 ▶法(법 법)
死六臣사육신 三十六計삼십육계 直六面體직육면체

388 상형자 肉부 총 6획	肉 고기 육

丨 冂 冂 内 肉 肉

肉類육류 먹을 수 있는 짐승의 고기 종류 ▶類(무리 류)
肉聲육성 사람의 입에서 직접 나오는 소리 ▶聲(소리 성)
肉眼육안 맨눈 ▶眼(눈 안)
精肉店정육점 肉體美육체미 肉食性육식성 주의 内(안 내) 5급

389 회의자 月(肉)부 총 8획	育 기를 육

丶 ㅗ 亡 云 产 育 育 育

育兒육아 어린아이를 기름 ▶兒(아이 아)
育成육성 길러 자라게 함 ▶成(이룰 성)
養育양육 아이를 보살펴서 자라게 함 ▶養(기를 양)
發育발육 教育廳교육청 育英事業육영사업 주의 盲(눈멀 맹) 3급

390 형성자 心부 총 10획	恩 은혜 은

丨 冂 月 円 因 因 因 恩 恩 恩

恩惠은혜 고맙게 베풀어 주는 신세나 혜택 ▶惠(은혜 혜)
忘恩망은 은혜를 모르거나 잊음 ▶忘(잊을 망)
恩師은사 가르침을 받은 은혜로운 스승 ▶師(스승 사)
報恩보은 背恩忘德배은망덕 結草報恩결초보은 주의 思(생각 사) 5급

쪽지시험

상공회의소 한자 중급 3, 4, 5급

※ 다음 한자(漢字)와 뜻이 비슷한 한자는 어느 것입니까?

1 原
①園 ②源 ③圓 ④願 ⑤元

2 位
①太 ②席 ③衛 ④養 ⑤室

풀이

1 原(근원 원)
① 園(동산 원) ② 源(근원 원)
③ 圓(둥글 원) ④ 願(원할 원)
⑤ 元(으뜸 원)

2 位(자리 위)
① 太(클 태) ② 席(자리 석)
③ 衛(지킬 위) ④ 養(기를 양)
⑤ 室(집 실)

답 1. ② | 2. ②

| 391
형성자
金부
총 14획 | 銀
은 은 | ノ ト ト ㇑ 牟 牟 金 金 金 釽 釾 鉬 銀 銀
銀貨은화 은돈 ▶貨(재물 화)
銀幕은막 영사막 ▶幕(장막 막)
銀髮은발 은백색의 머리털 ▶髮(터럭 발)
銀賞은상 銀河水은하수 韓國銀行한국은행 |

| 392
지사자
音부
총 9획 | 音
소리 음 | ㇔ ㇐ ㇑ ㇐ 立 产 产 音 音
音聲음성 사람의 목소리나 말소리 ▶聲(소리 성)
音響음향 물체에서 나는 소리와 그 울림 ▶響(울릴 향)
音階음계 일정한 음정의 순서로 음을 차례로 늘어놓은 것 ▶階(섬돌 계)
音標음표 子音자음 母音모음 音樂家음악가 |

| 393
형성자
食부
총 13획 | 飮
마실 음 | ノ 𠂉 𠂉 ⺈ 今 今 仐 倉 食 食 飣 飮 飮
飮食음식 사람이 먹을 수 있도록 만든 밥이나 국 따위의 물건 ▶食(밥 식)
飮福음복 제사를 지내고 난 뒤 제사에 쓴 음식을 나누어 먹음 ▶福(복 복)
米飮미음 입쌀이나 좁쌀에 물을 넉넉하게 붓고 폭 끓이어 체에 받아 낸 걸쭉한 음식 ▶米(쌀 미)
飮料水음료수 飮酒運轉음주운전 鄕飮酒禮향음주례 주의 飯(밥 반) 4급 |

| 394
회의자
邑부
총 7획 | 邑
고을 읍 | ㇐ ㇑ ㇐ 口 무 믐 邑
邑內읍내 읍의 구역 안 ▶內(안 내)
邑長읍장 지방 행정 구역인 읍의 우두머리 ▶長(길 장)
邑誌읍지 한 고을의 연혁, 지리, 인물, 산업, 문화, 풍속 따위를 기록한 책 ▶誌(기록할 지)
山邑산읍 都邑地도읍지 開放市邑개방시읍 주의 色(빛 색) 5급 |

| 395
형성자
心부
총 17획 | 應
응할 응 | ㇔ ㇐ 广 广 广 庁 庁 庁 庐 府 府 雁 雁 雁 應 應 應
應答응답 부름이나 물음에 응하여 답함 ▶答(대답 답)
應用응용 어떤 이론이나 이미 얻은 지식을 구체적인 개개의 사례나 다른 분야의 일에 적용시켜 이용함 ▶用(쓸 용)
應對응대 부름이나 물음 또는 요구 따위에 응하여 상대함 ▶對(대할 대)
應試응시 應接室응접실 應援團응원단 주의 雁(기러기 안) 3급 |

한자별곡

유비무환(有備無患)

有(있을 유), 備(갖출 비), 無(없을 무), 患(근심 환)

평소에 준비가 철저하면 근심이 없다는 뜻이다.
생각이 옳으면 이를 행동으로 옮기되, 옮기는 것을 시기에 맞게 하라. 능(能)한 것을 자랑하게 되면 공(功)을 잃게 된다. 오직 모든 일은 다 갖춘 것이 있는 법이니, 갖춘 것이 있어야만 근심이 없게 될 것이다.

《서경(書經)》 열명편(說命篇)

평안히 지낼 때에도 위태로운 때를 생각해야 하고, 위태로운 때를 생각한다면 언제나 준비가 있어야 하며, 충분한 준비가 되어 있다면 근심할 일이 없을 것이다.

《춘추좌씨전(春秋左氏傳)》

5급 배정한자

---

396 상형자 衣부 총 6획

衣
옷 의

丶 一 ナ 亣 衣 衣

- 衣服의복 옷 ▶服(옷 복)
- 衣裳의상 겉에 입는 옷 ▶裳(치마 상)
- 衣類의류 옷 등을 통틀어 이르는 말 ▶類(무리 류)
- 衣食住의식주 好衣好食호의호식 白衣民族백의민족 주의 依(의지할 의) 4급

---

397 회의자 羊부 총 13획

義
옳을 의

丶 ㄴ ㅗ ㅛ 羊 羊 羊 羊 義 義 義 義 義

- 義理의리 사람으로서 마땅히 지켜야 할 도리 ▶理(다스릴 리)
- 義絕의절 맺었던 의를 끊음 ▶絕(끊을 절)
- 義手의수 손이 없는 사람을 위하여 나무나 고무 따위로 만들어 붙인 손 ▶手(손 수)
- 義足의족 義警의경 正義정의 義務感의무감

---

398 형성자 言부 총 20획

議
의논할 의

丶 亠 ㄲ 宀 言 言 言 言 訁 訁 詳 詳 詳 詳 議 議 議

- 議論의논 어떤 일에 대하여 서로 의견을 주고받음 ▶論(논할 론)
- 議題의제 회의에서 의논할 문제 ▶題(제목 제)
- 抗議항의 반대의 뜻을 주장함 ▶抗(겨룰 항)
- 國會議員국회의원 國會議事堂국회의사당

---

399 형성자 酉부 총 18획

醫
의원 의

一 ㄷ ㄷ ㄷ 医 医 医 医 医 医 殹 殹 殹 醫 醫 醫 醫 醫

- 醫師의사 의술과 약으로 병을 치료·진찰하는 것을 직업으로 삼는 사람 ▶師(스승 사)
- 醫術의술 병이나 상처를 고치는 기술 ▶術(재주 술)
- 醫院의원 진료 시설을 갖추고 의사가 의료 행위를 하는 곳 ▶院(집 원)
- 醫藥品의약품 韓醫院한의원 專門醫전문의

---

400 회의자 心부 총 13획

意
뜻 의

丶 ㅗ ㅛ 立 产 产 音 音 音 意 意 意

- 意見의견 어떤 대상에 대하여 가지는 생각 ▶見(볼 견)
- 意思의사 무엇을 하고자 하는 생각 ▶思(생각 사)
- 意圖의도 무엇을 하고자 하는 생각이나 계획 ▶圖(그림 도)
- 意慾의욕 意味深長의미심장 民主意識민주의식

쪽지시험

상공회의소 한자 3, 4, 5급

※ 다음 한자어(漢字語)와 발음(發音)이 같은 한자어는 어느 것입니까?

1 | 恩師 |
① 人事 ② 銀絲 ③ 恩惠 ④ 醫師 ⑤ 意思

2 | 飮福 |
① 幸福 ② 陰伏 ③ 飮酒 ④ 陰地 ⑤ 油畫

풀이
1 은사
① 인사 ② 은사 ③ 은혜 ④ 의사 ⑤ 의사
2 음복
① 행복 ② 음복 ③ 음주 ④ 음지 ⑤ 유화

답 1. ② 2. ②

401
二 두 이
- 지사자
- 二부
- 총 2획

一 二

二月이월 한 해 열두 달 가운데 둘째 달 ▶月(달 월)
二等이등 두 번째 등급 ▶等(무리 등)
二重唱이중창 두 사람이 한 성부씩 맡아서 같이 노래를 부르는 일 ▶重(거듭 중), 唱(부를 창)
二重性이중성 二毛作이모작 二律背反이율배반

402
耳 귀 이
- 상형자
- 耳부
- 총 6획

一 丆 FF 王 耳

耳順이순 생각하는 것이 원만하여 어떤 일을 들으면 곧 이해가 된다는 뜻으로, 나이 예순 살을 이름 ▶順(순할 순)
耳目이목 귀와 눈을 아울러 이르는 말 ▶目(눈 목)
中耳炎중이염 화농성의 병원균 때문에 일어나는 가운데귀의 염증 ▶中(가운데 중), 炎(불꽃 염)
牛耳讀經우이독경 馬耳東風마이동풍 耳目口鼻이목구비

403
移 옮길 이
- 형성자
- 禾부
- 총 11획

一 二 千 手 禾 禾' 移 移 移 移

移轉이전 장소나 주소 따위를 다른 데로 옮김 ▶轉(구를 전)
移植이식 옮겨서 심음 ▶植(심을 식)
移動이동 움직여 옮김 ▶動(움직일 동)
移住民이주민 移動式이동식 愚公移山우공이산

404
以 써 이
- 회의자
- 人부
- 총 5획

丨 ㇄ 以 以 以

以上이상 수량이나 정도가 일정한 기준보다 더 많거나 나음 ▶上(위 상)
以下이하 수량이나 정도가 일정한 기준보다 더 적거나 모자람 ▶下(아래 하)
以内이내 일정한 범위나 한도의 안 ▶内(안 내)
以南이남 以熱治熱이열치열 以心傳心이심전심 주의 似(같을 사) 3급

405
益 더할 익
- 회의자
- 皿부
- 총 10획

丶 八 公 兴 公 公 谷 谷 益 益

有益유익 이롭거나 도움이 됨 ▶有(있을 유)
權益권익 권리와 그에 따르는 이익 ▶權(권세 권)
損益손익 손해와 이익을 아울러 이르는 말 ▶損(덜 손)
多多益善다다익선 權益保護권익보호 損益計算書손익계산서

한자별곡

백의민족(白衣民族)

白(흰 백), 衣(옷 의), 民(백성 민), 族(겨레 족)

흰 옷을 입는 민족이라는 뜻으로, 예로부터 우리 민족이 흰 옷을 즐겨 입은 데서 유래한다. 중국 문헌 위지(魏志)에 의하면 부여시대의 사람들이 이미 흰 옷을 입고 있었다고 하며, 흰 옷을 애용하게 된 것은 태양숭배의 원시적 신앙에 의해 그 광명의 상징인 흰 빛을 숭상했기 때문으로 보인다. 특히 일제 강점기에는 우리를 지배하고 억압하던 일본인의 옷이 무색옷이기 때문에 그와는 대조적인 백의가 항일정신의 상징으로 더욱 강조되었다. 고종 31년(1894)의 갑오개혁(甲午改革) 이후부터는 색의(色衣) 착용이 장려되었다.

5급 배정한자

406 상형자 / 人부 / 총 2획
人 사람 인

ノ 人

人間인간 언어를 가지고 사고할 줄 알고 사회를 이루며 사는 지구상의 고등 동물 ▶間(사이 간)
人格인격 사람으로서의 품격 ▶格(격식 격)
人權인권 인간으로서 당연히 가지는 기본적 권리 ▶權(권세 권)
人體인체 美人大會미인대회 人種差別인종차별

407 회의자 / 口부 / 총 6획
因 인할 인

丨 冂 冂 冈 因 因

原因원인 어떤 사물이나 상태를 변화시키거나 일으키게 하는 근본이 된 일이나 사건 ▶原(근원 원)
因緣인연 사람들 사이에 맺어지는 관계 ▶緣(인연 연)
因子인자 어떤 사물의 원인이 되는 낱낱의 요소나 물질 ▶子(아들 자)
要因요인 因果應報인과응보 因襲打破인습타파 주의 囚(가둘 수) 3급

408 회의자 / 弓부 / 총 4획
引 끌 인

ㄱ 弓 弓 引

引渡인도 사물이나 권리 따위를 넘겨줌 ▶渡(건널 도)
引上인상 물건 따위를 끌어 올림 ▶上(위 상)
索引색인 어떤 것을 뒤져서 찾아내거나 필요한 정보를 밝힘 ▶索(찾을 색)
我田引水아전인수 引受引繼인수인계 萬有引力만유인력

409 형성자 / 亻(人)부 / 총 4획
仁 어질 인

ノ 亻 仁 仁

仁慈인자 마음이 어질고 자애로움 ▶慈(사랑 자)
仁厚인후 어질고 후덕함 ▶厚(두터울 후)
仁德인덕 어진 덕 ▶德(덕 덕)
仁術인술 仁政인정 殺身成仁살신성인 仁義禮智인의예지

410 지사자 / 一부 / 총 1획
一 한 일

一

一等일등 으뜸가는 등급 ▶等(무리 등)
一月일월 한 해 열두 달 가운데 첫째 달 ▶月(달 월)
一部일부 일부분 ▶部(떼 부)
三位一體삼위일체 始終一貫시종일관 一觸卽發일촉즉발

쪽지시험

상공회의소 한자 중급 3, 4, 5급

※ 다음 단어들의 □ 안에 공통으로 들어갈 알맞은 한자는 어느 것입니까?

1 原□, □子, □緣
   ①囚 ②引 ③意 ④醫 ⑤因

2 □住, □植, □動
   ①居 ②樹 ③移 ④運 ⑤以

풀이
1 原因(원인), 因子(인자), 因緣(인연)
2 移住(이주), 移植(이식), 移動(이동)

답 1. ⑤ | 2. ③

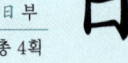

411
상형자 / 日부 / 총 4획

日 날 일

ㅣ 冂 日 日

- 日記일기 날마다 그날그날 겪은 일이나 생각, 느낌 따위를 적는 개인의 기록 ▶記(기록할 기)
- 日程일정 일정한 기간 동안 해야 할 일의 계획을 날짜별로 짜 놓은 것 ▶程(길 정)
- 連日연일 여러 날을 계속함 ▶連(이을 련)
- 日刊紙일간지 日氣豫報일기예보 日常生活일상생활   주의 曰(가로 왈) 4급

412
지사자 / 入부 / 총 2획

入 들 입

ノ 入

- 入學입학 학교에 들어가 학생이 됨 ▶學(배울 학)
- 入社입사 회사 따위에 취직하여 들어감 ▶社(모일 사)
- 入隊입대 군대에 들어가 군인이 됨 ▶隊(무리 대)
- 收入수입 出入口출입구 入山禁止입산금지   주의 八(여덟 팔) 5급

413
상형자 / 子부 / 총 3획

子 아들 자

フ 了 子

- 子息자식 아들과 딸 ▶息(쉴 식)
- 子女자녀 아들과 딸을 통틀어 이르는 말 ▶女(계집 녀)
- 子孫자손 자식과 손자를 아울러 이르는 말 ▶孫(손자 손)
- 男子남자 女子여자 四君子사군자   주의 孑(외로울 혈) 2급

414
형성자 / 子부 / 총 6획

字 글자 자

丶 宀 宀 宇 字 字

- 漢字한자 중국에서 만들어 오늘날에도 쓰고 있는 문자 ▶漢(한수 한)
- 字幕자막 영화나 텔레비전 따위에서, 관객이나 시청자가 읽을 수 있도록 화면에 비추는 글자 ▶幕(장막 막)
- 字形자형 글자꼴 ▶形(모양 형)
- 字間자간 習字紙습자지 甲骨文字갑골문자   주의 宇(집 우) 5급

415
상형자 / 自부 / 총 6획

自 스스로 자

ノ 丨 冂 自 自 自

- 自身자신 자기 또는 자기의 몸 ▶身(몸 신)
- 自我자아 자기 자신에 대한 의식이나 관념 ▶我(나 아)
- 自動자동 기계나 설비 따위가 자체 내에 있는 일정한 장치의 작용에 의하여 스스로 작동함 ▶動(움직일 동)
- 自律자율 自激之心자격지심 自然保護자연보호   주의 目(눈 목) 5급

한자별곡

자규(子規)

子(아들 자), 規(법 규)

자규는 뻐꾸기과의 새로 두견이, 접동새, 귀촉도라고 하는데, 소쩍새와는 다른 새이다. 한국에서는 천연기념물로 지정된 여름 철새로, 사람의 눈에 잘 띄지 않는다. 다른 새의 둥지에 알을 낳아 그 새가 새끼를 기르도록 내맡기는 탁란(托卵)으로 유명하다.

이화에 월백(月白)하고 은한(銀漢)이 삼경인 제
일지춘심(一枝春心)을 자규야 알랴마는
다정도 병인양하여 잠못들어 하노라.

《병와가곡집(瓶窩歌曲集)》 다정가(多情歌)

416 者 (놈 자)
- 회의자
- 耂(老)부
- 총 9획

一 + 土 耂 耂 者 者 者

- 讀者독자 책, 신문, 잡지 따위의 글을 읽는 사람 ▶讀(읽을 독)
- 記者기자 신문, 잡지, 방송 따위에 실을 기사를 취재하여 쓰거나 편집하는 사람 ▶記(기록할 기)
- 患者환자 병들거나 다쳐서 치료를 받아야 할 사람 ▶患(근심 환)
- 富者부자 當事者당사자 消費者소비자 目擊者목격자

417 作 (지을 작)
- 형성자
- 亻(人)부
- 총 7획

丿 亻 亻 亻 作 作 作

- 作業작업 일을 함 ▶業(업 업)
- 作成작성 서류, 원고, 계획 따위를 만듦 ▶成(이룰 성)
- 作戰작전 어떤 일을 이루기 위하여 필요한 조치나 방법을 강구함 ▶戰(싸울 전)
- 作曲작곡 作文작문 造作조작 作心三日작심삼일   주의 昨(어제 작) 4급

418 長 (긴/어른 장)
- 상형자
- 長부
- 총 8획

一 𠄌 F F 토 長 長 長

- 長男장남 맏아들 ▶男(사내 남)
- 長點장점 좋거나 잘하거나 긍정적인 점 ▶點(점 점)
- 長短장단 길고 짧음 ▶短(짧을 단)
- 長期장기 長幼有序장유유서 萬里長城만리장성

419 場 (마당 장)
- 형성자
- 土부
- 총 12획

一 十 土 圠 圿 坦 坦 坦 埸 場 場 場

- 場所장소 어떤 일이 이루어지거나 일어나는 곳 ▶所(바 소)
- 場面장면 어떤 장소에서 겉으로 드러난 면이나 벌어진 광경 ▶面(낯 면)
- 市場시장 여러 가지 상품을 사고파는 일정한 장소 ▶市(저자 시)
- 廣場광장 劇場극장 現場현장 運動場운동장   주의 陽(볕 양) 5급

420 將 (장수/장차 장)
- 형성자
- 寸부
- 총 11획

丨 𠃊 爿 爿 爿 𤖆 𤖇 將 將 將 將

- 將軍장군 군의 우두머리로 군을 지휘하고 통솔하는 무관 ▶軍(군사 군)
- 將帥장수 군사를 거느리는 우두머리 ▶帥(장수 수)
- 將來장래 다가올 앞날 ▶來(올 래)
- 將校장교 將兵장병 將次장차 老將노장 日就月將일취월장 獨不將軍독불장군

쪽지시험

※ 다음 성어에서 □ 안에 들어갈 알맞은 한자는 어느 것입니까?

1 日就月□
① 長 ② 將 ③ 作 ④ 字 ⑤ 場

2 單刀直□
① 入 ② 線 ③ 進 ④ 接 ⑤ 日

풀이
1 日就月將(일취월장) : 날마다 달마다 발전한다는 뜻으로, 학업이 점점 진보함을 이름
2 單刀直入(단도직입) : 혼자서 칼 한 자루를 들고 적진으로 곧장 쳐들어간다는 뜻으로, 여러 말을 늘어놓지 아니하고 바로 요점이나 본 문제를 중심으로 말함을 이르는 말

답 1. ② | 2. ①

421 章 (글 장)
회의자 / 立부 / 총 11획

丶 亠 亠 立 产 音 音 音 音 章 章

- 文章문장 생각이나 감정을 말로 표현할 때 완결된 내용을 나타내는 최소의 단위 ▶文(글월 문)
- 圖章도장 일정한 표적으로 삼기 위하여 이름을 나무 따위에 새겨 문서에 찍도록 만든 물건 ▶圖(그림 도)
- 憲章헌장 어떠한 사실에 대하여 약속을 이행하기 위하여 정한 규범 ▶憲(법 헌)
- 肩章견장 體力章체력장 敎育憲章교육헌장   주의 竟(마침내 경) 3급

422 材 (재목 재)
형성자 / 木부 / 총 7획

一 十 才 木 木 村 材

- 材木재목 목조의 건축물·기구 따위를 만드는 데 쓰는 나무 ▶木(나무 목)
- 材料재료 물건을 만드는 데 들어가는 감 ▶料(재료 료)
- 素材소재 어떤 것을 만드는 데 바탕이 되는 재료 ▶素(본디 소)
- 骨材골재 機資材기자재 取材記者취재기자   주의 村(마을 촌) 5급

423 財 (재물 재)
형성자 / 貝부 / 총 10획

丨 冂 冃 月 目 貝 貝 貯 財 財

- 財物재물 돈이나 그 밖의 값나가는 모든 물건 ▶物(물건 물)
- 財産재산 재화와 자산을 통틀어 이르는 말 ▶産(낳을 산)
- 財政재정 돈에 관한 여러 가지 일 ▶政(정사 정)
- 財貨재화 財團法人재단법인 無形文化財무형문화재   주의 敗(패할 패) 5급

424 在 (있을 재)
형성자 / 土부 / 총 6획

一 ナ ナ 才 存 在

- 在職재직 어떤 직장에 소속되어 근무하고 있음 ▶職(벼슬 직)
- 在庫재고 창고 따위에 쌓여 있음 ▶庫(곳집 고)
- 在籍재적 학적, 호적, 병적 따위의 명부에 이름이 올라 있음 ▶籍(문서 적)
- 現在현재 在學生재학생 在野人士재야인사   주의 存(있을 존) 5급

425 再 (두 재)
회의자 / 冂부 / 총 6획

一 冂 冂 冃 再 再

- 再建재건 허물어진 건물이나 조직 따위를 다시 일으켜 세움 ▶建(세울 건)
- 再考재고 어떤 일이나 문제 따위에 대하여 다시 생각함 ▶考(생각할 고)
- 再修재수 한 번 배웠던 학과 과정을 다시 배움 ▶修(닦을 수)
- 再活재활 再選재선 非一非再비일비재

한자별곡

만리장성(萬里長城)
萬(일만 만), 里(마을 리), 長(길 장), 城(성 성)

인류 최대의 토목공사라고 불리는 이 거대한 유적은 중국 역대 왕조들이 북방 민족의 침입을 막기 위해서 세운 방어용 성벽이다. 지도상 연장 길이가 2,700km이며, 중간에 갈라져 나온 지선들까지 합하면 총 길이가 약 5,000~6,000km에 이른다. 동쪽 산하이관에서 서쪽 자위관까지 동서로 길게 뻗어 있다. 보통 만리장성의 기원을 진(秦)나라 시황제(始皇帝) 때로 보지만 실제로는 그보다 훨씬 전인 춘추시대부터 북쪽 변방에 부분적으로 성벽이 건축되었는데, 통일 왕국인 진이 들어서면서 북쪽의 흉노를 견제하기 위해 이들 성벽을 연결하고 증축한 것이다.

5급 배정한자

426 才 재주 재
지사자 / 扌(手) 부 / 총 3획

一 十 才

- 才能재능 재주와 능력 ▶能(능할 능)
- 才致재치 눈치 빠른 재주 ▶致(이를 치)
- 才談재담 익살과 재치를 부리며 재미있게 이야기함 ▶談(말씀 담)
- 天才천재 英才영재 秀才수재 多才多能다재다능   주의 寸(마디 촌) 5급

427 爭 다툴 쟁
회의자 / 爫(爪) 부 / 총 8획

ノ ノ ハ ㅠ 쭈 쭈 爭 爭

- 爭點쟁점 서로 다투는 중심이 되는 점 ▶點(점 점)
- 戰爭전쟁 국가와 국가, 또는 교전 단체 사이에 무력을 사용하여 싸움 ▶戰(싸움 전)
- 鬪爭투쟁 어떤 대상을 이기거나 극복하기 위한 싸움 ▶鬪(싸움 투)
- 競爭경쟁 論爭논쟁 爭奪戰쟁탈전 勞動爭議노동쟁의

428 貯 쌓을 저
형성자 / 貝 부 / 총 12획

丨 冂 冂 冃 目 貝 貝 貯 貯 貯 貯

- 貯蓄저축 절약하여 모아 둠 ▶蓄(쌓을 축)
- 貯金저금 돈을 모아 둠 ▶金(쇠 금)
- 貯藏저장 물건이나 재화 따위를 모아서 간수함 ▶藏(감출 장)
- 貯穀저곡 貯水池저수지 貯油庫저유고   주의 販(팔 판) 3급

429 的 과녁 적
형성자 / 白 부 / 총 8획

ノ 亻 ㅓ 自 自 的 的 的

- 的中적중 화살 따위가 목표물에 맞음 ▶中(가운데 중)
- 目的목적 실현하려고 하는 일이나 나아가는 방향 ▶目(눈 목)
- 標的표적 목표로 삼는 물건 ▶標(표할 표)
- 公的공적 法的법적 物的물적 人的資源인적자원

430 田 밭 전
상형자 / 田 부 / 총 5획

丨 冂 冂 田 田

- 田畓전답 논밭 ▶畓(논 답)
- 油田유전 석유가 나는 곳 ▶油(기름 유)
- 田園전원 논과 밭이라는 뜻으로, 도시에서 떨어진 시골이나 교외를 이르는 말 ▶園(동산 원)
- 職田法직전법 桑田碧海상전벽해 耕者有田경자유전   주의 由(말미암을 유) 5급

쪽지시험

상공회의소 한자
중급 3, 4, 5급

※ 다음 음(音)을 가진 한자는 어느 것입니까?

1 저
①貯 ②暗 ③明 ④星 ⑤的

2 재
①存 ②左 ③材 ④右 ⑤者

풀이
1 ①저 ②암 ③명 ④성 ⑤적
2 ①존 ②좌 ③재 ④우 ⑤자

답 1.① | 2.③

431 全 온전 전
- 회의자
- 入부
- 총 6획

丿 入 人 仐 仐 全

全國전국 온 나라 ▶國(나라 국)
全部전부 어떤 대상을 이루는 낱낱을 모두 합친 것 ▶部(떼 부)
完全완전 필요한 것이 모두 갖추어져 모자람이나 흠이 없음 ▶完(완전할 완)
全體主義전체주의 安全第一안전제일 全知全能전지전능

432 前 앞 전
- 형성자
- 刂(刀)부
- 총 9획

丶 丷 䒑 广 广 竍 苬 前 前

前後전후 앞뒤 ▶後(뒤 후)
前面전면 모든 면 ▶面(낯 면)
前半전반 전체를 둘로 나누었을 때의 앞부분 ▶半(반 반)
前奏曲전주곡 前科者전과자 前無後無전무후무

433 展 펼 전
- 형성자
- 尸부
- 총 10획

フ コ 尸 尸 尸 屈 屈 屈 展 展

展望전망 넓고 먼 곳을 멀리 바라봄 ▶望(바랄 망)
展開전개 열리어 나타남 ▶開(열 개)
展眉전미 찡그렸던 눈썹을 편다는 뜻으로, 근심거리가 없어져 마음을 놓음을 이르는 말 ▶眉(눈썹 미)
發展발전 進展진전 展覽會전람회 展示會전시회

434 電 번개 전
- 상형자
- 雨부
- 총 13획

一 ㄒ 乕 戸 币 雨 雨 雨 雷 雷 雷 電 電

電力전력 전류가 단위 시간에 하는 일 ▶力(힘 력)
漏電누전 절연이 불완전하거나 시설이 손상되어 전기가 전깃줄 밖으로 새어 흐름 ▶漏(샐 루)
感電감전 전기에 감응함 ▶感(느낄 감)
電氣전기 電話機전화기 電光石火전광석화   주의 雷(우뢰 뢰) 3급

435 傳 전할 전
- 형성자
- 亻(人)부
- 총 13획

丿 亻 亻 亻 亻 伯 伯 伸 俥 俥 俥 傳 傳

傳送전송 전하여 보냄 ▶送(보낼 송)
傳說전설 옛날부터 민간에서 전하여 내려오는 이야기 ▶說(말씀 설)
傳達전달 지시, 명령, 물품 따위를 다른 사람이나 기관에 전하여 이르게 함 ▶達(통달할 달)
傳統전통 傳播전파 宣傳선전 傳染病전염병   주의 傅(스승 부) 2급

한자별곡

이전투구(泥田鬪狗)

泥(진흙 니), 田(밭 전), 鬪(싸움 투), 狗(개 구)

진흙탕에서 싸우는 개라는 뜻으로, 원래 함경도 사람의 강인하고 악착스러운 성격을 특징짓는 말로 사용되었지만 오늘날에는 자기의 이익을 위하여 또는 명분이 서지 않는 일로 진흙탕에서 싸우는 개들처럼 볼썽사납게 다투는 모습을 비유하여 이르는 말로 흔히 쓰인다.

※ 우리나라 8도 사람들에 대한 사자평(四字評)

경기도 - 경중미인(鏡中美人), 충청도 - 청풍명월(淸風明月), 전라도 - 풍전세류(風前細柳), 경상도 - 송죽대절(松竹大節), 강원도 - 암하노불(岩下老佛), 황해도 - 춘파투석(春波投石), 평안도 - 산림맹호(山林猛虎), 함경도 - 이전투구(泥田鬪狗)

5급 배정한자

436 典 (법 전)
상형자 / 八부 / 총 8획

丨 冂 冂 由 曲 曲 典 典

法典법전 국가가 제정한 통일적·체계적인 성문 법규집 ▶法(법 법)
經典경전 변하지 않는 법식과 도리 ▶經(글 경)
聖典성전 성경 ▶聖(성인 성)
祝典축전 儀典의전 金石之典금석지전

437 戰 (싸움 전)
형성자 / 戈부 / 총 16획

丨 卩 口 口 吅 吅 吅 單 單 單 戰 戰 戰

戰爭전쟁 국가와 국가, 또는 교전 단체 사이에 무력을 사용하여 싸움 ▶爭(다툴 쟁)
戰術전술 전쟁 또는 전투 상황에 대처하기 위한 기술과 방법 ▶術(재주 술)
戰略전략 전쟁을 전반적으로 이끌어 가는 방법이나 책략 ▶略(책략 략)
戰死전사 戰鬪機전투기 山戰水戰산전수전

438 節 (마디/절약할 절)
형성자 / 竹부 / 총 15획

丿 𠂉 𥫗 𥫗 𥫗 𥫩 𥫩 𥬶 𥬶 𥬶 𥬶 節 節 節 節

節次절차 일을 치르는 데 거쳐야 하는 순서나 방법 ▶次(버금 차)
節度절도 일이나 행동 따위를 정도에 알맞게 하는 규칙적인 한도 ▶度(한도 도)
節電절전 전기를 아껴 씀 ▶電(전기 전)
節制절제 勤儉節約근검절약 禮儀凡節예의범절

439 絕 (끊을 절)
회의자 / 糸부 / 총 12획

𠃋 𠃋 𠃋 糸 糸 糸 糸 絶 絶 絶 絶 絶

絕交절교 서로의 교제를 끊음 ▶交(사귈 교)
絕妙절묘 비할 데가 없을 만큼 아주 묘함 ▶妙(묘할 묘)
絕緣절연 인연이나 관계를 완전히 끊음 ▶緣(인연 연)
絕讚절찬 絕對的절대적 絕世佳人절세가인

440 店 (가게 점)
형성자 / 广부 / 총 8획

丶 亠 广 广 广 店 店 店

商店상점 일정한 시설을 갖추고 물건을 파는 곳 ▶商(장사 상)
酒店주점 술집 ▶酒(술 주)
書店서점 책을 갖추어 놓고 팔거나 사는 가게 ▶書(글 서)
本店본점 支店지점 百貨店백화점

 **쪽지시험**

※ 다음 한자(漢字)와 음(音)이 같은 한자는 어느 것입니까?

1. 傳
   ①典 ②氏 ③敗 ④財 ⑤庭

2. 展
   ①題 ②改 ③過 ④放 ⑤電

풀이
1 傳(전할 전)
   ①전 ②씨 ③패 ④재 ⑤정
2 展(펼 전)
   ①제 ②개 ③과 ④방 ⑤전

답 1.① | 2.⑤

441 接 이을 접
- 형성자
- 扌(手) 부
- 총 11획

一 亅 扌 扌 护 护 护 护 按 接 接

接續접속 서로 맞대어 이음 ▶績(이을 속)
接觸접촉 서로 맞닿음 ▶觸(닿을 촉)
接見접견 공식적으로 손님을 맞아들여 만나 봄 ▶見(볼 견)
直接직접 間接간접 隣接인접

442 正 바를 정
- 회의자
- 止 부
- 총 5획

一 ㅜ ㅏ 正 正

正義정의 진리에 맞는 올바른 도리 ▶義(옳을 의)
正直정직 마음에 거짓이나 꾸밈이 없이 바르고 곧음 ▶直(곧을 직)
正午정오 낮 열두 시 ▶午(낮 오)
正答정답 正確정확 正統派정통파 正正堂堂정정당당 주의 止(그칠 지) 5급

443 政 정사 정
- 형성자
- 攵(攴) 부
- 총 9획

一 ㅜ ㅏ 正 正 正 政 政 政

政府정부 입법, 사법, 행정의 삼권을 포함하는 통치 기구를 통틀어 이르는 말 ▶府(관청 부)
政治정치 나라를 다스리는 일 ▶治(다스릴 치)
政界정계 정치 또는 정치가에 관계하는 사회의 분야나 체계 ▶界(지경 계)
行政府행정부 政府米정부미 臨時政府임시정부 주의 改(고칠 개) 5급

444 定 정할 정
- 형성자
- 宀 부
- 총 8획

丶 丶 宀 宀 宀 宁 宇 定

定價정가 상품에 일정한 값을 매김 ▶價(값 가)
決定결정 행동이나 태도를 분명하게 정함 ▶決(결단할 결)
定着정착 일정한 곳에 자리를 잡아 붙박이로 있거나 머물러 삶 ▶着(붙을 착)
定足數정족수 定期券정기권 乘車定員승차정원 주의 是(옳을 시) 5급

445 情 뜻 정
- 형성자
- 忄(心) 부
- 총 11획

丶 丶 忄 忄 忄 忄 情 情 情 情 情

情談정담 정답게 주고받는 이야기 ▶談(말씀 담)
情景정경 정서를 자아내는 흥취와 경치 ▶景(볕 경)
情緖정서 사람의 마음에 일어나는 여러 가지 감정 ▶緖(실마리 서)
情熱정열 情欲정욕 情勢정세 多情多感다정다감 주의 精(정할 정) 5급

전설(傳說)
傳(전할 전), 說(말씀 설)

전설은 민간에서 전해 내려오는 옛날이야기의 한 종류로서, 주로 어떤 공동체의 내력이나 자연물의 유래, 이상한 체험 따위를 소재로 한다.

※ 장자못 전설

옛날 아주 인색하고 포악한 장자가 시주를 부탁하는 중의 바랑에 쇠똥을 가득 넣어 주었다. 이 광경을 보던 며느리가 몰래 쌀을 시주하자 중이 "이제 곧 큰비가 내리니 뒷산으로 피하되 절대로 뒤를 돌아보지 말라."고 말했다. 며느리는 아이를 업고 뒷산에 오르는데, 천지가 진동하는 소리에 깜짝 놀라 중의 당부를 잊고 뒤돌아보고 말았다. 살던 집이 큰 못으로 변한 광경을 본 며느리는 그 자리에서 아이와 함께 돌로 변하고 말았다.

5급 배정한자

446
형성자 / 广 부 / 총 10획

庭 뜰 정

丶 亠 广 广 庄 庄 庭 庭 庭 庭

庭園정원 집 안에 있는 뜰이나 꽃밭 ▶園(동산 원)
親庭친정 결혼한 여자의 본집 ▶親(친할 친)
校庭교정 학교의 마당이나 운동장 ▶校(학교 교)
庭球정구 庭園樹정원수 家庭敎育가정교육 주의 廷(조정 정)3급

447
형성자 / 米 부 / 총 14획

精 정할 정

一 十 十 十 半 米 米' 米'' 米丰 精 精 精 精

精誠정성 온갖 힘을 다하려는 참되고 성실한 마음 ▶誠(정성 성)
精神정신 육체나 물질에 대립되는 영혼이나 마음 ▶神(귀신 신)
精銳정예 썩 날래고 용맹스러움 ▶銳(날카로울 예)
精巧정교 精選정선 精肉店정육점 精密機械정밀기계 주의 情(뜻 정)5급

448
상형자 / 弓 부 / 총 7획

弟 아우 제

丶 丷 ⺌ 丳 弟 弟 弟

弟子제자 스승으로부터 가르침을 받거나 받은 사람 ▶子(아들 자)
弟婦제부 제수 ▶婦(며느리 부)
兄弟형제 형과 아우를 아울러 이르는 말 ▶兄(맏 형)
妹弟매제 呼兄呼弟호형호제 師弟之間사제지간 주의 第(차례 제)5급

449
상형자 / 巾 부 / 총 9획

帝 임금 제

丶 亠 ㅗ 立 产 产 帝 帝 帝

帝王제왕 황제와 국왕을 아울러 이르는 말 ▶王(임금 왕)
皇帝황제 왕이나 제후를 거느리고 나라를 통치하는 임금을 왕이나 제후와 구별하여 이르는 말 ▶皇(임금 황)
帝位제위 임금의 자리 ▶位(자리 위)
帝國제국 日帝일제 帝國主義제국주의

450
회의자 / 頁 부 / 총 18획

題 제목 제

丨 冂 冃 日 旦 早 昇 是 是 是 題 題 題 題 題 題

題目제목 작품이나 강연, 보고 따위에서 그것을 대표하거나 내용을 보이기 위하여 붙이는 이름 ▶目(눈 목)
問題문제 해답을 요구하는 물음 ▶問(물을 문)
宿題숙제 학생들에게 복습이나 예습을 위하여 집에서 하도록 내주는 과제 ▶宿(잘 숙)
課題과제 難題난제 出題출제 命題명제 話題화제

쪽지시험

※ 다음의 뜻을 가진 한자(漢字)는 어느 것입니까?

1 [펴다]
①前 ②展 ③辰 ④典 ⑤定

2 [정하다]
①軍 ②電 ③定 ④節 ⑤治

풀이

1 ①前(앞 전) ②展(펼 전)
  ③辰(별 진) ④典(법 전)
  ⑤定(정할 정)

2 ①軍(군사 군) ②電(번개 전)
  ③定(정할 정) ④節(마디 절)
  ⑤治(다스릴 치)

답 1.② | 2.③

451 製 지을 제
형성자 / 衣부 / 총 14획

丿 亠 乒 쑤 失 制 制 制 製 製 製 製

- 製品제품 원료를 써서 물건을 만듦 ▶品(물건 품)
- 製鐵제철 철광석을 제련하여 철을 뽑아내는 일 ▶鐵(쇠 철)
- 製鋼제강 시우쇠를 불려 강철을 만듦 ▶鋼(강철 강)
- 製糖제당 製造業제조업 製藥會社제약회사

452 第 차례 제
형성자 / 竹부 / 총 11획

丿 ㄥ ㅗ ㅗ ㅛ ㅛ 竺 笃 笃 第 第

- 登第등제 등과 ▶登(오를 등)
- 落第낙제 진학 또는 진급을 못함 ▶落(떨어질 락)
- 及第급제 시험이나 검사 따위에 합격함 ▶及(미칠 급)
- 第三者제삼자 第一主義제일주의 本第入納본제입납   주의 弟(아우 제) 5급

453 兆 억조 조
상형자 / 儿부 / 총 6획

丿 丿 丬 兆 兆 兆

- 億兆억조 억과 조를 아울러 이르는 말 ▶億(억 억)
- 佳兆가조 좋은 조짐 ▶佳(아름다울 가)
- 夢兆몽조 꿈에 나타나는 길흉의 징조 ▶夢(꿈 몽)
- 慶兆경조 吉兆길조 前兆전조 徵兆징조

454 早 이를 조
회의자 / 日부 / 총 6획

丨 冂 冃 日 旦 早

- 早熟조숙 식물의 열매가 일찍 익음 ▶熟(익을 숙)
- 早産조산 해산달이 차기 전에 아이를 낳음 ▶産(낳을 산)
- 早速조속 이르고도 빠름 ▶速(빠를 속)
- 早退조퇴 早期敎育조기교육 早朝割引조조할인   주의 旱(가물 한) 3급

455 造 지을 조
형성자 / 辶(辵)부 / 총 11획

丿 ㄥ 广 牛 牛 告 告 告 浩 浩 造

- 造成조성 무엇을 만들어서 이룸 ▶成(이룰 성)
- 造景조경 경치를 아름답게 꾸밈 ▶景(볕 경)
- 造林조림 나무를 심거나 씨를 뿌리거나 하는 따위의 인위적인 방법으로 숲을 조성함 ▶林(수풀 림)
- 造花조화 造形조형 改造개조 造物主조물주

한자별곡

사단칠정론(四端七情論)
四(넉 사), 端(끝 단), 七(일곱 칠), 情(뜻 정), 論(논할 론)

사단이란 맹자(孟子)가 실천도덕의 근간으로 삼은 측은지심(惻隱之心)·수오지심(羞惡之心)·사양지심(辭讓之心)·시비지심(是非之心)을 말한다. 또한 칠정이란《예기(禮記)》와《중용(中庸)》에 나오는 희(喜)·노(怒)·애(哀)·구(懼)·애(愛)·오(惡)·욕(慾)으로, 사람이 갖고 있는 일곱 가지 감정을 말한다. 사단과 칠정의 관계를 철학적으로 설명하는 데 있어서 그 주장을 사칠론이라고 하며, 조선시대의 성리학에 있어서 오랫동안 논쟁 대상이 되었다. 대표적인 것이 이황과 기대승의 논쟁인데, 이황은 이기이원론(理氣二元論)을 취하고 이기호발설(理氣互發說)을 주장한 반면, 기대승은 사단과 칠정의 이기분속(理氣分屬)을 반대하고 이기공발설(理氣共發說)을 주장하였다.

5급 배정한자

456 鳥 (새 조)
상형자 | 鳥부 | 총 11획

丶丿冂冃甶烏鳥鳥鳥鳥

- 鳥類조류 조강의 척추동물을 일상적으로 통틀어 이르는 말 ▶類(무리 류)
- 鳥獸조수 새와 짐승을 통틀어 이르는 말 ▶獸(짐승 수)
- 吉鳥길조 까치나 황새 따위와 같이 좋은 일이 생길 것을 미리 알려 주는 새 ▶吉(길할 길)
- 比翼鳥비익조 鳥足之血조족지혈 一石二鳥일석이조   주의 烏(까마귀 오) 4급

457 調 (고를 조)
형성자 | 言부 | 총 15획

丶亠宀亠言言言訂訂訉調調調調調

- 調節조절 균형이 맞게 바로잡음 ▶節(마디 절)
- 調和조화 서로 잘 어울림 ▶和(화할 화)
- 調理조리 건강이 회복되도록 몸을 보살피고 병을 다스림 ▶理(다스릴 리)
- 調達廳조달청 調味料조미료 基調演說기조연설

458 朝 (아침 조)
회의자 | 月부 | 총 12획

一十十古古古直卓朝朝朝朝

- 朝會조회 학교나 관청 따위에서 아침에 모든 구성원이 한자리에 모이는 일 ▶會(모일 회)
- 朝鮮조선 고조선 ▶鮮(고울 선)
- 朝夕조석 아침과 저녁을 아울러 이르는 말 ▶夕(저녁 석)
- 朝刊新聞조간신문 朝三暮四조삼모사 朝鮮王朝조선왕조

459 助 (도울 조)
형성자 | 力부 | 총 7획

丨冂冂且且助助

- 助言조언 말로 거들거나 깨우쳐 주어서 도움 ▶言(말씀 언)
- 助力조력 힘을 써 도와줌 ▶力(힘 력)
- 助長조장 힘을 도와서 더 자라게 함 ▶長(길 장)
- 助手조수 協助협조 援助원조 助敎授조교수

460 祖 (할아비 조)
형성자 | 示부 | 총 10획

丶二亍亍示示祁祁祖祖

- 祖上조상 돌아간 어버이 위로 대대의 어른 ▶上(위 상)
- 王祖왕조 임금의 선조 ▶王(임금 왕)
- 元祖원조 첫 대의 조상 ▶元(으뜸 원)
- 始祖시조 祖國愛조국애 祖父母조부모 曾祖父증조부   주의 租(세금 조) 3급

쪽지시험
상공회의소 한자 중급 3, 4, 5급

※ 다음 한자(漢字)와 뜻이 비슷한 한자는 어느 것입니까?

1. 情
  ① 靑 ② 精 ③ 意 ④ 淸 ⑤ 香

2. 第
  ① 序 ② 弟 ③ 順 ④ 再 ⑤ 解

풀이

1 情(뜻 정)
  ① 靑(푸를 청) ② 精(정할 정)
  ③ 意(뜻 의)   ④ 淸(맑을 청)
  ⑤ 香(향기 향)

2 第(차례 제)
  ① 序(차례 서) ② 弟(아우 제)
  ③ 順(순할 순) ④ 再(두 재)
  ⑤ 解(풀 해)

답 1. ③ | 2. ①

461 상형자 足부 총 7획	足 발 족	ˋ ㅁ ㅁ ㅁ ㅁ 足 足 足跡족적 발자취 ▶跡(발자취 적) 足掌족장 발바닥 ▶掌(손바닥 장) 手足수족 손발 ▶手(손 수) 足鎖족쇄 充足충족 滿足感만족감 주의 是(옳을 시) 5급
462 회의자 方부 총 11획	族 겨레 족	ˋ ˊ ˊ 方 方 方 产 产 族 族 族譜족보 한 가문의 계통과 혈통 관계를 적어 기록한 책 ▶譜(족보 보) 族屬족속 같은 문중이나 계통에 속하는 겨레붙이 ▶屬(무리 속) 親族친족 촌수가 가까운 일가 ▶親(친할 친) 種族종족 核家族핵가족 白衣民族백의민족 주의 施(베풀 시) 5급
463 회의자 子부 총 6획	存 있을 존	一 ナ オ 疒 存 存 存在존재 현실에 실제로 있음 ▶在(있을 재) 存立존립 생존하여 자립함 ▶立(설 립) 存續존속 어떤 대상이 그대로 있거나 어떤 현상이 계속됨 ▶續(이을 속) 存置존치 存否존부 存亡존망 存廢존폐 주의 在(있을 재)5급
464 회의자 十부 총 8획	卒 마칠/군사 졸	ˋ ˊ ㅗ ㅛ 立 立 立 卒 卒兵졸병 직위가 낮은 병사 ▶兵(병사 병) 卒倒졸도 갑자기 정신을 잃고 쓰러짐 ▶倒(넘어질 도) 卒徒졸도 부하 군사 ▶徒(무리 도) 兵卒병졸 腦卒中뇌졸중 卒業式졸업식
465 형성자 禾부 총 14획	種 씨 종	ˊ ˊ 千 千 禾 禾 禾 秄 秄 秫 秫 種 種 種類종류 사물의 부문을 나누는 갈래 ▶類(무리 류) 種別종별 종류에 따라 구별함 ▶別(나눌 별) 種子종자 식물에서 나온 씨 또는 씨앗 ▶子(아들 자) 種苗종묘 雜種잡종 種族保存종족보존

천상천하유아독존(天上天下唯我獨尊)

天(하늘 천), 上(위 상), 天(하늘 천), 下(아래 하), 唯(오직 유), 我(나 아), 獨(홀로 독), 尊(높을 존)

석가는 어머니 마야(摩耶)부인의 오른쪽 허리에서 태어나자마자 일곱 걸음을 걸은 뒤 오른손은 들어서 하늘을 가리키고 왼손은 땅을 가리키면서 천상천하유아독존(天上天下唯我獨尊)이라고 말했다는 내용이 불전(佛典)에 전해진다. 이 말의 뜻은 우주만물 중에서는 내가 가장 존엄한 존재라는 뜻인데, 이것은 인간의 존귀한 실존성을 상징하는 말이며, 석가의 탄생이 속세로부터 성스러운 세계로의 초탈을 상징하는 표현이라고 할 수 있다. 그러나 지금에 와서는 '천하에 자기만큼 잘난 사람은 없다.'고 자부하거나 또는 그런 아집(我執)을 가진 사람을 일컫는 말로 쓰이고 있다.

5급 배정한자

466 회의자 宀부 총 8획
宗 마루 종

丶 丷 宀 宀 宇 宇 宗 宗

宗家종가 족보로 보아 한 문중에서 맏이로만 이어 온 큰집 ▶家(집 가)
宗派종파 종가의 계통을 지파에 상대하여 이르는 말 ▶派(갈래 파)
宗廟종묘 조선시대에, 역대 임금과 왕비의 위패를 모시던 왕실의 사당 ▶廟(사당 묘)
宗敎종교 宗族종족 宗親會종친회

467 회의자 工부 총 5획
左 왼 좌

一 ナ ナ 左 左

左右좌우 왼쪽과 오른쪽을 아울러 이르는 말 ▶右(오른 우)
左翼좌익 새나 비행기 따위의 왼쪽 날개 ▶翼(날개 익)
左遷좌천 낮은 관직이나 지위로 떨어지거나 외직으로 전근됨을 이르는 말 ▶遷(옮길 천)
左衝右突좌충우돌 左傾勢力좌경세력 右往左往우왕좌왕 <주의>右(오른 우) 5급

468 회의자 罒(网)부 총 13획
罪 허물 죄

丨 口 叼 罒 罒 罒 罒 罯 罯 罪 罪 罪 罪

罪囚죄수 죄를 지어 교도소에 수감된 사람 ▶囚(가둘 수)
罪人죄인 죄를 지은 사람 ▶人(사람 인)
罪惡죄악 죄가 될 만한 나쁜 짓 ▶惡(악할 악)
罪狀죄상 犯罪者범죄자 免罪符면죄부 <주의>罰(벌할 벌) 3급

469 상형자 丶부 총 5획
主 주인 주

丶 亠 亠 主 主

主人주인 대상이나 물건 따위를 소유한 사람 ▶人(사람 인)
主婦주부 한 가정의 살림살이를 맡아 꾸려 가는 안주인 ▶婦(며느리 부)
主張주장 자기의 의견이나 주의를 굳게 내세움 ▶張(베풀 장)
主犯주범 大株主대주주 主體思想주체사상

470 형성자 氵(水)부 총 8획
注 물댈 주

丶 丶 氵 氵 泞 泞 注 注

注目주목 관심을 가지고 주의 깊게 살핌 ▶目(눈 목)
注視주시 어떤 목표물에 주의를 집중하여 봄 ▶視(볼 시)
注意주의 마음에 새겨 두고 조심함 ▶意(뜻 의)
注文주문 注入式주입식 注射器주사기

쪽지시험

상공회의소 한자 종급 3, 4, 5급

※ 다음 한자어(漢字語)와 발음(發音)이 같은 한자어는 어느 것입니까?

1 朝鮮
① 祖孫 ② 造船 ③ 調和 ④ 早退 ⑤ 助手

2 不足
① 四足 ② 充足 ③ 貴族 ④ 部族 ⑤ 富裕

풀이
1 조선
① 조손 ② 조선 ③ 조화 ④ 조퇴 ⑤ 조수
2 부족
① 사족 ② 충족 ③ 귀족 ④ 부족 ⑤ 부유

답 1. ② 2. ④

| 471 형성자
亻(人)부
총 7획 | **住** 살 주 | ノ 亻 亻 亻 住 住 住
住宅주택 사람이 들어가 살 수 있게 지은 건물 ▶宅(집 택)
住居주거 일정한 곳에 머물러 삶 ▶居(살 거)
住民주민 일정한 지역에 살고 있는 사람 ▶民(백성 민)
住所주소 衣食住의식주 住民登錄證주민등록증 주의 往(갈 왕) 5급 |

| 472 형성자
宀부
총 8획 | **宙** 집 주 | 丶 丶 宀 宀 宀 宙 宙 宙
宇宙우주 무한한 시간과 만물을 포함하고 있는 끝없는 공간의 총체 ▶宇(집 우)
宙水주수 하천의 퇴적물로 된 토지의 점토층에 고여 있는 지하수 ▶水(물 수)
碧宙벽주 푸른 하늘 ▶碧(푸를 벽)
宇宙萬物우주만물 宇宙洪荒우주홍황 |

| 473 회의자
日부
총 11획 | **晝** 낮 주 | ㄱ ㄱ ㅋ ㅋ 丰 書 書 書 書 書 晝
晝夜주야 밤낮 ▶夜(밤 야)
晝間주간 먼동이 터서 해가 지기 전까지의 동안 ▶間(사이 간)
白晝백주 대낮 ▶白(흰 백)
晝食주식 晝夜長川주야장천 晝耕夜讀주경야독 주의 畫(그림 화) 5급 |

| 474 회의자
走부
총 7획 | **走** 달릴 주 | 一 十 土 キ キ 走 走
走行주행 주로 동력으로 움직이는 자동차나 열차 따위가 달림 ▶行(다닐 행)
走法주법 육상에서, 달리기를 하는 방법 ▶法(법 법)
走力주력 달리는 힘 ▶力(힘 력)
競走경주 奔走분주 走馬看山주마간산 주의 步(걸음 보) 5급 |

| 475 상형자
竹부
총 6획 | **竹** 대 죽 | ノ 亻 亻 亻 竹 竹
竹刀죽도 대나무로 만든 칼 ▶刀(칼 도)
松竹송죽 소나무와 대나무를 아울러 이르는 말 ▶松(소나무 송)
竹鹽죽염 한쪽이 막힌 대나무 통 속에 천일염을 다져 넣고 거듭 구워 내어 얻은 가루 ▶鹽(소금 염)
烏竹軒오죽헌 竹林七賢죽림칠현 竹馬故友죽마고우 |

면죄부(免罪符)

免(면할 면), 罪(허물 죄), 符(부호 부)

중세에 로마 가톨릭교회가 금전이나 재물을 바친 사람에게 그 죄를 면한다는 뜻으로 발행하던 증서이다. 800년경에 레오 3세가 시작하여 대대로 교회 운영의 재원(財源)으로 상품화하였다가, 중세 말기 성당 건설과 포교(布敎)를 위하여 많은 돈이 필요해지자 헌금을 권하면서 면죄부 발행을 남용하여 많은 폐해를 가져왔다. 1517년 성베드로 대성당을 건립할 때는 M. 루터가 면죄부 발행에 반대하여 그 폐단을 지적하는 등 종교개혁의 실마리가 되었다. 그 후 트리엔트 공의회에서는 면죄부의 남용을 규제하였으며, 그 뒤 차차 면죄부가 사라졌다.

476 中 가운데 중
지사자 | 丨부 | 총 4획

丨 口 口 中

- 中國중국 아시아 동부에 있는 나라 ▶國(나라 국)
- 中庸중용 지나치거나 모자라지도 아니하고 한쪽으로 치우치지도 아니한, 떳떳하며 변함이 없는 상태나 정도 ▶庸(떳떳할 용)
- 中間중간 두 사물의 사이 ▶間(사이 간)
- 中立國중립국 麻藥中毒마약중독 中部地方중부지방

477 衆 무리 중
회의자 | 血부 | 총 12획

丿 丶 白 白 血 血 乎 乎 乎 乎 衆

- 衆論중론 여러 사람의 의견 ▶論(논할 론)
- 衆生중생 많은 사람 ▶生(날 생)
- 大衆대중 수많은 사람의 무리 ▶大(큰 대)
- 群衆군중 聽衆청중 觀衆관중 衆口難防중구난방

478 重 무거울 중
형성자 | 里부 | 총 9획

丿 一 一 冖 冖 靣 靣 重 重

- 重複중복 거듭하거나 겹침 ▶複(겹칠 복)
- 重態중태 병이 심하여 위험한 상태 ▶態(모양 태)
- 重要중요 귀중하고 요긴함 ▶要(요긴할 요)
- 重量중량 重刑중형 重輕傷중경상 體重減量체중감량   주의 童(아이 동) 3급

479 增 더할 증
형성자 | 土부 | 총 15획

一 十 土 土 圵 圵 圤 圤 圤 圤 圤 増 増 増 増

- 增減증감 많아지거나 적어짐 ▶減(덜 감)
- 增加증가 양이나 수치가 늚 ▶加(더할 가)
- 增産증산 생산이 늚 ▶産(낳을 산)
- 增設증설 增資증자 割增料할증료   주의 憎(미울 증) 3급

480 止 그칠 지
상형자 | 止부 | 총 4획

丨 卜 卜 止

- 止揚지양 더 높은 단계로 오르기 위하여 어떠한 것을 하지 아니함 ▶揚(날릴 양)
- 止血지혈 나오던 피가 멈춤 ▶血(피 혈)
- 防止방지 어떤 일이나 현상이 일어나지 못하게 막음 ▶防(막을 방)
- 中止중지 停止정지 入山禁止입산금지   주의 正(바를 정) 5급

쪽지시험

상형회의소 한자 (중급 3, 4, 5급)

※ 다음 단어들의 □ 안에 공통으로 들어갈 알맞은 한자는 어느 것입니까?

1 □族, 業□, 別□
   ① 民 ② 務 ③ 主 ④ 世 ⑤ 種

2 □要, □量, □刑
   ① 個 ② 由 ③ 意 ④ 重 ⑤ 存

풀이
1 種族(종족), 業種(업종), 別種(별종)
2 重要(중요), 重量(중량), 重刑(중형)

답 1. ⑤ | 2. ④

481 知 알 지
회의자 / 矢부 / 총 8획

丿 ㅏ ㄷ 矢 矢 知 知 知

- 知識지식 어떤 대상에 대하여 배우거나 실천을 통하여 알게 된 명확한 인식이나 이해 ▶識(알 식)
- 認知인지 어떤 사실을 인정하여 앎 ▶認(알 인)
- 熟知숙지 익숙하게 또는 충분히 앎 ▶熟(익을 숙)
- 感知감지 知彼知己지피지기 全知全能전지전능 주의 智(지혜 지) 3급

482 地 땅 지
회의자 / 土부 / 총 6획

一 十 土 圵 地 地

- 地球지구 태양에서 세 번째로 가까운 행성 ▶球(공 구)
- 地表지표 지구의 표면 ▶表(겉 표)
- 地盤지반 땅의 표면 ▶盤(소반 반)
- 地獄지옥 地天지천 地籍圖지적도 熱帶地方열대지방 易地思之역지사지

483 指 가리킬/손가락 지
형성자 / 扌(手)부 / 총 9획

一 十 扌 扌 扌 抃 指 指 指

- 指向지향 작정하거나 지정한 방향으로 나아감 ▶向(향할 향)
- 指針지침 지시 장치에 붙어 있는 바늘 ▶針(바늘 침)
- 指目지목 사람이나 사물이 어떠하다고 가리켜 정함 ▶目(눈 목)
- 指稱지칭 指壓지압 十二指腸십이지장

484 志 뜻 지
형성자 / 心부 / 총 7획

一 十 士 士 志 志 志

- 志望지망 뜻을 두어 바람 ▶望(바랄 망)
- 志操지조 원칙과 신념을 굽히지 아니하고 끝까지 지켜 나가는 꿋꿋한 의지 ▶操(잡을 조)
- 意志의지 어떠한 일을 이루고자 하는 마음 ▶意(뜻 의)
- 同志동지 立志입지 三國志삼국지 志願兵지원병 주의 忘(잊을 망) 4급

485 至 이를 지
상형자 / 至부 / 총 6획

一 ㄥ 云 至 至 至

- 至極지극 더할 수 없이 극진함 ▶極(다할 극)
- 至毒지독 마음이 매우 앙갈지고 모짊 ▶毒(독 독)
- 至當지당 이치에 맞고 지극히 당연함 ▶當(마땅 당)
- 至尊지존 冬至동지 夏至하지 至誠感天지성감천 주의 室(집 실) 3급

죽림칠현(竹林七賢)

竹(대 죽), 林(수풀 림), 七(일곱 칠), 賢(어질 현)

중국 위(魏)나라와 진(晉)나라 정권교체기에 부패한 정치권력에 등을 돌리고 노자와 장자의 무위사상을 숭상하여 죽림에 모여 청담(淸談)으로 세월을 보낸 일곱 명의 선비를 말한다. 산도(山濤), 왕융(王戎), 유영(劉伶), 완적(阮籍), 완함(阮咸), 혜강(嵇康), 향수(向秀)가 바로 그들이다. 이들은 지배 권력이 강요하는 유가적 질서나 형식적 예교(禮敎)를 조소하고 그 위선을 폭로하기 위하여 상식에 벗어난 언동을 하기도 하였다. 죽림칠현은 위나라를 멸망시키고 진나라를 세운 사마씨 일족에 의해 회유되어 해산되었으나, 끝까지 회유를 거부한 혜강은 결국 사형을 당하였다.

5급 배정한자

486 紙 종이 지
형성자 / 糸부 / 총 10획

` ㄴ ㄠ ㄠ 幺 幺 糸 糸 糸 紅 紙 紙`

- 紙幣지폐 종이에 인쇄를 하여 만든 화폐 ▶幣(비단 폐)
- 更紙갱지 지면이 좀 거칠고 품질이 낮은 종이 ▶更(다시 갱)
- 便紙편지 안부, 소식, 용무 따위를 적어 보내는 글 ▶便(편할 편)
- 白紙백지 印紙稅인지세 眼光紙背안광지배

487 支 지탱할 지
회의자 / 支부 / 총 4획

`一 十 ㇇ 支`

- 支店지점 본점에서 갈라져 나온 점포 ▶店(가게 점)
- 支拂지불 돈을 내어 줌 ▶拂(떨칠 불)
- 支給지급 돈이나 물품 따위를 정하여진 몫만큼 내줌 ▶給(줄 급)
- 支持者지지자 支援勢力지원세력 干支간지

488 直 곧을 직
회의자 / 目부 / 총 8획

`一 十 ナ 冇 方 苜 directly 直 直`

- 直接직접 중간에 아무것도 개재시키지 아니하고 바로 연결되는 관계 ▶接(이을 접)
- 直觀직관 감관의 작용으로 직접 외계의 사물에 관한 구체적인 지식을 얻음 ▶觀(볼 관)
- 直行직행 도중에 다른 곳에 머무르거나 들르지 아니하고 바로 감 ▶行(다닐 행)
- 直感직감 當直당직 直線的직선적 垂直線수직선

489 眞 참 진
회의자 / 目부 / 총 10획

`一 ヒ ゲ ゲ 冇 卢 盲 直 眞 眞`

- 眞理진리 참된 이치 ▶理(다스릴 리)
- 眞實진실 거짓이 없이 참되고 바름 ▶實(열매 실)
- 眞率진솔 진실하고 솔직함 ▶率(거느릴 솔)
- 眞相진상 眞善美진선미 寫眞機사진기

490 進 나아갈 진
형성자 / 辶(辵)부 / 총 12획

`ノ ィ 亻 亻 什 什 仹 住 隹 淮 進 進`

- 進路진로 앞으로 나아갈 길 ▶路(길 로)
- 進步진보 정도나 수준이 나아지거나 높아짐 ▶步(걸음 보)
- 進學진학 학문의 길에 나아가 배움 ▶學(배울 학)
- 漸進的점진적 急進派급진파 進退兩難진퇴양난

쪽지시험

상공회의소 한자
중급 3, 4, 5급

※ 다음 성어에서 □ 안에 들어갈 알맞은 한자는 어느 것입니까?

1. 　　　　　□馬看山

    ①注　②走　③竹　④角　⑤畫

2. 　　　　　易□思之

    ①地　②支　③之　④知　⑤指

풀이

1. 走馬看山(주마간산) : 말을 타고 달리며 산천을 구경한다는 뜻으로, 자세히 살피지 아니하고 대충대충 보고 지나감을 이르는 말

2. 易地思之(역지사지) : 처지를 바꾸어서 생각하여 봄

답 1. ② 2. ①

491 형성자 / 貝부 / 총 15획
質
바탕 질

丶 亠 厂 厅 斤 斦 斦 斦 斦 斦 筲 筲 質 質 質

質問질문 모르거나 의심나는 점을 물음 ▶問(물을 문)
質疑질의 의심나거나 모르는 점을 물음 ▶疑(의심할 의)
質量질량 물체의 고유한 역학적 기본량 ▶量(헤아릴 량)
物質물질 素質소질 形質형질 品質檢査품질검사

492 회의자 / 隹부 / 총 12획
集
모을 집

丿 亻 亻 亻 什 什 佳 佳 隹 隼 集 集

集合집합 사람들을 한곳으로 모으거나 모임 ▶合(합할 합)
集計집계 이미 된 계산들을 한데 모아서 계산함 ▶計(셀 계)
集會집회 여러 사람이 어떤 목적을 위하여 일시적으로 모임 ▶會(모일 회)
集結집결 募集모집 徵集징집 集積回路집적회로

493 회의자 / 欠부 / 총 6획
次
버금 차

丶 冫 冫 冫 次 次

次男차남 둘째 아들 ▶男(사내 남)
次官차관 소속 장관을 보좌하고 장관의 직무를 대행할 수 있는 정무직 국가 공무원 ▶官(벼슬 관)
次元차원 사물을 보거나 생각하는 처지 ▶元(으뜸 원)
月次월차 年次연차 將次장차 次善策차선책

494 형성자 / 目부 / 총 12획
着
붙을 착

丶 丷 丷 羊 羊 羊 着 着 着 着 着

着陸착륙 비행기 따위가 공중에서 활주로나 판판한 곳에 내림 ▶陸(뭍 륙)
着地착지 공중에서 땅으로 내림 ▶地(땅 지)
着用착용 의복, 모자, 신발 따위를 입거나 쓰거나 신거나 함 ▶用(쓸 용)
着服착복 終着종착 執着집착 주의 看(볼 간) 4급

495 형성자 / 宀부 / 총 14획
察
살필 찰

丶 丷 宀 宀 宀 宀 宀 宂 宂 宓 宓 察 察 察

警察경찰 경계하여 살핌 ▶警(경계할 경)
檢察검찰 검사하여 살핌 ▶檢(검사할 검)
巡察순찰 여러 곳을 돌아다니며 사정을 살핌 ▶巡(돌 순)
査察사찰 監察감찰 洞察力통찰력 주의 祭(제사 제) 4급

한자별곡

한지(韓紙)

韓(나라이름 한), 紙(종이 지)

닥나무나 삼지닥나무 껍질을 원료로 하여 한국 고유의 기법으로 뜬 독특한 종이를 말한다. 만드는 방법은 다음과 같다. 먼저 나무 다발을 가마솥에 넣고 껍질이 벗겨질 정도로 푹 삶아낸 후 껍질을 벗겨 말린다. 말린 껍질에서 다시 하얀 내비 부분만 가려내고, 이것에 양잿물을 섞어 다시 삶는다. 그 후 물기를 제거한 후 닥풀뿌리를 으깨어 짜낸 끈적끈적한 물을 넣고 잘 혼합하여 고루 풀리게 한다. 이 종이물을 발로 걸러 뜬 후 말리면 한지가 완성된다. 용도에 따라 창호지, 복사지, 화선지, 태지로도 분류할 수 있고, 품질에 따라 크게 백지, 장지, 각지 등으로 구분된다.

5급 배정한자

496	
지사자	ㅅ 부
총 11획	

참여할 참/석 삼

` ㄥ ㄥ ㄥ ㅿ ㅿ ㅿ 夗 夗 夵 參 參 `

參加참가 모임이나 단체 또는 일에 관계하여 들어감 ▶加(더할 가)
參與참여 어떤 일에 끼어들어 관계함 ▶與(더불 여)
參酌참작 이리저리 비추어 보아서 알맞게 고려함 ▶酌(술부을 작)
參拜참배 參謀참모 參十삼십 情狀參酌정상참작

497	
형성자	口 부
총 11획	

부를 창

` ㅣ 口 口 口 吲 吲 叩 唱 唱 唱 `

唱劇창극 전통적인 판소리나 그 형식을 빌려 만든 가극 ▶劇(연극 극)
唱法창법 노래를 부르는 방법 ▶法(법 법)
先唱선창 맨 먼저 주창함 ▶先(먼저 선)
獨唱독창 復唱복창 愛唱曲애창곡 合唱團합창단

498	
형성자	穴 부
총 11획	

창 창

` ㆍ ㆍ 宀 宀 宀 空 空 空 窓 窓 窓 `

窓門창문 공기나 햇빛을 받을 수 있고, 밖을 내다볼 수 있도록 벽이나 지붕에 낸 작은 문 ▶門(문 문)
窓口창구 창을 내거나 뚫어 놓은 곳 ▶口(입 구)
鐵窓철창 쇠로 창살을 만든 창문 ▶鐵(쇠 철)
車窓차창 封窓봉창 窓戶紙창호지

499	
상형자	冂 부
총 5획	

책 책

` ㅣ 冂 冂 冊 冊 `

冊房책방 서점 ▶房(방 방)
冊床책상 앉아서 책을 읽거나 글을 쓰거나 사무를 보거나 할 때에 앞에 놓고 쓰는 상 ▶床(상 상)
空冊공책 글씨를 쓰거나 그림을 그리도록 백지로 매어놓은 책 ▶空(빌 공)
冊張책장 冊子책자 冊曆책력 冊封책봉 別冊별책 高文典冊고문전책

500	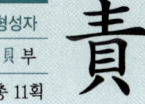
형성자	貝 부
총 11획	

꾸짖을 책

` 一 ニ 十 キ 主 丰 青 青 青 青 責 責 `

責望책망 잘못을 꾸짖거나 나무라며 못마땅하게 여김 ▶望(바랄 망)
罪責죄책 잘못을 저지른 책임 ▶罪(허물 죄)
責務책무 직무에 따른 책임이나 임무 ▶務(힘쓸 무)
責任感책임감 歸責事由귀책사유 免責特權면책특권 주의 貴(귀할 귀)5급

쪽지시험

상공회의소 한자
초급 3, 4, 5급

※ 다음 음(音)을 가진 한자는 어느 것입니까?

1 직
① 直   ② 眞   ③ 質   ④ 最   ⑤ 則

2 착
① 責   ② 集   ③ 着   ④ 差   ⑤ 打

풀이
1 ① 직 ② 진 ③ 질 ④ 최 ⑤ 칙/즉
2 ① 책 ② 집 ③ 착 ④ 차 ⑤ 타

답 1. ① | 2. ③

| 501
회의자
虍 부
총 11획 | 處
곳/처리할 처 | ⼀ ⼁ ⼳ ⼴ ⼷ ⼸ ⼹ 虍 虗 處 處 處
處所처소 사람이 기거하거나 임시로 머무는 곳 ▶所(바 소)
處女처녀 결혼하지 아니한 성년 여자 ▶女(계집 녀)
對處대처 어떠한 일에 대응하는 조치 ▶對(대할 대)
處理처리 處刑처형 處罰처벌 傷處상처 處遇改善처우개선 |

| 502
형성자
十 부
총 3획 | 千
일천 천 | ⼀ ⼁ 千
千萬천만 만의 천 배가 되는 수 ▶萬(일만 만)
數千수천 천의 두서너 배가 되는 수 ▶數(셈 수)
千字文천자문 중국 양나라 주흥사가 지은 책 ▶字(글자 자), 文(글월 문)
三千里삼천리 千里眼천리안 千辛萬苦천신만고 千萬多幸천만다행 [주의] 干(방패 간)5급 |

| 503
회의자
大 부
총 4획 | 天
하늘 천 | ⼀ ⼁ ⼺ 天
天國천국 하느님이나 신불이 있다는 이상 세계 ▶國(나라 국)
天堂천당 천국 ▶堂(집 당)
天倫천륜 부모 형제 사이에서 마땅히 지켜야 할 도리 ▶倫(인륜 륜)
天主敎천주교 天壤之差천양지차 天高馬肥천고마비 |

| 504
상형자
川 부
총 3획 | 川
내 천 | ⼁ ⼁ 川
河川하천 강과 시내를 아울러 이르는 말 ▶河(물 하)
開川개천 개골창 물이 흘러 나가도록 길게 판 내 ▶開(열 개)
乾川건천 조금만 가물어도 이내 물이 마르는 내 ▶乾(마를 건)
淸溪川청계천 晝夜長川주야장천 山川草木산천초목 [주의] 州(고을 주)3급 |

| 505
형성자
靑 부
총 8획 | 靑
푸를 청 | ⼀ ⼁ ⼺ ⼿ 丰 靑 靑 靑
靑色청색 파란색 ▶色(빛 색)
靑春청춘 새싹이 파랗게 돋아나는 봄철이라는 뜻으로, 인생의 젊은 나이 또는 그런 시절 ▶春(봄 춘)
靑軍청군 운동 경기 따위에서, 빛깔에 따라 편을 여럿으로 갈랐을 때 푸른 쪽의 편 ▶軍(군사 군)
靑銅청동 靑寫眞청사진 靑雲之志청운지지 |

신사참배(神社參拜)

神(귀신 신), 社(모일 사), 參(참여할 참), 拜(절 배)

일제 강점기에 일제가 우리의 종교와 사상 자유를 억압하기 위하여 신사에 배례하도록 강요하던 일을 말한다. 일제는 한일병합조약 체결 후 조선총독부의 보호와 육성 아래 신사의 관·공립적인 성격이 강화되고 동화정책의 일환으로 한국인에게까지 신사참배와 신도 신앙을 강요하였다. 1930년 후반에 이르러서는 기독교계 학교는 물론 교회 성직자들에게까지 신사참배를 강요하였고, 이를 거부하는 사람을 칼로 참수하는 만행을 저질렀다. 총독부는 신사를 전국적으로 건립하였고, 각급 학교는 물론 각 가정마다 신단을 만들어 아침마다 참배하도록 하였다.

5급 배정한자

---

506 형성자 氵(水)부 총 11획

淸
맑을 청

丶 丶 冫 冫 冫 汢 清 清 清 清 清

- 淸潔청결 맑고 깨끗함 ▶潔(깨끗할 결)
- 淸廉청렴 성품과 행실이 높고 맑으며, 탐욕이 없음 ▶廉(청렴할 렴)
- 淸純청순 깨끗하고 순수함 ▶純(순수할 순)
- 淸雅청아 淸酒청주 淸淨水청정수 淸掃夫청소부

---

507 형성자 骨부 총 23획

體
몸 체

丨 冂 冃 冎 咼 吅 骨 骨 骨 骨 骨 骨 體 體 體 體 體 體 體

- 體力체력 육체적 활동을 할 수 있는 몸의 힘 ▶力(힘 력)
- 體操체조 신체 각 부분의 고른 발육과 건강의 증진을 위하여 일정한 형식으로 몸을 움직임 ▶操(잡을 조)
- 體溫체온 동물체가 가지고 있는 온도 ▶溫(따뜻할 온)
- 媒體매체 體育大會체육대회 體感景氣체감경기

---

508 회의자 刀부 총 7획

初
처음 초

丶 ㇇ 亠 ネ ネ 初 初

- 初步초보 걸어갈 때의 첫 걸음 ▶步(걸음 보)
- 初級초급 맨 처음 또는 최저의 등급이나 단계 ▶級(등급 급)
- 最初최초 맨 처음 ▶最(가장 최)
- 初任초임 初動搜査초동수사 初志一貫초지일관

---

509 형성자 艹(艸)부 총 10획

草
풀 초

丶 丨 丬 艹 艹 芏 芐 草 草 草

- 草原초원 풀이 나 있는 들판 ▶原(언덕 원)
- 草木초목 풀과 나무를 통틀어 이르는 말 ▶木(나무 목)
- 草案초안 문장이나 시 따위의 초를 잡아 적음 ▶案(책상 안)
- 草稿초고 蘭草난초 藥草약초 草創期초창기

---

510 형성자 木부 총 7획

村
마을 촌

一 十 才 木 木 村 村

- 村長촌장 한 마을의 우두머리 ▶長(길 장)
- 村落촌락 마을 ▶落(떨어질 락)
- 農村농촌 주민의 대부분이 농업에 종사하는 마을이나 지역 ▶農(농사 농)
- 漁村어촌 江村강촌 山村산촌 富村부촌 주의 材(재목 재) 5급

쪽지시험

※ 다음 한자(漢字)와 음(音)이 같은 한자는 어느 것입니까?

1 窓
①空 ②昌 ③察 ④參 ⑤初

2 川
①州 ②修 ③請 ④千 ⑤淸

풀이

1 窓(창 창)
①공 ②창 ③찰 ④참 ⑤초

2 川(내 천)
①주 ②수 ③청 ④천 ⑤청

답 1.② 2.④

| 511 지사자 寸부 총 3획 | **寸** 마디 촌 | 一 十 寸
寸劇촌극 아주 짧은 단편적인 연극 ▶劇(연극 극)
寸評촌평 매우 짧게 비평함 ▶評(평할 평)
寸陰촌음 매우 짧은 동안의 시간 ▶陰(그늘 음)
寸志촌지 寸數촌수 三寸삼촌 四寸사촌　주의 才(재주 재) 5급 |

| 512 회의자 日부 총 12획 | **最** 가장 최 | 丨 冂 日 日 旦 모 昌 昌 륜 最 最 最
最高최고 가장 높음 ▶高(높을 고)
最新최신 가장 새로움 ▶新(새 신)
最多최다 양 따위가 가장 많음 ▶多(많을 다)
最善최선　最惡최악　最低최저　最適化최적화 |

| 513 회의자 禾부 총 9획 | **秋** 가을 추 | 丿 二 千 千 禾 禾 利 秋 秋
秋夕추석 우리나라 명절의 하나 ▶夕(저녁 석)
秋收추수 가을에 익은 곡식을 거두어들임 ▶收(거둘 수)
晩秋만추 늦가을 ▶晩(늦을 만)
仲秋節중추절　春夏秋冬춘하추동　秋穀收買추곡수매　주의 秩(차례 질) 3급 |

| 514 형성자 辶(辵)부 총 10획 | **追** 쫓을 추 | 丿 亻 㠯 㠯 皀 皀 㠯 追 追 追
追跡추적 도망하는 사람의 뒤를 밟아서 쫓음 ▶跡(발자취 적)
追放추방 일정한 지역이나 조직 밖으로 쫓아냄 ▶放(놓을 방)
追徵추징 부족한 것을 뒤에 추가하여 징수함 ▶徵(징수할 징)
追憶추억　追慕추모　追擊추격　責任追窮책임추궁 |

| 515 회의자 示부 총 10획 | **祝** 빌 축 | 丶 二 亍 亓 示 礻 礻 祀 祝 祝
祝福축복 행복을 빎 ▶福(복 복)
祝賀축하 남의 좋은 일을 기뻐하고 즐거워한다는 뜻으로 인사함 ▶賀(하례 하)
祝祭축제 축하하여 벌이는 큰 규모의 행사 ▶祭(제사 제)
祝杯축배　祝電축전　奉祝봉축　慶祝日경축일 |

촌수(寸數)

寸(마디 촌), 數(셈 수)

친족 간의 멀고 가까운 정도를 나타내는 숫자 체계, 즉 친족 간의 관계를 말한다. 법률용어로는 친등(親等)이라고 한다. 촌수의 본래 뜻은 '손의 마디'라는 뜻으로, 촌수가 적으면 많은 것보다 근친임을 나타낸다. 촌자(寸字)는 친족을 가리키는 말로 쓰이기도 하는데, 예를 들면 숙부를 3촌, 종형제(從兄弟)를 4촌이라 하는 것과 같다. 그러나 직계혈족에 관하여는 촌수를 사용하지 않는데, 이는 촌수가 직계를 셈하기 위한 것이 아니라 방계(旁系)를 계산하기 위한 것이기 때문이다. 또한 부부는 핏줄로 연결된 관계가 아니라 서로 다른 남남이 만나 이루어진 가족관계이기 때문에 촌수가 없다.

5급 배정한자

516 회의자 / 日부 / 총 9획

봄 춘

一 = 三 丰 夫 表 春 春 春

春風춘풍 봄바람 ▶風(바람 풍)
回春회춘 봄이 다시 돌아옴 ▶回(돌아올 회)
春分춘분 이십사절기의 하나 ▶分(나눌 분)
思春期사춘기 一場春夢일장춘몽 立春大吉입춘대길 주의 奉(받들 봉)5급

517 상형자 / 凵부 / 총 5획
出
날 출

丨 屮 屮 出 出

出世출세 사회적으로 높은 지위에 오르거나 유명하게 됨 ▶世(인간 세)
出勤출근 일터로 근무하러 나가거나 나옴 ▶勤(부지런할 근)
出席출석 어떤 자리에 나아가 참석함 ▶席(자리 석)
出缺출결 出動출동 脫出탈출 出納簿출납부

518 회의자 / 儿부 / 총 6획

채울 충

丶 亠 云 云 亢 充

充分충분 모자람이 없이 넉넉함 ▶分(나눌 분)
充足충족 넉넉하여 모자람이 없음 ▶足(족할 족)
充滿충만 가득하게 참 ▶滿(찰 만)
充當충당 擴充확충 充電器충전기 補充授業보충수업

519 형성자 / 心부 / 총 8획

충성 충

丶 口 口 中 忠 忠 忠 忠

忠告충고 남의 결함이나 잘못을 진심으로 타이름 ▶告(고할 고)
忠實충실 충직하고 성실함 ▶實(열매 실)
忠誠충성 진정에서 우러나오는 정성 ▶誠(정성 성)
忠孝충효 忠臣충신 忠貞충정 顯忠日현충일 주의 患(근심 환)5급

520 회의자 / 虫부 / 총 18획

벌레 충

丶 口 口 中 虫 虫 虫 蚩 蚩 蚩 蚩 蚤 蚤 蟲 蟲 蟲 蟲

害蟲해충 인간의 생활에 해를 끼치는 벌레를 통틀어 이르는 말 ▶害(해할 해)
幼蟲유충 알에서 나온 후 아직 다 자라지 아니한 벌레 ▶幼(어릴 유)
昆蟲곤충 곤충강에 속한 동물을 통틀어 이르는 말 ▶昆(벌레 곤)
松蟲송충 驅蟲구충 蟲齒충치 病蟲害병충해 寄生蟲기생충 冬蟲夏草동충하초

쪽지시험

상공회의소 한자
중급 3, 4, 5급

※ 다음의 뜻을 가진 한자(漢字)는 어느 것입니까?

1 마을
① 村   ② 材   ③ 林   ④ 柳   ⑤ 寸

2 빌다
① 兄   ② 充   ③ 祝   ④ 流   ⑤ 遠

풀이

1 ① 村(마을 촌)   ② 材(재목 재)
   ③ 林(수풀 림)   ④ 柳(버들 류)
   ⑤ 寸(마디 촌)

2 ① 兄(맏 형)   ② 充(채울 충)
   ③ 祝(빌 축)   ④ 流(흐를 류)
   ⑤ 遠(멀 원)

답 1. ① 2. ③

521 取 가질 취
회의자 / 又부 / 총 8획

一 T F F E 耳 取 取

取消취소 발표한 의사를 거두어들이거나 예정된 일을 없애 버림 ▶消(사라질 소)
取材취재 작품이나 기사에 필요한 재료나 제재를 조사하여 얻음 ▶材(재목 재)
奪取탈취 빼앗아 가짐 ▶奪(빼앗을 탈)
取得稅취득세 取捨選擇취사선택 斷章取義단장취의

522 治 다스릴 치
형성자 / 氵(水)부 / 총 8획

丶 丷 氵 汁 治 治 治 治

退治퇴치 물리쳐서 아주 없애 버림 ▶退(물러날 퇴)
治安치안 나라를 편안하게 다스림 ▶安(편안할 안)
治粧치장 잘 매만져 곱게 꾸밈 ▶粧(단장할 장)
政治정치 統治者통치자 自治團體자치단체 주의 冶(풀무 야) 2급

523 致 이를 치
형성자 / 至부 / 총 10획

一 T I ェ 주 至 到 쥎 致 致

一致일치 비교되는 대상들이 서로 어긋나지 아니하고 같거나 들어맞음 ▶一(한 일)
韻致운치 고상하고 우아한 멋 ▶韻(운 운)
致賀치하 남이 한 일에 대하여 고마움이나 칭찬의 뜻을 표시함 ▶賀(하례 하)
致死치사 格物致知격물치지 滿場一致만장일치

524 齒 이 치
형성자 / 齒부 / 총 15획

丨 卜 止 止 步 歩 歩 齒 齒 齒 齒 齒 齒 齒 齒

齒科치과 이와 그 지지 조직 및 구강의 생리·병리·치료 기술 따위를 연구하는 학문 ▶科(과목 과)
齒牙치아 '이'를 점잖게 이르는 말 ▶牙(어금니 아)
齒痛치통 이가 쑤시거나 몹시 아픈 증상 ▶痛(아플 통)
齒藥치약 齒周炎치주염 切齒腐心절치부심

525 則 법칙 칙/곧 즉
회의자 / 刂(刀)부 / 총 9획

丨 冂 冂 月 目 貝 貝 則 則

法則법칙 반드시 지켜야만 하는 규범 ▶法(법 법)
罰則벌칙 법규를 어긴 행위에 대한 처벌을 정하여 놓은 규칙 ▶罰(벌할 벌)
總則총칙 전체를 포괄하는 규칙이나 법칙 ▶總(다 총)
學則학칙 然則연즉 不規則불규칙 주의 削(깎을 삭) 3급

한자별곡

신출귀몰(神出鬼沒)

神(귀신 신), 出(날 출), 鬼(귀신 귀), 沒(빠질 몰)

귀신같이 나타났다가 사라진다는 뜻으로, 그 움직임을 쉽게 알 수 없을 만큼 자유자재로 나타나고 사라짐을 비유적으로 이르는 말이다. 흔히 동에 번쩍 서에 번쩍 나타나는 홍길동 같은 사람을 가리킬 때 쓰인다. 《회남자(淮南子)》의 병략훈(兵略訓)에서 이와 유사한 말이 처음 기술되었는데, "교묘한 행동 신출귀행(神出鬼行)처럼 별과 같이 빛나고 하늘과 같이 운행한다."라고 표현하였다. 이는 군대의 세력과 병기의 규모 등이 적에게 노출되지 않도록 교묘한 작전을 펼치라는 뜻이다.

두 머리에 세 얼굴의 귀신이 나타났다가 귀신처럼 사라졌다[兩頭三面 神出鬼沒].

《당희장어(唐戲場語)》

5급 배정한자

| 526 형성자 見부 총 16획 친할 친 | 親 | ` ⺀ ⺊ ⺊ ⺊ ⺊ ⺊ ⺊ ⺊ ⺊ 亲 亲 新 新 新 親 親 親
親舊친구 가깝게 오래 사귄 사람 ▶舊(예 구)
親近친근 사귀어 지내는 사이가 아주 가까움 ▶近(가까울 근)
親熟친숙 친하여 익숙하고 허물이 없음 ▶熟(익을 숙)
親密친밀 先親선친 親睦會친목회 주의 新(새로울 신) 5급 |

| 527 지사자 一부 총 2획 일곱 칠 | 七 | 一 七
七月칠월 한 해의 열두 달 가운데 일곱째 달 ▶月(달 월)
七夕칠석 음력으로 칠월 초이렛날의 밤 ▶夕(저녁 석)
七旬칠순 나이 70세 ▶旬(열흘 순)
七面鳥칠면조 北斗七星북두칠성 七去之惡칠거지악 주의 匕(비수 비) 2급 |

| 528 형성자 忄(心)부 총 7획 쾌할 쾌 | 快 | 丿 丨 忄 忄 忄 快 快
快晴쾌청 구름 한 점 없이 상쾌하도록 날씨가 맑음 ▶晴(갤 청)
快擧쾌거 통쾌하고 장한 행위 ▶擧(들 거)
豪快호쾌 호탕하고 쾌활함 ▶豪(호걸 호)
壯快장쾌 明快명쾌 輕快경쾌 不快指數불쾌지수 주의 決(결단할 결) 5급 |

| 529 형성자 扌(手)부 총 5획 칠 타 | 打 | 一 十 扌 扌 打
打倒타도 어떤 대상이나 세력을 쳐서 거꾸러뜨림 ▶倒(넘어질 도)
打擊타격 때려 침 ▶擊(칠 격)
打者타자 야구에서 배트를 가지고 타석에서 공을 치는, 공격하는 편의 선수 ▶者(놈 자)
打破타파 打字機타자기 利害打算이해타산 |

| 530 지사자 大부 총 4획 클 태 | 太 | 一 ナ 大 太
太陽태양 태양계의 중심이 되는 별 ▶陽(볕 양)
太初태초 하늘과 땅이 생겨난 맨 처음 ▶初(처음 초)
太平洋태평양 오대양의 하나 ▶平(평평할 평), 洋(큰바다 양)
太陰曆태음력 太極旗태극기 太白山脈태백산맥 주의 犬(개 견) 5급 |

쪽지시험

상공회의소 한자
중급 3, 4, 5급

※ 다음 한자(漢字)와 뜻이 비슷한 한자는 어느 것입니까?

1 [治]
① 活 ② 理 ③ 法 ④ 現 ⑤ 親

2 [致]
① 列 ② 則 ③ 到 ④ 別 ⑤ 求

풀이

1 治(다스릴 치)
① 活(살 활) ② 理(다스릴 리)
③ 法(법 법) ④ 現(나타날 현)
⑤ 親(친할 친)

2 致(이를 치)
① 列(벌일 렬) ② 則(법칙 칙)
③ 到(이를 도) ④ 別(나눌 별)
⑤ 求(구할 구)

답 1. ② | 2. ③

531 宅 집 택/댁
형성자 / 宀부 / 총 6획

丶 丶 宀 宀 宅 宅

- 宅地택지 집을 지을 땅 ▶地(땅 지)
- 家宅가택 살고 있는 집 ▶家(집 가)
- 宅內댁내 남의 집안을 높여 이르는 말 ▶內(안 내)
- 宅配택배 自宅軟禁자택연금 共同住宅공동주택

532 土 흙 토
상형자 / 土부 / 총 3획

一 十 土

- 土地토지 경지나 주거지 따위의 사람의 생활과 활동에 이용하는 땅 ▶地(땅 지)
- 土壤토양 흙 ▶壤(흙덩이 양)
- 土臺토대 목조 건축에서, 기초 위에 가로 대어 기둥을 고정하는 목조 부재 ▶臺(대 대)
- 土俗的토속적 積土成山적토성산 土亭秘訣토정비결

533 通 통할 통
형성자 / 辶(辵)부 / 총 11획

丶 乛 ⺄ 甬 甬 甬 甬 涌 涌 通 通

- 通路통로 통하여 다니는 길 ▶路(길 로)
- 通達통달 막힘없이 환히 통함 ▶達(통달할 달)
- 通風통풍 바람이 통함 ▶風(바람 풍)
- 通帳통장 一脈相通일맥상통 一方通行일방통행

534 統 거느릴 통
형성자 / 糸부 / 총 12획

ㄥ ㄠ 幺 糸 糸 糸 紅 紂 絉 絉 絟 統

- 統制통제 일정한 방침이나 목적에 따라 행위를 제한하거나 제약함 ▶制(마를 제)
- 統合통합 둘 이상의 조직이나 기구 따위를 하나로 합침 ▶合(합할 합)
- 統長통장 행정 구역의 단위인 통(統)을 대표하여 일을 맡아보는 사람 ▶長(어른 장)
- 正統派정통파 統率力통솔력 大統領대통령

535 退 물러날 퇴
회의자 / 辶(辵)부 / 총 10획

ㄱ ㄱ ㅋ 日 艮 艮 艮 浪 退 退

- 退勤퇴근 일터에서 근무를 마치고 돌아가거나 돌아옴 ▶勤(부지런할 근)
- 退院퇴원 일정 기간 병원에 머물던 환자가 병원에서 나옴 ▶院(집 원)
- 退學퇴학 다니던 학교를 그만둠 ▶學(배울 학)
- 退步퇴보 進退兩難진퇴양난 停年退職정년퇴직

한자별곡

불쾌지수(不快指數)

不(아닐 불), 快(쾌할 쾌), 指(가리킬 지), 數(셈 수)

날씨에 따라서 사람이 불쾌감을 느끼는 정도를 기온과 습도를 이용하여 나타내는 수치를 말하며, '불쾌지수=0.72(기온+습구온도)+40.6'로 계산한다. 일반적으로 불쾌지수가 70~75인 경우에는 약 10%, 75~80인 경우에는 약 50%, 80 이상인 경우에는 대부분의 사람이 불쾌감을 느낀다고 한다. 1959년 여름 미국에서 약 300개 도시에서 처음으로 일기예보를 통해 불쾌지수를 발표하기 시작했다. 그러나 사람마다 불쾌감을 느끼는 정도가 다소 다르며, 불쾌지수를 발표함으로써 불쾌감을 더욱 조장한다고 하여 불쾌지수를 온 윤지수(THI ; Temperature Humidity Index)라는 말로 바꿔서 사용하기도 한다.

5급 배정한자

536 회의자 牛부 총 10획
特
특별할 특

丿 一 ㅗ 屮 牛 牜 牪 特 特 特

- 特技특기 남이 가지지 못한 특별한 기술이나 기능 ▶技(재주 기)
- 特級특급 특별한 계급이나 등급 ▶級(등급 급)
- 特別특별 보통과 구별되게 다름 ▶別(나눌 별)
- 特講특강   特報특보   特許權특허권   주의 持(가질 지) 4급

537 형성자 氵(水)부 총 8획
波
물결 파

丶 丶 氵 氵 汀 沪 波 波

- 腦波뇌파 뇌의 활동에 의하여 일어나는 전류 ▶腦(골 뇌)
- 波及파급 어떤 일의 여파나 영향이 차차 다른 데로 미침 ▶及(미칠 급)
- 波長파장 파동에서, 같은 위상을 가진 서로 이웃한 두 점 사이의 거리 ▶長(길 장)
- 寒波한파   波動파동   一波萬波일파만파   주의 彼(저 피) 4급

538 형성자 刂(刀)부 총 7획
判
판단할 판

丿 八 八 兰 半 半 判

- 判斷판단 사물을 인식하여 논리나 기준 등에 따라 판정을 내림 ▶斷(끊을 단)
- 判讀판독 어려운 문장이나 암호, 고문서 따위를 뜻을 헤아리며 읽음 ▶讀(읽을 독)
- 身言書判신언서판 중국 당나라 때 관리를 선출하던 네 가지 표준 ▶身(몸 신), 言(말씀 언), 書(글 서)
- 判決판결   判例판례   批判비판   裁判官재판관   判斷力판단력

539 회의자 八부 총 2획
八
여덟 팔

丿 八

- 八月팔월 한 해 열두 달 가운데 여덟째 달 ▶月(달 월)
- 八道팔도 우리나라 전체를 이르는 말 ▶道(길 도)
- 八角亭팔각정 지붕을 여덟 모가 지도록 지은 정자 ▶角(뿔 각), 亭(정자 정)
- 八等身팔등신   關東八景관동팔경   四通八達사통팔달   주의 入(들 입) 5급

540 형성자 攵(攴)부 총 11획
敗
패할 패

丨 冂 冂 目 目 貝 貝 貯 貯 敗 敗

- 敗者패자 싸움이나 경기에 진 사람 ▶者(놈 자)
- 敗北패배 겨루어서 짐 ▶北(달아날 배)
- 敗亡패망 싸움에 져서 망함 ▶亡(망할 망)
- 慘敗참패   腐敗부패   敗血症패혈증   敗家亡身패가망신   주의 財(재물 재) 5급

쪽지시험

상공회의소 한자 중급 3, 4, 5급

※ 다음 한자어(漢字語)와 발음(發音)이 같은 한자어는 어느 것입니까?

1 他者
① 他地   ② 打倒   ③ 打字   ④ 打擊   ⑤ 致死

2 正統
① 政堂   ② 精通   ③ 情想   ④ 定數   ⑤ 靑銅

풀이

1 타자
① 타지   ② 타도   ③ 타자   ④ 타격   ⑤ 치사

2 정통
① 정당   ② 정통   ③ 정상   ④ 정수   ⑤ 청동

답 1. ③ | 2. ②

541 상형자 貝부 총 7획 — 貝 조개 패

丨 冂 冂 冃 目 貝 貝

貝類패류 조가비를 가진 연체동물을 통틀어 이르는 말 ▶類(무리 류)
貝物패물 산호, 호박, 수정, 대모 따위로 만든 값진 물건 ▶物(물건 물)
種貝종패 씨조개 ▶種(씨 종)
貝貨패화　貝甲패갑　貝塚패총

542 형성자 亻(人)부 총 9획 — 便 편할 편/똥오줌 변

丿 亻 仁 仃 佰 佰 佰 便 便

便安편안 편하고 걱정 없이 좋음 ▶安(편안할 안)
便利편리 편하고 이로우며 이용하기 쉬움 ▶利(이로울 리)
郵便우편 서신이나 기타 물품을 국내나 전세계에 보내는 국영 사업 ▶郵(우편 우)
便所변소　用便용변　便宜施設편의시설　주의 使(부릴 사) 5급

543 상형자 片부 총 4획 — 片 조각 편

丿 丿' 片 片

片道편도 가고 오는 길 가운데 어느 한쪽 ▶道(길 도)
片面편면 한쪽 면 ▶面(낯 면)
破片파편 깨어지거나 부서진 조각 ▶破(깨뜨릴 파)
片紙紙편지지　一片丹心일편단심　一葉片舟일엽편주

544 상형자 干부 총 5획 — 平 평평할 평

一 一 八 二 平

平和평화 평온하고 화목함 ▶和(화할 화)
平等평등 권리, 의무, 자격 등이 차별 없이 고르고 한결같음 ▶等(무리 등)
平均평균 여러 사물의 질이나 양 따위를 통일적으로 고르게 한 것 ▶均(고를 균)
平地평지　衡平형평　平準化평준화　平價切下평가절하

545 회의자 衣부 총 8획 — 表 겉 표

一 二 キ 主 主 表 表 表

表現표현 생각이나 느낌 따위를 언어나 몸짓 따위의 형상으로 드러내어 나타냄 ▶現(나타날 현)
表出표출 겉으로 나타남 ▶出(날 출)
辭表사표 직책에서 사임하겠다는 뜻을 적어 내는 문서 ▶辭(사양할 사)
圖表도표　表裏不同표리부동　意思表示의사표시

패혈증(敗血症)

敗(패할 패), 血(피 혈), 症(증세 증)

세균 특히 화농균(化膿菌)이 혈액이나 림프관 안에 들어가서 세균이 분하는 독소로 말미암아 심한 중독 증상이나 그밖에 여러 가지 급성 염증을 일으키는 병을 말한다. 거의 모든 박테리아가 패혈증을 유발시킬 수 있으며, 박테리아의 종류는 나이에 따라 조금씩 다를 수 있다. 패혈증을 일으킨 박테리아의 종류, 패혈증이 생기기 바로 이전까지 앓고 있던 전염병의 종류, 패혈증의 정도, 나이 등에 따라 증상과 잠복기가 다르게 나타나지만, 일반적으로 오한(惡寒)과 전율을 동반한 고열 증세를 보인다. 또한 설사·구토·권태감·탈수·두통 등의 증상도 나타난다. 중증인 경우 전신경련·쇼크 등 심한 증상이 함께 나타나기도 한다.

5급 배정한자

546 品 물건 품
회의자 / 口부 / 총 9획

丶口口口品品品品品

- 品性품성 품격과 성질을 아울러 이르는 말 ▶性(성품 성)
- 品格품격 사람된 바탕과 타고난 성품 ▶格(격식 격)
- 品種품종 물품의 종류 ▶種(씨 종)
- 品位품위 物品물품 商品상품 廢品폐품 部品부품 주의 晶(수정 정) 2급

547 風 바람 풍
회의자 / 風부 / 총 9획

丿几凡凡凨風風風風

- 風景풍경 경치 ▶景(볕 경)
- 風車풍차 바람의 힘을 기계적인 힘으로 바꾸는 장치 ▶車(수레 차)
- 風船풍선 기구 ▶船(배 선)
- 風俗畫풍속화 馬耳東風마이동풍 風前燈火풍전등화

548 豐 풍년 풍
상형자 / 豆부 / 총 18획

一丆三丰丰丰丰丰丰丰丰丰豐豐豐豐豐豐

- 豐年풍년 곡식이 잘 자라고 잘 여물어 평년보다 수확이 많은 해 ▶年(해 년)
- 豐作풍작 농작물의 수확이 평년작을 훨씬 웃도는 일 ▶作(지을 작)
- 豐富풍부 넉넉하고 많음 ▶富(부자 부)
- 豐盛풍성 豐滿풍만 豐足풍족

549 皮 가죽 피
회의자 / 皮부 / 총 5획

丿厂广皮皮

- 皮革피혁 날가죽과 무두질한 가죽을 아울러 이르는 말 ▶革(가죽 혁)
- 毛皮모피 털가죽 ▶毛(털 모)
- 桂皮계피 계수나무 껍질을 한방에서 이르는 말 ▶桂(계수나무 계)
- 鐵面皮철면피 虎死留皮호사유피

550 必 반드시 필
회의자 / 心부 / 총 5획

丶丿必必必

- 必勝필승 반드시 이김 ▶勝(이길 승)
- 必然필연 사물의 관련이나 일의 결과가 반드시 그렇게 됨 ▶然(그러할 연)
- 必要필요 꼭 요구되는 바가 있음 ▶要(요긴할 요)
- 必需品필수품 事必歸正사필귀정 必須科目필수과목 주의 心(마음 심) 5급

쪽지시험

※ 다음 단어들의 □ 안에 공통으로 들어갈 알맞은 한자는 어느 것입니까?

1. □等, □生, 公□
   ① 一 ② 平 ③ 人 ④ 式 ⑤ 七

2. □景, 消□, □俗
   ① 民 ② 息 ③ 光 ④ 品 ⑤ 風

풀이
1 平等(평등), 平生(평생), 公平(공평)
2 風景(풍경), 消風(소풍), 風俗(풍속)

답 1. ② 2. ⑤

551 筆 (붓 필)
형성자 / 竹부 / 총 12획

〳 〵 ⺊ ⺍ ⺮ ⺮ 竺 竺 笎 筀 筆 筆

筆體필체 글씨를 써 놓은 모양 ▶體(몸 체)
筆跡필적 글씨의 모양이나 솜씨 ▶跡(발자취 적)
鉛筆연필 필기도구의 하나 ▶鉛(납 연)
執筆집필　萬年筆만년필　筆記試驗필기시험

552 下 (아래 하)
지사자 / 一부 / 총 3획

一 丁 下

下落하락 값이나 등급 따위가 떨어짐 ▶落(떨어질 락)
下級하급 보다 낮은 등급이나 계급 ▶級(등급 급)
下流하류 하천의 아래쪽 ▶流(흐를 류)
下請하청　下部하부　地下鐵지하철　天下統一천하통일　주의 上(위 상) 5급

553 夏 (여름 하)
회의자 / 夂부 / 총 10획

一 丆 丆 百 百 百 頁 頁 夏 夏

夏至하지 이십사절기의 하나 ▶至(이를 지)
夏節하절 여름철 ▶節(마디 절)
夏服하복 여름철에 입는 옷 ▶服(옷 복)
夏季하계　立夏입하　春夏秋冬춘하추동　주의 憂(근심 우) 4급

554 河 (물 하)
형성자 / 氵(水)부 / 총 8획

丶 丶 氵 汀 汀 河 河 河

河川하천 강과 시내를 아울러 이르는 말 ▶川(내 천)
河口하구 강물이 바다로 흘러 들어가는 어귀 ▶口(입 구)
河馬하마 하마과의 하나 ▶馬(말 마)
運河운하　渡河도하　氷河빙하　百年河淸백년하청

555 學 (배울 학)
회의자 / 子부 / 총 16획

〳 𠂉 𠂉 𠂉 𠂉 𠂉 𠂉 𣎳 𣎳 𣎳 𣎳 與 學 學 學

學生학생 학예를 배우는 사람 ▶生(날 생)
學者학자 학문에 능통한 사람 ▶者(놈 자)
就學취학 교육을 받기 위하여 학교에 들어감 ▶就(나아갈 취)
學校학교　學說학설　學院학원　博學多識박학다식

백년하청(百年河淸)

百(일백 백), 年(해 년), 河(물 하), 淸(맑을 청)

백 년을 기다린다 해도 황하(黃河)의 흐린 물은 맑아지지 않는다는 뜻으로, 아무리 기다려도 실현될 수 없는 일 또는 믿을 수 없는 일을 무작정 기다리는 것을 말한다.

춘추전국시대에 정(鄭)나라가 초(楚)나라의 공격을 받자 중신들이 진(晉)나라에 구원을 청하자고 주장하였다. 이에 자사(子駟)가 "주(周)나라의 시에 황하의 물이 맑아지기를 기다리는 것은 사람의 짧은 목숨으로는 아무래도 부족한 형편이다. 점을 쳐 일하는 사람이 많으면 어수선해지고 그물에 걸려 움직일 수가 없게 된다."고 하였다. 그 후에 결국 초나라와 화친하였다.

《춘추좌씨전(春秋左氏傳)》

5급 배정한자

556 형성자 / 韋부 / 총 17획
韓
나라이름 한

一 十 十 古 古 古 吉 car 卓 卓ʼ 車ʻ 乾 乾 韓 韓 韓

韓藥한약 한방에서 쓰는 약 ▶藥(약 약)
韓服한복 우리나라의 고유한 옷 ▶服(옷 복)
韓紙한지 우리나라 고유의 제조법으로 만든 종이 ▶紙(종이 지)
韓國한국 南韓남한 韓半島한반도 大韓民國대한민국

557 형성자 / 氵(水)부 / 총 14획
漢
한수/사내 한

丶 冫 氵 氵 汁 汁 汁 洪 洪 漌 漌 漌 漢 漢

漢字한자 중국에서 만들어 오늘날에도 쓰고 있는 문자 ▶字(글자 자)
漢文한문 중국 고전의 문장 ▶文(글월 문)
漢江한강 우리나라 중부를 흐르는 강 ▶江(강 강)
漢城한성 怪漢괴한 惡漢악한 無賴漢무뢰한

558 형성자 / 阝(阜)부 / 총 9획
限
한계 한

丨 阝 阝 阝ʼ 阝ʻ 阝ʻ 阝ʻ 限 限

限界한계 사물이나 능력, 책임 따위가 실제 작용할 수 있는 범위 ▶界(지경 계)
限度한도 일정한 정도 ▶度(정도 도)
限定한정 수량이나 범위 따위를 제한하여 정함 ▶定(정할 정)
局限국한 權限권한 期限附기한부 無限軌道무한궤도   **주의** 恨(한할 한) 4급

559 회의자 / 口부 / 총 6획
合
합할 합

ノ 人 ム 수 合 合

合格합격 시험, 검사, 심사 따위에서 일정한 조건을 갖추어 어떠한 자격이나 지위 따위를 얻음 ▶格(격식 격)
合同합동 둘 이상의 조직이나 개인이 모여 행동이나 일을 함께함 ▶同(한가지 동)
合勢합세 흩어져 있는 세력을 한곳에 모음 ▶勢(형세 세)
混合혼합 和合화합 意氣投合의기투합   **주의** 含(머금을 함) 3급

560 형성자 / 氵(水)부 / 총 10획
海
바다 해

丶 冫 氵 氵 氵 汇 汇 海 海 海 海

海邊해변 바닷가 ▶邊(가 변)
海軍해군 바다에서 전투를 맡아 하는 군대 ▶軍(군사 군)
海賊해적 배를 타고 다니면서, 다른 배나 해안 지방을 습격하여 재물을 빼앗는 강도 ▶賊(도둑 적)
東海동해 深海심해 海岸線해안선 茫茫大海망망대해   **주의** 悔(뉘우칠 회) 3급

쪽지시험

※ 다음 성어에서 □ 안에 들어갈 알맞은 한자는 어느 것입니까?

1 百年□淸
① 無 ② 熱 ③ 溫 ④ 河 ⑤ 可

2 烏□之卒
① 和 ② 合 ③ 集 ④ 衆 ⑤ 快

풀이

1 百年河淸(백년하청) : 중국의 황하강은 늘 흐려 맑을 때가 없다는 뜻으로, 아무리 오랜 시일이 지나도 어떤 일이 이루어지기 어려움을 이르는 말

2 烏合之卒(오합지졸) : 까마귀가 모인 것처럼 질서가 없이 모인 병졸이라는 뜻으로, 임시로 모여들어서 규율이 없고 무질서한 병졸 또는 군중을 이르는 말

답 1. ④ | 2. ②

561 解 풀 해
회의자 / 角 부 / 총 13획

丿 ク 产 角 角 角 角ʹ 角刀 角刀 角刀 解 解

- 解決해결 제기된 문제를 해명하거나 얽힌 일을 잘 처리함 ▶決(결단할 결)
- 解釋해석 문장이나 사물 따위로 표현된 내용을 이해하고 설명함 ▶釋(풀 석)
- 解答해답 질문이나 의문을 풀이함 ▶答(대답 답)
- 解夢해몽 告解聖事고해성사 結者解之결자해지

562 害 해할 해
회의자 / 宀 부 / 총 10획

丶 丶 宀 宀 宀 宀 宲 宲 害 害

- 被害피해 생명이나 신체, 재산, 명예 따위에 손해를 입음 ▶被(입을 피)
- 傷害상해 남의 몸에 상처를 내어 해를 끼침 ▶傷(다칠 상)
- 障害장해 하고자 하는 일을 막아서 방해함 ▶障(막을 장)
- 迫害박해 陰害음해 加害者가해자 被害妄想피해망상

563 行 다닐 행/항렬 항
상형자 / 行 부 / 총 6획

丿 ㄅ 彳 彳 行 行

- 行動행동 몸을 움직여 동작을 하거나 어떤 일을 함 ▶動(움직일 동)
- 行步행보 걸음을 걸음 ▶步(걸음 보)
- 行列항렬 같은 혈족의 직계에서 갈라져 나간 계통 사이의 대수 관계를 나타내는 말 ▶列(벌일 렬)
- 雁行안항 飛行機비행기 市街行進시가행진

564 幸 다행 행
회의자 / 干 부 / 총 8획

一 十 土 十 士 去 去 幸

- 幸福행복 복된 좋은 운수 ▶福(복 복)
- 不幸불행 행복하지 아니함 ▶不(아닐 불)
- 近幸근행 가까이하여 특별히 귀여워함 ▶近(가까울 근)
- 天幸천행 幸運兒행운아 千萬多幸천만다행   주의 辛(매울 신) 4급

565 香 향기 향
회의자 / 香 부 / 총 9획

一 二 千 千 禾 禾 香 香 香

- 香氣향기 꽃, 향, 향수 따위에서 나는 좋은 냄새 ▶氣(기운 기)
- 香水향수 액체 화장품의 하나 ▶水(물 수)
- 香料향료 향기를 내는 데 쓰는 물질 ▶料(재료 료)
- 香爐향로 香臭향취 香辛料향신료

고해성사(告解聖事)
告(알릴 고), 解(풀 해), 聖(성스러울 성), 事(일 사)

가톨릭에서 세례를 받은 신자가 영세를 받은 뒤에 죄를 참회(懺悔)하여 사죄권(赦罪權)을 가진 사제(司祭)에게 죄를 고백함으로써 사함을 받는 일로, 천주교의 일곱 성사(聖事)의 한 가지이다. 신자가 알게 모르게 범한 죄를 성찰(省察)·통회(痛悔)·고백(告白)·보속(補贖) 등의 절차를 통하여 죄를 용서받는 것이다. 죄를 짓는다는 것은 곧 하느님과의 화평 관계에서의 일탈(逸脫)을 의미하는데, 고해성사를 통해 이 화평 관계를 회복하게 된다. 사제는 신자가 고백한 잘못을 절대적으로 비밀에 붙이도록 되어 있다. 가톨릭과 달리 개신교에서는 만인제사장설에 근거하여 고해성사가 존재하지 않는다.

5급 배정한자

566 鄕 시골 향
회의자 / 邑(阝)부 / 총 13획

丿 乡 乡 乡 乡' 乡' 乡｢ 卿 郷 鄕

- 鄕愁향수 고향을 그리워하는 마음이나 시름 ▶愁(근심 수)
- 故鄕고향 자기가 태어나서 자란 곳 ▶故(예 고)
- 樂鄕낙향 늘 즐겁고 행복하게 살 수 있는 좋은 곳 ▶樂(즐거울 락)
- 歸鄕귀향 望鄕망향 他鄕타향 失鄕民실향민 [주의] 卿(벼슬 경) 3급

567 向 향할 향
회의자 / 口부 / 총 6획

丿 丨 冂 冂 向 向

- 向上향상 실력, 수준, 기술 따위가 나아짐 ▶上(위 상)
- 方向방향 어떤 방위를 향한 쪽 ▶方(모 방)
- 向後향후 이것에 뒤이어 오는 때나 자리 ▶後(뒤 후)
- 向背향배 動向동향 趣向취향 傾向경향 意向의향 [주의] 尙(오히려 상) 3급

568 革 가죽/고칠 혁
상형자 / 革부 / 총 9획

一 十 廿 廿 廿 苹 莒 革 革

- 革帶혁대 가죽으로 만든 띠 ▶帶(띠 대)
- 改革개혁 제도나 기구 따위를 새롭게 뜯어고침 ▶改(고칠 개)
- 皮革피혁 날가죽과 무두질한 가죽을 아울러 이르는 말 ▶皮(가죽 피)
- 變革변혁 沿革연혁 軍事革命군사혁명

569 現 나타날 현
형성자 / 王(玉)부 / 총 11획

一 二 T 王 王 王丨 玑 玡 珇 現 現

- 現代현대 지금의 시대 ▶代(대신 대)
- 現實현실 현재 실제로 존재하는 사실이나 상태 ▶實(열매 실)
- 現況현황 현재의 상황 ▶況(하물며 황)
- 現在현재 現金현금 表現표현 現場檢證현장검증 [주의] 規(법 규) 3급

570 血 피 혈
상형자 / 血부 / 총 6획

丿 丨 冂 冖 血 血

- 貧血빈혈 혈액 속의 적혈구 또는 혈색소가 정상 값 이하로 감소한 상태 ▶貧(가난할 빈)
- 血壓혈압 심장에서 혈액을 밀어낼 때, 혈관 내에 생기는 압력 ▶壓(억누를 압)
- 血統혈통 같은 핏줄의 계통 ▶統(거느릴 통)
- 腦出血뇌출혈 毛細血管모세혈관 鳥足之血조족지혈 [주의] 皿(그릇 명) 2급

쪽지시험

상공회의소 한자 급수 3, 4, 5급

※ 다음 음(音)을 가진 한자는 어느 것입니까?

1 해
①害 ②要 ③案 ④當 ⑤益

2 현
①貨 ②實 ③願 ④現 ⑤飛

풀이
1 ①해 ②요 ③안 ④당 ⑤익
2 ①화 ②실 ③원 ④현 ⑤비

답 1.① | 2.④

571 協 화할 협
회의자 / 十부 / 총 8획

一 十 十 什 む 협 協 協

協商협상 어떤 목적에 부합되는 결정을 하기 위하여 여럿이 서로 의논함 ▶商(장사 상)
協力협력 힘을 합하여 서로 도움 ▶力(힘 력)
協助협조 힘을 보태어 서로 도움 ▶助(도울 조)
協贊협찬 協會협회 協奏曲협주곡 停戰協定정전협정

572 兄 맏 형
회의자 / 儿부 / 총 5획

丶 口 口 尸 兄

兄弟형제 형과 아우를 아울러 이르는 말 ▶弟(아우 제)
兄夫형부 언니의 남편 ▶夫(지아비 부)
妹兄매형 손위 누이의 남편 ▶妹(누이 매)
妻兄처형 義兄弟의형제 難兄難弟난형난제 주의 兒(아이 아) 5급

573 形 모양 형
형성자 / 彡부 / 총 7획

一 二 干 开 开 形 形

形態형태 사물의 생김새나 모양 ▶態(모양 태)
形成형성 어떤 형상을 이룸 ▶成(이룰 성)
形勢형세 살림살이의 형편 ▶勢(형세 세)
形質형질 形式형식 形容詞형용사 象形文字상형문자 주의 刑(형벌 형) 4급

574 惠 은혜 혜
회의자 / 心부 / 총 12획

一 厂 厂 曰 百 吏 吏 再 恵 惠 惠 惠

惠澤혜택 은혜와 덕택을 아울러 이르는 말 ▶澤(못 택)
恩惠은혜 고맙게 베풀어 주는 신세나 혜택 ▶恩(은혜 은)
特惠특혜 특별한 은혜나 혜택 ▶特(특별할 특)
慈惠자혜 互惠호혜 天惠천혜 最惠國최혜국 주의 思(생각 사) 5급

575 好 좋을 호
회의자 / 女부 / 총 6획

乚 乂 女 女 好 好

好感호감 좋게 여기는 감정 ▶感(느낄 감)
好材호재 좋은 재료 ▶材(재목 재)
好況호황 경기가 좋음 ▶況(하물며 황)
絶好절호 選好선호 好奇心호기심 好衣好食호의호식 주의 奴(종 노) 3급

한자별곡

난형난제(難兄難弟)

難(어려울 난), 兄(맏 형), 難(어려울 난), 弟(아우 제)

누구를 형이라 하고 누구를 아우라 하기 어렵다는 뜻으로, 둘 중에 어느 편이 낫다고 판단하기 어려운 경우를 비유하여 이르는 말이다.

중국 한(漢)나라 진원방(陳元方)이 아들 장문(長文)과 그의 사촌, 즉 원방의 동생 계방(季方)의 아들 효선(孝先)이 서로 자기 아버지의 공덕이 더 훌륭하다고 주장하다가 결말이 나지 않자 할아버지인 진식(陣寔)에게 가서 이에 대한 판정을 내려주실 것을 호소하였다. 그러나 진식은 "원방도 형 되기가 어렵고, 계방도 동생 되기가 어렵다[元方難爲兄 季方難爲弟]."고 대답하였다.

《세설신어(世說新語)》

5급 배정한자

576 형성자 / 虍 부 / 총 13획
號
이름 호

` ㅣ ㅁ ㅁ ㅁ 号 号 뭉 뭉 뭉 號 號 號 `

- 號數호수 차례로 매겨진 번호의 수효 ▶ 數(셈 수)
- 號外호외 특별한 일이 있을 때에 임시로 발행하는 신문이나 잡지 ▶ 外(바깥 외)
- 番號번호 차례를 나타내거나 식별하기 위해 붙이는 숫자 ▶ 番(차례 번)
- 暗號암호 商號상호 電話番號전화번호

577 형성자 / 氵(水) 부 / 총 12획
湖
호수 호

` ﹅ ﹅ 氵 氵 汁 汁 汁 汁 湘 湖 湖 湖 `

- 湖水호수 땅이 우묵하게 들어가 물이 괴어 있는 곳 ▶ 水(물 수)
- 湖西호서 '충청남도'와 '충청북도'를 아울러 이르는 말 ▶ 西(서녘 서)
- 淡水湖담수호 호수의 총염분 함유량이 1리터 중에 500mg 이하인 호수 ▶ 淡(맑을 담), 水(물 수)
- 江湖강호 湖南平野호남평야 畿湖地方기호지방

578 상형자 / 虍 부 / 총 8획
虎
범 호

` ㅣ ㅏ ㅏ 广 户 虍 虍 虎 `

- 虎患호환 호랑이에게 당하는 화 ▶ 患(근심 환)
- 猛虎맹호 사나운 범 ▶ 猛(사나울 맹)
- 虎班호반 고려·조선시대에, 무관의 반열 ▶ 班(나눌 반)
- 狐假虎威호가호위 虎死留皮호사유피

579 형성자 / 女 부 / 총 11획
婚
혼인할 혼

` ㄥ 女 女 如 如 好 妒 妒 婚 婚 婚 `

- 婚姻혼인 남자와 여자가 부부가 되는 일 ▶ 姻(혼인 인)
- 請婚청혼 결혼하기를 청함 ▶ 請(청할 청)
- 離婚이혼 법원이 판결하여 인정한 이혼 ▶ 離(떠날 리)
- 結婚式결혼식 冠婚喪祭관혼상제 婚外情事혼외정사

580 상형자 / 火 부 / 총 4획
火
불 화

` ﹅ ﹅ 少 火 `

- 火災화재 불이 나는 재앙 ▶ 災(재앙 재)
- 火傷화상 높은 온도의 기체, 액체, 고체, 화염 따위에 데었을 때에 일어나는 피부의 손상 ▶ 傷(다칠 상)
- 火葬화장 죽은 사람을 불에 살라 장사 지냄 ▶ 葬(장사지낼 장)
- 火藥화약 明若觀火명약관화 風前燈火풍전등화

쪽지시험

※ 다음 한자(漢字)와 음(音)이 같은 한자는 어느 것입니까?

1 形
① 强 ② 雲 ③ 藝 ④ 螢 ⑤ 競

2 號
① 婚 ② 湖 ③ 紅 ④ 香 ⑤ 季

풀이

1 形(모양 형)
① 강 ② 운 ③ 예 ④ 형 ⑤ 경

2 號(이름 호)
① 혼 ② 호 ③ 홍 ④ 향 ⑤ 계

답 1. ④ | 2. ②

상공회의소 한자시험 중급 기본서 3급

581 化 될 화
회의자 / 匕부 / 총 4획

ノ 亻 仁 化

- 化學화학 자연 과학의 한 분야 ▶學(배울 학)
- 化石화석 지질 시대 동식물의 흔적 따위가 그대로 보존되어 남아 있는 것을 통틀어 이르는 말 ▶石(돌 석)
- 變化변화 사물의 성질, 모양, 상태 따위가 바뀌어 달라짐 ▶變(변할 변)
- 化粧室화장실 化粧品화장품 國際化국제화

582 花 꽃 화
형성자 / 艹(艸)부 / 총 8획

丶 ㅗ ㅛ 艹 サ 芢 花 花

- 花園화원 꽃을 심은 동산 ▶園(동산 원)
- 花壇화단 꽃을 심기 위하여 흙을 한층 높게 하여 꾸며 놓은 꽃밭 ▶壇(단 단)
- 花草화초 꽃이 피는 풀과 나무 또는 꽃이 없더라도 관상용이 되는 모든 식물을 통틀어 이르는 말 ▶草(풀 초)
- 梅花매화 菊花국화 無窮花무궁화 錦上添花금상첨화

583 和 화할 화
형성자 / 口부 / 총 8획

ノ 二 千 禾 禾 和 和 和

- 和睦화목 서로 뜻이 맞고 정다움 ▶睦(화목할 목)
- 和解화해 싸움하던 것을 멈추고 서로 가지고 있던 안 좋은 감정을 풀어 없앰 ▶解(풀 해)
- 和答화답 시나 노래에 응하여 대답함 ▶答(대답 답)
- 和音화음 飽和狀態포화상태 國民和合국민화합 주의 知(알 지)5급

584 話 말씀 화
형성자 / 言부 / 총 13획

丶 ㅗ ㅗ 言 言 言 言 訁 訐 訐 話 話 話

- 話題화제 이야기의 제목, 이야깃거리 ▶題(제목 제)
- 對話대화 마주 대하여 이야기를 주고받음 ▶對(대할 대)
- 偶話우화 두 사람이 서로 마주하여 이야기함 ▶偶(짝 우)
- 童話동화 逸話일화 電話機전화기 千一夜話천일야화

585 貨 재물 화
형성자 / 貝부 / 총 11획

ノ 亻 仁 化 化 貨 貨 貨 貨 貨 貨

- 貨幣화폐 상품 교환 가치의 척도가 되며 그것의 교환을 매개하는 일반화된 수단 ▶幣(비단 폐)
- 通貨통화 유통 수단이나 지불 수단으로서 기능하는 화폐 ▶通(통할 통)
- 鑄貨주화 쇠붙이를 녹여 화폐를 만듦 ▶鑄(쇠불릴 주)
- 寶貨보화 財貨재화 貨物車화물차 外貨獲得외화획득 주의 貸(빌릴 대)3급

금상첨화(錦上添花)

錦(비단 금), 上(위 상), 添(더할 첨), 花(꽃 화)

비단 위에 꽃을 더한다는 뜻으로, 좋은 일에 더욱 좋은 것이 더해짐을 비유적으로 이르는 말이다. 이는 왕안석(王安石)의 칠언율시(七言律詩)에서 처음 등장하였다.

강물은 남원(南苑)으로 흘러 서쪽 언덕으로 기울고 / 바람에 영롱한 이슬은 아름답구나.
문 앞 버드나무는 옛사람 도잠(陶潛)의 집이고, / 우물가 오동나무에 옛 총지(總持)의 집이라.
아름다운 촛대 술잔 속 맑은 술 따라 마시고, / 즐거운 노랫가락 비단 위에 꽃을 더하네.
무릉도원(武陵桃源)에서 대접받으니 / 천원(天元)의 붉은 노을이 아직도 많구나.

《즉사(卽事)》

5급 배정한자

586 회의자 / 田부 / 총 12획
畫 그림 화

　ㄱ ㄱ ㄱ 크 肀 聿 書 書 書 書 畫 畫
- 畫家화가　그림 그리는 것을 직업으로 하는 사람 ▶家(집 가)
- 畫像화상　사람의 얼굴을 그림으로 그린 형상 ▶像(형상 상)
- 壁畫벽화　건물이나 동굴, 무덤 따위의 벽에 그린 그림 ▶壁(벽 벽)
- 錄畫녹화　想像畫상상화　漫畫映畫만화영화　주의 晝(낮 주) 5급

587 형성자 / 心부 / 총 11획
患 근심 환

　丶 ㅁ ㅁ ㅁ 吕 吕 串 串 患 患 患
- 患者환자　병들거나 다쳐서 치료를 받아야 할 사람 ▶者(놈 자)
- 患亂환란　근심과 재앙을 통틀어 이르는 말 ▶亂(어지러울 란)
- 病患병환　'병(病)'의 높임말 ▶病(병 병)
- 老患노환　憂患우환　有備無患유비무환　주의 忠(충성 충) 5급

588 형성자 / 氵(水)부 / 총 9획
活 살 활/물소리 괄

　丶 丶 氵 氵 汁 汗 汗 活 活
- 死活사활　죽기와 살기라는 뜻으로, 어떤 중대한 문제를 비유적으로 이르는 말 ▶死(죽을 사)
- 快活쾌활　명랑하고 활발함 ▶快(쾌할 쾌)
- 復活부활　죽었다가 다시 살아남 ▶復(다시 부)
- 活活괄괄　活力素활력소　生活苦생활고

589 형성자 / 黃부 / 총 12획
黃 누를 황

　一 ㅓ ㅕ ㅕ 뽀 芇 苦 昔 昔 苗 黃 黃
- 黃金황금　누런빛의 금이라는 뜻으로, 금을 다른 금속과 구별하여 이르는 말 ▶金(쇠 금)
- 黃牛황우　누런빛을 띤 소 ▶牛(소 우)
- 黃沙황사　누런 모래 ▶沙(모래 사)
- 黃昏황혼　黃桃황도　朱黃色주황색

590 상형자 / 白부 / 총 9획
皇 임금 황

　丶 ㅓ ㅕ 白 白 白 卓 皇 皇
- 皇帝황제　왕이나 제후를 거느리고 나라를 통치하는 임금을 왕이나 제후와 구별하여 이르는 말 ▶帝(임금 제)
- 皇妃황비　황제의 아내 ▶妃(왕비 비)
- 張皇장황　매우 길고 번거로움 ▶張(베풀 장)
- 皇宮황궁　皇室황실　敎皇교황　皇國史觀황국사관　玉皇上帝옥황상제　주의 星(별 성) 5급

쪽지시험

※ 다음의 뜻을 가진 한자(漢字)는 어느 것입니까?

1　| 근심 |
①忠　②惠　③患　④德　⑤義

2　| 살다 |
①活　②貴　③往　④養　⑤廣

풀이
1 ①忠(충성 충)　②惠(은혜 혜)
　③患(근심 환)　④德(덕 덕)
　⑤義(옳을 의)

2 ①活(살 활)　②貴(귀할 귀)
　③往(갈 왕)　④養(기를 양)
　⑤廣(넓을 광)

답 1. ③ | 2. ①

| 591 상형자 口부 총 6획 | 回 돌아올 회 | 丨 冂 冂 冋 回 回
回復회복 원래의 상태로 돌이키거나 원래의 상태를 되찾음 ▶ 復(돌아올 복)
回想회상 지난 일을 돌이켜 생각함 ▶ 想(생각 상)
回避회피 몸을 숨기고 만나지 아니함 ▶ 避(피할 피)
回答회답　回甲회갑　回顧錄회고록　回轉木馬회전목마 |

| 592 회의자 曰부 총 13획 | 會 모일 회 | 丿 人 △ 亼 亽 令 슮 슮 슮 會 會 會 會
會社회사 상행위 또는 그 밖의 영리 행위를 목적으로 하는 사단 법인 ▶ 社(모일 사)
會議회의 여럿이 모여 의논함 ▶ 議(의논할 의)
會食회식 여러 사람이 모여 함께 음식을 먹음 ▶ 食(밥 식)
會計회계　朝會조회　博覽會박람회　頂上會談정상회담　주의 曾(일찍 증) 4급 |

| 593 회의자 子부 총 7획 | 孝 효도 효 | 一 十 土 耂 耂 孝 孝
孝心효심 효성스러운 마음 ▶ 心(마음 심)
孝行효행 부모를 잘 섬기는 행실 ▶ 行(다닐 행)
孝子효자 부모를 잘 섬기는 아들 ▶ 子(아들 자)
孝女효녀　孝道효도　孝婦효부　忠孝思想충효사상　주의 老(늙을 로) 6급 |

| 594 형성자 女(攵)부 총 10획 | 效 본받을 효 | 丶 亠 亠 六 亥 亥 刻 效 效 效
效果효과 어떤 목적을 지닌 행위에 의하여 드러나는 보람이나 좋은 결과 ▶ 果(과실 과)
效用효용 보람 있게 쓰거나 쓰임 ▶ 用(쓸 용)
效能효능 효험을 나타내는 능력 ▶ 能(능할 능)
無效무효　藥效약효　發效발효　效率的효율적 |

| 595 회의자 彳부 총 9획 | 後 뒤 후 | 丿 彳 彳 彳 疒 爷 径 後 後
後世후세 다음에 오는 세상 ▶ 世(인간 세)
後退후퇴 뒤로 물러남 ▶ 退(물러날 퇴)
後尾후미 뒤쪽의 끝 ▶ 尾(꼬리 미)
後食후식　前後전후　死後사후 |

훈몽자회(訓蒙字會)

訓(가르칠 훈), 蒙(어두울 몽), 字(글자 자), 會(모일 회)

조선 중종 22년(1527년)에 최세진이 지은 한자 학습서로, 목판본 3권 1책의 구성을 가지고 있다. 기존에 간행되었던 천자문과 유합(類合) 등은 일상생활과 거리가 먼 고사(故事)와 추상적인 내용이 많아 어린이들이 한자를 익히기에는 부적당했다. 이를 보충하기 위하여 최세진은 3,360자의 한자를 33항목으로 종류별로 모아서 한글로 음과 뜻을 달았다. 훈몽자회는 일상생활 주변에서 흔히 볼 수 있는 사물에 관한 글자로 되어 있고, 본문 한자를 국역(國譯)한 것 등 국문 보급에도 공이 크다. 특히 이중모음 표기법을 창시한 것, 훈민정음 자모를 27자로 정리한 것 등이 그것이다.

5급 배정한자

596 형성자 | 言부 | 총 10획
訓
가르칠 훈

丶 亠 言 言 言 言 訓 訓

訓練훈련 무술이나 운동 경기 따위에서 기본자세나 동작을 되풀이하여 익힘 ▶練(익힐 련)
訓示훈시 상관이 하관에게 집무상의 주의사항을 일러 보임 ▶示(보일 시)
訓戒훈계 타일러서 잘못이 없도록 주의를 줌 ▶戒(경계할 계)
訓讀훈독 訓長훈장 教訓的교훈적 訓蒙字會훈몽자회

597 회의자 | 亻(人)부 | 총 6획
休
쉴 휴

丿 亻 亻 仁 什 休

休暇휴가 직장·학교·군대 따위의 단체에서, 일정한 기간 동안 쉬는 일 ▶暇(겨를 가)
休業휴업 사업이나 영업, 작업 따위를 일시적으로 중단하고 하루 또는 한동안 쉼 ▶業(업 업)
休講휴강 강의를 하지 않고 쉼 ▶講(익힐 강)
連休연휴 休戰線휴전선 公休日공휴일 [주의] 体(體)의 간체자

598 지사자 | 凵부 | 총 4획
凶
흉할 흉

丿 乂 凶 凶

凶家흉가 사는 사람마다 흉한 일을 당하는 불길한 집 ▶家(집 가)
凶作흉작 농작물의 수확이 평년작을 훨씬 밑도는 일 ▶作(지을 작)
豊凶풍흉 풍년과 흉년 ▶豊(풍년 풍)
凶器흉기 凶測흉측 凶計흉계 凶惡犯흉악범 吉凶禍福길흉화복

599 회의자 | 臼부 | 총 16획
興
일 흥

丶 丿 ⺊ 台 臼 臼 臼 舁 舁 舁 鼡 興 興 興 興 興

興奮흥분 어떤 자극을 받아 감정이 북받쳐 일어남 ▶奮(떨칠 분)
遊興유흥 흥겹게 놂 ▶遊(놀 유)
復興부흥 쇠퇴하였던 것이 다시 일어남 ▶復(다시 부)
餘興여흥 興亡盛衰흥망성쇠 咸興差使함흥차사 [주의] 與(줄 여) 4급

600 회의자 | 巾부 | 총 7획
希
바랄 희

丿 乂 ㄨ 爻 爻 希 希

希望희망 앞일에 대하여 어떤 기대를 가지고 바람 ▶望(바랄 망)
希求희구 바라고 구함 ▶求(구할 구)
希願희원 앞일에 대한 바람 ▶願(원할 원)
希念희념 希慕희모 希幸희행

쪽지시험

상공회의소 한자
5급 3, 4, 5급

※ 다음 한자(漢字)와 뜻이 비슷한 한자는 어느 것입니까?

1 [會]
① 産   ② 社   ③ 習   ④ 約   ⑤ 則

2 [希]
① 市   ② 忘   ③ 喜   ④ 望   ⑤ 作

풀이

1 會(모일 회)
① 産(낳을 산) ② 社(모일 사)
③ 習(익힐 습) ④ 約(맺을 약)
⑤ 則(법칙 칙/곧 즉)

2 希(바랄 희)
① 市(저자 시) ② 忘(잊을 망)
③ 喜(기쁠 희) ④ 望(바랄 망)
⑤ 作(지을 작)

답 1. ② | 2. ④

상공회의소 한자시험 중급 기본서 **3급**

한자 익히기

4급 배정한자(300자)

001 佳 (아름다울 가)
亻(人)부 / 총 8획

- 佳話가화 아름답고 좋은 내용의 이야기 ▶ 話(말씀 화)
- 佳景가경 빼어나게 아름다운 경치 ▶ 景(볕 경)
- 佳宴가연 佳客가객 佳人薄命가인박명 百年佳約백년가약

002 假 (거짓 가)
亻(人)부 / 총 11획

- 假說가설 어떤 사실을 설명하거나 어떤 이론 체계를 연역하기 위하여 설정한 가정 ▶ 說(말씀 설)
- 假面가면 탈 ▶ 面(낯 면)
- 假定가정 假髮가발 假登記가등기 假言判斷가언판단

003 脚 (다리 각)
月(肉)부 / 총 11획

- 脚本각본 연극이나 영화를 만들기 위하여 쓴 글 ▶ 本(근본 본)
- 脚色각색 서사시나 소설 따위의 문학 작품을 희곡이나 시나리오로 고쳐 쓰는 일 ▶ 色(빛 색)
- 脚光각광 橋脚교각 立脚입각

004 看 (볼 간)
目부 / 총 9획

- 看過간과 큰 관심 없이 대강 보아 넘김 ▶ 過(지날 과)
- 看護간호 다쳤거나 앓고 있는 환자나 노약자를 보살펴 돌봄 ▶ 護(보호할 호)
- 看病간병 看板간판 看客간객 走馬看山주마간산

005 渴 (목마를 갈)
氵(水)부 / 총 12획

- 渴症갈증 목이 말라 물을 마시고 싶은 느낌 ▶ 症(증세 증)
- 渴望갈망 간절히 바람 ▶ 望(바랄 망)
- 渴求갈구 간절히 바라며 구함 ▶ 求(구할 구)
- 枯渴고갈 解渴해갈 渴水期갈수기

006 敢 (감히/구태여 감)
攵(攴)부 / 총 12획

- 敢鬪감투 과감히 싸움 ▶ 鬪(싸움 투)
- 敢行감행 과감히 실행함 ▶ 行(다닐 행)
- 果敢과감 과단성이 있고 용감함 ▶ 果(과실 과)
- 敢不生心감불생심 焉敢生心언감생심

007 減 (덜 감)
氵(水)부 / 총 12획

- 減量감량 수량이나 무게를 줄임 ▶ 量(헤아릴 량)
- 減縮감축 덜어서 줄임 ▶ 縮(줄일 축)
- 節減절감 아끼어 줄임 ▶ 節(마디 절)
- 減刑감형 削減삭감 減價償却감가상각

008 甘 (달 감)
甘부 / 총 5획

- 甘酒감주 엿기름을 우린 물에 밥알을 넣어 식혜처럼 삭혀 끓인 음식 ▶ 酒(술 주)
- 甘受감수 책망이나 괴로움 따위를 달갑게 받아들임 ▶ 受(받을 수)
- 甘露酒감로주 甘言利說감언이설 苦盡甘來고진감래

009 甲 (갑옷 갑)
田부 / 총 5획

- 甲家갑가 문벌이 높은 집안 ▶ 家(집 가)
- 還甲환갑 육십갑자의 '갑(甲)'으로 되돌아온다는 뜻으로, 예순 살을 이르는 말 ▶ 還(돌아올 환)
- 甲勤稅갑근세 甲午更張갑오경장 甲骨文字갑골문자

010 講 (욀 강)
言부 / 총 17획

- 講演강연 일정한 주제에 대하여 청중 앞에서 강의 형식으로 말함 ▶ 演(펼 연)
- 講壇강단 강연이나 강의, 설교 따위를 하는 사람이 올라서도록 약간 높게 만든 자리 ▶ 壇(단 단)
- 講座강좌 閉講폐강 講師강사

한자별곡

광견병(狂犬病)
狂(미칠 광), 犬(개 견), 病(병 병)

광견병 바이러스에 의해서 생기는 급성 바이러스성 전염병으로, 물을 두려워하는 증상을 동반하기 때문에 공수병(恐水病)이라고도 한다. 광견병에 걸렸거나 바이러스를 보균한 사람, 짐승 등의 침이나 피에 의해 감염된다. 광견병에 걸리면 고열이 나면서 중추신경 염증으로 전신경련, 음식물을 삼킬 수 없고, 정신 이상, 근육 마비 등의 증상이 생기고 거의 사망하게 된다. 발병 이후에는 사실상 치료 방법이 없지만, 사고 직후 즉각적인 응급처지를 한 경우나 잠복기에 백신을 맞으면 살 가능성이 있다. 잠복기는 물린 부위에 따라 2주에서 2년까지 그 기간이 천차만별이다.

4급 배정한자

011 阝(阜)부 총 9획 降
내릴 강/항복할 항

降等강등 직위의 등급이나 계급이 낮아짐 ▶降(내릴 강)
下降하강 높은 곳에서 아래로 향하여 내려옴 ▶下(아래 하)
降伏항복 投降투항 降雨量강우량 昇降場승강장

012 白부 총 9획 皆
다 개

皆勤개근 학교나 직장 따위에 일정한 기간 동안 하루도 빠짐없이 출석하거나 출근함 ▶勤(부지런할 근)
皆無개무 하나도 없음 ▶無(없을 무)
擧皆거개 거의 모두 ▶擧(들 거)
皆兵主義개병주의 皆旣月蝕개기월식

013 日부 총 7획 更
다시 갱/고칠 경

更新갱신 이미 있던 것을 고쳐 새롭게 함 ▶新(새 신)
更紙경지 지면이 좀 거칠고 품질이 낮은 종이 ▶紙(종이 지)
變更변경 更張경장 更生갱생

014 尸부 총 8획 居
살 거

居處거처 일정하게 자리를 잡고 사는 일 ▶處(곳 처)
居室거실 거처하는 방 ▶室(집 실)
隱居은거 세상을 피하여 숨어서 삶 ▶隱(숨을 은)
居住거주 居住民거주민 獨居老人독거노인

015 工부 총 5획 巨
클 거

巨人거인 몸이 아주 큰 사람 ▶人(사람 인)
巨物거물 세력이나 학문 따위가 뛰어나 사회적으로 영향력이 큰 인물 ▶物(물건 물)
巨富거부 부자 가운데에서도 특히 큰 부자 ▶富(부자 부)
巨額거액 巨金거금 巨視的거시적

016 乙부 총 11획 乾
하늘 건/마를 간

乾性건성 공기 중에서 쉽게 마르는 성질 ▶性(성품 성)
乾達건달 하는 일 없이 빈둥빈둥 놀거나 게으름을 부리는 짓 ▶達(통달할 달)
乾電池건전지 無味乾燥무미건조 乾燥注意報건조주의보

017 土부 총 11획 堅
굳을 견

堅固견고 굳고 단단함 ▶固(굳을 고)
堅實견실 생각이나 태도 따위가 믿음직스럽게 굳고 착실함 ▶實(열매 실)
堅持견지 어떤 견해나 입장 따위를 굳게 지니거나 지킴 ▶持(가질 지)
中堅社員중견사원 堅忍不拔견인불발

018 氵(水)부 총 15획 潔
깨끗할 결

潔白결백 깨끗하고 흼 ▶白(흰 백)
淸潔청결 맑고 깨끗함 ▶淸(맑을 청)
淨潔정결 매우 깨끗하고 깔끔함 ▶淨(깨끗할 정)
不潔불결 純潔순결 高潔고결 淸廉潔白청렴결백

019 广부 총 8획 庚
별 경

同庚동경 육십갑자가 같다는 뜻으로, 같은 나이를 이르는 말 ▶同(한가지 동)
庚方경방 이십사방위의 하나 ▶方(모 방)
庚熱경열 '삼복더위'를 달리 이르는 말 ▶熱(더울 열)
長庚장경 庚戌國恥경술국치

020 耒부 총 10획 耕
밭갈 경

耕作경작 땅을 갈아서 농사를 지음 ▶作(지을 작)
耕田경전 논밭을 갊 ▶田(밭 전)
休耕휴경 부치던 땅을, 농사를 짓지 아니하고 얼마 동안 묵힘 ▶休(쉴 휴)
農耕地농경지 晝耕夜讀주경야독

쪽지시험

※ 다음 한자어(漢字語)와 발음(發音)이 같은 한자어는 어느 것입니까?

1 假定
① 加減 ② 家庭 ③ 佳客 ④ 街販 ⑤ 可能

2 同庚
① 東京 ② 動物 ③ 凍傷 ④ 同情 ⑤ 童話

풀이
1 가정
① 가감 ② 가정 ③ 가객 ④ 가판 ⑤ 가능
2 동경
① 동경 ② 동물 ③ 동상 ④ 동정 ⑤ 동화

답 1.② / 2.①

021 車부 총 14획 — 輕 가벼울 경

- 輕率경솔 말이나 행동이 조심성 없이 가벼움 ▶率(경솔할 솔)
- 輕微경미 가볍고 아주 적어서 대수롭지 아니함 ▶微(작을 미)
- 輕減경감 덜어내어 가볍게 함 ▶減(덜 감)

輕薄경박 輕視경시 輕擧妄動경거망동

022 馬부 총 23획 — 驚 놀랄 경

- 驚異경이 놀랍고 신기하게 여김 ▶異(다를 이)
- 驚歎경탄 몹시 놀라며 감탄함 ▶歎(탄식할 탄)
- 驚起경기 놀라서 일어남 ▶起(일어날 기)

大驚失色대경실색 驚天動地경천동지

023 氵(水)부 총 13획 — 溪 시내 계

- 溪川계천 시내와 내를 아울러 이르는 말 ▶川(내 천)
- 深溪심계 깊은 골짜기 ▶深(깊을 심)
- 溪流계류 산골짜기에 흐르는 시냇물 ▶流(흐를 류)

溪谷계곡 淸溪川청계천

024 八부 총 9획 — 癸 북방/천간 계

- 癸未계미 육십갑자의 스무째 ▶未(아닐 미)
- 癸坐계좌 묏자리나 집터 따위가 계방을 등진 방향 ▶坐(앉을 좌)
- 庚癸경계 군량 ▶庚(별 경)

癸丑日記계축일기 癸亥條約계해조약

025 鳥부 총 21획 — 鷄 닭 계

- 鷄卵계란 닭의 알 ▶卵(알 란)
- 鬪鷄투계 닭싸움 ▶鬪(싸움 투)
- 鷄口계구 닭의 주둥이라는 뜻으로, 작은 단체의 우두머리를 비유적으로 이르는 말 ▶口(입 구)

群鷄一鶴군계일학 鷄卵有骨계란유골

026 ++(艸)부 총 9획 — 苦 괴로울/쓸 고

- 苦痛고통 몸이나 마음의 괴로움과 아픔 ▶痛(아플 통)
- 苦難고난 괴로움과 어려움을 아울러 이르는 말 ▶難(어려울 난)

勞苦노고 苦盡甘來고진감래 苦肉之策고육지책

027 禾부 총 15획 — 穀 곡식 곡

- 穀物곡물 사람의 식량이 되는 쌀, 보리, 콩, 조, 기장, 수수, 밀, 옥수수 따위를 통틀어 이르는 말 ▶物(물건 물)
- 米穀미곡 쌀 ▶米(쌀 미)

穀食곡식 脫穀탈곡 雜穀잡곡

028 口부 총 7획 — 困 곤할 곤

- 困難곤란 사정이 몹시 딱하고 어려움 ▶難(어려울 난)
- 困惑곤혹 곤란한 일을 당하여 어찌할 바를 모름 ▶惑(미혹할 혹)

貧困빈곤 疲困피곤 困境곤경 勞困노곤 困而得之곤이득지

029 土부 총 8획 — 坤 땅 곤

- 坤位곤위 여자의 무덤이나 신주 ▶位(자리 위)
- 坤殿곤전 중궁전 ▶殿(전각 전)
- 坤命곤명 토속 신앙이나 점술에서, 여자가 태어난 해를 이르는 말 ▶命(목숨 명)

坤輿곤여 乾坤건곤

030 門부 총 19획 — 關 빗장 관

- 關聯관련 둘 이상의 사람, 사물, 현상 따위가 서로 관계를 맺어 매여 있음 ▶聯(연이을 련)
- 關門관문 국경이나 요새의 성문 ▶門(문 문)

關契관계 稅關세관 玄關현관 關節炎관절염

한자별곡

상궁지조(傷弓之鳥)

傷(다칠 상), 弓(활 궁), 之(갈 지), 鳥(새 조)

한 번 화살에 맞은 새는 구부러진 나무만 보아도 놀란다는 뜻으로, 한 번 혼이 난 일로 늘 의심과 두려운 마음을 품는 것을 이르는 말이다.

위나라에 활을 잘 쏘는 사람이 왕과 함께 산책을 하다 날아가는 기러기들을 보고 화살을 메기지 않고 시위만 당겼는데 맨 뒤에서 날던 기러기가 놀라 땅에 떨어졌다. 왕이 그 까닭을 묻자, 그는 "이 기러기는 지난날 제가 쏜 화살에 맞아 다친 적이 있는 기러기입니다. 아직 상처가 아물지 않아 맨 뒤에서 겨우 날아가며 슬프게 우는 소리를 듣고 알아보았습니다."라고 대답하였다.

《전국책(戰國策)》

4급 배정한자

031 橋 다리 교
木부 총 16획

橋梁교량 시내나 강을 사람이나 차량이 건널 수 있게 만든 다리 ▶梁(들보 량)
橋脚교각 다리를 받치는 기둥 ▶脚(다리 각)
鐵橋철교 철을 주재료로 하여 놓은 다리 ▶鐵(쇠 철)
板橋판교 假橋가교 漢江大橋한강대교

032 舊 예 구
臼부 총 18획

親舊친구 가깝게 오래 사귄 사람 ▶親(친할 친)
舊面구면 예전부터 알고 있는 처지 ▶面(낯 면)
舊式구식 復舊복구 舊石器구석기 送舊迎新송구영신

033 勸 권할 권
力부 총 20획

勸誘권유 어떤 일 따위를 하도록 권함 ▶誘(꾈 유)
勸告권고 어떤 일을 하도록 권함 ▶告(고할 고)
勸獎권장 권하여 장려함 ▶獎(장려할 장)
勸告辭職권고사직 勸善懲惡권선징악

034 卷 책 권
已(卩)부 총 8획

席卷석권 돗자리를 만다는 뜻으로, 빠른 기세로 영토를 휩쓸거나 세력 범위를 넓힘을 이르는 말 ▶席(자리 석)
壓卷압권 여러 책이나 작품 가운데 제일 잘된 책이나 작품 ▶壓(억누를 압)
手不釋卷수불석권 卷末附錄권말부록

035 歸 돌아갈 귀
止부 총 18획

歸省귀성 부모를 뵙기 위하여 객지에서 고향으로 돌아가거나 돌아옴 ▶省(살필 성)
歸還귀환 다른 곳으로 떠나 있던 사람이 본래 있던 곳으로 돌아오거나 돌아감 ▶還(돌아올 환)
歸鄕귀향 歸農귀농 事必歸正사필귀정

036 均 고를 균
土부 총 7획

均等균등 고르고 가지런하여 차별이 없음 ▶等(무리 등)
均衡균형 어느 한쪽으로 기울거나 치우치지 아니하고 고른 상태 ▶衡(저울대 형)
均一균일 한결같이 고름 ▶一(한 일)
均排균배 平均평균 成均館성균관

037 極 다할 극
木부 총 13획

極盡극진 마음과 힘을 다하여 애를 쓰는 것이 매우 지극함 ▶盡(다할 진)
極讚극찬 매우 칭찬함 ▶讚(기릴 찬)
極致극치 도달할 수 있는 최고의 정취나 경지 ▶致(이를 치)
極端극단 窮極궁극 太極旗태극기

038 及 미칠 급
又부 총 4획

波及파급 어떤 일의 여파나 영향이 차차 다른 데로 미침 ▶波(물결 파)
普及보급 널리 펴서 많은 사람들에게 골고루 미치게 하여 누리게 함 ▶普(넓을 보)
後悔莫及후회막급 壯元及第장원급제

039 急 급할 급
心부 총 9획

急增급증 갑자기 늘어남 ▶增(더할 증)
急減급감 급작스럽게 줄어듦 ▶減(덜 감)
急錢급전 급하게 쓸 돈 ▶錢(돈 전)
急流급류 危急위급 火急화급 救急車구급차

040 給 줄 급
糸부 총 12획

給與급여 돈이나 물품 따위를 줌 ▶與(줄 여)
給食급식 식사를 공급함 ▶食(밥 식)
供給공급 요구나 필요에 따라 물품 따위를 제공함 ▶供(이바지할 공)
發給발급 配給배급 補給路보급로 給油機급유기

쪽지시험

※ 다음 단어들의 □ 안에 공통으로 들어갈 알맞은 한자는 어느 것입니까?

1. 疲□, 貧□, 勞□
   ① 勞 ② 因 ③ 富 ④ 困 ⑤ 取

2. □與, □食, 發□
   ① 重 ② 期 ③ 張 ④ 給 ⑤ 合

풀이
1 疲困(피곤), 貧困(빈곤), 勞困(노곤)
2 給與(급여), 給食(급식), 發給(발급)

답 1. ④ | 2. ④

| 041 幾 몇/기미 기 | 쇼부 총 12획 | 幾日기일 몇 날 ▶日(날 일)
幾微기미 낌새 ▶微(작을 미)
幾回기회 몇 번 ▶回(돌아올 회)
幾何學기하학 幾死之境기사지경 幾何級數기하급수 |

| 042 既 이미 기 | 无부 총 11획 | 既存기존 이미 존재함 ▶存(있을 존)
既婚기혼 이미 결혼함 ▶婚(혼인할 혼)
既往기왕 이미 지나간 이전 ▶往(갈 왕)
既遂기수 이미 일을 끝냄 ▶遂(이룰 수)
既定기정 既得權기득권 既決囚기결수 既往之事기왕지사 |

| 043 暖 따뜻할 난 | 日부 총 13획 | 暖流난류 적도 부근의 저위도 지역에서 고위도 지역으로 흐르는 따뜻한 해류 ▶流(흐를 류)
暖房난방 건물의 안이나 방 안을 따뜻하게 함 ▶房(방 방)
暖冬난동 溫暖化온난화 異常暖冬이상난동 |

| 044 乃 이에 내 | 丿부 총 2획 | 乃後내후 '자손'을 달리 이르는 말 ▶後(뒤 후)
乃至내지 '얼마에서 얼마까지'의 뜻을 나타내는 말 ▶至(이를 지)
終乃종내 끝내 ▶終(마칠 종)
人乃天인내천 骨乃斤停골내근정 |

| 045 怒 성낼 노 | 心부 총 9획 | 憤怒분노 분개하여 몹시 성을 냄 ▶憤(분할 분)
震怒진노 존엄한 존재가 크게 노함 ▶震(우레 진)
怒髮노발 喜怒哀樂희로애락 怒氣衝天노기충천 |

| 046 但 다만 단 | 亻(人)부 총 7획 | 但只단지 다만 ▶只(다만 지)
非但비단 부정하는 말 앞에서 '다만', '오직'의 뜻으로 쓰이는 말 ▶非(아닐 비)
但書단서 법률 조문이나 문서 따위에서, 본문 다음에 그에 대한 어떤 조건이나 예외 따위를 나타내는 글 ▶書(글 서) |

| 047 端 끝 단 | 立부 총 14획 | 端緖단서 어떤 문제를 해결하는 방향으로 이끌어 가는 일의 첫 부분 ▶緖(실마리 서)
弊端폐단 어떤 일이나 행동에서 나타나는 옳지 못한 경향이나 해로운 현상 ▶弊(해질 폐)
尖端첨단 端午단오 末端말단 端末機단말기 |

| 048 當 마땅 당 | 田부 총 13획 | 當番당번 어떤 일을 책임지고 돌보는 차례가 됨 ▶番(차례 번)
當局당국 어떤 일을 직접 맡아 하는 기관 ▶局(판 국)
當落당락 適當적당 妥當性타당성 正當防衛정당방위 |

| 049 待 기다릴 대 | 彳부 총 9획 | 待避대피 위험이나 피해를 입지 않도록 일시적으로 피함 ▶避(피할 피)
招待초대 어떤 모임에 참가해 줄 것을 청함 ▶招(부를 초)
優待우대 待合室대합실 鶴首苦待학수고대 守株待兎수주대토 |

| 050 徒 무리/걸을 도 | 彳부 총 10획 | 徒步도보 탈것을 타지 않고 걸어감 ▶步(걸음 보)
徒衆도중 사람의 무리 ▶衆(무리 중)
暴徒폭도 폭동을 일으키거나 폭동에 가담한 사람의 무리 ▶暴(사나울 폭)
逆徒역도 淸敎徒청교도 無爲徒食무위도식 |

한자별곡

인내천(人乃天)

人(사람 인), 乃(이에 내), 天(하늘 천)

천도교는 조선 말기 최제우가 서학, 천주교에 반대하여 창시한 민족 종교인 동학(東學)을 제3대 교주인 손병희가 개칭한 것으로, 인내천은 이 천도교의 중심 교리이다. 이 교리는 인간을 누구나 평등하게 보고, 근본적으로 귀천이 있을 수 없다고 선언한다. 사람마다 한울님(하느님)을 모시고 있기 때문에 사람 여기기를 한울님과 같이 여겨야 한다는 사인여천(事人如天)이 천도교의 행동 실천요강이다. 자신의 한울님을 모신다는 것은 자신에게 주어져 있는 한울님의 심기(心氣)를 바르게 기름으로써 한때 잃어버렸던 한울님을 되찾아 모시는 것을 의미하는데 이것을 양천주(養天主)라고 한다.

4급 배정한자

| 051 火부 총 16획 **燈** 등잔 등 | 燈油등유 원유 증류 시 150℃에서 280℃ 사이에서 얻어지는 기름 ▶油(기름 유)
燈臺등대 항로 표지의 하나 ▶臺(대 대)
點燈점등 등에 불을 켬 ▶點(점 점)
電燈전등 消燈소등 街路燈가로등 風前燈火풍전등화 | 052 氵(水)부 총 10획 **浪** 물결 랑 | 浪漫낭만 실현성이 적고 매우 정서적이며 이상적으로 사물을 파악하는 심리 상태 ▶漫(퍼질 만)
風浪풍랑 바람과 물결을 아울러 이르는 말 ▶風(바람 풍)
流浪유랑 放浪者방랑자 浮浪輩부랑배 |

| 053 阝(邑)부 총 10획 **郎** 사내 랑 | 新郞신랑 갓 결혼하였거나 결혼하는 남자 ▶新(새 신)
郞君낭군 예전에, 젊은 아내가 자기 남편을 사랑스럽게 이르던 말 ▶君(임금 군)
郎官낭관 侍郞시랑 花郞徒화랑도 白面書郞백면서랑 | 054 冫부 총 10획 **凉** 서늘할 량 | 荒凉황량 황폐하여 거칠고 쓸쓸함 ▶荒(거칠 황)
納凉납량 여름철에 더위를 피하여 서늘한 기운을 느낌 ▶納(바칠 납)
炎凉염량 淸凉里청량리 淸凉飮料청량음료 炎凉世態염량세태 |

| 055 糸부 총 15획 **練** 익힐 련 | 練習연습 학문이나 기예 따위를 익숙하도록 되풀이하여 익힘 ▶習(익힐 습)
熟練숙련 연습을 많이 하여 능숙하게 익힘 ▶熟(익을 숙)
訓練훈련 修練수련 未練미련 | 056 灬(火)부 총 10획 **烈** 매울 렬 | 激烈격렬 말이나 행동이 세차고 사나움 ▶激(격할 격)
極烈극렬 매우 열렬하거나 맹렬함 ▶極(다할 극)
痛烈통렬 猛烈맹렬 烈士열사 烈女門열녀문 |

| 057 頁부 총 14획 **領** 거느릴 령 | 領土영토 국제법에서, 국가의 통치권이 미치는 구역 ▶土(흙 토)
領空영공 영토와 영해 위의 하늘로서, 그 나라의 주권이 미치는 범위 ▶空(빌 공)
領域영역 大統領대통령 橫領횡령 | 058 雨부 총 21획 **露** 이슬 로 | 露骨노골 숨김없이 모두 있는 그대로 드러냄 ▶骨(뼈 골)
暴露폭로 알려지지 않았거나 감춰져 있던 사실을 드러냄 ▶暴(사나울 폭)
露天노천 집채의 바깥 ▶天(하늘 천)
露出노출 甘露水감로수 露宿者노숙자 |

| 059 糸부 총 14획 **綠** 푸를 록 | 綠色녹색 파란색과 노란색의 중간 색 ▶色(빛 색)
綠陰녹음 푸른 잎이 우거진 나무나 수풀 ▶陰(그늘 음)
綠十字녹십자 常綠樹상록수 綠化産業녹화산업 | 060 木부 총 9획 **柳** 버들 류 | 楊柳양류 버드나무 ▶楊(버들 양)
柳眉유미 버들잎 같은 눈썹이란 뜻으로, 미인의 눈썹을 이르는 말 ▶眉(눈썹 미)
細柳세류 세버들 ▶細(가늘 세)
柳綠花紅유록화홍 風前細柳풍전세류 花柳東風화류동풍 |

쪽지시험

※ 다음 성어에서 □ 안에 들어갈 알맞은 한자는 어느 것입니까?

1 | 鶴首苦□ |

① 代　② 對　③ 大　④ 帶　⑤ 待

2 | 風前□火 |

① 登　② 等　③ 燈　④ 證　⑤ 東

풀이

1 鶴首苦待(학수고대) : 학의 목처럼 목을 길게 빼고 간절히 기다림

2 風前燈火(풍전등화) : 바람 앞의 등불이라는 뜻으로, 사물이 매우 위태로운 처지에 놓여 있음을 비유적으로 이르는 말

답 1.⑤ | 2.③

061	亻(人)부 총 10획	倫 인륜 륜	人倫인륜 군신·부자·형제·부부 따위 상하 존비의 인간관계나 질서 ▶人(사람 인) 天倫천륜 부모 형제 사이에서 마땅히 지켜야 할 도리 ▶天(하늘 천) 倫理윤리 五倫오륜 背倫배륜
062	木부 총 7획	李 오얏 리	行李행리 예전에, 말이나 수레 따위에 실은 여러 가지 군대의 전투나 숙영에 따른 물품 ▶行(다닐 행) 桃李도리 복숭아와 자두 ▶桃(복숭아 도) 李舜臣이순신 張三李四장삼이사
063	++(艸)부 총 11획	莫 없을 막	莫重막중 더할 수 없이 중대함 ▶重(무거울 중) 莫强막강 더할 수 없이 셈 ▶强(굳셀 강) 莫大막대 더할 수 없을 만큼 많거나 큼 ▶大(큰 대) 莫上莫下막상막하 後悔莫及후회막급
064	日부 총 11획	晚 늦을 만	晚學만학 나이가 들어 뒤늦게 공부함 ▶學(배울 학) 晚鐘만종 저녁 때 절이나 교회 따위에서 치는 종 ▶鐘(쇠북 종) 晚秋만추 늦가을 ▶秋(가을 추) 早晚間조만간 大器晚成대기만성
065	心부 총 7획	忘 잊을 망	忘却망각 어떤 사실을 잊어버림 ▶却(물리칠 각) 健忘건망 잘 잊어버림 ▶健(굳셀 건) 忘恩망은 은혜를 모르거나 잊음 ▶恩(은혜 은) 勿忘草물망초 刻骨難忘각골난망
066	忄(心)부 총 6획	忙 바쁠 망	奔忙분망 매우 바쁨 ▶奔(달릴 분) 多忙다망 매우 바쁨 ▶多(많을 다) 忙月망월 농사일로 바쁜 달 ▶月(달 월) 閑忙한망 한가로움과 바쁨을 아울러 이르는 말 ▶閑(막을 한) 忙殺망쇄 忙中閑망중한 公私多忙공사다망
067	女부 총 8획	妹 누이 매	妹兄매형 손위 누이의 남편 ▶兄(맏 형) 妹夫매부 손위 누이나 손아래 누이의 남편 ▶夫(지아비 부) 男妹남매 오빠와 누이를 아울러 이르는 말 ▶男(사내 남) 妹弟매제 姉妹자매 祭亡妹歌제망매가
068	貝부 총 12획	買 살 매	買入매입 물품 따위를 사들임 ▶入(들 입) 還買환매 일단 남에게 팔았던 물건을 도로 사들임 ▶還(돌아올 환) 强買강매 강권에 못 이겨 남의 물건을 억지로 삼 ▶强(강할 강) 買受人매수인 買占賣惜매점매석
069	麥부 총 11획	麥 보리 맥	麥雨맥우 보리가 익을 무렵에 오는 비 ▶雨(비 우) 麥飯맥반 보리밥 ▶飯(밥 반) 麥類맥류 보리 종류를 통틀어 이르는 말 ▶類(무리 류) 麥酒맥주 小麥粉소맥분 麥秀之嘆맥수지탄
070	几부 총 7획	免 면할 면	謀免모면 어떤 일이나 책임을 꾀를 써서 벗어남 ▶謀(꾀할 모) 免除면제 책임이나 의무 따위를 면하여 줌 ▶除(덜 제) 免罪符면죄부 免許證면허증 減免稅감면세 免責特權면책특권

한자별곡

조령모개(朝令暮改)

朝(아침 조), 令(하여금 령), 暮(저물 모), 改(고칠 개)

아침에 명령을 내렸다가 저녁에 다시 고친다는 뜻으로, 법령을 자꾸 고쳐서 갈피를 잡기가 어려움을 이르는 말이다. 이와 유사한 뜻을 가진 한자어로는 조변석개(朝變夕改), 작심삼일(作心三日), 고려공사삼일(高麗公事三日) 등이 있다.

홍수와 한발의 재해를 당하는 차에 갑자기 세금이나 부역을 당한다. 이것은 일정한 때도 정해져 있지 않아, 아침에 명을 내리고 저녁에 고친다. 전답이 있는 사람은 반값으로 팔고, 없는 사람은 빚을 내어 10할의 이자를 낸다. 이리하여 농지나 집을 방매(方買)하고, 아들과 손자를 팔아 부채를 갚는 자가 나오게 된다.

《사기(史記)》의 평준서(平準書)

4급 배정한자

071 目부 총 10획 眠 잠잘 면
- 睡眠수면 잠을 자는 일 ▶睡(졸음 수)
- 熟眠숙면 잠이 깊이 듦 ▶熟(익을 숙)
- 休眠휴면 쉬면서 거의 아무런 활동도 하지 아니함 ▶休(쉴 휴)
- 冬眠동면 不眠症불면증 催眠術최면술 高枕安眠고침안면

072 鳥부 총 14획 鳴 울 명
- 鷄鳴계명 닭이 욺 ▶鷄(닭 계)
- 共鳴공명 진동하는 계의 진폭이 급격하게 늘어남 ▶共(한가지 공)
- 耳鳴이명 몸 밖에 음원이 없는데도 잡음이 들리는 병적인 상태 ▶耳(귀 이)
- 悲鳴비명 自鳴鐘자명종 百家爭鳴백가쟁명

073 日부 총 15획 暮 저물 모
- 暮秋모추 늦가을 ▶秋(가을 추)
- 暮色모색 날이 저물어 가는 어스레한 빛 ▶色(빛 색)
- 暮雨모우 저녁 때 내리는 비 ▶雨(비 우)
- 歲暮세모 暮夜모야 朝令暮改조령모개 朝三暮四조삼모사

074 卩부 총 5획 卯 토끼 묘
- 卯時묘시 십이시의 넷째 시 ▶時(때 시)
- 卯酒묘주 아침에 마시는 술 ▶酒(술 주)
- 卯生묘생 묘년에 태어난 사람을 이르는 말 ▶生(날 생)
- 己卯士禍기묘사화 卯坐酉向묘좌유향

075 女부 총 7획 妙 묘할 묘
- 妙策묘책 매우 교묘한 꾀 ▶策(꾀 책)
- 妙手묘수 묘한 기술이나 수 ▶手(손 수)
- 絶妙절묘 비할 데가 없을 만큼 아주 묘함 ▶絶(끊을 절)
- 妙技묘기 妙味묘미 妙案묘안 巧妙교묘 妙年才格묘년재격

076 戈부 총 5획 戊 천간 무
- 戊辰무진 육십갑자의 다섯째 ▶辰(별 진)
- 戊戌變法무술변법 중국 청나라 덕종 때 변법자강을 목표로 일어난 개혁 운동 ▶戊(개 술), 變(변할 변), 法(법 법)
- 戊戌무술 戊辰무진 戊午士禍무오사화 戊午燕行錄무오연행록

077 艹(艸)부 총 9획 茂 무성할 무
- 茂盛무성 풀이나 나무 따위가 자라서 우거져 있음 ▶盛(담을 성)
- 茂林무림 나무가 울창하게 우거진 숲 ▶林(수풀 림)
- 茂才무재 뛰어난 재주 ▶才(재주 재)
- 榮茂영무 松柏之茂송백지무

078 土부 총 15획 墨 먹 묵
- 白墨백묵 칠판에 글씨를 쓰는 필기구 ▶白(흰 백)
- 墨客묵객 먹을 가지고 글씨를 쓰거나 그림을 그리는 사람 ▶客(손 객)
- 墨香묵향 水墨畵수묵화 紙筆硯墨지필연묵 騷人墨客소인묵객 近墨者黑근묵자흑

079 勹부 총 4획 勿 말 물
- 勿論물론 말할 것도 없음 ▶論(논할 론)
- 勿念물념 생각하지 않음 ▶念(생각 념)
- 勿忘草물망초 지칫과의 여러해살이풀 ▶忘(잊을 망), 草(풀 초)
- 勿施물시 勿用물용 勿秘昭示물비소시 勿失好機물실호기

080 尸부 총 7획 尾 꼬리 미
- 尾行미행 다른 사람의 행동을 감시하거나 증거를 잡기 위하여 그 사람 몰래 뒤를 밟음 ▶行(다닐 행)
- 語尾어미 용언 및 서술격 조사가 활용하여 변하는 부분 ▶語(말씀 어)
- 徹頭徹尾철두철미 龍頭蛇尾용두사미

쪽지시험

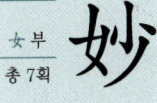

※ 다음 음(音)을 가진 한자는 어느 것입니까?

1 로
① 雲 ② 雪 ③ 霜 ④ 露 ⑤ 雨

2 명
① 鳥 ② 烏 ③ 鳴 ④ 島 ⑤ 唱

풀이
1 ①운 ②설 ③상 ④로 ⑤우
2 ①조 ②오 ③명 ④도 ⑤창

답 1. ④ | 2. ③

081 朴 (木부, 총 6획) 성/소박할 박
- 素朴소박 꾸밈이나 거짓이 없고 수수함 ▶素(흴 소)
- 質朴질박 꾸민 데가 없이 수수함 ▶質(바탕 질)
- 朴忠박충 순박하고 충직함 ▶忠(충성 충)

儉朴검박 素朴實在論소박실재론

082 飯 (食부, 총 13획) 밥 반
- 飯酒반주 밥을 먹을 때에 곁들여서 한두 잔 마시는 술 ▶酒(술 주)
- 飯店반점 중국 음식을 파는 대중적인 음식점 ▶店(가게 점)

白飯백반 茶飯事다반사 十匙一飯십시일반

083 房 (戶부, 총 8획) 방 방
- 冊房책방 서점 ▶冊(책 책)
- 獨房독방 혼자서 쓰는 방 ▶獨(홀로 독)
- 監房감방 교도소에서, 죄수를 가두어 두는 방 ▶監(볼 감)

茶房다방 福德房복덕방 獨守空房독수공방
藥房甘草약방감초 洞房華燭동방화촉

084 杯 (木부, 총 8획) 잔 배
- 祝杯축배 축하하는 뜻으로 마시는 술 ▶祝(빌 축)
- 聖杯성배 신성한 술잔 ▶聖(성인 성)
- 乾杯건배 건강, 행복 따위를 빌면서 서로 술잔을 들어 마심 ▶乾(하늘 건)

苦杯고배 優勝杯우승배 後來三杯후래삼배

085 伐 (亻(人)부, 총 6획) 칠 벌
- 伐草벌초 무덤의 풀을 베어서 깨끗이 함 ▶草(풀 초)
- 伐採벌채 나무를 베어 내거나 섶을 깎아 냄 ▶採(캘 채)

伐木벌목 採伐채벌 討伐토벌 殺伐살벌

086 凡 (几부, 총 3획) 무릇 범
- 凡常범상 중요하게 여길 만하지 않고 예사로움 ▶常(항상 상)
- 凡例범례 일러두기 ▶例(법식 례)
- 凡俗범속 평범하고 속됨 ▶俗(풍속 속)

大凡대범 非凡비범 平凡평범 禮儀凡節예의범절 日用凡百일용범백

087 丙 (一부, 총 5획) 남녘 병
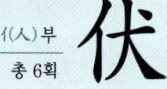
- 丙坐병좌 풍수지리에서, 집터나 묏자리가 병방을 등진 좌향 ▶坐(앉을 좌)
- 丙科병과 조선 시대에, 과거 합격자를 성적에 따라 나누던 세 등급 가운데 셋째 등급 ▶科(과목 과)

丙子胡亂병자호란 甲乙丙丁갑을병정

088 伏 (亻(人)부, 총 6획) 엎드릴 복
- 降伏항복 적이나 상대편의 힘에 눌리어 굴복함 ▶降(항복할 항)
- 屈伏굴복 머리를 숙이고 꿇어 엎드림 ▶屈(굽힐 굴)

埋伏매복 伏兵복병 初伏초복 末伏말복 哀乞伏乞애걸복걸

089 逢 (辶(辵)부, 총 11획) 만날 봉
- 逢變봉변 뜻밖의 변이나 망신스러운 일을 당함 ▶變(변할 변)
- 逢賊봉적 도적을 만남 ▶賊(도둑 적)
- 逢着봉착 어떤 처지나 상태에 부닥침 ▶着(붙을 착)

相逢상봉 逢辱봉욕 逢迎봉영

090 否 (口부, 총 7획) 아닐 부/막힐 비
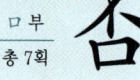
- 否認부인 어떤 내용이나 사실을 옳거나 그러하다고 인정하지 아니함 ▶認(알 인)
- 否運비운 막혀서 어려운 처지에 이른 운수 ▶運(옮길 운)

否定부정 拒否權거부권 曰可曰否왈가왈부

한자별곡

산해진미(山海珍味)

山(뫼 산), 海(바다 해), 珍(보배 진), 味(맛 미)

산과 바다의 산물을 다 갖추어 아주 잘 차린 맛 좋은 음식을 뜻하는 말로, 위응물이 저술한 《장안도시(長安道詩)》에 나온다. 이와 유사한 한자어로는 산진해찬(山珍海饌) · 해륙진미(海陸珍味) 등이 있다. 산해진미는 진식(珍食) · 기식(奇食) · 잔식(殘食)으로 구분된다. 진식은 진기한 음식으로 연와(燕窩; 바다 제비집 요리), 녹근(鹿筋; 사슴 힘줄 요리), 부포(鳧脯; 뜸부기 포) 등이 있다. 기식은 기이한 음식으로 타봉(駝峰; 낙타 혹 요리), 은이(銀耳; 버섯의 일종) 등이 있다. 잔식은 잔인한 음식으로 성순(猩脣; 고릴라 입술 요리), 후뇌(猴腦; 원숭이 뇌 요리), 웅장(熊掌; 곰 발바닥 요리) 등이 있다.

4급 배정한자

091 扌(手)부 총 7획 — 扶 / 도울 부
- 扶持부지 상당히 어렵게 보존하거나 유지하여 나감 ▶持(가질 지)
- 扶養부양 생활 능력이 없는 사람의 생활을 돌봄 ▶養(기를 양)
- 協扶협부 扶助金부조금 相扶相助상부상조
- 僅僅扶持근근부지

092 氵(水)부 총 10획 — 浮 / 뜰 부
- 浮揚부양 가라앉은 것이 떠오름 ▶揚(날릴 양)
- 浮力부력 기체나 액체 속에 있는 물체가 그 물체에 작용하는 압력에 의하여, 중력에 반하여 위로 뜨려는 힘 ▶力(힘 력)
- 浮漂부표 浮刻부각 浮沈부침 浮動票부동표

093 阝(邑)부 총 11획 — 部 / 떼 부
- 部落부락 시골에서 여러 민가가 모여 이룬 마을 ▶落(떨어질 락)
- 部署부서 조직 따위에서 일이나 사업의 체계에 따라 나뉘어 있는, 사무의 각 부문 ▶署(관청 서)
- 大部分대부분 軍部隊군부대 部族부족

094 亻(人)부 총 7획 — 佛 / 부처 불
- 佛敎불교 기원전 5세기경 인도의 석가모니가 창시한 후 동양 여러 나라에 전파된 종교 ▶敎(가르칠 교)
- 佛經불경 불교의 교리를 밝혀 놓은 전적을 통틀어 이르는 말 ▶經(글 경)
- 佛家불가 佛供불공 佛紀불기 佛國寺불국사

095 月부 총 8획 — 朋 / 벗 붕
- 朋友붕우 벗 ▶友(벗 우)
- 佳朋가붕 좋은 벗 ▶佳(아름다울 가)
- 朋黨붕당 중국의 후한·당나라·송나라 때에 발생한 정치적 당파 ▶黨(무리 당)
- 朋友有信붕우유신 朋友責善붕우책선 同門爲朋동문위붕

096 心부 총 12획 — 悲 / 슬플 비
- 悲劇비극 슬프고 애달픈 일을 당하여 불행한 경우를 이르는 말 ▶劇(심할 극)
- 悲慘비참 더할 수 없이 슬프고 끔찍함 ▶慘(참혹할 참)
- 悲歌비가 悲悼비도 悲鳴비명

097 鼻부 총 14획 — 鼻 / 코 비
- 鼻音비음 코가 막힌 듯이 내는 소리 ▶音(소리 음)
- 鼻炎비염 콧속 점막에 생기는 염증을 통틀어 이르는 말 ▶炎(불꽃 염)
- 高鼻고비 우뚝 솟은 코 ▶高(높을 고)
- 鼻孔비공 耳目口鼻이목구비 吾鼻三尺오비삼척

098 貝부 총 11획 — 貧 / 가난할 빈
- 貧富빈부 가난함과 부유함 ▶富(부자 부)
- 貧窮빈궁 가난하고 궁색함 ▶窮(다할 궁)
- 貧困빈곤 가난하여 살기가 어려움 ▶困(곤할 곤)
- 貧弱빈약 貧血빈혈 極貧극빈 貧民街빈민가

099 言부 총 17획 — 謝 / 사례할 사
- 謝過사과 자기의 잘못을 인정하고 용서를 빎 ▶過(허물 과)
- 謝罪사죄 지은 죄나 잘못에 대하여 용서를 빎 ▶罪(허물 죄)
- 感謝감사 謝禮사례 謝恩會사은회 秋收感謝節추수감사절

100 舍부 총 8획 — 舍 / 집 사
- 舍廊사랑 집의 안채와 떨어져 있는, 바깥주인이 거처하며 손님을 접대하는 곳 ▶廊(행랑 랑)
- 舍監사감 기숙사에서 기숙생들의 생활을 지도하고 감독하는 사람 ▶監(볼 감)
- 舍宅사택 廳舍청사 官舍관사 寄宿舍기숙사

쪽지시험

※ 다음 한자(漢字)와 음(音)이 같은 한자는 어느 것입니까?

1. 未
   ① 末 ② 本 ③ 米 ④ 朱 ⑤ 先

2. 浮
   ① 婦 ② 落 ③ 滿 ④ 雄 ⑤ 奉

풀이
1 未(아닐 미)
 ① 말 ② 본 ③ 미 ④ 주 ⑤ 선
2 浮(뜰 부)
 ① 부 ② 락 ③ 만 ④ 웅 ⑤ 봉

답 1. ③ | 2. ①

101 己부 총 3획 **巳** 뱀 사	上巳상사 삼짇날 ▶上(위 상) 巳生사생 뱀의 해에 태어난 사람을 이르는 말 ▶生(날 생) 巳月사월 巳時사시 乙巳條約을사조약 乙巳士禍기사사화 乙巳士禍을사사화	102 禾부 총 7획 **私** 사사로울 사	私談사담 사사로이 이야기함 ▶談(말씀 담) 私見사견 자기 개인의 생각이나 의견 ▶見(볼 견) 私債사채 개인이 사사로이 진 빚 ▶債(빚 채) 私腹사복 私利私慾사리사욕 私設團體사설단체
103 糸부 총 12획 **絲** 실 사	鐵絲철사 쇠로 만든 가는 줄 ▶鐵(쇠 철) 生絲생사 삶아서 익히지 아니한 명주실 ▶生(날 생) 絹絲견사 깁이나 비단을 짜는 명주실 ▶絹(비단 견) 原絲원사 綿絲면사 一絲不亂일사불란	104 攵(攴)부 총 12획 **散** 흩을 산	散漫산만 어수선하여 질서나 통일성이 없음 ▶漫(퍼질 만) 散策산책 휴식을 취하거나 건강을 위해서 천천히 걷는 일 ▶策(꾀 책) 散在산재 散文산문 分散분산 擴散확산 閑散한산 離合集散이합집산
105 亻(人)부 총 13획 **傷** 다칠 상	傷處상처 몸을 다쳐서 부상을 입은 자리 ▶處(곳 처) 負傷부상 몸에 상처를 입음 ▶負(질 부) 凍傷동상 損傷손상 殺傷살상 致命傷치명상 感傷的감상적 傷害保險상해보험	106 口부 총 12획 **喪** 잃을 상	喪失상실 어떤 사람과 관계가 끊어지거나 헤어지게 됨 ▶失(잃을 실) 喪心상심 근심 걱정으로 맥이 빠지고 마음이 산란하여짐 ▶心(마음 심) 喪服상복 喪妻상처 喪家상가 問喪문상 冠婚喪祭관혼상제
107 巾부 총 11획 **常** 항상 상	定常정상 일정하여 늘 한결같음 ▶定(정할 정) 非常비상 뜻밖의 긴급한 사태 ▶非(아닐 비) 常識상식 사람들이 보통 알고 있거나 알아야 하는 지식 ▶識(알 식) 常習犯상습범 人之常情인지상정 一般常識일반상식	108 雨부 총 17획 **霜** 서리 상	霜露상로 서리와 이슬을 아울러 이르는 말 ▶露(이슬 로) 風霜풍상 바람과 서리를 아울러 이르는 말 ▶風(바람 풍) 霜信상신 秋霜추상 雪上加霜설상가상 傲霜孤節오상고절
109 日부 총 13획 **暑** 더울 서	處暑처서 이십사절기의 하나 ▶處(곳 처) 伏暑복서 복날의 더위 ▶伏(엎드릴 복) 向暑향서 더운 쪽으로 향한다는 뜻으로, 차차 더워짐을 이르는 말 ▶向(향할 향) 大暑대서 小暑소서 避暑地피서지 病風傷暑병풍상서 寒來暑往한래서왕	110 忄(心)부 총 11획 **惜** 아낄 석	惜敗석패 경기나 경쟁에서 약간의 점수 차이로 아깝게 짐 ▶敗(패할 패) 惜別석별 서로 애틋하게 이별함 ▶別(이별할 별) 哀惜애석 슬프고 아까움 ▶哀(슬플 애) 買占賣惜매점매석 愛之惜之애지석지

한자별곡

낙락장송(落落長松)
落(떨어질 락), 落(떨어질 락), 長(길 장), 松(소나무 송)

가지가 아래로 축축 늘어진 키 큰 소나무를 말하는데, 주로 문학 작품에서 권력에 굴하지 않는 지조나 절개를 상징하는 소재로 쓰인다.

《성삼문의 시조》
이 몸이 죽어 가서 무엇이 될고 하니,
봉래산 제일봉에 낙락장송 되었다가,
백설이 만건곤할 제 독야청청하리라.

《유응부의 시조》
간밤에 부던 바람 눈서리 치단 말가
낙락장송이 다 기울어지단 말가
하물며 못다 핀 꽃이야 일러 무삼하리요.

4급 배정한자

111 昔 (日부, 총 8획) 예 석
- 昔日석일 옛적 ▶日(날 일)
- 昔年석년 여러 해 전 ▶年(해 년)
- 昔人석인 고인 ▶人(사람 인)
- 昔歲석세 지난 해 ▶歲(해 세)
- 今昔之感금석지감 宿昔之憂숙석지우 非今非昔비금비석 憶昔當年억석당년

112 舌 (舌부, 총 6획) 혀 설
- 毒舌독설 남을 해치거나 비방하는 모질고 악독스러운 말 ▶毒(독 독)
- 言舌언설 옳고 그른 것을 가려 설명함 ▶言(말씀 언)
- 舌端音설단음 口舌數구설수 長廣舌장광설 金舌蔽口금설폐구

113 盛 (皿부, 총 12획) 성할 성
- 盛大성대 행사의 규모 따위가 풍성하고 큼 ▶大(큰 대)
- 盛況성황 모임 따위에 사람이 많이 모여 활기에 찬 분위기 ▶況(하물며 황)
- 盛行성행 强盛강성 盛需期성수기 全盛時代전성시대 興亡盛衰흥망성쇠

114 聖 (口부, 총 13획) 성인 성
- 聖經성경 종교상 신앙의 최고 법전이 되는 책 ▶經(글 경)
- 聖堂성당 천주교의 종교의식이 행해지는 집 ▶堂(집 당)
- 聖賢성현 聖人君子성인군자 太平聖代태평성대

115 稅 (禾부, 총 12획) 세금 세
- 租稅조세 국가, 지자체가 필요 경비를 위하여 국민, 주민으로부터 거두어들이는 금전 ▶租(조세 조)
- 稅務세무 세금을 매기고 거두어들이는 일에 관한 사무 ▶務(힘쓸 무)
- 相續稅상속세 讓渡稅양도세 納稅義務납세의무

116 細 (糸부, 총 11획) 가늘 세
- 細胞세포 생물체를 이루는 기본 단위 ▶胞(세포 포)
- 微細미세 분간하기 어려울 만큼 매우 작음 ▶微(작을 미)
- 詳細상세 낱낱이 자세함 ▶詳(자세할 상)
- 毛細血管모세혈관

117 笑 (竹부, 총 10획) 웃음 소
- 談笑담소 우스운 이야기 ▶談(말씀 담)
- 微笑미소 소리 없이 빙긋이 웃음 ▶微(작을 미)
- 苦笑고소 拍掌大笑박장대소 破顔大笑파안대소

118 續 (糸부, 총 21획) 이을 속
- 相續상속 다음 차례에 이어 주거나 이어 받음 ▶相(서로 상)
- 勤續근속 한 일자리에서 계속 근무함 ▶勤(부지런할 근)
- 繼續계속 接續접속 連屬연속 持續지속 存續존속 續編속편

119 松 (木부, 총 8획) 소나무 송
- 松蟲송충 솔나방의 애벌레 ▶蟲(벌레 충)
- 松林송림 솔숲 ▶林(수풀 림)
- 松竹송죽 소나무와 대나무를 아울러 이르는 말 ▶竹(대 죽)
- 老松노송 늙은 소나무 ▶老(늙을 로)
- 赤松적송 落落長松낙락장송

120 修 (亻(人)부, 총 10획) 닦을 수
- 修養수양 몸과 마음을 갈고 닦아 품성이나 지식, 도덕 따위를 높은 경지로 끌어 올림 ▶養(기를 양)
- 修練수련 인격, 기술, 학문 따위를 닦아서 단련함 ▶練(익힐 련)
- 修道僧수도승 修飾語수식어 修身齊家수신제가

쪽지시험

※ 다음의 뜻을 가진 한자(漢字)는 어느 것입니까?

1 | 다치다 |
① 商 ② 賞 ③ 傷 ④ 像 ⑤ 佛

2 | 가늘다 |
① 細 ② 給 ③ 約 ④ 紙 ⑤ 重

풀이
1 ① 商(장사 상) ② 賞(상줄 상)
  ③ 傷(다칠 상) ④ 像(형상 상)
  ⑤ 佛(부처 불)
2 ① 細(가늘 세) ② 給(줄 급)
  ③ 約(맺을 약) ④ 紙(종이 지)
  ⑤ 重(무거울 중)

답 1.③ | 2.①

121	壽		
士부 총 14획	목숨 수	壽命수명 생물이 살아 있는 연한 ▶命(목숨 명) 長壽장수 오래도록 삶 ▶長(길 장) 天壽천수 타고난 수명 ▶天(하늘 천) 喜壽희수 十年減壽십년감수 無病長壽무병장수 壽則多辱수즉다욕	

122	愁		
心부 총 13획	근심 수	愁心수심 매우 근심함 ▶心(마음 심) 愁苦수고 근심과 걱정으로 괴로워함 ▶苦(괴로워할 고) 鄕愁향수 고향을 그리워하는 마음이나 시름 ▶鄕(시골 향) 憂愁우수 哀愁애수 鄕愁病향수병	

123	樹		
木부 총 16획	나무/세울 수	樹林수림 나무숲 ▶林(수풀 림) 樹種수종 나무의 종류나 종자 ▶種(씨 종) 果樹園과수원 과실나무를 심은 밭 ▶果(과실 과), 園(동산 원) 街路樹가로수 月桂樹월계수 樹木園수목원 樹立수립	

124	秀		
禾부 총 7획	빼어날 수	優秀우수 여럿 가운데 뛰어남 ▶優(넉넉할 우) 俊秀준수 재주와 슬기, 풍채가 빼어남 ▶俊(준걸 준) 秀才수재 뛰어난 재주 ▶才(재주 재) 秀麗수려 最優秀최우수 麥秀之嘆맥수지탄	

125	誰		
言부 총 15획	누구 수	誰何수하 어떤 사람. 어느 누구 ▶何(어찌 하) 誰某수모 '아무개'를 문어적으로 이르는 말 ▶某(아무 모) 誰怨誰咎수원수구	

126	雖		
隹부 총 17획	비록 수	雖然수연 그렇지만 ▶然(그러할 연) 形體雖異素受一血형체수이소수일혈 형상과 몸은 비록 다르나 본래 한 핏줄기를 이어 받았음 ▶形(모양 형), 體(몸 체), 異(다를 이), 素(본디 소), 受(받을 수), 一(한 일), 血(피 혈) 骨肉雖分本出一氣골육수분본출일기	

127	須		
頁부 총 12획	모름지기 수	必須필수 꼭 있어야 하거나 하여야 함 ▶必(반드시 필) 須要수요 꼭 요구되는 바가 있음 ▶要(요긴할 요) 必須科目필수과목 不須多言불수다언 童蒙須知동몽수지 公須副正공수부정	

128	叔		
又부 총 8획	아재비 숙	叔父숙부 작은아버지 ▶父(아비 부) 堂叔당숙 아버지의 사촌 형제로 오촌이 되는 관계 ▶堂(집 당) 叔姪숙질 아저씨와 조카를 아울러 이르는 말 ▶姪(조카 질) 外叔외숙 外叔母외숙모 伯仲叔季백중숙계	

129	宿		
宀부 총 11획	잘 숙/별자리 수	宿泊숙박 여관이나 호텔 따위에서 잠을 자고 머무름 ▶泊(배댈 박) 露宿노숙 한뎃잠 ▶露(이슬 로) 下宿하숙 星宿성수 寄宿舍기숙사 宿食提供숙식제공	

130	淑		
氵(水)부 총 11획	맑을 숙	淑女숙녀 교양과 예의와 품격을 갖춘 현숙한 여자 ▶女(계집 녀) 淑妃숙비 고려 초기에 비와 빈에게 주던 정일품 내명부의 품계 ▶妃(왕비 비) 貞淑정숙 私淑사숙 窈窕淑女요조숙녀 淑英娘子傳숙영낭자전	

천신만고(千辛萬苦)

千(일천 천), 辛(매울 신), 萬(일만 만), 苦(쓸 고)

천 가지 매운 것과 만 가지 쓴 것이라는 뜻으로, 온갖 어려운 고비를 다 겪으며 심하게 고생함을 이르는 말이다. 여기서 '천'과 '만'은 아주 많음을 뜻하는 상징적 숫자이고, 맵다는 뜻의 '신'과 괴롭다는 뜻의 '고'는 모두 수고롭다는 뜻이다.

"전해 내려오는 경문(經文)에 이르기를, 부모가 자식을 낳아 돌보고 기르는 것이 천신만고이니, 추위도 애가 우는 소리도 결코 꺼리지 않는다." 즉, 부모가 자식을 낳아 돌보고 길러 자라게 하는 것이 이처럼 천신만고의 고생인데 결코 그 수고로움을 마다하지 않으니, 부모의 은혜가 그만큼 크고 무겁다는 것을 의미한다.

《둔황문헌(敦煌文獻)》

4급 배정한자

131 糸부 총 10획 **純** 순수할 순
- 純潔순결 잡된 것이 섞이지 아니하고 깨끗함 ▶潔(깨끗할 결)
- 純眞순진 마음이 꾸밈이 없고 순박함 ▶眞(참 진)
- 純情순정 純金순금 淸純청순 單純단순 不純불순 至高至純지고지순

132 戈부 총 6획 **戌** 개 술
- 壬戌임술 육십갑자의 쉰아홉째 ▶壬(북방 임)
- 戌生술생 개의 해에 태어난 사람을 이르는 말 ▶生(날 생)
- 庚戌경술 甲戌갑술 庚戌國恥경술국치

133 山부 총 11획 **崇** 높을 숭
- 崇仰숭앙 공경하여 우러러 봄 ▶仰(우러를 앙)
- 崇嚴숭엄 높고 고상하며 범할 수 없을 정도로 엄숙함 ▶嚴(엄할 엄)
- 崇尙숭상 崇高숭고 祖上崇拜조상숭배 崇儒抑佛숭유억불 敬神崇祖경신숭조

134 扌(手)부 총 9획 **拾** 주울 습/열 십
- 拾得습득 주워서 얻음 ▶得(얻을 득)
- 收拾수습 흩어진 재산이나 물건을 거두어 정돈함 ▶收(거둘 수)
- 拾億십억 억(億)의 열 배 ▶億(억 억)
- 拾骨습골 拾集습집 道不拾遺도불습유

135 /부 총 10획 **乘** 탈 승
- 乘車승차 차를 탐 ▶車(수레 차)
- 乘馬승마 말을 탐 ▶馬(말 마)
- 搭乘탑승 배나 비행기, 차 따위에 올라탐 ▶搭(탈 탑)
- 同乘동승 便乘편승 乘用車승용차 加減乘除가감승제 百乘之家백승지가

136 手부 총 8획 **承** 이을 승
- 承繼승계 조상의 전통이나 문화유산, 업적 따위를 물려받아 이어 나감 ▶繼(이을 계)
- 承諾승낙 청하는 바를 들어줌 ▶諾(허락할 락)
- 承服승복 납득하여 따름 ▶服(복종할 복)
- 承認승인 傳承전승 起承轉結기승전결

137 言부 총 13획 **試** 시험할 시
- 試驗시험 재능이나 실력 따위를 일정한 절차에 따라 검사하고 평가하는 일 ▶驗(시험할 험)
- 試圖시도 어떤 것을 이루어 보려고 계획하거나 행동함 ▶圖(그림 도)
- 外務考試외무고시 入試地獄입시지옥

138 田부 총 5획 **申** 납 신
- 申請신청 단체나 기관에 어떠한 일이나 물건을 알려 청구함 ▶請(청할 청)
- 申聞신문 사정이나 형편 따위를 상부에 보고함 ▶聞(들을 문)
- 申申當付신신당부 內申成績내신성적

139 辛부 총 7획 **辛** 매울 신
- 辛苦신고 어려운 일을 당하여 몹시 애씀 ▶苦(쓸 고)
- 辛勝신승 경기 따위에서 힘들게 겨우 이김 ▶勝(이길 승)
- 悲辛비신 辛辣신랄 香辛料향신료

140 氵(水)부 총 11획 **深** 깊을 심
- 深海심해 깊은 바다 ▶海(바다 해)
- 深夜심야 깊은 밤 ▶夜(밤 야)
- 水深수심 강이나 바다, 호수 따위의 물의 깊이 ▶水(물 수)
- 深刻심각 深層分析심층분석 深思熟考심사숙고

쪽지시험

※ 다음 한자(漢字)와 뜻이 비슷한 한자는 어느 것입니까?

1 淑
① 貯 ② 河 ③ 油 ④ 沈 ⑤ 淸

2 承
① 斷 ② 屬 ③ 乘 ④ 續 ⑤ 速

풀이

1 淑(맑을 숙)
① 貯(쌓을 저) ② 河(물 하)
③ 油(기름 유) ④ 沈(잠길 침)
⑤ 淸(맑을 청)

2 承(이을 승)
① 斷(끊을 단) ② 屬(무리 속)
③ 乘(탈 승) ④ 續(이을 속)
⑤ 速(빠를 속)

답 1. ⑤ | 2. ④

141 甘부 총 9획 甚 심할 심	甚難심난 매우 어려움 ▶難(어려울 난) 甚深심심 하는 일이 없어 지루하고 재미가 없음 ▶深(깊을 심) 甚惡심악 몹시 나쁨 ▶惡(악할 악) 極甚극심 激甚격심 莫甚막심 甚至於심지어 莫此爲甚막차위심	142 戈부 총 7획 我 나 아	自我자아 자기 자신에 대한 의식이나 관념 ▶自(스스로 자) 我軍아군 우리 편 군대 ▶軍(군사 군) 沒我몰아 자기를 잊고 있는 상태 ▶沒(빠질 몰) 唯我獨尊유아독존 我田引水아전인수
143 心부 총 12획 惡 악할 악/미워할 오	惡黨악당 악한 사람의 무리 ▶黨(무리 당) 惡漢악한 악독한 짓을 하는 사람 ▶漢(사내 한) 惡緣악연 나쁜 일을 하도록 유혹하는 주위의 환경 ▶緣(인연 연) 惡臭악취 惡寒오한 憎惡증오	144 目부 총 11획 眼 눈 안	眼鏡안경 시력이 나쁜 눈을 잘 보이게 하기 위하여 눈에 쓰는 물건 ▶鏡(거울 경) 眼科안과 눈에 관계된 질환을 연구하고 치료하는 의학의 한 분과 ▶科(과목 과) 眼目안목 사물을 보고 분별하는 견식 ▶目(눈 목) 肉眼육안 血眼혈안 千里眼천리안
145 頁부 총 18획 顔 낯 안	顔面안면 얼굴 ▶面(낯 면) 顔色안색 얼굴빛 ▶色(빛 색) 無顔무안 수줍거나 창피하여 볼 낯이 없음 ▶無(없을 무) 童顔동안 厚顔無恥후안무치 破顔大笑파안대소 隔歲顔面격세안면	146 山부 총 23획 巖 바위 암	巖石암석 지각을 구성하고 있는 단단한 물질 ▶石(돌 석) 巖盤암반 다른 바위 속으로 돌입하여 불규칙하게 굳어진 큰 바위 ▶盤(소반 반) 巖壁암벽 玄武巖현무암 奇巖怪石기암괴석
147 日부 총 13획 暗 어두울 암	暗誦암송 글을 보지 아니하고 입으로 욈 ▶誦(욀 송) 暗算암산 필기도구, 계산기, 수판 따위를 이용하지 아니하고 머릿속으로 계산함 ▶算(셈 산) 暗示암시 暗記力암기력 暗行御史암행어사	148 亻(人)부 총 6획 仰 우러를 앙	信仰신앙 믿고 받드는 일 ▶信(믿을 신) 仰望앙망 자기의 요구나 희망이 실현되기를 우러러 바람 ▶望(바랄 망) 渴仰갈앙 매우 동경하고 사모함 ▶渴(목마를 갈) 仰騰앙등 推仰추앙 仰天大笑앙천대소
149 口부 총 9획 哀 슬플 애	哀愁애수 마음을 서글프게 하는 슬픈 시름 ▶愁(근심 수) 哀願애원 소원이나 요구 따위를 들어 달라고 애처롭게 사정하여 간절히 바람 ▶願(원할 원) 哀痛애통 哀歡애환 喜怒哀樂희로애락	150 乙부 총 3획 也 어조사 야	必也필야 사물의 관련이나 일의 결과가 반드시 그렇게 됨 ▶必(반드시 필) 或也혹야 그러할 리는 없지만 만일에 ▶或(혹 혹) 大也대야 及其也급기야 言則是也언즉시야 獨也靑靑독야청청

반야심경(般若心經)

般(일반 반), 若(반야 야), 心(마음 심), 經(글 경)

대승 불교의 반야 사상의 핵심을 담은 경전으로 우리나라에서 가장 널리 독송되는 불경이다. 정식 명칭은 《반야바라밀다경》으로, 수백 년에 걸쳐 편찬된 반야 경전의 중심 사상을 2백 60자로 함축시켜 서술한 경으로 불교의 모든 경전 가운데 가장 짧은 책이다. 관자재보살이 반야행을 통해 나타나는 법의 모습을 단계적으로 서술하고 있는데, 불교의 기초적인 법문인 오온(五蘊)・12처(十二處)・18계(十八界)가 모두 공(空)하며, 12연기 또한 공하며, 4가지 진리 또한 공하다고 하여 모든 법의 공한 이치를 나타내었다. 모두 14행의 짧은 경전이나 반야경의 핵심을 운율에 맞게 잘 정리하여 동아시아 여러 나라에서 널리 유통되고 있다.

4급 배정한자

151 揚 (扌(手)부, 총 12획) 날릴 양
讚揚찬양 아름답고 훌륭함을 크게 기리고 드러냄 ▶讚(기릴 찬)
止揚지양 더 높은 단계로 오르기 위하여 어떠한 것을 하지 아니함 ▶止(그칠 지)
浮揚부양 高揚고양 揚水機양수기 意氣揚揚의기양양 立身揚名입신양명

152 讓 (言부, 총 24획) 사양할 양
讓步양보 길이나 자리, 물건 따위를 사양하여 남에게 미루어 줌 ▶步(걸음 보)
辭讓사양 겸손하여 받지 아니하거나 응하지 아니함 ▶辭(사양할 사)
讓受양수 分讓분양 讓位양위 交讓교양 讓渡稅양도세 謙讓之德겸양지덕

153 於 (方부, 총 8획) 어조사 어/탄식할 오
於焉어언 어느덧, 어느새 ▶焉(어찌 언)
於此彼어차피 이렇게 하든지 저렇게 하든지 ▶此(이 차), 彼(저 피)
於中間어중간 거의 중간쯤 되는 곳 ▶中(가운데 중), 間(사이 간)
甚至於심지어 仰不愧於天앙불괴어천

154 億 (亻(人)부, 총 15획) 억 억
億臺억대 억으로 헤아릴 만큼 많음 ▶臺(대 대)
億丈억장 썩 높은 것 ▶丈(길이 장)
億庶억서 많은 백성 ▶庶(여러 서)
億丈之城억장지성 億萬長者억만장자 億萬之衆억만지중

155 憶 (忄(心)부, 총 16획) 생각할 억
追憶추억 지나간 일을 돌이켜 생각함 ▶追(쫓을 추)
憶念억념 마음속에 단단히 기억하여 잊지 아니함 ▶念(생각 념)
記憶기억 回憶회억 記憶力기억력

156 嚴 (口부, 총 20획) 엄할 엄
嚴肅엄숙 분위기나 의식 따위가 장엄하고 정숙함 ▶肅(엄숙할 숙)
尊嚴존엄 인물이나 지위 따위가 감히 범할 수 없을 정도로 높고 엄숙함 ▶尊(높을 존)
嚴正엄정 嚴格엄격 嚴選엄선 謹嚴근엄 戒嚴令계엄령 嚴冬雪寒엄동설한

157 餘 (食부, 총 16획) 남을 여
餘生여생 앞으로 남은 인생 ▶生(날 생)
餘白여백 종이 따위에, 글씨를 쓰거나 그림을 그리고 남은 빈 자리 ▶白(흰 백)
餘韻여운 아직 가시지 않고 남아 있는 운치 ▶韻(운 운)
餘興여흥 殘餘잔여 窮餘之策궁여지책

158 與 (臼부, 총 14획) 더불/줄 여
與否여부 그러함과 그러하지 아니함 ▶否(아닐 부)
與黨여당 정당 정치에서, 현재 정권을 잡고 있는 정당 ▶黨(무리 당)
參與참여 關與관여 與件여건 賞與金상여금

159 余 (人부, 총 7획) 나 여
余等여등 우리들 ▶等(무리 등)
余輩여배 우리 무리 ▶輩(무리 배)
余月여월 음력 4월 ▶月(달 월)
余那山여나산

160 如 (女부, 총 6획) 같을 여
如此여차 일이 뜻대로 되지 아니함 ▶此(이 차)
缺如결여 마땅히 있어야 할 것이 빠져서 없거나 모자람 ▶缺(이지러질 결)
如前여전 전과 같음 ▶前(앞 전)
如意珠여의주 如何間여하간 如反掌여반장

쪽지시험

※ 다음 한자어(漢字語)와 발음(發音)이 같은 한자어는 어느 것입니까?

1 　　　　　辭讓　　　　　
① 海洋　② 斜陽　③ 扶養　④ 讚揚　⑤ 舍廊

2 　　　　　高揚　　　　　
① 傳記　② 定期　③ 苦讓　④ 容器　⑤ 考察

풀이

1 사양
① 해양　② 사양　③ 부양　④ 찬양　⑤ 사랑

2 고양
① 전기　② 정기　③ 고양　④ 용기　⑤ 고찰

답 1. ②｜2. ③

161 氵(水) 부 총 6획	汝 너 여	汝等여등 '너희'를 문어적으로 이르는 말 ▶等(무리 등) 汝矣島여의도 서울특별시 영등포구에 속한, 한강 가운데 있는 섬 ▶矣(어조사 의), 島(섬 도) 汝出不還登高望之여출불환등고망지
162 亠 부 총 6획	亦 또 역	亦是역시 또한 ▶是(옳을 시) 亦然역연 또한 그러함 ▶然(그러할 연) 亦有亦空門역유역공문 사문의 하나로서, 모든 것은 있기도 하고 없기도 하다는 법문 ▶有(있을 유), 空(빌 공), 門(문 문) 其亦기역 亦加역가 此亦차역

163 火 부 총 13획	煙 연기 연	煙氣연기 무엇이 불에 탈 때에 생겨나는 흐릿한 기체나 기운 ▶氣(기운 기) 煙草연초 담배 ▶草(풀 초) 吸煙흡연 담배를 피움 ▶吸(마실 흡) 茶煙다연 禁煙금연 煙幕彈연막탄 愛煙家애연가 江湖煙波강호연파
164 忄(心) 부 총 10획	悅 기쁠 열	喜悅희열 기쁨과 즐거움 ▶喜(기쁠 희) 法悅법열 참된 이치를 깨달았을 때 느끼는 황홀한 기쁨 ▶法(법 법) 悅親열친 어버이의 마음을 기쁘게 함 ▶親(어버이 친) 悅樂열락 悅服열복 不悅불열

165 火 부 총 8획	炎 불꽃 염	肝炎간염 간에 생기는 염증을 통틀어 이르는 말 ▶肝(간 간) 腦炎뇌염 바이러스 감염이나 물리적·화학적 자극에 의한 뇌의 염증을 통틀어 이르는 말 ▶腦(골 뇌) 暴炎폭염 炎症염증 肺炎폐렴
166 艹(艸) 부 총 13획	葉 잎 엽	葉茶엽차 잎을 따서 만든 차 ▶茶(차 차) 葉書엽서 규격을 한정하고 우편 요금을 냈다는 표시로 증표를 인쇄한 편지 용지 ▶書(글 서) 葉綠素엽록소 針葉樹침엽수 金枝玉葉금지옥엽

167 辶(辵) 부 총 8획	迎 맞을 영	歡迎환영 오는 사람을 기쁜 마음으로 반갑게 맞음 ▶歡(기쁠 환) 迎入영입 환영하여 받아들임 ▶入(들 입) 迎接영접 손님을 맞아서 대접하는 일 ▶接(이을 접) 迎合영합 送舊迎新송구영신
168 口 부 총 7획	吾 나 오	吾等오등 '우리'를 문어적으로 이르는 말 ▶等(무리 등) 吾兄오형 나의 형이라는 뜻으로, 정다운 벗 사이의 편지에서 상대를 이르는 말 ▶兄(맏 형) 吾人오인 吾輩오배 吾鼻三尺오비삼척

169 忄(心) 부 총 10획	悟 깨달을 오	覺悟각오 앞으로 해야 할 일이나 겪을 일에 대한 마음의 준비 ▶覺(깨달을 각) 悟道오도 번뇌에서 벗어나 부처의 세계에 들어갈 수 있는 길 ▶道(길 도) 大悟대오 開悟개오 悟性오성 孫悟空손오공 自然悟道자연오도
170 言 부 총 14획	誤 그르칠 오	誤解오해 그릇되게 해석하거나 뜻을 잘못 앎 ▶解(풀 해) 誤報오보 어떠한 사건이나 소식을 그릇되게 전하여 알려 줌 ▶報(알릴 보) 誤算오산 誤答오답 錯誤착오 過誤과오 誤認오인 誤審오심

욕속부달(欲速不達)

欲(하고자할 욕), 速(빠를 속), 不(아닐 부), 達(통달할 달)

일을 빨리 하려고 하면 도리어 이루지 못한다는 말로, 모든 일에 최선을 다하고 결과에 연연하지 않는 자만이 성공할 수 있다는 의미이다.

자하(子夏)가 노(魯) 나라의 거보라는 작은 고을의 태수가 되면서 공자에게 정치하는 방법을 물었다. 공자는 "정치를 할 때 공적을 올리려고 고을 일을 너무 급히 서둘러서 하면 안 된다. 또한 조그만 이득을 탐내지 말아야 한다. 일을 급히 서둘러 공적을 올리려고 하다가는 도리어 목적을 이루지 못하고, 조그만 이득을 탐내다가는 온 세상에 도움이 될 큰 일을 이루지 못하는 법이다[欲速不達 欲巧反拙]."라고 답하였다.

《논어(論語)》 자로편(子路篇)

4급 배정한자

171 瓦부 총 5획 **瓦** 기와 와	瓦全와전 옥이 못 되고 기와가 되어 안전하게 남는다는 뜻으로, 아무 보람도 없이 목숨을 이어 감을 비유적으로 이르는 말 ▶全(온전 전) 瓦家와가 기와집 ▶家(집 가) 瓦屋와옥 瓦解와해 瓦當와당	172 臣부 총 8획 **臥** 누울 와	臥席와석 병석에 누움 ▶席(자리 석) 臥龍와룡 누워 있는 용 ▶龍(용 룡) 臥床와상 누워서 잘 수 있도록 만든 가구 ▶床(상 상) 臥病와병 困臥곤와 臥席終身와석종신 高枕而臥고침이와 臥薪嘗膽와신상담
173 曰부 총 4획 **曰** 가로 왈	予曰여왈 내게 말하기를 ▶予(나 여) 曰字왈자 언행이 단정하지 못하고 수선스러운 사람 ▶字(글자 자) 又曰우왈 또 말하기를 ▶又(또 우) 或曰혹왈 曰可曰否왈가왈부 曰是曰非왈시왈비 誰曰不可수왈불가	174 欠부 총 11획 **欲** 하고자할 욕	欲求욕구 무엇을 얻거나 무슨 일을 하고자 바라는 일 ▶求(구할 구) 意欲의욕 무엇을 하고자 하는 적극적인 마음이나 욕망 ▶意(뜻 의) 欲望욕망 欲速不達욕속부달 欲求不滿욕구불만
175 二부 총 3획 **于** 어조사 우	于先우선 어떤 일에 앞서서. '먼저'로 순화 ▶先(먼저 선) 于歸우귀 전통 혼례에서, 대례를 마치고 3일 후 신부가 처음으로 시집에 들어감 ▶歸(돌아갈 귀) 三歲之習至于八十삼세지습지우팔십	176 又부 총 2획 **又** 또 우	又況우황 하물며 ▶況(하물며 황) 一又일우 한두 번 ▶一(한 일) 又曰우왈 또 말하기를 ▶曰(가로 왈) 又重之우중지 더욱이 ▶重(무거울 중), 之(갈 지) 旣借堂又借房기차당우차방
177 尤부 총 4획 **尤** 더욱 우	尤物우물 가장 좋은 물건 ▶物(물건 물) 尤甚우심 더욱 심함 ▶甚(심할 심) 尤極우극 더욱 ▶極(다할 극) 尤妙우묘 더욱 묘함 ▶妙(묘할 묘) 誰怨孰尤수원숙우 尤而效之우이효지 不怨天不尤人불원천불우인	178 心부 총 15획 **憂** 근심 우	憂國우국 나랏일을 근심하고 염려함 ▶國(나라 국) 憂愁우수 근심과 걱정을 아울러 이르는 말 ▶愁(근심 수) 杞憂기우 쓸데없는 걱정 ▶杞(나라이름 기) 內憂外患내우외환 先憂後樂선우후락
179 辶(辵)부 총 13획 **遇** 만날 우	待遇대우 어떤 사회적 관계나 태도로 대하는 일 ▶待(기다릴 대) 禮遇예우 예의를 지키어 정중하게 대우함 ▶禮(예도 례) 千載一遇천재일우 處遇改善처우개선	180 二부 총 4획 **云** 이를 운	或云혹운 어떠한 사람이 말하는 바 ▶或(혹 혹) 紛云분운 여러 사람의 의논이 일치하지 아니하고 이러니저러니 하여 시끄럽고 떠들썩함 ▶紛(어지러울 분) 云爲운위 禪主云亭선주운정

쪽지시험

상공회의소 한자
중급 3, 4, 5급

※ 다음 단어들의 □ 안에 공통으로 들어갈 알맞은 한자는 어느 것입니까?

1
□解, □答, □報

① 理　② 應　③ 誤　④ 悲　⑤ 私

2
□親, 喜□, □樂

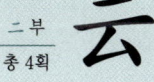

① 展　② 悅　③ 愁　④ 極　⑤ 波

풀이

1 誤解(오해), 誤答(오답), 誤報(오보)

2 悅親(열친), 喜悅(희열), 悅樂(열락)

답 1. ③ | 2. ②

181 口부 총 13획 **圓** 둥글 원	圓滿원만 성격이 모난 데가 없이 부드럽고 너그러움 ▶滿(찰 만) 圓熟원숙 매우 익숙함 ▶熟(익을 숙) 圓卓원탁 둥근 탁자 ▶卓(탁자 탁) 圓柱원주 水隨方圓器수수방원기	182 心부 총 9획 **怨** 원망할 원	怨恨원한 억울하고 원통한 일을 당하여 응어리진 마음 ▶恨(한할 한) 怨望원망 못마땅하게 여기어 탓하거나 불평을 품고 미워함 ▶望(바랄 망) 怨聲원성 원망하는 소리 ▶聲(소리 성) 民怨민원 哀怨애원 宿怨숙원
183 亻(人)부 총 11획 **偉** 클 위	偉人위인 뛰어나고 훌륭한 사람 ▶人(사람 인) 偉大위대 도량이나 능력, 업적 따위가 뛰어나고 훌륭함 ▶大(큰 대) 偉力위력 위대한 힘 ▶力(힘 력) 偉業위업 偉容위용 偉人傳記위인전기	184 巳(卩)부 총 6획 **危** 위태할 위	危殆위태 어떤 형세가 마음을 놓을 수 없을 만큼 위험함 ▶殆(위태할 태) 危險위험 해로움이나 손실이 생길 우려가 있음 ▶險(험할 험) 危害위해 위험한 재해 ▶害(해할 해) 危重위중 安危안위 危機意識위기의식
185 女부 총 9획 **威** 위엄 위	威嚴위엄 존경할 만한 위세가 있어 점잖고 엄숙함 ▶嚴(엄할 엄) 威勢위세 사람을 두렵게 하여 복종하게 하는 힘 ▶勢(형세 세) 威脅위협 威信위신 威容위용 示威隊시위대 威風堂堂위풍당당	186 口부 총 11획 **唯** 오직 유	唯獨유독 많은 것 가운데 홀로 두드러지게 ▶獨(홀로 독) 唯美유미 아름다움을 추구하여 거기에 빠지거나 깊이 즐김 ▶美(아름다울 미) 唯一유일 唯物論유물론 唯我獨尊유아독존 唯一無二유일무이
187 幺부 총 5획 **幼** 어릴 유	幼弱유약 부드럽고 약함 ▶弱(약할 약) 幼蟲유충 알에서 나온 후 아직 다 자라지 아니한 벌레 ▶蟲(벌레 충) 幼年유년 어린 나이나 때 ▶年(해 년) 長幼有序장유유서 扶老携幼부로휴유 蒙幼未知몽유미지	188 木부 총 9획 **柔** 부드러울 유	柔順유순 성질이나 태도, 표정 따위가 부드럽고 순함 ▶順(순할 순) 溫柔온유 성격이 온화하고 부드러움 ▶溫(따뜻할 온) 柔軟性유연성 優柔不斷우유부단 外柔內剛외유내강
189 犭(犬)부 총 12획 **猶** 오히려 유	猶豫유예 망설여 일을 결행하지 아니함 ▶豫(미리 예) 猶子유자 조카 ▶子(아들 자) 猶女유녀 조카딸 ▶女(계집 녀) 猶不足유부족 猶太人유태인 過猶不及과유불급 與猶堂全書여유당전서	190 辶(辵)부 총 13획 **遊** 놀 유	遊戲유희 즐겁게 놀며 장난함 ▶戲(희롱할 희) 浮遊부유 물 위나 물속, 또는 공기 중에 떠다님 ▶浮(뜰 부) 遊說유세 遊擊隊유격대 遊覽船유람선 遊園地유원지 遊興施設유흥시설

이립(而立)

而(말이을 이), 立(설 립)

나이 서른 살을 달리 이르는 말로, 공자가 서른 살에 자립한 데서 유래한다. 이립은 마음이 확고하게 도덕 위에 서서 움직이지 않는다는 뜻이다.

공자가 말씀하시기를, "나는 15세가 되어서 학문에 뜻을 두었고[志學], 30세가 되어서 학문의 기초가 확립되었으며[而立], 40세가 되어서는 판단에 혼란을 일으키지 않았고[不惑], 50세가 되어서는 천명을 알았으며[知命], 60세가 되어서는 귀로 들으면 그 뜻을 알았고[耳順], 70세가 되어서는 마음이 하고자 하는 대로 하여도 법도에 벗어나지 않았다[從心]."고 하였다.

《논어》 위정편(爲政篇)

191 酉부 총 7획 **酉** 닭 유	酉方유방 이십사방위의 하나 ▶方(모 방) 酉時유시 십이시의 열째 시 ▶時(때 시) 酉年유년 해의 간지가 유(酉)로 된 해 ▶年(해 년) 卯酉묘유 丁酉再亂정유재란 己酉條約기유조약 卯坐酉向묘좌유향

192 乙부 총 1획 **乙** 새 을	甲乙갑을 갑과 을을 아울러 이르는 말 ▶甲(갑옷 갑) 乙密臺을밀대 평안남도 평양 금수산 마루에 있는 대와 그 위에 있는 정자 ▶密(빽빽할 밀), 臺(대 대) 甲男乙女갑남을녀 甲論乙駁갑론을박

193 口부 총 7획 **吟** 읊을 음	吟味음미 시가를 읊조리며 그 맛을 감상함 ▶味(맛 미) 吟遊음유 시를 지어 읊으며 여기저기 떠돌아다님 ▶遊(놀 유) 吟風弄月음풍농월 微吟緩步미음완보

194 阝(阜)부 총 11획 **陰** 그늘 음	陰散음산 날씨가 흐리고 으스스함 ▶散(흩을 산) 陰凶음흉 겉으로는 부드러워 보이나 속으로는 엉큼하고 흉악함 ▶凶(흉할 흉) 陰影음영 陰德음덕 陰陽五行음양오행

195 氵(水)부 총 8획 **泣** 울 읍	泣訴읍소 눈물을 흘리며 간절히 하소연함 ▶訴(호소할 소) 泣眼읍안 우는 얼굴 ▶眼(눈 안) 泣哭읍곡 소리를 크게 내어 몹시 욺 ▶哭(울 곡) 感泣감읍 泣兒授乳읍아수유

196 亻(人)부 총 8획 **依** 의지할 의	依支의지 다른 것에 몸을 기댐 ▶支(지탱할 지) 依據의거 어떤 사실이나 원리 따위에 근거함 ▶據(근거 거) 依存의존 依賴의뢰 依舊의구 舊態依然구태의연

197 矢부 총 7획 **矣** 어조사 의	矣任의임 조선 시대에, 육주비전에 속한 하급 공원 ▶任(맡길 임) 已矣勿論이의물론 이미 지나간 일은 다시 논하지 아니함 ▶已(이미 이), 勿(말 물), 論(논할 론) 萬事休矣만사휴의 曲在我矣곡재아의

198 己부 총 3획 **已** 이미 이	已往이왕 지금보다 이전 ▶往(갈 왕) 已決이결 이미 결정함 ▶決(결단할 결) 不得已부득이 마지못하여 하는 수 없이 ▶不(아니 불), 得(얻을 득) 已往之事이왕지사 死而後已사이후이 作之不已작지불이 事已至此사이지차

199 而부 총 6획 **而** 말이을 이	而立이립 나이 서른 살을 달리 이르는 말 ▶立(설 립) 似而非사이비 겉으로는 비슷하나 속은 완전히 다름 ▶似(같을 사), 非(아닐 비) 形而上學형이상학 博而不精박이부정 溫故而知新온고이지신

200 田부 총 11획 **異** 다를 이	異變이변 예상하지 못한 사태나 괴이한 변고 ▶變(변할 변) 異見이견 어떠한 의견에 대한 다른 의견 ▶見(볼 견) 差異차이 異論이론 異端이단 異邦人이방인 異口同聲이구동성

쪽지시험

※ 다음 성어에서 □ 안에 들어갈 알맞은 한자는 어느 것입니까?

1 過□不及
 ①猶 ②唯 ③柔 ④遺 ⑤泣

2 □口同聲
 ①二 ②耳 ③而 ④異 ⑤瓦

풀이

1 過猶不及(과유불급) : 정도를 지나침은 미치지 못함과 같다는 뜻으로, 중용이 중요함을 이르는 말

2 異口同聲(이구동성) : 입은 다르나 목소리는 같다는 뜻으로, 여러 사람의 말이 한결같음을 이르는 말

답 1.① 2.④

201 忍 心부 총 7획 — 참을 인

- 忍苦인고 괴로움을 참음 ▶苦(괴로울 고)
- 强忍강인 억지로 참음 ▶强(강할 강)
- 殘忍잔인 인정이 없고 아주 모짊 ▶殘(남을 잔)

忍辱인욕 忍冬草인동초 忍耐心인내심 隱忍自重은인자중

202 認 言부 총 14획 — 알 인

- 認定인정 확실히 그렇다고 여김 ▶定(정할 정)
- 認識인식 사물을 분별하고 판단하여 앎 ▶識(알 식)
- 認可인가 제삼자의 법률 행위를 보충하여 그 효력을 완성하는 일 ▶可(옳을 가)

認許인허 確認확인 承認승인 默認묵인

203 寅 宀부 총 11획 — 동방/범 인

- 寅方인방 이십사방위의 하나 ▶方(모 방)
- 寅時인시 십이시의 셋째 시 ▶時(때 시)
- 寅月인월 천간이 인(寅)으로 된 달 ▶月(달 월)

寅年인년 甲寅字갑인자 丙寅迫害병인박해 申坐寅向신좌인향

204 印 卩부 총 6획 — 도장 인

- 印朱인주 도장을 찍는 데 쓰는 붉은빛의 재료 ▶朱(붉을 주)
- 印刷인쇄 잉크를 사용하여 판면에 그려져 있는 글이나 그림 따위를 종이, 천 따위에 박아 냄 ▶刷(인쇄할 쇄)

印象派인상파 印鑑證明書인감증명서

205 壬 士부 총 4획 — 북방 임

- 壬方임방 이십사방위의 하나 ▶方(모 방)
- 壬坐임좌 묏자리나 집터 따위가 임방을 등지고 앉은 자리 ▶坐(앉을 좌)
- 壬人임인 간사하고 아첨 잘하는 소인 ▶人(사람 인)

壬午軍亂임오군란

206 姉 女부 총 8획 — 손위누이 자

- 姉妹자매 여자끼리의 동기 ▶妹(누이 매)
- 令姉영자 남을 높이어 그의 손위의 누이를 이르는 말 ▶令(하여금 령)
- 伯姉백자 맏누이 ▶伯(맏 백)
- 姉兄자형 손위 누이의 남편 ▶兄(맏 형)

姉夫자부 姉母會자모회 姉妹結緣자매결연

207 慈 心부 총 13획 — 사랑 자

- 慈悲자비 남을 깊이 사랑하고 가엾게 여김 ▶悲(슬플 비)
- 慈愛자애 아랫사람에게 베푸는 도타운 사랑 ▶愛(사랑 애)

慈堂자당 慈親자친 仁慈인자 慈善事業자선사업 慈母有敗子자모유패자

208 昨 日부 총 9획 — 어제 작

- 昨日작일 어제 ▶日(날 일)
- 昨今작금 어제와 오늘을 아울러 이르는 말 ▶今(이제 금)
- 昨年작년 지난해 ▶年(해 년)

再昨日재작일 再昨年재작년 昨非今時작비금시

209 壯 士부 총 7획 — 장할 장

- 壯烈장렬 의기가 씩씩하고 열렬함 ▶烈(매울 렬)
- 健壯건장 몸이 튼튼하고 기운이 셈 ▶健(굳셀 건)

壯觀장관 壯談장담 天下壯士천하장사 壯元及第장원급제

210 哉 口부 총 9획 — 어조사 재

- 快哉쾌재 일 따위가 마음먹은 대로 잘되어 만족스럽게 여김 ▶快(쾌할 쾌)
- 哉生明재생명 달의 밝은 부분이 처음 생긴다는 뜻으로, 음력 초사흗날을 이르는 말 ▶生(날 생), 明(밝을 명)

天何言哉천하언재 傷哉之歎상재지탄

한자별곡

정읍사(井邑詞)

井(우물 정), 邑(고을 읍), 詞(말씀 사)

작가·연대 미상의 현존하는 유일한 백제 가요로 한글로 기록되어 전하는 가장 오래된 가요이다. 정읍현에 사는 어느 행상의 아내가 남편이 돌아오지 않자 혹시 밤길에 해(害)라도 입을까 걱정하는 마음이 나타나 있다. 조선시대에는 궁중음악으로 쓰였고 현재는 《악학궤범(樂學軌範)》에 실려 전한다. 가사의 전문은 다음과 같다.

돌하 노피곰 도두샤 / 어긔야 머리곰 비취오시라 / 어긔야 어강됴리 / 아으 다롱디리 / 져재 녀러신고요 / 어긔야 즌 딕룰 드딕욜세라 / 어긔야 어강됴리 / 어느이다 노코시라 / 어긔야 내 가논 딕 졈그룰셰라 / 어긔야 어강됴리 / 아으 다롱디리

4급 배정한자

211 木부 총 10획 **栽** 심을 재	栽培재배 식물을 심어 가꿈 ▶培(북돋을 배) 植栽식재 초목을 심어 재배함 ▶植(심을 식) 獨栽독재 특정한 개인, 단체, 계급, 당파 따위가 어떤 분야에서 모든 권력을 차지하여 모든 일을 독단으로 처리함 ▶獨(홀로 독) 盆栽분재 栽植農業재식농업

212 亻(人)부 총 7획 **低** 낮을 저	低價저가 싼 값 ▶價(값 가) 低俗저속 품위가 낮고 속됨 ▶俗(풍속 속) 低調저조 가락이 낮음 ▶調(고를 조) 低質저질 低血壓저혈압 長期低利장기저리 低廉저렴 低所得層저소득층

213 ++(艸)부 총 13획 **著** 나타날 저	著者저자 지은이 ▶者(놈 자) 著書저서 책을 지음 ▶書(글 서) 顯著현저 뚜렷이 심하게 드러남 ▶顯(나타날 현) 名著명저 著述저술 編著者편저자 著作權저작권 著名人士저명인사

214 攵(攴)부 총 15획 **敵** 대적할 적	敵軍적군 적의 군대나 군사 ▶軍(군사 군) 敵手적수 재주나 힘이 서로 비슷해서 상대가 되는 사람 ▶手(손 수) 對敵대적 적이나 어떤 세력, 힘 따위와 맞서 겨룸 ▶對(대할 대) 匹敵필적 敵對視적대시 衆寡不敵중과부적

215 赤부 총 7획 **赤** 붉을 적	赤色적색 짙은 붉은색 ▶色(빛 색) 赤潮적조 동물성 플랑크톤의 이상 번식으로 바닷물이 붉게 물들어 보이는 현상 ▶潮(조수 조) 赤血球적혈구 赤手空拳적수공권 貿易赤字무역적자

216 辶(辵)부 총 15획 **適** 맞을 적	適當적당 정도에 알맞음 ▶當(마땅 당) 適切적절 꼭 알맞음 ▶切(끊을 절) 適格적격 규정이나 조건에 알맞은 자격을 지님 ▶格(격식 격) 適材適所적재적소 適性檢査적성검사

217 金부 총 16획 **錢** 돈 전	銅錢동전 구리로 만든 돈 ▶銅(구리 동) 急錢급전 급하게 쓸 돈 ▶急(급할 급) 葉錢엽전 예전에 사용하던, 놋쇠로 만든 돈 ▶葉(잎 엽) 換錢환전 錢主전주 無錢取食무전취식 金錢出納簿금전출납부

218 一부 총 2획 **丁** 장정 정	家丁가정 예전에, 집에서 부리던 남자 일꾼 ▶家(집 가) 壯丁장정 나이가 젊고 기운이 좋은 남자 ▶壯(장할 장) 丁寧정녕 白丁백정 目不識丁목불식정 黃口添丁황구첨정

219 二부 총 4획 **井** 우물 정	管井관정 둥글게 판 우물 ▶管(대롱 관) 井然정연 가지런하고 질서가 있음 ▶然(그러할 연) 油井유정 석유갱 ▶油(기름 유) 井華水정화수 井邑詞정읍사 渴而穿井갈이천정 坐井觀天좌정관천

220 亻(人)부 총 11획 **停** 머무를 정	停止정지 움직이고 있던 것이 멎거나 그침 ▶止(그칠 지) 停車정차 차가 멎음 ▶車(수레 차) 停學정학 학생이 학교의 규칙을 어겼을 때 등교를 정지하는 일 ▶學(배울 학) 停年退職정년퇴직 停戰協定정전협정

쪽지시험 상공회의소 한자 8급 3, 4, 5급

※ 다음 음(音)을 가진 한자는 어느 것입니까?

1 [적]
① 過　② 適　③ 通　④ 退　⑤ 遇

2 [정]
① 停　② 詠　③ 誠　④ 諾　⑤ 憶

풀이
1 ① 과　② 적　③ 통　④ 퇴　⑤ 우
2 ① 정　② 영　③ 성　④ 락　⑤ 억

답 1. ② | 2. ①

221 氵(水)부 총 11획 **淨** 깨끗할 정	自淨자정 오염된 물이나 땅 따위가 물리학적·화학적·생물학적 작용으로 저절로 깨끗해짐 ▶自(스스로 자) 淨化정화 불순하거나 더러운 것을 깨끗하게 함 ▶化(될 화) 洗淨세정 淨水器정수기 淸淨水청정수	222 貝부 총 9획 **貞** 곧을 정	貞烈정렬 여자의 지조나 절개가 곧고 굳음 ▶烈(매울 렬) 貞淑정숙 여자로서 행실이 곧고 마음씨가 맑고 고움 ▶淑(맑을 숙) 貞潔정결 貞節정절 貞操정조 忠貞충정 不貞부정
223 靑부 총 16획 **靜** 고요할 정	靜脈정맥 정맥혈을 심장으로 보내는 순환계통의 하나 ▶脈(줄기 맥) 鎭靜진정 몹시 소란스럽고 어지러운 일을 가라앉힘 ▶鎭(진압할 진) 靜肅정숙 靜寂정적 動靜동정 靜物畵정물화 神經安靜신경안정	224 頁부 총 11획 **頂** 정수리 정	山頂산정 산의 맨 위 ▶山(뫼 산) 絶頂절정 사물의 진행이나 발전이 최고의 경지에 달한 상태 ▶絶(끊을 절) 登頂등정 산 따위의 꼭대기에 오름 ▶登(오를 등) 頂點정점 頂禮정례 頂門一鍼정문일침
225 示부 총 11획 **祭** 제사 제	祭壇제단 제사를 지내는 단 ▶壇(단 단) 祝祭축제 축하하여 벌이는 큰 규모의 행사 ▶祝(빌 축) 祭物제물 祭器제기 祭祀제사 映畵祭영화제 祭需用品제수용품 祭政一致제정일치	226 言부 총 16획 **諸** 모두 제	諸君제군 통솔자나 지도자가 여러 명의 아랫사람을 문어적으로 조금 높여 이르는 이인칭 대명사 ▶君(그대 군) 諸父제부 아버지와 같은 항렬의 당내친 ▶父(아비 부) 諸侯제후 諸島제도 諸般제반 諸位제위
227 阝(阜)부 총 10획 **除** 덜 제	除籍제적 호적, 학적, 당적 따위에서 이름을 지워 버림 ▶籍(문서 적) 除隊제대 규정된 기한이 차거나 질병 또는 집안 사정으로 현역에서 해제하는 일 ▶隊(무리 대) 除去제거 除名제명 排除배제 除雪車제설차	228 寸부 총 12획 **尊** 높을 존	尊重존중 높이어 귀중하게 대함 ▶重(무거울 중) 尊嚴존엄 인물이나 지위 따위가 감히 범할 수 없을 정도로 높고 엄숙함 ▶嚴(엄할 엄) 尊貴존귀 지위나 신분이 높고 귀함 ▶貴(귀할 귀) 尊待존대 尊稱존칭 自尊心자존심 尊敬존경
229 彳부 총 11획 **從** 좇을 종	從來종래 일정한 시점을 기준으로 이전부터 지금까지에 이름 ▶來(올 래) 服從복종 남의 명령이나 의사를 그대로 따라서 좇음 ▶服(복종할 복) 順從순종 순순히 따름 ▶順(순할 순) 白衣從軍백의종군 從屬關係종속관계	230 糸부 총 11획 **終** 마칠 종	終末종말 계속된 일이나 현상의 맨 끝 ▶末(끝 말) 終結종결 일을 끝냄 ▶結(맺을 결) 臨終임종 죽음을 맞이함 ▶臨(임할 림) 終止符종지부 終盤戰종반전 終身刑종신형

집행유예(執行猶豫)

執(잡을 집), 行(다닐 행), 猶(오히려 유), 豫(미리 예)

형(刑)을 선고하면서도 정상을 참작해 형의 집행을 일정 기간 유예하고 그 기간이 무사히 경과되면 형벌 효과도 소멸되는 제도를 말한다. 이는 단기자유형이 사실상 개과천선의 실효(實效)를 얻지 못하는 폐단을 수정하여 실제로는 형을 집행하지 않으면서도 현실적 집행과 동일한 효과를 거두겠다는 목적을 가지고 있다. 우리나라 형법의 경우 3년 이하의 징역 또는 금고형을 선고할 경우에 그 정상에 참작할 사유가 있어야 집행유예의 요건이 된다. 집행유예의 기간은 1년 이상 5년 이하의 범위 내에서 법원이 재량으로 정하며, 유예기간 중 금고 이상의 형이 확정된 때에는 집행유예 선고는 그 효력을 상실한다.

4급 배정한자

231 金부 총 20획 鐘 쇠북 종	鐘閣종각 큰 종을 달아 두기 위하여 지은 누각 ▶閣(집 각) 鐘塔종탑 꼭대기에 종을 매달아 치도록 만든 탑 ▶塔(탑 탑) 鐘樓종루 警鐘경종 自鳴鐘자명종 鐘鳴鼎食종명정식	232 土부 총 7획 坐 앉을 좌	坐視좌시 참견하지 아니하고 앉아서 보기만 함 ▶視(볼 시) 連坐연좌 여러 사람이 자리에 잇대어 앉음 ▶連(이을 연) 坐禪좌선 坐板좌판 坐藥좌약 獨坐독좌 角立對坐각립대좌 坐不安席좌불안석
233 木부 총 6획 朱 붉을 주	朱紅주홍 노란빛을 약간 띤 붉은색 ▶紅(붉을 홍) 朱丹주단 곱고 붉은 빛깔 ▶丹(붉을 단) 印朱인주 도장을 찍는 데 쓰는 붉은빛의 재료 ▶印(도장 인) 朱黃色주황색 朱子學주자학	234 酉부 총 10획 酒 술 주	酒幕주막 시골 길가에서 밥과 술을 팔고, 돈을 받고 나그네를 묵게 하는 집 ▶幕(장막 막) 酒量주량 마시고 견딜 정도의 술의 분량 ▶量(헤아릴 량) 酒客주객 酒類주류 酒色雜技주색잡기
235 卩부 총 9획 卽 곧 즉	卽刻즉각 당장에 곧 ▶刻(시각 각) 卽死즉사 그 자리에서 바로 죽음 ▶死(죽을 사) 卽效즉효 곧 반응을 보이는, 약 따위의 효험 ▶效(효과 효) 卽興的즉흥적 卽決審判즉결심판	236 日부 총 12획 曾 일찍 증	曾孫증손 손자의 아들 ▶孫(손자 손) 曾遊증유 지난날 어떤 곳에 들러 구경하며 놂 ▶遊(놀 유) 曾往증왕 이미 지나가 버린 그때 ▶往(갈 왕) 再曾재증 曾祖父증조부 未曾有미증유
237 言부 총 19획 證 증거 증	證據증거 어떤 사실을 증명할 수 있는 근거 ▶據(근거 거) 證人증인 어떤 사실을 증명하는 사람 ▶人(사람 인) 證言증언 證明書증명서 領收證영수증 保證保險보증보험	238 丿부 총 4획 之 갈 지	之次지차 다음이나 버금 ▶次(버금 차) 當之者당지자 그 일에 당한 사람 ▶當(마땅 당), 者(놈 자) 左之右之좌지우지 이리저리 제 마음대로 휘두르거나 다룸 ▶左(왼 좌), 右(오른 우) 漁父之利어부지리 自中之亂자중지란
239 口부 총 5획 只 다만 지	但只단지 다만 ▶但(다만 단) 只今지금 말하는 바로 이때 ▶今(이제 금) 只管지관 오직 이것 뿐 ▶管(대롱 관) 狗逐鷄屋只구축계옥지	240 扌(手)부 총 9획 持 가질 지	持病지병 오랫동안 잘 낫지 아니하는 병 ▶病(병 병) 維持유지 어떤 상태나 상황을 그대로 보존하거나 변함없이 계속하여 지탱함 ▶維(벼리 유) 堅持견지 持久力지구력 持參金지참금

쪽지시험

상공회의소 한자
중급 3, 4, 5급

※ 다음 한자(漢字)와 음(音)이 같은 한자는 어느 것입니까?

1 從

①後 ②終 ③徒 ④增 ⑤尊

2 貞

①責 ②惜 ③錯 ④淨 ⑤純

풀이

1 從(좇을 종)
① 후 ② 종 ③ 도 ④ 증 ⑤ 존

2 貞(곧을 정)
① 책 ② 석 ③ 착 ④ 정 ⑤ 순

답 1. ② | 2. ④

241 枝 (가지 지) — 木부, 총 8획
- 枝葉지엽 식물의 가지와 잎 ▶葉(잎 엽)
- 竹枝죽지 대의 가지 ▶竹(대 죽)
- 內向枝내향지 안쪽으로 향하여 뻗는 나뭇가지 ▶內(안 내), 向(향할 향)

枯枝고지　幹枝간지　枝肉지육　連理枝연리지
金枝玉葉금지옥엽

242 盡 (다할 진) — 皿부, 총 14획
- 盡心진심 마음을 다함 ▶心(마음 심)
- 盡力진력 있는 힘을 다함 ▶力(힘 력)
- 極盡극진 마음과 힘을 다하여 애를 쓰는 것이 매우 지극함 ▶極(다할 극)

未盡미진　消盡소진　氣盡脈盡기진맥진　縱橫無盡종횡무진

243 辰 (별 진/때 신) — 辰부, 총 7획
- 生辰생신 '생일'을 높여 이르는 말 ▶生(날 생)
- 辰韓진한 삼한 가운데 경상북도를 중심으로 한 동북부 지역에 있던 12국 ▶韓(나라 이름 한)

誕辰탄신　辰時진시　壬辰錄임진록

244 執 (잡을 집) — 土부, 총 11획
- 執着집착 어떤 것에 늘 마음이 쏠려 잊지 못하고 매달림 ▶着(붙을 착)
- 執筆집필 붓을 잡는다는 뜻으로, 직접 글을 쓰는 것을 이르는 말 ▶筆(붓 필)

執念집념　執權집권　我執아집　執行猶豫집행유예　固執不通고집불통

245 且 (또 차) — 一부, 총 5획
- 且說차설 같은 말 ▶說(말씀 설)
- 苟且구차 살림이 몹시 가난함 ▶苟(구차할 구)
- 況且황차 하물며 ▶況(하물며 황)

且置차치　重且大중차대　死且不朽사차불후
且問且答차문차답

246 借 (빌릴 차) — 亻(人)부, 총 10획
- 借邊차변 부기에서 계정계좌의 왼쪽 ▶邊(가 변)
- 借入차입 돈이나 물건을 꾸어 들임 ▶入(들 입)

借名차명　假借가차　借用證차용증　賃貸借임대차　賃借料임차료　借風使船차풍사선

247 此 (이 차) — 止부, 총 6획
- 此後차후 지금부터 이후 ▶後(뒤 후)
- 彼此피차 저것과 이것을 아울러 이르는 말 ▶彼(저 피)

此際차제　如此여차　於此彼어차피　此日彼日차일피일　彼此一般피차일반

248 昌 (창성할 창) — 日부, 총 8획
- 昌盛창성 기세가 크게 일어나 잘 뻗어 나감 ▶盛(성할 성)
- 昌運창운 탁 트인 좋은 운수 ▶運(운수 운)

繁昌번창　昌德宮창덕궁　碧昌牛벽창우　昌言正論창언정론

249 採 (캘 채) — 扌(手)부, 총 11획
- 採集채집 널리 찾아서 얻거나 캐거나 잡아 모으는 일 ▶集(모을 집)
- 採取채취 풀, 나무, 광석 따위를 찾아 베거나 캐거나 하여 얻어 냄 ▶取(가질 취)
- 採鑛채광 광석을 캐냄 ▶鑛(쇳돌 광)

採擇채택　採點채점　採伐채벌　特採특채

250 菜 (나물 채) — ⺿(艸)부, 총 12획
- 菜食채식 고기류를 피하고 주로 채소, 과일, 해초 따위의 식물성 음식만 먹음 ▶食(먹을 식)
- 菜蔬채소 밭에서 기르는 농작물 ▶蔬(나물 소)

生菜생채　山菜산채　菜松花채송화

한자별곡

철면피(鐵面皮)

鐵(쇠 철), 面(낯 면), 皮(가죽 피)

쇠처럼 두꺼운 낯가죽이라는 뜻으로, 뻔뻔스럽고 염치(廉恥)없는 사람을 이르는 말로, 여기에 얽힌 고사성어를 면장우피(面張牛皮)라고 한다.
옛날 중국에 왕광원(王光遠)이라는 진사(進士)가 있었다. 그는 출세욕이 대단하여, 고위 관리나 권력가가 지은 시를 보면 자신은 물론 이태백도 못 쓸 것이라고 말하며 아첨을 다하였다. 한번은 술 취한 관리가 광원이 어찌 나오나 보려고 채찍으로 등을 때렸는데, 그는 웃으면서 아부의 말만 계속하였다. 이런 그를 두고 당시 사람들은 "광원의 낯가죽은 열 겹의 철갑처럼 두껍다[光遠顔厚如十重鐵甲].''고 말했다.

《북몽쇄언(北夢鎖言)》

4급 배정한자

251 妻 (女부, 총 8획) 아내 처
- 妻家처가 아내의 본집 ▶家(집 가)
- 妻子처자 아내와 자식을 아울러 이르는 말 ▶子(아들 자)
- 帶妻대처 아내를 둠 ▶帶(띠 대)

妻弟처제　妻男처남　喪妻상처　恐妻家공처가
賢母良妻현모양처　一夫一妻일부일처

252 尺 (尸부, 총 4획) 자 척
- 越尺월척 낚시에서, 낚은 물고기가 한 자가 넘음 ▶越(넘을 월)
- 縮尺축척 지도에서의 거리와 지표에서의 실제 거리와의 비율 ▶縮(줄일 축)

尺度척도　寸尺촌척　三尺童子삼척동자　吾鼻三尺오비삼척　百尺竿頭백척간두

253 泉 (水부, 총 9획) 샘 천
- 溫泉온천 온천에서 목욕할 수 있게 설비가 된 장소 ▶溫(따뜻할 온)
- 鑛泉광천 비교적 많은 양의 광물질을 함유하고 있는 샘 ▶鑛(쇳돌 광)
- 甘泉감천 물맛이 좋은 샘 ▶甘(달 감)

源泉徵收원천징수

254 淺 (氵(水)부, 총 11획) 얕을 천
- 淺薄천박 학문이나 생각 따위가 얕거나, 말이나 행동 따위가 상스러움 ▶薄(엷을 박)
- 淺學천학 학식이 얕음 ▶學(배울 학)
- 淺慮천려 생각이 얕음 ▶慮(생각할 려)

淺見천견　深淺심천　交淺言深교천언심

255 鐵 (金부, 총 21획) 쇠 철
- 鐵骨철골 굳세게 생긴 골격 ▶骨(뼈 골)
- 鐵絲철사 쇠로 만든 가는 줄 ▶絲(실 사)
- 鐵道철도 침목 위에 철제의 궤도를 설치하고, 그 위로 차량을 운전하여 여객과 화물을 운송하는 시설 ▶道(길 도)

鐵面皮철면피　鐵鋼産業철강산업

256 晴 (日부, 총 12획) 갤 청
- 晴天청천 맑게 갠 하늘 ▶天(하늘 천)
- 晴雨청우 날이 갬과 비가 옴 ▶雨(비 우)
- 快晴쾌청 구름 한 점 없이 상쾌하도록 날씨가 맑음 ▶快(쾌할 쾌)

晴好雨奇청호우기　晴耕雨讀청경우독

257 聽 (耳부, 총 22획) 들을 청
- 聽衆청중 강연이나 설교, 음악 따위를 듣기 위하여 모인 군중 ▶衆(무리 중)
- 盜聽도청 몰래 엿듣는 일 ▶盜(도둑 도)

敬聽경청　視聽覺시청각　傍聽客방청객　盜聽裝置도청장치　聽而不聞청이불문

258 請 (言부, 총 15획) 청할 청
- 要請요청 필요한 일이 이루어지도록 요긴하게 부탁함 ▶要(요긴할 요)
- 訴請소청 하소연하여 청함 ▶訴(호소할 소)
- 提請제청 어떤 안건을 제시하여 결정하여 달라고 청구함 ▶提(끌 제)

招請狀초청장　請求書청구서　異議申請이의신청

259 招 (扌(手)부, 총 8획) 부를 초
- 招聘초빙 예를 갖추어 불러 맞아들임 ▶聘(부를 빙)
- 招待초대 어떤 모임에 참가해 줄 것을 청함 ▶待(기다릴 대)

招來초래　問招문초　招人鐘초인종　招請狀청장　招待狀초대장

260 推 (扌(手)부, 총 11획) 밀 추/퇴
- 推進추진 물체를 밀어 앞으로 내보냄 ▶進(나아갈 진)
- 推究추구 이치를 미루어서 깊이 생각하여 밝힘 ▶究(연구할 구)
- 推定추정 추측하여 판정함 ▶定(정할 정)

類推유추　推理力추리력　推薦書추천서　推敲퇴고

쪽지시험

※ 다음의 뜻을 가진 한자(漢字)는 어느 것입니까?

1 　　　창성하다

① 昌　② 唱　③ 創　④ 倉　⑤ 請

2 　　　밀다

① 推　② 招　③ 唯　④ 扶　⑤ 拾

풀이

1 ① 昌(창성할 창)　② 唱(부를 창)
　③ 創(비롯할 창)　④ 倉(곳집 창)
　⑤ 請(청할 청)

2 ① 推(밀 추)　② 招(부를 초)
　③ 唯(오직 유)　④ 扶(도울 부)
　⑤ 拾(주울 습/열 십)

답 1. ① | 2. ①

261 丑 소 축
一부 / 총 4획

白丑백축 흰 나팔꽃의 씨를 한방에서 이르는 말 ▶白(흰 백)
黑丑흑축 나팔꽃의 씨를 한방에서 이르는 말 ▶黑(검을 흑)

丑生축생 丑時축시 丑日축일 丑年축년 癸丑日記계축일기

262 就 나아갈 취
尢부 / 총 12획

就職취직 일정한 직업을 잡아 직장에 나감 ▶職(벼슬 직)
就寢취침 잠자리에 들어 잠을 잠 ▶寢(잘 침)

就任취임 去就거취 成就성취 就業취업 日就月將일취월장 所願成就소원성취

263 吹 불 취
口부 / 총 7획

吹奏취주 저, 피리, 나팔 따위의 관악기를 불어서 연주함 ▶奏(연주할 주)
吹打취타 관악기를 불고 타악기를 침 ▶打(칠 타)

歌吹가취 吹入취입 吹鳴취명 吹打手취타수

264 針 바늘 침
金부 / 총 10획

方針방침 앞으로 일을 치러 나갈 방향과 계획 ▶方(모 방)
指針지침 지시 장치에 붙어 있는 바늘 ▶指(가리킬 지)

毒針독침 分針분침 指針書지침서 針葉樹침엽수 檢針員검침원

265 他 다를 타
亻(人)부 / 총 5획

他鄕타향 자기 고향이 아닌 고장 ▶鄕(시골 향)
他地타지 다른 지방이나 지역 ▶地(땅 지)
其他기타 그 밖의 또 다른 것 ▶其(그 기)

出他출타 排他的배타적 他山之石타산지석

266 脫 벗을 탈
月(肉)부 / 총 11획

脫出탈출 어떤 상황이나 구속 따위에서 빠져나옴 ▶出(날 출)
脫落탈락 범위에 들지 못하고 떨어지거나 빠짐 ▶落(떨어질 락)

脫線탈선 脫盡탈진 脫稅탈세 脫毛탈모 離脫이탈 虛脫허탈

267 探 찾을 탐
扌(手)부 / 총 11획

探査탐사 알려지지 않은 사물이나 사실 따위를 샅샅이 더듬어 조사함 ▶査(조사 사)
探索탐색 드러나지 않은 사물이나 현상 따위를 찾아내거나 밝히기 위하여 살피어 찾음 ▶索(찾을 색)

探究탐구 探險탐험 探知탐지

268 泰 클 태
水부 / 총 10획

泰平태평 나라가 안정되어 아무 걱정 없고 평안함 ▶平(평평할 평)
泰然태연 마땅히 머뭇거리거나 두려워할 상황에서 태도나 기색이 아무렇지도 않은 듯이 예사로움 ▶然(그러할 연)

國泰民安국태민안 天下泰平천하태평

269 投 던질 투
扌(手)부 / 총 7획

投票투표 선거를 하거나 가부를 결정할 때에 투표용지에 의사를 표시하여 일정한 곳에 내는 일 ▶票(표 표)
投球투구 야구나 볼링 따위에서, 공을 던짐 ▶球(공 구)

投資투자 投手투수 投獄투옥 投稿투고

270 破 깨뜨릴 파
石부 / 총 10획

破壞파괴 때려 부수거나 깨뜨려 헐어 버림 ▶壞(무너질 괴)
破産파산 재산을 모두 잃고 망함 ▶産(낳을 산)

爆破폭파 讀破독파 破傷風파상풍 突破口돌파구 破竹之勢파죽지세

한자별곡

파죽지세(破竹之勢)
破(깨뜨릴 파), 竹(대 죽), 之(갈 지), 勢(형세 세)

대나무를 쪼갤 때의 기세란 뜻으로, 세력이 강대해 감히 대적할 상대가 없음을 비유하여 이르는 말이다. 진(晉)나라 장수 두예(杜預)가 오(吳)나라를 쳐서 삼국시대의 막을 내리고 천하통일을 이룰 때의 일이다. "지금 아군의 사기는 마치 대나무를 쪼갤 때의 맹렬한 기세와 같다. 대나무란 일단 쪼개지기만 하면 그 다음부터는 칼날을 대기만 해도 저절로 쪼개지는 법인데, 어찌 이런 절호의 기회를 놓칠 수 있단 말인가." 두예는 곧바로 휘하의 전군을 휘몰아 오나라의 도읍 건업으로 진격하여 단숨에 공략했다.

《진서(晉書)》 두예전(杜預傳)

 4급 배정한자

271 竹부 총 15획 篇 책 편	玉篇옥편 한자를 모아서 일정한 순서로 늘어놓고 글자 하나하나의 뜻과 음을 풀이한 책 ▶玉(구슬 옥) 上篇상편 두 편이나 세 편으로 된 책의 첫째 편 ▶上(위 상) 千篇一律천편일률
272 門부 총 11획 閉 닫을 폐	閉鎖폐쇄 문 따위를 닫아걸거나 막아 버림 ▶鎖(쇠사슬 쇄) 閉校폐교 학교 문을 닫고 수업을 중지하고 쉼 ▶校(학교 교) 閉塞폐색 닫혀서 막힘 ▶塞(막힐 색) 閉業폐업 閉幕폐막 自閉症자폐증

273 巾부 총 5획 布 베 포/보시 보	公布공포 일반에게 널리 알림 ▶公(공평할 공) 配布배포 신문이나 책자 따위를 널리 나누어 줌 ▶配(나눌 배) 布教포교 布施보시 宣戰布告선전포고 布帳馬車포장마차
274 扌(手)부 총 8획 抱 안을 포	抱擁포옹 사람을 또는 사람끼리 품에 껴안음 ▶擁(안을 옹) 抱卵포란 조류의 암컷이 부화하기 위하여 암새가 알을 품어 따뜻하게 하는 일 ▶卵(알 란) 抱負포부 懷抱회포 抱腹絕倒포복절도

275 日부 총 15획 暴 사나울 폭/모질 포	暴徒폭도 폭동을 일으키거나 폭동에 가담한 사람의 무리 ▶徒(무리 도) 暴力폭력 남을 거칠고 사납게 제압할 때에 쓰는, 주먹이나 발 또는 몽둥이 따위의 수단이나 힘 ▶力(힘 력) 暴炎폭염 暴風雨폭풍우 自暴自棄자포자기
276 彳부 총 8획 彼 저 피	彼此피차 저것과 이것을 아울러 이르는 말 ▶此(이 차) 彼岸피안 사바세계 저쪽에 있는 깨달음의 세계 ▶岸(언덕 안) 彼地피지 저 땅 ▶地(땅 지) 於此彼어차피 此日彼日차일피일

277 匚부 총 4획 匹 짝 필	匹敵필적 능력이나 세력이 엇비슷하여 서로 맞섬 ▶敵(대적할 적) 匹馬필마 한 필의 말 ▶馬(말 마) 配匹배필 부부로서의 짝 ▶配(짝 배) 匹夫필부 匹馬單騎필마단기 匹夫匹婦필부필부 匹夫之勇필부지용 天生配匹천생배필
278 亻(人)부 총 7획 何 어찌 하	何必하필 다른 방도를 취하지 아니하고 어찌하여 꼭 ▶必(반드시 필) 何人하인 어떤 사람 ▶人(사람 인) 何等하등 '아무런', '아무' 또는 '얼마만큼' 의 뜻을 나타내는 말 ▶等(무리 등) 幾何級數기하급수

279 貝부 총 12획 賀 하례 하	賀客하객 축하하는 손님 ▶客(손 객) 慶賀경하 경사스러운 일을 치하함 ▶慶(경사 경) 致賀치하 남이 한 일에 대하여 고마움이나 칭찬의 뜻을 표시함 ▶致(이를 치) 賀禮하례 年賀狀연하장 謹賀新年근하신년
280 宀부 총 12획 寒 찰 한	寒氣한기 추운 기운 ▶氣(기운 기) 寒波한파 겨울철에 기온이 갑자기 내려가는 현상 ▶波(물결 파) 寒食한식 우리나라 명절의 하나 ▶食(먹을 식) 惡寒오한 嚴冬雪寒엄동설한 寒冷前線한랭전선

 **쪽지시험**

※ 다음 한자(漢字)와 뜻이 비슷한 한자는 어느 것입니까?

1. [探]
   ① 訪 ② 投 ③ 題 ④ 拔 ⑤ 深

2. [暴]
   ① 雄 ② 猛 ③ 獸 ④ 猶 ⑤ 悲

풀이

1 探(찾을 탐)
① 訪(찾을 방) ② 投(던질 투)
③ 題(제목 제) ④ 拔(뺄 발)
⑤ 深(깊을 심)

2 暴(사나울 폭)
① 雄(수컷 웅) ② 猛(사나울 맹)
③ 獸(짐승 수) ④ 猶(오히려 유)
⑤ 悲(슬플 비)

답 1. ① | 2. ②

281 ㅏ(心) 부 총 9획 — 恨 한할 한

恨歎한탄 원통하거나 뉘우치는 일이 있을 때 한숨을 쉬며 탄식함 ▶歎(읊을 탄)
怨恨원한 억울하고 원통한 일을 당하여 응어리진 마음 ▶怨(원망할 원)
痛恨통한 몹시 원통함 ▶痛(아플 통)
悔恨회한 餘恨여한 徹天之恨철천지한

282 門 부 총 12획 — 閑 한가할 한

閑暇한가 겨를이 생겨 여유가 있음 ▶暇(겨를 가)
閑散한산 한량과 산관을 아울러 이르는 말 ▶散(흩을 산)
閑寂한적 閑良한량 閑談한담 忙中閑망중한
有閑階級유한계급

283 ㅏ(心) 부 총 9획 — 恒 항상 항

恒時항시 임시가 아닌 관례대로의 보통 때 ▶時(때 시)
恒星항성 천구 위에서 서로의 상대 위치를 바꾸지 아니하고 별자리를 구성하는 별 ▶星(별 성)
恒溫항온 恒久적항구적 恒茶飯事항다반사

284 亠 부 총 6획 — 亥 돼지 해

亥年해년 지지가 해로 된 해 ▶年(해 년)
亥月해월 천간이 해로 된 달 ▶月(달 월)
亥日해일 지지가 해로 된 날 ▶日(날 일)
亥時해시 십이시의 열두째 시 ▶時(때 시)
辛亥革命신해혁명 癸亥反正錄계해반정록

285 虍 부 총 12획 — 虛 빌 허

虛構허구 사실에 없는 일을 사실처럼 꾸며 만듦 ▶構(얽을 구)
虛僞허위 진실이 아닌 것을 진실인 것처럼 꾸민 것 ▶僞(거짓 위)
虛點허점 謙虛겸허 虛禮虛飾허례허식 虛虛實實허허실실

286 言 부 총 11획 — 許 허락 허

許諾허락 청하는 일을 하도록 들어줌 ▶諾(허락할 락)
許可허가 행동이나 일을 하도록 허용함 ▶可(옳을 가)
許容허용 許多허다 不許불허 免許證면허증
特許出願특허출원

287 貝 부 총 15획 — 賢 어질 현

賢明현명 어질고 슬기로워 사리에 밝음 ▶明(밝을 명)
聖賢성현 성인과 현인을 아울러 이르는 말 ▶聖(성인 성)
賢者현자 竹林七賢죽림칠현 賢母良妻현모양처

288 刂(刀) 부 총 6획 — 刑 형벌 형

刑罰형벌 범죄에 대한 법률에 있어서의 효과로서 국가 따위가 범죄자에게 제재를 가함 ▶罰(죄 벌)
刑事형사 형법의 적용을 받는 사건 ▶事(일 사)
處刑처형 極刑극형 斬刑참형

289 丿 부 총 5획 — 乎 어조사 호

斷乎단호 결심이나 태도, 입장 따위가 과단성 있고 엄격함 ▶斷(끊을 단)
宜乎의호 마땅하게 ▶宜(마땅 의)
純乎순호 다른 것이 조금도 섞이지 아니하고 제대로 온전함 ▶純(순수할 순)
不亦樂乎불역낙호

290 口 부 총 8획 — 呼 부를 호

呼訴호소 억울하거나 딱한 사정을 남에게 하소연함 ▶訴(호소할 소)
呼吸호흡 숨을 쉼 ▶吸(마실 흡)
呼出호출 전화나 전신 따위의 신호로 상대편을 부르는 일 ▶出(날 출)
呼應호응 呼稱호칭 歡呼聲환호성

한자별곡

홍동백서(紅東白西)

紅(붉은 홍), 東(동녘 동), 白(흰 백), 西(서녘 서)

제사 때에 신위(神位)를 기준으로 붉은 과실은 동쪽에 흰 과실은 서쪽에 차리는 격식이다.

※차례상 한문어구

- 좌포우혜(左脯右醯) : 좌측에는 포, 우측에는 식혜를 놓는다.
- 어동육서(魚東肉西) : 생선은 동쪽에, 육류는 서쪽에 놓는다.
- 동두서미(東頭西尾) : 생선의 머리는 동쪽으로, 꼬리는 서쪽으로 향하게 놓는다.
- 조율이시(棗栗梨柿) : 좌측으로부터 棗[대추], 栗[밤], 梨[배], 柿[곶감]의 순서로 놓는다.
- 생동숙서(生東熟西) : 날 것은 동쪽에 차리고 익힌 것은 서쪽에 차린다.

4급 배정한자

291 戶 집 호
戶부 / 총 4획

- 戶主호주 한 집안의 주장이 되는 사람 ▶主(주인 주)
- 戶數호수 집의 수효 ▶數(셈 수)
- 戶口호구 호적상 집의 수효와 식구 수 ▶口(입 구)
- 窓戶紙창호지 門戶開放문호개방

292 或 혹 혹
戈부 / 총 8획

- 或是혹시 그러할 리는 없지만 만일에 ▶是(옳을 시)
- 或時혹시 어쩌다가 ▶時(때 시)
- 或者혹자 어떤 사람 ▶者(놈 자)
- 或如혹여 或間혹간 設或설혹 多言或中다언혹중 或可或不可혹가혹불가

293 混 섞을 혼
氵(水)부 / 총 11획

- 混亂혼란 뒤죽박죽이 되어 어지럽고 질서가 없음 ▶亂(어지러울 란)
- 混線혼선 전신·전화·무선 통신 따위에서, 선이 서로 닿거나 전파가 뒤섞여 통신이 엉클어지는 일 ▶線(줄 선)
- 混合혼합 混宿혼숙 交通混雜교통혼잡

294 紅 붉을 홍
糸부 / 총 9획

- 紅顔홍안 붉은 얼굴이라는 뜻으로, 젊어서 혈색이 좋은 얼굴을 이르는 말 ▶顔(낯 안)
- 粉紅분홍 진달래꽃의 빛깔과 같이 엷게 붉은 색 ▶粉(가루 분)
- 紅茶홍차 차의 하나 ▶茶(차 차)
- 同價紅裳동가홍상

295 華 빛날 화
艹(艸)부 / 총 12획

- 華麗화려 환하게 빛나며 곱고 아름다움 ▶麗(고울 려)
- 昇華승화 어떤 현상이 더 높은 상태로 전환되는 일 ▶昇(오를 승)
- 華燭화촉 繁華街번화가 中華民國중화민국 富貴榮華부귀영화

296 歡 기쁠 환
欠부 / 총 22획

- 歡迎환영 오는 사람을 기쁜 마음으로 반갑게 맞음 ▶迎(맞을 영)
- 歡待환대 반갑게 맞이 정성껏 후하게 대접함 ▶待(대접할 대)
- 歡心환심 歡談환담 哀歡애환 歡呼聲환호성 滿心歡喜만심환희

297 厚 두터울 후
厂부 / 총 9획

- 厚德후덕 덕이 후함 ▶德(덕 덕)
- 厚生후생 사람들의 생활을 넉넉하고 윤택하게 하는 일 ▶生(날 생)
- 厚謝후사 후하게 사례함 ▶謝(사례할 사)
- 厚待후대 重厚중후 仁厚인후 利用厚生이용후생 厚顔無恥후안무치

298 胸 가슴 흉
月(肉)부 / 총 10획

- 胸像흉상 사람의 모습을 가슴까지만 표현한 그림이나 조각 ▶像(형상 상)
- 胸部흉부 가슴 ▶部(떼 부)
- 胸腹흉복 가슴과 배를 아울러 이르는 말 ▶腹(배 복)
- 胸圍흉위 胸背흉배 單虎胸背단호흉배

299 黑 검을 흑
黑부 / 총 12획

- 黑色흑색 검은색 ▶色(빛 색)
- 黑鉛흑연 순수한 탄소로 이루어진 광물의 하나 ▶鉛(납 연)
- 黑死病흑사병 黑白論理흑백논리 近墨者黑근묵자흑

300 喜 기쁠 희
口부 / 총 12획

- 喜劇희극 웃음을 주조로 하여 인간과 사회의 문제점을 경쾌하고 흥미 있게 다룬 연극이나 극 형식 ▶劇(연극 극)
- 喜悲희비 기쁨과 슬픔을 아울러 이르는 말 ▶悲(슬플 비)
- 歡喜환희 喜消息희소식 喜怒哀樂희로애락

쪽지시험

※ 다음 한자어(漢字語)와 발음(發音)이 같은 한자어는 어느 것입니까?

1 　　　　許可　　　　
① 免除 ② 認可 ③ 祝歌 ④ 定價 ⑤ 虛假

2 　　　　精華　　　　
① 淨化 ② 開花 ③ 談話 ④ 財貨 ⑤ 停車

풀이

1 허가
① 면제 ② 인가 ③ 축가 ④ 정가 ⑤ 허가

2 정화
① 정화 ② 개화 ③ 담화 ④ 재화 ⑤ 정차

답 1. ⑤ | 2. ①

상공회의소 한자시험 중급 기본서 3급

한자 익히기

3급 배정한자(900자)

상공회의소 한자시험 중급 기본서 3급

001 架 (木부, 총 9획) 시렁 가
- 架橋가교 다리를 놓음 ▶ 橋(다리 교)
- 架設가설 전깃줄이나 전화선, 교량 따위를 공중에 건너질러 설치함 ▶ 設(베풀 설)
- 書架서가 문서나 책 따위를 얹어 두거나 꽂아 두도록 만든 선반 ▶ 書(글 서)
- 架空人物가공인물 高架道路고가도로

002 暇 (日부, 총 13획) 겨를 가
- 餘暇여가 일이 없어 한가로운 시간 ▶ 餘(남을 여)
- 閑暇한가 겨를이 생겨 여유가 있음 ▶ 閑(한가할 한)
- 公暇공가 病暇병가 餘暇善用여가선용 出産休暇출산휴가

003 却 (卩부, 총 7획) 물리칠 각
- 冷却냉각 식어서 차게 됨 ▶ 冷(찰 랭)
- 忘却망각 어떤 사실을 잊어버림 ▶ 忘(잊을 망)
- 賣却매각 물건을 팔아 버림 ▶ 賣(팔 매)
- 退却퇴각 뒤로 물러감 ▶ 退(물러날 퇴)
- 棄却기각 燒却소각 減價償却감가상각

004 閣 (門부, 총 14획) 집 각
- 閣僚각료 한 나라의 내각을 구성하는 각 장관 ▶ 僚(동료 료)
- 樓閣누각 사방을 바라볼 수 있도록 문과 벽이 없이 다락처럼 높이 지은 집 ▶ 樓(다락 루)
- 鐘閣종각 內閣내각 砂上樓閣사상누각

005 覺 (見부, 총 20획) 깨달을 각
- 覺悟각오 앞으로 해야 할 일이나 겪을 일에 대한 마음의 준비 ▶ 悟(깨달을 오)
- 錯覺착각 어떤 사물이나 사실을 실제와 다르게 지각하거나 생각함 ▶ 錯(섞일 착)
- 發覺발각 自覺자각 觸覺촉각 無感覺무감각 視聽覺시청각

006 刻 (刂(刀)부, 총 8획) 새길/시각 각
- 刻印각인 도장을 새김 ▶ 印(도장 인)
- 深刻심각 상태나 정도가 매우 깊고 중대함 ▶ 深(깊을 심)
- 遲刻지각 정해진 시각보다 늦게 출근하거나 등교함 ▶ 遲(더딜 지)
- 刻薄각박 浮刻부각 刻骨難忘각골난망

007 刊 (刂(刀)부, 총 5획) 새길 간
- 發刊발간 책, 신문, 잡지 따위를 만들어 냄 ▶ 發(필 발)
- 廢刊폐간 신문, 잡지 따위의 간행을 폐지함 ▶ 廢(폐할 폐)
- 新刊신간 出刊출간 刊行物간행물 創刊號창간호 萬世不刊만세불간

008 肝 (月(肉)부, 총 7획) 간 간
- 肝炎간염 간에 생기는 염증을 통틀어 이르는 말 ▶ 炎(불꽃 염)
- 肝油간유 명태, 대구, 상어 따위 물고기의 간장에서 뽑아낸 지방유 ▶ 油(기름 유)
- 肝腸간장 간과 창자 ▶ 腸(창자 장)
- 肝腦간뇌 九曲肝腸구곡간장

009 幹 (干부, 총 13획) 줄기 간
- 幹部간부 기관이나 조직체 따위의 중심이 되는 자리에서 책임을 맡거나 지도하는 사람 ▶ 部(떼 부)
- 幹事간사 일을 맡아 주선하고 처리함 ▶ 事(일 사)
- 幹線道路간선도로 基幹産業기간산업

010 簡 (竹부, 총 18획) 대쪽/가릴 간
- 簡紙간지 두껍고 품질이 좋은 편지지 ▶ 紙(종이 지)
- 簡擇간택 여럿 가운데에서 골라냄 ▶ 擇(가릴 택)
- 簡便간편 간단하고 편리함 ▶ 便(편할 편)
- 簡潔간결 簡單간단

죽간(竹簡)

竹(대 죽), 簡(대쪽 간)

2세기 초엽에 종이가 발명되기 전까지 가죽이나 비단 또는 나무 등을 이용하여 글씨를 썼는데, 그 중에 가장 많이 사용된 재료가 바로 대나무를 엮어 만든 죽간이다. 죽간은 20~25cm이며 너비는 단 몇 cm로 세로로 한 줄밖에는 못 쓰기 때문에 여러 장을 합쳐서 가죽 또는 비단 끈으로 묶어서 편철(編綴)했다. 이것을 책(冊) 또는 책(策)이라 불렀는데, 무게가 무거워서 이동이 불편한 단점이 있었다. 죽간을 만들기 위해서는 우선 대나무 마디 사이 부분을 세로로 쪼개 대나무 패를 만들고, 이 패를 불에 쬐어 기름을 빼내는 작업을 거쳤다. 이는 글씨를 잘 쓸 수 있게 만들고, 벌레 먹는 것을 막기 위한 목적이었다.

3급 배정한자

011 女부 총 9획 — 姦 간음할 간
姦淫간음 부부가 아닌 남녀가 성 관계를 맺음 ▶淫(음란할 음)
姦通간통 결혼하여 배우자가 있는 사람이 배우자가 아닌 사람과 성적 관계를 맺음 ▶通(통할 통)
姦所捕獲간소포획 近親相姦근친상간

012 心부 총 17획 — 懇 간절할 간
懇曲간곡 태도나 자세 따위가 간절하고 정성스러움 ▶曲(굽을 곡)
懇切간절 정성이나 마음 씀씀이가 더없이 정성스럽고 지극함 ▶切(끊을 절)
懇請간청 간절히 청함 ▶請(청할 청)
懇求간구 懇誠간성 懇談會간담회

013 皿부 총 14획 — 監 볼 감
監督감독 일이나 사람 따위가 잘못되지 아니하도록 살피어 단속함 ▶督(감독할 독)
監察감찰 단체의 규율과 구성원의 행동을 감독하여 살핌 ▶察(살필 찰)
監禁감금 監視감시 監獄감옥 校監교감 敎育監교육감 國政監査국정감사

014 金부 총 22획 — 鑑 거울 감
鑑賞감상 주로 예술 작품을 이해하여 즐기고 평가함 ▶賞(상줄 상)
鑑定감정 사물의 특성이나 참과 거짓, 좋고 나쁨을 분별하여 판정함 ▶定(정할 정)
鑑識감식 龜鑑귀감 印鑑인감 鑑別師감별사 東醫寶鑑동의보감

015 广부 총 11획 — 康 편안할 강
康健강건 몸이나 기력이 실하고 튼튼함 ▶健(굳셀 건)
健康건강 정신적으로나 육체적으로 아무 탈이 없고 튼튼함 ▶健(굳셀 건)
康衢煙月강구연월 健康診斷건강진단 壽福康寧수복강녕

016 刂(刀)부 총 10획 — 剛 굳셀 강
剛健강건 몸이나 기력이 실하고 튼튼함 ▶健(굳셀 건)
剛斷강단 굳세고 꿋꿋하게 견디어 내는 힘 ▶斷(끊을 단)
剛柔강유 剛直강직 金剛山금강산 剛木水生강목수생 外柔內剛외유내강

017 金부 총 16획 — 鋼 강철 강
鋼管강관 강철로 만든 관 ▶管(대롱 관)
鋼鐵강철 탄소의 함유량이 0.035~1.7%인 철 ▶鐵(쇠 철)
鋼板강판 강철로 만든 철판 ▶板(널 판)
製鋼제강 鐵鋼철강 炭素鋼化法탄소강화법

018 糸부 총 14획 — 綱 벼리 강
綱領강령 일의 근본이 되는 큰 줄거리 ▶領(거느릴 령)
大綱대강 자세하지 않은, 기본적인 부분만을 따 낸 줄거리 ▶大(큰 대)
要綱요강 政綱정강 紀綱確立기강확립 夫爲婦綱부위부강 三綱五倫삼강오륜

019 人부 총 4획 — 介 낄 개
介入개입 자신과 직접적인 관계가 없는 일에 끼어듦 ▶入(들 입)
仲介중개 제삼자로서 두 당사자 사이에 서서 일을 주선함 ▶仲(버금 중)
介在개재 紹介소개 媒介體매개체 民事仲介人민사중개인

020 忄(心)부 총 14획 — 慨 슬퍼할 개
慨歎개탄 분하거나 못마땅하게 여겨 한탄함 ▶歎(탄식할 탄)
憤慨분개 몹시 분하게 여김 ▶憤(분할 분)
悲慨비개 슬퍼하고 개탄함 ▶悲(슬플 비)
慨世개세 感慨無量감개무량

쪽지시험

※ 다음 단어들의 □ 안에 공통으로 들어갈 알맞은 한자는 어느 것입니까?

1. 休□, 餘□, 病□
   ① 息   ② 興   ③ 院   ④ 暇   ⑤ 伸

2. 校□, □視, □察
   ① 庭   ② 無   ③ 康   ④ 警   ⑤ 監

풀이
1 休暇(휴가), 餘暇(여가), 病暇(병가)
2 校監(교감), 監視(감시), 監察(감찰)

답 1.④ | 2.⑤

021 木부 총 15획 概 대개/절개 개	概念개념 어떤 사물 현상에 대한 일반적인 지식 ▶念(생각 념) 概論개론 내용을 대강 추려서 서술함 ▶論(논할 론) 概括개괄 概略개략 概要개요 氣槪기개 大概대개 節槪절개	022 ++(艸)부 총 14획 蓋 덮을/대개 개	蓋石개석 뚜껑돌 ▶石(돌 석) 頭蓋骨두개골 척추동물의 머리를 이루는 뼈를 통틀어 이르는 말 ▶頭(머리 두), 骨(뼈 골) 蓋瓦개와 蓋然性개연성 覆蓋工事복개공사 冠蓋相望관개상망
023 足부 총 12획 距 떨어질 거	距離거리 두 개의 물건이나 장소 따위가 공간적으로 떨어진 길이 ▶離(떠날 리) 長距離장거리 시간이 꽤 걸리는 먼 거리 ▶長(길 장), 離(떠날 리) 射程距離사정거리 短距離競走단거리경주 等距離外交등거리외교	024 扌(手)부 총 8획 拒 막을 거	拒否거부 요구나 제의 따위를 받아들이지 않고 물리침 ▶否(아닐 부) 拒逆거역 윗사람의 명령이나 뜻을 어김 ▶逆(거스릴 역) 拒絶거절 抗拒항거 拒否權거부권 拒否反應거부반응
025 扌(手)부 총 16획 據 근거 거	證據증거 어떤 사실을 증명할 수 있는 근거 ▶證(증거 증) 據點거점 어떤 활동의 근거가 되는 중요한 지점 ▶點(점 점) 根據근거 占據점거 依據의거 準據준거 群雄割據군웅할거	026 亻(人)부 총 11획 健 굳셀 건	健康건강 정신적으로나 육체적으로 아무 탈이 없고 튼튼함 ▶康(편안할 강) 健全건전 병이나 탈이 없이 건강하고 온전함 ▶全(온전 전) 健實건실 健在건재 健鬪건투 康健강건 健忘症건망증 保健所보건소
027 亻(人)부 총 6획 件 물건 건	物件물건 일정한 형체를 갖춘 모든 물질적 대상 ▶物(물건 물) 事件사건 사회적으로 문제를 일으키거나 주목을 받을 만한 뜻밖의 일 ▶事(일 사) 條件조건 用件용건 案件안건 人件費인건비 事事件件사사건건	028 亻(人)부 총 12획 傑 뛰어날 걸	傑作걸작 매우 훌륭한 작품 ▶作(지을 작) 傑物걸물 뛰어난 물건 ▶物(물건 물) 女傑여걸 용기가 뛰어나고 기개와 풍모가 있는 여자 ▶女(계집 녀) 傑出걸출 俊傑준걸 英雄豪傑영웅호걸
029 乙부 총 3획 乞 빌 걸	乞人걸인 거지 ▶人(사람 인) 求乞구걸 돈이나 곡식, 물건 따위를 거저 달라고 빎 ▶求(구할 구) 乞食걸식 음식 따위를 빌어먹음 ▶食(밥 식) 哀乞伏乞애걸복걸 門前乞食문전걸식	030 亻(人)부 총 15획 儉 검소할 검	儉素검소 사치하지 않고 꾸밈없이 수수함 ▶素(본디 소) 儉約검약 돈이나 물건, 자원 따위를 낭비하지 않고 아껴 씀 ▶約(절약할 약) 儉朴검박 淸儉청검 勤儉節約근검절약

견강부회(牽强附會)

牽(끌 견), 强(굳셀 강), 附(붙을 부), 會(모일 회)

전혀 가당치도 않은 말이나 주장을 억지로 끌어다 붙여 조건이나 이치에 맞추려고 하는 것을 비유하는 말이다. 지나치게 자신의 의견만을 고집하면서 다른 사람들의 견해에는 전혀 귀를 기울이지 않는 사람을 가리킬 때 자주 쓰는 표현이다. 이와 유사한 뜻을 가진 한자어로는 아전인수(我田引水), 수석침류(漱石枕流), 추주어륙(推舟於陸), 영서연설(郢書燕說) 등이 있다. 우리나라 속담으로는 가당치도 않은 의견을 끝까지 주장한다는 '채반이 용수가 되게 우긴다.'라는 말이나 무리한 일을 억지로 한다는 '홍두깨로 소를 몬다.'는 말이 견강부회와 상통하는 표현들이다.

3급 배정한자

031 刂(刀)부 총 15획 劍 칼 검	劍道검도 죽도로 상대편을 치거나 찌르러서 얻은 점수로 승패를 겨루는 운동 경기 ▶道(길 도) 劍客검객 칼 쓰기 기술에 능한 사람 ▶客(손 객) 刻舟求劍각주구검

032 木부 총 17획 檢 검사할 검	檢討검토 어떤 사실이나 내용을 분석하여 따짐 ▶討(칠 토) 檢閱검열 어떤 행위나 사업 따위를 살펴 조사하는 일 ▶閱(볼 열) 檢事검사 檢證검증 點檢점검 檢疫所검역소 檢問檢索검문검색

033 木부 총 10획 格 격식 격	體格체격 몸의 골격 ▶體(몸 체) 格言격언 오랜 역사적 생활 체험을 통하여 이루어진 인생에 대한 교훈이나 경계 따위를 간결하게 표현한 짧은 글 ▶言(말씀 언) 合格합격 資格자격 規格규격 嚴格엄격

034 手부 총 17획 擊 칠 격	擊沈격침 배를 공격하여 가라앉힘 ▶沈(잠길 침) 擊破격파 단단한 물체를 손이나 발 따위로 쳐서 깨뜨림 ▶破(깨뜨릴 파) 攻擊공격 衝擊충격 打擊타격 射擊사격 遊擊手유격수 鼓腹擊壤고복격양

035 氵(水)부 총 16획 激 격할 격	激鬪격투 세차게 싸움 ▶鬪(싸움 투) 激論격론 몹시 세차고 사나운 논쟁 ▶論(논할 론) 激突격돌 세차게 부딪침 ▶突(갑자기 돌) 激烈격렬 感激감격 過激과격 急激급격 自激之心자격지심

036 阝(阜)부 총 13획 隔 사이 뜰 격	隔差격차 빈부, 임금, 기술 수준 따위가 서로 벌어져 다른 정도 ▶差(다를 차) 隔離격리 다른 것과 통하지 못하게 사이를 막거나 떼어 놓음 ▶離(떠날 리) 隔年격년 間隔간격 遠隔원격 懸隔현격 隔世之感격세지감

037 糸부 총 13획 絹 비단 견	絹絲견사 깁이나 비단을 짜는 명주실 ▶絲(실 사) 絹布견포 비단 ▶布(베 포) 絹綿견면 비단과 무명 ▶綿(솜 면) 人造絹인조견 絹織物견직물 隻紙斷絹척지단견 領絹殘墨영견잔묵

038 月(肉)부 총 8획 肩 어깨 견	肩骨견골 어깨뼈 ▶骨(뼈 골) 肩章견장 군인, 경찰관 등이 제복의 어깨에 붙이는 직위나 계급을 밝히는 표장 ▶章(글 장) 肩頭견두 어깨 ▶頭(머리 두) 肩部견부 比肩비견 兩肩양견

039 辶(辵)부 총 14획 遣 보낼 견	派遣파견 일정한 임무를 주어 사람을 보냄 ▶派(갈래 파) 分遣분견 구성원의 일부를 떼 내어서 보냄 ▶分(나눌 분) 差遣차견 先遣선견 情恕理遣정서이견

040 牛부 총 11획 牽 이끌 견	牽制견제 일정한 작용을 가함으로써 상대편이 지나치게 세력을 펴거나 자유롭게 행동하지 못하게 억누름 ▶制(마를 제) 牽聯견련 서로 얽히어 관계를 가짐 ▶聯(연이을 련) 牽引車견인차 牽牛織女견우직녀

쪽지시험

※ 다음 성어에서 □ 안에 들어갈 알맞은 한자는 어느 것입니까?

1 □蜜腹□
① 權 ② 概 ③ 劍 ④ 據 ⑤ 檢

2 □强附會
① 健 ② 牽 ③ 傑 ④ 擊 ⑤ 遣

풀이

1 □蜜腹劍(구밀복검) : 입에는 꿀이 있고 배 속에는 칼이 있다는 뜻으로, 말로는 친한 듯하나 속으로는 해칠 생각이 있음을 이르는 말

2 牽强附會(견강부회) : 이치에 맞지 않는 말을 억지로 끌어 붙여 자기에게 유리하게 함

답 1. ③ | 2. ②

041 缺 이지러질 결
缶부 / 총 10획

缺點결점 잘못되거나 부족하여 완전하지 못한 점 ▶點(점 점)
缺勤결근 근무해야 할 날에 출근하지 않고 빠짐 ▶勤(부지런할 근)
缺陷결함 缺如결여 缺格事由결격사유 缺損家庭결손가정

042 兼 겸할 겸
八부 / 총 10획

兼用겸용 한 가지를 여러 가지 목적으로 씀 ▶用(쓸 용)
兼職겸직 자기의 본디 직무 외에 다른 직무를 겸함 ▶職(벼슬 직)
兼床겸상 兼業겸업 兼備겸비 兼任겸임 兼人之勇겸인지용 剛柔兼全강유겸전

043 謙 겸손할 겸
言부 / 총 17획

謙虛겸허 스스로 자신을 낮추고 비우는 태도가 있음 ▶虛(빌 허)
謙稱겸칭 자신을 낮추어 겸손하게 이름 ▶稱(일컬을 칭)
謙辭겸사 겸손하게 사양함 ▶辭(사양할 사)
謙廉겸렴 謙讓之德겸양지덕

044 竟 마침내 경
호부 / 총 11획

畢竟필경 끝장에 가서는 ▶畢(마칠 필)
究竟구경 가장 지극한 깨달음 ▶究(연구할 구)
竟境경경 사물이 어떠한 기준에 의하여 분간되는 한계 ▶境(지경 경)
究竟不淨구경부정

045 境 지경 경
土부 / 총 14획

環境환경 생물에게 직접·간접으로 영향을 주는 자연적 조건이나 사회적 상황 ▶環(고리 환)
國境국경 나라와 나라의 영역을 가르는 경계 ▶國(나라 국)
逆境역경 境界線경계선 漸入佳境점입가경

046 鏡 거울 경
金부 / 총 19획

眼鏡안경 시력이 나쁜 눈을 잘 보이게 하기 위하여나 바람, 먼지, 강한 햇빛 따위를 막기 위하여 눈에 쓰는 물건 ▶眼(눈 안)
破鏡파경 깨어진 거울 ▶破(깨뜨릴 파)
水鏡수경 鏡臺경대 顯微鏡현미경 望遠鏡망원경 明鏡止水명경지수

047 頃 이랑/잠깐 경
頁부 / 총 11획

頃刻경각 눈 깜빡할 사이 ▶刻(시각 각)
食頃식경 밥을 먹을 동안이라는 뜻으로, 잠깐 동안을 이르는 말 ▶食(밥 식)
間頃간경 지나간 얼마 동안의 가까운 때 ▶間(사이 간)
萬頃蒼波만경창파 命在頃刻명재경각

048 傾 기울 경
亻(人)부 / 총 13획

傾度경도 기울어진 정도 ▶度(정도 도)
傾向경향 현상이나 사상, 행동 따위가 어떤 방향으로 기울어짐 ▶向(향할 향)
左傾좌경 왼쪽으로 기울어짐 ▶左(왼 좌)
傾斜경사 右傾우경 傾斜路경사로 傾國之色경국지색 傾向文學경향문학

049 硬 굳을 경
石부 / 총 12획

硬度경도 굳기 ▶度(정도 도)
硬直경직 몸 따위가 굳어서 뻣뻣하게 됨 ▶直(곧을 직)
硬化경화 물건이나 몸의 조직 따위가 단단하게 굳어짐 ▶化(될 화)
硬質경질 強硬策강경책 肝硬變症간경변증

050 警 경계할 경
言부 / 총 20획

警戒경계 뜻밖의 사고가 생기지 않도록 조심하여 단속함 ▶戒(경계할 계)
警告文경고문 경고하는 글 ▶告(고할 고), 文(글월 문)
警察署경찰서 警覺心경각심 警備員경비원 空襲警報공습경보

월계수(月桂樹)

月(달 월), 桂(계수나무 계), 樹(나무 수)

태양의 신인 아폴로는 사랑의 신 에로스의 화살을 맞고 아름다운 님프인 다프네를 사랑하게 된다. 그러나 사랑을 거부하는 화살을 맞은 다프네는 아폴로를 피해 도망친다. 자신의 뒤를 쫓는 아폴로를 피해 도망치던 다프네는 강가에 이르러 아버지인 강의 신 페네이오스에게 호소를 하고, 그 호소를 들은 페네이오스는 그녀를 월계수 나무로 바꿔버렸다. 아폴로는 월계수로 변한 다프네에게 "나의 나무가 되게 해서 리라와 화살 통을 장식하리라. 그리고 위대한 로마의 장군들이 개선 행진을 할 때 그들의 이마에 그대의 잎으로 엮은 왕관을 씌우리라. 그대는 항상 푸를 것이며, 그 잎은 시들 줄 모르도록 해주리라."라고 말했다.

《그리스·로마 신화》

3급 배정한자

051 徑 (彳부, 총 10획) 지름길 경
- 直徑직경 지름 ▶直(곧을 직)
- 口徑구경 원통 모양으로 된 물건의 아가리의 지름 ▶口(입 구)
- 徑輪경륜 지름과 둘레를 아울러 이르는 말 ▶輪(바퀴 륜)
- 行動半徑행동반경

052 卿 (卩부, 총 12획) 벼슬 경
- 卿等경등 임금이 신하들을 가리키던 이인칭 대명사 ▶等(무리 등)
- 六卿육경 육조 판서 ▶六(여섯 륙)
- 卿宰경재 재상 ▶宰(재상 재)
- 卿相경상 名公巨卿명공거경 卿士大夫경사대부 王公巨卿왕공거경

053 系 (糸부, 총 7획) 이을 계
- 系列계열 서로 관련이 있거나 유사한 점이 있어서 한 갈래로 이어지는 계통이나 조직 ▶列(벌일 렬)
- 系譜계보 조상 때부터 내려오는 혈통과 집안의 역사를 적은 책 ▶譜(족보 보)
- 系統계통 體系的체계적 母系社會모계사회

054 係 (亻(人)부, 총 9획) 맬 계
- 係數계수 하나의 수량을 여러 양의 다른 함수로 나타내는 관계식에서, 물질의 종류에 따라 달라지는 비례 상수 ▶數(셈 수)
- 係長계장 계 단위 조직을 감독하는 직책 ▶長(어른 장)
- 係員계원 關係관계 因果關係인과관계

055 戒 (戈부, 총 7획) 경계할 계
- 警戒경계 뜻밖의 사고가 생기지 않도록 조심하여 단속함 ▶警(경계할 경)
- 懲戒징계 허물이나 잘못을 뉘우치도록 나무라며 경계함 ▶懲(징계할 징)
- 訓戒훈계 戒律계율 戒嚴令계엄령 一罰百戒일벌백계

056 械 (木부, 총 11획) 기계 계
- 機械기계 동력을 써서 움직이거나 일을 하는 장치 ▶機(틀 기)
- 器械기계 연장, 연모, 그릇, 기구 따위를 통틀어 이르는 말 ▶器(그릇 기)
- 農機械농기계 器械體操기계체조 精密機械정밀기계 機械之心기계지심

057 繼 (糸부, 총 20획) 이을 계
- 繼承계승 조상의 전통이나 문화유산, 업적 따위를 물려받아 이어 나감 ▶承(이을 승)
- 繼續계속 끊이지 않고 이어 나감 ▶續(이을 속)
- 繼母계모 의붓어머니 ▶母(어미 모)
- 中繼중계 繼走競技계주경기

058 契 (大부, 총 9획) 맺을 계
- 契約계약 관련되는 사람이나 조직체 사이에서 서로 지켜야 할 의무에 대하여 글이나 말로 정하여 둠 ▶約(맺을 약)
- 家契가계 조선시대에, 한성부에서 발부하던 집문서 ▶家(집 가)
- 券契권계 墨契묵계 契機계기 親睦契친목계

059 桂 (木부, 총 10획) 계수나무 계
- 桂樹계수 계수나무 ▶樹(나무 수)
- 桂皮계피 계수나무 껍질을 한방에서 이르는 말 ▶皮(가죽 피)
- 桂林계림 계수나무로 이루어진 숲 ▶林(수풀 림)
- 月桂冠월계관

060 啓 (口부, 총 11획) 열 계
- 啓蒙계몽 지식 수준이 낮거나 인습에 젖은 사람을 가르쳐서 깨우침 ▶蒙(어두울 몽)
- 啓示계시 깨우쳐 보여 줌 ▶示(보일 시)
- 啓導계도 남을 깨치어 이끌어 줌 ▶導(인도할 도)
- 謹啓근계 狀啓장계 自己啓發자기계발

쪽지시험

※ 다음 음(音)을 가진 한자는 어느 것입니까?

1. 경
① 針 ② 銀 ③ 鑑 ④ 錢 ⑤ 鏡

2. 계
① 斷 ② 聯 ③ 繼 ④ 關 ⑤ 淑

풀이
1 ①침 ②은 ③감 ④전 ⑤경
2 ①단 ②련 ③계 ④관 ⑤숙

답 1. ⑤ | 2. ③

061 階
阜(阝)부 / 총 12획 / 섬돌 계

- 階段계단 사람이 오르내리기 위하여 건물이나 비탈에 만든 층층대 ▶段(층계 단)
- 階層계층 사회적 지위가 비슷한 사람들의 층 ▶層(층 층)

段階단계 音階음계 有産階級유산계급 位階秩序위계질서

062 繫
糸부 / 총 19획 / 맬 계

- 繫留계류 일정한 곳을 벗어나지 못하도록 밧줄 같은 것으로 붙잡아 매어 놓음 ▶留(머무를 류)
- 繫屬계속 소속하여 매임 ▶屬(무리 속)
- 連繫연계 잇따라 맴 ▶連(이을 련)

繫泊계박 繫留場계류장

063 枯
木부 / 총 9획 / 마를 고

- 枯渴고갈 물이 말라서 없어짐 ▶渴(목마를 갈)
- 枯死고사 나무나 풀 따위가 말라 죽음 ▶死(죽을 사)
- 枯葉고엽 마른 잎 ▶葉(잎 엽)

枯木고목 榮枯盛衰영고성쇠

064 姑
女부 / 총 8획 / 시어미/잠시 고

- 姑婦고부 시어머니와 며느리를 아울러 이르는 말 ▶婦(며느리 부)
- 姑息고식 잠시 숨을 쉰다는 뜻으로, 당장에는 탈이 없고 편안함을 비유적으로 이르는 말 ▶息(쉴 식)

姑從四寸고종사촌 姑息之計고식지계

065 庫
广부 / 총 10획 / 곳집 고

- 金庫금고 화재나 도난을 막기 위하여 돈, 귀중한 서류, 귀중품 따위를 간수하여 보관하는 데 쓰는 궤 ▶金(쇠 금)
- 寶庫보고 귀중한 물건을 간수해 두는 창고 ▶寶(보배 보)

冷藏庫냉장고 火藥庫화약고 文庫版문고판

066 孤
子부 / 총 8획 / 외로울 고

- 孤獨고독 세상에 홀로 떨어져 있는 듯이 매우 외롭고 쓸쓸함 ▶獨(홀로 독)
- 孤立고립 다른 사람과 어울리어 사귀지 아니하거나 도움을 받지 못하여 외톨이로 됨 ▶立(설 립)

孤立無援고립무원 孤掌難鳴고장난명

067 鼓
鼓부 / 총 13획 / 북 고

- 鼓動고동 피의 순환을 위하여 뛰는 심장의 운동 ▶動(움직일 동)
- 法鼓법고 절에서 예불할 때나 의식을 거행할 때에 치는 큰 북 ▶法(법 법)

鼓手고수 申聞鼓신문고 勝戰鼓승전고 鼓腹擊壤고복격양

068 稿
禾부 / 총 15획 / 원고/볏짚 고

- 原稿원고 인쇄하거나 발표하기 위하여 쓴 글이나 그림 따위 ▶原(근원 원)
- 投稿투고 의뢰를 받지 아니한 사람이 신문이나 잡지 따위에 실어 달라고 원고를 써서 보냄 ▶投(던질 투)

脫稿탈고 寄稿기고 遺稿유고 原稿紙원고지

069 顧
頁부 / 총 21획 / 돌아볼 고

- 顧客고객 상점 따위에 물건을 사러 오는 손님 ▶客(손 객)
- 顧問고문 의견을 물음 ▶問(물을 문)
- 回顧회고 뒤를 돌아다봄 ▶回(돌아올 회)

四顧無親사고무친 顧命大臣고명대신 伯樂一顧백락일고

070 哭
口부 / 총 10획 / 울 곡

- 哭聲곡성 곡소리 ▶聲(소리 성)
- 鬼哭귀곡 사람의 죽은 넋이 밤에 우는 울음 ▶鬼(귀신 귀)

痛哭통곡 哭泣곡읍 弔哭조곡 號哭聲호곡성 大聲痛哭대성통곡 朝夕哭泣조석곡읍

한자별곡 — 자명고(自鳴鼓)

自(스스로 자), 鳴(울 명), 鼓(북 고)

낙랑에 있었던 북으로 침입하면 저절로 울렸다고 전해지는 전설의 북이다.

대무신왕의 아들인 호동은 총명하여 아버지의 총애를 받았다. 그러던 어느 날 옥저(沃沮)로 사냥을 나갔다가 낙랑태수 최리(崔理)의 딸인 낙랑공주와 사랑에 빠지고 만다. 자명고로 인해 낙랑을 정벌하기 어려웠던 호동은 낙랑공주에게 자명고를 찢어 달라 부탁한다. 그녀는 호동의 부탁대로 자명고를 부수어 고구려 군대가 낙랑을 정벌하도록 돕는다. 이러한 사실을 알게 된 최리는 딸을 죽인 후 고구려 군에 항복한다. 호동은 낙양 정벌에 성공하지만 원비(元妃)의 참소와 공주에 대한 사랑의 번민으로 결국 자살한다.

《삼국사기》

3급 배정한자

071 孔 子부 총 4획 구멍 공	孔子공자 중국 춘추 시대의 사상가·학자 ▶子(아들 자) 氣孔기공 숨구멍 ▶氣(기운 기) 毛孔모공 털구멍 ▶毛(털 모) 鼻孔비공 九孔炭구공탄 骨多孔症골다공증 孔懷兄弟공회형제

072 供 亻(人)부 총 8획 이바지할 공	供給공급 요구나 필요에 따라 물품 따위를 제공함 ▶給(줄 급) 供與공여 어떤 물건이나 이익 따위를 상대편에게 돌아가도록 함 ▶與(줄 여) 供覽공람 관람하게 함 ▶覽(볼 람) 提供제공 佛供불공 供養米공양미

073 恭 忄(心)부 총 10획 공손할 공	恭祝공축 공손히 축하함 ▶祝(빌 축) 恭待공대 공손하게 잘 대접함 ▶待(대접할 대) 恭勤공근 공손하고 부지런함 ▶勤(부지런할 근) 過恭非禮과공비례 恭敬之禮공경지례

074 攻 攵(攴)부 총 7획 칠 공	攻擊공격 나아가 적을 침 ▶擊(칠 격) 攻守공수 공격과 수비를 아울러 이르는 말 ▶守(지킬 수) 攻勢공세 공격하는 태세 ▶勢(형세 세) 攻掠공략 速攻속공 專攻전공 難攻不落난공불락

075 恐 心부 총 10획 두려울 공	恐龍공룡 중생대 쥐라기와 백악기에 걸쳐 번성하였던 거대한 파충류를 통틀어 이르는 말 ▶龍(용 룡) 可恐가공 두려워하거나 놀랄 만함 ▶可(옳을 가) 恐水病공수병

076 貢 貝부 총 10획 바칠 공	貢納공납 백성이 그 지방에서 나는 특산물을 조정에 바치던 일 ▶納(들일 납) 朝貢조공 종속국이 종주국에 때를 맞추어 예물을 바치던 일 ▶朝(아침 조) 貢獻공헌 貢價공가 貢物공물 貢納공납 代貢收米法대공수미법

077 寡 宀부 총 14획 적을 과	寡默과묵 말이 적고 침착함 ▶默(잠잠할 묵) 寡慾과욕 욕심이 적음 ▶慾(욕심 욕) 寡婦과부 홀어미 ▶婦(며느리 부) 獨寡占독과점 寡頭政治과두정치 衆寡不敵중과부적 供給寡占공급과점

078 誇 言부 총 13획 자랑할 과	誇張과장 사실보다 지나치게 불려서 나타냄 ▶張(베풀 장) 誇示과시 자랑하여 보임 ▶示(보일 시) 誇大과대 작은 것을 큰 것처럼 과장함 ▶大(큰 대) 誇大妄想과대망상 誇大廣告과대광고

079 郭 阝(邑)부 총 11획 성곽 곽	郭公곽공 뻐꾸기 ▶公(공평할 공) 城郭성곽 내성과 외성을 통틀어 이르는 말 ▶城(성 성) 外郭외곽 바깥 테두리 ▶外(바깥 외) 郭內곽내 어떤 구역의 안 ▶內(안 내) 一郭일곽 郭覺先生곽각선생

080 館 食부 총 17획 집 관	公館공관 정부의 고위 관리가 공적으로 쓰는 저택 ▶公(공평할 공) 本館본관 주가 되는 기관이나 건물을 별관이나 분관에 상대하여 이르는 말 ▶本(근본 본) 別館별관 博物館박물관 圖書館도서관

쪽지시험

상공회의소 한자
중급 3, 4, 5급

※ 다음 한자(漢字)와 음(音)이 같은 한자는 어느 것입니까?

1 孤

① 戈 ② 兆 ③ 觀 ④ 顧 ⑤ 郭

2 攻

① 恭 ② 製 ③ 執 ④ 擊 ⑤ 混

풀이

1 孤(외로울 고)
① 과 ② 조 ③ 관 ④ 고 ⑤ 곽

2 攻(칠 공)
① 공 ② 제 ③ 집 ④ 격 ⑤ 혼

답 1. ④ | 2. ①

081 竹부 총 14획 管 대롱/주관할 관	管理관리 어떤 일의 사무를 맡아 처리함 ▶理(다스릴 리) 保管보관 물건을 맡아서 간직하고 관리함 ▶保(지킬 보) 管制塔관제탑 木管樂器목관악기 管中之天관중지천 閑事莫管한사막관	082 貝부 총 11획 貫 꿸 관	貫徹관철 어려움을 뚫고 나아가 목적을 기어이 이룸 ▶徹(통할 철) 貫祿관록 어떤 일에 대하여 쌓은 상당한 경력과 그에 따라 갖추어진 위엄이나 권위 ▶祿(녹 록) 初志一貫초지일관 始終一貫시종일관
083 忄(心)부 총 14획 慣 익숙할 관	慣習관습 어떤 사회에서 오랫동안 지켜 내려와 그 사회 성원들이 널리 인정하는 질서나 풍습 ▶習(익힐 습) 慣例관례 전부터 해 내려오던 전례가 관습으로 굳어진 것 ▶例(법식 례) 慣用관용 習慣습관 慣性法則관성법칙	084 冖부 총 9획 冠 갓 관	王冠왕관 임금이 머리에 쓰는 관 ▶王(임금 왕) 金冠금관 예전에 주로 임금이 쓰던 황금으로 만든 관 ▶金(쇠 금) 弱冠약관 衣冠의관 月桂冠월계관 冠婚喪祭관혼상제 冠蓋相望관개상망
085 宀부 총 15획 寬 너그러울 관	寬容관용 남의 잘못을 너그럽게 받아들이거나 용서함 ▶容(용납할 용) 寬裕관유 마음이 너그럽고 넉넉함 ▶裕(넉넉할 유) 寬大관대 寬恕관서 寬仁大度관인대도	086 金부 총 23획 鑛 쇳돌 광	鑛山광산 광물을 캐내는 곳 ▶山(뫼 산) 鑛物광물 천연으로 나며 질이 고르고 화학적 조성이 일정한 물질 ▶物(물건 물) 鑛石광석 경제적 가치가 있고 채광할 수 있는 광물 ▶石(돌 석) 採鑛채광 廢鑛폐광 炭鑛탄광
087 犭(犬)부 총 7획 狂 미칠 광	狂亂광란 미친 듯이 어지럽게 날뜀 ▶亂(어지러울 란) 狂奔광분 어떤 목적을 이루기 위하여 미친 듯이 날뜀 ▶奔(달릴 분) 狂氣광기 미친 듯한 기미 ▶氣(기운 기) 狂風광풍 熱狂열광 發狂발광 狂犬病광견병	088 扌(手)부 총 11획 掛 걸 괘	掛圖괘도 벽에 걸어 놓고 보는 학습용 그림이나 지도 ▶圖(그림 도) 掛念괘념 마음에 두고 걱정하거나 잊지 않음 ▶念(생각 념) 掛冠괘관 벼슬아치가 벼슬을 내놓고 물러나던 일 ▶冠(갓 관)
089 土부 총 13획 塊 흙덩이 괴	金塊금괴 금덩이 ▶金(쇠 금) 土塊토괴 흙덩이 ▶土(흙 토) 塊石괴석 돌멩이 ▶石(돌 석) 塊根괴근 덩이뿌리 ▶根(뿌리 근) 銀塊은괴 塊鐵괴철 四塊石사괴석	090 忄(心)부 총 13획 愧 부끄러울 괴	慙愧참괴 매우 부끄러워함 ▶慙(부끄러울 참) 愧服괴복 부끄럽고 무안하여 그대로 복종함 ▶服(복종할 복) 愧色괴색 自愧感자괴감 自愧之心자괴지심 無愧於心무괴어심

한자별곡

교각살우(矯角殺牛)

矯(바로잡을 교), 角(뿔 각), 殺(죽일 살), 牛(소 우)

쇠뿔을 바로 잡으려다 소를 죽인다는 뜻으로, 결점이나 흠을 고치려다 수단이 지나쳐 도리어 일을 그르침을 말한다. 이와 뜻이 유사한 한자어로는 교왕과직(矯枉過直), 소탐대실(小貪大失) 등이 있다.
예전 중국에서는 종을 처음 만들 때 뿔이 곧게 나 있고 잘 생긴 소의 피를 종에 바르고 제사를 지내는 풍습이 있었다. 한 농부가 제사에 사용할 소의 뿔이 조금 삐뚤어져 있어 균형 있게 바로잡으려고 팽팽하게 뿔을 동여매었더니 뿔이 뿌리째 빠져서 소가 죽어 버렸다. 이 이야기에서 교각살우라는 말이 유래하였다.

3급 배정한자

091 怪 忄(心)부 총 8획 — 괴이할 괴
- 怪異괴이 이상야릇함 ▶ 異(다를 이)
- 怪物괴물 괴상하게 생긴 물체 ▶ 物(물건 물)
- 怪談괴담 괴상한 이야기 ▶ 談(말씀 담)
- 怪疾괴질 奇巖怪石기암괴석 怪常罔測괴상망측 怪石奇草괴석기초

092 壞 土부 총 19획 — 무너질 괴
- 破壞파괴 때려 부수거나 깨뜨려 헐어 버림 ▶ 破(깨뜨릴 파)
- 壞滅괴멸 조직이나 체계 따위가 모조리 파괴되어 멸망함 ▶ 滅(멸할 멸)
- 崩壞붕괴 損壞손괴 壞血病괴혈병 天崩地壞천붕지괴 風俗壞亂풍속괴란

093 郊 阝(邑)부 총 9획 — 들 교
- 近郊근교 도시의 가까운 변두리에 있는 마을이나 들 ▶ 近(가까울 근)
- 江郊강교 강물이 흐르는 도시의 근교 ▶ 江(강 강)
- 郊外교외 郊野교야 荒郊황교 郊天교천 近郊農業근교농업

094 較 車부 총 13획 — 견줄 교
- 比較비교 둘 이상의 사물을 견주어 서로 간의 유사점, 차이점, 일반 법칙 따위를 고찰하는 일 ▶ 比(견줄 비)
- 較正교정 계기류의 정밀도 따위를 표준기와 비교하여 바로잡음 ▶ 正(바를 정)
- 日較差일교차 長短相較장단상교

095 巧 工부 총 5획 — 공교할 교
- 巧妙교묘 솜씨나 재주 따위가 재치 있게 약삭빠르고 묘함 ▶ 妙(묘할 묘)
- 技巧기교 기술이나 솜씨가 아주 교묘함 ▶ 技(재주 기)
- 巧敏교민 精巧정교 奸巧간교 巧言令色교언영색

096 矯 矢부 총 17획 — 바로잡을 교
- 奇矯기교 말이나 행동이 기이하고 이상야릇함 ▶ 奇(기이할 기)
- 矯正교정 틀어지거나 잘못된 것을 바로잡음 ▶ 正(바를 정)
- 矯旨교지 矯導所교도소 矯導官교도관 矯角殺牛교각살우

097 丘 一부 총 5획 — 언덕 구
- 殘丘잔구 준평원 위에 남아 있는 굳은 암석의 구릉 ▶ 殘(남을 잔)
- 丘墳구분 무덤 ▶ 墳(무덤 분)
- 海丘해구 바다 밑에 따로 솟아 있는 언덕 ▶ 海(바다 해)
- 靑丘永言청구영언 首丘初心수구초심

098 俱 亻(人)부 총 10획 — 함께 구
- 俱現구현 내용이 속속들이 다 드러남 ▶ 現(나타날 현)
- 俱存구존 부모가 모두 살아 계심 ▶ 存(있을 존)
- 俱備구비 俱全구전 俱工구공

099 懼 忄(心)부 총 21획 — 두려워할 구
- 危懼위구 염려하고 두려워함 ▶ 危(위태할 위)
- 戒懼계구 조심하고 두려워함 ▶ 戒(경계할 계)
- 懼憂구우 敬懼경구 疑懼心의구심 喜懼之心희구지심

100 狗 犭(犬)부 총 8획 — 개 구
- 白狗백구 빛깔이 흰 강아지 ▶ 白(흰 백)
- 黃狗황구 누렁이 ▶ 黃(누를 황)
- 狗疫구역 개가 앓는 돌림병 ▶ 疫(전염병 역)
- 羊頭狗肉양두구육 泥田鬪狗이전투구

쪽지시험

상공회의소 한자 중급 3, 4, 5급

※ 다음의 뜻을 가진 한자(漢字)는 어느 것입니까?

1. 익숙하다
① 貫 ② 實 ③ 慣 ④ 寬 ⑤ 俱

2. 바로잡다
① 矯 ② 橋 ③ 較 ④ 郊 ⑤ 境

풀이
1. ① 貫(꿸 관) ② 實(열매 실) ③ 慣(익숙할 관) ④ 寬(너그러울 관) ⑤ 俱(함께 구)
2. ① 矯(바로잡을 교) ② 橋(다리 교) ③ 較(견줄 교) ④ 郊(들 교) ⑤ 境(지경 경)

답 1. ③ | 2. ①

101 龜부 총 16획 龜 땅이름 구/거북 귀/터질 균	龜鑑귀감 거울로 삼아 본받을 만한 모범 ▶鑑(거울 감) 龜甲귀갑 거북의 등딱지 ▶甲(갑옷 갑) 龜裂균열 거북의 등에 있는 무늬처럼 갈라져 터짐 ▶裂(찢어질 렬) 龜尾市구미시 龜毛兎角귀모토각	102 馬부 총 21획 驅 몰 구	驅迫구박 못 견디게 괴롭힘 ▶迫(닥칠 박) 驅步구보 달리어 감 ▶步(걸음 보) 驅使구사 사람이나 동물을 함부로 몰아쳐 부림 ▶使(부릴 사) 先驅者선구자 乘勝長驅승승장구
103 木부 총 14획 構 얽을 구	構成구성 몇 가지 부분이나 요소들을 모아서 일정한 전체를 짜 이룸 ▶成(이룰 성) 構築구축 어떤 시설물을 쌓아 올려 만듦 ▶築(쌓을 축) 構想구상 機構기구 虛構허구 構造物구조물 肯構肯堂긍구긍당	104 八부 총 8획 具 갖출 구	器具기구 세간, 도구, 기계 따위를 통틀어 이르는 말 ▶器(그릇 기) 道具도구 일을 할 때 쓰는 연장을 통틀어 이르는 말 ▶道(길 도) 家具가구 裝身具장신구 文房具문방구 具備 書類구비서류
105 匸부 총 11획 區 구역 구	區域구역 갈라놓은 지역 ▶域(지경 역) 區劃구획 토지 따위를 경계를 지어 가름 ▶劃(그을 획) 區別구별 성질이나 종류에 따라 나타나는 차이 ▶別(나눌 별) 區分구분 區間구간 地區지구	106 扌(手)부 총 8획 拘 잡을 구	拘束구속 행동이나 의사의 자유를 제한하거나 속박함 ▶束(묶을 속) 拘禁구금 피고인 또는 피의자를 구치소나 교도소 따위에 가두어 신체의 자유를 구속하는 강제 처분 ▶禁(금할 금) 拘留구류 拘引구인 拘置所구치소
107 王(玉)부 총 11획 球 공 구	地球지구 태양에서 세 번째로 가까운 행성 ▶地(땅 지) 眼球안구 '눈알'을 전문적으로 이르는 말 ▶眼(눈 안) 電球전구 排球배구 地球村지구촌 赤血球적혈구 球技種目구기종목	108 艹(艸)부 총 9획 苟 진실로/구차할 구	苟免구면 위험이나 재난 따위에서 간신히 벗어남 ▶免(면할 면) 苟合구합 구차스레 남의 비위를 맞춤 ▶合(합할 합) 苟且구차 苟安구안 苟命徒生 구명도생 苟全性命구전성명
109 艹(艸)부 총 12획 菊 국화 국	黃菊황국 누런색의 국화 ▶黃(누를 황) 水菊수국 범의귓과 수국속의 식물을 통틀어 이르는 말 ▶水(물 수) 觀菊관국 국화를 보고 즐김 ▶觀(볼 관) 菊花국화 菊全紙국전지 十日之菊십일지국 梅蘭菊竹매란국죽	110 尸부 총 7획 局 판 국	局面국면 어떤 일이 벌어진 장면이나 형편 ▶面(낯 면) 局長국장 기관이나 조직에서 한 국을 맡아 다스리는 직위 ▶長(어른 장) 亂局난국 破局파국 藥局약국 郵遞局우체국 電話局전화국

백절불굴(百折不屈)

百(일백 백), 折(꺾을 절), 不(아닐 불), 屈(굽힐 굴)

백 번 꺾일지언정 휘어지지 않는다는 뜻으로, 어떠한 어려움에도 굽히지 않음을 말한다. 백절불요(百折不撓), 불요불굴(不撓不屈), 위무불굴(威武不屈) 등과 모두 같은 뜻이다.

후한시대 교현이란 사람이 살았는데, 성품이 매우 청렴하고 강직하였다. 어느 날 교현의 어린 아들이 강도에게 납치당하여 관병이 구하러 갔으나, 아이가 다칠까 손을 쓰지 못했다. 교현은 "강도는 법을 무시하고 날뛰는 무리들인데, 어찌 내 아들을 위하느라 그들을 놓아준다는 말인가."라고 하며 관병을 다그쳤다. 결국 강도는 모두 붙잡혔으나 교현의 아들은 살해되고 말았다. 나중에 채옹이 교현을 두고 "백 번 꺾일지언정 휘어지지 않았고, 큰 절개에 임하여서는 빼앗을 수 없는 풍모를 지녔다."라고 칭송하였다.

3급 배정한자

| 111 羊부 총 13획 群 무리 군 | 群落군락 같은 지역에 모여 생활하는 많은 부락 ▶落(떨어질 락)
群島군도 무리를 이루고 있는 크고 작은 섬들 ▶島(섬 도)
群鷄一鶴군계일학 群雄割據군웅할거 群衆心理군중심리 | 112 尸부 총 8획 屈 굽힐 굴 | 屈曲굴곡 이리저리 굽어 꺾여 있음 ▶曲(굽을 곡)
屈折굴절 휘어서 꺾임 ▶折(꺾을 절)
卑屈비굴 용기나 줏대가 없이 남에게 잘 굽힘 ▶卑(낮을 비)
屈辱굴욕 屈指굴지 百折不屈백절불굴 |

| 113 穴부 총 15획 窮 다할/궁할 궁 | 窮理궁리 사물의 이치를 깊이 연구함 ▶理(다스릴 리)
窮極궁극 어떤 과정의 마지막이나 끝 ▶極(다할 극)
窮塞궁색 無窮花무궁화 窮餘之策궁여지책 責任追窮책임추궁 | 114 宀부 총 10획 宮 집 궁 | 宮殿궁전 임금이 거처하는 집 ▶殿(전각 전)
宮合궁합 혼인할 남녀의 사주를 오행에 맞추어 보아 부부로서의 좋고 나쁨을 알아보는 점 ▶合(합할 합)
古宮고궁 迷宮미궁 子宮자궁 德壽宮덕수궁 |

| 115 刀부 총 8획 券 문서 권 | 食券식권 식당이나 음식점 따위에서 내면 음식을 주도록 되어 있는 표 ▶食(밥 식)
馬券마권 경마에서, 이길 것으로 예상되는 말에 돈을 걸고 사는 표 ▶馬(말 마)
福券복권 債券채권 商品券상품권 入場券입장권 有價證券유가증권 | 116 手부 총 10획 拳 주먹 권 | 拳鬪권투 두 사람이 양손에 글러브를 끼고 상대편 허리 벨트 위의 상체를 쳐서 승부를 겨루는 경기 ▶鬪(싸움 투)
拳法권법 정신 수양과 신체 단련을 위하여 주먹을 놀리어서 하는 운동 ▶法(법 법)
赤手空拳적수공권 |

| 117 厂부 총 12획 厥 그 궐 | 厥女궐녀 말하는 이와 듣는 이가 아닌 여자를 낮잡아 이르는 삼인칭 대명사 ▶女(계집 녀)
厥角궐각 이마가 땅에 닿도록 경례를 함 ▶角(뿔 각)
厥尾궐미 厥後궐후 厥者궐자 | 118 車부 총 9획 軌 수레바퀴 궤 | 軌度궤도 생활상의 예법과 제도를 아울러 이르는 말 ▶度(법도 도)
軌跡궤적 수레바퀴가 지나간 자국 ▶跡(자취 적)
軌間궤간 無限軌道무한궤도 不軌之心불궤지심 樂學軌範악학궤범 |

| 119 鬼부 총 10획 鬼 귀신 귀 | 鬼神귀신 사람이 죽은 뒤에 남는다는 넋 ▶神(귀신 신)
鬼才귀재 세상에서 보기 드물게 뛰어난 재능 ▶才(재주 재)
惡鬼악귀 몹쓸 귀신 ▶惡(악할 악)
雜鬼잡귀 吸血鬼흡혈귀 神出鬼沒신출귀몰 | 120 見부 총 11획 規 법 규 | 法規법규 일반 국민의 권리와 의무에 관계있는 법 규범 ▶法(법 법)
規範규범 인간이 행동하거나 판단할 때에 마땅히 따르고 지켜야 할 가치 판단의 기준 ▶範(법 범)
規約규약 規則규칙 規律규율 規定규정 |

쪽지시험

※ 다음 한자(漢字)와 뜻이 비슷한 한자는 어느 것입니까?

1 具
① 且 ② 丑 ③ 借 ④ 備 ⑤ 局

2 群
① 綠 ② 練 ③ 類 ④ 絹 ⑤ 究

풀이

1 具(갖출 구)
① 且(또 차) ② 丑(소 축)
③ 借(빌릴 차) ④ 備(갖출 비)
⑤ 局(판 국)

2 群(무리 군)
① 綠(푸를 록) ② 練(익힐 련)
③ 類(무리 류) ④ 絹(비단 견)
⑤ 究(연구할 구)

답 1. ④ | 2. ③

121 口부 총 5획	叫 부르짖을 규	絶叫절규 있는 힘을 다하여 절절하고 애타게 부르짖음 ▶絶(끊을 절) 叫聲규성 부르짖는 소리 ▶聲(소리 성) 叫號규호 큰 목소리로 부르짖음 ▶號(이름 호) 高聲大叫고성대규 叫天呼地규천호지	122 糸부 총 8획	糾 얽힐 규	糾明규명 어떤 사실을 자세히 따져서 바로 밝힘 ▶明(밝을 명) 糾合규합 어떤 일을 꾸미려고 세력이나 사람을 모음 ▶合(합할 합) 糾結규결 糾罪규죄 糾察규찰 勞使紛糾노사분규 糾彈大會규탄대회
123 艹(艸)부 총 12획	菌 버섯/세균 균	殺菌살균 세균 따위의 미생물을 죽임 ▶殺(죽일 살) 病原菌병원균 병의 원인이 되는 균 ▶病(병 병), 原(근원 원) 細菌세균 滅菌멸균 大腸菌대장균 菌絲體균사체 低溫殺菌저온살균	124 儿부 총 7획	克 이길 극	克服극복 악조건이나 고생 따위를 이겨 냄 ▶服(옷 복) 克己극기 자기의 감정이나 욕심, 충동 따위를 이성적 의지로 눌러 이김 ▶己(몸 기) 克明극명 克己訓鍊극기훈련 國難克服국난극복 克己復禮극기복례
125 刂(刀)부 총 15획	劇 심할/연극 극	演劇연극 배우가 각본에 따라 어떤 사건이나 인물을 말과 동작으로 관객에게 보여 주는 무대 예술 ▶演(펼 연) 悲劇비극 인생의 슬프고 애달픈 일을 당하여 불행한 경우를 이르는 말 ▶悲(슬플 비) 劇場극장 連續劇연속극 單幕劇단막극	126 斤부 총 4획	斤 근/도끼 근	斤正근정 고쳐서 바로잡음 ▶正(바를 정) 千斤萬斤천근만근 무게가 천 근이나 만 근이 된다는 뜻으로, 아주 무거움을 비유적으로 이르는 말 ▶千(일천 천), 萬(일만 만) 斤數근수 斤量근량 千斤力士천근역사
127 亻(人)부 총 13획	僅 겨우 근	僅少근소 얼마 되지 않을 만큼 아주 적음 ▶少(적을 소) 僅僅得生근근득생 겨우겨우 살아감 ▶得(얻을 득), 生(살 생) 僅僅扶持근근부지 幾死僅生기사근생	128 言부 총 18획	謹 삼갈 근	謹嚴근엄 점잖고 엄숙함 ▶嚴(엄할 엄) 謹愼근신 말이나 행동을 삼가고 조심함 ▶愼(삼갈 신) 謹弔근조 사람의 죽음에 대하여 삼가 슬픈 마음을 나타냄 ▶弔(조상할 조) 謹賀新年근하신년
129 王(玉)부 총 12획	琴 거문고 금	風琴풍금 페달을 밟아서 바람을 넣어 소리를 내는 건반 악기 ▶風(바람 풍) 心琴심금 외부의 자극에 따라 미묘하게 움직이는 마음을 비유적으로 이르는 말 ▶心(마음 심) 洋琴양금 對牛彈琴대우탄금	130 内부 총 13획	禽 새 금	禽獸금수 날짐승과 길짐승이라는 뜻으로, 모든 짐승을 이르는 말 ▶獸(짐승 수) 禽蟲금충 새와 벌레를 아울러 이르는 말 ▶蟲(벌레 충) 家禽가금 猛禽類맹금류 禽困覆車금곤복거 飛禽走獸비금주수

한자별곡

금의환향(錦衣還鄕)

錦(비단 금), 衣(옷 의), 還(돌아올 환), 鄕(시골 향)

비단옷을 입고, 즉 출세하여 고향을 찾는 것을 뜻한다.
초(楚)나라와 한(漢)나라의 전쟁이 한창일 때, 항우(項羽)는 함양(咸陽)에 입성하여 궁궐을 모두 불태우고 금품을 약탈했다. 그리고 망가진 함양을 버리고 자신의 고향인 팽성(彭城)을 도읍으로 정하려 하였다. 예로부터 패왕의 땅이었던 함양을 버리는 것에 대해 신하들이 반대하자 항우는 "지금 길거리에서 '부귀하여 고향에 돌아가지 못하면 비단옷을 입고 밤길을 가는 것과 무엇이 다르리.' 라는 노래가 떠돌고 있는데, 이는 나를 두고 하는 말이다."라고 말하면서 팽성으로 천도하였다.

3급 배정한자

131 錦 (비단 금)
金부 / 총 16획

秋錦추금 과꽃 ▶秋(가을 추)
錦上添花금상첨화 비단 위에 꽃을 더한다는 뜻으로, 좋은 일 위에 또 좋은 일이 더하여짐을 비유적으로 이르는 말 ▶上(위 상), 添(더할 첨), 花(꽃 화)
錦衣夜行금의야행 錦衣還鄕금의환향

132 級 (등급 급)
糸부 / 총 10획

級友급우 같은 학급에서 함께 공부하는 친구 ▶友(벗 우)
級數급수 기술 따위를 우열에 따라 매긴 등급 ▶數(셈 수)
等級등급 階級계급 高級고급 學級학급 留級유급 職級직급

133 肯 (즐길 긍)
月(肉)부 / 총 8획

肯定긍정 그러하다고 생각하여 옳다고 인정함 ▶定(정할 정)
肯志긍지 찬성하는 뜻 ▶志(뜻 지)
首肯수긍 옳다고 인정함 ▶首(머리 수)
肯可긍가 허락함 ▶可(옳을 가)
肯構肯堂긍구긍당

134 忌 (꺼릴 기)
心부 / 총 7획

忌避기피 꺼리거나 싫어하여 피함 ▶避(피할 피)
禁忌금기 마음에 꺼려서 하지 않거나 피함 ▶禁(금할 금)
忌日기일 忌中기중 入山忌虎입산기호

135 棄 (버릴 기)
木부 / 총 12획

遺棄유기 내다 버림 ▶遺(남길 유)
棄却기각 물품을 내버림 ▶却(물리칠 각)
棄權기권 투표, 의결, 경기 따위에 참가할 수 있는 권리를 스스로 포기하고 행사하지 아니함 ▶權(권세 권)
自暴自棄자포자기 職務遺棄직무유기

136 祈 (빌 기)
示부 / 총 9획

祈願기원 바라는 일이 이루어지기를 빎 ▶願(원할 원)
祈求기구 원하는 바가 실현되도록 빌고 바람 ▶求(구할 구)
祈望기망 빌고 바람 ▶望(바랄 망)
祈雨祭기우제 祈穀大祭기곡대제

137 豈 (어찌 기)
豆부 / 총 10획

豈不기불 어찌 ~않으랴 ▶不(아닐 불)
豈敢毁傷기감훼상 부모께서 낳아 길러 주신 이 몸을 어찌 감히 훼상할 수 없음 ▶敢(감히 감), 毁(헐 훼), 傷(다칠 상)
積功之塔豈毁乎적공지탑기훼호 雖有他親豈能如此수유타친기능여차

138 機 (틀 기)
木부 / 총 16획

機械기계 동력을 써서 움직이거나 일을 하는 장치 ▶械(기계 계)
機關기관 화력·수력·전력 따위의 에너지를 기계적 에너지로 바꾸는 기계 장치 ▶關(빗장 관)
飛行機비행기 自動販賣機자동판매기

139 騎 (말탈 기)
馬부 / 총 18획

騎手기수 경마에서 말을 타는 사람 ▶手(손 수)
騎士기사 말을 탄 무사 ▶士(선비 사)
騎兵隊기병대 말을 타고 싸우는 병사 ▶兵(병사 병), 隊(무리 대)
騎馬隊기마대 騎虎之勢기호지세

140 紀 (벼리 기)
糸부 / 총 9획

紀綱기강 규율과 법도를 아울러 이르는 말 ▶綱(벼리 강)
國紀국기 나라가 올바른 방향으로 나아가는 데 기틀이 되는 정신적·사회적 질서 ▶國(나라 국)
軍紀군기 世紀세기 紀念기념

쪽지시험

상공회의소 한자
3급 3, 4, 5급

※ 다음 한자어(漢字語)와 발음(發音)이 같은 한자어는 어느 것입니까?

1 謹愼
① 勤勉 ② 近臣 ③ 僅少 ④ 斥數 ⑤ 級數

2 祈願
① 基源 ② 寄別 ③ 棄權 ④ 機會 ⑤ 救援

풀이
1 근신
① 근면 ② 근신 ③ 근소 ④ 근수 ⑤ 급수

2 기원
① 기원 ② 기별 ③ 기권 ④ 기회 ⑤ 구원

답 1. ② 2. ①

141 飢 (食부, 총 11획) 주릴 기

- 飢餓기아 굶주림 ▶餓(주릴 아)
- 飢渴기갈 배고픔과 목마름을 아울러 이르는 말 ▶渴(목마를 갈)
- 飢寒기한 굶주리고 헐벗어 배고프고 추움 ▶寒(찰 한)
- 虛飢허기 飢不擇食기불택식

142 旗 (方부, 총 14획) 깃발 기

- 國旗국기 일정한 형식을 통하여 한 나라의 역사, 국민성, 이상 따위를 상징하도록 정한 기 ▶國(나라 국)
- 軍旗군기 각 단위 부대를 상징하는 기 ▶軍(군사 군)
- 白旗백기 太極旗태극기 萬國旗만국기

143 欺 (欠부, 총 12획) 속일 기

- 詐欺罪사기죄 남을 속여 불법으로 이익을 얻거나 제삼자로 하여금 불법으로 이익을 얻게 함으로써 성립하는 범죄 ▶詐(속일 사), 罪(허물 죄)
- 欺人取物기인취물 欺君罔上기군망상 欺世盜名기세도명

144 企 (人부, 총 6획) 꾀할 기

- 企待기대 어떤 일이 이루어지기를 바라고 기다림 ▶待(기다릴 대)
- 大企業대기업 자본금이나 종업원 수 따위의 규모가 큰 기업 ▶大(큰 대), 業(업 업)
- 中小企業중소기업 暗殺企圖암살기도 多國籍企業다국적기업 企劃豫算處기획예산처

145 奇 (大부, 총 8획) 기이할 기

- 奇襲기습 적이 생각지 않았던 때에 갑자기 들이쳐 공격함 ▶襲(엄습할 습)
- 好奇心호기심 새롭고 신기한 것을 좋아하거나 모르는 것을 알고 싶어 하는 마음 ▶好(좋을 호), 心(마음 심)
- 奇想天外기상천외 奇巖怪石기암괴석

146 寄 (宀부, 총 11획) 부칠 기

- 寄附기부 자선 사업이나 공공사업을 돕기 위하여 돈이나 물건 따위를 대가 없이 내놓음 ▶附(붙을 부)
- 寄贈기증 선물이나 기념으로 남에게 물품을 거저 줌 ▶贈(줄 증)
- 寄託기탁 寄生蟲기생충 寄宿舍기숙사

147 器 (口부, 총 16획) 그릇 기

- 器械기계 연장, 연모, 그릇, 기구 따위를 통틀어 이르는 말 ▶械(기계 계)
- 器具기구 세간, 도구, 기계 따위를 통틀어 이르는 말 ▶具(갖출 구)
- 武器무기 呼吸器호흡기 臟器移植장기이식 大器晚成대기만성 破器相接파기상접

148 畿 (田부, 총 15획) 경기 기

- 畿內기내 나라의 수도를 중심으로 하여 사방으로 뻗어 나간 가까운 행정 구역의 안 ▶內(안 내)
- 京畿道경기도 우리나라 중서부에 있는 도 ▶京(서울 경), 道(길 도)
- 畿湖學派기호학파

149 緊 (糸부, 총 14획) 긴할 긴

- 緊張긴장 마음을 조이고 정신을 바짝 차림 ▶張(베풀 장)
- 緊急긴급 긴요하고 급함 ▶急(급할 급)
- 緊要긴요 꼭 필요하고 중요함 ▶要(요긴할 요)
- 緊密긴밀 緊迫感긴박감 緊縮財政긴축재정

150 那 (阝(邑)부, 총 7획) 어찌 나

- 那落나락 지옥 ▶落(떨어질 락)
- 那邊나변 어느 곳 또는 어디 ▶邊(가 변)
- 支那人지나인 중국인 ▶支(지탱할 지), 人(사람 인)
- 刹那찰나 那易等則나역등칙

백팔번뇌(百八煩惱)

百(일백 백), 八(여덟 팔), 煩(번거로울 번), 惱(번뇌할 뇌)

불교에서 나온 말로 인간의 과거·현재·미래에 걸친 108가지의 번뇌, 즉 사람의 마음속에 있는 엄청난 번뇌를 말하며, 백팔결(百八結)이라고도 한다. 여기서 108이란 숫자는 많다는 뜻을 가지고 있다. 소리[耳]·색깔[目]·맛[口]·냄새[鼻]·뜻[心]·감각[體]의 육관(六官)이 서로 작용해 일어나는 갖가지 번뇌가 좋다[好], 나쁘다[惡], 그저 그렇다[平等]는 3가지 인식작용을 하게 되는데 이것이 곧 18가지(6×3)의 번뇌가 된다. 거기에 탐(貪)·불탐(不貪)이 있어 36가지(18×2)가 되고, 이것을 과거·현재·미래 즉 전생(前生)·금생(今生)·내생(來生)의 3세(世)에 108가지(36×3)가 되어 백팔번뇌라 한다.

3급 배정한자

151 納 (糸부, 총 10획) 들일 납
- 納付납부 세금이나 공과금 따위를 관계 기관에 냄 ▶付(부칠 부)
- 納期납기 세금이나 공과금을 내는 시기나 기한 ▶期(기약할 기)
- 納稅납세 세금을 냄 ▶稅(세금 세)
- 納凉납량 納得납득 格納庫격납고

152 奈 (大부, 총 8획) 어찌 내/나락 나
- 奈何내하 어찌함의 뜻을 나타내는 말 ▶何(어찌 하)
- 奈落나락 지옥 ▶落(떨어질 락)
- 奈勿王내물왕 신라 제17대 왕 ▶勿(말 물), 王(임금 왕)
- 莫無可奈막무가내 莫可奈何막가내하

153 耐 (而부, 총 9획) 견딜 내
- 忍耐인내 괴로움이나 어려움을 참고 견딤 ▶忍(참을 인)
- 耐性내성 약물의 반복 복용에 의해 약효가 저하하는 현상 ▶性(성품 성)
- 耐久性내구성 耐爆性내폭성 耐用年數내용연수 耐震設計내진설계

154 寧 (宀부, 총 14획) 편안할 녕
- 安寧안녕 아무 탈 없이 편안함 ▶安(편안할 안)
- 丁寧정녕 대하는 태도가 친절함 ▶丁(장정 정)
- 康寧강녕 壽福康寧수복강녕

155 努 (力부, 총 7획) 힘쓸 노
- 努目노목 노기가 서린 눈 ▶目(눈 목)
- 水努수노 물여우 ▶水(물 수)
- 努力家노력가 목적을 이루기 위하여 온 힘을 다해 끈질기게 애를 쓰는 사람 ▶力(힘 력), 家(집 가)
- 努肉노육 努力노력

156 奴 (女부, 총 5획) 종 노
- 奴婢노비 사내종과 계집종을 아울러 이르는 말 ▶婢(계집종 비)
- 奴隸노예 남의 소유물로 되어 부림을 당하는 사람 ▶隸(종 례)
- 官奴관노 守錢奴수전노 賣國奴매국노 奴隸解放노예해방

157 腦 (月(肉)부, 총 13획) 골/뇌 뇌
- 頭腦두뇌 신경 세포가 모여 신경계의 중심을 이루고 있는 부분 ▶頭(머리 두)
- 腦裏뇌리 사람의 의식이나 기억, 생각 따위가 들어 있는 영역 ▶裏(속 리)
- 洗腦세뇌 腦炎뇌염 腦出血뇌출혈 腦卒中뇌졸중 首腦部수뇌부

158 惱 (忄(心)부, 총 12획) 번뇌할 뇌
- 苦惱고뇌 괴로워하고 번뇌함 ▶苦(괴로워할 고)
- 惱殺뇌쇄 애가 타도록 몹시 괴로워함 ▶殺(빠를 쇄)
- 無熱惱池무열뇌지 百八煩惱백팔번뇌

159 泥 (氵(水)부, 총 8획) 진흙 니
- 泥醉이취 술이 곤드레만드레 취함 ▶醉(취할 취)
- 亂泥流난니류 해저 사면을 따라 흐르는, 퇴적물의 밀도가 비교적 높은 탁류 ▶亂(어지러울 란), 流(흐를 류)
- 雲泥之差운니지차 泥田鬪狗이전투구

160 茶 (艹(艸)부, 총 10획) 차 다/차
- 茶房다방 사람들이 이야기를 나누거나 쉴 수 있도록 꾸며 놓고, 차나 음료 따위를 판매하는 곳 ▶房(방 방)
- 綠茶녹차 푸른빛이 그대로 나도록 말린 부드러운 찻잎 ▶綠(푸를 록)
- 茶菓다과 紅茶홍차 茶飯事다반사

쪽지시험

상공회의소 한자
중급 3, 4, 5급

※ 다음 단어들의 □ 안에 공통으로 들어갈 알맞은 한자는 어느 것입니까?

1. □待, □業, □劃
   ① 苦 ② 企 ③ 區 ④ 職 ⑤ 克

2. □品, □稅, □得
   ① 物 ② 脫 ③ 所 ④ 拘 ⑤ 納

풀이
1 企待(기대), 企業(기업), 企劃(기획)
2 納品(납품), 納稅(납세), 納得(납득)

답 1. ② | 2. ⑤

161 日부 총 5획 **旦** 아침 단	元旦원단 설날 아침 ▶元(으뜸 원) 一旦일단 우선 먼저 ▶一(한 일) 旦夕단석 달, 태양 따위의 인력에 의하여 해면이 주기적으로 높아졌다 낮아졌다 하는 현상 ▶夕(저녁 석) 旦暮단모　早旦조단　坐以待旦좌이대단	162 口부 총 14획 **團** 둥글 단	團體단체 같은 목적을 달성하기 위하여 모인 사람들의 일정한 조직체 ▶體(몸 체) 團結단결 많은 사람이 마음과 힘을 한데 뭉침 ▶結(맺을 결) 團員단원　團束단속　球團구단　合唱團합창단 交響樂團교향악단
163 土부 총 16획 **壇** 단 단	敎壇교단 교실에서 교사가 강의할 때 올라서는 단 ▶敎(가르칠 교) 演壇연단 연설이나 강연을 하는 사람이 올라서는 단 ▶演(펼 연) 講壇강단　祭壇제단　文壇문단　壇上단상　花壇화단　登壇등단	164 斤부 총 18획 **斷** 끊을 단	斷絶단절 유대나 연관 관계를 끊음 ▶絶(끊을 절) 斷念단념 품었던 생각을 아주 끊어 버림 ▶念(생각 념) 斷電단전　決斷결단　獨斷독단　判斷판단　斷乎단호　斷食鬪爭단식투쟁
165 殳부 총 9획 **段** 층계 단	階段계단 사람이 오르내리기 위하여 건물이나 비탈에 만든 층층대 ▶階(섬돌 계) 段落단락 일이 어느 정도 다 된 끝 ▶落(떨어질 락) 段階단계　文段문단　三段論法삼단논법　最後手段최후수단	166 木부 총 17획 **檀** 박달나무 단	黑檀흑단 감나뭇과의 상록 활엽 교목 ▶黑(검을 흑) 神檀樹신단수 단군 신화에서, 환웅이 처음 하늘에서 그 밑으로 내려왔다는 신성한 나무 ▶神(귀신 신), 樹(나무 수) 檀君神話단군신화　檀國大學校단국대학교
167 氵(水)부 총 11획 **淡** 맑을 담	淡白담백 욕심이 없고 마음이 깨끗함 ▶白(흰 백) 淡水담수 민물 ▶水(물 수) 冷淡냉담 태도나 마음씨가 동정심 없이 차가움 ▶冷(찰 랭) 雅淡아담　淡交담교	168 扌(手)부 총 16획 **擔** 멜 담	擔保담보 맡아서 보증함 ▶保(지킬 보) 擔當담당 어떤 일을 맡음 ▶當(마땅 당) 負擔부담 어떠한 의무나 책임을 짐 ▶負(질 부) 加擔가담　專擔전담　分擔분담　擔任先生담임선생　家無擔石가무담석
169 田부 총 9획 **畓** 논 답	田畓전답 논밭 ▶田(밭 전) 畓穀답곡 논곡식 ▶穀(곡식 곡) 畓雜답잡 혼잡한 것 ▶雜(섞일 잡) 墓畓묘답 묘에서 지내는 제사의 비용을 마련하기 위하여 경작하던 논 ▶墓(무덤 묘) 公畓공답　天水畓천수답	170 足부 총 15획 **踏** 밟을 답	踏襲답습 예로부터 해 오던 방식이나 수법을 좇아 그대로 행함 ▶襲(엄습할 습) 踏橋답교 다리밟기 ▶橋(다리 교) 踏步답보 제자리걸음 ▶步(걸음 보) 現地踏査현지답사　洗踏足白세답족백　前人未踏전인미답

한자별곡

도원경(桃源境)

桃(복숭아 도), 源(근원 원), 境(지경 경)

복숭아꽃 피는 아름다운 곳이란 말로, 속세를 떠난 이상향을 뜻한다.
어느 날 한 어부가 강에 떠내려 온 복숭아 꽃잎을 따라가다가 큰 산 속에 숨겨져 있는 작은 동굴을 발견하게 되었다. 동굴 안으로 들어가자 별안간 밝은 세상이 나타났는데, 그곳에는 끝없이 너른 땅과 기름진 논밭, 풍요로운 마을과 뽕나무, 대나무밭 등 이 세상 어느 곳에서도 볼 수 없는 아름다운 풍경이 펼쳐져 있었다. 그 마을에 나온 어부는 길목마다 표시를 하고 다른 사람들에게 별천지에 관한 이야기를 했으나 아무도 그곳을 찾을 수 없었다.

《도화원기(桃花源記)》

3급 배정한자

171 口부 총 10획 **唐** 당나라/당황할 당
- 唐詩당시 중국 당나라 때의 시인들이 지은 시 ▶詩(시 시)
- 唐突당돌 꺼리거나 어려워하는 마음이 조금도 없이 올차고 다부짐 ▶突(갑자기 돌)
- 唐三彩당삼채 荒唐之說황당지설

172 米부 총 16획 **糖** 엿 당/사탕 탕
- 糖分당분 당류의 성분 ▶分(나눌 분)
- 糖度당도 음식물에 들어 있는 단맛의 탄수화물 양을 그 음식물에 대하여 백분율로 나타낸 것 ▶度(정도 도)
- 果糖과당 製糖제당 血糖혈당 雪糖설탕 糖水肉湯탕수육 糖尿病당뇨병

173 黑부 총 20획 **黨** 무리 당
- 與黨여당 정당 정치에서, 현재 정권을 잡고 있는 정당 ▶與(더불 여)
- 入黨입당 어떤 당에 가입함 ▶入(들 입)
- 脫黨탈당 당원이 자기가 속하여 있던 당을 떠남 ▶脫(벗을 탈)
- 惡黨악당 黨籍당적 全黨大會전당대회

174 貝부 총 12획 **貸** 빌릴 대
- 貸出대출 돈이나 물건 따위를 빌려 줌 ▶出(날 출)
- 賃貸임대 돈을 받고 자기의 물건을 남에게 빌려 줌 ▶賃(품삯 임)
- 假貸가대 貸付대부 貸金대금 貸與料대여료 貸借對照表대차대조표

175 至부 총 14획 **臺** 대 대
- 寢臺침대 사람이 누워 잘 수 있도록 만든 가구 ▶寢(잘 침)
- 土臺토대 목조 건축에서, 기초 위에 가로 대어 기둥을 고정하는 목조 부재 ▶土(흙 토)
- 燈臺등대 氣象臺기상대 靑瓦臺청와대

176 阝(阜)부 총 12획 **隊** 무리 대
- 軍隊군대 일정한 규율과 질서를 가지고 조직된 군인의 집단 ▶軍(군사 군)
- 部隊부대 일정한 규모로 편성된 군대 조직을 일반적으로 이르는 말 ▶部(떼 부)
- 入隊입대 騎兵隊기병대 遠征隊원정대 小隊長소대장

177 巾부 총 11획 **帶** 띠 대
- 携帶휴대 손에 들거나 몸에 지니고 다님 ▶携(이끌 휴)
- 聲帶성대 후두의 중앙부에 있는 소리를 내는 기관 ▶聲(소리 성)
- 帶同대동 帶域대역

178 木부 총 10획 **桃** 복숭아 도
- 桃花도화 복숭아꽃 ▶花(꽃 화)
- 桃源境도원경 이 세상이 아닌 무릉도원처럼 아름다운 경지 ▶源(근원 원), 境(지경 경)
- 黃桃황도 白桃백도 武陵桃源무릉도원 桃園結義도원결의

179 禾부 총 15획 **稻** 벼 도
- 稻作도작 벼를 심고 가꾸어 거두는 일 ▶作(지을 작)
- 立稻입도 베기 전에 논에 그냥 서 있는 벼 ▶立(설 립)
- 早稻조도 올벼 ▶早(이를 조)
- 稻熱病도열병 立稻先賣입도선매

180 足부 총 13획 **跳** 뛸 도
- 跳躍도약 몸을 위로 솟구쳐 뛰는 일 ▶躍(뛸 약)
- 跳馬도마 올림픽의 기계 체조에서 쓰는 기구 ▶馬(말 마)
- 高跳고도 走幅跳주폭도 千里一跳천리일도 肉跳風月육도풍월

 쪽지시험
상공회의소 한자 중급 3, 4, 5급

※ 다음 성어에서 □ 안에 들어갈 알맞은 한자는 어느 것입니까?

1. 優柔不□
 ① 短 ② 團 ③ 斷 ④ 單 ⑤ 檀

2. 無風地□
 ① 球 ② 帶 ③ 域 ④ 境 ⑤ 短

풀이
1 優柔不斷(우유부단) : 어물어물 망설이기만 하고 결단성이 없음
2 無風地帶(무풍지대) : 바람이 불지 아니하는 지역이란 뜻으로, 다른 재난이나 번거로움이 미치지 아니하는 평화롭고 안전한 곳을 비유적으로 이르는 말

답 1. ③ | 2. ②

181 辶(辵)부 총 11획 **途** 길 도	方途방도 어떤 일을 하거나 문제를 풀어가기 위한 방법과 도리 ▶方(모 방) 別途별도 원래의 것에 덧붙여서 추가한 것 ▶別(나눌 별) 用途용도 前途전도 途中下車도중하차 開發途上國개발도상국	182 阝(阜)부 총 11획 **陶** 질그릇 도	陶藝도예 '도자기 공예'를 줄여 이르는 말 ▶藝(재주 예) 陶工도공 옹기장이 ▶工(장인 공) 製陶제도 질그릇을 만듦 ▶製(지을 제) 陶醉도취 陶器도기 陶人도인 陶山書院도산서원 陶犬瓦鷄도견와계
183 辶(辵)부 총 10획 **逃** 도망할 도	逃去도거 도망하여 물러감 ▶去(갈 거) 逃亡者도망자 피하여 달아남 ▶亡(망할 망), 者(놈 자) 逃避性도피성 도망하여 몸을 피하는 성질 ▶避(피할 피), 性(성품 성) 現實逃避현실도피 夜半逃走야반도주	184 亻(人)부 총 10획 **倒** 넘어질 도	倒産도산 재산을 모두 잃고 망함 ▶産(재산 산) 倒置도치 차례나 위치 따위가 뒤바뀜 ▶置(둘 치) 倒壞도괴 壓倒압도 主客顚倒주객전도 抱腹絕倒포복절도
185 寸부 총 16획 **導** 인도할 도	導入도입 기술, 방법, 물자 따위를 끌어들임 ▶入(들 입) 導出도출 판단이나 결론 따위를 이끌어 냄 ▶出(날 출) 引導인도 先導선도 矯導官교도관 誘導彈유도탄 半導體반도체	186 扌(手)부 총 9획 **挑** 돋울 도	挑戰도전 정면으로 맞서 싸움을 걺 ▶戰(싸움 전) 挑發도발 남을 집적거려 일이 일어나게 함 ▶發(필 발) 挑出도출 시비나 싸움을 걺 ▶出(날 출) 挑戰狀도전장 擊挑之法격도지법
187 皿부 총 12획 **盜** 도둑 도	盜賊도적 도둑 ▶賊(도둑 적) 盜聽도청 남의 이야기를 몰래 엿듣는 일 ▶聽(들을 청) 盜用도용 남의 물건이나 명의를 몰래 씀 ▶用(쓸 용) 盜難도난 竊盜犯절도범 路上强盜노상강도	188 氵(水)부 총 12획 **渡** 건널 도	引渡인도 사물이나 권리 따위를 넘겨줌 ▶引(끌 인) 不渡부도 어음이나 수표를 가진 사람이 기한이 되어도 어음이나 수표에 적힌 돈을 지불받지 못하는 일 ▶不(아닐 부) 渡江도강 讓渡양도
189 土부 총 13획 **塗** 칠할 도	塗料도료 물건의 겉에 칠하여 그것을 썩지 않게 하거나 외관상 아름답게 하는 재료 ▶料(재료 료) 塗炭도탄 몹시 곤궁하여 고통스러운 지경을 이르는 말 ▶炭(숯 탄) 塗說도설 塗裝도장	190 毋부 총 9획 **毒** 독 독	毒藥독약 독성을 가진 약제 ▶藥(약 약) 毒蛇독사 이빨에 독이 있어 독액을 분비하는 뱀 ▶蛇(뱀 사) 毒感독감 지독한 감기 ▶感(느낄 감) 中毒중독 猛毒맹독 毒劇物독극물 飮毒自殺음독자살

양도소득세(讓渡所得稅)

讓(사양할 양), 渡(건널 도), 所(바 소), 得(얻을 득), 稅(세금 세)

부동산 또는 특정 시설물의 이용권이나 회원권 등의 양도 시 발생하는 차익에 대해 과세하는 소득세를 말한다. 여기서 양도란 자산에 대한 등기 또는 등록과 관계없이 그 자산이 유상(有償)으로 사실상 이전되는 것을 말한다. 1967년 정부는 부동산 투기 억제세를 제정했으나 실효가 없자 1975년 1월 1일부터 이 세를 신설했다. 이 세는 부동산 투기 억제의 수단으로 제정된 것으로 부동산 경기의 변동에 따라 신축적으로 운용된다.

3급 배정한자

191 竹부 총 16획 **篤** 도타울 독	敦篤독독 도탑고 성실함 ▶敦(도타울 돈) 危篤위독 병이 매우 중하여 생명이 위태로움 ▶危(위태할 위) 篤實독실 믿음이 두텁고 성실함 ▶實(열매 실) 篤信者독신자 篤志家독지가

192 目부 총 13획 **督** 감독할 독	監督감독 일이나 사람 따위가 잘못되지 아니하도록 살피어 단속함 ▶監(볼 감) 督促독촉 일이나 행동을 빨리 하도록 재촉함 ▶促(재촉할 촉) 督勵독려 基督敎기독교 總督府총독부 映畵監督영화감독

193 豕부 총 11획 **豚** 돼지 돈	豚肉돈육 돼지고기 ▶肉(고기 육) 豚舍돈사 돼지우리 ▶舍(집 사) 豚皮돈피 돼지가죽 ▶皮(가죽 피) 迷豚미돈 남에게 대한 '자기 아들'의 낮춤말 ▶迷(미혹할 미) 豚兒돈아 江豚강돈 養豚業양돈업

194 攵(攴)부 총 12획 **敦** 도타울 돈	敦篤돈독 도탑고 성실함 ▶篤(도타울 독) 敦睦돈목 정이 두텁고 화목함 ▶睦(화목할 목) 敦厚돈후 인정이 두텁고 후함 ▶厚(두터울 후) 敦親돈친 敦化돈화

195 穴부 총 9획 **突** 갑자기 돌	突擊돌격 갑자기 냅다 침 ▶擊(칠 격) 突發돌발 뜻밖의 일이 갑자기 일어남 ▶發(필 발) 突然돌연 예기치 못한 사이에 급히 ▶然(그러할 연) 激突격돌 突破口돌파구 溫突房온돌방

196 冫부 총 10획 **凍** 얼 동	凍傷동상 추위 때문에 살갗이 얼어서 조직이 상하는 일 ▶傷(다칠 상) 凍死동사 얼어 죽음 ▶死(죽을 사) 凍結동결 추위나 냉각으로 얼어붙음 ▶結(맺을 결) 冷凍냉동 不凍液부동액 凍氷寒雪동빙한설

197 金부 총 14획 **銅** 구리 동	銅錢동전 구리로 만든 돈 ▶錢(돈 전) 銅像동상 구리로 사람이나 동물의 형상을 만들거나 그런 형상에 구릿빛을 입혀서 만들어 놓은 기념물 ▶像(형상 상) 銅版동판 구리판 ▶版(조각 판) 靑銅器청동기 銅頭鐵身동두철신

198 金부 총 12획 **鈍** 둔할 둔	鈍化둔화 느리고 무디어짐 ▶化(될 화) 鈍濁둔탁 성질이 굼뜨고 흐리터분함 ▶濁(흐릴 탁) 鈍才둔재 둔한 재주 ▶才(재주 재) 鈍角둔각 鈍感둔감 鈍器둔기 愚鈍우둔

199 屮부 총 4획 **屯** 진칠 둔	屯營둔영 군사가 주둔하고 있는 군영 ▶營(경영할 영) 屯田둔전 변경이나 군사 요지에 주둔한 군대의 군량을 마련하기 위하여 설치한 토지 ▶田(밭 전) 蜂屯봉둔 駐屯주둔

200 馬부 총 20획 **騰** 오를 등	暴騰폭등 물건의 값이나 주가 따위가 갑자기 큰 폭으로 오름 ▶暴(사나울 폭) 急騰급등 물가나 시세 따위가 갑자기 오름 ▶急(급할 급) 騰落등락 沸騰비등 騰躍등약

쪽지시험

상공회의소 한자 응급 3, 4, 5급

※ 다음 음(音)을 가진 한자는 어느 것입니까?

1 [　　　　　도　　　　　]

① 尊　② 奪　③ 導　④ 遵　⑤ 獨

2 [　　　　　독　　　　　]

① 篤　② 騎　③ 驗　④ 騰　⑤ 屯

풀이

1 ① 존　② 탈　③ 도　④ 준　⑤ 독
2 ① 독　② 기　③ 험　④ 등　⑤ 둔

답 1. ③ | 2. ①

201 四(网)부 총 19획 **羅** 벌일 라	新羅신라 우리나라 삼국시대의 삼국 가운데 기원전 57년 박혁거세가 지금의 영남 지방을 중심으로 세운 나라 ▶新(새 신) 綺羅星기라성　全羅道전라도	202 言부 총 16획 **諾** 허락할 락	許諾허락 청하는 일을 하도록 들어줌 ▶許(허락 허) 受諾수락 요구를 받아들임 ▶受(받을 수) 應諾응락 상대편의 요청에 응하여 승낙함 ▶應(응할 응) 承諾승낙　唯唯諾諾유유낙낙
203 糸부 총 12획 **絡** 이을/헌솜 락	脈絡맥락 혈관이 서로 연락되어 있는 계통 ▶脈(줄기 맥) 連絡處연락처 연락을 하기 위하여 정해 둔 곳 ▶連(이을 련), 處(곳 처) 經絡경락　短絡단락　脈絡貫通맥락관통　珠絡象毛주락상모	204 乙부 총 13획 **亂** 어지러울 란	亂暴난폭 행동이 몹시 거칠고 사나움 ▶暴(사나울 폭) 叛亂반란 정부나 지도자 따위에 반대하여 내란을 일으킴 ▶叛(배반할 반) 混亂혼란　搖亂요란　攪亂교란
205 木부 총 21획 **欄** 난간 란	欄干난간 층계, 다리, 마루 따위의 가장자리에 일정한 높이로 막아 세우는 구조물 ▶干(방패 간) 空欄공란 책, 서류, 공책 따위의 지면에 글자 없이 비워 둔 칸이나 줄 ▶空(빌 공) 消息欄소식란　備考欄비고란	206 ++(艸)부 총 21획 **蘭** 난초 란	蘭草난초 난초과의 식물을 통틀어 이르는 말 ▶草(풀 초) 龍舌蘭용설란 용설란과의 얼룩용설란, 푸른용설란, 대만용설란 따위를 통틀어 이르는 말 ▶龍(용 룡), 舌(혀 설) 佛蘭西불란서　金蘭之交금란지교
207 氵(水)부 총 17획 **濫** 넘칠 람	濫用남용 일정한 기준이나 한도를 넘어서 함부로 씀 ▶用(쓸 용) 濫發남발 법령이나 지폐, 증서 따위를 마구 공포하거나 발행함 ▶發(필 발) 太濫태람　危濫위람　濫獲남획　濫伐남벌　職權濫用직권남용	208 見부 총 21획 **覽** 볼 람	閱覽열람 책이나 문서 따위를 죽 훑어보거나 조사하면서 봄 ▶閱(볼 열) 觀覽관람 연극, 영화, 운동 경기, 미술품 따위를 구경함 ▶觀(볼 관) 便覽편람　一覽表일람표　展覽會전람회　博覽會박람회
209 女부 총 10획 **娘** 계집 랑	娘子낭자 예전에, '처녀'를 높여 이르던 말 ▶子(아들 자) 娘家낭가 외가 ▶家(집 가) 娘娘낭랑　斷髮娘단발랑　娘子軍낭자군　娘細胞낭세포　淑英娘子傳숙영낭자전	210 广부 총 13획 **廊** 행랑 랑	行廊행랑 대문간에 붙어 있는 방 ▶行(다닐 행) 畫廊화랑 그림 따위의 미술품을 진열하여 전람하도록 만든 방 ▶畫(그림 화) 廊下낭하　舍廊사랑　畫廊화랑

양상군자(梁上君子)

梁(들보 량), 上(위 상), 君(임금 군), 子(아들 자)

대들보 위에 있는 군자라는 뜻으로, 도둑을 미화(美化)하여 점잖게 부르는 말이다.
태구현감(太丘縣監) 진식(陣寔)이 어느날 밤 대들보 위에 웅크리고 있는 도둑을 보고 아들 손자들을 불러 훈계를 시작했다. "사람이란 누구나 자기 스스로 노력하지 않으면 안 된다. 착하지 못한 짓을 하는 사람도 반드시 처음부터 악한 사람은 아니다. 평소의 잘못된 버릇이 성격으로 변하여 나쁜 일을 하게 되는 것이다. 저 들보 위의 군자가 바로 그러한 사람이다." 도둑이 이 말에 깜짝 놀라 대들보 위에서 내려와 사죄를 청하니, 진식은 비단 두 필을 주어 그를 돌려보냈다.

《후한서(後漢書)》 진식전(陣寔傳)

3급 배정한자

211 田부 총 11획 **略** 간략할/책략 략
- 略圖약도 간략하게 줄여 주요한 것만 대충 그린 도면이나 지도 ▶圖(그림 도)
- 略稱약칭 정식 명칭을 간략히 줄여 이름 ▶稱(일컬을 칭)
- 略式약식 省略생략 策略책략 簡略간략 黨利黨略당리당략

212 扌(手)부 총 11획 **掠** 노략질할 략
- 侵掠침략 남의 나라를 불법으로 쳐들어가서 약탈함 ▶侵(침노할 침)
- 掠奪약탈 폭력을 써서 남의 것을 억지로 빼앗음 ▶奪(빼앗을 탈)
- 抄掠초략 盜掠도략 剽掠표략

213 木부 총 11획 **梁** 들보 량
- 橋梁교량 시내나 강을 사람이나 차량이 건널 수 있게 만든 다리 ▶橋(다리 교)
- 梁材양재 들보가 될 수 있는 큰 재목 ▶材(재목 재)
- 上梁式상량식 梁上君子양상군자 棟梁之材동량지재

214 米부 총 18획 **糧** 양식 량
- 糧食양식 생존을 위하여 필요한 사람의 먹을거리 ▶食(밥 식)
- 糧政양정 '식량 정책'을 줄여 이르는 말 ▶政(정사 정)
- 糧穀양곡 食糧식량 軍糧米군량미 老少異糧노소이량

215 言부 총 15획 **諒** 믿을 량
- 諒解양해 남의 사정을 잘 헤아려 너그러이 받아들임 ▶解(풀 해)
- 諒知양지 살피어 앎 ▶知(알 지)
- 諒察양찰 다른 사람의 사정 따위를 잘 헤아려 살핌 ▶察(살필 찰)
- 諒燭양촉 海諒해량 諒解覺書양해각서

216 鹿부 총 19획 **麗** 고울 려
- 華麗화려 환하게 빛나며 곱고 아름다움 ▶華(빛날 화)
- 高句麗고구려 우리나라 고대의 삼국 가운데 동명왕 주몽이 기원전 37년에 세운 나라 ▶高(높을 고), 句(글귀 구)
- 秀麗수려 美麗미려 美辭麗句미사여구

217 心부 총 15획 **慮** 생각할 려
- 考慮고려 생각하고 헤아려 봄 ▶考(생각할 고)
- 念慮염려 앞일에 대하여 여러 가지로 마음을 써서 걱정함 ▶念(생각 념)
- 配慮배려 도와주거나 보살펴 주려고 마음을 씀 ▶配(짝 배)

218 力부 총 17획 **勵** 힘쓸 려
- 激勵격려 용기나 의욕이 솟아나도록 북돋워 줌 ▶激(격할 격)
- 獎勵賞장려상 무엇을 장려할 목적으로 주는 상 ▶獎(장려할 장), 賞(상줄 상)
- 督勵독려 刻苦勉勵각고면려

219 日부 총 16획 **曆** 책력 력
- 陰曆음력 달이 지구를 한 바퀴 도는 시간을 기준으로 만든 역법 ▶陰(그늘 음)
- 萬歲曆만세력 앞으로 백 년 동안의 천문과 절기를 추산하여 밝힌 책 ▶萬(일만 만), 歲(해 세)
- 册曆책력 太陰曆태음력 太陽曆태양력

220 金부 총 17획 **鍊** 단련할 련
- 試鍊시련 겪기 어려운 단련이나 고비 ▶試(시험 시)
- 鍊磨연마 주로 돌이나 쇠붙이, 보석, 유리 따위의 고체를 갈고 닦아서 표면을 반질반질하게 함 ▶磨(갈 마)
- 敎鍊교련 鍊金術연금술 修鍊醫수련의

쪽지시험

※ 다음 한자(漢字)와 음(音)이 같은 한자는 어느 것입니까?

1 濫
① 監 ② 覽 ③ 臨 ④ 賢 ⑤ 林

2 勵
① 虛 ② 處 ③ 慮 ④ 濾 ⑤ 辰

풀이

1 濫(넘칠 람)
① 감 ② 람 ③ 림 ④ 현 ⑤ 림

2 勵(힘쓸 려)
① 허 ② 처 ③ 려 ④ 희 ⑤ 진/신

답 1. ② 2. ③

221 憐 불쌍히여길 련
忄(心)부 / 총 15획

憐憫연민 불쌍하고 가련하게 여김 ▶ 憫(민망할 민)
可憐가련 가엾고 불쌍함 ▶ 可(옳을 가)
哀憐애련 애처롭고 가엾게 여김 ▶ 哀(슬플 애)
同病相憐동병상련

222 聯 연이을 련
耳부 / 총 17획

聯盟연맹 공동의 목적을 가진 단체나 국가가 서로 돕고 행동을 함께 할 것을 약속함 ▶ 盟(맹세 맹)
關聯관련 서로 관계가 있음 ▶ 關(관계할 관)
聯邦연방 經實聯경실련

223 戀 그리워할 련
心부 / 총 23획

戀人연인 서로 사랑하는 관계에 있는 남녀 ▶ 人(사람 인)
戀慕연모 이성을 사랑하여 간절히 그리워함 ▶ 慕(그리워할 모)
戀歌연가 悲戀비련 片戀편련

224 蓮 연꽃 련
艹(艸)부 / 총 15획

木蓮목련 목련과의 자목련, 백목련 따위를 통틀어 이르는 말 ▶ 木(나무 목)
蓮葉연엽 연잎 ▶ 葉(잎 엽)
白木蓮백목련 목련과의 낙엽 교목 ▶ 白(흰 백), 木(나무 목)
紅蓮홍련 蓮葉冠연엽관

225 劣 못할 렬
力부 / 총 6획

劣惡열악 품질이나 능력, 시설 따위가 매우 떨어지고 나쁨 ▶ 惡(악할 악)
劣勢열세 상대편보다 힘이나 세력이 약함 ▶ 勢(형세 세)
劣性열성 열등한 성질 ▶ 性(성품 성)
優劣우열 拙劣졸렬 劣等意識열등의식

226 裂 찢어질 렬
衣부 / 총 12획

龜裂균열 거북의 등에 있는 무늬처럼 갈라져 터짐 ▶ 龜(터질 균)
破裂파열 깨어지거나 갈라져 터짐 ▶ 破(깨뜨릴 파)
決裂결렬 核分裂핵분열 四分五裂사분오열
支離滅裂지리멸렬

227 廉 청렴할 렴
广부 / 총 13획

淸廉청렴 성품과 행실이 높고 맑으며, 탐욕이 없음 ▶ 淸(맑을 청)
廉恥염치 체면을 차릴 줄 알며 부끄러움을 아는 마음 ▶ 恥(부끄러울 치)
廉探염탐 低廉저렴 破廉恥파렴치 廉價版염가판 淸廉潔白청렴결백

228 獵 사냥 렵
犭(犬)부 / 총 18획

密獵밀렵 허가를 받지 않고 몰래 사냥함 ▶ 密(숨길 밀)
涉獵섭렵 물을 건너 찾아다닌다는 뜻으로, 많은 책을 널리 읽거나 여기저기 찾아다니며 경험함을 이르는 말 ▶ 涉(건널 섭)
獵銃엽총 獵奇엽기 獵酒엽주

229 零 떨어질 령
雨부 / 총 13획

零下영하 섭씨 온도계에서, 눈금이 0℃ 이하의 온도 ▶ 下(아래 하)
零度영도 온도, 각도, 고도 따위의 도수를 세는 기점이 되는 자리 ▶ 度(정도 도)
零點영점 零敗영패 零封영봉 零細民영세민

230 靈 신령 령
雨부 / 총 24획

神靈신령 신기하고 영묘함 ▶ 神(귀신 신)
妄靈망령 늙거나 정신이 흐려서 말이나 행동이 정상을 벗어남 ▶ 妄(망령될 망)
惡靈악령 원한을 품고 사람에게 재앙을 내리는 못된 영혼 ▶ 惡(악할 악)
魂靈혼령 靈驗영험 靈安室영안실

한자별곡

지록위마(指鹿爲馬)

指(가리킬 지), 鹿(사슴 록), 爲(할 위), 馬(말 마)

사슴을 가리켜 말이라 한다는 뜻으로, 윗사람을 농락하고 권세를 함부로 부리는 것을 비유하는 말이다.
중국 진(秦)나라의 조고(趙高)가 역심을 품고 자기를 반대하는 중신들을 가려내기 위해 황제 호해(胡亥)에게 사슴을 바치면서 말하였다. "이것은 말입니다." 황제가 웃으며 "승상이 잘못 본 것이오. 사슴을 일러 말이라 하오?" 하였다. 좌우의 신하들을 둘러보자 "그렇다"고 긍정하는 사람들이 많았으며, "아니다"고 부정하는 사람들도 있었다. 조고는 부정하는 사람들을 기억해 두었다가 나중에 죄를 씌워 죽였다.

《사기(史記)》 진시황본기(秦始皇本紀)

3급 배정한자

231 嶺 (山부, 총 17획) 고개 령

嶺南영남 조령 남쪽이라는 뜻에서, 경상남북도를 이르는 말 ▶南(남녘 남)
嶺西영서 강원도의 대관령 서쪽에 있는 지역 ▶西(서녘 서)
嶺東영동 高嶺土고령토 分水嶺분수령 大關嶺대관령

232 隸 (隶부, 총 16획) 종 례

奴隸노예 남의 소유물로 되어 부림을 당하는 사람 ▶奴(종 노)
隸屬예속 남의 지배나 지휘 아래 매임 ▶屬(무리 속)
下隸하례 隸書예서 掌隸院장례원 奴隸制度노예제도

233 爐 (火부, 총 20획) 화로 로

原子爐원자로 원자핵 분열 연쇄 반응의 진행 속도를 인위적으로 제어하여 원자력을 서서히 끌어내는 장치 ▶原(근원 원), 子(아들 자)
火爐화로 輕水爐경수로 爐邊談話노변담화
紅爐點雪홍로점설

234 祿 (示부, 총 13획) 녹 록

貫祿관록 어떤 일에 대하여 쌓은 상당한 경력과 그에 따라 갖추어진 위엄이나 권위 ▶貫(꿸 관)
家祿가록 집안 대대로 세습되어 물려받는 녹 ▶家(집 가)
國祿국록 福祿복록 祿俸녹봉

235 錄 (金부, 총 16획) 기록할 록

收錄수록 모아서 기록함 ▶收(거둘 수)
實錄실록 사실을 있는 그대로 적은 기록 ▶實(열매 실)
附錄부록 본문 끝에 덧붙이는 기록 ▶附(붙을 부)
登錄등록 默示錄묵시록 圖書目錄도서목록

236 鹿 (鹿부, 총 11획) 사슴 록

鹿血녹혈 사슴의 피 ▶血(피 혈)
馬鹿마록 고라니 ▶馬(말 마)
小鹿島소록도 전라남도 고흥군 도양읍에 속하는 섬 ▶小(작을 소), 島(섬 도)
白鹿백록 鹿角녹각 指鹿爲馬지록위마 中原逐鹿중원축록

237 弄 (廾부, 총 7획) 희롱할 롱

弄談농담 실없이 놀리거나 장난으로 하는 말 ▶談(말씀 담)
才弄재롱 어린아이의 재미있는 말과 귀여운 행동 ▶才(재주 재)
愚弄우롱 性戲弄성희롱 吟風弄月음풍농월
假弄成眞가롱성진

238 賴 (貝부, 총 16획) 의뢰할 뢰

依賴人의뢰인 남에게 어떤 일을 맡긴 사람 ▶依(의지할 의), 人(사람 인)
信賴신뢰 남을 믿고 의지함 ▶信(믿을 신)
依賴의뢰 信賴度신뢰도

239 雷 (雨부, 총 13획) 우레 뢰

地雷지뢰 땅속에 묻어 두고, 그 위를 사람이나 차량 따위가 지나가면 폭발하도록 만든 폭약 ▶地(땅 지)
魚雷어뢰 물고기 모양으로 생긴 대함선 공격용 수뢰 ▶魚(고기 어)
附和雷同부화뇌동 對人地雷대인지뢰

240 了 (亅부, 총 2획) 마칠 료

完了완료 완전히 끝마침 ▶完(완전할 완)
終了종료 어떤 행동이나 일 따위를 끝마침 ▶終(마칠 종)
修了수료 일정한 학과를 다 배워 끝냄 ▶修(닦을 수)
滿了만료 過去完了과거완료

쪽지시험

※ 다음의 뜻을 가진 한자(漢字)는 어느 것입니까?

1 그리워하다
① 變 ② 樂 ③ 戀 ④ 慈 ⑤ 著

2 기록하다
① 錄 ② 銅 ③ 銘 ④ 鐘 ⑤ 錢

풀이
1 ① 變(변할 변) ② 樂(즐거울 락)
③ 戀(그리워할 련) ④ 慈(사랑 자)
⑤ 著(나타낼 저)
2 ① 錄(기록할 록) ② 銅(구리 동)
③ 銘(새길 명) ④ 鐘(쇠북 종)
⑤ 錢(돈 전)

답 1. ③ | 2. ①

241 亻(人)부 총 14획 **僚** 동료 료	同僚동료 같은 직장이나 같은 부문에서 함께 일하는 사람 ▶同(한가지 동) 官僚관료 직업적인 관리 ▶官(벼슬 관) 幕僚막료 중요한 계획의 입안이나 시행 따위의 일을 보좌하는 사람 ▶幕(장막 막) 臣僚신료 閣僚각료	242 龍부 총 16획 **龍** 용 룡	龍宮용궁 전설에서, 바다 속에 있다고 하는 용왕의 궁전 ▶宮(집 궁) 龍顔용안 임금의 얼굴을 높여 이르는 말 ▶顔(낯 안) 車水馬龍거수마룡 龍頭蛇尾용두사미 龍飛御天歌용비어천가
243 尸부 총 14획 **屢** 여러 루	屢次누차 여러 차례 ▶次(버금 차) 屢報누보 여러 번 알리거나 보도함 ▶報(알릴 보) 屢代奉祀누대봉사	244 木부 총 15획 **樓** 다락 루	樓閣누각 사방을 바라볼 수 있도록 문과 벽이 없이 다락처럼 높이 지은 집 ▶閣(집 각) 望樓망루 적이나 주위의 동정을 살피기 위하여 높이 지은 다락집 ▶望(바랄 망) 慶會樓경회루 砂上樓閣사상누각
245 糸부 총 11획 **累** 묶을 루	累計누계 소계를 계속하여 덧붙여 합산함 ▶計(셀 계) 連累연루 남이 저지른 범죄에 연관됨 ▶連(이을 련) 累積누적 累差누차 累進稅누진세 累卵之勢누란지세	246 氵(水)부 총 11획 **淚** 눈물 루	淚眼누안 눈물이 글썽글썽 어린 눈 ▶眼(눈 안) 落淚낙루 눈물을 흘림 ▶落(떨어질 락) 感淚감루 매우 감격하여 흘리는 눈물 ▶感(느낄 감) 血淚혈루 催淚彈최루탄
247 氵(水)부 총 14획 **漏** 샐 루	漏電누전 절연이 불완전하거나 시설이 손상되어 전기가 전깃줄 밖으로 새어 흐름 ▶電(번개 전) 漏落누락 기입되어야 할 것이 기록에서 빠짐 ▶落(떨어질 락) 漏水누수 漏出누출 脫漏탈루 自擊漏자격루	248 頁부 총 19획 **類** 무리 류	種類종류 사물의 부문을 나누는 갈래 ▶種(씨 종) 部類부류 동일한 범주에 속하는 대상들을 일정한 기준에 따라 나누어 놓은 갈래 ▶部(떼 부) 類推유추 類例유례 鳥類조류 分類분류
249 車부 총 15획 **輪** 바퀴 륜	輪作윤작 같은 주제나 소재로 여러 작가가 돌아가며 글을 쓰는 일 ▶作(지을 작) 徑輪경륜 지름과 둘레를 아울러 이르는 말 ▶徑(지름길 경) 法輪법륜 사륜의 하나 ▶法(법 법) 五輪旗오륜기 前輪驅動전륜구동	250 木부 총 10획 **栗** 밤 률	生栗생률 굽거나, 삶거나, 찌거나 말리지 아니한 날것 그대로의 밤 ▶生(날 생) 栗谷율곡 '이이'의 호 ▶谷(골 곡) 栗房율방 밤송이 ▶房(방 방) 栗園율원 黃栗황률 棗栗梨柿조율이시

자격루(自擊漏)

自(스스로 자), 擊(칠 격), 漏(샐 루)

조선 세종 16년(1434)에 장영실(蔣英實), 김빈(金鑌) 등이 왕명을 받아 만든 물시계이다. 물이 흐르는 것을 이용하여 스스로 소리를 나게 해서 시간을 알리도록 만든 것으로, 나무로 되어 있고 동자(童子) 인형 모양이다. 시(時)·경(更)·점(點)에 맞추어 종과 북·징을 쳐서 시각을 알렸다. 경복궁 경회루 남쪽 보루각에 있는 것은 4개의 파수호(播水壺)와 2개의 수수호(受水壺), 14개의 살대, 동력 전달 장치와 시보 장치로 되어 있다. 세종 때 만든 것은 모두 없어졌으며 유일하게 덕수궁에 남아 있는 국보 제229호는 중종 31년(1536)에 장영실이 만든 것을 개량한 것이다.

3급 배정한자

| 251 阝(阜)부 총 12획 隆 높을 륭 | 隆盛융성 기운차게 일어나거나 대단히 번성함 ▶盛(성할 성)
隆崇융숭 대우하는 태도가 정중하고 극진함 ▶崇(높을 숭)
隆起융기 隆興융흥 隆昌융창 隆冬雪寒융동설한 | 252 阝(阜)부 총 11획 陵 언덕 릉 | 丘陵구릉 '언덕'으로 순화 ▶丘(언덕 구)
王陵왕릉 임금의 무덤 ▶王(임금 왕)
陵谷능곡 언덕과 골짜기를 아울러 이르는 말 ▶谷(골 곡)
江陵市강릉시 武陵桃源무릉도원 下陵上替하릉상체 |

| 253 口부 총 6획 吏 벼슬아치 리 | 淸白吏청백리 재물에 대한 욕심이 없이 곧고 깨끗한 관리 ▶淸(맑을 청), 白(흰 백)
貪官汚吏탐관오리 백성의 재물을 탐내어 빼앗는, 행실이 깨끗하지 못한 관리 ▶貪(탐할 탐), 官(벼슬 관), 汚(더러울 오)
吏讀文字이두문자 下級官吏하급관리 | 254 隹부 총 19획 離 떠날 리 | 離婚이혼 부부가 합의 또는 재판에 의하여 혼인 관계를 인위적으로 소멸시키는 일 ▶婚(혼인할 혼)
離脫이탈 어떤 범위나 대열 따위에서 떨어져 나오거나 떨어져 나감 ▶脫(벗을 탈)
距離거리 亂離난리 離散家族이산가족 |

| 255 衣부 총 13획 裏 속 리 | 腦裏뇌리 사람의 의식이나 기억, 생각 따위가 들어 있는 영역 ▶腦(골 뇌)
裏面이면 겉으로 나타나거나 눈에 보이지 않는 부분 ▶面(낯 면)
裏書이서 表裏不同표리부동 笑裏藏刀소리장도 | 256 尸부 총 15획 履 밟을 리 | 履行이행 실제로 행함 ▶行(다닐 행)
履霜이상 서리를 밟는다는 것은 곧 물이 얼 겨울철이 닥칠 징조라는 뜻으로, 징조를 보고 장차 다가올 일에 대비하여야 함을 경계하는 말 ▶霜(서리 상)
履修이수 如履薄氷여리박빙 履歷書이력서 |

| 257 木부 총 11획 梨 배 리 | 梨花이화 배꽃 ▶花(꽃 화)
凍梨동리 서리를 맞아 시든 배. 90세의 노인을 달리 이르는 말 ▶凍(얼 동)
烏飛梨落오비이락 | 258 阝(阜)부 총 15획 隣 이웃 린 | 隣接인접 이웃하여 있음 ▶接(이을 접)
善隣선린 이웃하고 있는 지역 또는 나라와 사이좋게 지냄 ▶善(착할 선)
保隣보린 이웃끼리 서로 돕고 돌보아 줌 ▶保(지킬 보)
近隣公園근린공원 |

| 259 臣부 총 17획 臨 임할 림 | 君臨군림 임금으로서 나라를 거느려 다스림 ▶君(임금 군)
再臨재림 다시 옴 ▶再(두 재)
臨時임시 미리 정하지 아니하고 그때그때 필요에 따라 정한 것 ▶時(때 시)
臨終임종 降臨강림 枉臨왕림 | 260 石부 총 16획 磨 갈 마 | 研磨연마 주로 돌이나 쇠붙이, 보석, 유리 따위의 고체를 갈고 닦아서 표면을 반질반질하게 함 ▶研(갈 연)
磨損마손 마찰에 의하여 쓸이어 닳음 ▶損(덜 손)
講磨강마 工具研磨機공구연마기 |

쪽지시험

※ 다음 한자(漢字)와 뜻이 비슷한 한자는 어느 것입니까?

1. 屢
① 庶 ② 黑 ③ 燕 ④ 然 ⑤ 尾

2. 履
① 踏 ② 跡 ③ 路 ④ 跳 ⑤ 露

풀이

1 屢(여러 루)
① 庶(여러 서) ② 黑(검을 흑)
③ 燕(제비 연) ④ 然(그러할 연)
⑤ 尾(꼬리 미)

2 履(밟을 리)
① 踏(밟을 답) ② 跡(발자취 적)
③ 路(길 로)   ④ 跳(뛸 도)
⑤ 露(이슬 로)

답 1.① | 2.①

261	麻	麻織物마직물 삼실이나 아마실 따위로 짠 천 ▶織(짤 직), 物(물건 물)
麻 부 총 11획	삼 마	大麻草대마초 환각제로 쓰는 대마의 이삭이나 잎 ▶大(큰 대), 草(풀 초) 麻中之蓬마중지봉 快刀亂麻쾌도난마

262	幕	園頭幕원두막 밭을 지키기 위하여 밭머리에 지은 막 ▶園(동산 원), 頭(머리 두)
巾 부 총 14획	장막 막	煙幕彈연막탄 폭발하면 짙은 연기를 내뿜도록 되어 있는 폭탄 ▶煙(연기 연), 彈(탄알 탄) 幕後막후 幕間막간

263	漠	沙漠사막 강수량이 적어서 식생이 보이지 않거나 적고, 인간의 활동도 제약되는 지역 ▶沙(모래 사)
氵(水) 부 총 14획	넓을 막	漠然막연 갈피를 잡을 수 없게 아득함 ▶然(그러할 연) 茫漠망막 漠漠막막

264	漫	漫畫만화 이야기 따위를 간결하고 익살스럽게 그린 그림 ▶畫(그림 화)
氵(水) 부 총 14획	퍼질 만	漫談만담 재미있고 익살스럽게 세상이나 인정을 비판·풍자하는 이야기를 함 ▶談(말씀 담) 漫評만평 散漫산만 放漫방만 漫然만연

265	慢	自慢자만 자신이나 자신과 관련 있는 것을 스스로 자랑하며 뽐냄 ▶自(스스로 자)
忄(心) 부 총 14획	거만할 만	怠慢태만 열심히 하려는 마음이 없고 게으름 ▶怠(게으를 태) 緩慢완만 慢性疾患만성질환 傲慢不遜오만불손

266	茫	茫漠망막 넓고 멂 ▶漠(넓을 막)
++(艸) 부 총 10획	아득할 망	蒼茫창망 근심과 걱정으로 경황이 없음 ▶蒼(푸를 창) 茫然自失망연자실 멍하니 정신을 잃음 ▶然(그러할 연), 自(스스로 자), 失(잃을 실) 茫洋망양 茫茫大海망망대해

267	妄	妄靈망령 늙거나 정신이 흐려서 말이나 행동이 정상을 벗어남 ▶靈(신령 령)
女 부 총 6획	망령될 망	妄覺망각 외부 세계의 자극을 잘못 지각하거나 없는 자극을 있는 것처럼 생각하는 병적 현상 ▶覺(깨달을 각) 被害妄想피해망상

268	罔	罔極망극 임금이나 어버이의 은혜가 한이 없음 ▶極(다할 극)
网 부 총 8획	없을/속일 망	罔測망측 이치에 맞지 아니하여 어이가 없거나 차마 보기가 어려움 ▶測(헤아릴 측) 欺罔기망 남을 속여 넘김 ▶欺(속일 기) 罔極之痛망극지통 怪常罔測괴상망측

269	媒	仲媒중매 결혼이 이루어지도록 중간에서 소개하는 일 ▶仲(버금 중)
女 부 총 12획	중매 매	觸媒촉매 자신은 변화하지 아니하면서 다른 물질의 화학 반응을 매개하여 반응 속도를 빠르게 하거나 늦추는 일 ▶觸(닿을 촉) 冷媒냉매 媒介體매개체 大衆媒體대중매체

270	梅	梅香매향 매화의 향기 ▶香(향기 향)
木 부 총 11획	매화 매	烏梅오매 덜 익은 푸른 매실을 짚불 연기에 그을려 말린 것 ▶烏(까마귀 오) 探梅탐매 매화 핀 경치를 찾아 구경함 ▶探(찾을 탐) 紅梅홍매 梅實酒매실주 梅蘭菊竹매란국죽

맹모삼천지교(孟母三遷之敎)

孟(맏 맹), 母(어미 모), 三(석 삼), 遷(옮길 천), 之(갈 지), 敎(가르칠 교)

맹자(孟子)의 모친이 자식의 가르침을 위해 세 번 이사했다는 뜻으로, 교육에 있어서 주위 환경의 중요성을 일컫는 말이다.

맹자가 어렸을 때 묘지 가까이 살았는데, 장사 지내는 놀이를 하며 놀았다. 이 광경을 목격한 맹자의 어머니는 안 되겠다 싶어 시전 근처로 이사를 했다. 그랬더니 이번에는 맹자가, 물건을 사고파는 장사꾼들의 흉내를 내면서 노는 것이었다. 이것을 본 맹자의 어머니는 다시 글방 근처로 이사를 하였다. 그랬더니 맹자가 제사 때 쓰는 기구를 늘어놓고 절하는 법이며 나아가고 물러나는 법 등 예법에 관한 놀이를 하는 것이었다. 맹자 어머니는 이곳이야말로 아들과 함께 살 만한 곳이구나 하고 마침내 그곳에 머물러 살았다고 한다.

271	埋	土부 총 10획	묻을 매	埋立매립 우묵한 땅이나 하천, 바다 등을 돌이나 흙 따위로 채움 ▶立(설 립) 埋伏매복 상대편의 동태를 살피거나 불시에 공격하려고 일정한 곳에 몰래 숨어 있음 ▶伏(엎드릴 복) 埋頭沒身매두몰신
272	脈	月(肉)부 총 10획	줄기 맥	脈絡맥락 혈관이 서로 연락되어 있는 계통 ▶絡(이을 락) 鑛脈광맥 암석의 갈라진 틈에 유용 광물이 많이 묻혀 있는 부분 ▶鑛(쇳돌 광) 人脈인맥 文脈문맥 動脈동맥
273	孟	子부 총 8획	맏 맹	孟子맹자 중국 전국 시대의 사상가 ▶子(아들 자) 虛無孟浪허무맹랑 터무니없이 거짓되고 실속이 없음 ▶虛(빌 허), 無(없을 무), 浪(물결 랑) 孟母三遷之敎맹모삼천지교
274	盲	目부 총 8획	눈멀 맹	盲腸맹장 척추동물의, 작은창자에서 큰창자로 넘어가는 부분에 있는 주머니 모양의 부분 ▶腸(창자 장) 色盲색맹 빛깔을 가리지 못하거나 다른 빛깔로 잘못 보는 상태 ▶色(빛 색) 盲信맹신 盲動맹동
275	盟	皿부 총 13획	맹세 맹	盟誓맹서 일정한 약속이나 목표를 꼭 실천하겠다고 다짐함 ▶誓(맹세할 서) 血盟혈맹 혈판을 찍어 굳게 맹세함 ▶血(피 혈) 盟邦맹방 동맹국 ▶邦(나라 방) 聯盟연맹 加盟店가맹점 同盟國동맹국
276	猛	犭(犬)부 총 11획	사나울 맹	猛獸맹수 주로 육식을 하는 사나운 짐승 ▶獸(짐승 수) 猛犬맹견 몹시 사나운 개 ▶犬(개 견) 猛烈맹렬 기세가 몹시 사납고 세참 ▶烈(매울 렬) 猛毒맹독 猛威맹위 勇猛용맹 猛活躍맹활약
277	綿	糸부 총 14획	솜 면	綿絲면사 솜에서 자아낸 실 ▶絲(실 사) 綿衣면의 무명옷 ▶衣(옷 의) 純綿순면 순수하게 면사로만 짠 직물 ▶純(순수할 순) 綿織物면직물 周到綿密주도면밀 綿裏藏針면리장침
278	滅	氵(水)부 총 13획	멸할 멸	滅亡멸망 망하여 없어짐 ▶亡(망할 망) 不滅불멸 없어지거나 사라지지 아니함 ▶不(아닐 불) 自滅자멸 스스로 자신을 망치거나 멸망하게 함 ▶自(스스로 자) 消滅소멸 破滅파멸 支離滅裂지리멸렬
279	銘	金부 총 14획	새길 명	銘心명심 잊지 않도록 마음에 깊이 새겨 둠 ▶心(마음 심) 感銘감명 감격하여 마음에 깊이 새김 ▶感(느낄 감) 碑銘비명 비석에 새긴 글 ▶碑(비석 비) 銘記명기 座右銘좌우명 刻骨銘心각골명심
280	冥	冖부 총 10획	어두울 명	冥想명상 고요히 눈을 감고 깊이 생각함 ▶想(생각 상) 冥福명복 죽은 뒤 저승에서 받는 복 ▶福(복 복) 冥鬼명귀 冥王星명왕성 冥想명상

쪽지시험

※ 다음 한자어(漢字語)와 발음(發音)이 같은 한자어는 어느 것입니까?

1. 漫畫
① 盛火 ② 滿花 ③ 消和 ④ 純化 ⑤ 誰何

2. 碑銘
① 學名 ② 坤命 ③ 宿命 ④ 說明 ⑤ 悲鳴

풀이

1 만화
① 성화 ② 만화 ③ 소화 ④ 순화 ⑤ 수하

2 비명
① 학명 ② 곤명 ③ 숙명 ④ 설명 ⑤ 비명

답 1. ② | 2. ⑤

281 力부 총13획 **募** 모을/뽑을 모	募金모금 기부금이나 성금 따위를 모음 ▶金(쇠 금) 募兵모병 병정을 모집함 ▶兵(병사 병) 應募응모 모집에 응하거나 지원함 ▶應(응할 응) 懸賞公募현상공모 募集定員모집정원	282 木부 총9획 **某** 아무 모	某某모모 아무아무 ▶某(아무 모) 某氏모씨 아무개 ▶氏(성씨 씨) 某處모처 어떠한 곳 ▶處(곳 처) 某種모종 어떠한 종류 ▶種(씨 종) 某年모년 아무 해 ▶年(해 년) 某月모월 某時모시
283 言부 총16획 **謀** 꾀할 모	圖謀도모 어떤 일을 이루기 위하여 대책과 방법을 세움 ▶圖(그림 도) 陰謀음모 나쁜 목적으로 몰래 흉악한 일을 꾸밈 ▶陰(그늘 음) 謀陷모함 謀免모면 參謀참모	284 豸부 총14획 **貌** 모양 모	外貌외모 겉으로 드러나 보이는 모양 ▶外(바깥 외) 美貌미모 아름다운 얼굴 모습 ▶美(아름다울 미) 變貌변모 容貌용모 風貌풍모 鑑貌辨色감모변색
285 忄(心)부 총15획 **慕** 그리워할 모	慕化모화 덕을 사모하여 그 가르침을 좇아 감화됨 ▶化(될 화) 思慕사모 애틋하게 생각하고 그리워함 ▶思(생각 사) 追慕추모 欽慕흠모 戀慕연모 終天之慕종천지모	286 木부 총15획 **模** 본뜰 모	模樣모양 겉으로 나타나는 생김새나 모습 ▶樣(모양 양) 模倣모방 다른 것을 본뜨거나 본받음 ▶倣(본뜰 방) 大規模대규모 模作모작 模唱모창 模擬國會모의국회
287 亻(人)부 총9획 **侮** 업신여길 모	陵侮능모 업신여기어 깔봄 ▶陵(능멸할 릉) 受侮수모 모욕을 받음 ▶受(받을 수) 免侮면모 모욕을 면함 ▶免(면할 면) 侮慢모만 남을 업신여기고 저만 잘난 체함 ▶慢(거만할 만) 侮辱모욕 自侮자모 侵侮침모	288 冂부 총9획 **冒** 무릅쓸 모	冒襲모습 남의 집안의 대를 이음 ▶襲(엄습할 습) 冒稱모칭 이름을 거짓으로 꾸며 댐 ▶稱(일컬을 칭) 冒瀆모독 冒頭모두 冒險모험 冒萬死모만사 冒沒廉恥모몰염치
289 牛부 총8획 **牧** 칠 목	牧童목동 풀을 뜯기며 가축을 치는 아이 ▶童(아이 동) 牧師목사 교회에서 예배를 인도하고 교회나 교구의 관리 및 신자의 영적 생활을 지도하는 성직자 ▶師(스승 사) 放牧방목 牧畜業목축업 牧民心書목민심서	290 目부 총13획 **睦** 화목할 목	和睦화목 서로 뜻이 맞고 정다움 ▶和(화할 화) 不睦불목 서로 사이가 좋지 아니함 ▶不(아닐 불) 睦族목족 동족 또는 친족끼리 화목하게 지냄 ▶族(겨레 족)

한자별곡

목민심서(牧民心書)
牧(칠 목), 民(백성 민), 心(마음 심), 書(글 서)

조선 후기 실학자인 다산(茶山) 정약용(丁若鏞)이 저술한 책으로 관리의 올바른 행실과 농민 경제의 발전을 다뤘다. 지방의 관리로서 수령이 백성들을 위해 해야 할 일을 12강(綱)으로 나눈 뒤 각 항목을 다시 6조목으로 하여 모두 72조목으로 나누어 서술했다. 12강의 내용은 부임(赴任), 율기(律己), 봉공(奉公), 애민(愛民), 이전(吏典), 호전(戶典), 예전(禮典), 병전(兵典), 형전(刑典), 공전(公典), 진황(賑荒), 해관(解官)으로 구성되어 있다. 또한 이 책은 백성의 입장에서 농민의 실태, 서리의 부정, 토호의 작폐, 도서민의 생활 상태 등을 낱낱이 파헤치고 있어, 조선 후기의 지방 실정에 대한 사회경제사 연구에 귀중한 자료로 그 가치를 인정받고 있다.

3급 배정한자

291 沒 (氵(水)부, 총 7획) 빠질 몰
- 沒落몰락 재물이나 세력 따위가 쇠하여 보잘것없이 됨 ▶落(떨어질 락)
- 沒頭몰두 어떤 일에 온 정신을 다 기울여 열중함 ▶頭(머리 두)
- 沒殺몰살 沒收몰수 陷沒함몰 沒廉恥몰염치 神出鬼沒신출귀몰

292 夢 (夕부, 총 14획) 꿈 몽
- 夢想몽상 꿈속의 생각 ▶想(생각 상)
- 解夢해몽 꿈에 나타난 일을 풀어서 좋고 나쁨을 판단함 ▶解(풀 해)
- 吉夢길몽 좋은 징조의 꿈 ▶吉(길할 길)
- 惡夢악몽 夢兆몽조 夢遊病몽유병 一場春夢일장춘몽

293 蒙 (艹(艸)부, 총 14획) 어두울 몽
- 啓蒙계몽 지식 수준이 낮거나 인습에 젖은 사람을 가르쳐서 깨우침 ▶啓(열 계)
- 蒙古族몽고족 몽골 고원 지방에 사는, 여러 부족으로 이루어진 아시아의 인종 집단 ▶古(예 고), 族(겨레 족)
- 訓蒙字會훈몽자회 童蒙先習동몽선습

294 墓 (土부, 총 14획) 무덤 묘
- 墓域묘역 묘소로서의 경계를 정한 구역 ▶域(지경 역)
- 省墓성묘 조상의 산소를 찾아가서 돌봄 ▶省(살필 성)
- 墓所묘소 參墓참묘 丘墓之鄕구묘지향 高玄墳墓고현분묘

295 廟 (广부, 총 15획) 사당 묘
- 廟堂묘당 '의정부'를 달리 이르던 말 ▶堂(집 당)
- 廟庭配享묘정배향 공로 있는 신하가 죽은 뒤에 종묘 제사에 부제하던 일 ▶庭(뜰 정), 配(짝 배), 享(누릴 향)
- 廊廟之志낭묘지지 廟堂公論묘당공론

296 苗 (艹(艸)부, 총 9획) 싹 묘
- 苗板묘판 못자리 ▶板(널 판)
- 苗床묘상 꽃, 나무, 채소 따위의 모종을 키우는 자리 ▶床(상 상)
- 種苗종묘 식물의 씨나 싹을 심어서 가꿈 ▶種(씨 종)
- 苗木묘목 育苗육묘 助長拔苗조장발묘

297 貿 (貝부, 총 12획) 무역할 무
- 貿易무역 지방과 지방 사이에 서로 물건을 팔고 사거나 교환하는 일 ▶易(바꿀 역)
- 貿穀무곡 이익을 보려고 곡식을 몰아서 사들임 ▶穀(곡식 곡)
- 貿易風무역풍 密貿易밀무역 對外貿易대외무역 貿易黑字무역흑자

298 霧 (雨부, 총 19획) 안개 무
- 霧散무산 안개가 걷히듯 흩어져 없어짐 ▶散(흩을 산)
- 霧露무로 안개와 이슬 ▶露(이슬 로)
- 雲霧운무 구름과 안개를 아울러 이르는 말 ▶雲(구름 운)
- 五里霧中오리무중 噴霧器분무기

299 默 (黑부, 총 16획) 잠잠할 묵
- 默認묵인 모르는 체하고 하려는 대로 내버려 둠으로써 슬며시 인정함 ▶認(알 인)
- 默想묵상 눈을 감고 말없이 마음속으로 생각함 ▶想(생각 상)
- 默契묵계 默念묵념 默殺묵살 沈默침묵 寡默과묵 含默함묵 默過묵과

300 微 (彳부, 총 13획) 작을 미
- 微力미력 '적은 힘' 또는 '힘이 적다'는 뜻으로, 남을 위하여 애쓴 자신의 힘을 겸손하게 이르는 말 ▶力(힘 력)
- 微賤미천 신분이나 지위 따위가 하찮고 천함 ▶賤(천할 천)
- 微弱미약 微妙미묘 微溫미온 顯微鏡현미경

쪽지시험

※ 다음 단어들의 □ 안에 공통으로 들어갈 알맞은 한자는 어느 것입니까?

1. 思□, 愛□, 追□
   ① 模 ② 漠 ③ 暮 ④ 謨 ⑤ 慕

2. □落, □頭, □收
   ① 墮 ② 念 ③ 沒 ④ 徵 ⑤ 滅

풀이
1 思慕(사모), 愛慕(애모), 追慕(추모)
2 沒落(몰락), 沒頭(몰두), 沒收(몰수)

답 1.⑤ | 2.③

301 目부 총 9획 眉 눈썹 미	白眉백미 흰 눈썹이라는 뜻으로, 여럿 가운데에서 가장 뛰어난 사람이나 훌륭한 물건을 비유적으로 이르는 말 ▶白(흰 백) 愁眉수미 근심에 잠겨 찌푸린 눈썹 ▶愁(근심 수) 眉目秀麗미목수려 擧案齊眉거안제미	302 辶(辵)부 총 10획 迷 미혹할 미	迷惑미혹 무엇에 홀려 정신을 차리지 못함 ▶惑(미혹할 혹) 迷宮미궁 들어가면 나올 길을 쉽게 찾을 수 없게 되어 있는 곳 ▶宮(집 궁) 迷兒미아 迷妄미망 迷想미상
303 攵(攴)부 총 11획 敏 민첩할 민	敏感민감 느낌이나 반응이 날카롭고 빠름 ▶感(느낄 감) 銳敏예민 무엇인가를 느끼는 능력이나 분석하고 판단하는 능력이 빠르고 뛰어남 ▶銳(날카로울 예) 敏活민활 過敏反應과민반응	304 忄(心)부 총 15획 憫 민망할 민	憫迫민박 애가 탈 정도로 걱정스러움 ▶迫(닥칠 박) 憐憫연민 불쌍하고 가련한 듯함 ▶憐(불쌍히 여길 련) 憫然민연 憫憫민망 憫恤민휼
305 虫부 총 14획 蜜 꿀 밀	蜜語밀어 남녀 사이의 달콤하고 정다운 이야기 ▶語(말씀 어) 蜜蜂밀봉 꿀벌 ▶蜂(벌 봉) 糖蜜당밀 사탕무나 사탕수수에서 사탕을 뽑아내고 남은 검은빛의 즙액 ▶糖(엿 당) 蜜月旅行밀월여행 口蜜腹劍구밀복검	306 氵(水)부 총 8획 泊 배댈 박	民泊민박 여행할 때에 일반 민가에서 묵음 ▶民(백성 민) 漂泊표박 풍랑을 만난 배가 물 위에 정처 없이 떠돎 ▶漂(떠다닐 표) 船泊선박 當泊당박 假泊地가박지 宿泊業所숙박업소 淡泊以明志담박이명지
307 十부 총 12획 博 넓을 박	博士박사 대학에서 수여하는 가장 높은 학위 ▶士(선비 사) 博識박식 지식이 넓고 아는 것이 많음 ▶識(알 식) 博愛박애 博覽會박람회 博物館박물관 博學多識박학다식 博覽强記박람강기	308 扌(手)부 총 8획 拍 칠 박	拍手박수 기쁨, 찬성, 환영을 나타내거나 장단을 맞추려고 두 손뼉을 마주 침 ▶手(손 수) 拍子박자 음악적 시간을 구성하는 기본적 단위 ▶子(아들 자) 拍車박차 拍掌大笑박장대소
309 艹(艸)부 총 17획 薄 엷을 박	輕薄경박 언행이 신중하지 못하고 가벼움 ▶輕(가벼울 경) 薄命박명 복이 없고 팔자가 사나움 ▶命(목숨 명) 淺薄천박 精神薄弱정신박약 薄利多賣박리다매 佳人薄命가인박명	310 辶(辵)부 총 9획 迫 닥칠 박	促迫촉박 기한이 바싹 닥쳐와서 가까움 ▶促(재촉할 촉) 急迫급박 사태가 조금도 여유가 없이 매우 급함 ▶急(급할 급) 驅迫구박 못 견디게 괴롭힘 ▶驅(몰 구) 脅迫狀협박장 强迫觀念강박관념

방년(芳年)

芳(꽃다울 방), 年(해 년)

이십 세 전후한 여성의 나이의 말이며, 방령(芳齡)·묘년(妙年)·묘령(妙齡)이라고도 한다. 남성의 경우 갓[冠]을 쓰는 나이[弱]라 해서 20세를 약관(弱冠)이라 한다. 그러나 오늘날에는 방년은 여성에게만, 약관은 남성에게만 국한되어 쓰이는 것이 아니라 두루 사용되고 있다. 그리고 보통 '과년한 처녀'란 말을 쓰는데, 여기서 과년이란 혼기에 이른 여자의 나이를 뜻한다. 과(瓜)자를 파자(破字)하면 '八八'이 되어, 이를 더하면 여자 나이 16세를 나타내는데, 오늘날과는 달리 옛날에는 16세 정도 되면 여자는 혼기에 접어든 것으로 보았다.

3급 배정한자

311 又부 총 9획 **叛** 배반할 반
- 叛逆반역 나라와 겨레를 배반함 ▶逆(거스릴 역)
- 謀叛모반 자기 나라를 배반하고 남의 나라를 좇기를 꾀함 ▶謀(꾀할 모)
- 叛旗반기 叛亂반란 叛心반심

312 王(玉)부 총 10획 **班** 나눌 반
- 班長반장 어떤 일을 함께 하는 소규모 조직체인 반을 대표하여 일을 맡아보는 사람 ▶長(어른 장)
- 班列반열 품계나 신분, 등급의 차례 ▶列(벌일 렬)
- 兩班양반 首班수반 合班합반 班常會반상회

313 辶(辵)부 총 8획 **返** 돌아올 반
- 返品반품 일단 사들인 물품을 되돌려 보냄 ▶品(물건 품)
- 返送반송 도로 돌려보냄 ▶送(보낼 송)
- 返還반환 빌리거나 차지했던 것을 되돌려 줌 ▶還(돌아올 환)
- 返納반납 返路반로 去者必返거자필반

314 皿부 총 15획 **盤** 소반 반
- 盤石반석 넓고 평평한 큰 돌 ▶石(돌 석)
- 盤面반면 장기, 바둑, 레코드 따위의 판의 겉면 ▶面(낯 면)
- 基盤기반 기초가 되는 바탕 ▶基(터 기)
- 音盤음반 盤上반상 盤古반고 盤床반상

315 舟부 총 10획 **般** 일반 반
- 諸般제반 어떤 것과 관련된 모든 것 ▶諸(모두 제)
- 全般전반 어떤 일이나 부문에 대하여 그것에 관계되는 전체 ▶全(온전 전)
- 萬般만반 一般일반적 彼此一般피차일반
- 般若心經반야심경

316 亻(人)부 총 7획 **伴** 짝 반
- 隨伴수반 붙좇아서 따름 ▶隨(따를 수)
- 伴奏반주 노래나 기악의 연주를 도와주기 위하여 옆에서 다른 악기를 연주함 ▶奏(연주할 주)
- 伴人반인 수행원 ▶人(사람 인)
- 同伴者동반자

317 髟부 총 15획 **髮** 터럭 발
- 理髮이발 머리털을 깎아 다듬음 ▶理(다스릴 리)
- 削髮삭발 머리털을 깎음 ▶削(깎을 삭)
- 假髮가발 머리털이나 이와 유사한 것으로 머리 모양을 만들어 쓰는 것 ▶假(거짓 가)
- 毛髮모발 斷髮令단발령 危機一髮위기일발

318 扌(手)부 총 8획 **拔** 뺄 발
- 拔群발군 여럿 가운데에서 특별히 뛰어남 ▶群(무리 군)
- 選拔선발 많은 가운데서 골라 뽑음 ▶選(가릴 선)
- 奇拔기발 拔本발본 拔齒발치

319 亻(人)부 총 10획 **倣** 본뜰 방
- 模倣모방 다른 것을 본뜨거나 본받음 ▶模(본뜰 모)
- 倣似방사 매우 비슷함 ▶似(같을 사)
- 倣此방차 이것을 본뜸 ▶此(이 차)
- 倣刻방각 倣古방고 倣效방효

320 艹(艸)부 총 8획 **芳** 꽃다울 방
- 芳年방년 이십 세 전후의 한창 젊은 꽃다운 나이 ▶年(해 년)
- 芳名錄방명록 찾아온 사람들을 기념하기 위하여 그 사람들의 이름을 적어 놓는 기록 ▶名(이름 명), 錄(기록할 록)
- 芳味방미 芳園방원

쪽지시험

상공회의소 한자
중급 3, 4, 5급

※ 다음 성어에서 □ 안에 들어갈 알맞은 한자는 어느 것입니까?

1. □學多識
   ① 博   ② 轉   ③ 修   ④ 哲   ⑤ 憫

2. 危機一□
   ① 拔   ② 髮   ③ 黨   ④ 迫   ⑤ 伐

풀이
1. 博學多識(박학다식) : 학문이 넓고 아는 것이 많음
2. 危機一髮(위기일발) : 여유가 조금도 없이 몹시 절박한 순간

답 1. ① | 2. ②

321 阝(邑)부 총 7획 邦 나라 방	聯邦연방 자치권을 가진 다수의 나라가 공통의 정치 이념 아래에서 연합하여 구성하는 국가 ▶聯(연이을 련) 友邦우방 서로 우호적인 관계를 맺고 있는 나라 ▶友(벗 우) 萬邦만방 邦畫방화 異邦人이방인	322 女부 총 7획 妨 방해할 방	無妨무방 거리낄 것이 없이 괜찮음 ▶無(없을 무) 妨害物방해물 방해가 되는 사물이나 현상 ▶害(해할 해), 物(물건 물) 妨害罪방해죄 妨害工作방해공작 顔面妨害안면방해
323 亻(人)부 총 12획 傍 곁 방	傍觀방관 어떤 일에 직접 나서서 관여하지 않고 곁에서 보기만 함 ▶觀(볼 관) 傍證방증 사실을 직접 증명할 수 있는 증거가 되지는 않지만, 간접적으로 증명에 도움을 주는 증거 ▶證(증거 증) 傍人방인 傍助방조	324 土부 총 11획 培 북돋을 배	培地배지 배양액 ▶地(땅 지) 培根배근 식물의 뿌리를 흙으로 덮어 줌 ▶根(뿌리 근) 栽培學재배학 농작물과 환경의 관계를 연구하는 학문 ▶栽(심을 재), 學(배울 학) 栽培재배 培養土배양토 溫床栽培온상재배
325 車부 총 15획 輩 무리 배	雜輩잡배 잡된 무리 ▶雜(섞일 잡) 謀利輩모리배 온갖 수단과 방법으로 자신의 이익만을 꾀하는 사람 ▶謀(꾀할 모), 利(이로울 리) 年輩연배 浮浪輩부랑배 暴力輩폭력배 先後輩선후배	326 亻(人)부 총 10획 倍 곱 배	倍達배달 우리나라의 상고 시대 이름 ▶達(통달할 달) 倍率배율 어떤 수가 기준이 되는 수의 몇 배가 되는가를 나타내는 수 ▶率(비율 률) 倍加배가 倍數배수 勇氣百倍용기백배 倍達民族배달민족
327 扌(手)부 총 11획 排 밀칠 배	排斥배척 따돌리거나 거부하여 밀어 내침 ▶斥(물리칠 척) 排除배제 받아들이지 아니하고 물리쳐 제외함 ▶除(덜 제) 排球배구 排卵배란 排定배정 排擊배격 排列배열 排他的배타적 排出口배출구	328 酉부 총 10획 配 짝/나눌 배	配達배달 물건을 가져다가 몫몫으로 나누어 돌림 ▶達(통달할 달) 配匹배필 부부로서의 짝 ▶匹(짝 필) 配給所배급소 배급하는 곳 ▶給(줄 급), 所(바 소) 配偶者배우자 指名手配지명수배
329 月(肉)부 총 9획 背 등 배	背景배경 뒤쪽의 경치 ▶景(볕 경) 背反배반 논리적으로 양립할 수 없음 ▶反(돌이킬 반) 背後배후 등의 뒤 ▶後(뒤 후) 背信者배신자 背任罪배임죄 二律背反이율배반 面從腹背면종복배 背水之陣배수지진	330 亻(人)부 총 7획 伯 맏 백	伯爵백작 다섯 등급으로 나눈 귀족의 작위 가운데 셋째 작위 ▶爵(벼슬 작) 伯父백부 큰아버지 ▶父(아비 부) 伯兄백형 맏형 ▶兄(맏 형) 畫伯화백 伯叔백숙 伯夷叔薺백이숙제

일벌백계(一罰百戒)

一(한 일), 罰(벌할 벌), 百(일백 백), 戒(경계할 계)

한 사람을 벌주어 백 사람을 경계한다는 뜻으로, 다른 사람들에게 경각심을 불러일으키기 위하여 본보기로 한 사람에게 엄한 처벌을 하는 일을 이르는 말이다.

오왕(吳王) 합려가 병법가 손자(孫子)에게 궁녀 180명으로 병법을 펼칠 것을 명하자 손자는 이것을 2대(隊)로 나눈 뒤, 왕의 총희(寵姬) 두 사람을 각각 대장으로 삼았다. 손자는 군고(軍鼓)를 치고 여러 번 군령(軍令)을 전달했지만 궁녀들은 크게 웃을 뿐이었다. 이에 손자는 "이미 군령이 분명한 데도 따르지 않는 것은 대장의 책임이다." 하고는 두 총희를 베어버렸다. 그리고는 차석의 시녀를 대장으로 삼았다. 다시 군고를 울리자 궁녀들은 수족처럼 움직이고 동작이 모두 규칙에 들어맞았다.

3급 배정한자

331 火부 총 13획 煩
번거로울 번
- 煩惱번뇌 마음이 시달려서 괴로움 ▶惱(번뇌할 뇌)
- 煩雜번잡 번거롭게 뒤섞여 어수선함 ▶雜(섞일 잡)
- 煩忙번망 煩亂번란 煩務번무

332 飛부 총 21획 飜
뒤칠 번
- 飜譯번역 어떤 언어로 된 글을 다른 언어의 글로 옮김 ▶譯(번역할 역)
- 飜案번안 원작의 내용이나 줄거리는 그대로 두고 풍속, 인명, 지명 따위를 시대나 풍토에 맞게 바꾸어 고침 ▶案(책상 안)
- 飜刻번각 飜文번문

333 糸부 총 17획 繁
번성할 번
- 繁盛번성 한창 성하게 일어나 퍼짐 ▶盛(성할 성)
- 頻繁빈번 번거로울 정도로 도수가 잦음 ▶頻(자주 빈)
- 繁細번세 繁榮번영 繁昌번창 農繁期농번기
- 繁華街번화가

334 网(罒)부 총 14획 罰
벌할 벌
- 罰則벌칙 법규를 어긴 행위에 대한 처벌을 정하여 놓은 규칙 ▶則(법칙 칙)
- 罰金벌금 규약을 위반했을 때에 벌로 내게 하는 돈 ▶金(쇠 금)
- 嚴罰엄벌 엄하게 벌을 줌 ▶嚴(엄할 엄)
- 賞罰상벌 刑事處罰형사처벌

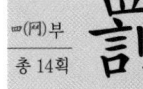

335 竹부 총 15획 範
법 범
- 範圍범위 테두리가 정하여진 구역 ▶圍(에워쌀 위)
- 師範사범 남의 스승이 될 만한 모범이나 본보기 ▶師(스승 사)
- 模範모범 範例범례 範式범식

336 犬(犭)부 총 5획 犯
범할 범
- 犯行범행 범죄 행위를 함 ▶行(다닐 행)
- 犯罪범죄 법규를 어기고 저지른 잘못 ▶罪(허물 죄)
- 初犯초범 처음으로 저지른 범죄 ▶初(처음 초)
- 犯人범인 共犯공범 殺人犯살인범

337 土부 총 16획 壁
벽 벽
- 城壁성벽 성곽의 벽 ▶城(성 성)
- 障壁장벽 가리어 막은 벽 ▶障(막을 장)
- 擁壁옹벽 땅을 깎거나 흙을 쌓아 생기는 비탈이 흙의 압력으로 무너져 내리지 않도록 만든 벽 ▶擁(안을 옹)
- 壁報벽보 壁紙벽지 奇巖絶壁기암절벽

338 石부 총 14획 碧
푸를 벽
- 碧空벽공 푸른 하늘 ▶空(빌 공)
- 碧眼벽안 눈동자가 파란 눈 ▶眼(눈 안)
- 碧溪水벽계수 물빛이 맑아 푸르게 보이는 시냇물 ▶溪(시내 계), 水(물 수)
- 碧浪벽랑 푸른 파도 ▶浪(물결 랑)
- 桑田碧海상전벽해 碧昌牛벽창우

339 辛부 총 16획 辨
분별할 변
- 辨明변명 어떤 잘못이나 실수에 대하여 구실을 대며 그 까닭을 말함 ▶明(밝을 명)
- 辨證法변증법 문답에 의해 진리에 도달하는 방법 ▶證(증거 증), 法(법 법)
- 分辨분변 思辨사변 辨償변상 辨濟변제 辨理士변리사 辨別力변별력

340 辛부 총 21획 辯
말씀 변
- 辯論변론 사리를 밝혀 옳고 그름을 따짐 ▶論(논할 론)
- 雄辯웅변 조리가 있고 막힘이 없이 당당하게 말함 ▶雄(수컷 웅)
- 達辯달변 強辯강변 代辯人대변인 答辯書답변서 辯護士변호사

쪽지시험

상공회의소 한자
3급 3, 4, 5급

※ 다음 음(音)을 가진 한자는 어느 것입니까?

1 배
① 悟 ② 培 ③ 傍 ④ 悅 ⑤ 伯

2 범
① 番 ② 罰 ③ 範 ④ 煩 ⑤ 壁

풀이
1 ① 오 ② 배 ③ 방 ④ 열 ⑤ 백
2 ① 번 ② 벌 ③ 범 ④ 번 ⑤ 벽

답 1. ② 2. ③

341 邊 (가 변)
辶(辵)부 / 총 19획

海邊해변 바닷가 ▶海(바다 해)
身邊신변 몸과 몸의 주위 ▶身(몸 신)
邊境변경 나라의 경계가 되는 변두리의 땅 ▶境(지경 경)

周邊주변 多邊化다변화 底邊擴大저변확대
江邊道路강변도로

342 竝 (나란히 병)
立부 / 총 10획

竝列병렬 나란히 늘어섬 ▶列(벌일 렬)
竝行병행 둘 이상의 사물이 나란히 감 ▶行(다닐 행)
竝立병립 나란히 섬 ▶立(설 립)

竝設병설 竝稱병칭 竝用병용 乞不竝行걸불병행 苦樂竝行고락병행

343 屛 (병풍 병)
尸부 / 총 11획

屛風병풍 바람을 막거나 무엇을 가리거나 또는 장식용으로 방 안에 치는 물건 ▶風(바람 풍)
屛去병거 물리쳐 버림 ▶去(버릴 거)

屛居병거 屛迹병적 屛門병문

344 補 (기울 보)
衤(衣)부 / 총 12획

補修보수 낡은 것을 보충하여 수리함 ▶修(닦을 수)
補强보강 보태거나 채워서 본디보다 더 튼튼하게 함 ▶强(강할 강)
補助보조 보태어 도움 ▶助(도울 조)

補職보직 補藥보약 補闕選擧보궐선거

345 寶 (보배 보)
宀부 / 총 20획

寶物보물 썩 드물고 귀한 가치가 있는 보배로운 물건 ▶物(물건 물)
寶石보석 아주 단단하고 빛깔과 광택이 아름다우며 희귀한 광물 ▶石(돌 석)

寶庫보고 家寶가보 國寶국보 多寶塔다보탑 東醫寶鑑동의보감

346 譜 (족보 보)
言부 / 총 19획

族譜족보 한 가문의 계통과 혈통 관계를 적어 기록한 책 ▶族(겨레 족)
系譜계보 조상 때부터 내려오는 혈통과 집안의 역사를 적은 책 ▶系(이을 계)

樂譜악보 譜法보법 譜表보표

347 普 (넓을 보)
日부 / 총 12획

普遍보편 두루 널리 미침 ▶遍(두루 편)
普及所보급소 조직 체계를 갖추고 일정 구역에서 정기 구독자에게 신문을 배달하는 곳 ▶及(미칠 급), 所(바 소)

普遍性보편성 普信閣보신각 普通選擧보통선거 普通名詞보통명사

348 卜 (점 복)
卜부 / 총 2획

卜債복채 점을 쳐 준 값으로 점쟁이에게 주는 돈 ▶債(빚 채)
卜吉복길 좋은 날을 가려서 받음 ▶吉(길할 길)

卜術복술 卜晝卜夜복주복야

349 複 (겹칠 복)
衤(衣)부 / 총 14획

複合복합 두 가지 이상이 하나로 합쳐짐 ▶合(합할 합)
複製복제 본디의 것과 똑같은 것을 만듦 ▶製(지을 제)
複線복선 겹으로 된 줄 ▶線(줄 선)

複雜多端복잡다단 複式簿記복식부기

350 腹 (배 복)
月(肉)부 / 총 13획

腹痛복통 복부에 일어나는 통증을 통틀어 이르는 말 ▶痛(아플 통)
腹案복안 마음속에 간직하고 아직 겉으로 드러내지 아니한 생각 ▶案(책상 안)

異腹兄弟이복형제 抱腹絕倒포복절도 割腹自殺할복자살

한자별곡

상평통보(常平通寶)
常(항상 상), 平(평평할 평), 通(통할 통), 寶(보배 보)

상평통보는 조선 숙종 4년(1678)에 호조(戶曹) 상평청(常平廳) 등을 통하여 주조·유통되기 시작했다. 우리나라 화폐사상 처음으로 전국적으로 유통된 화폐로, 조선 말기 현대식 화폐가 나올 때까지 통용되었다. 상평통보는 구리·주석의 합금으로 되어있으며, 가운데에는 정사각형의 구멍을 뚫고 앞면에는 구멍을 둘러싸고 상하좌우에 상평통보라고 찍었고, 뒷면에는 구멍을 중심으로 위에는 주조한 관청을 표시하는 약자를 새기고, 아래 또는 좌우측에는 돈의 가치를 표시하였다. 주전소, 크기, 숫자 표시, 서체에 등에 따라 약 3,000여 종의 상평통보가 발행되었다.

3급 배정한자

351 覆 다시 복/덮을 부
西(襾)부 / 총 18획
- 飜覆번복 이리저리 뒤집힘 ▶飜(뒤칠 번)
- 被覆피복 거죽을 덮어씌움 ▶被(입을 피)
- 覆蓋복개 덮개 또는 뚜껑 ▶蓋(덮을 개)
- 反覆반복 언행이나 일 따위를 이랬다저랬다 하여 자꾸 고침 ▶反(돌이킬 반)
- 覆車之戒복거지계 覆水不返盆복수불반분

352 蜂 벌 봉
虫부 / 총 13획
- 分蜂분봉 여왕벌이 산란하여 새 여왕벌을 만들었을 때, 새 여왕벌을 일벌의 일부와 함께 딴 집이나 통으로 갈라 옮기는 것 ▶分(나눌 분)
- 蜂起봉기 蜜蜂밀봉 養蜂양봉

353 鳳 새 봉
鳥부 / 총 14획
- 鳳帶봉대 공주가 신하의 집안으로 시집갈 때 예장에 두르던, 봉황 무늬를 금박으로 박은 붉은 비단의 큰 띠 ▶帶(띠 대)
- 鳳兒봉아 장차 큰 인물이 될 만한 소년을 비유적으로 이르는 말 ▶兒(아이 아)
- 鳳仙子봉선자 鳳冠봉관

354 封 봉할 봉
寸부 / 총 9획
- 封鎖봉쇄 굳게 막아 버리거나 잠금 ▶鎖(쇠사슬 쇄)
- 封合봉합 봉하여 붙임 ▶合(합할 합)
- 開封개봉 봉하여 두었던 것을 떼거나 엶 ▶開(열 개)
- 密封밀봉 金一封금일봉 封建主義봉건주의

355 峯 봉우리 봉
山부 / 총 10획
- 奇峯기봉 이상하고 신기하게 생긴 봉우리 ▶奇(기이할 기)
- 日出峯일출봉 강원도 고성군 서면과 회양군 내금강면 사이에 있는 산봉우리 ▶日(날 일), 出(날 출)
- 道峯山도봉산 一萬二千峯일만이천봉

356 符 부호 부
竹부 / 총 11획
- 符號부호 일정한 뜻을 나타내기 위하여 따로 정하여 쓰는 기호 ▶號(이름 호)
- 相符상부 서로 들어맞음 ▶相(서로 상)
- 符籍부적 符合부합 兵符병부 免罪符면죄부 終止符종지부 名實相符명실상부

357 簿 문서 부
竹부 / 총 19획
- 帳簿장부 물건의 출납이나 돈의 수지 계산을 적어 두는 책 ▶帳(장막 장)
- 名簿명부 어떤 일에 관련된 사람의 이름, 주소, 직업 따위를 적어 놓은 장부 ▶名(이름 명)
- 簿記부기 金錢出納簿금전출납부

358 賦 과할 부
貝부 / 총 15획
- 賦課부과 세금이나 부담금 따위를 매기어 부담하게 함 ▶課(과정 과)
- 賦與부여 나누어 줌 ▶與(줄 여)
- 月賦월부 물건 값이나 빚 따위의 일정한 금액을 다달이 나누어 내는 일 ▶月(달 월)
- 割賦金할부금 賦存資源부존자원

359 赴 나아갈 부
走부 / 총 9획
- 赴任부임 임명이나 발령을 받아 근무할 곳으로 감 ▶任(맡길 임)
- 赴援부원 구원하러 감 ▶援(도울 원)
- 赴役부역 병역이나 부역을 치르러 나감 ▶役(부릴 역)
- 赴告부고 赴哭부곡 赴召부소

360 附 붙을 부
阜(阝)부 / 총 8획
- 添附첨부 안건이나 문서 따위를 덧붙임 ▶添(더할 첨)
- 附錄부록 본문 끝에 덧붙이는 기록 ▶錄(기록할 록)
- 附與부여 回附회부 附則부칙 附屬品부속품 附和雷同부화뇌동 牽强附會견강부회

쪽지시험

상공회의소 한자 중급 3, 4, 5급

※ 다음 한자(漢字)와 음(音)이 같은 한자는 어느 것입니까?

1. 補
   ① 普 ② 善 ③ 皆 ④ 冒 ⑤ 抱

2. 賦
   ① 算 ② 筆 ③ 篇 ④ 簿 ⑤ 敵

풀이
1 補(기울 보)
 ① 보 ② 선 ③ 개 ④ 모 ⑤ 포
2 賦(부세 부)
 ① 산 ② 필 ③ 편 ④ 부 ⑤ 적

답 1. ① | 2. ④

361 付 (亻(人)부, 총 5획) 부칠 부
- 納付납부 세금이나 공과금 따위를 관계 기관에 냄 ▶納(들일 납)
- 配付배부 출판물이나 서류 따위를 나누어 줌 ▶配(나눌 배)
- 發付발부 分付분부 申申當付신신당부 反對給付반대급부

362 腐 (肉부, 총 14획) 썩을 부
- 腐敗부패 정치, 사상, 의식 따위가 타락함 ▶敗(패할 패)
- 陳腐진부 사상, 표현, 행동 따위가 낡아서 새롭지 못함 ▶陳(늘어놓을 진)
- 豆腐두부 腐葉土부엽토 防腐劑방부제 不正腐敗부정부패 切齒腐心절치부심

363 府 (广부, 총 8획) 관청 부
- 政府정부 입법, 사법, 행정의 삼권을 포함하는 통치 기구를 통틀어 이르는 말 ▶政(정사 정)
- 幕府막부 변방에서 지휘관이 머물면서 군사를 지휘하던 군막 ▶幕(장막 막)
- 府院君부원군 司法府사법부 行政府행정부

364 副 (刂(刀)부, 총 11획) 버금 부
- 副題부제 서적, 논문, 문예 작품 따위의 제목에 덧붙여 그것을 보충하는 제목 ▶題(제목 제)
- 副業부업 본업 외에 여가를 이용하여 갖는 직업 ▶業(업 업)
- 副産物부산물 副作用부작용

365 負 (貝부, 총 9획) 질 부
- 負擔부담 어떠한 의무나 책임을 짐 ▶擔(멜 담)
- 負債부채 남에게 빚을 짐 ▶債(빚 채)
- 抱負포부 마음속에 지니고 있는, 미래에 대한 계획이나 희망 ▶抱(안을 포)
- 勝負승부 負傷부상 自負心자부심

366 紛 (糸부, 총 10획) 어지러울 분
- 紛亂분란 어수선하고 소란스러움 ▶亂(어지러울 란)
- 紛失분실 자기도 모르는 사이에 물건 따위를 잃어버림 ▶失(잃을 실)
- 紛雜분잡 紛爭분쟁 紛糾분규 內紛내분 諸說紛紛제설분분

367 奮 (大부, 총 16획) 떨칠 분
- 奮發분발 마음과 힘을 다하여 떨쳐 일어남 ▶發(필 발)
- 奮戰분전 있는 힘을 다하여 싸움 ▶戰(싸움 전)
- 奮起분기 奮然분연 興奮흥분 激奮격분 孤軍奮鬪고군분투

368 墳 (土부, 총 15획) 무덤 분
- 丘墳구분 무덤 ▶丘(언덕 구)
- 封墳봉분 흙을 둥글게 쌓아 올려서 무덤을 만듦 ▶封(봉할 봉)
- 雙墳쌍분 같은 묏자리에 합장하지 아니하고 나란히 쓴 부부의 두 무덤 ▶雙(쌍 쌍)
- 古墳고분 墳墓基地權분묘기지권

369 奔 (大부, 총 8획) 달릴 분
- 奔走분주 몹시 바쁘게 뛰어다님 ▶走(달릴 주)
- 奔忙분망 매우 바쁨 ▶忙(바쁠 망)
- 狂奔광분 어떤 목적을 이루기 위하여 미친 듯이 날뜀 ▶狂(미칠 광)
- 東奔西走동분서주 自由奔放자유분방

370 粉 (米부, 총 10획) 가루 분
- 粉筆분필 칠판에 글씨를 쓰는 필기구 ▶筆(붓 필)
- 粉末분말 가루 ▶末(끝 말)
- 粉飾분식 내용이 없이 겉죽만을 좋게 꾸밈 ▶飾(꾸밀 식)
- 花粉화분 粉紅色분홍색

양귀비(楊貴妃)
楊(버들 양), 貴(귀할 귀), 妃(왕비 비)

당(唐) 현종의 후궁이며 절세미인으로, 서시(西施), 왕소군(王昭君), 초선(貂蟬)과 더불어 중국의 4대 미인 중의 한 사람으로 손꼽힌다. 정사(正史)에도 그녀를 절세(絶世)의 풍만한 미인인데다가 가무(歌舞)에도 뛰어났고, 군주(君主)의 마음을 끌어당기는 총명을 겸비하였다고 전하고 있다. 원래는 18왕자 수왕(壽王) 이모(李瑁)의 비(妃)로, 현종의 며느리였으나 그녀를 본 현종이 그녀를 총애하면서 그녀를 귀비(貴妃)로 책봉하였다. 귀비의 많은 친척이 고관으로 발탁되었고, 황족과 통혼(通婚)하는 등 황후 이상의 권력을 누렸다. 그러다 안녹산(安祿山)이 난을 일으켜 황제와 더불어 쓰촨으로 도주하던 중 양씨 일문에 불만을 가진 군사들에 의해 살해당했다.

3급 배정한자

371 憤 忄(心)부 총 15획 — 분할 **분**
- 憤怒분노 분개하여 몹시 성을 냄 ▶怒(성낼 노)
- 憤痛분통 몹시 분하여 마음이 쓰리고 아픔 ▶痛(아플 통)
- 憤然분연 憤心분심 憤嘆분탄

372 拂 扌(手)부 총 8획 — 떨칠 **불**
- 支拂지불 돈을 내어 줌 ▶支(지탱할 지)
- 換拂환불 돈이나 물건을 바꾸어 지불함 ▶換(바꿀 환)
- 完拂완불 남김없이 완전히 지불함 ▶完(완전할 완)
- 先拂선불 假拂가불

373 崩 山부 총 11획 — 무너질 **붕**
- 崩御붕어 임금이 세상을 떠남 ▶御(임금 어)
- 土崩토붕 흙이 무너진다는 뜻으로, 사물이 점차 잘못되어 손을 댈 여지가 없게 됨을 이르는 말 ▶土(흙 토)
- 崩城之痛붕성지통 天崩地壞천붕지괴 天崩之痛천붕지통

374 卑 十부 총 8획 — 낮을 **비**
- 卑俗비속 격이 낮고 속됨 ▶俗(풍속 속)
- 卑劣비열 사람의 하는 짓이나 성품이 천하고 졸렬함 ▶劣(못할 렬)
- 卑屈비굴 용기나 줏대가 없이 남에게 잘 굽힘 ▶屈(굽을 굴)
- 登高自卑등고자비 直系卑屬직계비속

375 妃 女부 총 6획 — 왕비 **비**
- 王妃왕비 임금의 아내 ▶王(임금 왕)
- 廢妃폐비 왕비의 자리에서 물러나게 함 ▶廢(폐할 폐)
- 皇妃황비 황제의 아내 ▶皇(임금 황)
- 玉妃옥비 楊貴妃양귀비 大王大妃대왕대비 皇太子妃황태자비

376 批 扌(手)부 총 7획 — 비평할 **비**
- 批評비평 사물의 옳고 그름, 아름다움과 추함 따위를 분석하여 가치를 논함 ▶評(평할 평)
- 批判비판 사물의 옳고 그름을 가리어 판단하거나 밝힘 ▶判(판단할 판)
- 批答비답 經驗批判論경험비판론

377 肥 月(肉)부 총 8획 — 살찔 **비**
- 施肥시비 거름주기 ▶施(베풀 시)
- 肥料비료 경작지에 뿌리는 영양 물질 ▶料(재료 료)
- 肥滿兒비만아 살이 쪄서 몸이 뚱뚱한 어린이 ▶滿(찰 만), 兒(아이 아)
- 綠肥녹비 肥滿비만 天高馬肥천고마비

378 碑 石부 총 13획 — 비석 **비**
- 碑石비석 돌로 만든 비 ▶石(돌 석)
- 碑文비문 비석에 새긴 글 ▶文(글월 문)
- 墓碑묘비 무덤 앞에 세우는 비석 ▶墓(무덤 묘)
- 碑銘비명 비석에 새긴 글 ▶銘(새길 명)
- 記念碑기념비 頌德碑송덕비

379 祕 示부 총 10획 — 숨길 **비**
- 祕密비밀 숨기어 남에게 드러내거나 알리지 말아야 할 일 ▶密(빽빽할 밀)
- 祕法비법 공개하지 않고 비밀리에 하는 방법 ▶法(법 법)
- 祕策비책 神祕신비 默祕權묵비권 極祕文書극비문서

380 婢 女부 총 11획 — 계집종 **비**
- 奴婢노비 사내종과 계집종을 아울러 이르는 말 ▶奴(종 노)
- 侍婢시비 곁에서 시중을 드는 계집종 ▶侍(모실 시)
- 官婢관비 哭婢곡비 賤婢천비 奴顔婢膝노안비슬

쪽지시험

※ 다음의 뜻을 가진 한자(漢字)는 어느 것입니까?

1 가루
① 粉   ② 忍   ③ 紛   ④ 奮   ⑤ 浮

2 숨기다
① 卑   ② 祕   ③ 費   ④ 肥   ⑤ 乘

풀이
1 ① 粉(가루 분) ② 忍(참을 인)
  ③ 紛(어지러울 분) ④ 奮(떨칠 분)
  ⑤ 浮(뜰 부)

2 ① 卑(낮을 비) ② 祕(숨길 비)
  ③ 費(쓸 비) ④ 肥(살찔 비)
  ⑤ 乘(탈 승)

답 1.① | 2.②

381 貝부 총 12획 **費** 쓸 비	費用비용 어떤 일을 하는 데 드는 돈 ▶用(쓸 용) 會費회비 모임을 만들거나 유지하기 위하여 그 모임의 구성원에게 걷는 돈 ▶會(모일 회) 食費식비 消費者소비자 經常費경상비	382 貝부 총 14획 **賓** 손 빈	貴賓귀빈 귀한 손님 ▶貴(귀할 귀) 國賓국빈 나라에서 정식으로 초대한 외국 손님 ▶國(나라 국) 賓客빈객 귀한 손님 ▶客(손 객) 迎賓영빈 接賓접빈
383 頁부 총 16획 **頻** 자주 빈	頻度빈도 같은 현상이나 일이 반복되는 도수 ▶度(정도 도) 頻繁빈번 번거로울 정도로 도수가 잦음 ▶繁(번성할 번) 頻發빈발 頻起빈기	384 耳부 총 13획 **聘** 부를 빙	招聘초빙 예를 갖추어 불러 맞아들임 ▶招(부를 초) 聘丈빙장 장인 ▶丈(어른 장) 聘母빙모 장모 ▶母(어미 모) 聘家빙가 아내의 본집 ▶家(집 가) 聘問빙문 聘父빙부
385 亻(人)부 총 7획 **似** 같을 사	類似유사 서로 비슷함 ▶類(무리 류) 近似근사 거의 같음 ▶近(가까울 근) 似而非사이비 겉으로는 비슷하나 속은 완전히 다름 ▶而(말이을 이), 非(아닐 비) 類似品유사품 非夢似夢비몽사몽 春來不似春춘래불사춘	386 扌(手)부 총 11획 **捨** 버릴 사	喜捨희사 어떤 목적을 위하여 기꺼이 돈이나 물건을 내놓음 ▶喜(기쁠 희) 投捨투사 내던져 버림 ▶投(던질 투) 捨身行사신행 목숨을 아끼지 아니하고 닦는 수행 ▶身(몸 신), 行(다닐 행) 取捨選擇취사선택 捨生取義사생취의
387 斤부 총 12획 **斯** 이 사	如斯여사 이러함 ▶如(같을 여) 斯文사문 유학의 도의나 문화를 이르는 말 ▶文(글월 문) 斯世사세 이 세상 ▶世(인간 세) 於斯爲盛어사위성 斯文亂賊사문난적	388 氵(水)부 총 7획 **沙** 모래 사	沙漠사막 강수량이 적어서 식생이 보이지 않거나 적고, 인간의 활동도 제약되는 지역 ▶漠(넓을 막) 白沙場백사장 강가나 바닷가의 흰 모래가 깔려 있는 곳 ▶白(흰 백), 場(마당 장) 粉靑沙器분청사기 明沙十里명사십리
389 虫부 총 11획 **蛇** 뱀 사	毒蛇독사 이빨에 독이 있어 독액을 분비하는 뱀 ▶毒(독 독) 長蛇陣장사진 많은 사람이 줄을 지어 길게 늘어선 모양을 이르는 말 ▶長(길 장), 陣(진칠 진) 龍蛇飛騰용사비등 龍頭蛇尾용두사미	390 言부 총 12획 **詐** 속일 사	詐稱사칭 이름, 직업, 나이, 주소 따위를 거짓으로 속여 이름 ▶稱(일컬을 칭) 詐僞사위 양심을 속이고 거짓을 꾸밈 ▶僞(거짓 위) 詐病사병 詐術사술 詐欺罪사기죄 詐害行爲사해행위

사생취의(捨生取義)

捨(버릴 사), **生**(살 생), **取**(취할 취), **義**(옳을 의)

목숨을 버리고 의를 좇는다는 뜻으로, 목숨을 버릴지언정 옳은 일을 함을 이르는 말이다. 이와 유사한 표현으로는 살신성인(殺身成仁), 종용취의(從容取義), 사기위인(捨己爲人) 등이 있다.

생선도 내가 원하는 것이고 곰 발바닥도 원하는 것이지만 이 모두를 동시에 얻을 수 없다면 생선보다는 곰 발바닥을 취할 것이다. 마찬가지로 삶[生]도 원하는 것이고 의(義)도 원하는데 둘 다 취할 수 없다면 목숨을 버리고 의를 취해야 하지 않을까? 이는 정의가 더 중요하기 때문이다.

《맹자(孟子)》 고자편(告子篇)

3급 배정한자

391 詞
- 言 부
- 총 12획
- 말씀 **사**

冠詞관사 영어, 프랑스어, 독일어 따위에서 명사 앞에 놓여 단수, 복수, 성, 격 따위를 나타내는 품사 ▶冠(갓 관)
品詞품사 단어를 기능, 형태, 의미에 따라 나눈 갈래 ▶品(물건 품)
動詞동사 名詞명사 副詞부사 形容詞형용사

392 賜
- 貝 부
- 총 15획
- 줄 **사**

下賜하사 임금이 신하에게, 또는 윗사람이 아랫사람에게 물건을 줌 ▶下(아래 하)
厚賜후사 물건 따위를 후하게 내려 줌 ▶厚(두터울 후)
賜死사사 賜藥사약 賜姓사성 賜額사액 願賜骸骨원사해골

393 寫
- 宀 부
- 총 15획
- 베낄 **사**

複寫복사 원본을 베낌 ▶複(겹칠 복)
寫眞사진 물체의 형상을 감광막 위에 나타나도록 찍어 오랫동안 보존할 수 있게 만든 영상 ▶眞(참 진)
模寫모사 寫出사출 寫像사상

394 辭
- 辛 부
- 총 19획
- 말씀/사양할 **사**

辭表사표 직책에서 사임하겠다는 뜻을 적어 내는 문서 ▶表(겉 표)
辭任사임 맡아보던 일자리를 스스로 그만두고 물러남 ▶任(맡길 임)
辭典사전 辭讓사양 辭退사퇴 讚辭찬사 美辭麗句미사여구

395 邪
- 阝(邑) 부
- 총 7획
- 간사할 **사**

邪惡사악 간사하고 악함 ▶惡(악할 악)
邪慾사욕 바르지 못한 잘못된 욕망 ▶慾(욕심 욕)
思無邪사무사 생각함에 사특함이 없음 ▶思(생각 사), 無(없을 무)
衛正斥邪위정척사

396 査
- 木 부
- 총 9획
- 조사 **사**

搜査수사 찾아서 조사함 ▶搜(찾을 수)
檢査검사 사실이나 일의 상태 또는 물질의 구성 성분 따위를 조사하여 옳고 그름과 낫고 못함을 판단하는 일 ▶檢(검사할 검)
調査조사 査察사찰 査定사정 監査院감사원 輿論調査여론조사 國政監査국정감사

397 斜
- 斗 부
- 총 11획
- 비낄 **사**

斜線사선 비스듬하게 비껴 그은 줄 ▶線(줄 선)
斜塔사탑 한쪽으로 비스듬히 기울어진 탑 ▶塔(탑 탑)
斜視사시 傾斜面경사면 斜陽産業사양산업

398 司
- 口 부
- 총 5획
- 맡을 **사**

司祭사제 주교와 신부를 통틀어 이르는 말 ▶祭(제사 제)
司令사령 군대나 함대 따위를 지휘하고 감독하는 일 ▶令(명령할 령)
司憲府사헌부 司會者사회자 司法試驗사법시험 百官有司백관유사

399 社
- 示 부
- 총 8획
- 모일 **사**

會社회사 상행위 또는 그 밖의 영리 행위를 목적으로 하는 사단 법인 ▶會(모일 회)
社長사장 회사의 책임자 ▶長(어른 장)
社屋사옥 신문사, 출판사 또는 회사가 있는 건물 ▶屋(집 옥)
社交性사교성 社團法人사단법인

400 祀
- 示 부
- 총 8획
- 제사 **사**

祭祀제사 신령이나 죽은 사람의 넋에게 음식을 바치어 정성을 나타냄 ▶祭(제사 제)
告祀고사 액운은 없어지고 풍요와 행운이 오도록 집안에서 섬기는 신에게 음식을 차려 놓고 비는 제사 ▶告(고할 고)
合祀합사 忌祭祀기제사

쪽지시험

※ 다음 한자(漢字)와 뜻이 비슷한 한자는 어느 것입니까?

1. 聘
   ① 招 ② 迫 ③ 狂 ④ 促 ⑤ 賜

2. 賜
   ① 給 ② 級 ③ 腸 ④ 揚 ⑤ 斯

풀이

1 聘(부를 빙)
 ① 招(부를 초)   ② 迫(닥칠 박)
 ③ 狂(미칠 광)   ④ 促(재촉할 촉)
 ⑤ 賜(줄 사)

2 賜(줄 사)
 ① 給(줄 급)   ② 級(등급 급)
 ③ 腸(창자 장) ④ 揚(날릴 양)
 ⑤ 斯(이 사)

답 1. ① | 2. ①

401 削 깎을 삭
- 부수: 刂(刀)부
- 총 9획
- 削除삭제 깎아 없애거나 지워 버림 ▶除(덜 제)
- 削減삭감 깎아서 줄임 ▶減(덜 감)
- 削髮삭발 머리털을 깎음 ▶髮(터럭 발)
- 添削첨삭 削伐삭벌 削奪삭탈

402 朔 초하루 삭
- 부수: 月부
- 총 10획
- 朔風삭풍 겨울철에 북쪽에서 불어오는 찬 바람 ▶風(바람 풍)
- 朔望삭망 음력 초하룻날과 보름날을 아울러 이르는 말 ▶望(보름 망)
- 正朔정삭 朔日삭일 朔易삭역

403 嘗 맛볼 상
- 부수: 口부
- 총 14획
- 嘗味상미 맛을 봄 ▶味(맛 미)
- 嘗試상시 시험하여 봄 ▶試(시험 시)
- 嘗敵상적 적의 실력을 알기 위하여 조금 싸워 봄 ▶敵(대적할 적)
- 未嘗不미상불 嘗禾상화

404 裳 치마 상
- 부수: 衣부
- 총 14획
- 衣裳의상 겉에 입는 옷 ▶衣(옷 의)
- 靑裳청상 푸른 치마 ▶靑(푸를 청)
- 甲裳갑상 검도에서, 허리 부분과 국부를 보호하려고 치마처럼 만들어 두르는 물건 ▶甲(갑옷 갑)
- 同價紅裳동가홍상

405 詳 자세할 상
- 부수: 言부
- 총 13획
- 詳述상술 자세하게 설명하여 말함 ▶述(재주 술)
- 昭詳소상 분명하고 자세함 ▶昭(밝을 소)
- 未詳미상 확실하거나 분명하지 않음 ▶未(아닐 미)
- 詳細圖상세도 作者未詳작자미상

406 祥 상서 상
- 부수: 示부
- 총 11획
- 大祥대상 사람이 죽은 지 두 돌 만에 지내는 제사 ▶大(큰 대)
- 發祥발상 상서로운 일이나 행복의 조짐이 나타남 ▶發(필 발)
- 不祥事불상사 吉祥悔過길상회과 人事不祥인사불상

407 床 상 상
- 부수: 广부
- 총 7획
- 册床책상 앉아서 책을 읽거나 글을 쓰거나 사무를 보거나 할 때 앞에 놓고 쓰는 상 ▶册(책 책)
- 溫床온상 인공적으로 따뜻하게 하여 식물을 기르는 설비 ▶溫(따뜻할 온)
- 病床병상 兼床겸상 同床異夢동상이몽

408 象 코끼리/형상 상
- 부수: 豕부
- 총 12획
- 象徵상징 추상적인 개념이나 사물을 구체적인 사물로 나타냄 ▶徵(부를 징)
- 形象형상 사물의 생긴 모양이나 상태 ▶形(모양 형)
- 印象인상 象牙상아 象形文字상형문자

409 像 형상 상
- 부수: 亻(人)부
- 총 14획
- 銅像동상 구리로 사람이나 동물의 형상을 만들거나 그런 형상에 구릿빛을 입혀서 만들어 놓은 기념물 ▶銅(구리 동)
- 偶像우상 나무, 돌, 쇠붙이, 흙 따위로 만든 신불이나 사람의 형상 ▶偶(짝 우)
- 未來像미래상 自畫像자화상 肖像畫초상화

410 桑 뽕나무 상
- 부수: 木부
- 총 10획
- 桑葉상엽 뽕잎 ▶葉(잎 엽)
- 桑根상근 뽕나무 뿌리 ▶根(뿌리 근)
- 農桑농상 농업과 양잠을 아울러 이르는 말 ▶農(농사 농)
- 桑蟲상충 摘桑적상 桑田碧海상전벽해 桑麻之交상마지교

한자별곡 — 새옹지마(塞翁之馬)

塞(변방 새), 翁(늙은이 옹), 之(갈 지), 馬(말 마)

인생에 있어서 길흉화복은 항상 바뀌어 미리 헤아릴 수가 없다는 뜻이다.

북방 국경 근방에 늙은이가 살고 있었는데 하루는 말이 사는 국경 너머로 도망쳐 버렸다. 사람들이 위로하여도 늙은이는 이것이 복이 될지 모른다며 낙심하지 않았다. 몇 달 후 도망갔던 말이 좋은 말을 한 필 끌고 돌아오자 다시 사람들이 이것을 축하하였지만 늙은이는 이것이 화가 될지 모른다며 기뻐하지 않았다. 그런데 늙은이의 아들이 그 말을 타다가 다리가 부러져 다리를 못 쓰게 되었다. 그 후 오랑캐들이 쳐들어와 마을 젊은이들 모두 싸움터에 나가 전사하였는데 늙은이의 아들만은 다리 때문에 싸움터에 나가지 못했고, 부자가 모두 무사할 수 있었다.

3급 배정한자

| 411 狀
犬부 총 8획
형상 상/문서 장 | 狀況상황 어떤 일이 되어 가는 과정이나 또는 상태 ▶況(하물며 황)
狀態상태 사물·현상이 놓여 있는 모양이나 형편 ▶態(모양 태)
現狀현상 症狀증상 令狀영장 原狀回復원상회복 白紙狀態백지상태 | 412 償
亻(人)부 총 17획
갚을 상 | 辨償변상 남에게 진 빚을 갚음 ▶辨(분별할 변)
償還상환 갚거나 돌려줌 ▶還(돌아올 환)
無償무상 어떤 행위에 대하여 아무런 대가나 보상이 없음 ▶無(없을 무)
減價償却감가상각 |

| 413 雙
隹부 총 18획
쌍 쌍 | 雙方쌍방 이쪽과 저쪽 또는 이편과 저편을 아울러 이르는 말 ▶方(모 방)
雙鷄쌍계 하나의 알에서 나온 두 마리의 병아리 ▶鷄(닭 계)
雙手쌍수 雙曲線쌍곡선 雙眼鏡쌍안경 變化無雙변화무쌍 福無雙至복무쌍지 | 414 塞
土부 총 13획
변방 새/막힐 색 | 窮塞궁색 아주 가난함 ▶窮(다할 궁)
閉塞폐색 닫혀서 막힘 ▶閉(닫을 폐)
要塞요새 군사적으로 중요한 곳에 튼튼하게 만들어 놓은 방어 시설 ▶要(요긴할 요)
北塞북새 城塞성새 敵塞적새 關塞관새 塞翁之馬새옹지마 |

| 415 索
糸부 총 10획
찾을 색/동아줄 삭 | 搜索수색 구석구석 뒤지어 찾음 ▶搜(찾을 수)
檢索검색 범죄나 사건을 밝히기 위한 단서나 증거를 찾기 위하여 살펴 조사함 ▶檢(검사할 검)
探索탐색 思索사색 索引색인 鐵索철삭 | 416 敍
攴부 총 11획
펼 서 | 敍述서술 사건이나 생각 따위를 차례대로 말하거나 적음 ▶述(지을 술)
敍事詩서사시 역사적 사실이나 신화, 전설, 영웅의 사적 따위를 서사적 형태로 쓴 시 ▶思(생각 사), 詩(시 시)
敍情詩서정시 自敍傳자서전 |

| 417 徐
彳부 총 10획
천천할 서 | 徐行서행 사람이나 차가 천천히 감 ▶行(다닐 행)
徐看서간 조용히 봄 ▶看(볼 간)
安徐안서 잠시 보류함 ▶安(편안할 안)
徐緩서완 진행이 더딤 ▶緩(느릴 완)
徐步서보 徐羅伐서라벌 | 418 庶
广부 총 11획
여러 서 | 庶民서민 아무 벼슬이나 신분적 특권을 갖지 못한 일반 사람 ▶民(백성 민)
庶子서자 본부인이 아닌 딴 여자에게서 태어난 아들 ▶子(아들 자)
庶務서무 庶僚서료 庶政서정 |

| 419 恕
心부 총 10획
용서할 서 | 容恕용서 지은 죄나 잘못한 일에 대하여 꾸짖거나 벌하지 아니하고 덮어 줌 ▶容(용납할 용)
寬恕관서 죄나 허물 따위를 너그럽게 용서함 ▶寬(너그러울 관)
情恕理遣정서이견 | 420 署
罒(网)부 총 14획
관청 서 | 署長서장 경찰서나 세무서와 같이 '서' 자로 끝나는 관서의 우두머리 ▶長(어른 장)
支署지서 본서에서 갈려 나가, 그 관할 아래 서 지역의 일을 맡아 하는 관서 ▶支(지탱할 지)
官公署관공서 稅務署세무서 警察署경찰서 |

쪽지시험

상공회의소 한자 종급 3, 4, 5급

※ 다음 한자어(漢字語)와 발음(發音)이 같은 한자어는 어느 것입니까?

1. 形象
① 政商 ② 刑賞 ③ 輕傷 ④ 初喪 ⑤ 螢窓

2. 狀況
① 上皇 ② 相互 ③ 霜害 ④ 商會 ⑤ 喪妻

풀이
1 형상
① 정상 ② 형상 ③ 경상 ④ 초상 ⑤ 형창
2 상황
① 상황 ② 상호 ③ 상해 ④ 상회 ⑤ 상처

답 1. ② 2. ①

421 糸부 총 15획 — 緒 실마리 서
- 緒論서론 말이나 글 따위에서 본격적인 논의를 하기 위한 실마리가 되는 부분 ▶論논할 론
- 緒戰서전 전쟁이나 시합의 첫 번째 싸움 ▶戰싸움 전
- 端緒단서 頭緒두서 情緒정서

422 言부 총 14획 — 誓 맹세할 서
- 盟誓맹서 일정한 약속이나 목표를 꼭 실천하겠다고 다짐함 ▶盟(맹세 맹)
- 誓約서약 맹세하고 약속함 ▶約(맺을 약)
- 誓狀서장 서약서 ▶狀(문서 장)
- 宣誓文선서문 誓約書서약서

423 辶(辵)부 총 11획 — 逝 갈 서
- 逝川서천 흘러가는 냇물 ▶川(내 천)
- 長逝장서 영영 가고 돌아오지 아니한다는 뜻으로, '죽음'을 완곡하게 이르는 말 ▶長(길 장)
- 急逝급서 갑자기 죽음 ▶急(급할 급)
- 傷逝상서 逝去서거 逝世서세

424 木부 총 8획 — 析 쪼갤 석
- 透析투석 반투막을 써서 콜로이드나 고분자 용액을 정제하는 일 ▶透(통할 투)
- 析出석출 분석하여 냄 ▶出(날 출)
- 解析해석 사물을 자세히 풀어서 논리적으로 밝힘 ▶解(풀 해)
- 分析분석 析出석출 開析谷개석곡

425 釆부 총 20획 — 釋 풀 석
- 解釋해석 문장이나 사물 따위로 표현된 내용을 이해하고 설명함 ▶解(풀 해)
- 稀釋희석 용액에 물이나 다른 용매를 더하여 농도를 묽게 함 ▶稀(드물 희)
- 釋放석방 釋文석문

426 宀부 총 9획 — 宣 베풀 선
- 宣言선언 널리 펴서 말함 ▶言(말씀 언)
- 宣誓선서 여럿 앞에서 성실할 것을 맹세함 ▶誓(맹세할 서)
- 宣布선포 세상에 널리 알림 ▶布(베 포)
- 宣告선고 宣敎師선교사 宣戰布告선전포고 獨立宣言書독립선언서

427 示부 총 17획 — 禪 봉선 선
- 禪讓선양 임금의 자리를 물려줌 ▶讓(사양할 양)
- 參禪참선 선사에게 나아가 선도를 배워 닦거나, 스스로 선법을 닦아 구함 ▶參(참여할 참)
- 禪宗선종 坐禪좌선 禪房선방

428 方부 총 11획 — 旋 돌 선
- 旋盤선반 각종 금속 소재를 회전 운동을 시켜서 갈거나 파내거나 도려내는 데 쓰는 공작 기계 ▶盤(소반 반)
- 旋律선율 가락 ▶律(법칙 률)
- 旋風的선풍적 急旋回급선회 周旋주선 凱旋將軍개선장군

429 氵(水)부 총 10획 — 涉 건널 섭
- 涉外섭외 연락을 취하여 의논함 ▶外(바깥 외)
- 涉獵섭렵 물을 건너 찾아다닌다는 뜻으로, 많은 책을 널리 읽거나 여기저기 찾아다니며 경험함을 이르는 말 ▶獵(사냥 렵)
- 幕後交涉막후교섭 交涉團體교섭단체

430 扌(手)부 총 21획 — 攝 다스릴/잡을 섭
- 包攝포섭 상대편을 자기편으로 감싸 끌어들임 ▶包(쌀 포)
- 攝政섭정 군주가 직접 통치할 수 없을 때에 군주를 대신하여 나라를 다스림 ▶政(정사 정)
- 攝取섭취 攝生섭생 攝氏섭씨

한자별곡

소동파(蘇東波)
蘇(소생할 소), 東(동녘 동), 波(물결 파)

송(宋)나라 제1시인이자 정치가로, 문장에 있어서도 당송팔대가(唐宋八大家) 중 한 사람에 꼽힌다. 본명은 소식(蘇軾)이며, 호는 동파(東波), 자는 자첨(子瞻)이다. 부(賦)를 비롯하여 시(詩)·사(詞)·고문(古文) 등에 뛰어났으며, 다방면에 재능이 많아 서화(書畵)로도 유명하였다. 또한 기질적으로도 신법을 싫어하였으며 "독서가 만 권에 달하여도 율(律)은 읽지 않는다."고 말해 사상 초유의 필화사건을 일으키기도 하였다. 당시(唐詩)가 서정적인 데 비하여 그의 시는 철학적 요소가 짙었고, 이를 통한 새로운 시경(詩境)을 개척하였다. 대표 작품인 《적벽부(赤壁賦)》는 불후의 명작으로 아직도 널리 애창되고 있다.

3급 배정한자

431 召 (口부, 총 5획) 부를 소
- 召集소집 단체나 조직체의 구성원을 불러서 모음 ▶集(모을 집)
- 召還소환 국제법에서, 본국에서 외국에 파견한 외교 사절이나 영사를 불러들이는 일 ▶還(돌아올 환)
- 召命소명 召集令狀소집영장

432 昭 (日부, 총 9획) 밝을 소
- 昭明소명 사리를 분간함이 밝고 똑똑함 ▶明(밝을 명)
- 昭代소대 나라가 잘 다스려져 태평하고 밝은 세상 ▶代(대신 대)
- 昭應소응 昭光소광 昭昭明明소소명명

433 蘇 (艹(艸)부, 총 20획) 소생할 소
- 蘇生소생 거의 죽어 가다가 다시 살아남 ▶生(날 생)
- 蘇鐵소철 소철과의 열대산 상록 교목 ▶鐵(쇠 철)
- 美蘇미소 蘇魚소어 會蘇曲회소곡 韓海蘇潮한해소조

434 騷 (馬부, 총 20획) 떠들 소
- 騷音소음 불규칙하게 뒤섞여 불쾌하고 시끄러운 소리 ▶音(소리 음)
- 騷動소동 사람들이 놀라거나 흥분하여 시끄럽게 법석거리고 떠들어 대는 일 ▶動(움직일 동)
- 騷亂소란 騷音公害소음공해

435 燒 (火부, 총 16획) 사를 소
- 燒却소각 불에 태워 없애 버림 ▶却(물리칠 각)
- 燒酒소주 곡주나 고구마주 따위를 끓여서 얻는 증류식 술 ▶酒(술 주)
- 燃燒연소 燒亡소망

436 訴 (言부, 총 12획) 호소할 소
- 訴訟소송 재판에 의하여 원고와 피고 사이의 권리나 의무 따위의 법률 관계를 확정하여 줄 것을 법원에 요구함 ▶訟(송사할 송)
- 被訴피소 訴人소인 訴請소청

437 掃 (扌(手)부, 총 11획) 쓸 소
- 掃除소제 더럽거나 어지러운 것을 쓸고 닦아서 깨끗하게 함 ▶除(덜 제)
- 掃地소지 땅을 쓺 ▶地(땅 지)
- 掃射소사 기관총 따위를 상하 좌우로 휘두르며 연달아 쏘는 일 ▶射(쏠 사)
- 淸掃夫청소부 機銃掃射기총소사

438 疏 (疋부, 총 12획) 소통할 소
- 疏忽소홀 대수롭지 아니하고 예사로움 ▶忽(갑자기 홀)
- 疏脫소탈 예절이나 형식에 얽매이지 아니하고 수수하고 털털함 ▶脫(벗을 탈)
- 密疏밀소 疏決소결 自引疏자인소 上疏文상소문 疏外感소외감

439 蔬 (艹(艸)부, 총 16획) 나물 소
- 菜蔬채소 밭에서 기르는 농작물 ▶菜(나물 채)
- 香蔬향소 국화과의 여러해살이풀. 참취 ▶香(향기 향)
- 春蔬춘소 봄철의 채소 ▶春(봄 춘)
- 蔬飯소반 蔬食소사

440 束 (木부, 총 7획) 묶을 속
- 拘束구속 행동이나 의사의 자유를 제한하거나 속박함 ▶拘(잡을 구)
- 結束결속 한 덩어리가 되게 묶음 ▶結(맺을 결)
- 束草속초 約束약속 束手無策속수무책 飮酒團束음주단속

쪽지시험

상공회의소 한자
종급 3, 4, 5급

※ 다음 단어들의 □ 안에 공통으로 들어갈 알맞은 한자는 어느 것입니까?

1 | 干□, □外, 交□ |
① 滿 ② 涉 ③ 際 ④ 番 ⑤ 複

2 | □通, □外, □忽 |
① 流 ② 粟 ③ 論 ④ 輕 ⑤ 疏

풀이
1 干涉(간섭), 涉外(섭외), 交涉(교섭)
2 疏通(소통), 疏外(소외), 疏忽(소홀)

답 1. ② / 2. ⑤

441 粟 (米부, 총 12획) 조 속
- 粟米속미 좁쌀 ▶ 米(쌀 미)
- 粟田속전 조를 심은 밭 ▶ 田(밭 전)
- 寒粟한속 추울 때 몸에 돋는 소름 ▶ 寒(찰 한)
- 粟飯속반 조밥 ▶ 飯(밥 반)
- 滄海一粟창해일속

442 屬 (尸부, 총 21획) 무리 속
- 歸屬귀속 재산이나 영토, 권리 따위가 특정 주체에 붙거나 딸림 ▶ 歸(돌아갈 귀)
- 金屬금속 열이나 전기를 잘 전도하고, 특수한 광택을 가진 물질을 통틀어 이르는 말 ▶ 金(쇠 금)
- 屬性속성 屬邦속방

443 損 (扌(手)부, 총 13획) 덜 손
- 損傷손상 물체가 깨지거나 상함 ▶ 傷(다칠 상)
- 損失손실 잃어버리거나 축나서 손해를 봄 ▶ 失(잃을 실)
- 破損파손 毁損훼손 損害保險손해보험 損者三友손자삼우

444 率 (玄부, 총 11획) 거느릴 솔/비율 률
- 確率확률 어떤 일이 일어날 확실성의 정도를 나타내는 수치 ▶ 確(굳을 확)
- 率直솔직 거짓이나 숨김이 없이 바르고 곧음 ▶ 直(곧을 직)
- 比率비율 能率능률 換率환율 統率力통솔력 輕率경솔

445 訟 (言부, 총 11획) 송사할 송
- 訴訟소송 재판에 의하여 원고와 피고 사이의 권리나 의무 따위의 법률 관계를 확정하여 줄 것을 법원에 요구함 ▶ 訴(호소할 소)
- 健訟건송 하찮은 일에도 소송을 걸기 좋아함 ▶ 健(굳셀 건)
- 得訟득송 訟務송무

446 誦 (言부, 총 14획) 욀 송
- 誦讀송독 소리를 내어 글을 읽음 ▶ 讀(읽을 독)
- 朗誦낭송 크게 소리를 내어 글을 읽거나 욈 ▶ 朗(밝을 랑)
- 暗誦암송 誦唱송창 誦詠송영

447 頌 (頁부, 총 13획) 기릴 송
- 伏頌복송 편지 글에서, '삼가 엎드려 사뢰거나 칭송한다'의 뜻으로 쓰는 말 ▶ 伏(엎드릴 복)
- 頌祝송축 頌辭송사 過頌과송 讚頌歌찬송가 頌德碑송덕비 萬口稱頌만구칭송

448 刷 (刂(刀)부, 총 8획) 인쇄할 쇄
- 印刷인쇄 잉크를 사용하여 판면에 그려져 있는 글이나 그림 따위를 종이, 천 따위에 박아 냄 ▶ 印(도장 인)
- 縮刷축쇄 책이나 그림의 원형을 그 크기만 줄여서 인쇄함 ▶ 縮(줄일 축)
- 刷新쇄신 印刷所인쇄소 印刷機인쇄기

449 鎖 (金부, 총 18획) 쇠사슬 쇄
- 封鎖봉쇄 굳게 막아 버리거나 잠금 ▶ 封(봉할 봉)
- 閉鎖폐쇄 문 따위를 닫아걸거나 막아 버림 ▶ 閉(닫을 폐)
- 連鎖店연쇄점 鎖國政策쇄국정책 連鎖反應연쇄반응

450 衰 (衣부, 총 10획) 쇠할 쇠
- 衰退쇠퇴 기세나 상태가 쇠하여 전보다 못하여 감 ▶ 退(물러날 퇴)
- 衰落쇠락 쇠약하여 말라서 떨어짐 ▶ 落(떨어질 락)
- 衰殘쇠잔 衰亡쇠망 衰弱쇠약

한자별곡

인면수심(人面獸心)
人(사람 인), 面(낯 면), 獸(짐승 수), 心(마음 심)

사람의 얼굴을 하고 있으나 마음은 짐승과 같다는 뜻으로, 마음이나 행동이 몹시 흉악함을 이르는 말이다. 이와 유사한 한자성어로는 옷을 입고 관을 썼지만 하는 짓은 짐승과 같다는 뜻의 의관금수(衣冠禽獸)가 있다.
주대(周代)부터 계속 중국 북방을 침입한 유목기마민족(遊牧騎馬民族)을 북방 오랑캐라는 뜻으로 흉노(匈奴)라고 불렀다. 이 흉노족을 묘사한 글에서 인면수심이란 말이 등장한다.
오랑캐들은 머리를 풀어 헤치고 옷깃을 왼쪽으로 여미며, 사람의 얼굴을 하였으되 마음은 짐승과 같다[夷狄之人 被髮左衽 人面獸心].

《한서(漢書)》 열전(列傳)

451 囚 (口부, 총 5획) 가둘 수

- 囚衣수의 죄수가 입는 옷 ▶衣(옷 의)
- 囚禁수금 죄인을 잡아 가두어 둠 ▶禁(금할 금)
- 罪囚죄수 죄를 지어 교도소에 수감된 사람 ▶罪(허물 죄)
- 囚人수인 脫獄囚탈옥수 未決囚미결수

452 睡 (目부, 총 13획) 졸음 수

- 睡眠수면 잠을 자는 일 ▶眠(잠잘 면)
- 午睡오수 낮잠 ▶午(낮 오)
- 睡蓮수련 수련과의 여러해살이 수초 ▶蓮(연꽃 련)
- 困睡곤수 곤히 잠 ▶困(곤할 곤)
- 假睡가수 半睡반수 昏睡狀態혼수상태

453 輸 (車부, 총 16획) 나를 수

- 輸血수혈 빈혈이나 그 밖의 치료를 위하여, 건강한 사람의 혈액을 환자의 혈관 내에 주입하는 것 ▶血(피 혈)
- 輸出入수출입 수출과 수입을 아울러 이르는 말 ▶出(날 출), 入(들 입)
- 輸送수송 運輸業운수업 密輸品밀수품

454 遂 (辶(辵)부, 총 13획) 이룰 수

- 完遂완수 뜻한 바를 완전히 이루거나 다 해냄 ▶完(완전할 완)
- 遂行수행 생각하거나 계획한 대로 일을 해냄 ▶行(다닐 행)
- 未遂犯미수범 職務遂行직무수행 殺人未遂살인미수

455 隨 (阝(阜)부, 총 16획) 따를 수

- 隨時수시 일정하게 정하여 놓은 때 없이 그때그때 상황에 따름 ▶時(때 시)
- 隨伴수반 붙좇아서 따름 ▶伴(짝 반)
- 隨行수행 일정한 임무를 띠고 가는 사람을 따라감 ▶行(다닐 행)
- 隨意契約수의계약

456 帥 (巾부, 총 9획) 장수 수

- 將帥장수 군사를 거느리는 우두머리 ▶將(장수 장)
- 帥先수선 남보다 앞장서서 먼저 함 ▶先(먼저 선)
- 總帥총수 元帥원수 統帥權통수권

457 獸 (犬부, 총 19획) 짐승 수

- 猛獸맹수 주로 육식을 하는 사나운 짐승 ▶猛(사나울 맹)
- 野獸야수 사람에게 길이 들지 않은 야생의 사나운 짐승 ▶野(들 야)
- 禽獸금수 獸類수류

458 殊 (歹부, 총 10획) 다를 수

- 殊常수상 보통과는 달리 이상하여 의심스러움 ▶常(항상 상)
- 特殊性특수성 일반적이고 보편적인 것과 다른 성질 ▶特(특별할 특), 性(성품 성)
- 殊邦수방 殊技수기 殊色수색 殊勝수승 特殊部隊특수부대

459 需 (雨부, 총 14획) 쓰일 수

- 需要수요 어떤 재화나 용역을 일정한 가격으로 사려고 하는 욕구 ▶要(바랄 요)
- 需給수급 수요와 공급을 아울러 이르는 말 ▶給(줄 급)
- 內需내수 국내에서의 수요 ▶內(안 내)
- 盛需期성수기 婚需用品혼수용품

460 垂 (土부, 총 8획) 드리울 수

- 垂直수직 물체를 실에 매달아 드리웠을 때 그 실이 보이는 방향 ▶直(곧을 직)
- 垂範수범 몸소 본보기가 되도록 함 ▶範(법 범)
- 垂敎수교 垂頭수두 懸垂幕현수막 垂直線수직선 腦下垂體뇌하수체

쪽지시험

상공회의소 한자 중급 3, 4, 5급

※ 다음 성어에서 □ 안에 들어갈 알맞은 한자는 어느 것입니까?

1 率先□範

① 頌   ② 律   ③ 垂   ④ 最   ⑤ 睡

2 夫唱婦□

① 遂   ② 需   ③ 輸   ④ 隨   ⑤ 陰

풀이

1 率先垂範(솔선수범) : 남보다 앞장서서 행동해서 몸소 다른 사람의 본보기가 됨

2 夫唱婦隨(부창부수) : 남편이 주장하고 아내가 이에 잘 따름. 또는 부부 사이의 그런 도리

답 1. ③ | 2. ④

461 扌(手)부 총 13획 **搜** 찾을 수	搜査수사 찾아서 조사함 ▶査(조사 사) 搜索수색 구석구석 뒤지어 찾음 ▶索(찾을 색) 搜所聞수소문 세상에 떠도는 소문을 두루 찾아 살핌 ▶所(바 소), 聞(들을 문) 搜索令狀수색영장	462 子부 총 11획 **孰** 누구 숙	孰哉숙재 누구이겠느냐? ▶哉(어조사 재) 誰怨孰尤수원숙우 누구를 원망하고 누구를 탓하겠냐는 뜻으로, 남을 원망하거나 탓할 것이 없음을 이르는 말 ▶誰(누구 수), 怨(원망할 원), 尤(더욱 우) 未知孰是미지숙시 孰能御之숙능어지
463 聿부 총 13획 **肅** 엄숙할 숙	肅淸숙청 어지러운 세상을 바로잡음 ▶淸(맑을 청) 肅黨숙당 정당이 내부의 잘못을 바로잡고 기강을 바로 세우는 일 ▶黨(무리 당) 自肅자숙	464 灬(火)부 총 15획 **熟** 익을 숙	熟知숙지 익숙하게 또는 충분히 앎 ▶知(알 지) 熟眠숙면 잠이 깊이 듦 ▶眠(잠잘 면) 早熟조숙 식물의 열매가 일찍 익음 ▶早(이를 조) 成熟성숙 熟練工숙련공 深思熟考심사숙고
465 彳부 총 12획 **循** 좇을 순	循行순행 여러 곳으로 돌아다님 ▶行(다닐 행) 循環순환 주기적으로 자꾸 되풀이하여 돎 ▶環(고리 환) 循守순수 循例순례	466 日부 총 6획 **旬** 열흘 순	上旬상순 한 달 가운데 초하루부터 초열흘까지의 사이 ▶上(위 상) 七旬칠순 일흔 날 ▶七(일곱 칠) 旬五志순오지 조선 중기에, 홍만종이 쓴 문학 평론집 ▶五(다섯 오), 志(뜻 지) 漢城旬報한성순보
467 歹부 총 10획 **殉** 따라죽을 순	殉葬순장 한 집단의 지배층 계급에 속하는 사람이 죽었을 때 그 사람의 뒤를 따라 산 사람을 함께 묻던 일 ▶葬(장사지낼 장) 殉職순직 직무를 다하다가 목숨을 잃음 ▶職(벼슬 직) 殉國순국 殉公순공	468 目부 총 17획 **瞬** 눈깜짝일 순	瞬間순간 아주 짧은 동안 ▶間(사이 간) 轉瞬전순 눈을 깜빡함 ▶轉(구를 전) 瞬時순시 삽시간 ▶時(때 시) 瞬發力순발력 근육이 순간적으로 빨리 수축하면서 나는 힘 ▶發(필 발), 力(힘 력) 瞬息間순식간 一瞬間일순간
469 月(肉)부 총 11획 **脣** 입술 순	脣齒순치 입술과 이를 아울러 이르는 말 ▶齒(이 치) 脣舌순설 입술과 혀를 아울러 이르는 말 ▶舌(혀 설) 口脣구순 脣吻순문 脣音순음	470 辶(辵)부 총 7획 **巡** 돌 순	巡察순찰 여러 곳을 돌아다니며 사정을 살핌 ▶察(살필 찰) 巡訪순방 나라나 도시 따위를 차례로 돌아가며 방문함 ▶訪(찾을 방) 巡視순시 巡回순회 巡更순경

한자별곡

순망치한(脣亡齒寒)

脣(입술 순), 亡(망할 망), 齒(이 치), 寒(찰 한)

입술이 없으면 이가 시리다는 뜻으로, 서로 이해관계가 밀접한 사이에 어느 한쪽이 망하면 다른 한쪽도 그 영향을 받아 온전하기 어려움을 이르는 말이다.

춘추시대 말엽 진(晉)나라는 괵나라를 치기 위함이니 우나라에게 길을 터줄 것을 요청하였다. 이에 우나라의 현인 궁지기(宮之奇)가 "괵나라와 우나라는 한 몸이나 다름없는 사이오라 괵나라가 망하면 우나라도 망할 것입니다. 옛 속담에도 수레의 짐받이 판자와 수레는 서로 의지하고, 입술이 없어지면 이가 시리다고 했습니다. 이는 바로 괵나라와 우나라의 관계를 말한 것입니다. 결코 길을 빌려주어서는 안 될 것입니다." 라고 간언하였다. 그러나 뇌물을 받은 우나라 왕은 궁지기의 간언을 무시하였고, 진나라에게 멸망하였다.

3급 배정한자

471 行부 총 11획 **術** 재주 술
- 藝術예술 기예와 학술을 아울러 이르는 말 ▶藝(재주 예)
- 美術미술 공간 및 시각의 미를 표현하는 예술 ▶美(아름다울 미)
- 術策술책 醫術의술 武術무술 權謀術數권모술수 慶術大慶경술대경

472 辶(辵)부 총 9획 **述** 지을 술
- 論述논술 어떤 것에 관하여 의견을 논리적으로 서술함 ▶論(논할 론)
- 記述기술 대상이나 과정의 내용과 특징을 있는 그대로 열거하거나 기록하여 서술함 ▶記(기록할 기)
- 陳述진술 著述저술 口述試驗구술시험

473 氵(水)부 총 17획 **濕** 젖을 습
- 濕氣습기 물기가 많아 젖은 듯한 기운 ▶氣(기운 기)
- 濕度습도 공기 가운데 수증기가 있는 정도 ▶度(정도 도)
- 漏濕누습 濕潤습윤 吸濕劑흡습제 濕地帶습지대 高溫多濕고온다습

474 衣부 총 22획 **襲** 엄습할 습
- 强襲강습 적이나 상대편의 방어를 무릅쓰고 습격을 강행함 ▶强(강할 강)
- 逆襲역습 상대편의 공격을 받고 있던 쪽에서 거꾸로 기회를 보아 급히 공격함 ▶逆(거스릴 역)
- 夜襲야습 世襲세습 奇襲攻擊기습공격

475 亻(人)부 총 14획 **僧** 중 승
- 僧舞승무 장삼과 고깔을 걸치고 북채를 쥐고 추는 민속춤 ▶舞(춤출 무)
- 僧服승복 중의 옷 ▶服(옷 복)
- 高僧고승 덕이 높은 중 ▶高(높을 고)
- 佛僧불승 중 ▶佛(부처 불)
- 海東高僧傳해동고승전

476 日부 총 8획 **昇** 오를 승
- 昇進승진 직위의 등급이나 계급이 오름 ▶進(나아갈 진)
- 昇天승천 하늘에 오름 ▶天(하늘 천)
- 昇格승격 지위나 등급 따위가 오름 ▶格(격식 격)
- 昇段승단 昇華승화 昇降機승강기

477 亻(人)부 총 8획 **侍** 모실 시
- 侍女시녀 나인 ▶女(계집 녀)
- 內侍내시 고려시대에, 근시 및 숙위의 일을 맡아보던 벼슬아치 ▶內(안 내)
- 侍衛시위 임금이나 어떤 모임의 우두머리를 모시어 호위함 ▶衛(지킬 위)
- 嚴妻侍下엄처시하

478 矢부 총 5획 **矢** 화살 시
- 矢石시석 예전에, 전쟁에 쓰던 화살과 돌 ▶石(돌 석)
- 流矢유시 목표를 벗어나 빗나간 화살 ▶流(흐를 류)
- 弓矢궁시 矢刃시인 矢鏃시촉

479 心부 총 10획 **息** 쉴 식
- 休息휴식 하던 일을 멈추고 잠깐 쉼 ▶休(쉴 휴)
- 歎息탄식 한탄하여 한숨을 쉼 ▶歎(탄식할 탄)
- 子息자식 女息여식 無消息무소식 安息處안식처 姑息之計고식지계

480 食부 총 14획 **飾** 꾸밀 식
- 假飾가식 말이나 행동 따위를 거짓으로 꾸밈 ▶假(거짓 가)
- 服飾복식 옷의 꾸밈새 ▶服(옷 복)
- 粉飾분식 내용이 없이 거죽만을 좋게 꾸밈 ▶粉(가루 분)
- 整飾정식 裝飾品장식품 虛禮虛飾허례허식

쪽지시험

※ 다음 음(音)을 가진 한자는 어느 것입니까?

1 숙
① 熟 ② 熱 ③ 濕 ④ 燃 ⑤ 默

2 식
① 飯 ② 飾 ③ 飮 ④ 飽 ⑤ 餘

풀이
1 ①숙 ②열 ③습 ④연 ⑤묵
2 ①반 ②식 ③음 ④포 ⑤여

답 1. ① | 2. ②

481 伸 펼 신
亻(人)부 총 7획
- 伸縮신축 늘고 줌 ▶縮(줄일 축)
- 追伸추신 뒤에 덧붙여 말한다는 뜻으로, 편지의 끝에 더 쓰고 싶은 것이 있을 때에 그 앞에 쓰는 말 ▶追(쫓을 추)
- 得伸득신 뜻을 펴게 됨 ▶得(얻을 득)
- 女權伸張여권신장 國力伸張국력신장

482 愼 삼갈 신
忄(心)부 총 13획
- 謹愼근신 말이나 행동을 삼가고 조심함 ▶謹(삼갈 근)
- 愼獨신독 홀로 있을 때에도 도리에 어그러짐이 없도록 몸가짐을 바로 하고 언행을 삼감 ▶獨(홀로 독)
- 愼重신중 愼辭신사 愼終追遠신종추원

483 晨 새벽 신
日부 총 11획
- 晨星신성 샛별 ▶星(별 성)
- 晨鷄신계 새벽을 알리는 닭 ▶鷄(닭 계)
- 晨光신광 새벽에 동이 틀 무렵의 빛 ▶光(빛 광)
- 淸晨청신 맑은 첫새벽 ▶淸(맑을 청)
- 昏定晨省혼정신성

484 審 살필 심
宀부 총 15획
- 審判심판 문제가 되는 안건을 심의하여 판결을 내리는 일 ▶判(판단할 판)
- 審査심사 자세하게 조사하여 등급이나 당락 따위를 결정함 ▶査(조사 사)
- 豫審예심 審克심극

485 尋 찾을 심
寸부 총 12획
- 尋訪심방 방문하여 찾아봄 ▶訪(찾을 방)
- 尋常심상 대수롭지 않고 예사로움 ▶常(항상 상)
- 推尋추심 찾아내어 가지거나 받아 냄 ▶推(밀 추)
- 故尋事端고심사단 尋章摘句심장적구

486 牙 어금니 아
牙부 총 4획
- 齒牙치아 '이'를 점잖게 이르는 말 ▶齒(이 치)
- 象牙상아 코끼리의 어금니 ▶象(코끼리 상)
- 牙城아성 아주 중요한 근거지를 비유적으로 이르는 말 ▶城(성 성)
- 西班牙서반아 伯牙絶絃백아절현

487 亞 버금 아
二부 총 8획
- 亞鉛아연 질이 무르고 광택이 나는 청색을 띤 흰색의 금속 원소 ▶鉛(납 연)
- 亞流아류 둘째가는 사람이나 사물 ▶流(흐를 류)
- 亞聖아성 亞熱帶아열대 東南亞동남아 亞細亞아세아

488 芽 싹 아
艹(艸)부 총 8획
- 出芽출아 출아법으로 번식시키는 일 ▶出(날 출)
- 麥芽맥아 엿기름 ▶麥(보리 맥)
- 發芽발아 초목의 눈이 틈 ▶發(필 발)
- 單芽단아 하나만 있는 싹 ▶單(홑 단)
- 大頭芽飯대두아반

489 雅 맑을 아
隹부 총 12획
- 雅量아량 너그럽고 속이 깊은 마음씨 ▶量(헤아릴 량)
- 雅談아담 고상하고 조촐한 이야기 ▶談(말씀 담)
- 雅號아호 문인이나 예술가 따위의 호나 별호를 높여 이르는 말 ▶號(이름 호)

490 餓 주릴 아
食부 총 16획
- 飢餓기아 굶주림 ▶飢(주릴 기)
- 餓殺아살 굶겨 죽임 ▶殺(죽일 살)
- 餓倒아도 배가 고파서 쓰러짐 ▶倒(넘어질 도)
- 寒餓한아 추위와 굶주림 ▶寒(찰 한)
- 餓鬼아귀 餓死之境아사지경

한자별곡

지어지앙(池魚之殃)

池(못 지), 魚(고기 어), 之(갈 지), 殃(재앙 앙)

연못 속 물고기의 재앙이라는 뜻으로, 뜻밖의 횡액을 당함을 비유하는 말이다. 앙급지어(殃及池魚)와 같은 뜻이다.

춘추전국시대 송(宋)나라에 환(桓)이라는 사람이 있었는데, 그에게 매우 진귀한 보석이 있었다. 보석 때문에 처벌 받을 것이 두려웠던 그는 보석을 가지고 도망치다가 결국 왕의 측근인 환관에게 붙잡혔다. 환은 보석을 궁궐 앞 연못에 던져버렸다고 거짓말을 했다. 왕은 당장 연못의 바닥을 훑게 하였지만 보석이 나오지 않자, 연못의 물을 모두 퍼내었다. 하지만 보석은 끝내 찾을 수 없었고 애꿎은 물고기만 말라 죽었다.

《여씨춘추(呂氏春秋)》필기편(必己篇)

3급 배정한자

491 岳 (山부, 총 8획) 큰산 악
- 山岳산악 높고 험준하게 솟은 산들 ▶山(뫼 산)
- 岳母악모 편지 따위에서, '장모'를 이르는 말 ▶母(어미 모)
- 岳父악부　岳公악공

492 雁 (隹부, 총 12획) 기러기 안
- 鴻雁홍안 큰 기러기와 작은 기러기를 아울러 이르는 말 ▶鴻(기러기 홍)
- 雁書안서 먼 곳에서 소식을 전하는 편지 ▶書(글 서)
- 雁行안항　雁夫안부

493 岸 (山부, 총 8획) 언덕 안
- 沿岸연안 강이나 호수, 바다를 따라 잇닿아 있는 육지 ▶沿(물가 연)
- 海岸해안 바다와 육지가 맞닿은 부분 ▶海(바다 해)
- 岸壁안벽　彼岸피안　東海岸동해안　西海岸서해안　對岸之火대안지화

494 謁 (言부, 총 16획) 뵐 알
- 拜謁배알 지위가 높거나 존경하는 사람을 찾아가 뵘 ▶拜(절 배)
- 謁見알현 지체가 높고 귀한 사람을 찾아가 뵘 ▶見(뵈올 현)
- 內謁내알　面謁면알　伏謁복알　謁聖及第알성급제

495 壓 (土부, 총 17획) 억누를 압
- 壓力압력 두 물체가 접촉면을 경계로 하여 서로 그 면에 수직으로 누르는 단위 면적에서의 힘의 단위 ▶力(힘 력)
- 壓迫압박 강한 힘으로 내리누름 ▶迫(닥칠 박)
- 壓縮압축　壓卷압권　抑壓억압　鎭壓진압

496 押 (扌(手)부, 총 8획) 누를 압
- 押留압류 민사소송법에서, 집행 기관에 의하여 채무자의 특정 재산에 대한 처분이 제한되는 강제 집행 ▶留(머무를 류)
- 押收압수 물건의 점유를 취득하는 강제 처분 ▶收(거둘 수)
- 押送압송　差押차압

497 央 (大부, 총 5획) 가운데 앙
- 震央진앙 지진의 진원 바로 위에 있는 지점 ▶震(우레 진)
- 中央廳중앙청 서울특별시 세종로 1번지에 있던 중앙 정부의 청사 ▶中(가운데 중), 廳(관청 청)
- 國立中央博物館국립중앙박물관

498 殃 (歹부, 총 9획) 재앙 앙
- 災殃재앙 뜻하지 아니하게 생긴 불행한 변고 ▶災(재앙 재)
- 殃禍앙화 어떤 일로 인하여 생기는 재난 ▶禍(재앙 화)
- 天殃천앙　殃及앙급　殃害앙해

499 涯 (氵(水)부, 총 11획) 물가 애
- 生涯생애 살아 있는 한평생의 기간 ▶生(날 생)
- 涯岸애안 물가 ▶岸(언덕 안)
- 水涯수애 물가 ▶水(물 수)
- 天涯천애 하늘의 끝 ▶天(하늘 천)
- 茫無際涯망무제애

500 厄 (厂부, 총 4획) 액 액
- 厄運액운 액을 당할 운수 ▶運(옮길 운)
- 厄氣액기 액운이 닥칠 듯한 기색 ▶氣(기운 기)
- 困厄곤액 몹시 딱하고 어려운 사정과 재앙이 겹친 불운 ▶困(곤할 곤)
- 災厄재액　橫厄횡액　送厄迎福송액영복

쪽지시험

※ 다음 한자(漢字)와 음(音)이 같은 한자는 어느 것입니까?

1. 亞
   ① 難　② 確　③ 雅　④ 雄　⑤ 仰

2. 壓
   ① 打　② 托　③ 押　④ 投　⑤ 巖

풀이

1 亞(버금 아)
　① 난　② 확　③ 아　④ 웅　⑤ 앙

2 壓(억누를 압)
　① 타　② 탁　③ 압　④ 투　⑤ 암

답 1. ③ | 2. ③

| 501 頁부 총 18획 **額** 이마 액 | 額面액면 편액의 겉면 ▶ 面(낯 면)
額數액수 돈의 머릿수 ▶ 數(셈 수)
金額금액 돈의 액수 ▶ 金(쇠 금)
總額총액 전체의 액수 ▶ 總(다 총)
差額차액 額字액자 巨額거액 龍門點額용문점액 | 502 耳부 총 9획 **耶** 어조사 야 | 耶律야율 중국 요나라 왕조 왕실의 성 ▶ 律(법칙 률)
莫耶停막야정 신라 때에 둔, 육기정의 하나 ▶ 莫(없을 막), 停(머무를 정)
耶蘇야소 有耶無耶유야무야 千耶萬耶천야만야 干將莫耶간장막야 |

| 503 足부 총 21획 **躍** 뛸 약 | 躍進약진 힘차게 앞으로 뛰어 나아감 ▶ 進(나아갈 진)
躍動약동 생기 있고 활발하게 움직임 ▶ 動(움직일 동)
跳躍도약 一躍일약 猛活躍맹활약 暗中飛躍암중비약 | 504 木부 총 15획 **樣** 모양 양 | 樣相양상 사물이나 현상의 모양이나 상태 ▶ 相(서로 상)
模樣모양 겉으로 나타나는 생김새나 모습 ▶ 模(본뜰 모)
樣式양식 外樣외양 多樣化다양화 各樣各色각양각색 |

| 505 土부 총 20획 **壤** 흙덩이 양 | 土壤토양 흙 ▶ 土(흙 토)
擊壤격양 예전에, 중국에서 행하던 민간 놀이의 하나 ▶ 擊(칠 격)
平壤평양 평안남도 남서쪽에 있는 도시 ▶ 平(평평할 평)
天壤之差천양지차 | 506 木부 총 13획 **楊** 버들 양 | 楊柳양류 버드나무 ▶ 柳(버들 류)
垂楊수양 버드나뭇과의 낙엽 활엽 소교목 ▶ 垂(드리울 수)
白楊백양 '황철나무'를 일상적으로 이르는 말 ▶ 白(흰 백)
綠楊芳草녹양방초 |

| 507 彳부 총 11획 **御** 거느릴/임금 어 | 御命어명 임금의 명령을 이르던 말 ▶ 命(명령할 명)
御用어용 임금이 쓰는 것을 이르던 말 ▶ 用(쓸 용)
制御제어 御世어세 | 508 扌(手)부 총 7획 **抑** 누를 억 | 抑制억제 감정이나 욕망, 충동적 행동 따위를 내리눌러서 그치게 함 ▶ 制(마를 제)
抑揚억양 혹은 억누르고 혹은 찬양함 ▶ 揚(날릴 양)
抑留억류 抑哀억애 |

| 509 灬(火)부 총 11획 **焉** 어찌 언 | 於焉어언 벌써, 어느새 ▶ 於(어조사 어)
缺焉결언 있어야 할 것이 없거나 모자람 ▶ 缺(이지러질 결)
終焉종언 죽거나 없어져서 존재가 끝남을 이르는 말 ▶ 終(마칠 종)
焉敢生心언감생심 | 510 丿부 총 4획 **予** 나/줄 여 | 予曰여왈 내게 말하기를 ▶ 曰(가로 왈)
予奪여탈 주는 것과 빼앗는 것 ▶ 奪(빼앗을 탈)
分予분여 나누어 줌 ▶ 分(나눌 분)
欲取先予욕취선여 |

한자별곡

대동여지도(大東輿地圖)

大(큰 대), 東(동녘 동), 輿(수레 여), 地(땅 지), 圖(그림 도)

조선 철종 12년(1861)에 김정호가 제작한 우리나라의 대축척 지도이다. 순조 34년(1834)에 김정호 자신이 제작한 '청구선표도(靑邱線表圖)'를 27년 후에 수정·증보한 것으로, 연간 전국을 직접 답사하고 실측하여 만들었다. 지도에 축척을 명시한 약 1 : 160,000 정도의 축척 지도이며, 경위선표식(經緯線表式) 지도이다. 분합이 자유롭게 남북 120리 간격으로 22첩으로 만들어 상하를 잇대면 도별 지도도 되고 전부 연결하면 전국도가 되도록 제작하여 이용하기 편리하며, 접으면 책 크기로 되어 휴대하기 편하도록 제작하였다.

3급 배정한자

511 車부 총 17획 輿 수레 여
- 輿望여망 어떤 개인이나 사회에 대한 많은 사람의 기대를 받음 ▶望(바랄 망)
- 喪輿상여 사람의 시체를 실어서 묘지까지 나르는 도구 ▶喪(잃을 상)
- 輿論調査여론조사 大東輿地圖대동여지도

512 土부 총 11획 域 지경 역
- 領域영역 한 나라의 주권이 미치는 범위 ▶領(거느릴 령)
- 聖域성역 신성한 지역 ▶聖(성인 성)
- 墓域묘역 묘소로서의 경계를 정한 구역 ▶墓(무덤 묘)
- 住居地域주거지역 行政區域행정구역

513 彳부 총 7획 役 부릴 역
- 配役배역 배우에게 역할을 나누어 맡기는 일 ▶配(나눌 배)
- 用役용역 물질적 재화의 형태를 취하지 아니하고 생산과 소비에 필요한 노무를 제공하는 일 ▶用(쓸 용)
- 懲役징역 荷役하역 戰役전역 使役사역

514 馬부 총 23획 驛 역 역
- 驛前역전 역의 앞쪽 ▶前(앞 전)
- 驛長역장 역의 사무를 총지휘하는 책임자 ▶長(어른 장)
- 驛卒역졸 역에 속하여 심부름하던 사람 ▶卒(군사 졸)
- 驛務員역무원 簡易驛간이역

515 疒부 총 9획 疫 전염병 역
- 紅疫홍역 바이러스가 비말 감염에 의하여 일으키는 급성 전염병 ▶紅(붉을 홍)
- 疫疾역질 '천연두'를 한방에서 이르는 말 ▶疾(병 질)
- 防疫방역 疫學역학 疫鬼역귀 檢疫所검역소
- 免疫性傳染病면역성전염병

516 言부 총 20획 譯 번역할 역
- 翻譯번역 어떤 언어로 된 글을 다른 언어의 글로 옮김 ▶翻(뒤칠 번)
- 直譯직역 외국어로 된 말이나 글을 단어 하나하나의 의미에 충실하게 번역함 ▶直(곧을 직)
- 意譯의역 內譯書내역서 通譯官통역관

517 宀부 총 10획 宴 잔치 연
- 酒宴주연 술잔치 ▶酒(술 주)
- 祝賀宴축하연 축하하는 뜻을 나타내기 위하여 베푸는 잔치 ▶祝(빌 축), 賀(하례 하)
- 回甲宴회갑연 환갑날에 베푸는 잔치 ▶回(돌아올 회), 甲(갑옷 갑)
- 宴會席연회석 古稀宴고희연

518 灬(火)부 총 16획 燕 제비 연
- 燕子花연자화 제비붓꽃 ▶子(아들 자), 花(꽃 화)
- 燕尾服연미복 남자용 서양 예복 ▶尾(꼬리 미), 服(옷 복)
- 燕烏연오 燕息연식 燕山君연산군 燕鴻之歎연홍지탄 魚目燕石어목연석

519 氵(水)부 총 8획 沿 물가/따를 연
- 沿邊연변 국경, 강, 철도, 도로 따위를 끼고 따라가는 언저리 일대 ▶邊(가 변)
- 沿海연해 육지에 가까이 있는 바다 ▶海(바다 해)
- 沿江연강 沿岸國연안국

520 灬(火)부 총 16획 燃 불사를 연
- 燃料연료 연소하여 열, 빛, 동력의 에너지를 얻을 수 있는 물질을 통틀어 이르는 말 ▶料(재료 료)
- 燃燒연소 물질이 산소와 화합할 때에, 많은 빛과 열을 냄 ▶燒(사를 소)
- 燃燈연등 可燃性가연성 完全燃燒완전연소

쪽지시험

※ 다음의 뜻을 가진 한자(漢字)는 어느 것입니까?

1. 이마
   ① 順 ② 傾 ③ 顔 ④ 額 ⑤ 領

2. 수레
   ① 輿 ② 與 ③ 興 ④ 擧 ⑤ 翼

풀이
1. ① 順(순할 순) ② 傾(기울 경) ③ 顔(낯 안) ④ 額(이마 액) ⑤ 領(거느릴 령)
2. ① 輿(수레 여) ② 與(줄 여) ③ 興(일 흥) ④ 擧(들 거) ⑤ 翼(날개 익)

답 1.④ | 2.①

번호	한자	훈음	용례
521	演 (氵(水)부, 총 14획) 펼 연		演技연기 배우가 배역의 인물, 성격, 행동 따위를 표현해 내는 일 ▶技(재주 기) 演劇연극 배우가 각본에 따라 어떤 사건이나 인물을 말과 동작으로 관객에게 보여 주는 무대 예술 ▶劇(연극 극) 演說연설 再演재연 講演강연
522	鉛 (金부, 총 13획) 납 연		亞鉛아연 질이 무르고 광택이 나는 청색을 띤 흰색의 금속 원소 ▶亞(버금 아) 鉛筆연필 필기도구의 하나 ▶筆(붓 필) 黑鉛흑연 순수한 탄소로 이루어진 광물의 하나 ▶黑(검을 흑) 色鉛筆색연필 加鉛效果가연효과
523	延 (廴부, 총 7획) 늘일 연		延期연기 정해진 기한을 뒤로 물려서 늘림 ▶期(기약할 기) 延着연착 정하여진 시간보다 늦게 도착함 ▶着(붙을 착) 延滯연체 延命연명 遲延지연 順延순연 延長戰연장전 苟延歲月구연세월
524	軟 (車부, 총 11획) 연할 연		軟弱연약 무르고 약함 ▶弱(약할 약) 軟骨연골 나이가 어려 아직 뼈가 굳지 않은 체질 ▶骨(뼈 골) 柔軟性유연성 딱딱하지 아니하고 부드러운 성질 ▶柔(부드러울 유), 性(성품 성) 軟體動物연체동물
525	緣 (糸부, 총 15획) 인연 연		因緣인연 사람들 사이에 맺어지는 관계 ▶因(인할 인) 血緣혈연 같은 핏줄에 의하여 연결된 인연 ▶血(피 혈) 緣故연고 사유 ▶故(연고 고) 天生緣分천생연분 緣木求魚연목구어
526	閱 (門부, 총 15획) 볼 열		檢閱검열 어떤 행위나 사업 따위를 살펴 조사하는 일 ▶檢(검사할 검) 閱兵式열병식 정렬한 군대의 앞을 지나면서 검열하는 의식 ▶兵(병사 병), 式(법 식) 敎閱교열 閱覽열람 閱兵열병 簡閱간열 展閱전열 推閱추열
527	染 (木부, 총 9획) 물들일 염		染色염색 염료를 사용하여 실이나 천 따위에 물을 들임 ▶色(빛 색) 染料염료 옷감 따위에 빛깔을 들이는 물질 ▶料(재료 료) 染織염직 感染감염 汚染오염 傳染病전염병 染色體염색체
528	鹽 (鹵부, 총 24획) 소금 염		鹽田염전 소금을 만들기 위하여 바닷물을 끌어 들여 논처럼 만든 곳 ▶田(밭 전) 鹽分염분 바닷물 따위에 함유되어 있는 소금기 ▶分(나눌 분) 鹽基性염기성 天日鹽천일염 食鹽水식염수 刻畫無鹽각화무염
529	泳 (氵(水)부, 총 8획) 헤엄칠 영		水泳수영 스포츠나 놀이로서 물속을 헤엄치는 일 ▶水(물 수) 背泳배영 위를 향하여 반듯이 누워 양팔을 번갈아 회전하여 물을 밀치면서 두 발로 물장구를 치는 수영법 ▶背(등 배) 遊泳유영 蝶泳접영 潛泳잠영 混泳혼영
530	詠 (言부, 총 12획) 읊을 영		詠歌영가 국악에서, 종교적인 노래의 하나 ▶歌(노래 가) 卽詠즉영 그 자리에서 바로 시가를 짓거나 음영함 ▶卽(곧 즉) 吟詠음영 詠詩영시 詠雪之才영설지재 吟風詠月음풍영월

연목구어(緣木求魚)

緣(인연 연), 木(나무 목), 求(구할 구), 魚(고기 어)

나무에 올라가서 물고기를 구한다는 뜻으로, 도저히 불가능한 일을 굳이 하려 함을 비유적으로 이르는 말이다.

중국 통일이라는 야망을 갖고 있던 선왕(宣王)이 맹자에게 부국강병책, 외교사의 책모, 연횡책 등을 묻자 맹자는 다음과 같이 말하였다. "영토를 확장하여 진(秦)나라나 초(楚)나라 같은 나라로부터 문안을 받고 사방의 오랑캐를 어루만지고 싶은 것은 나무에 올라가 고기를 구하는 것과 같습니다. 나무에서 물고기를 구하는 것은 실패해도 탈이 없지만 폐하처럼 무력으로 뜻을 이루려면 백성을 잃고 나라를 망치는 재난이 따라 올 것입니다. 고기를 잡으려면 바다로 가야 하듯 통일천하를 하고 싶으면 왕천하의 대도를 가십시오."

《맹자(孟子)》 양혜왕장구상편(梁惠王章句上篇)

3급 배정한자

531 映 (비칠 영) - 日부, 총 9획
- 映像영상 빛의 굴절이나 반사에 의하여 물체의 상이 비추어진 것 ▶像(형상 상)
- 映窓영창 방을 밝게 하기 위하여 방과 마루 사이에 낸 두 쪽의 미닫이 ▶窓(창 창)
- 上映상영 放映방영 映寫機영사기 國際映畫祭국제영화제

532 營 (경영할 영) - 火부, 총 17획
- 營利영리 재산상의 이익을 꾀함 ▶利(이로울 리)
- 營農영농 농업을 경영함 ▶農(농사 농)
- 營倉영창 법을 어긴 군인을 가두기 위하여 부대 안에 설치한 감옥 ▶倉(곳집 창)
- 經營경영 兵營병영 營養士영양사

533 影 (그림자 영) - 彡부, 총 15획
- 陰影음영 어두운 부분 ▶陰(그늘 음)
- 投影투영 물체의 그림자를 어떤 물체 위에 비추는 일 ▶投(던질 투)
- 影像영상 사람의 얼굴을 그린 족자 ▶像(형상 상)
- 影印本영인본 影響力영향력

534 豫 (미리 예) - 豕부, 총 16획
- 豫想예상 어떤 일을 직접 당하기 전에 미리 생각하여 둠 ▶想(생각 상)
- 豫見예견 앞으로 일어날 일을 미리 짐작함 ▶見(볼 견)
- 豫告예고 미리 알림 ▶告(고할 고)
- 豫期예기 豫測예측 豫定예정 豫言者예언자

535 譽 (기릴 예) - 言부, 총 21획
- 譽望예망 명예와 인망을 아울러 이르는 말 ▶望(바랄 망)
- 譽聲예성 명예와 성문을 아울러 이르는 말 ▶聲(소리 성)
- 名譽명예 榮譽영예 毁譽훼예 名譽毁損罪명예훼손죄

536 銳 (날카로울 예) - 金부, 총 15획
- 銳敏예민 무엇인가를 느끼는 능력이나 분석하고 판단하는 능력이 빠르고 뛰어남 ▶敏(민첩할 민)
- 銳利예리 끝이 뾰족하거나 날이 선 상태에 있음 ▶利(이로울 리)
- 尖銳첨예 精銳정예

537 傲 (거만할 오) - 亻(人)부, 총 13획
- 傲氣오기 능력은 부족하면서도 남에게 지기 싫어하는 마음 ▶氣(기운 기)
- 傲慢오만 태도나 행동이 건방지거나 거만함 ▶慢(거만할 만)
- 傲然오연 傲慢放恣오만방자 傲霜孤節오상고절 傲者不長오자부장

538 嗚 (슬플 오) - 口부, 총 13획
- 嗚泣오읍 목메어 욺 ▶泣(울 읍)
- 嗚呼오호 슬플 때나 탄식할 때 내는 소리 ▶呼(부를 호)
- 嗚咽오열 목메어 우는 울음 ▶咽(목멜 열)
- 嗚呼痛哉오호통재

539 娛 (즐길 오) - 女부, 총 10획
- 娛樂오락 쉬는 시간에 여러 가지 방법으로 기분을 즐겁게 하는 일 ▶樂(즐거울 락)
- 喜娛희오 놀이로 즐김 ▶喜(기쁠 희)
- 娛樂室오락실 오락에 필요한 시설이 되어 있는 방 ▶樂(즐거울 락), 室(집 실)
- 娛神오신 娛遊오유

540 汚 (더러울 오) - 氵(水)부, 총 6획
- 汚物오물 지저분하고 더러운 물건 ▶物(물건 물)
- 汚名오명 더러워진 이름이나 명예 ▶名(이름 명)
- 汚點오점 더러운 점 ▶點(점 점)
- 貪官汚吏탐관오리 環境汚染환경오염

쪽지시험

※ 다음 한자(漢字)와 뜻이 비슷한 한자는 어느 것입니까?

1. 映
①暗 ②暖 ③照 ④暇 ⑤晚

2. 傲
①悟 ②憶 ③悅 ④慢 ⑤忙

풀이

1 映(비칠 영)
① 暗(어두울 암) ② 暖(따뜻할 난)
③ 照(비칠 조) ④ 暇(겨를 가)
⑤ 晚(늦을 만)

2 傲(거만할 오)
① 悟(깨달을 오) ② 憶(생각할 억)
③ 悅(기쁠 열) ④ 慢(거만할 만)
⑤ 忙(바쁠 망)

답 1. ③ | 2. ④

541 獄 옥 옥
犭(犬)부 / 총 14획

地獄지옥 큰 죄를 짓고 죽은 사람들이 구원을 받지 못하고 끝없이 벌을 받는다는 곳 ▶地(땅 지)
獄死옥사 감옥살이를 하다가 감옥에서 죽음 ▶死(죽을 사)
監獄감옥 獄中옥중 投獄투옥 脫獄囚탈옥수

542 翁 늙은이 옹
羽부 / 총 10획

翁姑옹고 시아버지와 시어머니를 아울러 이르는 말 ▶姑(시어미 고)
翁主옹주 고려시대에, 내명부나 외명부에게 내리던 봉작 ▶主(주인 주)
老翁노옹 山翁산옹 塞翁之馬새옹지마 漁翁之利어옹지리

543 擁 안을 옹
扌(手)부 / 총 16획

抱擁포옹 사람을 또는 사람끼리 품에 껴안음 ▶抱(안을 포)
擁壁옹벽 땅을 깎거나 흙을 쌓아 생기는 비탈이 흙의 압력으로 무너져 내리지 않도록 만든 벽 ▶壁(벽 벽)
擁立옹립 人權擁護인권옹호

544 緩 느릴 완
糸부 / 총 15획

緩衝완충 대립하는 것 사이에서 불화나 충돌을 누그러지게 함 ▶衝(찌를 충)
緩慢완만 움직임이 느릿느릿함 ▶慢(거만할 만)
緩急완급 느림과 빠름 ▶急(급할 급)
緩行列車완행열차

545 畏 두려워할 외
田부 / 총 9획

無畏무외 두려움이 없음 ▶無(없을 무)
畏忌외기 두려워하고 꺼림 ▶忌(꺼릴 기)
畏日외일 여름 낮 ▶日(날 일)
畏服외복 두려워서 복종함 ▶服(복종할 복)
畏寒외한 추위를 두려워함 ▶寒(찰 한)
敬畏경외 後生可畏후생가외

546 腰 허리 요
月(肉)부 / 총 13획

腰痛요통 허리와 엉덩이 부위가 아픈 증상 ▶痛(아플 통)
腰絶요절 몹시 우스워서 허리가 부러질 듯함 ▶絶(끊을 절)
腰椎요추 허리등뼈 ▶椎(등골 추)
腰帶요대 腰折腹痛요절복통

547 遙 멀 요
辶(辵)부 / 총 14획

遙遠요원 아득히 멂 ▶遠(멀 원)
遙天요천 아득히 먼 하늘 ▶天(하늘 천)
遙昔요석 아주 먼 옛날 ▶昔(예 석)
遙度요탁 먼 곳에서 남의 심정을 헤아림 ▶度(헤아릴 탁)
遙拜요배 前途遙遠전도요원

548 謠 노래 요
言부 / 총 17획

童謠동요 문학 장르의 하나로, 어린이들의 생활 감정이나 심리를 표현한 정형시 ▶童(아이 동)
民謠민요 예로부터 민중 사이에 불려 오던 전통적인 노래 ▶民(백성 민)
歌謠가요 婦謠부요

549 搖 흔들 요
扌(手)부 / 총 13획

多搖다요 거문고를 연주할 때, 꾸밈음 곧 농현을 길게 내라는 말 ▶多(많을 다)
動搖동요 물체 따위가 흔들리고 움직임 ▶動(움직일 동)
步搖보요 招搖過市초요과시 勸上搖木권상요목 搖之不動요지부동

550 慾 욕심 욕
心부 / 총 15획

慾心욕심 분수에 넘치게 무엇을 탐내거나 누리고자 하는 마음 ▶心(마음 심)
慾望욕망 부족을 느껴 무엇을 가지거나 누리고자 탐함 ▶望(바랄 망)
貪慾탐욕 過慾과욕

중용(中庸)
中(가운데 중), 庸(떳떳한 용)

공자(孔子)의 손자인 자사(子思)의 저작이라 전해지는 유교 경전의 하나로써, 사람이 세상을 살아가는 데 있어서 지녀야 할 자세와 태도를 다루고 있다. 《대학(大學)》, 《논어(論語)》, 《맹자(孟子)》와 함께 사서(四書)로 불린다. 주요 내용은 성(誠), 중용, 중화(中和)이다. 성은 진실무망이고, 중용은 치우치거나 기대지 않고 지나침도 모자람도 없는 평상의 이치다. 중화는 실천적 측면에서 중을 설명한 것이다. 희노애락(喜怒哀樂)이 일어나지 않는 상태를 '중'이라고 하며, 일어나고 모두 절도에 맞는 것을 '화'라고 한다.

3급 배정한자

551 辱 (辰부, 총 10획) 욕될 **욕**
- 辱說욕설 남의 인격을 무시하는 모욕적인 말 ▶說(말씀 설)
- 屈辱굴욕 남에게 억눌리어 업신여김을 받음 ▶屈(굽힐 굴)
- 侮辱모욕 辱及先祖욕급선조

552 庸 (广부, 총 11획) 떳떳할 **용**
- 庸拙용졸 용렬하고 졸렬함 ▶拙(졸할 졸)
- 中庸중용 지나치거나 모자라지도 아니하고 한쪽으로 치우치지도 아니한, 떳떳하며 변함이 없는 상태나 정도 ▶中(가운데 중)
- 庸劣용렬 庸弱용약

553 偶 (亻(人)부, 총 11획) 짝 **우**
- 偶然우연 아무런 인과 관계가 없이 뜻하지 아니하게 일어난 일 ▶然(그러할 연)
- 偶發우발 우연히 일어남 ▶發(필 발)
- 配偶者배우자 부부의 한쪽에서 본 다른 쪽 ▶配(짝 배), 者(놈 자)
- 偶像化우상화

554 愚 (心부, 총 13획) 어리석을 **우**
- 愚鈍우둔 어리석고 둔함 ▶鈍(둔할 둔)
- 愚弄우롱 사람을 어리석게 보고 함부로 대하거나 웃음거리로 만듦 ▶弄(희롱할 롱)
- 愚見우견 어리석은 생각 ▶見(볼 견)
- 賢愚현우 愚直우직 愚公移山우공이산 愚問賢答우문현답

555 郵 (阝(邑)부, 총 11획) 우편 **우**
- 郵送우송 우편으로 보냄 ▶送(보낼 송)
- 郵票우표 우편 요금을 낸 표시로 우편물에 붙이는 증표 ▶票(표 표)
- 郵料우료 우편 요금 ▶料(헤아릴 료)
- 郵遞局우체국 記念郵票기념우표 登記郵便등기우편 郵便配達夫우편배달부

556 羽 (羽부, 총 6획) 깃 **우**
- 肩羽견우 어깻깃 ▶肩(어깨 견)
- 羽毛우모 깃털 ▶毛(털 모)
- 羽衣우의 선녀나 신선이 입는다는 새의 깃으로 만든 옷 ▶衣(옷 의)
- 羽翼우익 새의 날개 ▶翼(날개 익)
- 半羽半界반우반계 羽化登仙우화등선

557 優 (亻(人)부, 총 17획) 넉넉할 **우**
- 優勢우세 상대편보다 힘이나 세력이 강함 ▶勢(형세 세)
- 優勝우승 경기, 경주 따위에서 이겨 첫째를 차지함 ▶勝(이길 승)
- 優待우대 優良兒우량아 優柔不斷우유부단 優等列車우등열차

558 韻 (音부, 총 19획) 운 **운**
- 餘韻여운 아직 가시지 않고 남아 있는 운치 ▶餘(남을 여)
- 韻文운문 일정한 운자를 달아 지은 글 ▶文(글월 문)
- 韻響운향 韻事운사 韻冊운책

559 援 (扌(手)부, 총 12획) 도울 **원**
- 援助원조 물품이나 돈 따위로 도와줌 ▶助(도울 조)
- 援用원용 자기의 주장이나 학설을 세우기 위하여 문헌이나 관례 따위를 끌어다 씀 ▶用(쓸 용)
- 援軍원군 支援지원 請援청원 應援團응원단

560 院 (阝(阜)부, 총 10획) 집 **원**
- 寺院사원 종교의 교당을 통틀어 이르는 말 ▶寺(절 사)
- 病院병원 병자를 진찰, 치료하는 데에 필요한 설비를 갖추어 놓은 곳 ▶病(병 병)
- 開院개원 院長원장 學院학원 大法院대법원 監査院감사원 大學院대학원

쪽지시험

※ 다음 한자어(漢字語)와 발음(發音)이 같은 한자어는 어느 것입니까?

1 逍遙
① 練習 ② 騷亂 ③ 疏生 ④ 蘇張 ⑤ 所要

2 援助
① 元祖 ② 原價 ③ 遠隔 ④ 怨聲 ⑤ 圓熟

풀이
1 소요
① 연습 ② 소란 ③ 소생 ④ 소장 ⑤ 소요
2 원조
① 원조 ② 원가 ③ 원격 ④ 원성 ⑤ 원숙

답 1. ⑤ 2. ①

561 源 氵(水)부 총 13획 — 근원 원

- 根源근원 물줄기가 나오기 시작하는 곳 ▶根(뿌리 근)
- 語源어원 어떤 단어의 근원적인 형태 ▶語(말씀 어)
- 發源地발원지 源泉徵收원천징수 天然資源천연자원

562 員 口부 총 10획 — 인원 원

- 人員인원 단체를 이루고 있는 사람들 ▶人(사람 인)
- 職員직원 일정한 직장에 근무하는 사람을 통틀어 이르는 말 ▶職(벼슬 직)
- 敎員교원 公務員공무원

563 越 走부 총 12획 — 넘을 월

- 越等월등 조선시대에, 일 년에 네 차례 나누어 주는 관리의 봉급을 건너뛰어 지급하지 않던 일 ▶等(무리 등)
- 超越초월 어떠한 한계나 표준을 뛰어넘음 ▶超(뛰어넘을 초)
- 越尺월척 卓越탁월

564 緯 糸부 총 15획 — 씨 위

- 緯度위도 지구 위의 위치를 나타내는 좌표축 중에서 가로로 된 것 ▶度(법도 도)
- 緯線위선 적도에 평행하게 지구의 표면을 남북으로 자른 가상의 선 ▶線(줄 선)
- 經緯경위 緯度圈위도권

565 胃 月(肉)부 총 9획 — 밥통 위

- 胃腸위장 위와 장을 아울러 이르는 말 ▶腸(창자 장)
- 胃壁위벽 위의 안쪽을 형성하는 벽 ▶壁(벽 벽)
- 胃痛위통 胃腸炎위장염

566 謂 言부 총 16획 — 이를 위

- 可謂가위 한마디의 말로 이르자면 ▶可(옳을 가)
- 稱謂칭위 선의를 표시하는 명목 ▶稱(일컬을 칭)
- 云謂운위 일러 말함 ▶云(이를 운)
- 所謂소위 天命之謂性천명지위성

567 違 辶(辵)부 총 13획 — 어길 위

- 違憲위헌 법률 또는 명령, 규칙, 처분 따위가 헌법의 조항이나 정신에 위배되는 일 ▶憲(법 헌)
- 違和感위화감 조화되지 아니하는 어설픈 느낌 ▶和(화할 화), 感(느낄 감)
- 違法行爲위법행위 交通違反교통위반

568 圍 口부 총 12획 — 에워쌀 위

- 範圍범위 테두리가 정하여진 구역 ▶範(법 범)
- 包圍포위 주위를 에워쌈 ▶包(쌀 포)
- 攻圍공위 에워싸서 공격함 ▶攻(칠 공)
- 四圍사위 防圍방위 廣範圍광범위 周圍環境주위환경

569 慰 心부 총 15획 — 위로할 위

- 慰樂위락 위로와 안락을 아울러 이르는 말 ▶樂(즐거울 락)
- 慰問위문 위로하기 위하여 문안하거나 방문함 ▶問(물을 문)
- 自慰자위 慰勞위로

570 僞 亻(人)부 총 14획 — 거짓 위

- 僞造위조 어떤 물건을 속일 목적으로 꾸며 진짜처럼 만듦 ▶造(지을 조)
- 僞裝위장 본래의 정체나 모습이 드러나지 않도록 거짓으로 꾸밈 ▶裝(꾸밀 장)
- 眞僞진위 虛僞허위 僞證罪위증죄 僞善者위선자

한자별곡 — 유신체제(維新體制)

維(벼리 유), 新(새 신), 體(몸 체), 制(마를 제)

1972년 10월 유신으로 수립되어 1981년 3월까지 지속된 제4공화국을 이르는 말이다. 1972년 11월 21일 국민투표로 유신헌법을 확정하고, 12월 27일 박정희가 대통령에 취임하면서 제4공화국이 정식 출범하였다. 제4공화국은 입법·행정·사법의 3권이 대통령 1인에게 집중된 절대적인 대통령체제였다. 대통령직선제를 폐지하고, 통일주체국민회의에서 간선제로 선출하도록 함으로써 사실상 종신집권이 가능하도록 만들었다. 제4공화국 시절 경제개발 5개년계획과 새마을운동 등으로 경제는 꾸준히 성장하였으나 정치면에서는 파행의 길을 벗어나지 못했다. 민주주의의 부정과 계엄령의 선포 등 유신체제가 붕괴될 때까지 정치적 갈등은 계속되었다.

3급 배정한자

571 行부 총 15획 **衛** 지킬 위
- 衛兵위병 부대나 숙영지 따위의 경비와 순찰의 임무를 맡은 병사 ▶兵(병사 병)
- 衛生兵위생병 군인들의 위생과 간호에 관한 일을 맡아보는 병사 ▶生(날 생), 兵(병사 병)
- 守衛수위 衛國위국

572 女부 총 8획 **委** 맡길 위
- 委員會위원회 일반 행정과는 달리 어느 정도 독립된 분야에서 기획, 조사, 입안, 권고, 쟁송의 판단, 규칙의 제정 따위를 담당하는 합의제 기관 ▶員(인원 원), 會(모일 회)
- 委任위임 委付위부 委信위신

573 幺부 총 9획 **幽** 그윽할 유
- 幽明유명 어둠과 밝음을 아울러 이르는 말 ▶明(밝을 명)
- 幽宅유택 무덤 ▶宅(집 택)
- 幽閉유폐 아주 깊숙이 가두어 둠 ▶閉(닫을 폐)
- 幽靈유령 深山幽谷심산유곡

574 忄(心)부 총 11획 **惟** 생각할 유
- 惟獨유독 많은 것 가운데 홀로 두드러지게 ▶獨(홀로 독)
- 思惟사유 대상을 두루 생각하는 일 ▶思(생각 사)
- 伏惟복유

575 糸부 총 14획 **維** 벼리 유
- 維持유지 어떤 상태나 상황을 그대로 보존하거나 변함없이 계속하여 지탱함 ▶持(가질 지)
- 維那유나 절에서 재의 의식을 지휘하는 소임 ▶那(어찌 나)
- 維持費유지비 維新體制유신체제

576 乙부 총 8획 **乳** 젖 유
- 牛乳우유 소의 젖 ▶牛(소 우)
- 母乳모유 제 어미의 젖 ▶母(어미 모)
- 粉乳분유 가루우유 ▶粉(가루 분)
- 初乳초유 분만 후 며칠간 분비되는 노르스름하고 묽은 젖 ▶初(처음 초)
- 授乳수유 乳母車유모차

577 亻(人)부 총 16획 **儒** 선비 유
- 儒敎유교 '유학'을 종교적인 관점에서 이르는 말 ▶敎(가르칠 교)
- 儒林유림 유학을 신봉하는 무리 ▶林(수풀 림)
- 儒學유학 儒生유생 排佛崇儒배불숭유 老士宿儒노사숙유

578 衤(衣)부 총 12획 **裕** 넉넉할 유
- 裕福유복 살림이 넉넉함 ▶福(복 복)
- 裕足유족 여유 있게 풍족함 ▶足(발 족)
- 富裕부유 재물이 넉넉함 ▶富(부자 부)
- 餘裕여유 물질적·공간적·시간적으로 넉넉하여 남음이 있는 상태 ▶餘(남을 여)
- 安裕안유 寬裕관유 裕福유복

579 言부 총 14획 **誘** 꾈 유
- 誘引유인 주의나 흥미를 일으켜 꾀어냄 ▶引(끌 인)
- 誘惑유혹 꾀어서 정신을 혼미하게 하거나 좋지 아니한 길로 이끎 ▶惑(미혹할 혹)
- 誘發유발 誘出유출 誘入유입

580 心부 총 13획 **愈** 나을 유
- 韓愈한유 중국 당나라의 문인·정치가 ▶韓(나라이름 한)
- 憂心愈愈우심유유 시름하는 마음이 심함 ▶憂(근심 우), 心(마음 심)
- 愈出愈怪유출유괴

쪽지시험

상공회의소 한자
중급 3, 4, 5급

※ 다음 단어들의 □ 안에 공통으로 들어갈 알맞은 한자는 어느 것입니까?

1. 超□, □等, 優□
   ① 然 ② 秀 ③ 越 ④ 差 ⑤ 源

2. □發, □引, □惑
   ① 偶 ② 牽 ③ 疑 ④ 誘 ⑤ 埋

풀이
1. 超越(초월), 越等(월등), 優越(우월)
2. 誘發(유발), 誘引(유인), 誘惑(유혹)

답 1. ③ | 2. ④

581 心부 총 11획 悠 멀 유	悠久유구 아득하게 오래됨 ▶久(오랠 구) 悠然유연 침착하고 여유가 있음 ▶然(그러할 연) 悠忽유홀 한가하게 세월을 보냄 ▶忽(갑자기 홀) 悠悠自適유유자적	582 門부 총 12획 閏 윤달 윤	閏秒윤초 세계시와 실제 시각과의 오차를 조정하기 위하여 더하거나 빼는 시간 ▶秒(분초 초) 閏餘윤여 실지의 한 해가 달력상의 한 해보다 많은 나머지 부분 ▶餘(남을 여) 閏位윤위 閏集윤집 閏年윤년 閏月윤월
583 氵(水)부 총 15획 潤 윤택할 윤	潤氣윤기 반질반질하고 매끄러운 기운 ▶氣(기운 기) 潤筆윤필 붓을 적신다는 뜻으로, 그림을 그리거나 글씨를 쓰는 일을 이르는 말 ▶筆(붓 필) 潤澤윤택 潤彩윤채	584 阝(阜)부 총 17획 隱 숨을 은	隱語은어 어떤 계층이나 부류의 사람들이 다른 사람들이 알아듣지 못하도록 자기네 구성원들끼리만 빈번하게 사용하는 말 ▶語(말씀 어) 隱密은밀 隱人은인
585 氵(水)부 총 11획 淫 음란할 음	淫慾음욕 음란하고 방탕한 욕심 ▶慾(욕심 욕) 淫行음행 음란한 짓을 함 ▶行(다닐 행) 淫談음담 음란하고 방탕한 이야기 ▶談(말씀 담) 淫心음심 淫畫음화 淫辭음사	586 冫부 총 16획 凝 엉길 응	凝固응고 액체 따위가 엉겨서 뭉쳐 딱딱하게 굳어짐 ▶固(굳을 고) 凝縮응축 한데 엉겨 굳어서 줄어듦 ▶縮(줄일 축) 凝視응시 凝塊응괴
587 亻(人)부 총 15획 儀 거동 의	儀典의전 행사를 치르는 일정한 법식 ▶典(법 전) 禮儀예의 존경의 뜻을 표하기 위하여 예로써 나타내는 말투나 몸가짐 ▶禮(예도 례) 儀式의식 賀儀하의 儀禮의례 葬儀社장의사 禮儀凡節예의범절	588 疋부 총 14획 疑 의심할 의	疑心의심 확실히 알 수 없어서 믿지 못하는 마음 ▶心(마음 심) 疑念의념 의심스러운 생각 ▶念(생각 념) 疑惑의혹 의심하여 수상히 여김 ▶惑(미혹할 혹) 懷疑感회의감 疑問詞의문사
589 宀부 총 8획 宜 마땅 의	宜當의당 사물의 이치에 따라 마땅히 ▶當(마땅 당) 便宜편의 형편이나 조건 따위가 편하고 좋음 ▶便(편할 편) 時宜시의 宜乎의호 宜合의합	590 大부 총 6획 夷 오랑캐 이	夷滅이멸 멸하여 없앰 ▶滅(멸할 멸) 東夷동이 예전에, 동쪽의 오랑캐라는 뜻으로, 중국 사람이 그들의 동쪽에 사는 한국·일본·만주 등의 민족을 낮잡아 이르던 말 ▶東(동녘 동) 洋夷양이 夷險이험 夷國이국

자외선(紫外線)

紫(자줏빛 자), 外(바깥 외), 線(줄 선)

태양빛은 가시광선, 자외선, 적외선으로 구분되는데, 이 중 자외선은 파장이 X선보다 길고 가시광선보다 짧은 파장의 광선이다. 스펙트럼에서 보라색 띠에 인접해 사람의 눈으로는 보이지 않는 영역으로 넘보라살이라고도 한다. 자외선은 체내에서 비타민D를 합성하고, 살균작용을 하는 등 이로운 역할을 하는 동시에 피부암, 기미, 주근깨, 피부노화 등의 원인이 되기도 한다. 이것은 자외선이 일반의 X선이나 감마선보다 투과성은 작지만 가시광선에 비해 에너지가 높은 편이기 때문에 인간의 피부나 작은 생물체에 영향을 미치는 것이다. 지구 성층권에 존재하는 오존층은 자외선을 차단함으로써 지구상의 생물체를 보호하는 기능을 하고 있다.

3급 배정한자

591 羽부 총 17획 翼 날개 익	扶翼부익 보호하고 도움 ▶扶(도울 부) 右翼手우익수 야구에서, 외야의 오른쪽을 지키는 수비수 ▶右(오른 우), 手(손 수) 左翼手좌익수 야구에서, 외야의 왼쪽을 지키는 수비수 ▶左(왼 좌), 手(손 수) 右翼團體우익단체 左翼團體좌익단체	592 女부 총 9획 姻 혼인 인	姻戚인척 혼인에 의하여 맺어진 친척 ▶戚(겨레 척) 姻叔인숙 고모부 ▶叔(아재비 숙) 姻親인친 사돈 ▶親(친할 친) 婚姻혼인 姻兄인형 姻姪인질
593 辶(辵)부 총 12획 逸 편안할 일	逸話일화 세상에 널리 알려지지 아니한 흥미 있는 이야기 ▶話(말씀 화) 逸脫일탈 정하여진 영역 또는 본디의 목적이나 길, 사상, 규범, 조직 따위로부터 빠져 벗어남 ▶脫(벗을 탈) 逸品일품 獨逸독일 無事安逸무사안일	594 亻(人)부 총 6획 任 맡길 임	任務임무 맡은 일 ▶務(힘쓸 무) 任用임용 직무를 맡기어 사람을 씀 ▶用(쓸 용) 放任방임 돌보거나 간섭하지 않고 제멋대로 내버려 둠 ▶放(놓을 방) 一任일임 責任感책임감 擔任先生담임선생
595 貝부 총 13획 賃 품삯 임	賃金임금 근로자가 노동의 대가로 사용자에게 받는 보수 ▶金(쇠 금) 運賃운임 운반이나 운수 따위의 보수로 받거나 주는 돈 ▶運(옮길 운) 工賃공임 賃借임차 賃貸임대 最低賃金최저임금	596 刂(刀)부 총 8획 刺 찌를 자/척	刺客자객 사람을 몰래 암살하는 일을 전문으로 하는 사람 ▶客(손 객) 刺殺자살 칼 따위로 사람을 찔러 죽임 ▶殺(죽일 살) 刺傷자상 刺繡자수
597 女부 총 9획 姿 모양 자	姿勢자세 몸을 움직이거나 가누는 모양 ▶勢(형세 세) 姿色자색 여자의 고운 얼굴이나 모습 ▶色(빛 색) 姿態자태 雄姿웅자 容姿용자	598 糸부 총 12획 紫 자줏빛 자	紫朱자주 짙은 남빛을 띤 붉은색 ▶朱(붉을 주) 紫外線자외선 파장이 엑스선보다 길고, 가시광선보다 짧은 전자기파 ▶外(바깥 외), 線(줄 선) 山紫水明산자수명
599 貝부 총 13획 資 재물 자	資金자금 사업을 경영하는 데에 쓰는 돈 ▶金(쇠 금) 資産자산 개인이나 법인이 소유하고 있는 경제적 가치가 있는 유형·무형의 재산 ▶産(낳을 산) 天然資源천연자원 資本主義자본주의	600 玄부 총 10획 兹 이 자	今兹금자 올해 ▶今(이제 금) 來兹내자 내년 ▶來(올 래) 念念在兹염념재자 자꾸 생각이 나서 잊지 못함 ▶念(생각 념), 在(있을 재) 念兹在兹염자재자 兹宮樂章자궁악장 兹山魚譜자산어보

쪽지시험

상공회의소 한자
중급 3, 4, 5급

※ 다음 성어에서 □ 안에 들어갈 알맞은 한자는 어느 것입니까?

1   □忍自重
  ① 聖 ② 隱 ③ 殺 ④ 耐 ⑤ 淫

2   山□水明
  ① 色 ② 綠 ③ 淸 ④ 紫 ⑤ 慈

풀이

1 隱忍自重(은인자중) : 마음속에 감추어 참고 견디면서 몸가짐을 신중하게 행동함

2 山紫水明(산자수명) : 산은 자줏빛으로 선명하고 물은 맑다는 뜻으로, 경치가 아름다움을 이르는 말

답 1. ② | 2. ④

601 恣 (心부, 총 10획) 방자할 자
放恣방자 어려워하거나 조심스러워하는 태도가 없이 무례하고 건방짐 ▶放(놓을 방)
恣樂자락 마음대로 즐김 ▶樂(즐거울 락)
恣意자의 恣行자행 放恣無忌방자무기

602 爵 (爫(爪)부, 총 18획) 벼슬 작
伯爵백작 다섯 등급으로 나눈 귀족의 작위 가운데 셋째 작위 ▶伯(맏 백)
男爵남작 다섯 등급으로 나눈 귀족의 작위 가운데 맨 마지막 작위 ▶男(사내 남)
天爵천작 爵位작위 公爵공작 侯爵후작 高官大爵고관대작

603 酌 (酉부, 총 10획) 술부을 작
參酌참작 이리저리 비추어 보아서 알맞게 고려함 ▶參(참여할 참)
對酌대작 마주 대하고 술을 마심 ▶對(대할 대)
酌定작정 酌交작교

604 殘 (歹부, 총 12획) 남을 잔
殘留잔류 뒤에 처져 남아 있음 ▶留(머무를 류)
殘額잔액 나머지 액수 ▶額(이마 액)
殘金잔금 쓰고 남은 돈 ▶金(쇠 금)
殘餘잔여 남아 있음 ▶餘(남을 여)
殘惡잔악 殘忍잔인 衰殘쇠잔

605 潛 (氵(水)부, 총 15획) 잠길 잠
潛伏잠복 드러나지 않게 숨음 ▶伏(엎드릴 복)
潛行잠행 남몰래 숨어서 오고 감 ▶行(다닐 행)
沈潛침잠 潛伏勤務잠복근무

606 暫 (日부, 총 15획) 잠깐 잠
暫時잠시 짧은 시간 ▶時(때 시)
暫許잠허 잠간 허락함 ▶許(허락 허)
暫見잠견 잠간 봄 ▶見(볼 견)
暫定잠정 임시로 정함 ▶定(정할 정)
暫借잠차 暫革잠혁

607 雜 (隹부, 총 18획) 섞일 잡
雜念잡념 여러 가지 잡스러운 생각 ▶念(생각 념)
雜談잡담 쓸데없이 지껄이는 말 ▶談(말씀 담)
雜石잡석 雜交잡교

608 張 (弓부, 총 11획) 베풀 장
誇張과장 사실보다 지나치게 불려서 나타냄 ▶誇(자랑할 과)
緊張긴장 마음을 조이고 정신을 바짝 차림 ▶緊(긴할 긴)
伸張신장 主張주장 擴張확장 張三李四장삼이사

609 粧 (米부, 총 12획) 단장할 장
丹粧단장 얼굴, 머리, 옷차림 따위를 곱게 꾸밈 ▶丹(붉을 단)
治粧치장 잘 매만져 곱게 꾸밈 ▶治(다스릴 치)
內粧내장 粧飾장식 銀粧刀은장도 化粧品화장품 化粧室화장실

610 腸 (月(肉)부, 총 13획) 창자 장
胃腸위장 위와 장을 아울러 이르는 말 ▶胃(밥통 위)
盲腸맹장 척추동물의, 작은창자에서 큰창자로 넘어가는 부분에 있는 주머니 모양의 부분 ▶盲(눈멀 맹)
小腸소장 腸炎장염

팔만대장경(八萬大藏經)
八(여덟 팔), 萬(일만 만), 大(큰 대), 藏(감출 장), 經(글 경)

고려 고종 23년(1236)부터 38년(1251)에 걸쳐 완성한 대장경으로, 합천 해인사에 보관되어 있다. 부처의 힘으로 외적을 물리치기 위하여 만들었는데, 경판(經板)의 수가 8만 여개에 이르기 때문에 팔만대장경이라는 이름이 붙여졌다. 이 대장경판은 현재 없어진 송나라 북송관판이나 거란의 대장경의 내용을 알 수 있는 유일한 것이며, 수천만 개의 글자 하나하나가 오·탈자 없이 모두 고르고 정밀하다는 점에서 그 보존가치가 매우 크다. 또한 이 대장경이 보존되어있는 해인사 장경판전은 유네스코 세계문화유산으로 등재되어 있다. 한편 해인사는 팔만대장경 목판의 수명이 250년 정도밖에 남지 않았다고 보고, 만년 이상 보존이 가능한 인청동으로 만든 동판 팔만대장경 제작을 추진 중이다.

3급 배정한자

611 ++(艸)부 총 11획 **莊** 풀성할 장
- 莊嚴장엄 씩씩하고 웅장하며 위엄 있고 엄숙함 ▶嚴(엄할 엄)
- 莊重장중 장엄하고 무게가 있음 ▶重(무거울 중)

莊敬장경 莊周之夢장주지몽

612 衣부 총 13획 **裝** 꾸밀 장
- 裝備장비 갖추어 차림 ▶備(갖출 비)
- 服裝복장 옷차림 ▶服(옷 복)
- 武裝무장 전투에 필요한 장비를 갖춤 ▶武(굳셀 무)

包裝포장 裝置장치 裝飾品장식품 完全武裝완전무장

613 土부 총 16획 **墻** 담 장
- 隔墻격장 담 하나를 사이에 두고 이웃함 ▶隔(사이뜰 격)
- 墻下장하 담장 아래 ▶下(아래 하)
- 連墻연장 담이 서로 잇대어 닿음 ▶連(이을 련)

隔墻之隣격장지린 路柳墻花노류장화

614 阝(阜)부 총 14획 **障** 막을 장
- 障壁장벽 가리어 막은 벽 ▶壁(벽 벽)
- 故障고장 기구나 기계가 제대로 움직이지 못하게 되는 기능상의 장애 ▶故(연고 고)
- 支障지장 일하는 데 거치적거리거나 방해가 되는 장애 ▶支(지탱할 지)

障害物장해물 安全保障안전보장

615 ++(艸)부 총 18획 **藏** 감출 장
- 貯藏저장 물건이나 재화 따위를 모아서 간수함 ▶貯(쌓을 저)
- 死藏사장 사물 따위를 필요한 곳에 활용하지 않고 썩혀 둠 ▶死(죽을 사)

備藏비장 藏修遊息장수유식

616 一부 총 3획 **丈** 어른/길이 장
- 丈人장인 아내의 아버지 ▶人(사람 인)
- 丈母장모 아내의 어머니 ▶母(어미 모)
- 萬丈만장 높이가 만 길이나 된다는 뜻으로, 아주 높거나 대단함을 이르는 말 ▶萬(일만 만)

聘丈빙장 丈祖장조

617 手부 총 12획 **掌** 손바닥 장
- 掌篇장편 손바닥만 한 크기의 작품이라는 뜻으로, 매우 짧은 산문을 이르는 말 ▶篇(책 편)
- 合掌합장 두 손바닥을 합하여 마음이 한결같음을 나타냄 ▶合(합할 합)

孤掌難鳴고장난명 拍掌大笑박장대소

618 ++(艸)부 총 13획 **葬** 장사지낼 장
- 葬地장지 장사하여 시체를 묻는 땅 ▶地(땅 지)
- 火葬화장 죽은 사람을 불에 살라 장사 지냄 ▶火(불 화)
- 移葬이장 무덤을 옮겨 씀 ▶移(옮길 이)

葬禮式장례식 葬儀社장의사 暗埋葬암매장

619 大부 총 14획 **獎** 장려할 장
- 獎勵장려 좋은 일에 힘쓰도록 북돋아 줌 ▶勵(힘쓸 려)
- 勸獎권장 권하여 장려함 ▶勸(권할 권)
- 抽獎추장 여럿 가운데에서 뽑아 올려 씀 ▶抽(뽑을 추)

獎學金장학금 獎勵賞장려상 獎學官장학관

620 巾부 총 11획 **帳** 장막 장
- 帳幕장막 한데에서 별 또는 비바람을 피할 수 있도록 둘러치는 막 ▶幕(장막 막)
- 帳簿장부 물건의 출납이나 돈의 수지계산을 적어 두는 책 ▶簿(문서 부)

通帳통장 揮帳휘장 日記帳일기장 布帳馬車포장마차

쪽지시험

※ 다음 음(音)을 가진 한자는 어느 것입니까?

1 [작]
① 哉 ② 潛 ③ 殘 ④ 爵 ⑤ 賊

2 [장]
① 藏 ② 酌 ③ 鐘 ④ 雜 ⑤ 頂

풀이
1 ① 재 ② 잠 ③ 잔 ④ 작 ⑤ 적
2 ① 장 ② 작 ③ 종 ④ 잡 ⑤ 정

답 1.④ 2.①

621 臟 (月(肉) 부, 총 22획) 오장 장
臟器移植장기이식 다른 개체의 정상적인 장기나 조직을 떼어 내어서 질병이나 외상으로 손상된 부분에 이식함으로써 그 기능을 회복시키는 일 ▶器(그릇 기), 移(옮길 이), 植(심을 식)
五臟오장 心臟심장 肝臟간장

622 載 (車 부, 총 13획) 실을 재
積載적재 물건이나 짐을 선박, 차량 따위의 운송 수단에 실음 ▶積(쌓을 적)
記載기재 문서 따위에 기록하여 올림 ▶記(기록할 기)
登載등재 載炭재탄

623 災 (火 부, 총 7획) 재앙 재
災殃재앙 뜻하지 아니하게 생긴 불행한 변고 ▶殃(재앙 앙)
災難재난 뜻밖에 일어난 재앙과 고난 ▶難(어려울 난)
火災화재 불이 나는 재앙 ▶火(불 화)
災禍재화 天災地變천재지변

624 裁 (衣 부, 총 12획) 마를 재
裁判재판 옳고 그름을 따져 판단함 ▶判(판단할 판)
決裁결재 결정할 권한이 있는 상관이 부하가 제출한 안건을 검토하여 허가하거나 승인함 ▶決(결단할 결)
獨裁독재 裁量재량

625 宰 (宀 부, 총 10획) 재상 재
宰相재상 임금을 돕고 모든 관원을 지휘하고 감독하는 일을 맡아보던 이품 이상의 벼슬 ▶相(서로 상)
主宰주재 어떤 일을 중심이 되어 맡아 처리함 ▶主(주인 주)
宰制재제 宰官재관 三可宰相삼가재상

626 抵 (扌(手) 부, 총 8획) 막을 저
抵觸저촉 서로 부딪치거나 모순됨 ▶觸(닿을 촉)
抵抗저항 어떤 힘이나 조건에 굽히지 아니하고 거역하거나 버팀 ▶抗(겨룰 항)
大抵대저 抵當權저당권 根抵當근저당

627 底 (广 부, 총 8획) 밑 저
底意저의 겉으로 드러나지 아니한, 속에 품은 생각 ▶意(뜻 의)
徹底철저 속속들이 꿰뚫어 미치어 빈틈이나 부족함이 없이 밑바닥까지 투철함 ▶徹(통할 철)
底力저력 基底기저 底邊擴大저변확대

628 寂 (宀 부, 총 11획) 고요할 적
孤寂고적 외롭고 쓸쓸함 ▶孤(외로울 고)
閑寂한적 한가하고 고요함 ▶閑(한가할 한)
寂光적광 세상의 번뇌를 끊고 적정한 열반의 경계로 들어가 발휘하는 참된 지혜의 빛 ▶光(빛 광)
靜寂정적 寂寂적적 入寂입적 寂然적연

629 摘 (扌(手) 부, 총 14획) 딸 적
摘示적시 지적하여 보임 ▶示(보일 시)
摘發적발 숨겨져 있는 일이나 드러나지 아니한 것을 들추어 냄 ▶發(필 발)
摘載적재 요긴한 것만을 따서 기록하여 실음 ▶載(실을 재)
摘要적요 摘出적출 指摘지적

630 滴 (氵(水) 부, 총 14획) 물방울 적
滴露적로 방울지어 떨어지는 이슬 ▶露(이슬 로)
黑滴흑적 금성이나 수성이 태양 근처에 있을 때 그 모양이 검고 길게 보이는 현상 ▶黑(검을 흑)
油滴유적 滴水적수 滴定적정 餘滴欄여적란

천재일우(千載一遇)

千(일천 천), 載(실을 재), 一(한 일), 遇(만날 우)

천 년 동안 단 한 번 만난다는 뜻으로, 좀처럼 만나기 어려운 좋은 기회를 이르는 말이다. 천재일시(千載一時), 천재일회(千載一會), 천세일시(千歲一時) 역시 모두 같은 뜻이다.

동진(東晉)의 학자로 동양태수(東陽太守)를 지낸 원굉(遠宏)은 위(魏)나라의 순문약(荀文若)을 찬양한 글에서 "대저 백락(伯樂)을 만나지 못하면 천 년이 지나도 천리마(千里馬) 한 필 찾아내지 못한다."고 적고 있다. 여기서 백락은 말에 대한 안목이 높은 사람이다. 즉, 백락과 같은 말의 명인을 찾지 못하면, 천 년이 지나도 한 마리의 천리마도 발견할 수 없다는 말이다. 이것은 현군과 명신의 만남이 그만큼 쉽지 않다는 것을 비유적으로 표현한 것이다.

3급 배정한자

631 績 (糸부, 총 17획) 길쌈/공적 적
- 業績업적 어떤 사업이나 연구 따위로 세운 공적 ▶業(업 업)
- 功績공적 공로의 실적 ▶功(공 공)
- 實績실적 실제로 이룬 업적이나 공적 ▶實(열매 실)
- 治績치적 行績행적 紡績방적

632 跡 (足부, 총 13획) 발자취 적
- 追跡추적 도망하는 사람의 뒤를 밟아서 쫓음 ▶追(쫓을 추)
- 人跡인적 사람의 발자취 ▶人(사람 인)
- 足跡족적 발자취 ▶足(발 족)
- 潛跡잠적 軌跡궤적 筆跡필적 人跡未踏인적미답 名勝古跡명승고적

633 賊 (貝부, 총 13획) 도둑 적
- 山賊산적 산속에 근거지를 두고 드나드는 도둑 ▶山(뫼 산)
- 海賊해적 배를 타고 다니면서, 다른 배나 해안 지방을 습격하여 재물을 빼앗는 강도 ▶海(바다 해)
- 盜賊도적 義賊의적 馬賊마적 逆賊역적

634 積 (禾부, 총 16획) 쌓을 적
- 積金적금 돈을 모아 둠 ▶金(쇠 금)
- 積雪적설 쌓여 있는 눈 ▶雪(눈 설)
- 容積용적 물건을 담을 수 있는 부피 ▶容(용납할 용)
- 積極적극 積亂雲적란운

635 籍 (竹부, 총 20획) 문서 적
- 國籍국적 한 나라의 구성원이 되는 자격 ▶國(나라 국)
- 入籍입적 호적에 올림 ▶入(들 입)
- 除籍제적 호적, 학적, 당적 따위에서 이름을 지워 버림 ▶除(덜 제)
- 本籍본적 學籍簿학적부 戶籍謄本호적등본

636 專 (寸부, 총 11획) 오로지 전
- 專念전념 오직 한 가지 일에만 마음을 씀 ▶念(생각 념)
- 專屬전속 오로지 어떤 한 기구나 조직에 소속되거나 관계를 맺음 ▶專(오로지 전)
- 專門家전문가 專任講師전임강사 專攻科目전공과목

637 轉 (車부, 총 18획) 구를 전
- 轉學전학 다니던 학교에서 다른 학교로 학적을 옮겨 가서 배움 ▶學(배울 학)
- 轉勤전근 근무하는 곳을 옮김 ▶勤(부지런할 근)
- 轉職전직 轉日回天전일회천

638 殿 (殳부, 총 13획) 전각 전
- 聖殿성전 신성한 전당 ▶聖(성인 성)
- 殿下전하 왕이나 왕비 또는 왕족을 높여 부르는 말 ▶下(아래 하)
- 殿閣전각 궁궐 ▶閣(집 각)
- 殿堂전당 殿庭전정

639 折 (扌(手)부, 총 7획) 꺾을 절
- 骨折골절 뼈가 부러짐 ▶骨(뼈 골)
- 屈折굴절 휘어서 꺾임 ▶屈(굽힐 굴)
- 曲折곡절 순조롭지 아니하게 얽힌 이런저런 복잡한 사정이나 까닭 ▶曲(굽을 곡)
- 折半절반 九折羊腸구절양장 腰折腹痛요절복통 百折不屈백절불굴

640 切 (刀부, 총 4획) 끊을 절/온통 체
- 切斷절단 자르거나 베어서 끊음 ▶斷(끊을 단)
- 切望절망 간절히 바람 ▶望(바랄 망)
- 切迫절박 어떤 일이나 때가 가까이 닥쳐서 몹시 급함 ▶迫(닥칠 박)
- 親切친절 品切품절 適切적절 一切일체

쪽지시험

※ 다음 한자(漢字)와 음(音)이 같은 한자는 어느 것입니까?

1. 裁
① 巡 ② 災 ③ 製 ④ 襲 ⑤ 潔

2. 專
① 段 ② 毁 ③ 貞 ④ 穀 ⑤ 殿

풀이

1 裁(마를 재)
① 순 ② 재 ③ 제 ④ 습 ⑤ 결

2 專(오로지 전)
① 단 ② 훼 ③ 정 ④ 곡 ⑤ 전

답 1.② | 2.⑤

641 竊 훔칠 절
穴부 총 22획

竊盜절도 남의 물건을 몰래 훔치는 일 ▶盜(도둑 도)
竊發절발 강도나 절도의 사건이 생김 ▶發(필 발)
竊取절취 훔쳐 가짐 ▶取(가질 취)
竊念절념 竊位절위 竊飮절음 竊盜罪절도죄

642 點 점 점
黑부 총 17획

時點시점 시간의 흐름 위에 어떤 한 점 ▶時(때 시)
點數점수 점의 수효, 성적을 나타내는 숫자 ▶數(셈 수)
虛點허점 비고 허술한 부분 ▶虛(빌 허)
觀點관점 長點장점 爭點쟁점 點心점심

643 漸 점점 점
氵(水)부 총 14획

漸進점진 순서대로 차차 나아감 ▶進(나아갈 진)
漸次점차 차례대로 차차 ▶次(버금 차)
漸退점퇴 점점 뒤로 물러남, 차차 쇠퇴하여 감 ▶退(물러날 퇴)
漸加점가 漸增점증 漸險점험 漸進的점진적

644 占 차지할/점칠 점
卜부 총 5획

獨占독점 물건이나 권리나 이익 등을 혼자서 모두 가지거나 누리는 것 ▶獨(홀로 독)
先占선점 먼저 차지함 ▶先(먼저 선)
占卜점복 점을 쳐서 길흉을 예견하는 일 ▶卜(점 복)
強占강점 買占매점 占據점거 占領점령

645 蝶 나비 접
虫부 총 15획

蝶泳접영 수영방법의 한 가지 ▶泳(헤엄칠 영)
蝶兒접아 나비 ▶兒(아이 아)
胡蝶호접 나비목에 딸린 곤충의 무리 ▶胡(오랑캐 호)
孤蝶고접 白蝶백접 蜂蝶봉접 蝶舞접무

646 廷 조정 정
廴부 총 7획

開廷개정 재판을 시작하기 위하여 법정을 엶 ▶開(열 개)
法廷법정 재판하는 곳 ▶法(법 법)
朝廷조정 나라의 정치를 의논, 집행하던 곳 ▶朝(아침 조)
在廷재정 出廷출정 退廷퇴정 休廷휴정

647 訂 바로잡을 정
言부 총 9획

改訂개정 다시 뜯어고침 ▶改(고칠 개)
校訂교정 출판물의 잘못된 곳을 고침 ▶校(학교 교)
訂正정정 잘못을 고쳐서 바로잡음 ▶正(바를 정)
修訂수정 新訂신정 再訂재정 改訂版개정판

648 程 길 정
禾부 총 12획

過程과정 일이 되어 가는 경로 ▶過(지나칠 과)
日程일정 그 날의 할 일 ▶日(날 일)
程度정도 알맞은 한도, 얼마가량의 분량 ▶度(정도 도)
規程규정 工程공정 上程상정 方程式방정식

649 亭 정자 정
亠부 총 9획

亭子정자 산수가 좋은 곳에 놀기 위하여 지은 아담하고 작은 집 ▶子(아들 자)
料亭요정 여러 가지 요리를 만들어 술과 함께 파는 것을 영업으로 하는 집 ▶料(헤아릴 료)
蓮亭연정 亭閣정각 池亭지정 八角亭팔각정

650 征 칠 정
彳부 총 8획

遠征원정 먼 곳으로 싸우러 가는 것 ▶遠(멀 원)
征服정복 정벌하여 복종시킴 ▶服(복종할 복)
征伐정벌 죄 있는 무리를 군대로써 침 ▶伐(칠 벌)
外征외정 征路정로 出征출정 征服者정복자

한자별곡

점입가경(漸入佳境)

漸(점점 점), 入(들 입), 佳(아름다울 가), 境(지경 경)

가면 갈수록 경치가 아름다워진다는 뜻으로, 일이 점점 더 재미있는 지경으로 돌아가는 것을 비유적으로 이르는 말이다. 줄여서 자경(蔗境) 또는 가경(佳境)이라고도 한다.

그림과 문학, 서예에 재주가 많았던 고개지(顧愷之)는 감자(甘蔗 ; 사탕수수)를 즐겨 먹었다. 그런데 늘 가느다란 줄기 부분부터 먼저 씹어 먹었다. 이를 이상하게 여긴 친구들이, "사탕수수를 먹을 때 왜 거꾸로 먹나?" 하고 물었다. 그러자 고개지는 "갈수록 점점 단맛이 나기 때문[漸入佳境]이다."라고 말했다.

《진서(晉書)》의 고개지전(顧愷之傳)

3급 배정한자

651 攵(攴)부 총 16획 **整** 가지런할 정
- 整理정리 흐트러진 것을 가지런히 바로잡음 ▶理(다스릴 리)
- 整備정비 정돈하여 갖춤. 준비함 ▶備(갖출 비)
- 齊整제정 정돈함 ▶齊(가지런할 제)
- 端整단정 補整보정 整列정렬 整備士정비사

652 阝(阜)부 총 14획 **際** 즈음 제
- 交際교제 서로 사귐 ▶交(사귈 교)
- 實際실제 현실의 경우나 형편 ▶實(열매 실)
- 此際차제 때마침 주어진 이 기회 ▶此(이 차)
- 國際국제 無際무제 水際수제 國際化국제화

653 土부 총 12획 **堤** 둑 제
- 長堤장제 기다란 둑 ▶長(길 장)
- 堤防제방 수해 예방을 위해 토석으로 쌓은 둑 ▶防(막을 방)
- 破堤파제 홍수 따위로 제방이 무너짐 ▶破(깨뜨릴 파)
- 河堤하제 防潮堤방조제 防波堤방파제

654 氵(水)부 총 17획 **濟** 건널 제
- 救濟구제 어려운 지경에 빠진 사람을 구하여 냄 ▶救(구원할 구)
- 經濟경제 인류가 재화를 획득하여 그 욕망을 충족시키는 활동 ▶經(지날 경)
- 辨濟변제 빚을 갚는 것 ▶辨(분별할 변)
- 決濟결제 濟度제도 濟州제주 經濟力경제력

655 刂(刀)부 총 8획 **制** 마를 제
- 牽制견제 끌어당기어 자유로운 행동을 하지 못하게 함 ▶牽(이끌 견)
- 規制규제 규정에 따른 통제 ▶規(법 규)
- 制度제도 제정된 법규, 나라의 법칙 ▶度(법도 도)
- 強制강제 抑制억제 制限제한 統制통제

656 齊부 총 14획 **齊** 가지런할 제
- 一齊일제 여럿이 한꺼번에 함을 나타내는 말 ▶一(한 일)
- 齊家제가 집안을 바로 다스리는 일 ▶家(집 가)
- 齊等제등 동등함. 같음 ▶等(무리 등)
- 均齊균제 不齊부제 整齊정제 齊唱제창

657 扌(手)부 총 12획 **提** 끌 제
- 提高제고 쳐들어 높임 ▶高(높을 고)
- 提起제기 드러내어 문제를 일으킴 ▶起(일어날 기)
- 提示제시 어떠한 뜻을 글이나 말로 드러내어 보이거나 가리킴 ▶示(보일 시)
- 前提전제 提報제보 提議제의 提出제출

658 弓부 총 4획 **弔** 조상할 조
- 謹弔근조 사람의 죽음에 대하여 삼가 슬픈 마음을 나타냄 ▶謹(삼갈 근)
- 哀弔애조 슬프게 조상함 ▶哀(슬플 애)
- 弔意조의 죽은 이를 슬퍼하는 마음 ▶意(뜻 의)
- 弔詞조사 弔喪조상 弔衣조의 弔問客조문객

659 灬(火)부 총 13획 **照** 비칠 조
- 對照대조 둘을 마주 대서 비추어 비교함 ▶對(대할 대)
- 日照일조 해가 내리 쬠 ▶日(해 일)
- 參照참조 참고로 맞대 봄 ▶參(참여할 참)
- 照度조도 照明조명 照影조영 日照權일조권
- 肝膽相照간담상조

660 禾부 총 10획 **租** 조세 조
- 貢租공조 공물과 조세 ▶貢(바칠 공)
- 課租과조 조세를 부과함 ▶課(과정 과)
- 免租면조 조세를 면제함 ▶免(면할 면)
- 地租지조 토지 수익에 대하여 매기는 조세 ▶地(땅 지)
- 公租공조 正租정조 租稅조세 租稅法조세법

쪽지시험

※ 다음의 뜻을 가진 한자(漢字)는 어느 것입니까?

1 나비
① 蟲 ② 占 ③ 螢 ④ 蝶 ⑤ 麗

2 가지런하다
① 制 ② 濟 ③ 齊 ④ 帝 ⑤ 懼

풀이
1 ① 蟲(벌레 충) ② 占(점칠 점)
  ③ 螢(반딧불 형) ④ 蝶(나비 접)
  ⑤ 麗(고울 려)

2 ① 制(마를 제) ② 濟(건널 제)
  ③ 齊(가지런할 제) ④ 帝(임금 제)
  ⑤ 懼(두려워할 구)

답 1. ④ | 2. ③

661 火부 총 17획 燥 마를 조	乾燥건조 습기나 물기가 없음 ▶乾(마를 건) 煩燥번조 손과 발을 가만히 두지 못할 만큼 마음과 몸이 답답하고 몹시 열이 높음 ▶煩(번거로울 번) 輕燥경조 性燥성조 燥濕조습 乾燥臺건조대	662 糸부 총 11획 組 짤 조	改組개조 고치어 다시 짬 ▶改(고칠 개) 骨組골조 건물의 주요 구조가 되는 뼈대 ▶骨(뼈 골) 組立조립 여러 부품을 하나의 구조물로 짜 맞춤 ▶立(설 립) 組長조장 組織조직 組版조판 組織員조직원
663 木부 총 11획 條 가지 조	條件조건 어떤 사물이 성립되거나 발생하는데 갖추어야 하는 요소 ▶件(물건 건) 條理조리 일의 경로 ▶理(다스릴 리) 條項조항 낱낱이 들어 벌인 일의 가닥 ▶項(항목 항) 條約조약 無條件무조건 惡條件악조건	664 扌(手)부 총 16획 操 잡을 조	操心조심 실수가 없도록 마음을 삼가서 경계함 ▶心(마음 심) 操作조작 기계 등을 움직이어 작업함 ▶作(지을 작) 節操절조 절개와 지조 ▶節(마디 절) 情操정조 體操체조 操縱조종 操縱士조종사
665 氵(水)부 총 15획 潮 조수 조	猛潮맹조 거센 흐름 ▶猛(사나울 맹) 潮流조류 조석 때문에 일어나는 바닷물의 수평운동 ▶流(흐를 류) 赤潮적조 플랑크톤이 번식하여 바닷물이 붉게 되는 현상 ▶赤(붉을 적) 干潮간조 思潮사조 退潮퇴조 最高潮최고조	666 扌(手)부 총 8획 拙 졸할 졸	疎拙소졸 면밀하지 못하고 능숙하지 못함 ▶疎(성글 소) 拙劣졸렬 유치하고 졸렬함 ▶劣(못할 렬) 拙作졸작 보잘것없는 작품. 자신의 작품에 대한 겸칭 ▶作(지을 작) 古拙고졸 老拙노졸 言拙언졸 拙速졸속
667 糸부 총 17획 縱 세로 종	放縱방종 아무 거리낌 없이 제 멋대로 함부로 행동함 ▶放(놓을 방) 縱書종서 세로쓰기. 세로글씨 ▶書(글 서) 縱橫종횡 가로와 세로. 자유자재로 거침이 없음 ▶橫(가로 횡) 縱斷종단 縱線종선 縱橫無盡종횡무진	668 亻(人)부 총 7획 佐 도울 좌	補佐보좌 자기보다 지위가 높은 사람을 도움 ▶補(기울 보) 佐理좌리 정치를 도와 나라를 다스림 ▶理(다스릴 리) 賢佐현좌 현명한 보좌 ▶賢(어질 현) 良佐양좌 佐命좌명 輔佐官보좌관
669 广부 총 10획 座 자리 좌	計座계좌 금융기관에 예금하려고 설정한 개인명의나 법인명의 계좌 ▶計(셀 계) 座席좌석 앉는 자리 ▶席(자리 석) 座中좌중 여러 사람이 모인 자리. 자리의 가운데 ▶中(가운데 중) 講座강좌 座標좌표 座下좌하 座右銘좌우명	670 口부 총 8획 周 두루 주	周旋주선 일이 잘되도록 이리저리 힘을 써서 변통해 주는 일 ▶旋(돌 선) 周圍주위 어떤 곳의 바깥. 둘레 ▶圍(에워쌀 위) 周紙주지 두루마리 ▶紙(종이 지) 周邊주변 周知주지 用意周到용의주도

협주곡(協奏曲)

協(화할 협), 奏(연주할 주), 曲(악곡 곡)

관현악단이 협주 악기 독주자와 함께 연주하는 서양 고전 악곡의 한 형식으로, 콘체르토라고 한다. 바로크 시대에 처음 등장하였으며, 이때는 지금과는 달리 합주 협주곡의 형식을 띠었다. 그 뒤 고전파 시대에 이르러 우리가 익히 알고 있는 독주 협주곡이 발달되었다. 협주곡은 3악장으로 구성되어 있으며, 소나타 형식을 취한다. 반면 3악장의 소나타 형식을 취하지 않고, 환상곡, 교향곡의 형식을 취하는 곡들도 많다. 전형적인 것으로는 '빠르게-느리게-빠르게'의 3악장으로 되어 있고, 제1악장은 소나타 형식, 제2악장은 리드 형식, 제3악장은 론도 형식을 취하는 것이 상례이다.

3급 배정한자

671 舟부 총 6획 — 舟 배 주
- 孤舟고주 외롭게 홀로 떠 있는 배 ▶孤(외로울 고)
- 同舟동주 같은 배. 배를 같이 탐 ▶同(같을 동)
- 方舟방주 네모지게 만든 배 ▶方(모 방)
- 輕舟경주 片舟편주 刻舟求劍각주구검

672 川(巛)부 총 6획 — 州 고을 주
- 慶州경주 경상북도 동남부에 있는 시로 명승고적이 많음 ▶慶(경사 경)
- 濟州島제주도 우리나라 최남단에 자리 잡고 있는 제일 큰 섬 ▶濟(건널 제), 島(섬 도)
- 光州광주 淸州청주 竝州故鄕병주고향

673 木부 총 9획 — 柱 기둥 주
- 丹柱단주 붉은 칠을 한 기둥 ▶丹(붉을 단)
- 四柱사주 생년월일시를 근거로 길흉, 화복 등을 점치는 법 ▶四(넉 사)
- 支柱지주 무엇을 버티는 기둥 ▶支(지탱할 지)
- 角柱각주 石柱석주 圓柱원주 電柱전주

674 木부 총 10획 — 株 그루 주
- 株券주권 주식의 증권 ▶券(문서 권)
- 株式주식 주식회사의 총자본을 주의 수에 따라 나눈 자본의 단위 ▶式(법 식)
- 株主주주 주권을 가지고 있는 사람 ▶主(주인 주)
- 新株신주 株價주가 株式會社주식회사

675 氵(水)부 총 9획 — 洲 물가 주
- 大洲대주 넓은 육지 ▶大(큰 대)
- 沙洲사주 바닷가에 생기는 모래사장 ▶沙(모래 사)
- 五洲오주 지구 위의 다섯 대륙 ▶五(다섯 오)
- 滿洲만주 白洲백주 洲島주도 三角洲삼각주

676 大부 총 9획 — 奏 아뢸/연주할 주
- 間奏간주 어떤 한 곡 도중에 삽입하여 연주하는 곡 ▶間(사이 간)
- 演奏연주 여러 사람 앞에서 악기를 다루어 음악을 들려 줌 ▶演(펼 연)
- 奏達주달 임금에게 아룀 ▶達(통달할 달)
- 前奏전주 吹奏취주 合奏합주 演奏者연주자

677 玉(玊)부 총 10획 — 珠 구슬 주
- 短珠단주 짧게 만든 염주 ▶短(짧을 단)
- 明珠명주 고운 빛이 나는 아름다운 구슬 ▶明(밝을 명)
- 眞珠진주 대합, 전복 따위의 조가비나 살 속에 생기는 딱딱한 덩어리 ▶眞(참 진)
- 默珠묵주 念珠염주 珠算주산 如意珠여의주

678 金부 총 22획 — 鑄 쇠불릴 주
- 鑄工주공 쇠붙이의 주조에 종사하는 사람 ▶工(장인 공)
- 鑄物주물 쇠붙이를 녹인 쇳물을 일정한 틀 속에 부어 굳혀 만든 물건 ▶物(물건 물)
- 鑄鐵주철 무쇠 ▶鐵(쇠 철)
- 私鑄사주 鑄錢주전 鑄造주조 鑄貨주화

679 氵(水)부 총 13획 — 準 준할 준
- 基準기준 사물의 기본이 되는 표준 ▶基(터 기)
- 準備준비 필요한 것을 미리 마련하여 갖춤 ▶備(갖출 비)
- 準用준용 준거하여 사용함 ▶用(쓸 용)
- 水準수준 基準値기준치 準優勝준우승

680 亻(人)부 총 9획 — 俊 준걸 준
- 俊味준미 맛이 좋은 물건 ▶味(맛 미)
- 俊秀준수 재주, 지혜, 풍채가 뛰어남 ▶秀(빼어날 수)
- 俊異준이 재능이 뚜렷이 뛰어나 보통 사람과 다름 ▶異(다를 이)
- 俊童준동 俊哲준철 寒俊한준 豪俊호준

쪽지시험

상공회의소 한자 중급 3, 4, 5급

※ 다음 한자(漢字)와 뜻이 비슷한 한자는 어느 것입니까?

1 [操]
① 捉　② 拙　③ 提　④ 援　⑤ 掠

2 [組]
① 識　② 謁　③ 織　④ 職　⑤ 謝

풀이

1 操(잡을 조)
① 捉(잡을 착)　② 拙(졸할 졸)
③ 提(끌 제)　④ 援(도울 원)
⑤ 掠(노략질할 략)

2 組(짤 조)
① 識(알 식)　② 謁(뵐 알)
③ 織(짤 직)　④ 職(벼슬 직)
⑤ 謝(사례할 사)

답 1. ① | 2. ③

681 辶(辵)부 총 16획 遵 좇을 준	遵法준법 법령을 좇음. 법령을 지킴 ▶法(법 법) 遵守준수 그대로 좇아 지킴 ▶守(지킬 수) 遵信준신 좇아 믿음 ▶信(믿을 신) 遵範준범 遵用준용 遵法精神준법정신	682 亻(人)부 총 6획 仲 버금 중	仲介중개 제3자로써 두 당사자 사이에서 어떤 일을 주선하는 일 ▶介(낄 개) 仲媒중매 중간에서 혼인이 이루어지도록 하는 일 ▶媒(중매 매) 仲秋중추 음력 8월 ▶秋(가을 추) 仲裁중재 仲介業중개업 仲買商중매상
683 忄(心)부 총 15획 憎 미울 증	可憎가증 얄미움. 밉살스러움 ▶可(옳을 가) 忌憎기증 꺼리고 미워함 ▶忌(꺼릴 기) 憎怨증원 미워하고 원망함 ▶怨(원망할 원) 愛憎애증 憎惡증오 憎痛증통 憎惡心증오심	684 疒부 총 10획 症 증세 증	炎症염증 열이 오르고 몸의 어느 부위가 빨갛게 붓는 증상 ▶炎(불꽃 염) 症勢증세 병으로 앓는 여러 가지 모양 ▶勢(형세 세) 痛症통증 아픈 증세 ▶痛(아플 통) 重症중증 症候群증후군 後遺症후유증
685 艹(艸)부 총 14획 蒸 찔/백성 증	蒸氣증기 액체나 고체가 증발 또는 승화하여 생긴 기체 ▶氣(기운 기) 蒸民증민 모든 백성 ▶民(백성 민) 蒸發증발 액체나 고체가 그 표면에서 기화함 ▶發(필 발) 蒸散증산 蒸熱증열 汗蒸한증 水蒸氣수증기	686 貝부 총 19획 贈 줄 증	寄贈기증 금품이나 물품 등을 타인에게 줌 ▶寄(부칠 기) 受贈수증 선물을 받음 ▶受(받을 수) 贈與증여 재산을 무상으로 타인에게 물려 주는 행위 ▶與(줄 여) 遺贈유증 贈答증답 贈呈증정 贈與稅증여세
687 辶(辵)부 총 16획 遲 더딜 지	遲刻지각 정해진 시각에 늦음 ▶刻(시각 각) 遲延지연 오래 끎. 더디게 끌어감 ▶延(늘일 연) 遲滯지체 기한에 뒤짐 ▶滯(막힐 체) 工遲공지 遲明지명 遲速지속 遲進兒지진아	688 日부 총 12획 智 지혜 지	機智기지 그때그때의 경우에 따라 재치있게 나타나는 슬기 ▶機(틀 기) 智慧지혜 사물의 이치를 빨리 깨닫고 사물을 정확하게 처리하는 정신적 능력 ▶慧(슬기로울 혜) 無智무지 智能지능 智識지식 智德體지덕체
689 言부 총 14획 誌 기록할 지	墓誌묘지 죽은 사람의 행적, 자손의 이름, 나고 죽은 때 등을 기록한 글 ▶墓(무덤 묘) 雜誌잡지 호를 거듭하며 정기적으로 간행되는 출판물 ▶雜(섞일 잡) 日誌일지 地誌지지 會誌회지 學術誌학술지	690 氵(水)부 총 6획 池 못 지	城池성지 적의 접근을 막기 위하여 성의 둘레에 깊게 파 놓은 연못 ▶城(성 성) 蓮池연지 연꽃을 심은 못 ▶蓮(연꽃 연) 園池원지 정원 안에 있는 못 ▶園(둥글 원) 滿池만지 乾電池건전지 貯水池저수지

한자별곡

배수진(背水陣)

背(등 배), 水(물 수), 陣(진칠 진)

물을 등지고 진을 친다는 뜻으로, 물러설 곳이 없으니 목숨을 걸고 싸울 수밖에 없는 결사적인 각오를 말한다.

유방(劉邦)의 명을 받은 한신(韓信)이 일 만의 군대를 이끌고 조(趙)로 진격했을 때, 강을 등지고 진을 쳐 대승하였다. 부장들은 한신에게 "병법과는 반대로 물을 등지고 싸워 이겼습니다. 그 까닭이 무엇입니까?" 하고 물었다. 그러자 한신은 "병법에는 또한 자신을 사지(死地)에 몰아넣음으로써 살 길을 찾을 수 있다고 적혀 있소. 보강한 군사들이 대부분이니 우리 군의 사정상 이들을 생지에 두었다면 모두 달아나 버렸을 것이오. 그래서 사지에다 몰아넣은 것뿐이오." 이를 들은 모든 장수들이 탄복했다고 한다.

3급 배정한자

691 阝부 총 18획 **職** 벼슬 직
- 職業직업 생계를 세워가기 위해 일상적으로 종사하는 일 ▶業(업 업)
- 職責직책 직무상 책임 ▶責(꾸짖을 책)
- 退職퇴직 현직에서 물러남 ▶退(물러날 퇴)
- 公職공직 前職전직 職場직장 就職취직

692 糸부 총 18획 **織** 짤 직
- 毛織모직 털실로 짠 피륙 ▶毛(털 모)
- 染織염직 물을 들이는 일과 피륙을 짜는 일 ▶染(물들일 염)
- 織物직물 온갖 피륙 및 섬유로 짠 물건을 통틀어서 이르는 말 ▶物(물건 물)
- 組織조직 織機직기 織造직조 組織力조직력

693 玉(王)부 총 9획 **珍** 보배 진
- 珍貴진귀 보배롭고 귀중함 ▶貴(귀할 귀)
- 珍奇진기 희귀하고 기이함 ▶奇(기이할 기)
- 珍味진미 음식의 썩 좋은 맛 또는 그런 음식 ▶味(맛 미)
- 珍客진객 珍品진품 山海珍味산해진미

694 金부 총 18획 **鎭** 진압할 진
- 鎭靜진정 시끄럽고 요란한 일이나 상태를 조용하게 가라앉히는 것 ▶靜(고요할 정)
- 鎭痛진통 아픈 것을 진정시킴 또는 가라앉힘 ▶痛(아플 통)
- 鎭火진화 화재가 꺼짐 ▶火(불 화)
- 文鎭문진 書鎭서진 重鎭중진 鎭壓진압

695 扌(手)부 총 10획 **振** 떨칠 진
- 不振부진 어떤 일이나 힘이 활발하게 움직여 떨치지 못함 ▶不(아니 불)
- 振作진작 떨쳐서 일으킴 또는 떨쳐 일어남 ▶作(지을 작)
- 興振흥진 떨치어 일어남 ▶興(일 흥)
- 發振발진 振動진동 振幅진폭 振出진출

696 阝(阜)부 총 11획 **陳** 늘어놓을 진
- 陳腐진부 새롭지 못함 ▶腐(썩을 부)
- 陳述진술 구두로 자세히 말함 ▶述(펼 술)
- 陳列진열 물건 따위를 보이기 위해 죽 벌려놓음 ▶列(벌일 렬)
- 口陳구진 開陳개진 布陳포진 陳述書진술서

697 阝(阜)부 총 10획 **陣** 진칠 진
- 強陣강진 튼튼한 진지 ▶強(강할 강)
- 陣營진영 군대가 집결하고 있는 곳 ▶營(경영할 영)
- 陣痛진통 아이를 낳을 때 주기적으로 오는 아픈 통증 ▶痛(아플 통)
- 陣地진지 退陣퇴진 後陣후진 背水陣배수진

698 雨부 총 15획 **震** 우레 진
- 耐震내진 지진을 견딤 ▶耐(견딜 내)
- 地震지진 땅이 흔들리고 갈라지는 지각 변동 현상 ▶地(땅 지)
- 震動진동 물체가 몹시 울리어 움직임 ▶動(움직일 동)
- 激震격진 震度진도 震源진원 地震波지진파

699 女부 총 9획 **姪** 조카 질
- 家姪가질 남에게 자기의 조카를 이르는 말 ▶家(집 가)
- 令姪영질 남을 높이어 그의 조카를 이르는 말 ▶令(하여금 령)
- 姪婦질부 조카며느리 ▶婦(며느리 부)
- 姪孫질손 姪兒질아 姪子질자 親姪친질

700 疒부 총 10획 **疾** 병 질
- 怪疾괴질 원인을 알 수 없는 괴상한 돌림병 ▶怪(괴이할 괴)
- 疾病질병 신체의 온갖 기능의 장애로 말미암은 병 ▶病(병 병)
- 疾患질환 몸의 온갖 병 ▶患(근심 환)
- 眼疾안질 疾風질풍 慢性疾患만성질환

쪽지시험

상공회의소 한자 중급 3, 4, 5급

※ 다음 한자어(漢字語)와 발음(發音)이 같은 한자어는 어느 것입니까?

1 遵守
① 俊秀 ② 準備 ③ 遵據 ④ 俊傑 ⑤ 尊敬

2 陣地
① 眞知 ② 珍珠 ③ 鎭靜 ④ 振幅 ⑤ 軍隊

풀이

1 준수
① 준수 ② 준비 ③ 준거 ④ 준걸 ⑤ 존경

2 진지
① 진지 ② 진주 ③ 진정 ④ 진폭 ⑤ 군대

답 1. ① | 2. ①

701 禾부 총 10획 **秩** 차례 **질**	進秩진질 품계가 오름 ▶進(나아갈 진) 秩序질서 사물의 조리나 그 순서 ▶序(차례 서) 下秩하질 다른 것에 비하여 훨씬 못한 품질 ▶下(아래 하) 秩次질차 無秩序무질서 交通秩序교통질서	702 彳부 총 15획 **徵** 부를 **징**	明徵명징 명백한 증거 ▶明(밝을 명) 徵候징후 어떤 일이 일어날 조짐 ▶候(기후 후) 特徵특징 다른 것에 비겨서 특별히 눈에 뜨이는 점 ▶特(특별할 특) 象徵상징 徵發징발 徵收징수 徵表징표
703 心부 총 19획 **懲** 징계할 **징**	嚴懲엄징 엄중하게 징벌함 ▶嚴(엄할 엄) 懲戒징계 자기 스스로 과거에 당한 일을 돌아보고 뉘우치고 경계함 ▶戒(경계할 계) 懲罰징벌 옳지 못한 행위에 대하여 법적 제재를 가함 ▶罰(벌할 벌) 懲過징과 懲役징역 勸善懲惡권선징악	704 工부 총 10획 **差** 다를 **차**/어긋날 **치**	差異차이 서로 일치하거나 같지 않고 틀려 다름 ▶異(다를 이) 差別차별 차등이 있게 구별함 ▶別(나눌 별) 差出차출 빼어서 냄 ▶出(날 출) 隔差격차 誤差오차 差益차익 參差참치
705 扌(手)부 총 10획 **捉** 잡을 **착**	誤捉오착 사람을 잘못 알고 잡음 ▶誤(그르칠 오) 捉送착송 잡아서 보냄 ▶送(보낼 송) 捕捉포착 꼭 붙잡음. 어떤 기회나 정세를 알아차림 ▶捕(잡을 포) 沒捉몰착 捉去착거 捉來착래 活捉활착	706 金부 총 16획 **錯** 섞일 **착**	錯覺착각 어떤 대상이나 현상을 실제와 다른 대상으로 잘못 보거나 느끼는 것 ▶覺(깨달을 각) 錯雜착잡 갈피를 잡을 수 없이 뒤섞여 어수선함 ▶雜(섞일 잡) 交錯교착 錯視착시 試行錯誤시행착오
707 貝부 총 19획 **贊** 도울 **찬**	贊反찬반 찬성과 반대 ▶反(돌이킬 반) 贊成찬성 옳다고 동의함 ▶成(이룰 성) 贊助찬조 뜻이 같이 하여 도와줌 ▶助(도울 조) 協贊협찬 협력하여 찬성함 ▶協(화할 협) 贊同찬동 贊美찬미 贊頌찬송 贊助金찬조금	708 言부 총 26획 **讚** 기릴 **찬**	激讚격찬 몹시 칭찬함 ▶激(격할 격) 讚辭찬사 칭찬하는 말. 찬미하는 글이나 말 ▶辭(말씀 사) 讚揚찬양 아름다움을 기리고 착함을 표창함. 칭찬하여 나타나게 함 ▶揚(날릴 양) 極讚극찬 禮讚예찬 稱讚칭찬 讚頌歌찬송가
709 心부 총 15획 **慙** 부끄러울 **참**	愧慙괴참 몹시 부끄러워함 ▶愧(부끄러울 괴) 慙憤참분 부끄럽고 분함 ▶憤(분할 분) 慙悔참회 부끄러워하며 뉘우침 ▶悔(뉘우칠 회) 慙伏참복 慙死참사 慙色참색 慙汗참한	710 忄(心)부 총 14획 **慘** 참혹할 **참**	無慘무참 몹시 끔찍함 ▶無(없을 무) 悲慘비참 차마 눈으로 볼 수 없을 만큼 슬프고 끔찍함 ▶悲(슬플 비) 慘事참사 비참한 일. 참혹한 사건 ▶事(일 사) 慘劇참극 慘烈참렬 慘聞참문 慘殺참살

상평창(常平倉)

常(항상 상), 平(평평할 평), 倉(곳집 창)

고려시대와 조선시대 곡물 가격의 안정을 위해 국가에서 설치한 창고이다. 고려시대에 중국의 제도를 모방하여 만들어졌고, 조선시대에도 존속 시행되다가 선조 41년(1608) 선혜청(宣惠廳)으로 이름이 바뀌었다. 상평창은 흉년에 곡가가 떨어지면 관에서 시가(市價)보다 비싸게 미곡을 사 두었다가 흉년에 곡가가 오르면 싸게 방출함으로써 곡가를 조정하는 일을 했다. 이 정책의 배후에는 곡가의 변동에 따라 생활을 위협받는 일반 농민을 보호하고, 반대로 그에게서 부당한 이윤을 취하는 상인의 활동을 억제하려고 하는 의도, 즉 중농억상사상(重農抑商思想)이 깔려 있었다.

3급 배정한자

711 創 비롯할 창
刂(刀)부 / 총 12획
- 創業창업 사업을 시작함 ▶業(업 업)
- 創造창조 처음으로 만듦. 신이 우주 만물을 지음 ▶造(지을 조)
- 創出창출 새로 이루어서 생겨남. 처음으로 지어냄 ▶出(날 출)
- 巨創거창 獨創독창 創意창의 創製창제

712 暢 화창할 창
日부 / 총 14획
- 暢達창달 자기의 의견, 주장 따위를 거리낌 없이 자유로이 표현하여 전달함 ▶達(통달할 달)
- 和暢화창 날씨와 바람이 온화하고 맑음 ▶和(화할 화)
- 明暢명창 流暢유창 暢樂창락 暢快창쾌

713 蒼 푸를 창
艹(艸)부 / 총 14획
- 蒼空창공 푸른 하늘 ▶空(빌 공)
- 蒼白창백 푸른기가 있고 해쓱함 ▶白(흰 백)
- 蒼然창연 물건이 오래 되어서 옛 빛이 저절로 드러나 보이는 모양 ▶然(그러할 연)
- 蒼生창생 蒼遠창원 蒼波창파 蒼海창해

714 倉 곳집 창
人부 / 총 10획
- 軍倉군창 군대의 창고 ▶軍(군사 군)
- 倉庫창고 물건을 저장하거나 보관하는 건물 ▶庫(곳집 고)
- 彈倉탄창 소총, 권총 등에서 탄환이 들어가 있는 부분 ▶彈(탄알 탄)
- 船倉선창 守倉수창 營倉영창 倉穀창곡

715 債 빚 채
亻(人)부 / 총 13획
- 債券채권 국가, 공공단체 등이 자기의 채무를 증명하여 발행하는 유가증권 ▶券(문서 권)
- 債務채무 빌린 것을 다시 되갚아야 하는 의무 ▶務(힘쓸 무)
- 國債국채 負債부채 轉換社債전환사채

716 彩 채색 채
彡부 / 총 11획
- 光彩광채 눈부신 빛 ▶光(빛 광)
- 多彩다채 여러 가지 빛깔이 어울려 아름다움 ▶多(많을 다)
- 彩色채색 그림에 색을 칠함, 여러 가지 고운 빛깔 ▶色(빛 색)
- 映彩영채 異彩이채 彩度채도 彩文채문

717 策 꾀 책
竹부 / 총 12획
- 對策대책 어떤 사건 또는 시국에 대한 방책 ▶對(대할 대)
- 方策방책 방법과 꾀 ▶方(모 방)
- 策定책정 계책을 세워서 결정함 ▶定(정할 정)
- 政策정책 自救策자구책 窮餘之策궁여지책

718 斥 물리칠 척
斤부 / 총 5획
- 排斥배척 반대하여 내침 ▶排(밀칠 배)
- 疎斥소척 서로 사이를 벌어지게 하여 물리침 ▶疎(성글 소)
- 斥邪척사 간사한 것을 물리침 ▶邪(간사할 사)
- 拒斥거척 面斥면척 指斥지척 斥言척언

719 戚 겨레 척
戈부 / 총 11획
- 近戚근척 가까운 친척 ▶近(가까울 근)
- 戚分척분 성이 다르면서 일가가 되는 관계 ▶分(나눌 분)
- 親戚친척 친족과 외척을 아울러 이르는 말 ▶親(친할 친)
- 呼戚호척 休戚휴척 一家親戚일가친척

720 拓 넓힐 척/박을 탁
扌(手)부 / 총 8획
- 開拓개척 거친 땅을 일구어 논, 밭을 만듦 ▶開(열 개)
- 干拓간척 호수나 바닷가에 제방을 만들어 그 안의 물을 빼고 육지나 경지를 만듦 ▶干(방패 간)
- 拓地척지 拓土척토 拓本탁본 干拓地간척지

쪽지시험

※ 다음 단어들의 □ 안에 공통으로 들어갈 알맞은 한자는 어느 것입니까?

1 □覺, □視, □誤
① 亂 ② 過 ③ 觸 ④ 錯 ⑤ 慘

2 □造, 獨□, □作
① 惡 ② 裁 ③ 創 ④ 耕 ⑤ 乾

풀이
1 錯覺(착각), 錯視(착시), 錯誤(착오)
2 創造(창조), 獨創(독창), 創作(창작)

답 1. ④ | 2. ③

721 薦 (艹(艸)부, 총 17획) 천거할 천
- 完薦완천 추천이 끝남 ▶完(완전할 완)
- 薦擧천거 인재를 어떤 자리에 추천하는 일 ▶擧(들 거)
- 推薦추천 어떤 조건에 적합한 대상을 책임지고 소개함 ▶推(밀 추)
- 公薦공천 薦主천주 薦進천진 推薦書추천서

722 賤 (貝부, 총 15획) 천할 천
- 貴賤귀천 부귀와 빈천. 귀한 사람과 천한 사람 ▶貴(귀할 귀)
- 貧賤빈천 가난하고 천함 ▶貧(가난할 빈)
- 賤待천대 업신여기어서 푸대접함. 함부로 다룸 ▶待(대접할 대)
- 賤價천가 賤民천민 賤視천시 賤稱천칭

723 遷 (辶(辵)부, 총 15획) 옮길 천
- 左遷좌천 관리가 높은 자리에서 낮은 자리로 떨어짐 ▶左(왼 좌)
- 遷都천도 도읍을 옮김 ▶都(도읍 도)
- 遷善천선 나쁜 짓을 고쳐 착하게 됨 ▶善(착할 선)
- 變遷변천 遷改천개 改過遷善개과천선

724 踐 (足부, 총 15획) 밟을 천
- 實踐실천 생각한 바를 실제로 행함 ▶實(열매 실)
- 踐踏천답 짓밟음 ▶踏(밟을 답)
- 踐言천언 말한 바를 이행함 ▶言(말씀 언)
- 踐年천년 踐歷천력 踐約천약 踐行천행
- 實踐躬行실천궁행

725 哲 (口부, 총 10획) 밝을 철
- 明哲명철 세태·사리에 밝음 ▶明(밝을 명)
- 哲夫철부 어질고 밝은 남자 ▶夫(지아비 부)
- 哲人철인 학식이 높고 사리에 밝은 사람 ▶人(사람 인)
- 先哲선철 英哲영철 哲學철학 哲學者철학자

726 徹 (彳부, 총 15획) 통할 철
- 貫徹관철 자신의 주장이나 방침을 밀고 나가 목적을 이룸 ▶貫(꿸 관)
- 徹底철저 태도나 상태가 속속들이 꿰뚫거나 미치어 부족함이나 빈틈이 없음 ▶底(밑 저)
- 冷徹냉철 徹夜철야 徹頭徹尾철두철미

727 尖 (小부, 총 6획) 뾰족할 첨
- 尖端첨단 물건의 뾰족한 끝. 시대의 유행 같은 것에 앞장서는 일 ▶端(끝 단)
- 尖銳첨예 날카롭고 뾰족함. 대립이나 갈등 따위가 격하고 치열함 ▶銳(날카로울 예)
- 尖塔첨탑 뾰족한 탑 ▶塔(탑 탑)
- 刀尖도첨 舌尖설첨 尖圓첨원 最尖端최첨단

728 添 (氵(水)부, 총 11획) 더할 첨
- 添加첨가 더함. 더하여 붙임 ▶加(더할 가)
- 添附첨부 더하여 붙임 ▶附(붙을 부)
- 添削첨삭 문자를 보태거나 뺌 ▶削(깎을 삭)
- 別添별첨 添加物첨가물 錦上添花금상첨화

729 妾 (女부, 총 8획) 첩 첩
- 小妾소첩 여인이 자신을 낮추어 일컫는 말 ▶小(작을 소)
- 愛妾애첩 사랑하는 첩 ▶愛(사랑 애)
- 妾室첩실 남의 첩이 되어 있는 여자 ▶室(집 실)
- 宮妾궁첩 內妾내첩 妻妾처첩 妾婦첩부

730 廳 (广부, 총 25획) 관청 청
- 官廳관청 관리들이 나랏일을 맡아보는 기관 ▶官(벼슬 관)
- 市廳시청 행정구역의 하나인 시의 행정사무를 맡아보는 곳 ▶市(저자 시)
- 廳長청장 청의 우두머리 ▶長(어른 장)
- 區廳구청 警察廳경찰청 兵務廳병무청

한자별곡

모수자천(毛遂自薦)
毛(털 모), 遂(이룰 수), 自(스스로 자), 薦(천거할 천)

자기가 스스로를 추천함을 뜻하는 것으로, 오늘날에는 의미가 변하여 앞뒤 모르고 나서는 사람을 비유적으로 이른다.

진(秦)나라가 조(趙)나라의 수도 한단을 공격했을 때, 조나라의 평원군(平原君)은 초(楚)나라에 구원군을 요청하려 하였다. 그때 문하의 식객 중 문무를 갖춘 자 20명을 데리고 함께 가기로 하고는 19명을 선발하였으나, 나머지 한 명을 채울 사람이 마땅치 않았다. 이때 모수(毛遂)라는 자가 낭중지추(囊中之錐)의 문답으로 자청하고 나서니 평원군은 그를 채워 20명과 함께 가게 되었다.

《사기(史記)》 평원군열전(平原君列傳)

3급 배정한자

731 替 (日부, 총 12획) 바꿀 체
- 交替교체: 자리나 역할 따위를 다른 사람 또는 다른 것과 바꿈 ▶交(사귈 교)
- 代替대체: 다른 것으로 바꿈 ▶代(대신 대)
- 移替이체: 서로 옮겨 바뀜 ▶移(옮길 이)
- 改替개체 立替입체 替番체번 代替財대체재 馬好替乘마호체승

732 滯 (氵(水)부, 총 14획) 막힐 체
- 延滯연체: 기한이 늘어 지체됨 ▶延(늘일 연)
- 積滯적체: 쌓여서 막힘 ▶積(쌓을 적)
- 停滯정체: 사물이 한 곳에 그쳐서 쌓임. 정지하여 체류함 ▶停(머무를 정)
- 遲滯지체 滯納체납 滯拂체불 滯症체증

733 逮 (辶(辵)부, 총 12획) 잡을 체
- 逮坐체좌: 죄상을 조사함 ▶坐(앉을 좌)
- 逮捕체포: 죄인을 쫓아가서 잡음 ▶捕(잡을 포)
- 被逮피체: 남에게 잡힘 ▶被(입을 피)
- 逮夜체야 假逮捕가체포 逮捕令狀체포영장 見不逮聞견불체문

734 遞 (辶(辵)부, 총 14획) 갈릴 체
- 傳遞전체: 다음에서 다음으로 보내어 전함 ▶傳(전할 전)
- 遞信체신: 차례로 여러 곳을 거쳐서 소식이나 편지를 전하는 일 ▶信(믿을 신)
- 遞任체임: 벼슬을 갈아 냄 ▶任(맡길 임)
- 遞減체감 遞增체증 郵遞局우체국

735 抄 (扌(手)부, 총 7획) 뽑을 초
- 拔抄발초: 글을 뽑아서 베낌 ▶拔(뺄 발)
- 抄本초본: 원본의 일부를 베끼거나 발췌한 문서 ▶本(근본 본)
- 抄錄초록: 소용될 만한 것만 뽑아서 적음. 또는 그러한 기록 ▶錄(기록할 록)
- 雜抄잡초 抄啓초계 抄書초서 抄出초출

736 肖 (月(肉)부, 총 7획) 닮을 초
- 不肖불초: 못나고 어리석음 ▶不(아닐 불)
- 肖像초상: 사람의 얼굴이나 모양을 그림으로 그리거나 조각으로 새김 ▶像(형상 상)
- 肖像權초상권: 자기의 초상에 대한 독점권 ▶像(형상 상), 權(권세 권)
- 萬物肖만물초 不肖男불초남 賢不肖현불초

737 礎 (石부, 총 18획) 주춧돌 초
- 階礎계초: 계단의 주춧돌 ▶階(섬돌 계)
- 基礎기초: 사물이나 일 따위의 기본이 되는 토대 ▶基(터 기)
- 礎石초석: 기둥 밑에 기초로 받쳐 놓은 돌 ▶石(돌 석)
- 定礎정초 柱礎주초 礎稿초고 基礎的기초적

738 超 (走부, 총 12획) 뛰어넘을 초
- 超過초과: 일정한 수나 한도를 넘어섬 ▶過(지나칠 과)
- 超克초극: 난관을 극복함 ▶克(이길 극)
- 超越초월: 어떤 한계나 표준을 뛰어넘음 ▶越(넘을 월)
- 超然초연 超高速초고속 超能力초능력

739 秒 (禾부, 총 9획) 분초 초
- 每秒매초: 1초마다 ▶每(매양 매)
- 分秒분초: 분과 초. 아주 짧은 시간 ▶分(나눌 분)
- 秒針초침: 시계의 초를 가리키는 바늘 ▶針(바늘 침)
- 記秒기초 秒速초속 秒時計초시계

740 促 (亻(人)부, 총 9획) 재촉할 촉
- 督促독촉: 빨리 서둘러 하도록 재촉하는 것 ▶督(감독할 독)
- 促求촉구: 재촉하여 요구함 ▶求(구할 구)
- 促進촉진: 재촉하여 빨리 나아가게 함 ▶進(나아갈 진)
- 急促급촉 促迫촉박 販促판촉 督促狀독촉장

쪽지시험

※ 다음 성어에서 □ 안에 들어갈 알맞은 한자는 어느 것입니까?

1. 改過□善
   ① 天 ② 泉 ③ 遷 ④ 踐 ⑤ 殿

2. 馬好□乘
   ① 輩 ② 閨 ③ 薄 ④ 賓 ⑤ 替

풀이

1 改過遷善(개과천선) : 지난날의 잘못이나 허물을 고쳐 올바르고 착하게 됨

2 馬好替乘(마호체승) : 말도 갈아타는 것이 좋다는 뜻으로, 예전 것도 좋지만 새로운 것으로 바꾸어 보는 것도 즐겁다는 말

답 1. ③ | 2. ⑤

번호	한자	뜻/음	예시
741	觸 (角부, 총 20획)	닿을 촉	抵觸저촉 서로 충돌함 ▶抵(막을 저) 接觸접촉 맞붙어서 닿음 또는 교섭함 ▶接(이을 접) 觸覺촉각 피부의 겉에 다른 물건이 닿을 때 느끼는 감각 ▶覺(깨달을 각) 感觸감촉 觸媒촉매 觸發촉발 接觸面접촉면
742	燭 (火부, 총 17획)	촛불 촉	殘燭잔촉 거의 다 꺼지려는 촛불 ▶殘(남을 잔) 燭臺촉대 초를 꽂아 놓는 기구 ▶臺(대 대) 燭火촉화 초에 켠 불 ▶火(불 화) 擧燭거촉 孤燭고촉 弔燭조촉 燭光촉광 風前燈燭풍전등촉 洞房華燭동방화촉
743	總 (糸부, 총 17획)	다 총	總量총량 전체의 분량 ▶量(헤아릴 량) 總額총액 모두를 합한 액수 ▶額(이마 액) 總裁총재 사무를 총괄하여 결재하는 일 또는 그 사람 ▶裁(마를 재) 總論총론 總務총무 總長총장 總會총회 總理총리 總選총선
744	聰 (耳부, 총 17획)	귀밝을 총	鈍聰둔총 아둔한 총기 ▶鈍(둔할 둔) 聰記총기 슬기롭고 기억력이 좋음 ▶記(기록할 기) 聰明총명 슬기롭고 도리에 밝음 ▶明(밝을 명) 補聰보총 眼聰안총 雜聰잡총 聰慧총혜
745	銃 (金부, 총 14획)	총 총	拳銃권총 한 손으로 다룰 수 있게 만든 작은 총 ▶拳(주먹 권) 銃擊총격 총으로 쏨 ▶擊(칠 격) 銃聲총성 총을 쏠 때에 나는 소리 ▶聲(소리 성) 小銃소총 銃器총기 銃傷총상 銃彈총탄
746	催 (亻(人)부, 총 13획)	재촉할 최	開催개최 어떤 모임을 주장하여 엶 ▶開(열 개) 主催주최 어떠한 행사나 회합을 주창하여 엶 ▶主(주인 주) 催眠최면 잠이 오게 함 ▶眠(잠잘 면) 催促최촉 開催地개최지 催淚彈최루탄
747	抽 (扌(手)부, 총 8획)	뽑을 추	抽象추상 여러 가지 사물이나 개념에서 공통되는 특성이나 속성 따위를 추출하여 파악하는 작용 ▶象(형상 상) 抽出추출 뽑아냄. 용매를 써서 고체·액체에서 어떤 물질을 뽑는 일 ▶出(날 출) 抽身추신 抽象化추상화 抽出物추출물
748	醜 (酉부, 총 17획)	추할 추	醜面추면 못생긴 얼굴 ▶面(낯 면) 醜惡추악 더럽고 지저분하여 아주 못생김. 보기 흉하고 나쁨 ▶惡(악할 악) 醜雜추잡 말과 행실이 지저분하고 잡스러움 ▶雜(섞일 잡) 美醜미추 醜談추담 醜聞추문 醜態추태
749	逐 (辶(辵)부, 총 11획)	쫓을 축	隨逐수축 뒤에 쫓아 따라감 ▶隨(따를 수) 逐出축출 쫓아냄. 몰아냄 ▶出(날 출) 退逐퇴축 보낸 것을 받지 않고 쫓아 보냄 ▶退(물러날 퇴) 老逐노축 放逐방축 斥逐척축 逐鬼축귀 角逐각축 驅逐艦구축함
750	縮 (糸부, 총 17획)	줄일 축	緊縮긴축 바싹 줄임 ▶緊(긴할 긴) 短縮단축 짧게 줄어듦 ▶短(짧을 단) 壓縮압축 많은 내용을 간추려 요약함 ▶壓(억누를 압) 縮小축소 줄여서 작아짐 ▶小(작을 소) 收縮수축 縮約축약 縮尺축척 伸縮性신축성

한자별곡

측우기(測雨器)

測(헤아릴 측), 雨(비 우), 器(그릇 기)

조선 세종 이후부터 말기에 이르까지 강우량을 측정하기 위하여 쓰인 기구이다. 세종 23년(1441) 8월에 호조(戶曹)가 측우기를 설치할 것을 건의하여, 다음해 5월에는 측우에 관한 제도를 새로 제정하고 측우기를 만들어 서울과 각 도의 군현(郡縣)에 설치하였다. 측우기는 안지름이 주척(周尺)으로 7인치[14.7㎝], 높이 약 1.5척의 원통으로 되어 있으며 측우기에 괸 물의 깊이는 자[尺]로 측정한다. 조선 세종 때의 측우기가 과학사상 뜻깊은 것은 서양보다 200년이나 앞서 세계에서 가장 먼저 쓰였다는 사실이다. 현재 세종 때 제작한 측우기는 물론 영조 때 제작한 것도 남아 있지 않고, 다만 근세에 만든 측우기의 진품이 중앙기상청에 보관되어 있다.

3급 배정한자

751 田부 총 10획 **畜** 기를 축
- 家畜가축 오랜 세월에 걸쳐 사람에게 길들여져 집에서 기르는 짐승 ▶家(집 가)
- 養畜양축 가축을 기름 ▶養(기를 양)
- 畜舍축사 가축을 기르는 건물 ▶舍(집 사)
- 牧畜목축 畜産축산 畜生축생 牧畜業목축업

752 竹부 총 16획 **築** 쌓을 축
- 建築건축 흙, 나무, 돌 등을 써서 집, 다리 같은 건조물 따위를 지음 ▶建(세울 건)
- 構築구축 쌓아올려 만듦. 어떤 일의 바탕을 닦아 이루거나 마련함 ▶構(얽을 구)
- 新築신축 새로 건축함 ▶新(새 신)
- 改築개축 建築物건축물 再建築재건축

753 ++(艸)부 총 14획 **蓄** 모을 축
- 貯蓄저축 절약하여 모아 둠 ▶貯(쌓을 저)
- 蓄積축적 많이 모이는 일 ▶積(쌓을 적)
- 含蓄함축 짧은 말이나 글 따위에 많은 내용이 집약되어 있음 ▶含(머금을 함)
- 備蓄비축 餘蓄여축 蓄財축재 蓄音機축음기

754 行부 총 15획 **衝** 찌를 충
- 相衝상충 서로 어긋남 ▶相(서로 상)
- 衝擊충격 서로 맞부딪쳐서 몹시 침 ▶擊(칠 격)
- 衝突충돌 서로 대질러서 부딪침 ▶突(갑자기 돌)
- 要衝요충 衝路충로 衝然충연 衝天충천

755 自부 총 10획 **臭** 냄새 취
- 餘臭여취 남아 있는 냄새 ▶餘(남을 여)
- 體臭체취 사람이나 작품 등에서 풍기는 특유의 느낌 ▶體(몸 체)
- 香臭향취 좋은 느낌을 주는 냄새 ▶香(향기 향)
- 口臭구취 惡臭악취 臭氣취기 脫臭탈취

756 走부 총 15획 **趣** 뜻 취
- 同趣동취 취향을 같이 함 ▶同(같을 동)
- 趣味취미 마음에 끌려 일정한 방향으로 쏠리는 흥미 ▶味(맛 미)
- 趣向취향 하고 싶은 마음이 쏠리는 방향 ▶向(향할 향)
- 別趣별취 深趣심취 意趣의취 惡趣味악취미

757 酉부 총 15획 **醉** 취할 취
- 陶醉도취 흥취 있게 술이 얼근히 취함 ▶陶(질그릇 도)
- 心醉심취 어떤 일에 깊이 빠져 마음을 빼앗기는 일 ▶心(마음 심)
- 醉客취객 술에 취한 사람 ▶客(손 객)
- 滿醉만취 熟醉숙취 醉歌취가 醉態취태

758 亻(人)부 총 11획 **側** 곁 측
- 兩側양측 양쪽의 옆 면 ▶兩(두 량)
- 側近측근 곁의 가까운 곳. 가까이 친한 사람 ▶近(가까울 근)
- 側面측면 물체의 상하, 전후 이외의 좌우의 면 ▶面(낯 면)
- 反側반측 側門측문 左側通行좌측통행

759 氵(水)부 총 12획 **測** 헤아릴 측
- 觀測관측 변화를 정확, 세밀하게 관찰하여 수량적인 측정을 헤아림 ▶觀(볼 관)
- 測定측정 헤아려 정함. 어떤 양의 크기를 기계나 장치를 서서 어떤 단위를 기준으로 하여 잼 ▶定(정할 정)
- 豫測예측 推測추측 測雨器측우기

760 尸부 총 15획 **層** 층 층
- 階層계층 사회를 구성하는 여러 가지 층 ▶階(섬돌 계)
- 高層고층 여러 층으로 높이 겹쳐 있는 것. 상공의 높은 곳 ▶高(높을 고)
- 深層심층 속에 있는 밑층 ▶深(깊을 심)
- 斷層단층 地層지층 層階층계 富裕層부유층

쪽지시험

※ 다음 음(音)을 가진 한자는 어느 것입니까?

1 추
① 酌 ② 醜 ③ 醉 ④ 配 ⑤ 酒

2 충
① 街 ② 衡 ③ 衛 ④ 衝 ⑤ 側

풀이
1 ①작 ②추 ③취 ④배 ⑤주
2 ①가 ②형 ③위 ④충 ⑤측

답 1. ② / 2. ④

761 心부 총 10획 **恥** 부끄러울 치	恥部치부 남에게 알리고 싶지 않은 부끄러운 부분 ▶部(떼 부) 恥事치사 쩨쩨하게 굴어 아니꼬움 ▶事(일 사) 恥辱치욕 부끄럽고 욕됨 ▶辱(욕될 욕) 廉恥염치 恥心치심 悔恥회치 破廉恥파렴치
762 亻(人)부 총 10획 **値** 값 치	價値가치 값어치. 욕망을 충족시키는 재화의 중요정도 ▶價(값 가) 同値동치 두 개의 명제가 동일한 결과를 가져올 수 있는 일 ▶同(같을 동) 數値수치 계산하여 얻은 수 ▶數(셈 수) 價値觀가치관 近似値근사치 期待値기대치
763 罒(网)부 총 13획 **置** 둘 치	放置방치 그대로 둠 ▶放(놓을 방) 配置배치 할당하여 각각 자리잡게 됨 ▶配(나눌 배) 置重치중 어떤 일에 중점을 둠. 중요하게 여김 ▶重(무거울 중) 備置비치 設置설치 位置위치 裝置장치
764 氵(水)부 총 14획 **漆** 옻 칠	漆器칠기 옻칠을 하여 아름답게 만든 그릇 ▶器(그릇 기) 漆板칠판 분필로 글씨를 쓰는 대체로 검은 칠을 한 판 ▶板(널 판) 漆黑칠흑 옻칠처럼 검음 ▶黑(검을 흑) 改漆개칠 光漆광칠 金漆금칠 漆工칠공
765 氵(水)부 총 7획 **沈** 잠길 침/성 심	沈默침묵 잠잠하게 아무 말도 하지 않음 ▶默(잠잠할 묵) 沈水침수 물에 잠기는 일 ▶水(물 수) 沈滯침체 일이 잘 진전되지 않음 ▶滯(막힐 체) 沈沒침몰 沈鬱침울 沈着침착 沈痛침통
766 亻(人)부 총 9획 **侵** 침노할 침	侵略침략 남의 나라 땅을 침범하여 약탈함 ▶略(간략할 략) 侵犯침범 남의 권리, 재산, 영토 따위를 침노하여 범함 ▶犯(범할 범) 侵入침입 침범하여 들어감 ▶入(들 입) 侵攻침공 侵奪침탈 侵害침해 不可侵불가침
767 宀부 총 14획 **寢** 잘 침	就寢취침 잠을 잠. 잠자리에 듦 ▶就(나아갈 취) 寢臺침대 서양식의 침상 ▶臺(대 대) 寢息침식 하던 일을 쉼. 떠들썩하던 일을 그침 ▶息(쉴 식) 起寢기침 同寢동침 寢室침실 寢具類침구류
768 木부 총 8획 **枕** 베개 침	木枕목침 나무토막으로 만든 베개 ▶木(나무 목) 枕上침상 베개의 위. 자거나 누워 있을 때 ▶上(위 상) 枕席침석 베개와 자리 ▶席(자리 석) 開枕개침 方枕방침 安枕안침 枕木침목
769 氵(水)부 총 10획 **浸** 담글 침	巨浸거침 큰 못 ▶巨(클 거) 浸水침수 홍수로 인하려 집, 논 등이 물에 잠김 ▶水(물 수) 浸透침투 액체가 속으로 스며 젖어듦. 어떤 곳에 몰래 숨어 들어감 ▶透(통할 투) 浸潤침윤 侵入침입 浸出침출 浸禮敎침례교
770 禾부 총 14획 **稱** 일컬을 칭	假稱가칭 임시로 일컬음 ▶假(거짓 가) 名稱명칭 사물이나 현상을 서로 다른 것끼리 구별하여 부르는 이름 ▶名(이름 명) 總稱총칭 전부를 총괄하여 일컬음 ▶總(다 총) 尊稱존칭 指稱지칭 稱讚칭찬 呼稱호칭

한자별곡

빙탄지간(氷炭之間)

氷(얼음 빙), 炭(숯 탄), 之(갈 지), 間(사이 간)

얼음과 숯 사이란 뜻으로, 둘이 서로 어긋나 맞지 않는 사이, 서로 화합(和合)할 수 없는 사이를 이르는 말이다. 한(漢)나라 동방삭이 굴원(屈原)을 생각하며 지은 시에서 유래한 말로, 충성스러움과 아첨함은 같이 있을 수 없는 것을 비유적으로 표현한 것이다.

氷炭不可以相幷兮   얼음과 숯이 서로 같이할 수 없음이여
吾固知乎命之不長   내 처음부터 목숨이 길지 못한 것을 알았노라.
哀獨苦死之無樂兮   홀로 고생하다 죽어 낙이 없음이여
惜子年之未央   내 나이를 다하지 못함을 안타까워하노라.

3급 배정한자

771 土부 총 15획 墮 떨어질 타
- 失墮실타 일이 잘못되어 헛일이 됨 ▶失(잃을 실)
- 墮落타락 품행이 나빠서 못된 구렁에 빠짐 ▶落(떨어질 락)
- 墮罪타죄 죄에 빠짐 ▶罪(허물 죄)
- 墮漏타루 墮落狀타락상 墮落者타락자

772 女부 총 7획 妥 온당할 타
- 妥結타결 두 편이 서로 좋도록 협의, 절충하여 일을 마무름 ▶結(맺을 결)
- 妥安타안 평안함 ▶安(편안할 안)
- 妥協타협 두 편이 서로 좋도록 양보하여 협의함 ▶協(화할 협)
- 未妥미타 妥當타당 妥議타의 妥當性타당성

773 扌(手)부 총 6획 托 맡길 탁
- 依托의탁 남에게 의뢰하고 부탁함 ▶依(의지할 의)
- 托生탁생 세상에 태어나 삶을 유지함 ▶生(날 생)
- 托子탁자 찻잔의 받침 ▶子(아들 자)
- 內托내탁 葉托엽탁 托卵탁란 花托화탁

774 氵(水)부 총 16획 濁 흐릴 탁
- 汚濁오탁 더럽고 흐림 ▶汚(더러울 오)
- 濁流탁류 혼탁한 물의 흐름 ▶流(흐를 류)
- 混濁혼탁 기체, 액체 따위가 불순물이 섞이어 맑지 않고 흐림 ▶混(섞을 혼)
- 鈍濁둔탁 淸濁청탁 濁世탁세 濁酒탁주
- 一魚濁水일어탁수

775 氵(水)부 총 17획 濯 씻을 탁
- 洗濯세탁 옷이나 피륙을 물과 세제 등을 이용하여 깨끗하게 하는 일 ▶洗(씻을 세)
- 濯足탁족 발을 씻음. 세속을 떠남 ▶足(발 족)
- 童濯동탁 洗濯機세탁기 洗濯物세탁물
- 濯錦以魚탁금이어

776 十부 총 8획 卓 탁자/높을 탁
- 圓卓원탁 위의 판이 둥근 탁자 ▶圓(둥글 원)
- 卓越탁월 월등하게 뛰어남 ▶越(넘을 월)
- 卓子탁자 책상처럼 만들어 물건을 올려놓을 수 있도록 한 상 ▶子(아들 자)
- 食卓식탁 卓見탁견 卓上空論탁상공론

777 欠부 총 15획 歎 탄식할 탄
- 歎聲탄성 탄식하는 소리 ▶聲(소리 성)
- 歎息탄식 한숨 쉬며 한탄함. 감탄함 ▶息(쉴 식)
- 恨歎한탄 원망하거나 또는 뉘우침이 있을 때에 한숨짓는 탄식 ▶恨(한할 한)
- 驚歎경탄 悲歎비탄 痛歎통탄 感歎詞감탄사

778 弓부 총 15획 彈 탄알 탄
- 防彈방탄 탄알을 막음 ▶防(막을 방)
- 指彈지탄 잘못을 꼬집어 나무람. 지목하여 비방함 ▶指(손가락 지)
- 銃彈총탄 총을 쏘았을 때에 총구멍에서 나와 목표물을 맞추는 물건 ▶銃(총 총)
- 巨彈거탄 糾彈규탄 實彈실탄 防彈服방탄복

779 火부 총 9획 炭 숯 탄
- 貯炭저탄 석탄을 저장함 ▶貯(쌓을 저)
- 炭鑛탄광 석탄을 캐내는 광산 ▶鑛(쇳돌 광)
- 炭素탄소 비금속성 화학 원소의 하나 ▶素(본디 소)
- 氷炭之間빙탄지간 木炭목탄 軟炭연탄

780 言부 총 14획 誕 낳을/거짓 탄
- 聖誕성탄 임금 또는 성인의 탄생 ▶聖(성인 성)
- 誕生탄생 사람이 태어남 ▶生(날 생)
- 荒誕황탄 말이나 하는 짓이 근거가 없고 허황함 ▶荒(거칠 황)
- 誕言탄언 虛誕허탄 聖誕節성탄절

쪽지시험

상공회의소 한자
중급 3, 4, 5급

※ 다음 한자(漢字)와 음(音)이 같은 한자는 어느 것입니까?

1 侵
① 沒 ② 沈 ③ 尤 ④ 雙 ⑤ 稱

2 墮
① 奴 ② 妥 ③ 要 ④ 宴 ⑤ 隨

풀이

1 侵(침노할 침)
① 몰 ② 침 ③ 우 ④ 쌍 ⑤ 칭

2 墮(떨어질 타)
① 노 ② 타 ③ 요 ④ 연 ⑤ 수

답 1. ② | 2. ②

781 大부 총 14획 奪 빼앗을 탈	侵奪침탈 침범하여 빼앗음 ▶侵(침노할 침) 奪取탈취 남의 것을 억지로 빼앗아 가짐 ▶取(가질 취) 被奪피탈 억지로 빼앗김 ▶被(입을 피) 爭奪쟁탈 奪色탈색 換骨奪胎환골탈태 先聲奪人선성탈인	782 貝부 총 11획 貪 탐할 탐	貪官탐관 백성의 재물을 탐하는 벼슬아치 ▶官(벼슬 관) 貪求탐구 탐내어 구함 ▶求(구할 구) 貪慾탐욕 사물을 지나치게 탐하는 욕심 ▶慾(욕심 욕) 食貪식탐 貪愛탐애 小貪大失소탐대실
783 土부 총 13획 塔 탑 탑	寺塔사탑 절에 있는 탑 ▶寺(절 사) 石塔석탑 돌로 쌓은 탑 ▶石(돌 석) 尖塔첨탑 뾰족한 탑 ▶尖(뾰족할 첨) 寶塔보탑 귀한 보배로 장식한 탑, 미술적 가치가 많은 탑 ▶寶(보배 보) 佛塔불탑 多寶塔다보탑 司令塔사령탑	784 氵(水)부 총 12획 湯 끓을 탕	雜湯잡탕 고기·채소 따위를 뒤섞어서 끓인 국. 난잡스러운 물건이나 모양 ▶雜(섞일 잡) 湯藥탕약 달이어서 먹는 한약 ▶藥(약 약) 冷湯냉탕 溫湯온탕 再湯재탕 沐浴湯목욕탕 金城湯池금성탕지 龍味鳳湯용미봉탕
785 心부 총 9획 怠 게으를 태	怠慢태만 해야 할 일을 하지 않고 게으름을 피움 ▶慢(거만할 만) 怠業태업 노동쟁의 수단의 하나로, 의도적으로 일을 게을리함으로써 사용자에게 손해를 주는 방법 ▶業(업 업) 過怠과태 勤怠근태 荒怠황태 過怠料과태료	786 歹부 총 9획 殆 위태할 태	危殆위태 형세가 매우 어려움. 안전하지 못하고 위험함 ▶危(위태할 위) 殆半태반 거의 절반 ▶半(반 반) 殆哉태재 몹시 위태로운 일 ▶哉(어조사 재) 困殆곤태 不殆불태 疑殆의태 殆無태무
787 心부 총 14획 態 모양 태	舊態구태 옛 모습 ▶舊(예 구) 事態사태 일이 되어 가는 형편. 벌어진 일의 상태 ▶事(일 사) 態度태도 속의 뜻이 드러나 보이는 겉모양. 몸을 가지는 모양 ▶度(법도 도) 狀態상태 實態실태 行態행태 形態형태	788 氵(水)부 총 16획 澤 못 택	廣澤광택 너른 늪 ▶廣(넓을 광) 德澤덕택 남에게 미치는 은덕의 혜택 ▶德(덕 덕) 潤澤윤택 윤기가 있는 광택. 물건이 풍부하고 넉넉함 ▶潤(윤택할 윤) 光澤광택 麗澤여택 恩澤은택 惠澤혜택
789 扌(手)부 총 16획 擇 가릴 택	選擇선택 여럿 가운데서 골라 뽑음 ▶選(가릴 선) 採擇채택 골라서 가려 냄. 가려서 뽑음 ▶採(캘 채) 擇地택지 좋은 땅을 고름 ▶地(땅 지) 擇日택일 選擇的선택적 兩者擇一양자택일	790 言부 총 10획 討 칠 토	檢討검토 내용을 충분히 조사하여 연구함 ▶檢(검사할 검) 討論토론 어떤 논제를 둘러싸고 여러 사람이 각각 의견을 말하며 논의함 ▶論(논할 론) 聲討성토 討議토의 再檢討재검토

소탐대실(小貪大失)

小(작을 소), 貪(탐할 탐), 大(큰 대), 失(잃을 실)

작은 것을 탐하다가 큰 것을 잃게 된다는 뜻이다.
전국시대 진(秦)나라 혜왕(惠王)은 욕심이 많은 촉후(蜀侯)를 이용해 지혜로 촉(蜀)을 공략하기로 했다. 그래서 신하들로 하여금 소를 조각하게 해 그 속에 황금과 비단을 채워 넣고 '쇠똥의 금'이라 칭한 후 촉후에 대한 우호의 예물을 보낸다고 소문을 퍼뜨렸다. 이 소문을 들은 촉후는 신하들의 간언을 듣지 않고 백성들을 징발하여 보석의 소를 맞을 길을 만들었다. 혜왕은 보석의 소와 함께 장병 수만 명을 촉나라로 보냈고, 촉후는 문무백관을 거느리고 도성의 교외까지 몸소 나와서 이를 맞이했다. 그러나 갑자기 진나라 병사들이 숨겨 두었던 무기를 꺼내 공격하였고, 이로써 촉은 망하고 말았다.

3급 배정한자

791 口 부 / 총 6획 — 吐 토할 토
- 實吐실토 거짓말을 섞지 않고 솔직하게 실정을 말함 ▶實(열매 실)
- 吐露토로 속마음을 죄다 드러내어서 말함 ▶露(이슬 로)
- 吐出토출 먹은 것을 게움 ▶出(날 출)
- 吐絲토사 吐說토설 吐情토정 吐破토파

792 疒 부 / 총 12획 — 痛 아플 통
- 苦痛고통 몸이나 마음이 괴로움과 아픔 ▶苦(괴로울 고)
- 陣痛진통 아이를 낳을 때 주기적으로 오는 아픈 통증 ▶陣(진칠 진)
- 痛哭통곡 소리 높여 슬피 욺 ▶哭(울 곡)
- 頭痛두통 痛烈통렬 痛症통증 痛歎통탄

793 鬥 부 / 총 20획 — 鬪 싸움 투
- 鬪鷄투계 싸움닭 ▶鷄(닭 계)
- 鬪爭투쟁 상대를 쓰러뜨리려고 싸워서 다툼 ▶爭(다툴 쟁)
- 鬪魂투혼 끝까지 투쟁하려는 기백 ▶魂(넋 혼)
- 拳鬪권투 奮鬪분투 戰鬪전투 鬪志투지

794 辶(辵) 부 / 총 11획 — 透 통할 투
- 透過투과 꿰뚫고 지나감 ▶過(지나칠 과)
- 透明투명 흐리지 않고 속까지 환히 트여 밝음 ▶明(밝을 명)
- 透映투영 광선을 통하여 비침, 환히 속까지 비치어 보임 ▶映(비칠 영)
- 通透통투 透見투견 透視투시 透明度투명도

795 扌(手) 부 / 총 15획 — 播 뿌릴 파
- 傳播전파 전하여 널리 퍼뜨림 ▶傳(전할 전)
- 播多파다 소문 따위가 어느 곳에 널리 알려진 상태에 있음 ▶多(많을 다)
- 播說파설 말을 퍼뜨림 ▶說(말씀 설)
- 乾播건파 晩播만파 密播밀파 播種파종

796 罒(网) 부 / 총 15획 — 罷 파할 파
- 罷免파면 직무를 그만두게 함 ▶免(면할 면)
- 罷業파업 노동자가 노동조선을 개선하기 위해 단결하여 노동을 하지 않음 ▶業(업 업)
- 罷場파장 罷職파직 革罷혁파 總罷業총파업

797 氵(水) 부 / 총 9획 — 派 갈래 파
- 分派분파 나뉜 갈래 ▶分(나눌 분)
- 派遣파견 일정한 임무를 주어 사람을 내보냄 ▶遣(보낼 견)
- 派兵파병 군대를 파출하는 일 ▶兵(병사 병)
- 急派급파 派生파생 學派학파 派出婦파출부

798 頁 부 / 총 14획 — 頗 자못/치우칠 파
- 頗多파다 자못 많음. 아주 많음 ▶多(많을 다)
- 偏頗편파 치우쳐 공평하지 못함 ▶偏(치우칠 편)
- 偏頗性편파성 偏頗的편파적

799 扌(手) 부 / 총 7획 — 把 잡을 파
- 把守파수 경계하여 지키는 것 또는 그 사람 ▶守(지킬 수)
- 把持파지 움키어 가짐 ▶持(가질 지)
- 把捉파착 마음을 단단히 가다듬어서 다잡고 늦추지 않음 ▶捉(잡을 착)
- 把住파주 把筆파필 把守兵파수병

800 貝 부 / 총 11획 — 販 팔 판
- 販路판로 상품이 팔리는 방면이나 길 ▶路(길 로)
- 販賣판매 상품을 팖 ▶賣(팔 매)
- 販促판촉 여러 가지 방법을 서서 판매가 늘도록 유도하는 일 ▶促(재촉할 촉)
- 街販가판 負販부판 總販총판 販賣價판매가

쪽지시험

※ 다음의 뜻을 가진 한자(漢字)는 어느 것입니까?

1 게으르다
① 怠 ② 忍 ③ 志 ④ 念 ⑤ 愁

2 통하다
① 秀 ② 柔 ③ 透 ④ 誘 ⑤ 遂

풀이

1 ① 怠(게으를 태) ② 忍(참을 인)
  ③ 志(뜻 지) ④ 念(생각 념)
  ⑤ 愁(근심 수)

2 ① 秀(빼어날 수) ② 柔(부드러울 유)
  ③ 透(통할 투) ④ 誘(꾈 유)
  ⑤ 遂(이룰 수)

답 1. ① | 2. ③

801 片부 총 8획 **版** 조각 판	絕版절판 출판하여 낸 책이 다 팔리어 없음 ▶絕(끊을 절) 出版출판 책, 그림 따위를 인쇄하여 세상에 내보냄 ▶出(날 출) 版面판면 인쇄판의 겉면 ▶面(낯 면) 舊版구판 私版사판 組版조판 限定版한정판	802 木부 총 8획 **板** 널 판	看板간판 상점에 내 건 표지 ▶看(볼 간) 坐板좌판 팔기 위하여 물건을 늘어놓은 널조각 ▶坐(앉을 좌) 板橋판교 널빤지를 깔아서 놓은 다리 ▶橋(다리 교) 氷板빙판 鐵板철판 板刻판각 標識板표지판
803 糸부 총 15획 **編** 엮을 편	改編개편 단체의 조직 따위를 고치어 편성함 ▶改(고칠 개) 編成편성 엮어서 만드는 일. 조직하고 형성하는 일 ▶成(이룰 성) 編入편입 얽거나 짜 넣음 ▶入(들 입) 斷編단편 續編속편 編曲편곡 編制편제	804 辶(辵)부 총 13획 **遍** 두루 편	普遍보편 모든 것에 두루 미치거나 통함 ▶普(넓을 보) 遍歷편력 이곳 저곳을 돌아다님. 여러 가지 경험을 함 ▶歷(지낼 력) 遍身편신 편벽한 믿음 ▶身(몸 신) 遍談편담 遍讀편독 遍在편재 普遍的보편적
805 亻(人)부 총 11획 **偏** 치우칠 편	一偏일편 치우침 ▶一(한 일) 偏見편견 공정하지 못하고 한쪽으로 치우친 생각 ▶見(볼 견) 偏差편차 일정한 목표나 표준에서 벗어난 차이 ▶差(다를 차) 偏愛편애 偏重편중 偏執편집 偏頭痛편두통	806 言부 총 12획 **評** 평할 평	論評논평 논하여 비평함 ▶論(논할 론) 批評비평 좋고 나쁨, 옳고 그름을 갈라 말함 ▶批(비평할 비) 評價평가 물품의 가격을 평정함 ▶價(값 가) 品評품평 好評호평 過小評價과소평가
807 巾부 총 15획 **幣** 비단 폐	造幣조폐 화폐를 만듦 ▶造(지을 조) 紙幣지폐 종이돈 ▶紙(종이 지) 幣物폐물 선사하는 물건 ▶物(물건 물) 貨幣화폐 상품 교환 가치의 매개체가 되는 지불 수단 ▶貨(재물 화) 穀幣곡폐 納幣납폐 僞幣위폐 財幣재폐	808 广부 총 15획 **廢** 폐할 폐	廢棄폐기 못 쓰게 된 것을 버림 ▶棄(버릴 기) 廢業폐업 영업을 그만 둠 ▶業(업 업) 廢止폐지 실시하던 제도나 법규, 일 따위를 그만두거나 없앰 ▶止(그칠 지) 廢水폐수 廢人폐인 荒廢황폐 廢棄物폐기물
809 廾부 총 15획 **弊** 해질 폐	弊害폐해 나쁘고 해로운 일 ▶害(해할 해) 疲弊피폐 생활이나 경제력 등이 어려워지거나 쇠약해져 궁하게 된 상태 ▶疲(피곤할 피) 病弊병폐 惡弊악폐 弊端폐단 弊習폐습 弊衣破冠폐의파관	810 月(肉)부 총 9획 **肺** 허파 폐	肝肺간폐 간과 허파. 정성스러운 마음 ▶肝(간 간) 肺炎폐렴 바이러스 등 감염에 의해 일어나는 폐에 생기는 염증 ▶炎(불꽃 염) 肺腸폐장 허파와 창자 ▶腸(장 장) 肺病폐병 肺患者폐환자 肺活量폐활량

한자별곡

건폐율(建蔽率)

建(세울 건), 蔽(덮을 폐), 率(비율 률)

대지 면적에 대한 건물 바닥 면적인 건축 면적 비율을 말한다. 건축 밀도를 나타내는 지표의 하나로, 시가지의 토지 이용 효과를 판정하고 토지에 대한 시설량·인구량의 적절성을 판정하거나 도시 계획의 관점에서 건축을 규제하는 지표로 활용된다. 건폐율을 법으로 규정하는 이유는 각 건물 부지에 최소한 공터를 많이 확보해 충분한 햇빛이 비치고 통풍이 되도록 하고 화재가 발생할 경우 옆 건물이 타는 것을 방지하고 재해 시 피난하기 쉽도록 하기 위해서다. 비율은 지역에 따라 다른데, 녹지 지역에는 2/10 미만, 주거 전용 지역에는 5/10 미만, 주거·공업 지역에서는 6/10 미만, 준주거·상업 지역에서는 7/10 미만으로 규정되어 있다.

3급 배정한자

811 蔽 덮을 폐
++(艸)부 / 총 16획
- 隱蔽은폐 가리서 숨김. 덮어 감춤 ▶隱(숨을 은)
- 翼蔽익폐 새가 날개로 새끼를 품듯이 감싸는 일 ▶翼(날개 익)
- 蔽野폐야 建蔽率건폐율 蔽一言폐일언 金舌蔽口금설폐구

812 胞 세포 포
月(肉)부 / 총 9획
- 同胞동포 한 나라 또는 한 민족에 속하는 백성 ▶同(같을 동)
- 細胞세포 생물체를 구성하는 가장 기본적인 단위 ▶細(가늘 세)
- 胞宮포궁 아기집. 자궁 ▶宮(집 궁)
- 胞子포자 細胞質세포질 體細胞체세포

813 包 쌀 포
勹부 / 총 5획
- 包容포용 도량이 넓어서 남의 잘못을 이해하여 싸 덮어 줌 ▶容(용납할 용)
- 包子포자 만두 ▶子(아들 자)
- 包裝포장 물건을 싸서 꾸림 ▶裝(꾸밀 장)
- 浮包부포 小包소포 包有포유 包含포함

814 浦 개 포
氵(水)부 / 총 10획
- 內浦내포 바다나 호수가 육지로 후미진 부분 ▶內(안 내)
- 浦口포구 배가 드나드는 개의 어귀 ▶口(입 구)
- 浦港포항 포구와 항구 ▶港(항구 항)
- 曲浦곡포 合浦體합포체 不食自浦불식자포

815 飽 배부를 포
食부 / 총 14획
- 飽看포간 싫도록 봄 ▶看(볼 간)
- 飽滿포만 무엇이나 그 용량에 충분히 참 ▶滿(찰 만)
- 飽腹포복 배를 땅에 대고 김 ▶腹(배 복)
- 飽食포식 배부르게 먹음 ▶食(밥 식)
- 飽和포화 不飽和불포화 飽和狀態포화상태

816 捕 잡을 포
扌(手)부 / 총 10획
- 生捕생포 산채로 잡음 ▶生(날 생)
- 逮捕체포 죄인을 쫓아가서 잡음 ▶逮(잡을 체)
- 捕捉포착 어떤 기회나 정세를 알아차림 ▶捉(잡을 착)
- 及捕급포 收捕수포 捕手포수 捕卒포졸

817 幅 폭 폭
巾부 / 총 12획
- 大幅대폭 규모에 있어서 썩 많거나 크게 ▶大(큰 대)
- 全幅전폭 한 폭의 전부 ▶全(온전 전)
- 增幅증폭 사물의 범위를 크게 넓혀 크게 하는 것 ▶增(더할 증)
- 江幅강폭 廣幅광폭 連幅연폭 全幅的전폭적

818 爆 불터질 폭
火부 / 총 19획
- 爆擊폭격 비행기가 폭탄을 투하하여 적의 전력이나 국토를 파괴하는 일 ▶擊(칠 격)
- 爆破폭파 폭약을 폭발시킴. 폭발시켜 부수어 버림 ▶破(깨뜨릴 파)
- 被爆피폭 폭격을 받음 ▶被(입을 피)
- 自爆자폭 爆笑폭소 爆竹폭죽 爆發物폭발물

819 標 표할 표
木부 / 총 15획
- 同標동표 같은 표시 ▶同(같을 동)
- 目標목표 목적을 이루기 위하여 실제적 대상으로 삼는 것 ▶目(눈 목)
- 標準표준 사물을 정하는 목표, 기준 ▶準(준할 준)
- 音標음표 指標지표 標示표시 里程標이정표

820 票 표 표
示부 / 총 11획
- 賣票매표 표를 팖 ▶賣(팔 매)
- 郵票우표 우편요금을 표시하는 증표 ▶郵(우편 우)
- 票決표결 투표로써 가부를 결정함 ▶決(결단할 결)
- 得票득표 手票수표 投票투표 賣票所매표소

쪽지시험

상공회의소 한자 3급 3, 4, 5급

※ 다음 한자(漢字)와 뜻이 비슷한 한자는 어느 것입니까?

1 錦
① 幣 ② 弊 ③ 廢 ④ 肺 ⑤ 幅

2 蓋
① 蒙 ② 墓 ③ 蔽 ④ 募 ⑤ 盡

풀이

1 錦(비단 금)
① 幣(비단 폐) ② 弊(해질 폐)
③ 廢(폐할 폐) ④ 肺(허파 폐)
⑤ 幅(폭 폭)

2 蓋(덮을 개)
① 蒙(어두울 몽) ② 墓(무덤 묘)
③ 蔽(덮을 폐) ④ 募(모을 모)
⑤ 盡(다할 진)

답 1. ① | 2. ③

| 821 漂 氵(水)부 총 14획 떠다닐 표 | 浮漂부표 물위에 떠서 떠돌아다님 ▶ 浮(뜰 부)
漂流표류 물에 떠서 흘러감. 정처 없이 돌아다님 ▶ 流(흐를 류)
漂白표백 빨아서 희게 함 ▶ 白(흰 백)
漂動표동 漂船표선 漂失표실 漂着표착 | 822 被 衤(衣)부 총 10획 입을 피 | 被殺피살 살해를 당함. 죽임을 당함 ▶ 殺(죽일 살)
被害피해 어떤 사람이 재물을 잃거나 신체적, 정신적으로 해를 입은 상태 ▶ 害(해할 해)
被擊피격 被告피고 被服피복 被疑者피의자 |

| 823 避 辶(辵)부 총 17획 피할 피 | 忌避기피 꺼리어 피함 ▶ 忌(꺼릴 기)
逃避도피 도망하여 몸을 피함 ▶ 逃(도망할 도)
回避회피 몸을 피하여 만나지 아니함. 이리저리 피함 ▶ 回(돌아올 회)
待避대피 避難피난 避暑피서 避暑客피서객 | 824 疲 疒부 총 10획 피곤할 피 | 疲困피곤 몸이나 마음이 지치어 고달픔 ▶ 困(곤할 곤)
疲勞피로 정신이나 육체의 지나친 활동으로 작업 능력이 감퇴한 상태 ▶ 勞(일할 로)
疲鈍피둔 疲軟피연 疲怠피태 疲弊피폐 疲勞感피로감 慢性疲勞만성피로 |

| 825 畢 田부 총 11획 마칠 필 | 完畢완필 완전하게 끝마침 ▶ 完(완전할 완)
畢竟필경 마침내. 결국에는 ▶ 竟(마침내 경)
畢生필생 일생동안 ▶ 生(날 생)
造畢조필 畢擧필거 畢讀필독 畢命필명 | 826 荷 艹(艸)부 총 11획 멜 하 | 負荷부하 전기를 띠게 하거나 기계의 힘을 내게 하는 부담 ▶ 負(질 부)
荷役하역 짐을 싣고 내리는 일 ▶ 役(부릴 역)
荷重하중 짐의 무게 ▶ 重(무거울 중)
薄荷박하 出荷출하 投荷투하 手荷物수하물 |

| 827 鶴 鳥부 총 21획 학 학 | 群鶴군학 떼를 지은 많은 학들 ▶ 群(무리 군)
雲鶴운학 구름과 학을 새긴 무늬 ▶ 雲(구름 운)
玄鶴현학 검은 빛깔의 학 ▶ 玄(검을 현)
鶴龜학구 鶴翼陣학익진 群鷄一鶴군계일학 | 828 旱 日부 총 7획 가물 한 | 旱氣한기 오래도록 계속하여 비가 아니 오는 날씨 ▶ 氣(기운 기)
旱災한재 가뭄으로 인한 재앙 ▶ 災(재앙 재)
旱兆한조 가뭄의 징조 ▶ 兆(억조 조)
旱祭한제 旱地한지 旱天한천 旱草한초 |

| 829 汗 氵(水)부 총 6획 땀 한 | 發汗발한 땀을 흘림 ▶ 發(필 발)
熱汗열한 몹시 힘이 들 때에 끈끈하게 진기가 섞여 흐르는 땀 ▶ 熱(더울 열)
虛汗허한 몸이 허하여 나는 땀 ▶ 虛(빌 허)
珠汗주한 取汗취한 汗蒸한증 多汗症다한증
汗牛充棟한우충동 | 830 割 刂(刀)부 총 12획 벨 할 | 分割분할 나누어 쪼갬 ▶ 分(나눌 분)
割當할당 여러 몫으로 나누는 일 ▶ 當(마땅 당)
割引할인 일정한 값에서 얼마를 덜어 냄 ▶ 引(끌 인)
役割역할 割賦할부 割愛할애 割賦金할부금 |

함흥차사(咸興差使)

咸(다 함), 興(일 흥), 差(다를 차), 使(부릴 사)

조선 태종 이방원이 태조의 환궁을 권유하려고 함흥으로 보낸 차사를 일컫는 말로, 심부름을 간 사람이 깜깜 무소식이거나 또는 회답이 더딜 때를 비유하여 쓰이는 말이다.

조선 태조 이성계가 세자 방석(芳碩)이 왕자의 난으로 죽자 정치에 뜻이 없어 왕위를 정종(定宗)에게 물려주고 고향인 함흥으로 갔다. 태종이 즉위하여 아버지의 노여움을 풀고자 함흥으로 여러 번 차사(差使)를 보냈으나, 태조가 차사들을 죽이거나 잡아 가두어 돌려보내지 아니 하였던 데서 유래한다. 그러나 이것은 태종 이방원이 저지른 일(왕자의 난)과 그것을 오랫동안 용서하지 않았던 태조 이성계를 바라보던 백성들이 만들어낸 이야기로 야사(野史)로 전해질 뿐 사실과는 다르다.

3급 배정한자

831 含 (口부, 총 7획) 머금을 함
- 包含포함 속에 싸이어 있음 ▶包(쌀 포)
- 含量함량 어떤 성분이 들어 있는 분량 ▶量(헤아릴 량)
- 含蓄함축 짧은 말이나 글 따위에 많은 내용이 집약되어 있음 ▶蓄(모을 축)
- 含默함묵 含笑함소 含有함유 含蓄性함축성

832 咸 (口부, 총 9획) 다 함
- 咸告함고 다 일러바침. 빠지지 않고 모두 고함 ▶告(고할 고)
- 咸池함지 동쪽 양곡에서 돋은 해가 들어간다고 하는 서쪽의 큰 못 ▶池(못 지)
- 咸集함집 모두 모임 ▶集(모을 집)
- 咸卦함괘 咸興差使함흥차사

833 陷 (阝(阜)부, 총 11획) 빠질 함
- 缺陷결함 흠이 있어 완전하지 못함 ▶缺(이지러질 결)
- 陷沒함몰 물이나 땅속에서 모조리 빠짐. 꺼져서 내려앉음 ▶沒(빠질 몰)
- 陷入함입 빠져 들어감 ▶入(들 입)
- 氣陷기함 謀陷모함 汚陷오함 陷落함락

834 巷 (己부, 총 9획) 거리 항
- 貧巷빈항 빈민들이 모여 사는 곳 ▶貧(가난할 빈)
- 巷間항간 일반 사람들 사이 ▶間(사이 간)
- 巷語항어 길에 떠도는 말 ▶語(말씀 어)
- 市巷시항 巷謠항요 街談巷說가담항설

835 港 (氵(水)부, 총 12획) 항구 항
- 空港공항 항공의 여러 설비를 갖춘 항공기가 뜨고 나는 곳 ▶空(빌 공)
- 出港출항 배가 항구를 떠남 ▶出(날 출)
- 港口항구 배가 안전하게 드나들도록 바닷가에 부두 따위를 설비한 곳 ▶口(입 구)
- 漁港어항 着港착항 國際空港국제공항

836 航 (舟부, 총 10획) 배 항
- 航母항모 항공기를 싣고 다니면서 뜨고 내리게 할 수 있는 설비를 갖춘 큰 군함 ▶母(어미 모)
- 航進항진 배나 비행기를 타고 나아감 ▶進(나아갈 진)
- 缺航결항 難航난항 航路항로 航空機항공기

837 抗 (扌(手)부, 총 7획) 겨룰 항
- 抵抗저항 힘의 작용에 대해 그 방향과 반대의 방향으로 작용하는 힘. 적과 마주 대하여 버팀 ▶抵(막을 저)
- 抗議항의 반대하는 뜻을 폄 ▶議(의논할 의)
- 對抗대항 反抗반항 抗拒항거 抗辯항변

838 項 (頁부, 총 12획) 항목/목 항
- 問項문항 묻는 항목 ▶問(물을 문)
- 事項사항 일의 항목. 사물을 나눈 조항 ▶事(일 사)
- 條項조항 낱낱이 들어 벌인 일의 가닥 ▶條(가지 조)
- 各項각항 項目항목 猫項懸鈴묘항현령

839 奚 (大부, 총 10획) 어찌 해
- 奚琴해금 향악기에 속하는 민속악기의 하나 ▶琴(거문고 금)
- 奚特해특 어찌 특히 ▶特(특별할 특)
- 奚必해필 다른 방도를 취하지 아니하고 어찌 꼭 ▶必(반드시 필)
- 小奚소해 奚暇해가 奚若해약 奚琴手해금수

840 該 (言부, 총 13획) 마땅 해
- 該當해당 어떤 조건에 들어맞음. 꼭 맞음 ▶當(마땅 당)
- 該博해박 모든 것을 널리 알음 ▶博(넓을 박)
- 該社해사 그 회사 ▶社(모일 사)
- 該校해교 該色해색 該掌해장 該當者해당자

쪽지시험

※ 다음 한자어(漢字語)와 발음(發音)이 같은 한자어는 어느 것입니까?

1 負荷
① 部下　② 渡河　③ 如何　④ 慶賀　⑤ 債務

2 事項
① 寄港　② 詐降　③ 抵抗　④ 巡航　⑤ 私談

풀이
1 부하
① 부하　② 도하　③ 여하　④ 경하　⑤ 채무
2 사항
① 기항　② 사항　③ 저항　④ 순항　⑤ 사담

답 1. ① | 2. ②

841	核	結核결핵 결핵균이 맺히어 생기는 망울. 폐결핵의 속칭 ▶結(맺을 결) 核桃핵도 호두나무 열매 ▶桃(복숭아 도) 核心핵심 사물의 중심이 되는 중요한 부분 ▶心(마음 심) 去核거핵 中核중핵 核果핵과 核家族핵가족
	木부 총 10획 씨 핵	

842	響	影響영향 어떤 사물의 작용이 다른 사물에 미쳐 반응이나 변화를 주는 일 ▶影(그림자 영) 音響음향 소리의 울림, 공기의 진동으로 나는 소리의 총칭 ▶音(소리 음) 反響반향 聲響성향 響應향응 交響曲교향곡
	音부 총 22획 울릴 향	

843	享	享樂향락 즐거움을 누림 ▶樂(즐거울 락) 享壽향수 오래 사는 복을 누림 ▶壽(목숨 수) 享益향익 이익을 골고루 나누어 받음 ▶益(더할 익) 安享안향 享福향복 享有향유 享樂街향락가
	亠부 총 8획 누릴 향	

844	軒	軒擧헌거 풍채가 좋고 의기가 당당함 ▶擧(들 거) 軒燈헌등 처마에 다는 등 ▶燈(등잔 등) 軒號헌호 남의 당호를 높이어 일컫는 말 ▶號(이름 호) 高軒고헌 軒然헌연 許蘭雪軒허난설헌
	車부 총 10획 집 헌	

845	憲	改憲개헌 헌법의 내용을 고침 ▶改(고칠 개) 制憲제헌 헌법을 제정함 ▶制(마를 제) 合憲합헌 헌법에 위반되지 않는 일 ▶合(합할 합) 違憲위헌 憲法헌법 憲裁헌재 憲政헌정
	心부 총 16획 법 헌	

846	獻	獻金헌금 돈을 바침 ▶金(쇠 금) 獻身헌신 신명을 바쳐 일에 진력함 ▶身(몸 신) 獻血헌혈 자기의 피를 다른 사람에게 뽑아 주는 일 ▶血(피 혈) 貢獻공헌 文獻문헌 奉獻봉헌 獻納헌납
	犬부 총 20획 바칠 헌	

847	險	冒險모험 어떤 일을 위함을 무릅쓰고 하는 것 ▶冒(무릅쓸 모) 危險위험 실패하거나 목숨을 다치게 할 만함. 안전하지 못함 ▶危(위태로울 위) 保險보험 探險탐험 險難험난 險談험담 險相험상 險所험소 險惡험악 險地험지
	阝(阜)부 총 16획 험할 험	

848	驗	經驗경험 실제로 보고 듣고 겪은 일 ▶經(지날 경) 實驗실험 실제로 시험하는 것 ▶實(열매 실) 體驗체험 몸소 경험함 ▶體(몸 체) 試驗시험 實驗室실험실 體驗談체험담
	馬부 총 23획 시험할 험	

849	顯	貴顯귀현 존귀하고 이름이 높음 ▶貴(귀할 귀) 顯在현재 나타나 있음 ▶在(있을 재) 顯著현저 뚜렷이 심하게 드러남. 드러나서 두드러짐 ▶著(나타날 저) 發顯발현 顯微鏡현미경 顯忠日현충일
	頁부 총 23획 나타날 현	

850	懸	懸賞현상 어떤 목적을 위하여 상금을 걸고 찾거나 모집함 ▶賞(상줄 상) 懸案현안 해결이 안 되어 걸려 있는 안건 ▶案(책상 안) 懸隔현격 懸鼓현고 懸水현수 懸眼현안 懸在현재 懸吐현토 懸板현판 懸垂幕현수막
	心부 총 20획 매달 현	

형설지공(螢雪之功)

螢(반딧불 형), 雪(눈 설), 之(갈 지), 功(공 공)

반딧불과 눈빛으로 이룬 공이라는 뜻으로, 가난을 이겨내며 부지런하고 꾸준하게 공부하는 자세를 이르는 말이다.

진(晉)나라의 차윤(車胤)이란 사람은 기름을 구할 수가 없어 여름이면 수십 마리의 반딧불을 주머니에 담아 그 빛으로 밤을 새우며 책을 읽어 마침내 이부상서(吏部尚書)가 되었다. 또한 손강(孫康)이란 사람도 집이 가난하여 기름을 살 돈이 없어 겨울날 추위를 견디며 창으로 몸을 내밀고 쌓인 눈에 반사되는 달빛에 의지해 공부를 하여 어사대부(御史大夫)까지 벼슬에 올랐다.

3급 배정한자

851 玄부 총 5획 — 검을 현
- 玄關현관 건물의 출입문이나 건물에 붙이어 따로 달아낸 어귀 ▶關(빗장 관)
- 玄慮현려 깊이 생각함 ▶慮(생각할 려)
- 玄妙현묘 도리나 이치가 깊고 미묘함 ▶妙(묘할 묘)
- 深玄심현 玄默현묵 玄米현미 玄武巖현무암

852 糸부 총 16획 — 고을 현
- 郡縣군현 군과 현. 고을 ▶郡(고을 군)
- 縣官현관 옛날, 현의 우두머리인 현령, 현감을 일컫던 말 ▶官(벼슬 관)
- 縣令현령 지방 행정구역의 하나인 신라 때 현의 우두머리 벼슬 ▶令(하여금 령)
- 州縣주현 縣監현감 縣吏현리 縣人현인

853 糸부 총 11획 — 줄 현
- 琴絃금현 거문고의 줄 ▶琴(거문고 금)
- 三絃삼현 세 가지 현악기, 거문고·가야금·향비파를 일컬음 ▶三(석 삼)
- 打絃타현 거문고의 줄을 술대로 쳐서 내는 소리 ▶打(칠 타)
- 和絃화현 管絃樂관현악 絃樂器현악기

854 穴부 총 5획 — 구멍 혈
- 經穴경혈 경락에 있어서 침을 놓거나 뜸을 뜨기에 알맞은 곳 ▶經(지날 경)
- 洞穴동혈 벼랑이나 바위에 있는 굴의 구멍 ▶洞(골 동)
- 巖穴암혈 바위에 뚫린 굴 ▶巖(바위 암)
- 名穴명혈 毛穴모혈 通穴통혈 穴深혈심

855 女부 총 13획 — 싫어할 혐
- 世嫌세혐 두 집안의 사이에 대대로 풀지 못하고 지녀 내려오는 원한과 미움 ▶世(인간 세)
- 嫌疑혐의 꺼리고 싫어함. 범죄를 저지른 사실이 있으리라는 의심 ▶疑(의심할 의)
- 嫌忌혐기 嫌惡혐오 嫌怨혐원 無嫌疑무혐의

856 月(肉)부 총 10획 — 위협할 협
- 恐脅공협 무섭게 협박함 ▶恐(두려울 공)
- 脅迫협박 남을 두렵게 할 목적으로 불법하게 가해할 뜻을 보임 ▶迫(닥칠 박)
- 脅約협약 위협으로서 이루어진 약속이나 조약 ▶約(맺을 약)
- 脅息협식 脅從협종 脅奪협탈 脅迫狀협박장

857 亠부 총 7획 — 형통할 형
- 亨國형국 임금이 즉위하여 나라를 이어 받는 일 ▶國(나라 국)
- 亨運형운 순조로운 운수 ▶運(옮길 운)
- 亨通형통 온갖 일이 뜻과 같이 잘 되어 감 ▶通(통할 통)
- 亨熟형숙 萬事亨通만사형통

858 虫부 총 16획 — 반딧불 형
- 螢光형광 어떤 종류의 물질이 빛, 엑스선 따위를 받았을 때 내는 고유한 빛 ▶光(빛 광)
- 螢窓형창 공부하는 방의 창. 학문을 닦는 곳 ▶窓(창 창)
- 螢石형석 螢光燈형광등 螢雪之功형설지공

859 行부 총 16획 — 저울대 형
- 均衡균형 치우침이 없이 고름 ▶均(고를 균)
- 銀衡은형 은저울 ▶銀(은 은)
- 平衡평형 물체가 역학적으로 균형이 잡힌 상태에 있음 ▶平(평평할 평)
- 度量衡도량형 熱平衡열평형 衡平性형평성

860 心부 총 15획 — 슬기로울 혜
- 淨慧정혜 밝은 지혜 ▶淨(깨끗할 정)
- 知慧지혜 사물의 도리나 선악 따위를 잘 분별하는 마음의 작용 ▶知(알 지)
- 慧聖혜성 뛰어나게 슬기로움 또는 그런 사람 ▶聖(성인 성)
- 福慧복혜 慧巧혜교 慧命혜명 慧眼혜안

쪽지시험

※ 다음 단어들의 □ 안에 공통으로 들어갈 알맞은 한자는 어느 것입니까?

1. □金, □血, □身
   ① 誠 ② 單 ③ 貧 ④ 獻 ⑤ 貢

2. □迫, 威□, □約
   ① 壓 ② 豫 ③ 核 ④ 嚴 ⑤ 脅

풀이
1. 獻金(헌금), 獻血(헌혈), 獻身(헌신)
2. 脅迫(협박), 威脅(위협), 脅約(협약)

답 1. ④ | 2. ⑤

861 兮 八부 총 4획 어조사 혜	兮也혜야 어조사로 윗말을 완화하고 아래의 말을 강조하는 뜻으로 쓰임 ▶也(어조사 야) 實兮歌실혜가 신라 가요의 하나 ▶實(열매 실), 歌(노래 가) 禍兮福之所倚화혜복지소의	862 毫 毛부 총 11획 터럭 호	絲毫사호 몹시 적은 수량 ▶絲(실 사) 小毫소호 아주 작은 터럭. 몹시 적은 분량이나 아주 작은 정도 ▶小(작을 소) 毫髮호발 가느다란 털, 아주 작은 물건을 가리킬 때 쓰는 말 ▶髮(터럭 발) 望毫망호 粉毫분호 秋毫추호 揮毫휘호
863 互 二부 총 4획 서로 호	相互상호 서로서로 ▶相(서로 상) 互角호각 쇠뿔의 크기가 같다는 데서, 서로 못하고 나음이 없음을 뜻함 ▶角(뿔 각) 互惠호혜 서로 도와 편익을 주어서 끼치는 은혜 ▶惠(은혜 혜) 互稱호칭 互換호환 相互作用상호작용	864 浩 氵(水)부 총 10획 넓을 호	浩歌호가 큰 소리로 노래를 부름 또는 그 노래 ▶歌(노래 가) 浩博호박 크고 넓음 ▶博(넓을 박) 浩然호연 넓고 큰 꼴. 물이 그침이 없이 흐르는 모양 ▶然(그러할 연) 浩大호대 浩洋호양 浩飮호음 浩歎호탄
865 胡 月(肉)부 총 9획 오랑캐 호	胡亂호란 오랑캐들로 인하여 일어나는 난리 ▶亂(어지러울 란) 胡壽호수 오래도록 삶 ▶壽(목숨 수) 胡蝶호접 나비목에 딸린 곤충의 무리로 두 쌍의 넓적한 날개가 있음 ▶蝶(나비 접) 胡角호각 胡服호복 丙子胡亂병자호란	866 豪 豕부 총 14획 호걸 호	豪傑호걸 재주, 슬기, 용기가 뛰어나고 도량이 넓고 기개가 있는 사람 ▶傑(뛰어날 걸) 豪華호화 사치스럽고 화려함 ▶華(빛날 화) 強豪강호 豪言호언 豪雨호우 豪俊호준 豪氣萬丈호기만장
867 護 言부 총 21획 보호할 호	救護구호 도와서 보호함. 부상자나 병자를 간호함 ▶救(구원할 구) 保護보호 잘 보살피고 지킴 ▶保(지킬 보) 守護수호 지키고 보호함 ▶守(지킬 수) 看護간호 愛護애호 護衛호위 辯護士변호사	868 惑 心부 총 12획 미혹할 혹	大惑대혹 크게 반함 ▶大(큰 대) 迷惑미혹 마음이 흐려서 무엇에 홀림 ▶迷(미혹할 미) 誘惑유혹 남을 꾀어서 정신을 어지럽게 함. 나쁜 길로 꾐 ▶誘(꾈 유) 困惑곤혹 當惑당혹 惑世혹세 惑信혹신
869 昏 日부 총 8획 어두울 혼	昏明혼명 어둠과 밝음 ▶明(밝을 명) 昏迷혼미 정신이 흐리고 멍하게 됨. 사리에 어두운 상태 ▶迷(미혹할 미) 昏絶혼절 정신이 아찔하여 까무러침 ▶絶(끊을 절) 黃昏황혼 昏暗혼암 昏睡狀態혼수상태	870 魂 鬼부 총 14획 넋 혼	失魂실혼 몹시 두려워서 정신을 잃음 ▶失(잃을 실) 靈魂영혼 죽은 사람의 넋 ▶靈(신령 령) 鬪魂투혼 끝까지 투쟁하려는 기백. 투쟁정신 ▶鬪(싸움 투) 孤魂고혼 亡魂망혼 芳魂방혼 唱魂창혼

한자별곡

홍길동전(洪吉童傳)

洪(넓을 홍), 吉(길할 길), 童(아이 동), 傳(전할 전)

조선 광해군 때 허균(許筠)이 지은 최초의 한글 소설로, 영웅의 일대기 구조를 따르고 있다. 주인공 홍길동은 가진 능력이 뛰어나지만 홍판서의 서얼로 태어난 탓에 천대를 받는다. 그 뛰어난 능력으로 목숨까지 위협받는 상황에 놓인 홍길동은 집을 나와 활빈당(活貧黨)을 결성하여 도술로써 각 지방의 탐관오리(貪官汚吏)와 토호(土豪)들을 벌한다. 그리고 병조판서를 제수받고, 나아가 해외로 진출하여 이상 국가인 율도국(琉島國)을 건설한다는 내용이 담겨져 있다. 당시 사회제도의 결함, 특히 적서차별(嫡庶差別)을 타파하고 부패한 정치를 개혁하려는 작자의 의도가 투영된 소설이다.

3급 배정한자

871 忽 (心부, 총 8획) 갑자기 홀
- 疎忽소홀 대수롭지 않고 예사임. 하찮게 여겨 관심을 두지 않음 ▶疎(성글 소)
- 忽待홀대 푸대접. 소홀히 대접함 ▶待(대접할 대)
- 忽然홀연 문득. 느닷없이 ▶然(그러할 연)
- 輕忽경홀 忽變홀변 忽視홀시 忽如홀여

872 洪 (氵(水)부, 총 9획) 넓을 홍
- 洪水홍수 비가 많이 와서 하천이 넘치거나 땅이 물에 잠기게 된 상태 ▶水(물 수)
- 洪魚홍어 가오리과에 딸린 바닷물고기 ▶魚(고기 어)
- 洪波홍파 큰 파도 ▶波(물결 파)
- 洪範홍범 洪河홍하 洪吉童傳홍길동전

873 弘 (弓부, 총 5획) 클 홍
- 弘文홍문 학문을 널리 폄 ▶文(글월 문)
- 弘報홍보 널리 알리는 것 또는 그 소식이나 보도 ▶報(갚을 보)
- 弘益홍익 큰 이익 또는 널리 이롭게 함 ▶益(더할 익)
- 弘敎홍교 弘道홍도 弘益人間홍익인간

874 鴻 (鳥부, 총 17획) 기러기 홍
- 鴻毛홍모 기러기의 털. 아주 가벼운 사물의 비유 ▶毛(털 모)
- 鴻雁홍안 큰 기러기와 작은 기러기 ▶雁(기러기 안)
- 鴻恩홍은 넓고 큰 은혜 ▶恩(은혜 은)
- 鴻功홍공 鴻德홍덕 鴻洞홍동 鴻學홍학

875 禾 (禾부, 총 5획) 벼 화
- 晩禾만화 제철보다 늦게 여무는 벼 ▶晩(늦을 만)
- 麥禾맥화 보리와 벼 ▶麥(보리 맥)
- 禾穀화곡 벼에 속하는 곡식을 통틀어 일컬음 ▶穀(곡식 곡)
- 禾利화리 禾苗화묘 禾積화적 禾尺화척

876 禍 (示부, 총 14획) 재앙 화
- 病禍병화 전쟁이나 난리로 말미암은 재앙 ▶病(병 병)
- 逢禍봉화 화를 당함 ▶逢(만날 봉)
- 禍根화근 재앙을 가져올 근원 ▶根(뿌리 근)
- 家禍가화 史禍사화 轉禍爲福전화위복

877 擴 (扌(手)부, 총 18획) 넓힐 확
- 擴大확대 모양이나 규모 따위를 늘이어서 크게 함 ▶大(큰 대)
- 擴散확산 퍼져 흩어짐. 어떤 물질 속에 다른 물질이 점차 섞여 들어가는 현상 ▶散(흩을 산)
- 擴延확연 擴張확장 擴充확충 擴聲器확성기

878 確 (石부, 총 15획) 굳을 확
- 確固확고 튼튼하고 굳음 ▶固(굳을 고)
- 確保확보 확실히 보증하거나 가지고 있음 ▶保(지킬 보)
- 確認확인 틀림없이 그러한가를 알아보거나 인정함 ▶認(알 인)
- 明確명확 正確정확 確立확립 確實확실

879 穫 (禾부, 총 19획) 거둘 확
- 耕穫경확 농사짓는 일과 거두는 일 ▶耕(밭갈 경)
- 收穫수확 곡식을 거두어들임 ▶收(거둘 수)
- 秋穫추확 가을걷이 ▶秋(가을 추)
- 收穫量수확량 收穫率수확률 收穫物수확물

880 還 (辶(辵)부, 총 17획) 돌아올 환
- 歸還귀환 본디의 처소로 돌아옴 ▶歸(돌아갈 귀)
- 償還상환 대상으로 돌려줌. 빚 또는 공채를 갚음 ▶償(갚을 상)
- 還給환급 도로 돌려줌 ▶給(줄 급)
- 返還반환 送還송환 還元환원 奪還탈환

쪽지시험

※ 다음 성어에서 □ 안에 들어갈 알맞은 한자는 어느 것입니까?

1. □然之氣
 ① 自 ② 告 ③ 偶 ④ 奇 ⑤ 浩

2. □固不動
 ① 換 ② 確 ③ 擴 ④ 穫 ⑤ 援

풀이

1 浩然之氣(호연지기) : 하늘과 땅 사이에 가득 찬 넓고 큰 원기. 또는 거침없이 넓고 큰 기개

2 確固不動(확고부동) : 튼튼하고 굳어 흔들리거나 움직이지 아니함

답 1. ⑤ | 2. ②

881 玉(玉)부 총 17획 環 고리 환	循環순환 한 차례 돌아서 다시 먼저의 자리로 돌아옴 ▶循(좇을 순) 一環일환 밀접한 관계가 있는 사물의 일부분 ▶一(한 일) 環圍환위 둘러 에워 쌈 ▶圍(에워쌀 위) 花環화환 環形환형 環境汚染환경오염	882 ·부 총 3획 丸 둥글 환	彈丸탄환 총이나 포에 재어서 터뜨리면 폭발하여 그 힘으로 탄알이 튀어 나가게 된 물건 ▶彈(탄알 탄) 丸石환석 파도 따위에 갈려 둥글고 매끄럽게 된 돌 ▶石(돌 석) 飛丸비환 投丸투환 丸藥환약 淸心丸청심환
883 扌(手)부 총 12획 換 바꿀 환	交換교환 서로 바꿈 ▶交(사귈 교) 轉換전환 사물의 방침, 성질, 경향 등이 이리저리 바뀜 ▶轉(구를 전) 換率환율 두 나라 화폐 간의 교환 비율 ▶率(비율 율) 換氣환기 換算환산 轉換社債전환사채	884 艹(艸)부 총 10획 荒 거칠 황	荒唐황당 언행이 허황하여 믿을 수 없음 ▶唐(당나라 당) 荒野황야 거친 들판 ▶野(들 야) 荒廢황폐 거칠어져서 못 쓰게 됨 ▶廢(폐할 폐) 荒客황객 荒亡황망 荒說황설 荒土황토
885 氵(水)부 총 8획 況 하물며 황	狀況상황 어떤 일이 되어 가는 과정이나 또는 상태 ▶狀(형상 상) 好況호황 썩 좋은 상황 ▶好(좋을 호) 興況흥황 흥미를 가질 만한 여유나 형편 ▶興(일 흥) 近況근황 不況불황 情況정황 現況현황	886 忄(心)부 총 10획 悔 뉘우칠 회	深悔심회 깊이 뉘우침 ▶深(깊을 심) 悔改회개 잘못을 뉘우치고 고침 ▶改(고칠 개) 後悔후회 일이 지난 뒤에 잘못을 깨치고 뉘우침 ▶後(뒤 후) 感悔감회 悔心회심 後悔莫及후회막급
887 忄(心)부 총 19획 懷 품을 회	懷柔회유 어루만지어 달램 ▶柔(부끄러울 유) 懷中회중 품속, 마음속 ▶中(가운데 중) 懷抱회포 마음속에 품은 생각, 잊혀지지 않은 생각 ▶抱(안을 포) 介懷개회 追懷추회 懷生회생 懷疑의 회의적	888 犭(犬)부 총 17획 獲 얻을 획	捕獲포획 적병을 사로잡음. 짐승이나 물고기를 잡음 ▶捕(잡을 포) 獲得획득 얻어 내거나 얻어 가짐 ▶得(얻을 득) 濫獲남획 殺獲살획 漁獲어획 新獲참획 獲利획리 捕獲物포획물
889 刂(刀)부 총 14획 劃 그을 획	計劃계획 앞으로 할 일의 절차, 규모, 내용 등을 미리 작정함 ▶計(셀 계) 企劃기획 일을 계획함 ▶企(꾀할 기) 劃策획책 어떤 일을 하려고 꾸미거나 꾀함 ▶策(꾀 책) 區劃구획 劃一획일 劃定획정 劃期的획기적	890 木부 총 16획 橫 가로 횡	橫斷횡단 가로 건넘 ▶斷(끊을 단) 橫領횡령 남의 물건을 제멋대로 가로채거나 불법으로 가짐 ▶領(거느릴 령) 橫行횡행 거리낌 없이 멋대로 행동함 ▶行(다닐 행) 橫隊횡대 橫財횡재 橫斷步道횡단보도

왕후장상 영유종호(王侯將相 寧有種乎)

王(임금 왕), 侯(제후 후), 將(장수 장), 相(서로 상), 寧(편안할 녕), 有(있을 유), 種(씨 종), 乎(어조사 호)

왕과 제후 그리고 장수와 정승의 씨가 따로 있겠냐는 뜻으로, 사람의 신분은 태어날 때 정해지는 것이 아니라 노력하면 달라질 수 있다는 말이다.

진(秦)나라 때 이문(里門)의 빈민들을 변방으로 옮겨가도록 했는데, 진승(陳勝)과 오광(吳廣)이 통솔을 맡았다. 큰비가 쏟아지는 바람에 발이 묶였는데, 기한 내에 가지 못하면 참수(斬首)를 당하는지라, 두 사람은 반란을 일으키고는 "기한을 어기면 죽음이고, 만약 이를 면한다 해도 변방을 지키다 열에 일곱은 죽을 것이다. 남아로 태어나 쉽게 죽지 않는다 했는데, 죽으려면 세상에 이름을 남겨야 하지 않겠소. 왕과 제후, 장수와 재상의 씨가 따로 있는가?"라고 말했다. 폭정에 시달려온 사람들은 이 말을 듣고 두 사람을 따랐다.

3급 배정한자

891 曉 日부 총 16획 — 새벽 효
- 開曉개효 사리를 알아듣도록 잘 타이름 ▶開(열 개)
- 曉星효성 새벽에 보이는 별. 매우 드문 존재의 비유 ▶星(별 성)
- 曉然효연 환하고 똑똑함 ▶然(그러할 연)
- 曉起효기 曉得효득 曉習효습 曉月효월

892 侯 亻(人)부 총 9획 — 제후 후
- 諸侯제후 봉건 시대에 일정한 영토를 가지고 그 영내의 인민을 지배하는 권력을 가진 사람 ▶諸(모두 제)
- 侯王후왕 한 나라의 왕. 조그마한 나라의 왕 ▶王(임금 왕)
- 侯爵후작 萬里侯만리후 王侯將相왕후장상

893 候 亻(人)부 총 10획 — 기후 후
- 氣候기후 기온, 비, 눈 따위의 대기 상태 ▶氣(기운 기)
- 候補후보 어떤 지위나 신분에 오르기를 바람 ▶補(기울 보)
- 拜候배후 徵候징후 症候증후 花候화후 候風후풍 症候群증후군 候補者후보자

894 毁 殳부 총 13획 — 헐 훼
- 毁傷훼상 몸에 상처를 냄 ▶傷(다칠 상)
- 毁損훼손 체면·명예를 손상함. 헐거나 깨뜨리어 못 쓰게 만듦 ▶損(덜 손)
- 毁節훼절 절개나 절조를 깨뜨림 ▶節(절개 절)
- 破毁파훼 毁短훼단 名譽毁損명예훼손

895 輝 車부 총 15획 — 빛날 휘
- 餘輝여휘 나중에까지 남아 있는 빛 ▶餘(남을 여)
- 輝光휘광 찬란한 빛 ▶光(빛 광)
- 輝度휘도 광원의 밝은 정도를 나타내는 양 ▶度(정도 도)
- 明輝명휘 輝巖휘암 輝點휘점 輝炭휘탄

896 揮 扌(手)부 총 12획 — 휘두를 휘
- 發揮발휘 재능, 힘 따위를 떨쳐서 드러냄 ▶發(필 발)
- 指揮지휘 어떤 목적을 효과적으로 이루기 위하여 단체의 행동을 통솔하는 것 ▶指(가리킬 지)
- 揮毫휘호 揮發油휘발유 一筆揮之일필휘지

897 携 扌(手)부 총 13획 — 이끌 휴
- 提携제휴 서로 붙들어 도와줌. 공동의 목적을 위하여 서로 도움 ▶提(끌 제)
- 携帶휴대 물건을 손에 들거나 몸에 지님 ▶帶(띠 대)
- 携引휴인 끌고 감 ▶引(끌 인)
- 携帶品휴대품 携帶電話휴대전화

898 吸 口부 총 7획 — 마실 흡
- 呼吸호흡 사람이나 동물이 코 또는 입으로 공기를 들이마시고 내쉬는 기운 ▶呼(부를 호)
- 吸煙흡연 담배를 피우는 것 ▶煙(연기 연)
- 吸收흡수 吸入흡입 吸着흡착 呼吸器호흡기 吸血鬼흡혈귀

899 稀 禾부 총 12획 — 드물 희
- 稀貴희귀 드물어 매우 귀함 ▶貴(귀할 귀)
- 稀代희대 세상에 드물어 흔히 없음 ▶代(대신 대)
- 稀壽희수 일흔 살 ▶壽(목숨 수)
- 稀微희미 稀薄희박 稀釋희석 稀少희소 稀代未聞희대미문

900 戲 戈부 총 16획 — 희롱할 희
- 演戲연희 재주를 부림 ▶演(펼 연)
- 遊戲유희 일정한 방법에 의하여 재미있게 노는 운동 ▶遊(놀 유)
- 戲弄희롱 말이나 행동으로 실없이 놀리는 짓 ▶弄(희롱할 롱)
- 戲曲희곡 戲劇희극 戲作희작 戲曲集희곡집

쪽지시험

※ 다음 음(音)을 가진 한자는 어느 것입니까?

1. 황
 ① 荒 ② 頃 ③ 茫 ④ 昇 ⑤ 輝

2. 흡
 ① 吹 ② 吸 ③ 吟 ④ 呼 ⑤ 叫

풀이
1 ① 황 ② 경 ③ 망 ④ 승 ⑤ 휘
2 ① 취 ② 흡 ③ 음 ④ 호 ⑤ 규

답 1. ① | 2. ②

상공회의소 한자시험 중급 기본서 **3급**

한자 깊이 익히기

1. 반대자 · 상대자
2. 반대어 · 상대어
3. 유의자 · 유의어
4. 동음이의어
5. 틀리기 쉬운 한자
6. 사자성어

1 반대자·상대자

가감	加	더할	가	⇔	減	덜할	감	관민	官	벼슬	관	⇔	民	백성	민

(ㄱ)
한자어	한자	훈	음		한자	훈	음
가감	加	더할	가	⇔	減	덜할	감
가부	可	옳을	가	⇔	否	아닐	부
간과	干	방패	간	⇔	戈	창	과
간만	干	막을	간	⇔	滿	찰	만
감고	甘	달	감	⇔	苦	쓸	고
강산	江	강	강	⇔	山	산	산
강약	強	강할	강	⇔	弱	약할	약
개폐	開	열	개	⇔	閉	닫을	폐
거래	去	갈	거	⇔	來	올	래
건곤	乾	하늘	건	⇔	坤	땅	곤
건습	乾	마를	건	⇔	濕	젖을	습
경조	慶	경사	경	⇔	弔	조상할	조
경중	輕	가벼울	경	⇔	重	무거울	중
경향	京	서울	경	⇔	鄕	시골	향
고락	苦	괴로울	고	⇔	樂	즐거울	락
고부	姑	시어미	고	⇔	婦	며느리	부
고저	高	높을	고	⇔	低	낮을	저
곡직	曲	굽을	곡	⇔	直	곧을	직
공과	功	공	공	⇔	過	허물	과
공방	攻	칠	공	⇔	防	막을	방
공수	攻	칠	공	⇔	守	지킬	수
공사	公	공평할	공	⇔	私	사사로울	사

한자어	한자	훈	음		한자	훈	음
관민	官	벼슬	관	⇔	民	백성	민
교학	敎	가르칠	교	⇔	學	배울	학
군신	君	임금	군	⇔	臣	신하	신
귀천	貴	귀할	귀	⇔	賤	천할	천
근원	近	가까울	근	⇔	遠	멀	원
근태	勤	부지런할	근	⇔	怠	게으를	태
금수	禽	새	금	⇔	獸	짐승	수
급락	及	미칠	급	⇔	落	떨어질	락
기복	起	일어날	기	⇔	伏	엎드릴	복
기침	起	일어날	기	⇔	寢	잘	침
길흉	吉	길할	길	⇔	凶	흉할	흉

(ㄴ)
한자어	한자	훈	음		한자	훈	음
난이	難	어려울	난	⇔	易	쉬울	이
남북	南	남녘	남	⇔	北	북녘	북
남녀	男	사내	남	⇔	女	계집	녀
내외	內	안	내	⇔	外	바깥	외
농담	濃	짙을	농	⇔	淡	맑을	담

(ㄷ)
한자어	한자	훈	음		한자	훈	음
다소	多	많을	다	⇔	少	적을	소
단복	單	홀	단	⇔	複	겹칠	복
단석	旦	아침	단	⇔	夕	저녁	석
단속	斷	끊을	단	⇔	續	이을	속
대소	大	큰	대	⇔	小	작을	소
대차	貸	빌릴	대	⇔	借	빌릴	차

동서	東	동녘	동	⇔	西	서녘	서		부처	夫	지아비	부	⇔	妻	아내	처
동정	動	움직일	동	⇔	靜	고요할	정		부침	浮	뜰	부	⇔	沈	잠길	침
득실	得	얻을	득	⇔	失	잃을	실		비희	悲	슬플	비	⇔	喜	기쁠	희
래(내)왕	來	올	래	⇔	往	갈	왕		빈부	貧	가난할	빈	⇔	富	부자	부
로(노)소	老	늙을	로	⇔	少	적을	소		빙탄	氷	얼음	빙	⇔	炭	숯	탄
로(노)사	勞	일할	로	⇔	使	부릴	사		사제	師	스승	사	⇔	弟	제자	제
로(노)상	露	이슬	로	⇔	霜	서리	상		사활	死	죽을	사	⇔	活	살	활
리(이)해	利	이할	리	⇔	害	해할	해		산천	山	뫼	산	⇔	川	내	천
리(이)합	離	떠날	리	⇔	合	합할	합		산하	山	뫼	산	⇔	河	물	하
만조	晚	늦을	만	⇔	早	이를	조		산해	山	뫼	산	⇔	海	바다	해
매매	賣	팔	매	⇔	買	살	매		상벌	賞	상줄	상	⇔	罰	벌할	벌
명암	明	밝을	명	⇔	暗	어두울	암		상하	上	위	상	⇔	下	아래	하
모순	矛	창	모	⇔	盾	방패	순		생사	生	날	생	⇔	死	죽을	사
문답	問	물을	문	⇔	答	대답	답		선악	善	착할	선	⇔	惡	악할	악
문무	文	글월	문	⇔	武	굳셀	무		선후	先	먼저	선	⇔	後	뒤	후
물심	物	물건	물	⇔	心	마음	심		성쇠	盛	성할	성	⇔	衰	쇠할	쇠
미추	美	아름다울	미	⇔	醜	추할	추		손익	損	덜	손	⇔	益	더할	익
반상	班	나눌	반	⇔	常	항상	상		송영	送	보낼	송	⇔	迎	맞을	영
발착	發	필	발	⇔	着	붙을	착		수급	需	쓰일	수	⇔	給	줄	급
복배	腹	배	복	⇔	背	등	배		수미	首	머리	수	⇔	尾	꼬리	미
본말	本	근본	본	⇔	末	끝	말		수수	授	줄	수	⇔	受	받을	수
봉별	逢	만날	봉	⇔	別	이별할	별		수족	手	손	수	⇔	足	발	족
부부	夫	지아비	부	⇔	婦	지어미	부		수화	水	물	수	⇔	火	불	화

승강	昇	오를	승	⇔	降	내릴	강	요철	凹	오목할	요	⇔	凸	볼록할	철
승부	勝	이길	승	⇔	負	질	부	우열	優	넉넉할	우	⇔	劣	못할	렬
승패	勝	이길	승	⇔	敗	패할	패	원근	遠	멀	원	⇔	近	가까울	근
시말	始	처음	시	⇔	末	끝	말	유무	有	있을	유	⇔	無	없을	무
시비	是	옳을	시	⇔	非	그를	비	은원	恩	은혜	은	⇔	怨	원망할	원
시종	始	처음	시	⇔	終	마칠	종	음양	陰	그늘	음	⇔	陽	볕	양
신구	新	새	신	⇔	舊	예	구	이동	異	다를	이	⇔	同	한가지	동
신축	伸	펼	신	⇔	縮	줄일	축	인과	因	인할	인	⇔	果	과실	과
심신	心	마음	심	⇔	身	몸	신	일월	日	날	일	⇔	月	달	월
심천	深	깊을	심	⇔	淺	얕을	천	임면	任	맡길	임	⇔	免	면할	면
안위	安	편안할	안	⇔	危	위태할	위	자매	姉	손위누이	자	⇔	妹	손아래누이	매
애오	愛	사랑	애	⇔	惡	미워할	오	자웅	雌	암컷	자	⇔	雄	수컷	웅
애증	愛	사랑	애	⇔	憎	미울	증	자타	自	스스로	자	⇔	他	다를	타
애환	哀	슬플	애	⇔	歡	기쁠	환	장단	長	긴	장	⇔	短	짧을	단
억양	抑	누를	억	⇔	揚	날릴	양	장유	長	어른	장	⇔	幼	어릴	유
언행	言	말씀	언	⇔	行	다닐	행	장병	將	장수	장	⇔	兵	병사	병
여야	與	더불	여	⇔	野	들	야	장졸	將	장수	장	⇔	卒	군사	졸
역순	逆	거스를	역	⇔	順	순할	순	전답	田	밭	전	⇔	畓	논	답
영욕	榮	영화	영	⇔	辱	욕될	욕	전화	戰	싸울	전	⇔	和	화할	화
옥석	玉	구슬	옥	⇔	石	돌	석	전후	前	앞	전	⇔	後	뒤	후
온랭	溫	따뜻할	온	⇔	冷	찰	랭	정오	淨	깨끗할	정	⇔	汚	더러울	오
완급	緩	느릴	완	⇔	急	급할	급	정오	正	바를	정	⇔	誤	그르칠	오
왕래	往	갈	왕	⇔	來	올	래	조만	早	이를	조	⇔	晩	늦을	만
왕복	往	갈	왕	⇔	復	돌아올	복	조석	朝	아침	조	⇔	夕	저녁	석

조손	祖	할아비	조	⇔	孫	손자	손	춘추	春	봄	춘	⇔	秋	가을	추
존망	存	있을	존	⇔	亡	망할	망	출결	出	날	출	⇔	缺	이지러질	결
존폐	存	있을	존	⇔	廢	폐할	폐	출납	出	날	출	⇔	納	들일	납
존비	尊	높을	존	⇔	卑	낮을	비	출몰	出	날	출	⇔	沒	빠질	몰
종횡	縱	세로	종	⇔	橫	가로	횡	출입	出	날	출	⇔	入	들	입
좌우	左	왼	좌	⇔	右	오른	우	취사	取	가질	취	⇔	捨	버릴	사
주객	主	주인	주	⇔	客	손	객	표리	表	겉	표	⇔	裏	속	리
주종	主	주인	주	⇔	從	좇을	종	풍흉	豊	풍성할	풍	⇔	凶	흉할	흉
주야	晝	낮	주	⇔	夜	밤	야	피아	彼	저	피	⇔	我	나	아
중과	衆	무리	중	⇔	寡	적을	과	피차	彼	저	피	⇔	此	이	차
증감	增	더할	증	⇔	減	덜	감	한난	寒	찰	한	⇔	暖	따뜻할	난
지속	遲	더딜	지	⇔	速	빠를	속	한서	寒	찰	한	⇔	暑	더울	서
진가	眞	참	진	⇔	假	거짓	가	해륙	海	바다	해	⇔	陸	뭍	륙
진위	眞	참	진	⇔	僞	거짓	위	허실	虛	빌	허	⇔	實	열매	실
진퇴	進	나아갈	진	⇔	退	물러날	퇴	현우	賢	어질	현	⇔	愚	어리석을	우
집배	集	모을	집	⇔	配	나눌	배	협광	狹	좁을	협	⇔	廣	넓을	광
집산	集	모을	집	⇔	散	흩을	산	형제	兄	맏	형	⇔	弟	아우	제
착발	着	붙을	착	⇔	發	필	발	호오	好	좋을	호	⇔	惡	미워할	오
찬반	贊	도울	찬	⇔	反	돌이킬	반	화복	禍	재앙	화	⇔	福	복	복
천지	天	하늘	천	⇔	地	땅	지	후박	厚	두터울	후	⇔	薄	엷을	박
첨삭	添	더할	첨	⇔	削	깎을	삭	흑백	黑	검을	흑	⇔	白	흰	백
청담	晴	갤	청	⇔	曇	흐릴	담	흥망	興	일	흥	⇔	亡	망할	망
청탁	淸	맑을	청	⇔	濁	흐릴	탁	희노	喜	기쁠	희	⇔	怒	성낼	노
초종	初	처음	초	⇔	終	마칠	종	희비	喜	기쁠	희	⇔	悲	슬플	비

2 반대어·상대어

ㄱ

可決(가결)	否決(부결)	傑作(걸작)	拙作(졸작)	光明(광명)	暗黑(암흑)
架空(가공)	實際(실제)	儉約(검약)	浪費(낭비)	廣義(광의)	狹義(협의)
假象(가상)	實在(실재)	缺乏(결핍)	豊富(풍부)	拘束(구속)	釋放(석방)
加熱(가열)	冷却(냉각)	謙遜(겸손)	傲慢(오만)	具體(구체)	抽象(추상)
加入(가입)	脫退(탈퇴)	輕減(경감)	加重(가중)	舊派(구파)	新派(신파)
却下(각하)	受理(수리)	經度(경도)	緯度(위도)	國內(국내)	國外(국외)
干涉(간섭)	放任(방임)	輕蔑(경멸)	尊敬(존경)	君子(군자)	小人(소인)
間歇(간헐)	綿延(면연)	輕率(경솔)	愼重(신중)	屈服(굴복)	抵抗(저항)
減少(감소)	增加(증가)	輕視(경시)	重視(중시)	屈辱(굴욕)	雪辱(설욕)
感情(감정)	理性(이성)	高潔(고결)	低俗(저속)	權利(권리)	義務(의무)
剛健(강건)	柔弱(유약)	高雅(고아)	卑俗(비속)	歸納(귀납)	演繹(연역)
强硬(강경)	宥和(유화)	固定(고정)	流動(유동)	勤勉(근면)	懶怠(나태)
開放(개방)	閉鎖(폐쇄)	高調(고조)	低調(저조)	僅少(근소)	過多(과다)
個別(개별)	全體(전체)	困難(곤란)	容易(용이)	急性(급성)	慢性(만성)
開業(개업)	閉業(폐업)	供給(공급)	需要(수요)	急行(급행)	緩行(완행)
客觀(객관)	主觀(주관)	空想(공상)	現實(현실)	肯定(긍정)	否定(부정)
客體(객체)	主體(주체)	公的(공적)	私的(사적)	旣決(기결)	未決(미결)
巨大(거대)	微小(미소)	空虛(공허)	充實(충실)	奇拔(기발)	平凡(평범)
巨富(거부)	極貧(극빈)	過去(과거)	未來(미래)	奇數(기수)	偶數(우수)
拒絶(거절)	承諾(승낙)	過激(과격)	穩健(온건)	飢餓(기아)	飽食(포식)
建設(건설)	破壞(파괴)	灌木(관목)	喬木(교목)	緊密(긴밀)	疏遠(소원)
乾燥(건조)	濕潤(습윤)	官尊(관존)	民卑(민비)	緊張(긴장)	弛緩(이완)

한자 깊이 익히기

吉兆(길조)	凶兆(흉조)	單式(단식)	複式(복식)	微官(미관)	顯官(현관)
加害者(가해자)	被害者(피해자)	單一(단일)	複合(복합)	未備(미비)	完備(완비)
公有物(공유물)	專有物(전유물)	短縮(단축)	延長(연장)	敏感(민감)	鈍感(둔감)
具體的(구체적)	抽象的(추상적)	唐慌(당황)	沈着(침착)	敏速(민속)	遲鈍(지둔)
急進的(급진적)	漸進的(점진적)	貸邊(대변)	借邊(차변)	密接(밀접)	疎遠(소원)
錦上添花(금상첨화)	雪上加霜(설상가상)	大乘(대승)	小乘(소승)	密集(밀집)	散在(산재)
ㄴ		對話(대화)	獨白(독백)	ㅂ 門外漢(문외한)	專門家(전문가)
懦弱(나약)	強勇(강용)	動機(동기)	結果(결과)	反目(반목)	和睦(화목)
樂觀(낙관)	悲觀(비관)	登場(등장)	退場(퇴장)	發達(발달)	退步(퇴보)
落第(낙제)	及第(급제)	對內的(대내적)	對外的(대외적)	潑剌(발랄)	萎縮(위축)
樂天(낙천)	厭世(염세)	大丈夫(대장부)	拙丈夫(졸장부)	跋文(발문)	序文(서문)
暖流(난류)	寒流(한류)	同義語(동의어)	反義語(반의어)	放心(방심)	操心(조심)
濫讀(남독)	精讀(정독)	ㅁ 漠然(막연)	確然(확연)	背恩(배은)	報恩(보은)
濫用(남용)	節約(절약)	忘却(망각)	記憶(기억)	白髮(백발)	紅顔(홍안)
朗讀(낭독)	默讀(묵독)	埋沒(매몰)	發掘(발굴)	繁榮(번영)	衰退(쇠퇴)
來生(내생)	前生(전생)	滅亡(멸망)	興起(흥기)	凡人(범인)	超人(초인)
內容(내용)	形式(형식)	名譽(명예)	恥辱(치욕)	別居(별거)	同居(동거)
內包(내포)	外延(외연)	母音(모음)	子音(자음)	別館(별관)	本館(본관)
老練(노련)	未熟(미숙)	模糊(모호)	分明(분명)	保守(보수)	革新(혁신)
濃厚(농후)	稀薄(희박)	無能(무능)	有能(유능)	保守(보수)	進步(진보)
訥辯(눌변)	能辯(능변)	無形(무형)	有形(유형)	普遍(보편)	特殊(특수)
能動(능동)	被動(피동)	文語(문어)	口語(구어)	複雜(복잡)	單純(단순)
凌蔑(능멸)	崇仰(숭앙)	文化(문화)	自然(자연)	本業(본업)	副業(부업)
ㄷ 多元(다원)	一元(일원)	物質(물질)	精神(정신)	富貴(부귀)	貧賤(빈천)
單純(단순)	複雜(복잡)				

301

不實(부실)	充實(충실)	相剋(상극)	相生(상생)	實質的(실질적)	形式的(형식적)
敷衍(부연)	省略(생략)	上昇(상승)	下降(하강)	安全(안전)	危險(위험)
富裕(부유)	貧困(빈곤)	喪失(상실)	獲得(획득)	暗示(암시)	明示(명시)
否認(부인)	是認(시인)	詳述(상술)	略述(약술)	曖昧(애매)	明瞭(명료)
否定(부정)	肯定(긍정)	生家(생가)	養家(양가)	愛護(애호)	虐待(학대)
分擔(분담)	全擔(전담)	生食(생식)	火食(화식)	語幹(어간)	語尾(어미)
分離(분리)	統合(통합)	生花(생화)	造花(조화)	逆境(역경)	順境(순경)
分析(분석)	綜合(종합)	先輩(선배)	後輩(후배)	連作(연작)	輪作(윤작)
紛爭(분쟁)	和解(화해)	善意(선의)	惡意(악의)	連敗(연패)	連勝(연승)
不運(불운)	幸運(행운)	成功(성공)	失敗(실패)	永劫(영겁)	刹那(찰나)
卑怯(비겁)	勇敢(용감)	成熟(성숙)	未熟(미숙)	榮轉(영전)	左遷(좌천)
悲劇(비극)	喜劇(희극)	消極(소극)	積極(적극)	靈魂(영혼)	肉體(육체)
祕密(비밀)	公開(공개)	所得(소득)	損失(손실)	愚昧(우매)	賢明(현명)
非番(비번)	當番(당번)	騷亂(소란)	靜肅(정숙)	優勢(우세)	劣勢(열세)
非凡(비범)	平凡(평범)	消費(소비)	生産(생산)	偶然(우연)	必然(필연)
悲哀(비애)	歡喜(환희)	疎遠(소원)	親近(친근)	憂鬱(우울)	明朗(명랑)
卑語(비어)	敬語(경어)	守勢(수세)	攻勢(공세)	優越(우월)	劣等(열등)
悲運(비운)	幸運(행운)	淑女(숙녀)	紳士(신사)	原告(원고)	被告(피고)
部分的(부분적)	全體的(전체적)	純粹(순수)	不純(불순)	原因(원인)	結果(결과)
不法化(불법화)	合法化(합법화)	順坦(순탄)	險難(험난)	輪廓(윤곽)	核心(핵심)
奢侈(사치)	儉素(검소)	順行(순행)	逆行(역행)	恩惠(은혜)	怨恨(원한)
死後(사후)	生前(생전)	勝利(승리)	敗北(패배)	陰氣(음기)	陽氣(양기)
削減(삭감)	添加(첨가)	相對的(상대적)	絶對的(절대적)	義務(의무)	權利(권리)
散文(산문)	韻文(운문)	先天的(선천적)	後天的(후천적)	依他(의타)	自立(자립)

異端(이단)	正統(정통)	增進(증진)	減退(감퇴)	**ㅍ** 破婚(파혼)	約婚(약혼)
裏面(이면)	表面(표면)	直系(직계)	傍系(방계)	敗戰(패전)	勝戰(승전)
理想(이상)	現實(현실)	直線(직선)	曲線(곡선)	閉幕(폐막)	開幕(개막)
利益(이익)	損失(손실)	直接(직접)	間接(간접)	暴露(폭로)	隱蔽(은폐)
人爲(인위)	自然(자연)	進步(진보)	退步(퇴보)	彼岸(피안)	此岸(차안)
立體(입체)	平面(평면)	眞實(진실)	虛僞(허위)	**ㅎ** 合理(합리)	矛盾(모순)
入港(입항)	出港(출항)	進取(진취)	退嬰(퇴영)	合法(합법)	不法(불법)
ㅈ 自動(자동)	手動(수동)	質疑(질의)	應答(응답)	幸福(행복)	不幸(불행)
自律(자율)	他律(타율)	**ㅊ** 差別(차별)	平等(평등)	許多(허다)	稀少(희소)
自意(자의)	他意(타의)	斬新(참신)	陳腐(진부)	許多(허다)	稀貴(희귀)
子正(자정)	正午(정오)	創造(창조)	模倣(모방)	好材(호재)	惡材(악재)
長點(장점)	短點(단점)	淺學(천학)	碩學(석학)	好轉(호전)	逆轉(역전)
長篇(장편)	短篇(단편)	聰明(총명)	愚鈍(우둔)	好況(호황)	不況(불황)
低俗(저속)	高尚(고상)	縮小(축소)	擴大(확대)	厚待(후대)	薄待(박대)
敵對(적대)	友好(우호)	債權者(채권자)	債務者(채무자)	興奮(흥분)	鎭靜(진정)
嫡子(적자)	庶子(서자)	**ㅋ** 快樂(쾌락)	苦痛(고통)		
前半(전반)	後半(후반)	快勝(쾌승)	慘敗(참패)		
前進(전진)	後進(후진)	**ㅌ** 他殺(타살)	自殺(자살)		
絕對(절대)	相對(상대)	濁音(탁음)	淸音(청음)		
正當(정당)	不當(부당)	脫黨(탈당)	入黨(입당)		
精密(정밀)	粗雜(조잡)	脫色(탈색)	染色(염색)		
正常(정상)	異常(이상)	退院(퇴원)	入院(입원)		
定着(정착)	漂流(표류)	退化(퇴화)	進化(진화)		
弔客(조객)	賀客(하객)	投手(투수)	捕手(포수)		

3-1 유의자·유의어

가옥	家 집	가	屋 집	옥	사람이 사는 집
가요	歌 노래	가	謠 노래	요	민요·동요·속요·유행가 따위를 통틀어 이르는 말
가증	加 더할	가	增 더할	증	더하여 보탬
각오	覺 깨달을	각	悟 깨달을	오	번뇌에서 벗어나 도리를 깨달음
간격	間 사이	간	隔 사이뜰	격	공간적인 사이, 떨어진 거리
감시	監 볼	감	視 볼	시	경계하며 지켜 봄
거대	巨 클	거	大 큰	대	엄청나게 큼
거주	居 살	거	住 살	주	일정한 곳에 자리를 잡고 머물러 삶
견고	堅 굳을	견	固 굳을	고	굳고 튼튼함
견인	牽 끌	견	引 끌	인	끌어당김
경계	境 지경	경	界 지경	계	지역이 갈라지는 한계
경쟁	競 다툴	경	爭 다툴	쟁	서로 앞서거나 이기려고 다툼
계단	階 섬돌	계	段 층계	단	층계
계산	計 셀	계	算 셈	산	수량을 셈
계속	繼 이을	계	續 이을	속	끊이지 아니하고 잇대어 나아감
계층	階 섬돌	계	層 층	층	사회를 형성하는 여러 층
고독	孤 외로울	고	獨 홀로	독	외로움
고려	考 생각할	고	慮 생각할	려	생각하여 헤아림
고용	雇 품팔	고	傭 품팔	용	보수를 받고 남의 일을 하여 줌
공격	攻 칠	공	擊 칠	격	나아가 적을 침
공경	恭 공손할	공	敬 공경	경	예의 바르고 겸손함
공포	恐 두려울	공	怖 두려워할	포	무서움

공허	空 빌 공	虛 빌 허	속이 텅 빔
공헌	貢 바칠 공	獻 바칠 헌	이바지함
과실	果 과실 과	實 열매 실	먹을 수 있는 나무의 열매
관철	貫 꿸 관	徹 통할 철	자신의 주의·주장이나 방침 따위를 처음부터 끝까지 일관하여 밀고 나감
관통	貫 꿸 관	通 통할 통	이쪽에서 저쪽 끝까지 꿰뚫음
교훈	敎 가르칠 교	訓 가르칠 훈	가르치고 깨우침
구비	具 갖출 구	備 갖출 비	빠짐없이 두루 갖춤
규칙	規 법 규	則 법칙 칙	여럿이 다같이 따라 지키기로 약정한 질서나 표준
기술	技 재주 기	術 재주 술	어떤 일을 정확하고 능률적으로 해내는 솜씨
기아	飢 주릴 기	餓 주릴 아	굶주림
기예	技 재주 기	藝 재주 예	미술·공예 따위에 관한 기술
나약	懦 나약할 나	弱 약할 약	의지가 굳세지 못함
단계	段 층계 단	階 섬돌 계	일의 차례를 따라 나아가는 과정
단절	斷 끊을 단	絶 끊을 절	어떤 관계나 교류를 끊음, 절단
담화	談 말씀 담	話 말씀 화	허물없이 이야기를 나눔, 서로 주고받는 이야기
도당	徒 무리 도	黨 무리 당	떼를 지은 무리
도로	道 길 도	路 길 로	사람이나 차들이 다니는 비교적 큰 길
도적	盜 도둑 도	賊 도둑 적	남의 물건을 훔치는 자, 도둑
도피	逃 도망할 도	避 피할 피	도망하여 피함
도화	圖 그림 도	畫 그림 화	도면과 그림
돈독	惇 도타울 돈	篤 도타울 독	인정이 두터움
말단	末 끝 말	端 끝 단	물건의 맨 끄트머리
말미	末 끝 말	尾 꼬리 미	글이나 책의 끝 부분
면려	勉 힘쓸 면	勵 힘쓸 려	스스로 힘써 함

멸망	滅 멸할	멸	亡 망할	망	망하여 없어짐
명령	命 명령할	명	令 명령할	령	윗사람이 아랫사람에게 무엇을 하게 함
모발	毛 털	모	髮 터럭	발	사람의 몸에 난 터럭을 통틀어 이르는 말
모범	模 법	모	範 법	범	본받아 배울 만한 대상
무성	茂 무성할	무	盛 성할	성	초목이 우거짐
문장	文 글월	문	章 글	장	어떤 생각이나 느낌을 줄거리를 세워 글자로써 적어 나타낸 것
반환	反 돌이킬	반	還 돌아올	환	받거나 빌린 것을 도로 돌려줌
발사	發 필	발	射 필	사	광선 · 음파 · 활 따위를 쏘는 것
법식	法 법	법	式 법	식	법도와 양식 · 의식 등의 규칙
법전	法 법	법	典 법	전	어떤 종류의 법규를 체계적으로 정리하여 엮은 책
보고	報 알릴	보	告 고할	고	주어진 임무에 대하여 그 결과나 내용을 말이나 글로 알림
보상	報 갚을	보	償 갚을	상	다른 사람에게 끼친 손해를 갚는 것
보수	保 지킬	보	守 지킬	수	오랜 습관 · 제도 · 방법 등을 소중히 여겨 그대로 지킴
부속	附 붙을	부	屬 붙일	속	주된 것에 딸려 있음
부조	扶 도울	부	助 도울	조	남을 도와줌
부차	副 버금	부	次 버금	차	二次(이차)
분묘	墳 무덤	분	墓 무덤	묘	무덤
비상	飛 날	비	翔 날	상	공중을 날아다니는 것
사고	思 생각	사	考 생각할	고	생각하고 궁리함
사념	思 생각	사	念 생각	념	마음속으로 생각함
사려	思 생각	사	慮 생각할	려	여러 가지로 신중하게 생각함
사상	思 생각	사	想 생각할	상	생각
사설	辭 말씀	사	說 말씀	설	잔소리로 늘어놓는 말
사택	舍 집	사	宅 집	택	살림집

상념	想 생각	상	念 생각할	념	마음속에 떠오르는 생각
생산	生 날	생	産 낳을	산	인간생활에 필요한 물건을 만듦
석방	釋 풀	석	放 놓을	방	잡혀있는 사람을 용서하여 놓아 줌
선택	選 가릴	선	擇 가릴	택	둘 이상의 것에서 마음에 드는 것을 골라 뽑음
세탁	洗 씻을	세	濯 씻을	탁	빨래
수목	樹 나무	수	木 나무	목	나무
숭고	崇 높을	숭	高 높을	고	존엄하고 거룩함
승계	承 이을	승	繼 이을	계	뒤를 이음
시설	施 베풀	시	設 베풀	설	도구나 장치 등을 베풀어서 차림
시초	始 처음	시	初 처음	초	맨 처음
시험	試 시험	시	驗 시험할	험	지식수준이나 기술의 숙달 정도 따위를 문제를 내거나 실지로 시키거나 하는 일정한 절차에 따라 알아봄
신체	身 몸	신	體 몸	체	사람의 몸
안목	眼 눈	안	目 눈	목	사물을 보아서 분별할 수 있는 식견
애도	哀 슬플	애	悼 슬퍼할	도	사람의 죽음을 슬퍼하고 애석해함
언어	言 말씀	언	語 말씀	어	생각이나 느낌을 음성으로 전달하는 수단과 체계
온난	溫 따뜻할	온	暖 따뜻할	난	날씨가 따뜻함
완전	完 완전할	완	全 온전	전	필요한 것이 모두 갖추어져 있음
우수	憂 근심	우	愁 근심	수	근심과 걱정
원한	怨 원망할	원	恨 한할	한	원통하고 한스러운 생각
위대	偉 클	위	大 큰	대	도량이나 업적 따위가 크게 뛰어나고 훌륭함
은혜	恩 은혜	은	惠 은혜	혜	자연이나 남에게서 받는 고마운 혜택
음성	音 소리	음	聲 소리	성	사람의 발음기관에서 나오는 말소리나 목소리
의논	議 의논할	의	論 논할	논	어떤 일을 해결하기 위하여 서로 의견을 주고받음
의복	衣 옷	의	服 옷	복	옷

의지	意 뜻 의	志 뜻 지	목적이 뚜렷한 생각, 뜻
재화	災 재앙 재	禍 재앙 화	재앙과 화난
재화	財 재물 재	貨 재물 화	재물
저축	貯 쌓을 저	蓄 모을 축	절약해 모아 둠
전투	戰 싸움 전	鬪 싸움 투	전쟁에서 이기기 위해 온갖 병기를 써서 직접 맞붙어 싸움
정결	淨 깨끗할 정	潔 깨끗할 결	맑고 깨끗함
정류	停 머무를 정	留 머무를 류	탈것 따위가 머무름
정직	正 바를 정	直 곧을 직	거짓이나 꾸밈이 없이 마음이 바르고 곧음
제왕	帝 임금 제	王 임금 왕	황제와 국왕을 통틀어 이르는 말
제작	製 지을 제	作 지을 작	재료를 써서 물건을 만듦
제조	製 지을 제	造 지을 조	원료를 가공하여 제품을 만듦
존재	存 있을 존	在 있을 재	실제로 있음, 또는 있는 것
종료	終 마칠 종	了 마칠 료	일을 마침, 끝냄
주거	住 살 주	居 살 거	어떤 곳에 자리 잡고 삶, 또는 그 집
주홍	朱 붉을 주	紅 붉을 홍	붉은빛과 누른빛의 중간으로 붉은 쪽에 가까운 빛깔
중앙	中 가운데 중	央 가운데 앙	사방의 한가운데, 중간
증가	增 더할 증	加 더할 가	수나 양이 많아짐
지식	知 알 지	識 알 식	사물에 관한 명료한 의식과 그것에 대한 판단
진보	珍 보배 진	寶 보배 보	아주 진귀한 보물
진취	進 나아갈 진	就 나아갈 취	차차 진보하여 감
창고	倉 곳집 창	庫 곳집 고	물건을 저장하거나 보관하는 건물
채소	菜 나물 채	蔬 나물 소	밭에 가꾸어 먹는 온갖 푸성귀
청결	淸 맑을 청	潔 깨끗할 결	맑고 깨끗함
청정	淸 맑을 청	淨 깨끗할 정	맑고 깨끗함

한자 깊이 익히기

청문	聽	들을 청	聞	들을	문	퍼져 돌아다니는 소문, 설교나 연설 따위를 들음
취의	趣	뜻 취	意	뜻	의	취지
층계	層	층 층	階	섬돌	계	층층으로 된 데를 오르내릴 수 있도록 여러 턱으로 만들어 놓은 설비, 계단
타격	打	칠 타	擊	칠	격	세게 때려 침
토벌	討	칠 토	伐	칠	벌	반란자 등 적이 되어 맞서는 무리를 병력으로 공격하여 없앰
투쟁	鬪	싸움 투	爭	다툴	쟁	상대편을 이기려고 다툼
포획	捕	잡을 포	獲	얻을	획	적병을 사로잡음, 짐승이나 물고기를 잡음
한랭	寒	찰 한	冷	찰	랭	기온이 낮고 매우 추움
항상	恒	항상 항	常	항상	상	늘, 매상
협화	協	화할 협	和	화할	화	협력하여 화합함
화목	和	화할 화	睦	화목할	목	뜻이 맞고 정다움
환희	歡	기쁠 환	喜	기쁠	희	즐거워 기뻐함, 또는 큰 기쁨
회사	會	모일 회	社	모일	사	상행위 또는 영리행위를 목적으로 상법에 따라 설립된 사단법인
희망	希	바랄 희	望	바랄	망	어떤 일을 이루거나 얻고자 기대하고 바람

3-2 유의어·유의자

共鳴(공명)	首肯(수긍)	俗世(속세)	塵世(진세)	蒼空(창공)	碧空(벽공)
交涉(교섭)	折衝(절충)	視野(시야)	視界(시계)	天地(천지)	乾坤(건곤)
驅迫(구박)	虐待(학대)	始祖(시조)	鼻祖(비조)	滯留(체류)	滯在(체재)
九泉(구천)	黃泉(황천)	殃禍(앙화)	災殃(재앙)	招待(초대)	招請(초청)
飢死(기사)	餓死(아사)	年歲(연세)	春秋(춘추)	寸土(촌토)	尺土(척토)
背恩(배은)	亡德(망덕)	領土(영토)	版圖(판도)	漂迫(표박)	流離(유리)
寺院(사원)	寺刹(사찰)	威脅(위협)	脅迫(협박)	海外(해외)	異域(이역)
書簡(서간)	書翰(서한)	一毫(일호)	秋毫(추호)	戲弄(희롱)	籠絡(농락)

4 동음이의어

가구
- 家口 주거와 생계를 같이하는 단위
- 家具 가정 살림에 쓰이는 온갖 세간

감사
- 監事 공공단체의 서무를 맡아보는 직책, 또는 그 직책의 사람
- 感謝 고마움을 나타내는 인사
- 監査 감독하고 검사함

감상
- 感想 마음에 느끼어 일어나는 생각
- 感傷 대상에서 받은 느낌으로 마음 아파하는 일
- 感賞 감동하여 칭찬함
- 鑑賞 예술작품을 음미하여 이해하고 즐김

개량
- 改良 고치어 좋게 함
- 改量 토지를 다시 측량함

개정
- 改正 바르게 고침
- 改定 한번 정했던 것을 고치어 다시 정함
- 改訂 책의 잘못된 내용을 바로잡음

검사
- 劍士 검객
- 檢事 검찰권을 행사하는 사법관
- 檢査 옳고 그름, 좋고 나쁨 따위의 사실을 살피어 검토하거나 조사하여 판정함

경계
- 經界 사물의 옳고 그름이 분간되는 한계
- 境界 지역이 갈라지는 한계
- 警戒 범죄나 사고 등 좋지 않은 일이 일어나지 않도록 미리 마음을 가다듬어 조심함

경기
- 景氣 매매나 거래 따위에 나타난 경제활동의 상황
- 競技 기술의 낫고 못함을 서로 겨루는 일

경로
- 經路 지나는 길
- 敬老 노인을 공경함

경비
- 經費 어떠한 일을 하는 데 드는 비용
- 警備 만일에 대비하여 경계하고 지킴

공동
- 空洞 아무것도 없이 텅 빈 굴
- 共同 두 사람 이상이 일을 같이 함

공약
- 公約 사회 공중에 대한 약속을 함
- 空約 헛된 약속을 함

과거
- 科擧 왕조 때 벼슬아치를 뽑기 위하여 보던 시험
- 過去 지나간 때, 지난날

과정
- 過程 일이 되어 가는 경로
- 課程 과업의 정도

교감
- 校監 학교장을 보좌하여 교무를 감독하는 직책
- 交感 서로 접촉되어 감응함

교단
- 敎團 같은 교의를 믿는 사람끼리 모여 만든 종교단체
- 敎壇 교실에서 선생님이 강의할 때 올라서는 단

교정
- 校庭 학교의 운동장
- 校正 교정지와 원고를 대조하여 틀린 글자나 빠진 글자 따위를 바로잡는 일
- 校訂 책의 잘못된 글자나 어구 따위를 고치는 일
- 矯正 좋지 않은 버릇이나 결점 따위를 바로잡아 고침

구상
- 具象 사물이 실제로 뚜렷한 모양이나 형태를 갖추고 있는 것
- 求償 배상 또는 상환을 청구함
- 構想 무슨 일에 대하여 그 전체의 내용이나 규모, 실현하는 방법 등에 대해서 이리저리 생각하는 일

구조
- 構造 어떤 물건이나 조직체 따위의 전체를 이루고 있는 부분들의 서로 짜인 관계나 그 체계
- 救助 위험한 상태에 있는 사람을 도와서 구원함

구축
- 構築 큰 구조물이나 진지 등을 쌓아올려 만듦
- 驅逐 어떤 세력이나 해로운 것을 몰아냄

구호
- 口號 대중집회나 시위 등에서 어떤 요구나 주장 따위를 나타내는 짤막한 호소
- 救護 어려움에 처해 있는 사람, 특히 재난을 당한 사람이나 병자·부상자 등을 도와 보호함

귀중
- 貴中 편지나 물품 등을 보낼 때 받는 쪽의 기관이나 단체이름 뒤에 써서 상대편을 높이는 말
- 貴重 매우 소중함

극단
- 極端 맨 끄트머리, 중용을 벗어나 한쪽으로 치우치는 일
- 劇團 연극의 상연을 목적으로 결성된 단체

근간
- 近間 요사이, 요즈음
- 根幹 뿌리와 줄기, 사물의 바탕이나 중심
- 近刊 최근에 출판된 간행물

급수
- 級數 기술 따위의 우열에 따라 매기는 등급
- 給水 물을 공급함

기사
- 技士 국가기술자격법에 따른 검정시험을 통하여 공인되는 기술계 기술자격 등급의 한 가지
- 技師 관청이나 회사 등에서 전문적인 기술을 필요로 하는 일을 맡아보는 사람
- 奇事 신기하고 희한한 일
- 騎士 말을 탄 무사, 중세 유럽의 무인
- 棋士 바둑이나 장기를 잘 두는 사람
- 記事 신문이나 잡지 등에 어떤 사실을 실어 알리는 글, 또는 기록된 사실

기상
- 氣象 비·눈·바람·구름·기온·기압 등 대기 속에서 일어나는 현상
- 氣像 사람이 타고난 꿋꿋한 바탕이나 올곧은 마음씨, 또는 그것이 겉으로 드러난 모습
- 起床 잠자리에서 일어남

기수
- 基數 수를 나타내는 기본이 되는 수
- 旗手 군대나 단체 따위의 행렬 또는 행진 시 앞에서 기를 드는 사람
- 騎手 말을 타는 사람
- 旣遂 이미 일을 끝냄, 형법상 범죄의 실행을 완전히 끝내는 일

기술
- 技術 어떤 일을 정확하고 능률적으로 해내는 솜씨
- 奇術 기묘한 재주
- 旣述 앞에 쓴 글에 이미 서술함
- 記述 문장으로 적음, 사물의 특질을 객관적·조직적·학문적으로 적음

기원
- 紀元 역사상의 햇수를 세는 기준이 되는 해
- 起源 사물이 생긴 근원
- 棋院 바둑을 즐기는 사람에게 시설과 장소를 제공하는 업소
- 祈願 소원이 이루어지기를 빎

내수
- 內水 한 나라 영토 안의 바다를 제외한 국토 안의 하천·호수 따위
- 內需 국내의 수요
- 耐水 물이 묻어도 젖거나 배지 않음

내용
- 內容 그릇이나 포장 따위의 속에 들어 있는 것
- 內用 안살림에 드는 비용 또는 그 씀씀이

노숙
- 老宿 수양이 깊고 학덕이 높은 사람
- 老熟 오랫동안 경험을 쌓아 아주 익숙함
- 露宿 한데서 잠을 잠

노후
- 老後 늙은 뒤
- 老朽 오래되거나 낡아서 쓸모가 없음

녹음
- 綠陰 푸른 잎이 우거진 나무의 그늘
- 錄音 소리를 재생할 수 있도록 기계로 기록하는 일

농담
- 濃淡 빛깔이나 맛 따위의 짙고 옅은 정도
- 弄談 실없이 하는 우스갯소리

단결
- 斷決 일을 딱 잘라서 확실하게 결정함
- 團結 한마음 한뜻으로 여러 사람이 한데 뭉침

단서
- 但書 본문 다음에 덧붙여, 본문의 내용에 대한 조건이나 예외 등을 밝혀 적은 글
- 端緖 일의 시초, 어떤 사건이나 문제를 푸는 실마리

단정
- 端整 깔끔하고 가지런함
- 端正 모습이나 몸가짐이 흐트러진 데 없이 얌전하고 깔끔함
- 斷情 정을 끊음

斷定 분명한 태도로 결정함

답사
答辭 식장에서 축사나 환영사·환송사 따위에 대한 답례로 하는 말
踏査 실지로 현장에 가서 보고 조사함

대사
大使 특명 전권 대사
大事 큰 일
大師 고승을 높이어 일컫는 말
臺詞 배우가 무대 위에서 하는 대화·독백·방백 등을 통틀어 이르는 말

독자
獨子 외아들
獨自 저 혼자
讀者 책·신문·잡지 따위의 출판물을 읽는 사람

동기
冬期 겨울철, 동절기
同氣 형제자매를 통틀어 이르는 말
同期 같은 시기, 같은 연도
動機 사람으로 하여금 행동을 일으키게 하는 내적인 요인이나 계기

동정
動靜 어떤 행동이나 상황 등이 전개되거나 변화되어 가는 낌새나 상태
童貞 이성과 아직 성적 관계를 가진 일이 없는 사람
同情 남의 불행이나 슬픔 따위를 자기 일처럼 생각하여 가슴 아파하고 위로함

동지
冬至 24절기의 하나, 대설과 소한 사이로 12월 22일경임
同志 뜻을 같이하는 일, 또는 그런 사람
動止 움직이는 일과 멈추는 일

매장
賣場 판매소
埋葬 시체나 유골을 땅에 묻음
埋藏 광물 따위가 묻혀 있음

맹아
盲兒 눈이 먼 아이
盲啞 소경과 벙어리를 아울러 이르는 말
萌芽 식물에 새로 튼 싹, 새로운 일의 시초

명명
明命 신령이나 임금에게서 받은 명령
明明 아주 환하게 밝음
冥冥 나타나지 아니하여 모양을 알 수 없음
命名 사람이나 물건 따위에 이름을 지어 붙임

모사
毛絲 털실
謀士 계책을 세우는 사람, 또는 계책에 능한 사람
模寫 무엇을 흉내내어 그대로 나타냄
謀事 일을 꾀함, 또는 일의 해결을 위한 꾀를 냄

문호
文豪 크게 뛰어난 문학가
門戶 집으로 드나드는 문, 외부와 교류하기 위한 통로나 수단

미수
米壽 여든여덟 살
未收 아직 다 거두지 못함
未遂 뜻한 바를 아직 이루지 못함

밀어
- 蜜語 남녀 간에 은밀히 나누는 달콤한 말
- 密語 남이 알아듣지 못하게 비밀히 하는 말

반감
- 反感 상대편의 말이나 태도 등을 불쾌하게 생각하여 반발하거나 반항하는 감정
- 半減 절반으로 줆, 또는 절반으로 줄임

발전
- 發電 전기를 일으킴
- 發展 세력 따위가 성하게 뻗어 나감

방문
- 房門 방으로 드나드는 문
- 榜文 여러 사람에게 널리 알리기 위하여 길거리나 사람이 많이 모이는 곳에 써 붙이는 글
- 訪問 어떤 사람이나 장소를 찾아가서 만나거나 봄

변사
- 辯士 입담이 좋아서 말을 잘하는 사람
- 變死 뜻밖의 사고로 죽음, 횡사
- 變詐 요사스럽게 요랬다조랬다 함, 요리조리 속임

보고
- 寶庫 보물처럼 귀중한 것이 갈무리되어 있는 곳
- 報告 주어진 임무에 대하여 그 결과나 내용을 말이나 글로 알림

보도
- 步道 인도
- 輔導 도와서 바르게 이끎
- 報道 신문이나 방송으로 새 소식을 널리 알림

보수
- 保守 오랜 습관·제도·방법 등을 소중히 여겨 그대로 지킴
- 報酬 고마움에 보답함, 노력의 대가나 사례의 뜻으로 주는 돈이나 물품
- 補修 상했거나 부서진 부분을 손질하여 고침

보조
- 步調 여럿이 줄지어 걸을 때의 걸음걸이 또는 걸음의 속도
- 補助 모자라거나 넉넉지 못한 것을 보태어 돕는 일, 또는 도움이 되는 그것

부상
- 副賞 정식의 상 외에 따로 덧붙여서 주는 상
- 富商 자본이 넉넉한 상인
- 負傷 몸에 상처를 입음
- 浮上 물 위로 떠오름

부양
- 浮揚 가라앉은 것이 떠오름, 또는 떠오르게 함
- 扶養 생활능력이 없는 사람의 생활을 돌봄

부인
- 夫人 남을 높이어 그의 아내를 일컫는 말
- 婦人 결혼한 여자
- 否認 시인하지 않음

부자
- 父子 아버지와 아들
- 富者 재산이 많은 사람

부정
- 不正 바르지 않음, 바르지 못한 일
- 不定 일정하지 않음

不貞 남편으로서 또는 아내로서 정조를 지키지 않음
不淨 깨끗하지 못함
否定 그렇다고 인정하지 아니함

비명
非命 재해나 사고 따위로 죽는 일
悲鳴 몹시 놀라거나 괴롭거나 다급하거나 할 때에 지르는 외마디 소리
碑銘 비면에 새긴 글

비보
悲報 슬픈 소식
飛報 급히 통지함, 급보
祕報 남몰래 보고함

비행
非行 도리나 도덕 또는 법규에 어긋나는 행위
飛行 항공기 따위가 하늘을 날아다님

사경
四經 시경·서경·역경·춘추의 네 경서
四境 사방의 경계, 사방의 국경
死境 죽음에 이른 경지, 죽게 된 경지

사고
史庫 조선시대에 역사에 관한 기록이나 중요한 서적을 보관하던 정부의 곳집
事故 뜻밖에 일어난 사건이나 탈
思考 생각함, 궁리함

사관
士官 병사를 거느리는 무관, 장교를 통틀어 이르는 말
史觀 역사적 사실을 파악하여 해석하는 근본적인 견해, 역사관

사기
士氣 싸우려 하는 병사들의 씩씩한 기개
史記 역사적 사실을 적은 책
事記 사건 내용을 적은 기록
沙器 사기그릇
詐欺 못된 목적으로 남을 속임

사설
私說 아직 공인되지 않은 개인의 학설이나 의견
社說 신문이나 잡지 따위에서 그 글쓴이의 주장으로 싣는 논설
私設 개인이나 민간에서 설립함, 또는 그 기관이나 시설
辭說 잔소리로 늘어놓는 말

사수
射手 총포나 활 따위를 쏘는 사람, 사격수
死守 목숨을 걸고 지킴

사유
事由 일의 까닭, 연고, 연유
私有 개인이 소유함, 또는 그 소유물
思惟 논리적으로 생각함

사인
死人 죽은 사람
死因 죽게 된 원인
私人 사적 자격으로서의 개인

사전
事典 여러 가지 사항을 모아 일정한 순서로 배열하여 설명·해설한 책
事前 무슨 일이 있기 전
辭典 낱말을 모아 일정한 순서로 배열하여 발음·뜻·용법·어원 등을 해설한 책

사정
- 邪正 그릇됨과 올바름
- 私情 사사로운 정
- 射程 사격에서 탄환이 나가는 최대 거리
- 司正 공직에 있는 사람의 규율과 질서를 바로잡는 일
- 事情 일의 형편이나 그렇게 된 까닭
- 査正 그릇된 것을 조사하여 바로잡음
- 査定 조사하거나 심사하여 결정함

사지
- 四肢 짐승의 네 다리, 사람의 팔다리
- 死地 죽을 곳, 살아날 길이 없는 매우 위험한 곳
- 私地 개인 소유의 땅, 소유지

상가
- 商家 장사를 업으로 하는 집
- 商街 상점이 많이 늘어서 있는 거리
- 喪家 초상집

상품
- 上品 높은 품격
- 商品 사고파는 물품
- 賞品 상으로 주는 물품

선전
- 宣戰 다른 나라에 대하여 전쟁 개시를 선언함
- 善戰 실력 이상으로 잘 싸움, 최선을 다하여 잘 싸움
- 宣傳 주의·주장이나 어떤 사물의 존재·효능 따위를 사람들에게 설명하고 이해와 공감을 얻기 위해 널리 알림

성대
- 盛大 아주 성하고 큼
- 聲帶 후두의 중앙에 있는 소리를 내는 기관, 목청

성전
- 成典 성문화된 법전, 정해진 법식이나 의식
- 盛典 성대한 의식
- 聖典 어떤 종교에서 교의의 근본이 되는 책
- 聖殿 신성한 전당
- 聖戰 거룩한 사명을 띤 전쟁

수도
- 水道 상수도
- 首都 한 나라의 중앙정부가 있는 도시
- 修道 도를 닦음

수상
- 手相 손금
- 水上 물 위
- 首相 내각의 우두머리
- 隨想 사물을 대할 때의 느낌이나 그때그때 떠오르는 생각
- 受像 텔레비전이나 전송사진 등에서 영상을 전파로 받아 상을 비침
- 受賞 상을 받음

수석
- 水石 물과 돌
- 首席 석차 따위의 제1위
- 壽石 실내 등에 두고 감상하는 생긴 모양이나 빛깔·무늬 따위가 묘하고 아름다운 천연석

수신
- 受信 금융기관이 고객으로부터 신용을 받는 일, 우편·전보 등의 통신을 받음
- 守身 자기의 본분을 지켜 불의에 빠지지 않도록 함
- 修身 마음과 행실을 바르게 하도록 심신을 닦음

순종
- 純種 딴 계통과 섞이지 않은 순수한 종

順從 순순히 복종함

시가
市街 도시의 큰 거리, 또는 번화한 거리
市價 상품이 시장에서 팔리는 값, 시장가격
時價 가격이 바뀌는 상품의 거래할 때의 가격
媤家 시집
詩歌 시와 노래와 창곡을 통틀어 이르는 말

시각
時刻 시간의 흐름 속의 어느 순간
視角 보고 있는 물체의 양 끝에서 눈에 이르는 두 직선이 이루는 각
視覺 오감(五感)의 하나로 물체의 모양이나 빛깔 등을 분간하는 눈의 감각

시비
侍婢 곁에서 시중드는 여자 종
是非 옳고 그름, 잘잘못
施肥 논밭에 거름을 주는 일

시사
時事 그때그때의 세상의 정세나 일어난 일
示唆 미리 암시하여 알려 줌
試寫 영화를 개봉하기 전에 시험적으로 신문기자, 평론가, 제작 관계자 등에게 상영해 보이는 일

시인
時人 그 당시의 사람
詩人 시를 짓는 사람
是認 옳다고 또는 그러하다고 인정함

신축
伸縮 늘이고 줄임
新築 새로 축조하거나 건축함

실례
實例 구체적인 실제의 예
失禮 언행이 예의에 벗어남

실수
實數 유리수와 무리수를 통틀어 이르는 말
失手 부주의로 잘못을 저지름

실정
實情 실제의 사정, 실제의 상황
失政 정치를 잘못함 또는 잘못된 정치

약관
約款 계약이나 조약 등에서 정해진 하나하나의 조항
弱冠 남자의 나이 스무 살

양식
良識 건전한 사고방식, 건전한 판단력
洋食 서양식의 음식, 서양 요리
樣式 역사적 · 사회적으로 자연히 그렇게 정해진 공통의 형식이나 방식
糧食 살아가는 데 필요한 먹을거리, 식량
養殖 물고기 · 굴 · 김 따위의 해산물을 기르고 번식시키는 일

양호
良好 매우 좋음
養護 기르고 보호함

역전
驛前 정거장 앞
逆戰 적으로부터 공격을 받다가 역습하여 싸움
歷戰 여러 차례의 싸움터에서 전투를 겪음, 역전의 용사
逆轉 형세나 순위 따위가 지금까지와는 반대의 상황으로 됨

연기
- 煙氣: 물건이 탈 때 생기는 빛깔이 있는 기체
- 演技: 관객 앞에서 연극·노래·춤·곡예 따위의 재주를 나타내 보임
- 延期: 정해 놓은 기한을 물림

연장
- 年長: 서로 비교하여 나이가 많음
- 延長: 일정 기준보다 길이 또는 시간을 늘임

우수
- 右手: 오른손
- 雨水: 24절기의 하나로 입춘과 경칩 사이 2월 19일 경임
- 憂愁: 근심과 걱정
- 優秀: 여럿 가운데 뛰어남

원수
- 元首: 한 나라의 최고 통치권을 가진 사람
- 元帥: 군인의 가장 높은 계급, 오성장군
- 怨讐: 자기 또는 자기 집이나 나라에 해를 끼쳐 원한이 맺힌 사람

유지
- 有志: 어떤 일에 관심이나 뜻이 있는 사람, 지역 유지
- 油脂: 동·식물에서 얻는 기름을 통틀어 이르는 말
- 油紙: 기름을 먹인 종이
- 乳脂: 유지방
- 遺志: 죽은 이가 생전에 이루지 못하고 남긴 뜻
- 維持: 어떤 상태를 그대로 지니어 감

이성
- 理性: 사물의 이치를 논리적으로 생각하고 판단하는 마음의 작용

- 異姓: 다른 성
- 異性: 남성 쪽에서 본 여성, 또는 여성 쪽에서 본 남성을 이르는 말

이해
- 利害: 이익과 손해
- 理解: 사리를 분별하여 앎

인도
- 人道: 사람이 다니는 길, 인간으로서 마땅히 지켜야 할 도리
- 印度: 인디아의 한자음 표기
- 引渡: 물건이나 권리 따위를 남에게 넘겨줌
- 引導: 가르쳐 일깨움

인상
- 人相: 사람의 얼굴 생김새와 골격
- 印象: 외래의 사물이 사람의 마음에 주는 감각
- 引上: 끌어 올림, 값을 올림

인정
- 人情: 사람이 본디 지니고 있는 온갖 감정, 남을 생각하고 도와주는 따뜻한 마음씨
- 仁政: 어진 정치
- 認定: 옳다고 믿고 정함

일정
- 日程: 그날에 할 일, 또는 그 분량이나 차례
- 一定: 정해져 있어 바뀌거나 달라지지 않고 한결같음

장관
- 壯觀: 굉장하여 볼만한 경관
- 長官: 국무를 맡아보는 행정 각부의 책임자
- 將官: 장수

재고
- 在庫　창고에 있음
- 再考　한 번 정한 일을 다시 한 번 생각함

재화
- 災禍　재앙과 화난
- 財貨　재물
- 載貨　차나 배에 화물을 실음

적기
- 赤旗　붉은 빛의 기
- 適期　알맞은 시기
- 敵機　적의 비행기
- 摘記　요점만 뽑아 적음, 또는 그 기록

전경
- 全景　전체의 경치
- 前景　눈앞에 펼쳐져 보이는 경치
- 戰警　전투 경찰대

전공
- 全功　모든 공로나 공적
- 前功　전에 세운 공로나 공적
- 電工　전기공업
- 戰功　전투에서 세운 공로
- 專攻　어느 일정한 부문에 대하여 전문적으로 연구함

전기
- 前期　어떤 기간을 몇 개로 나누었을 때 그 첫 기간
- 傳奇　있을 수 없는 기이한 일을 내용으로 한 이야기
- 傳記　한 개인의 일생의 활동을 적은 기록
- 電氣　전자의 이동으로 생기는 에너지의 한 형태
- 轉機　사물이나 형세가 어떤 상태에서 다른 상태로 변하는 계기

전기(2)
- 前記　앞에 기록함
- 轉記　어떤 기재사항을 한 장부에서 다른 장부로 옮기어 적음

전례
- 典例　전거(典據)가 되는 선례
- 典禮　왕실 또는 나라의 의식
- 前例　이전의 사례, 선례

전반
- 全般　통틀어 모두, 여러 가지 것의 전부
- 前半　전체를 둘로 나누었을 때 앞부분이 되는 절반

전시
- 全市　시(市)의 전체
- 戰時　전쟁을 하고 있는 때
- 展示　물품 따위를 늘어놓아 보임

전원
- 田園　논밭과 동산, 시골이나 도시의 교외
- 全員　전체의 인원
- 電源　전력을 공급하는 원천

절감
- 切感　절실히 느낌, 깊이 느낌
- 節減　아껴서 줄임

절개
- 節槪　옳은 일을 지키어 뜻을 굽히지 않는 굳건한 마음이나 태도
- 切開　치료를 위해 칼·가위 따위로 몸의 일부를 째어서 엶

접수
- 接收　돈이나 물건 따위를 받음

接受 공문서 따위의 서류나 구두로 신청한 사실들을 처리하기 위하여 받아들임

정교
正教 바른 종교
政教 정치와 종교
精巧 기계나 세공물 따위가 아주 세세한 부분까지 정밀하게 잘 되어 있음
情交 친밀하게 사귐, 또는 그런 교제

정당
正當 바르고 마땅함, 이치가 당연함
政黨 정치상의 이념이나 이상을 함께 하는 사람들이 정권을 잡아 그 이념이나 이상을 실현하기 위하여 모인 단체
精當 매우 자세하고 마땅함

정도
正道 올바른 길, 바른 도리
征途 여행길, 전쟁이나 경기에 나가는 길
定道 저절로 정해져 변하지 않는 도리
政道 정치의 방침
程道 알맞은 한도
精度 정밀도
精到 매우 정묘한 경지에 다다름

정사
正史 정확한 사실을 바탕으로 하여 편찬한 역사
正邪 바른 일과 사악한 일
政事 정치에 관한 일, 행정에 관한 일
情史 남녀의 애정에 관한 기록, 연애를 다룬 소설
情事 남녀 간의 사랑에 관한 일
情思 남녀가 서로 사랑하는 마음
正射 활 따위를 정면에서 쏨, 수학에서 수직으로 투영하는 일
靜思 조용히 생각함

精査 아주 작은 것도 빼놓지 않고 자세히 조사함

정원
正員 어떤 조직체 따위에서 정식 인원으로서의 자격을 가지고 있는 사람
定員 일정한 규정에 따라 정해진 인원
庭園 잘 가꾸어 놓은 넓은 뜰

정전
正殿 임금이 나와서 조회를 하던 궁전
征戰 출정하여 싸움
停電 송전이 한때 끊어짐
停戰 교전 중이던 두 나라가 합의에 의해 한때 어떤 지역 또는 전역에 걸쳐 전투행위를 그치는 일

제명
題銘 책머리에 쓰는 제사(題詞)와 기물에 새기는 명
題名 책이나 시문 따위의 표제의 이름
除名 명부에서 결격자 등의 이름을 빼어 버림

제재
題材 예술작품이나 학술연구 따위에서 주제의 재료가 되는 것
制裁 어떤 태도나 행위에 대한 대응으로 불이익이나 벌을 줌
製材 베어 낸 나무를 켜서 각목·널빤지 따위를 만듦

조리
條理 어떤 일이나 말·글 등에서 앞뒤가 들어맞고 체계가 서는 갈피
調理 음식·거처·동작 등을 알맞게 하여 몸을 보살피고 병을 다스림
笊籬 쌀을 이는 데 쓰는 기구

조선
祖先 조상

朝鮮 이성계가 고려를 멸하고 세운 나라
造船 배를 건조함

조정

朝廷 임금이 나라의 정치를 집행하던 곳
漕艇 보트를 저음
調定 조사하여 확정함
調停 분쟁을 중간에서 화해시킴
調整 고르지 못한 것이나 과부족이 있는 것 따위를 알맞게 조절하여 정상상태가 되게 함

조화

弔花 조상(弔喪)하는 뜻으로 바치는 꽃
造化 천지자연의 이치
造花 종이나 헝겊 따위로 만든 꽃
彫花 도자기에 꽃무늬를 새김
調和 대립이나 어긋남이 없이 서로 잘 어울림

존속

尊屬 부모와 그 항렬 이상의 친족
存續 계속 존재함, 그대로 있음

주간

晝間 낮 동안
週間 월요일부터 일요일까지 한 주일 동안
主幹 어떤 일을 주장하여 맡아 처리함, 또는 그 사람
週刊 한 주일마다 한 번씩 펴냄, 또는 그 간행물

중복

中伏 삼복(三伏)의 두 번째 복날
重複 거듭함, 겹침, 이중

중지

中指 가운데 손가락
中智 보통의 슬기

衆志 뭇사람의 뜻이나 생각
中止 일을 중도에서 그만둠

지각

地角 땅의 한 모퉁이라는 뜻으로 땅의 맨 끝
地殼 지구의 표층을 이루고 있는 단단한 부분
遲刻 정해진 시각보다 늦음
知覺 느끼어 앎, 깨달음

지급

至急 매우 급함
支給 어떤 특정한 조건을 갖춘 사람에게 돈이나 물품 따위를 내줌

지대

至大 더없이 큼
地代 남의 토지를 빌린 사람이 빌려 준 사람에게 무는 세
地帶 자연적 또는 인위적으로 한정된 일정한 구역

지도

地圖 지구 표면의 일부나 전부를 일정한 축척에 따라 평면 위에 나타낸 그림
指導 어떤 목적이나 방향에 따라 가르치어 이끎

지성

至性 더없이 착한 성질
至聖 지덕을 아울러 갖추어 더없이 뛰어난 성인
知性 사물을 알고 생각하고 판단하는 능력
至誠 지극한 정성

지원

支院 지방법원이나 가정법원 등에 따로 분설된 하부 기관
支援 뒷받침하거나 편들어서 도움, 원조함

至願 지극히 바람, 또는 그러한 소원
志願 뜻하여 바람

진정
眞情 거짓이 없는 참된 정이나 애틋한 마음
眞正 참으로, 바로, 정말
陳情 실정을 털어놓고 말함
鎭定 반대 세력이나 기세 따위를 억눌러서 평정함
鎭靜 흥분이나 아픔 따위를 가라앉힘

천재
天才 태어날 때부터 갖춘 뛰어난 재주, 또는 그런 재주를 가진 사람
天災 자연현상으로 일어나는 재난
淺才 얕은 재주나 꾀

초대
初代 어떤 계통의 첫 번째 사람
招待 남을 청하여 대접함

초상
初喪 사람이 죽어서 장사 지내기까지의 일
肖像 그림이나 사진 따위에 나타난 어떤 사람의 얼굴이나 모습

최고
最古 가장 오래됨
最高 가장 높음
催告 법률상 일정한 결과를 일으키기 위하여 상대편의 행위 또는 불행위를 재촉하는 일

추상
秋霜 가을의 찬 서리
抽象 개별적인 사물이나 구체적인 개념으로부터 공통적인 요소를 뽑아 일반적인 개념으로 파악함

追想 지나간 일을 생각하고 그리워함
推想 앞으로 올 일 등을 미루어 생각함

축전
祝典 축하하는 의식이나 행사
祝電 축하의 뜻을 나타낸 전보
蓄電 전기를 모아 둠

취사
炊事 음식을 장만하는 일
取捨 쓸 것은 쓰고 버릴 것은 버림

치부
恥部 남에게 알리고 싶지 않은 부끄러운 부분
致富 재물을 모아 부자가 됨
置簿 금전이나 물품의 출납을 적어 넣음

타도
他道 당사자가 살고 있지 않거나 관계가 없는 행정구역상의 다른 도
打倒 어떤 대상이나 세력을 때리어 거꾸러뜨림

탄성
彈性 외부로부터 힘을 받아 모양이 달라진 물체가 그 힘이 없어지면 다시 본디의 모양으로 되돌아가려 하는 성질
歎聲 탄식하는 소리

탈모
脫毛 털이 빠짐
脫帽 모자를 벗음

탈취
脫臭 냄새를 뺌
奪取 남의 것을 억지로 빼앗아 가짐

통화
- 通貨 한 나라 안에서 통용되고 있는 화폐를 통틀어 이르는 말
- 通話 전화로 말을 주고받음

특수
- 特秀 특별히 빼어남, 특히 우수함
- 特需 특별한 수요
- 特殊 보통과 아주 다름, 특별함

파다
- 頗多 자못 많음, 매우 많음
- 播多 소문이 널리 퍼져 있음

표지
- 表紙 책의 겉장
- 標紙 증거의 표로 글을 적은 종이
- 標識 다른 것과 구별하여 알게 하는 데 필요한 표시나 특징

필적
- 筆跡 손수 쓴 글씨나 그림의 형적
- 匹敵 재주나 힘 따위가 엇비슷하여 서로 견줄만함

해독
- 害毒 나쁜 영향을 끼치는 요소, 해와 독
- 解毒 독기를 풀어서 없앰
- 解讀 알기 쉽도록 풀어서 읽음

향수
- 香水 향료를 알코올 따위에 풀어서 만든 액체 화장품의 한 가지
- 鄕愁 고향을 그리워하는 마음이나 시름
- 享受 복이나 혜택 따위를 받아서 누림

현상
- 現狀 현재의 상태, 지금의 형편
- 現象 지각할 수 있는 사물의 모양이나 형태
- 現像 형상을 나타냄, 촬영한 필름이나 인화지 따위를 약품으로 처리하여 영상이 드러나게 하는 일
- 懸賞 어떤 목적으로 조건을 붙여 상금이나 상품을 내거는 일

호기
- 好期 꼭 좋은 시기, 알맞은 시기
- 好機 무슨 일을 하는 데 좋은 기회
- 浩氣 호연한 기운
- 豪氣 씩씩한 기상, 호방한 기상
- 好奇 신기한 것에 흥미를 가짐
- 呼氣 내쉬는 숨, 날숨

혼수
- 昏睡 정신없이 혼혼히 잠듦
- 婚需 혼인에 드는 물품 또는 비용

회기
- 回忌 해마다 돌아오는 기일
- 回期 돌아올 시기
- 會期 집회나 회의 따위가 열리는 시기

회유
- 回遊 두루 돌아다니며 유람함
- 懷柔 어루만져 달램, 잘 구슬려 따르게 함

훈장
- 訓長 글방의 선생님
- 勳章 훈공이 있는 사람에게 국가에서 표창하기 위하여 내리는 휘장

상공회의소 한자시험 중급 기본서 3급

5 틀리기 쉬운 한자

佳往住	아름다울 / 갈 / 살	가 / 왕 / 주	百年佳約(백년가약) / 說往說來(설왕설래) / 衣食住(의식주)
假暇	거짓 / 겨를	가 / 가	假面(가면) / 休暇(휴가)
各名	각각 / 이름	각 / 명	各種(각종) / 姓名(성명)
干于	방패/막을 / 어조사	간 / 우	干涉(간섭) / 于先(우선)
減滅	덜 / 멸할	감 / 멸	加減(가감) / 滅亡(멸망)
甲申	갑옷 / 납	갑 / 신	甲富(갑부) / 申告(신고)
綱網	벼리 / 그물	강 / 망	三綱五倫(삼강오륜) / 聯絡網(연락망)
槪慨	대개 / 슬퍼할	개 / 개	槪念(개념) / 憤慨(분개)
客容	손 / 얼굴	객 / 용	顧客(고객) / 容貌(용모)
巨臣	클 / 신하	거 / 신	巨人(거인) / 臣下(신하)
擧譽	들 / 기릴	거 / 예	選擧(선거) / 名譽(명예)
檢儉險	검사할 / 검소할 / 험할	검 / 검 / 험	檢事(검사) / 儉素(검소) / 危險(위험)
堅緊	굳을 / 긴할	견 / 긴	堅固(견고) / 緊急(긴급)
驚警	놀랄 / 경계할	경 / 경	驚異(경이) / 警戒(경계)
經徑	지날 / 지름길	경 / 경	經濟(경제) / 直徑(직경)
孤派狐	외로울 / 갈래 / 여우	고 / 파 / 호	孤獨(고독) / 派兵(파병) / 九尾狐(구미호)
苦若	쓸 / 같을	고 / 약	苦生(고생) / 萬若(만약)
曲典	굽을 / 법	곡 / 전	曲線(곡선) / 法典(법전)
困囚因	곤할 / 가둘 / 인할	곤 / 수 / 인	困難(곤란) / 罪囚(죄수) / 因緣(인연)
功切	공 / 끊을	공 / 절	功勞(공로) / 切斷(절단)
橋僑矯	다리 / 더부살이 / 바로잡을	교 / 교 / 교	橋梁(교량) / 僑胞(교포) / 矯導所(교도소)

한자 깊이 익히기

한자	훈	음	예
具	갖출	구	家具(가구)
貝	조개	패	貝類(패류)
郡	고을	군	郡守(군수)
群	무리	군	群衆(군중)
卷	책	권	壓卷(압권)
券	문서	권	旅券(여권)
勸	권할	권	勸告(권고)
觀	볼	관	觀覽(관람)
歡	기쁠	환	歡迎(환영)
級	등급	급	等級(등급)
吸	마실	흡	吸收(흡수)
給	줄	급	給與(급여)
絡	이을	락	脈絡(맥락)
己	몸	기	知彼知己(지피지기)
已	이미	이	已往之事(이왕지사)
巳	뱀	사	乙巳條約(을사조약)
起	일어날	기	起床(기상)
赴	나아갈	부	赴任(부임)
踏	밟을	답	現地踏査(현지답사)
蹈	밟을	도	舞蹈會(무도회)
大	큰	대	大學(대학)
太	클	태	太陽(태양)
犬	개	견	忠犬(충견)
代	대신	대	代表(대표)
伐	칠	벌	伐草(벌초)
待	기다릴	대	待避(대피)
侍	모실	시	內侍(내시)
刀	칼	도	果刀(과도)
力	힘	력	力道(역도)
端	끝	단	末端(말단)
瑞	상서	서	祥瑞(상서)
徒	무리	도	徒步(도보)
徙	옮길	사	移徙(이사)
讀	읽을	독	讀書(독서)
贖	속바칠	속	贖罪(속죄)
續	이을	속	繼續(계속)
剌	어그러질	랄	潑剌(발랄)
刺	찌를	자	刺戟(자극)
郞	사내	랑	新郞(신랑)
朗	밝을	랑	明朗(명랑)
旅	나그네	려	旅行(여행)
族	겨레	족	族譜(족보)
施	베풀	시	施工(시공)
旋	돌	선	旋盤(선반)
歷	지낼	력	歷史(역사)
曆	책력	력	陰曆(음력)
老	늙을	로	老人(노인)
考	생각할	고	思考(사고)
孝	효도	효	孝女(효녀)
綠	푸를	록	綠茶(녹차)
緣	인연	연	因緣(인연)
錄	기록할	록	登錄(등록)
祿	녹	록	貫祿(관록)

論	논할	론	論爭(논쟁)
倫	인륜	륜	人倫(인륜)
輪	바퀴	륜	輪廓(윤곽)
栗	밤	률	栗谷(율곡)
粟	조	속	粟米(속미)
末	끝	말	末期(말기)
未	아닐	미	未來(미래)
免	면할	면	免除(면제)
兔	토끼	토	龜毛兔角(귀모토각)
眠	잠잘	면	睡眠(수면)
眼	눈	안	眼鏡(안경)
明	밝을	명	明暗(명암)
朋	벗	붕	朋友有信(붕우유신)
侮	업신여길	모	侮辱(모욕)
悔	뉘우칠	회	悔改(회개)
暮	저물	모	朝三暮四(조삼모사)
墓	무덤	묘	國立墓地(국립묘지)
幕	장막	막	園頭幕(원두막)
慕	그리워할	모	追慕(추모)
微	작을	미	微力(미력)
徵	부를	징	徵用(징용)
徽	아름다울	휘	徽章(휘장)
密	빽빽할	밀	密着(밀착)
蜜	꿀	밀	蜜柑(밀감)
辯	말씀	변	辯論(변론)
辨	분별할	변	辨償(변상)

薄	엷을	박	淺薄(천박)
簿	문서	부	帳簿(장부)
拍	칠	박	拍手(박수)
泊	배댈	박	民泊(민박)
排	밀칠	배	排球(배구)
俳	배우	배	俳優(배우)
復	돌아올	복	復學(복학)
複	겹칠	복	複製(복제)
佛	부처	불	佛敎(불교)
拂	떨칠	불	支拂(지불)
比	견줄	비	比率(비율)
此	이	차	此後(차후)
貧	가난할	빈	貧富(빈부)
貪	탐할	탐	貪慾(탐욕)
唆	부추길	사	示唆(시사)
俊	준걸	준	俊傑(준걸)
士	선비	사	博士(박사)
土	흙	토	土地(토지)
祀	제사	사	祭祀(제사)
祝	빌	축	祝福(축복)
思	생각	사	思想(사상)
恩	은혜	은	恩惠(은혜)
師	스승	사	敎師(교사)
帥	장수	수	將帥(장수)
象	코끼리	상	象牙(상아)
像	형상	상	銅像(동상)

恕怒	용서할 성낼	서 노	容恕(용서) 憤怒(분노)
暑署	더울 관청	서 서	處暑(처서) 支署(지서)
宣宜	베풀 마땅	선 의	宣言(선언) 宜當(의당)
釋譯澤擇	풀 번역할 못 가릴	석 역 택 택	解釋(해석) 飜譯(번역) 惠澤(혜택) 選擇(선택)
姓性	성 성품	성 성	姓名(성명) 性格(성격)
俗裕	풍속 넉넉할	속 유	風俗(풍속) 富裕(부유)
遂逐	이룰 쫓을	수 축	完遂(완수) 逐出(축출)
熟熱	익을 더울	숙 열	熟達(숙달) 熱氣(열기)
崇宗	높을 마루	숭 종	崇高(숭고) 宗敎(종교)
僧憎增	중 미울 더할	승 증 증	僧侶(승려) 憎惡(증오) 增減(증감)
矢失	화살 잃을	시 실	弓矢(궁시) 失手(실수)
仰抑	우러를 누를	앙 억	信仰(신앙) 抑壓(억압)

哀衷衰	슬플 속마음 쇠할	애 충 쇠	哀痛(애통) 苦衷(고충) 衰退(쇠퇴)
治冶	다스릴 불릴	치 야	政治(정치) 冶金(야금)
讓壤壞懷孃	사양할 흙덩이 무너질 품을 아가씨	양 양 괴 회 양	讓步(양보) 土壤(토양) 破壞(파괴) 懷抱(회포) 金孃(김양)
捐損	버릴 덜	연 손	捐金(연금) 損失(손실)
延廷	늘일 조정	연 정	延期(연기) 法廷(법정)
葉棄	잎 버릴	엽 기	葉書(엽서) 抛棄(포기)
午牛	낮 소	오 우	正午(정오) 牛乳(우유)
烏鳥島	까마귀 새 섬	오 조 도	烏鵲橋(오작교) 鳥類(조류) 獨島(독도)
穩隱	편안할 숨을	온 은	平穩(평온) 隱退(은퇴)
雨兩	비 두	우 량	雨傘(우산) 兩者(양자)

遺遣	남길	유	遺言(유언)
	보낼	견	派遣(파견)

泣位	울	읍	泣訴(읍소)
	자리	위	位置(위치)

日曰	날	일	日曜日(일요일)
	가로	왈	孔子曰(공자왈)

任仕	맡길	임	任務(임무)
	섬길	사	奉仕(봉사)

炙灸	구울	자	膾炙(회자)
	뜸	구	鍼灸(침구)

栽裁載戴	심을	재	栽培(재배)
	마를	재	獨裁(독재)
	실을	재	積載(적재)
	일	대	戴冠式(대관식)

積績	쌓을	적	積金(적금)
	길쌈	적	業績(업적)

滴摘	물방울	적	硯滴(연적)
	딸	적	摘要(적요)

折析	꺾을	절	折半(절반)
	쪼갤	석	分析(분석)

弟第	아우	제	弟子(제자)
	차례	제	落第(낙제)

燥操	마를	조	乾燥(건조)
	잡을	조	操作(조작)

晝書畵	낮	주	晝夜(주야)
	글	서	書店(서점)
	그림	화	畵家(화가)

柱桂	기둥	주	柱石(주석)
	계수나무	계	桂樹(계수)

枝枚技	가지	지	全枝(전지)
	낱	매	枚數(매수)
	재주	기	技能(기능)

陳陣	늘어놓을	진	陳列(진열)
	진칠	진	敵陣(적진)

津律	나루	진	松津(송진)
	법칙	률	法律(법률)

且旦	또	차	苟且(구차)
	아침	단	元旦(원단)

撤徹	거둘	철	撤收(철수)
	통할	철	貫徹(관철)

淸請晴	맑을	청	淸潔(청결)
	청할	청	請託(청탁)
	갤	청	快晴(쾌청)

招紹昭	부를	초	招待(초대)
	이을	소	紹介(소개)
	밝을	소	昭詳(소상)

村材	마을	촌	江村(강촌)
	재목	재	材料(재료)

墜墮	떨어질	추	墜落(추락)
	떨어질	타	墮落(타락)

衝衡	찌를	충	衝動(충동)
	저울대	형	平衡(평형)

한자	훈	음	예
枕	베개	침	枕木(침목)
沈	잠길 침/성 심		沈默(침묵)
濁	흐릴	탁	混濁(혼탁)
燭	촛불	촉	華燭(화촉)
獨	홀로	독	獨立(독립)
脫	벗을	탈	脫出(탈출)
稅	세금	세	稅金(세금)
悅	기쁠	열	喜悅(희열)
說	말씀	설	說明(설명)
設	베풀	설	建設(건설)
他	다를	타	他鄕(타향)
地	땅	지	地球(지구)
探	찾을	탐	探究(탐구)
深	깊을	심	深夜(심야)
閉	닫을	폐	閉鎖(폐쇄)
閑	한가할	한	閑暇(한가)
弊	해질	폐	弊端(폐단)
幣	비단	폐	貨幣(화폐)
抱	안을	포	抱擁(포옹)
泡	물거품	포	水泡(수포)
胞	세포	포	細胞(세포)
捕	잡을	포	捕虜(포로)
浦	개	포	浦港(포항)
補	기울	보	補修(보수)
鋪	펼/가게	포	店鋪(점포)
抗	겨룰	항	抗議(항의)
坑	구덩이	갱	坑道(갱도)
項	항목	항	項目(항목)
頃	잠깐	경	頃刻(경각)
旱	가물	한	旱氣(한기)
早	이를	조	早退(조퇴)
鄕	시골	향	故鄕(고향)
卿	벼슬	경	樞機卿(추기경)
幸	다행	행	幸福(행복)
辛	매울	신	辛辣(신랄)
刑	형벌	형	刑罰(형벌)
形	모양	형	形態(형태)
刊	새길	간	出刊(출간)
亨	형통할	형	亨通(형통)
享	누릴	향	享樂(향락)
活	살	활	死活(사활)
浩	넓을	호	浩蕩(호탕)
互	서로	호	互稱(호칭)
瓦	기와	와	瓦全(와전)
悔	뉘우칠	회	悔改(회개)
梅	매화	매	梅花(매화)
侮	업신여길	모	侮辱(모욕)
海	바다	해	東海(동해)
侯	제후	후	諸侯(제후)
候	기후	후	氣候(기후)

6 사자성어

#	사자성어	뜻	#	사자성어	뜻
1	街談巷說 (가담항설)	길거리나 세상 사람들 사이에 떠도는 근거 없는 이야기, 세상에 떠도는 뜬 소문 ☯ 街談巷議(가담항의) 道聽塗說(도청도설)	10	感之德之 (감지덕지)	이를 감사하게 생각하고 이를 덕으로 생각한다는 뜻으로, 대단히 고맙게 여김
2	苛斂誅求 (가렴주구)	관리가 가혹하게 세금을 거두거나 백성의 재물을 억지로 빼앗음 ☯ 苛政猛於虎(가정맹어호) 塗炭之苦(도탄지고)	11	甘吞苦吐 (감탄고토)	달면 삼키고 쓰면 뱉는다는 뜻으로, 사리에 옳고 그름을 돌보지 않고 자기 비위에 맞으면 취하고 싫으면 버린다는 뜻
3	佳人薄命 (가인박명)	아름다운 사람은 명이 짧다는 뜻으로, 여자의 용모가 너무 아름다우면 운명이 기박하고 명이 짧다는 말 ☯ 美人薄命(미인박명) 紅顔薄命(홍안박명)	12	甲男乙女 (갑남을녀)	평범한 사람들을 이르는 말 ☯ 匹夫匹婦(필부필부) 張三李四(장삼이사) 善男善女(선남선녀)
4	刻骨難忘 (각골난망)	입은 은혜에 대한 고마운 마음이 뼈에까지 사무쳐 잊혀지지 아니함 ☯ 白骨難忘(백골난망) 結草報恩(결초보은)	13	甲論乙駁 (갑론을박)	甲이 논하면 乙이 논박한다는 뜻으로, 여러 사람이 서로 논란하고 반박함
5	角者無齒 (각자무치)	뿔이 있는 놈은 이가 없다는 뜻으로, 한 사람이 모든 복을 겸하지는 못함	14	江湖煙波 (강호연파)	강이나 호수 위에 안개처럼 보얗게 이는 잔물결로 산수의 좋은 경치를 말함 ☯ 淸風明月(청풍명월) 山紫水明(산자수명)
6	刻舟求劍 (각주구검)	칼을 강물에 떨어뜨리자 뱃전에 그 자리를 표시했다가 나중에 그 칼을 찾으려 한다는 뜻으로, 판단력이 둔하여 세상일에 어둡고 어리석다는 뜻 ☯ 守株待兎(수주대토)	15	改過遷善 (개과천선)	지난날의 잘못을 고치어 착하게 됨 ☯ 改過自新(개과자신)
7	肝膽相照 (간담상조)	간과 쓸개를 내놓고 서로에게 내보인다는 뜻으로, 서로 마음을 터놓고 친밀하게 사귐 ☯ 管鮑之交(관포지교)	16	蓋世之才 (개세지재)	세상을 마음대로 다스릴만한 뛰어난 재주
8	敢不生心 (감불생심)	힘이 부치어 감히 마음을 먹지 못함 ☯ 敢不生意(감불생의) 焉敢生心(언감생심)	17	去頭截尾 (거두절미)	머리와 꼬리를 잘라버린다는 뜻으로, 군더더기 말을 빼고 요점만 말함 ☯ 單刀直入(단도직입)
9	甘言利說 (감언이설)	달콤한 말과 새로운 이야기란 뜻으로, 남의 비위에 맞도록 꾸민 달콤한 말과 이로운 조건을 내세워 남을 꾀는 말 ☯ 巧言令色(교언영색)	18	居安思危 (거안사위)	평안할 때에도 위험과 곤란이 닥칠 것을 생각하며 잊지말고 미리 대비해야 함 ☯ 有備無患(유비무환)

한자 깊이 익히기

19 擧案齊眉 (거안제미): 밥상을 눈썹 높이로 들어 공손히 남편 앞에 가지고 간다는 뜻으로, 남편을 깍듯이 공경함을 일컫는 말

20 車載斗量 (거재두량): 수레에 싣고 말(斗)로 될 수 있는 정도라는 뜻으로, 물건이 아주 많음을 비유함

21 乾坤一擲 (건곤일척): 하늘이냐 땅이냐를 한 번 던져서 결정한다는 뜻으로, 운명과 흥망을 걸고 단판으로 승부나 성패를 겨룸 또는 오직 이 한번에 흥망성쇠가 걸려있는 일
유 在此一擧 (재차일거)

22 乞人憐天 (걸인연천): 거지가 하늘을 불쌍히 여긴다는 뜻으로, 부질없는 걱정을 하거나 또는 불행한 처지에 있는 사람이 행복한 사람을 동정한다는 말

23 格物致知 (격물치지): 사물의 이치를 구명하여 자기의 지식을 확고하게 함

24 隔世之感 (격세지감): 아주 바뀌어 딴 세상 또는 딴 세대와 같이 많은 변화가 있었음을 비유하는 말
유 桑田碧海 (상전벽해)
今昔之感 (금석지감)

25 隔靴搔癢 (격화소양): 신을 신은 위로 가려운 곳을 긁는다는 뜻으로, 어떤 일의 핵심을 찌르지 못하고 겉돌기만 하여 매우 안타까운 상태를 말함
유 隔靴爬癢 (격화파양)

26 牽強附會 (견강부회): 이치에 맞지 않는 말을 억지로 끌어 붙여 자기 주장의 조건에 맞도록 함
유 我田引水 (아전인수)

27 見利思義 (견리사의): 눈앞에 이익을 보거든 먼저 그것을 취함이 의리에 합당한지를 생각하라는 말

28 犬馬之勞 (견마지로): 임금이나 나라 또는 윗사람에게 바치는 자기의 노력을 낮추어 말함
유 犬馬之心 (견마지심), 狗馬之心 (구마지심)

29 見蚊拔劍 (견문발검): 모기를 보고 칼을 뽑는다는 뜻으로, 보잘 것 없는 작은 일에 어울리지 않는 큰 대책을 쓴다는 말
유 怒蠅拔劍 (노승발검)

30 見物生心 (견물생심): 물건을 보면 욕심이 생긴다는 뜻

31 犬猿之間 (견원지간): 개와 원숭이 사이처럼 매우 사이가 나쁜 관계
유 氷炭之間 (빙탄지간)

32 見危授命 (견위수명): 위험을 보면 목숨을 바친다는 뜻으로, 나라의 위태로운 지경을 보고 목숨을 바쳐 나라를 위해 싸우는 것을 말함
유 見危致命 (견위치명)

33 堅忍不拔 (견인불발): 굳게 참고 견디어 마음을 빼앗기지 아니함, 즉 뜻을 변치 아니함

34 犬兔之爭 (견토지쟁): 개와 토끼가 쫓고 쫓기다가 둘이 다 지쳐 죽어 농군이 주워간다는 뜻으로, 서로 싸우다가 제삼자가 이익을 보는 것을 말함
유 漁父之利 (어부지리)
蚌鷸之爭 (방휼지쟁)

35 結者解之 (결자해지): 일은 맺은 사람이 풀어야 한다는 뜻으로, 일을 저지른 사람이 그 일을 해결해야 한다는 말

36 結草報恩 (결초보은): 풀을 묶어서 은혜를 갚는다는 뜻으로, 죽어 혼이 되더라도 입은 은혜를 잊지 않고 갚음
유 白骨難忘 (백골난망)
刻骨難忘 (각골난망)

| 37 | 兼人之勇 (겸인지용) | 혼자서 능히 몇 사람을 당해 낼 만한 용기 |

| 38 | 輕擧妄動 (경거망동) | 가볍고 망녕되게 행동한다는 뜻으로, 도리나 사정을 생각하지 아니하고 경솔하게 행동함 |

| 39 | 經國濟世 (경국제세) | 나라 일을 경륜하고 세상을 구제함
🌸 經世濟民(경세제민)
濟世安民(제세안민) |

| 40 | 傾國之色 (경국지색) | 나라를 위태롭게 할 만한 여성의 미모를 뜻함
🌸 傾城之色(경성지색)
萬古絶色(만고절색)
丹脣皓齒(단순호치) |

| 41 | 耕當問奴 (경당문노) | 농사일은 머슴에게 물어야 한다는 뜻으로, 일은 항상 그 부문의 전문가와 상의하여 행하여야 한다는 말 |

| 42 | 經世濟民 (경세제민) | 세상 일을 잘 다스려 도탄에 빠진 백성을 구함 |

| 43 | 敬而遠之 (경이원지) | 공경하되 그것을 멀리 한다는 말 |

| 44 | 驚天動地 (경천동지) | 하늘을 놀라게 하고 땅을 움직이게 한다는 뜻으로, 몹시 세상을 놀라게 함을 이르는 말
🌸 動天驚地(동천경지) |

| 45 | 敬天愛人 (경천애인) | 하늘을 공경하고 사람을 사랑함 |

| 46 | 經天緯地 (경천위지) | 온 세상을 다스림, 일을 계획적으로 준비하고 다스림 |

| 47 | 鷄口牛後 (계구우후) | 닭의 무리 속에 있는 한 마리의 학이라는 뜻으로, 큰 단체의 말석보다는 작은 단체의 우두머리가 되라는 말 |

| 48 | 鷄卵有骨 (계란유골) | 계란에도 뼈가 있다는 속담으로, 복이 없는 사람은 아무리 좋은 기회를 만나도 덕을 못 본다는 말 |

| 49 | 鷄鳴狗盜 (계명구도) | 닭의 울음소리를 잘 내는 사람과 개의 흉내를 잘 내는 좀도둑이라는 뜻으로, 점잖은 사람이 배울 것이 못 되는 천한 기능 또는 그런 기능을 가진 사람을 말함
🌸 函谷鷄鳴(함곡계명) |

| 50 | 股肱之臣 (고굉지신) | 다리와 팔뚝에 비길 만한 신하, 임금이 가장 신임하는 중신
🌸 股掌之臣(고장지신) |

| 51 | 孤軍奮鬪 (고군분투) | 후원이 없는 외로운 군대가 힘에 벅찬 적군과 맞서 온힘을 다하여 싸움, 적은 인원이나 약한 힘으로 남의 힘을 받지 아니하고 힘에 벅찬 일을 극악스럽게 함 |

| 52 | 膏粱珍味 (고량진미) | 기름진 고기와 곡식으로 만든 맛있는 음식
🌸 龍味鳳湯(용미봉탕) |

| 53 | 孤立無援 (고립무원) | 외톨이가 되어 도움을 받을 데가 없음
🌸 孤立無依(고립무의)
四顧無親(사고무친)
進退維谷(진퇴유곡) |

| 54 | 鼓腹擊壤 (고복격양) | 배를 두드리고 흙덩이를 친다는 뜻으로, 매우 살기 좋은 태평성대를 말함
🌸 太平聖代(태평성대) |

한자 깊이 익히기

55 姑息之計 (고식지계): 근본 해결책이 아닌 임시로 편한 것을 취하는 계책, 당장의 편안함만을 꾀하는 일시적인 방편
- 凍足放尿(동족방뇨)
- 下石上臺(하석상대)

56 苦肉之策 (고육지책): 적을 속이기 위해 또는 어려운 사태를 벗어나기 위한 수단으로 제 몸을 괴롭혀 가면서까지 짜내는 계책
- 苦肉之計(고육지계)

57 孤掌難鳴 (고장난명): 외손뼉만으로는 울릴 수 없다는 뜻으로, 상대 없이 싸울 수 없고 혼자서는 일을 이룰 수 없다는 말
- 十匙一飯(십시일반)
- 獨不將軍(독불장군)

58 苦盡甘來 (고진감래): 쓴 것이 다하면 단 것이 온다는 뜻으로, 고생 끝에 낙이 온다는 말
- 興盡悲來(흥진비래)

59 固執不通 (고집불통): 고집이 세어 조금도 변통성이 없음
- 膠柱鼓瑟(교주고슬)
- 碧昌牛(벽창우)

60 高枕安眠 (고침안면): 편안하게 누워서 근심 없이 지냄
- 高枕無憂(고침무우)
- 高枕而臥(고침이와)

61 曲學阿世 (곡학아세): 학문을 굽히어 세상에 아첨한다는 뜻으로, 정도를 벗어난 학문으로 세상 사람에게 아첨함을 이르는 말

62 骨肉相殘 (골육상잔): 부자나 형제 또는 같은 민족간에 서로 싸움
- 骨肉相爭(골육상쟁)
- 同族相殘(동족상잔)

63 空山明月 (공산명월): 공허한 산에 비치는 밝은 달이란 뜻으로, 대머리를 놀리는 말

64 空前絶後 (공전절후): 비교할 만한 것이 이전에도 없고 이후에도 없음
- 前無後無(전무후무)

65 空中樓閣 (공중누각): 공중에 누각을 지은 것처럼 근거가 없는 가공의 산물
- 沙上樓閣(사상누각)

66 誇大妄想 (과대망상): 턱없이 과장하여 엉뚱하게 생각함

67 過猶不及 (과유불급): 모든 사물이 정도를 지나치면 도리어 안한 것만 못함이라는 뜻으로, 중용을 이르는 말
- 矯角殺牛(교각살우)
- 矯枉過直(교왕과직)

68 管鮑之交 (관포지교): 서로에 대한 믿음과 신의가 두터운 우정
- 芝蘭之交(지란지교)
- 金蘭之交(금란지교)
- 金石之交(금석지교)

69 刮目相對 (괄목상대): 눈을 비비고 다시 보며 상대를 대한다는 뜻으로, 다른 사람의 학식이나 업적이 크게 진보한 것을 말함

70 矯角殺牛 (교각살우): 쇠뿔을 바로 잡으려다 소를 죽인다는 뜻으로, 결점이나 흠을 고치려다 수단이 지나쳐서 도리어 일을 그르침
- 過猶不及(과유불급)
- 矯枉過直(교왕과직)

71 巧言令色 (교언영색): 남의 환심을 사기 위해 교묘히 꾸며서 하는 말과 아첨하는 얼굴빛

72 矯枉過直 (교왕과직): 구부러진 것을 바로잡으려다 너무 곧게 한다는 뜻으로, 잘못을 바로 잡으려다 오히려 일을 그르침을 말함
- 矯角殺牛(교각살우)
- 過猶不及(과유불급)

73	**膠柱鼓瑟** (교주고슬)	비파나 거문고의 기러기발을 아교로 붙여 놓으면 음조를 바꾸지 못하여 한 가지 소리밖에 내지 못하듯이, 고지식하여 융통성이 전혀 없음 또는 규칙에 얽매여 변통할 줄 모르는 사람
74	**敎學相長** (교학상장)	스승에게 배우는 것뿐만 아니라 남을 가르쳐 보아야 자기의 학문을 증진시킬 수 있다는 말
75	**九曲肝腸** (구곡간장)	아홉 번 구부러진 간과 창자라는 뜻으로, 굽이굽이 사무친 마음속 또는 깊은 마음속을 뜻함
76	**狗尾續貂** (구미속초)	개 꼬리를 노란 담비 꼬리에 잇는다는 뜻으로, 훌륭한 것에 보잘 것 없는 것이 잇닿음을 말하여 자질이 부족한 사람이 벼슬을 차지하고 있는 것을 말함
77	**口蜜腹劍** (구밀복검)	입으로는 달콤함을 말하나 배 속에는 칼을 감추고 있다는 뜻으로, 겉으로는 친절하나 마음속은 음흉함 🔗 面從腹背(면종복배) 笑裏藏刀(소리장도)
78	**九死一生** (구사일생)	여러 차례 죽을 고비를 겪고 간신히 목숨을 건짐 🔗 起死回生(기사회생)
79	**口尙乳臭** (구상유취)	입에서 아직 젖내가 난다는 뜻으로, 말과 하는 짓이 아직 유치함을 일컬음
80	**九牛一毛** (구우일모)	아홉 마리 소에 털 한 가닥이 빠진 정도라는 뜻으로, 대단히 많은 것 중의 아주 적은 것을 비유하여 일컬음 🔗 滄海一粟(창해일속) 大海一滴(대해일적)
81	**九折羊腸** (구절양장)	아홉 번 꺾어진 양의 창자라는 뜻으로, 세상이 복잡하여 살아가기 어렵다는 뜻
82	**群鷄一鶴** (군계일학)	평범한 사람들 가운데 있는 뛰어난 한 사람을 이르는 말 🔗 囊中之錐(낭중지추) 鷄群孤鶴(계군고학) 鷄群一鶴(계군일학)
83	**群雄割據** (군웅할거)	많은 영웅들이 각각 한 지방에 웅거하여 세력을 과시하며 서로 다투는 상황을 이르는 말
84	**君子三樂** (군자삼락)	군자의 세 가지 낙, 첫째는 부모가 다 살아 계시고 형제가 무고한 것, 둘째는 하늘과 사람에게 부끄러워할 것이 없는 것, 셋째는 천하의 영재를 얻어서 교육하는 것
85	**窮餘之策** (궁여지책)	막다른 골목에서 그 국면을 타개하기 위하여 생각다 못해 짜낸 꾀 🔗 窮餘一策(궁여일책)
86	**權謀術數** (권모술수)	목적 달성을 위해서는 인정이나 도덕을 가리지 않고 권세와 모략중상 등 갖은 방법과 수단을 쓰는 술책 🔗 權謀術策(권모술책)
87	**權不十年** (권불십년)	권세는 10년을 넘지 못한다는 뜻으로, 권력은 오래가지 못하고 늘 변함을 일컬음 🔗 花無十日紅(화무십일홍)
88	**勸善懲惡** (권선징악)	착한 행실을 권장하고 악한 행실을 징계함
89	**捲土重來** (권토중래)	흙먼지를 날리며 다시 온다는 뜻으로, 한 번 실패에 굴하지 않고 몇 번이고 다시 일어남
90	**克己復禮** (극기복례)	욕망이나 사사로운 욕심을 자신의 의지력으로 억제하고 예의에 어긋나지 않도록 함

한자 깊이 익히기

91. 近墨者黑 (근묵자흑)
먹을 가까이 하면 검어진다는 뜻으로, 나쁜 사람을 가까이 하면 그 버릇에 물들기 쉽다는 말
유 近朱者赤(근주자적)

92. 金科玉條 (금과옥조)
금이나 옥같이 소중히 여기고 지켜야 할 규칙이나 교훈

93. 金蘭之交 (금란지교)
단단하기가 황금과 같고 아름답기가 난초 향기와 같이 우정이 두터움을 말함
유 金蘭之契(금란지계)
芝蘭之交(지란지교)
斷金之交(단금지교)

94. 錦上添花 (금상첨화)
비단 위에 꽃을 더한다는 뜻으로, 좋은 일에 또 좋은 일이 더하여짐을 이르는 말
반 雪上加霜(설상가상)

95. 金石盟約 (금석맹약)
쇠와 돌같이 굳게 맹세하여 맺은 약속
유 金石之約(금석지약)

96. 今昔之感 (금석지감)
지금과 옛날을 비교할 때 차이가 매우 심하여 느껴지는 감정
유 隔世之感(격세지감)

97. 金城湯池 (금성탕지)
황금으로 만든 성과 끓는 물을 채운 못이란 뜻으로, 매우 견고하고 튼튼한 성을 말함
유 難攻不落(난공불락)
金城鐵壁(금성철벽)

98. 錦繡江山 (금수강산)
비단에 수를 놓은 듯이 아름다운 산천이라는 뜻으로, 우리나라 강산을 이르는 말

99. 琴瑟之樂 (금슬지락)
거문고와 비파의 어울림을 뜻하는 말로, 부부 사이의 다정하고 화목한 즐거움을 이름

100. 今時初聞 (금시초문)
이제야 비로소 처음 들음
유 今時初見(금시초견)

101. 錦衣夜行 (금의야행)
비단 옷을 입고 밤길을 간다는 뜻으로, 아무 보람 없는 행동을 비유하여 이르는 말
유 衣錦夜行(의금야행)
繡衣夜行(수의야행)

102. 錦衣還鄉 (금의환향)
비단 옷 입고 고향에 돌아온다는 뜻으로, 출세하여 고향에 돌아옴을 이르는 말
유 衣錦之榮(의금지영)

103. 金枝玉葉 (금지옥엽)
금 가지에 옥 잎사귀란 뜻으로, 임금의 자손이나 매우 귀한 집의 자손을 말함

104. 氣高萬丈 (기고만장)
기운이 만장이나 뻗치었다는 뜻으로, 우쭐하여 기세가 대단함을 말함

105. 起死回生 (기사회생)
죽을 뻔하다가 다시 살아남
유 九死一生(구사일생)

106. 奇想天外 (기상천외)
보통 사람으로는 짐작할 수 없을 만큼 생각이 기발하고 엉뚱함

107. 欺世盜名 (기세도명)
세상 사람을 속이고 헛된 명예를 탐냄

108. 氣盡脈盡 (기진맥진)
기운이 없어지고 맥이 풀렸다는 뜻으로, 온몸의 힘이 다 빠져 버림
유 氣盡力盡(기진역진)

109	**騎虎之勢** (기호지세)	호랑이를 타고 달리는 기세라는 뜻으로, 범을 타고 달리는 사람이 도중에서 내릴 수 없는 것처럼 도중에서 그만두거나 물러설 수 없는 형세를 이르는 말 유 騎獸之勢(기수지세)
110	**落落長松** (낙락장송)	가지가 아래로 축축 늘어진 키 큰 소나무를 말하는데, 지조와 절개를 지키는 충신의 모습을 비유함
111	**落花流水** (낙화유수)	떨어지는 꽃과 흐르는 물이라는 뜻으로, 남녀 간에 서로 그리워하는 애틋한 정을 일컬음
112	**難攻不落** (난공불락)	공격하기 어려워 좀처럼 함락되지 아니함
113	**亂臣賊子** (난신적자)	나라를 어지럽게 하는 신하와 어버이를 해치는 자식
114	**難兄難弟** (난형난제)	누구를 형이라 하고 누구를 아우라 하기 어렵다는 뜻으로, 두 사물이 서로 비슷하여 우열을 가릴 수 없음 유 莫上莫下(막상막하)
115	**南柯一夢** (남가일몽)	덧없는 꿈이나 한때의 헛된 부귀영화를 이르는 말 유 老生之夢(노생지몽) 一場春夢(일장춘몽) 邯鄲之夢(한단지몽)
116	**南橘北枳** (남귤북지)	남쪽 땅의 귤나무를 북쪽에 옮겨 심으면 탱자나무로 변한다는 뜻으로, 사람도 그 처해 있는 곳에 따라 선하게도 되고 악하게도 됨을 이르는 말 유 橘化爲枳(귤화위지)
117	**南男北女** (남남북녀)	예전부터 우리나라에서 남쪽 지방은 남자가 잘나고, 북쪽 지방은 여자가 곱다는 뜻으로 쓰이는 말
118	**男女有別** (남녀유별)	남자와 여자와는 분별이 있음
119	**男負女戴** (남부여대)	남자는 짐을 등에 지고 여자는 짐을 머리에 인다는 뜻으로, 가난한 사람이나 재난을 당한 사람들이 살 곳을 찾아 이리저리 떠돌아다니는 것을 말함
120	**囊中之錐** (낭중지추)	주머니 속에 있는 송곳이란 뜻으로, 재능이 아주 빼어난 사람은 숨어 있어도 저절로 남의 눈에 드러남을 비유함 유 群鷄一鶴(군계일학) 錐處囊中(추처낭중)
121	**內憂外患** (내우외환)	내부에서 일어나는 근심과 외부로부터 받는 근심, 즉 나라 안팎의 여러 가지 어려운 일들을 말함
122	**怒甲移乙** (노갑이을)	甲에게 당한 노염을 乙에게 옮긴다는 뜻으로, 어떤 사람에게 당한 노염을 전혀 관계없는 딴 사람에게 화풀이함을 이르는 말
123	**路柳墻花** (노류장화)	길가의 버들과 담 밑의 꽃은 누구든지 쉽게 만지고 꺾을 수 있다는 뜻으로, 기생을 비유하여 이르는 말
124	**怒髮衝冠** (노발충관)	노한 머리털이 관을 추켜올린다는 뜻으로, 몹시 성낸 모양을 이르는 말 유 怒發大發(노발대발)
125	**勞心焦思** (노심초사)	마음을 수고롭게 하고 생각을 너무 깊게 함
126	**綠林豪傑** (녹림호걸)	푸른 숲 속에 사는 호걸이라는 뜻으로, 불한당이나 화적 따위를 이르는 말 유 梁上君子(양상군자) 無本大商(무본대상)

한자 깊이 익히기

127 綠陰芳草 (녹음방초)
나무가 푸르게 우거진 그늘과 꽃다운 풀이라는 뜻으로, 여름의 아름다운 경치를 말함
🔸 綠楊芳草(녹양방초)

128 綠衣紅裳 (녹의홍상)
연두 저고리에 다홍치마라는 뜻으로, 곱게 차려 입은 젊은 아가씨의 복색

129 論功行賞 (논공행상)
공이 있고 없음이나 크고 작음을 따져 거기에 알맞은 상을 줌

130 弄瓦之慶 (농와지경)
질그릇을 갖고 노는 경사란 뜻으로, 딸을 낳은 기쁨을 표현함

131 弄璋之慶 (농장지경)
장으로 만든 구기를 갖고 노는 경사란 뜻으로, 아들을 낳은 기쁨을 표현함

132 累卵之勢 (누란지세)
포개어 놓은 달걀과 같이 매우 위태로운 형세를 비유함
🔸 累卵之危(누란지위)
  風前燈火(풍전등화)
  一觸卽發(일촉즉발)

133 多岐亡羊 (다기망양)
달아난 양을 찾다가 여러 갈래 길에 이르러 길을 잃었다는 뜻으로, 학문의 길은 여러 갈래여서 올바른 길을 찾기가 어렵다는 것을 의미함
🔸 讀書亡羊(독서망양)

134 多多益善 (다다익선)
많으면 많을수록 더욱 좋다는 말

135 斷金之交 (단금지교)
쇠라도 자를 수 있는 굳고 단단한 사귐이란 뜻으로, 친구의 정의가 매우 두터움을 이르는 말
🔸 金蘭之交(금란지교), 芝蘭之交(지란지교), 斷金之契(단금지계)

136 斷機之戒 (단기지계)
베를 끊는 훈계란 뜻으로, 학업을 중도에 폐함은 짜던 피륙의 날을 끊는 것과 같아 아무런 이익이 없음을 말함

137 單刀直入 (단도직입)
혼자서 칼을 휘두르고 거침없이 적진으로 쳐들어간다는 뜻으로, 말을 하거나 글을 쓸 때 군말이나 군더더기 없이 요점으로 곧바로 들어감
🔸 去頭截尾(거두절미)

138 簞食瓢飮 (단사표음)
대그릇의 밥과 표주박의 물이라는 뜻으로, 좋지 못한 적은 음식을 말함
🔸 簞瓢陋巷(단표누항)

139 丹脣皓齒 (단순호치)
붉은 입술과 하얀 이란 뜻으로, 여자의 아름다운 얼굴을 이르는 말
🔸 傾國之色(경국지색)
  花容月態(화용월태)

140 堂狗風月 (당구풍월)
서당 개 3년이면 풍월을 읊는다는 뜻으로, 어리석은 사람이라도 오랫동안 늘 보고 들은 일은 쉽게 해낼 수 있음을 말함

141 螳螂拒轍 (당랑거철)
사마귀가 수레바퀴를 막는다는 뜻으로, 자기의 힘은 헤아리지 않고 강자에게 함부로 덤빔을 비유함
🔸 螳螂之斧(당랑지부)

142 大驚失色 (대경실색)
몹시 놀라 얼굴빛이 하얗게 변하는 것을 이르는 말

143 大器晚成 (대기만성)
큰 그릇은 늦게 이루어진다는 뜻으로, 크게 될 인물은 오랜 공적을 쌓아 늦게 이루어짐을 말함

144 大同小異 (대동소이)
거의 같고 조금 다름, 즉 작은 부분에서만 다르고 전체적으로는 같음을 의미함

145	**大義名分** (대의명분)	사람으로서 마땅히 지켜야 할 중대한 의리와 명분	
146	**桃園結義** (도원결의)	도원에서 의형제를 맺는다는 뜻으로, 큰 일을 도모하기 위해 뜻이 맞는 사람들끼리 서로 의리로서 맺는 일을 말함	
147	**道聽塗說** (도청도설)	길거리에서 들은 이야기를 곧 그 길에서 다른 사람에게 말한다는 뜻으로, 말을 들으면 깊이 생각하지 않고 다른 사람에게 전해버리는 경솔한 언행 또는 근거없이 나도는 소문을 말함 ♧ 流言蜚語(유언비어)	
148	**塗炭之苦** (도탄지고)	진흙이나 숯불에 떨어진 것과 같은 고통이라는 뜻으로, 가혹한 정치로 말미암아 백성이 심한 고통을 겪는 것	
149	**獨不將軍** (독불장군)	혼자서는 장군을 못한다는 뜻으로, 남의 의견을 무시하고 혼자 모든 일을 처리하는 사람을 비유함	
150	**讀書尙友** (독서상우)	책을 읽음으로써 옛 현인과 벗함	
151	**同價紅裳** (동가홍상)	같은 값이면 다홍치마라는 뜻으로, 같은 조건이라면 좀 더 낫고 편리한 것을 택함	
152	**東問西答** (동문서답)	동쪽을 묻는데 서쪽을 대답한다는 뜻으로, 묻는 말에 대하여 전혀 엉뚱한 대답을 함을 의미함	
153	**同病相憐** (동병상련)	같은 병자끼리 가엾게 여긴다는 뜻으로, 어려운 처지에 있는 사람끼리 서로 불쌍히 여겨 동정하고 도움	
154	**東奔西走** (동분서주)	사방으로 이리저리 바삐 돌아다님 ♧ 南行北走(남행북주) 南船北馬(남선북마)	
155	**同床異夢** (동상이몽)	같은 침상에서 서로 다른 꿈을 꾼다는 뜻으로, 겉으로는 같이 행동하면서 속으로는 각기 딴 생각을 함을 이르는 말	
156	**凍足放尿** (동족방뇨)	언 발에 오줌 누기라는 뜻으로, 잠시의 효력이 있을 뿐 그 효력은 없어지고 마침내는 더 나쁘게 될 일을 함 ♧ 姑息之計(고식지계) 下石上臺(하석상대)	
157	**杜門不出** (두문불출)	문을 닫고 나가지 않는다는 뜻으로, 집에만 틀어박혀 사회의 일이나 관직에 나아가지 않음을 이르는 말	
158	**斗酒不辭** (두주불사)	말술도 사양하지 아니함, 즉 주량이 매우 큼을 의미함	
159	**得隴望蜀** (득롱망촉)	중국 한나라 때 광무제가 농을 정복한 뒤, 촉을 쳤다는 데서 나온 말로 사람의 끝없는 욕심을 비유함	
160	**登高自卑** (등고자비)	높은 곳에 올라가려면 낮은 곳에서부터 오른다는 말로, 일을 하는 데는 반드시 차례를 밟아야 한다는 말	
161	**燈下不明** (등하불명)	등잔 밑이 어둡다는 뜻으로, 가까이 있는 것이 도리어 알아내기 어려움을 이르는 말	
162	**燈火可親** (등화가친)	등불을 가까이 할 수 있다는 뜻으로, 가을 밤은 시원하고 상쾌하므로 등불을 가까이 하여 글 읽기에 좋음을 이르는 말 ♧ 新涼燈火(신량등화)	

한자 깊이 익히기

163 磨斧爲針 (마부위침)
도끼를 갈아 바늘을 만든다는 뜻으로, 아무리 이루기 힘든 일도 끊임없는 노력과 끈기 있는 인내로 성공하고야 만다는 뜻
유 積土成山(적토성산)

164 馬耳東風 (마이동풍)
말의 귀에 동풍이라는 뜻으로, 남의 비평이나 의견을 조금도 귀담아 듣지 아니하고 흘려버림을 이르는 말
유 對牛彈琴(대우탄금)
牛耳讀經(우이독경)

165 麻中之蓬 (마중지봉)
삼밭의 쑥이라는 뜻으로, 구부러진 쑥도 삼밭에 나면 저절로 꼿꼿하게 자라듯이 좋은 환경에 있거나 좋은 벗과 사귀면 자연히 주위의 감화를 받아서 선인이 됨을 비유함

166 莫上莫下 (막상막하)
어느 것이 위고 아래인지 분간할 수 없음, 즉 서로 우열을 가릴 수 없음을 의미함
유 伯仲之勢(백중지세)
伯仲之間(백중지간)
難兄難弟(난형난제)

167 莫逆之友 (막역지우)
마음이 맞아 서로 거스르는 일이 없는, 생사를 같이할 수 있는 친밀한 벗을 말함
유 金蘭之交(금란지교)
刎頸之友(문경지우)
管鮑之交(관포지교)

168 萬頃蒼波 (만경창파)
만 이랑의 푸른 물결이라는 뜻으로, 한없이 넓고 푸른 바다를 말함

169 萬事休矣 (만사휴의)
모든 일이 끝나서 더 이상 어떻게 해 볼 도리가 없음을 뜻함
유 能事畢矣(능사필의)

170 晩時之歎 (만시지탄)
때늦은 한탄이라는 뜻으로, 시기가 늦어 기회를 놓친 것이 원통해서 탄식함을 이르는 말
유 亡羊補牢(망양보뢰)
死後藥方文(사후약방문)

171 萬彙群象 (만휘군상)
세상 만물의 현상, 즉 온갖 일과 물건을 말함
유 森羅萬象(삼라만상)

172 罔極之恩 (망극지은)
임금이나 부모의 한없는 은혜를 일컫는 말
유 昊天罔極(호천망극)

173 忘年之交 (망년지교)
나이 차이를 잊고 허물없이 서로 사귐
유 忘年之友(망년지우)

174 亡羊補牢 (망양보뢰)
양을 잃고서 그 우리를 고친다는 뜻으로, 일을 그르친 후에 후회해도 소용없음을 나타냄
유 死後淸心丸(사후청심환)
死後藥方文(사후약방문)

175 望雲之情 (망운지정)
타향에서 고향에 계신 부모를 생각함, 멀리 떠나온 자식이 어버이를 사모하여 그리는 정
유 白雲孤飛(백운고비)

176 亡子計齒 (망자계치)
죽은 자식의 나이 세기라는 뜻으로, 이미 지나간 쓸데없는 일을 생각하며 애석하게 여김
유 亡羊補牢(망양보뢰)

177 麥秀之嘆 (맥수지탄)
무성히 자라는 보리를 보고 탄식한다는 뜻으로, 고국의 멸망에 대한 탄식을 이르는 말
유 麥秀黍油(맥수서유)

178 孟母斷機 (맹모단기)
맹자의 어머니가 베를 끊었다는 뜻으로, 학업을 중도에 그만둠을 훈계하는 말
유 斷機之戒(단기지계)

179 孟母三遷 (맹모삼천)
맹자의 어머니가 맹자를 제대로 교육하기 위하여 집을 세 번이나 옮겼다는 뜻으로, 교육에는 주위환경이 중요하다는 가르침
유 三遷之敎(삼천지교)

180 面從腹背 (면종복배)
겉으로는 순종하는 체하고 속으로는 딴 마음을 먹음
유 口蜜腹劍(구밀복검)
笑裏藏刀(소리장도)

181	明鏡止水 (명경지수)	맑은 거울과 고요한 물이라는 뜻으로, 사념이 전혀 없는 깨끗한 마음을 비유해 이르는 말 윤 雲心月性(운심월성)

| 182 | 名實相符 (명실상부) | 이름과 실상이 서로 들어맞음. 알려진 것과 실제의 상황이나 능력에 차이가 없음 |

| 183 | 明若觀火 (명약관화) | 불을 보는 것 같이 밝게 보인다는 뜻으로, 더 말할 나위 없이 명백함을 일컬음
윤 不問可知(불문가지) |

| 184 | 命在頃刻 (명재경각) | 목숨이 곧 끊어질 것 같은 위태로운 상황을 말함 |

| 185 | 明哲保身 (명철보신) | 총명하여 도리를 좇아 사물을 처리하고 몸을 온전히 보전한다는 뜻으로, 매사에 법도를 지켜 온전하게 처신하는 태도를 이르는 말 |

| 186 | 毛遂自薦 (모수자천) | 조(趙)나라에서 초(楚)나라에 구원을 청할 사자를 물색할 때 모수가 자기를 스스로 천거했다는 뜻으로, 본인 스스로가 자기를 추천하는 것을 이르는 말 |

| 187 | 目不識丁 (목불식정) | 고무래를 보고도 그것이 고무래 정(丁)자인 줄 모른다는 뜻으로, 낫 놓고 기역자도 모름을 의미함
윤 魚魯不辨(어로불변) |

| 188 | 目不忍見 (목불인견) | 차마 눈으로 볼 수 없을 정도로 딱하거나 참혹한 상황을 말함 |

| 189 | 猫項懸鈴 (묘항현령) | 고양이 목에 방울 달기라는 뜻으로, 실행하지 못할 일을 공연히 의논만 한다는 말
윤 猫頭懸鈴(묘두현령)
卓上空論(탁상공론) |

| 190 | 無骨好人 (무골호인) | 뼈가 없이 좋은 사람이라는 뜻으로, 성질이 아주 순하여 어느 누구의 비위에나 두루 맞는 사람을 이르는 말 |

| 191 | 武陵桃源 (무릉도원) | 중국 진나라 때 시인 도연명의 「도화원기」에 나오는 별천지로, 이 세상을 떠난 별천지를 이르는 말 |

| 192 | 無味乾燥 (무미건조) | 맛이 없고 메마르다는 뜻으로, 글이나 그림 또는 분위기 따위가 깔끔하거나 딱딱하여 운치나 재미가 없음을 말함 |

| 193 | 無所不爲 (무소불위) | 못 할 일이 없음
윤 無所不能(무소불능) |

| 194 | 無爲徒食 (무위도식) | 하는 일 없이 헛되이 먹기만 함, 게으르거나 능력이 없는 사람을 일컬음 |

| 195 | 無爲自然 (무위자연) | 인공을 가하지 않은 그대로의 자연이라는 뜻으로, 인위적인 것을 부정하는 노장사상의 근본 개념을 이룸 |

| 196 | 無知莫知 (무지막지) | 매우 무지하고 우악스러움 |

| 197 | 刎頸之交 (문경지교) | 목을 벨 수 있는 벗이라는 뜻으로, 생사를 같이 할 수 있는 매우 소중한 벗을 말함
윤 刎頸之友(문경지우) |

| 198 | 文房四友 (문방사우) | 서재에 꼭 있어야 할 네 벗, 즉 종이·붓·벼루·먹의 네 가지 문방구를 말함
윤 紙筆硯墨(지필연묵)
文房四寶(문방사보) |

199	聞一知十 (문일지십)	한 가지를 들으면 열 가지를 미루어 안다는 뜻으로, 총명함을 이르는 말	208	拍掌大笑 (박장대소)	손뼉을 치면서 크게 웃음

199 **聞一知十** (문일지십) — 한 가지를 들으면 열 가지를 미루어 안다는 뜻으로, 총명함을 이르는 말

200 **門前成市** (문전성시) — 대문 앞이 시장을 이룬다는 뜻으로, 세도가나 부잣집 문 앞이 방문객으로 시장을 이루다시피 함을 이르는 말
- 門前若市(문전약시)
- 門前雀羅(문전작라)

201 **門前雀羅** (문전작라) — 대문 앞에 새 그물을 친다는 뜻으로, 찾아오는 사람이 없어 쓸쓸함을 이르는 말

202 **勿失好機** (물실호기) — 좋은 기회를 놓치지 않음

203 **物我一體** (물아일체) — 자연물과 자아가 하나가 된 상태, 즉 대상물에 완전히 몰입된 경지를 일컬음
- 物心一如(물심일여)
- 主客一體(주객일체)

204 **物外閒人** (물외한인) — 세상의 시끄러움에서 벗어나 한가하게 지내는 사람

205 **尾生之信** (미생지신) — 미생이라는 사람이 여자와 약속한대로 다리 밑에서 기다리다가 물에 휩쓸려 죽었다는 고사에서 유래된 것으로, 한편으로는 신의가 매우 두터움을 의미하나 다른 한편으로는 지나치게 고지식하고 융통성이 없음을 나타냄

206 **薄利多賣** (박리다매) — 이익을 적게 보고 많이 팔아 이문을 남기는 일

207 **博而不精** (박이부정) — 여러 방면으로 널리 아나 정통하지 못함

208 **拍掌大笑** (박장대소) — 손뼉을 치면서 크게 웃음

209 **博學多識** (박학다식) — 학문이 넓고 식견이 많음
- 無不通知(무불통지)
- 無所不知(무소부지)

210 **博學審問** (박학심문) — 널리 배우고 자세하게 물음

211 **反面教師** (반면교사) — 극히 나쁜 면만을 가르쳐 주는 선생이란 뜻으로, 다른 사람이나 사물의 부정적인 측면에서 가르침을 얻음을 이르는 말
- 他山之石(타산지석)

212 **反目嫉視** (반목질시) — 서로 미워하고 질투하는 눈으로 봄

213 **半信半疑** (반신반의) — 반은 믿고 반은 의심함. 믿으면서도 한편으로는 의심함

214 **反哺之孝** (반포지효) — 까마귀 새끼가 자란 뒤에 늙은 어미에게 먹이를 물어다 주는 효성이라는 뜻으로, 자식이 자라서 부모를 봉양함을 일컬음
- 反哺報恩(반포보은)

215 **拔本塞源** (발본색원) — 근본을 빼고 원천을 막아 버린다는 뜻으로, 사물의 폐단을 없애기 위해서 그 뿌리째 뽑아버림을 이르는 말
- 削株堀根(삭주굴근)
- 剪草除根(전초제근)

216 **發憤忘食** (발분망식) — 일을 이루려고 끼니조차 잊고 분발 노력함

217	拔山蓋世 (발산개세)	산을 뽑고 세상을 덮을 만한 기상을 이르는 말
218	坊坊曲曲 (방방곡곡)	어느 한 군데도 빼놓지 않은 모든 곳, 도처
219	放聲大哭 (방성대곡)	북받치는 슬픔 또는 분노를 참지 못해 목을 놓아 크게 울음 유 大聲痛哭(대성통곡) 　放聲痛哭(방성통곡)
220	傍若無人 (방약무인)	곁에 아무도 없는 것처럼 여긴다는 뜻으로, 주위에 있는 다른 사람을 전혀 의식하지 않고 제멋대로 행동하는 것을 이르는 말 유 眼下無人(안하무인) 　眼中無人(안중무인)
221	背水之陣 (배수지진)	물을 등지고 진을 친다는 뜻으로, 물러설 곳이 없으니 목숨을 걸고 싸울 수밖에 없는 지경을 이르는 말
222	背恩忘德 (배은망덕)	남에게 입은 은덕을 잊고 배반함 반 結草報恩(결초보은)
223	百家爭鳴 (백가쟁명)	여러 사람이 서로 자기 주장을 내세우는 일 또는 많은 학자들이 자유롭게 논쟁하는 일
224	百計無策 (백계무책)	어떤 어려운 일을 당해 아무리 생각해도 대책이 없음 유 束手無策(속수무책)
225	白骨難忘 (백골난망)	죽어도 잊지 못할 큰 은혜를 입음이란 뜻으로, 남에게 큰 은혜나 덕을 입었을 때 고마움을 표시하는 말 유 刻骨難忘(각골난망) 　結草報恩(결초보은)
226	百年大計 (백년대계)	먼 앞날까지 내다보고 먼 뒷날까지 걸쳐 세우는 큰 계획
227	百年河清 (백년하청)	백년을 기다린다 해도 황하의 흐린 물은 맑아지지 않는다는 뜻으로, 오랫동안 기다려도 바라는 것이 이루어질 수 없음을 이르는 말
228	百年偕老 (백년해로)	부부가 서로 사이좋고 화락하게 같이 늙음을 이르는 말
229	白面書生 (백면서생)	희고 고운 얼굴에 글만 읽어 세상 일에 조금도 경험이 없는 사람을 일컬음 유 白面書郎(백면서랑)
230	百發百中 (백발백중)	백 번 쏘아 백 번 모두 맞힌다는 뜻으로, 계획한 일마다 실패 없이 잘 됨을 의미함
231	伯牙絶絃 (백아절현)	백아가 거문고 줄을 끊어 버렸다는 뜻으로, 자기를 알아주는 절친한 벗의 죽음을 슬퍼함을 나타냄
232	白衣民族 (백의민족)	예로부터 흰 옷을 숭상하여 즐겨 입은 한민족을 이르는 말
233	白衣從軍 (백의종군)	벼슬이 없는 사람으로 군대를 따라 싸움터에 나감을 이르는 말
234	百折不屈 (백절불굴)	백 번 꺾어도 굴하지 않음, 즉 어떤 어려움에도 굽히지 않음을 나타냄 유 百折不撓(백절불요)

#	한자성어	뜻풀이
235	伯仲之勢 (백중지세)	형제인 장남과 차남의 차이처럼 큰 차이가 없는 형세, 즉 우열의 차이가 없이 엇비슷함을 이르는 말 🔸 伯仲之間(백중지간), 難兄難弟(난형난제), 莫上莫下(막상막하)
236	百尺竿頭 (백척간두)	백자나 되는 높은 장대 위에 올라섰으니 위태로움이 극도에 달함 🔸 一觸卽發(일촉즉발) 累卵之勢(누란지세) 風前燈火(풍전등화)
237	百八煩惱 (백팔번뇌)	불교에서 이르는 인간의 과거·현재·미래에 걸친 108가지의 번뇌를 말함
238	百害無益 (백해무익)	해롭기만 하고 하나도 이로울 것이 없음
239	變法自彊 (변법자강)	법령을 개혁하여 국력을 튼튼하게 함
240	伏地不動 (복지부동)	땅에 엎드려 움직이지 아니한다는 뜻으로, 마땅히 해야 할 일을 하지 않고 몸을 사림을 비유하여 이르는 말
241	封庫罷職 (봉고파직)	부정을 저지른 관리를 파면시키고 관가의 창고를 봉하여 잠그는 일 🔸 封庫罷黜(봉고파출)
242	父傳子傳 (부전자전)	대대로 아버지가 아들에게 전함 또는 아버지와 자식이 서로 그 버릇이나 습관이 비슷함을 말함 🔸 父傳子承(부전자승) 父子相傳(부자상전)
243	夫唱婦隨 (부창부수)	남편이 주장하고 아내가 이에 따른다는 뜻으로, 가정에서의 부부화합의 도리를 이르는 말 🔸 女必從夫(여필종부) 男唱女隨(남창여수)
244	附和雷同 (부화뇌동)	우레 소리에 맞춰 함께 한다는 뜻으로, 자신의 뚜렷한 소신 없이 그저 남이 하는 대로 따라가는 것을 의미함 🔸 追友江南(추우강남) 雷同附和(뇌동부화)
245	北窓三友 (북창삼우)	거문고와 술 그리고 시를 말하는데, 선비들이 늘 가까이하며 즐겼던 것으로 마치 벗과 같다고 하여 삼우라고 의인화한 것
246	粉骨碎身 (분골쇄신)	뼈가 가루가 되고 몸이 부서진다는 뜻으로, 있는 힘을 다해 노력하거나 또는 남을 위하여 수고를 아끼지 않음을 나타냄 🔸 犬馬之勞(견마지로), 犬馬之心(견마지심), 狗馬之心(구마지심)
247	焚書坑儒 (분서갱유)	책을 불태우고 선비를 생매장하여 죽인다는 뜻으로, 진나라의 시황제가 학자들의 정치비평을 금하기 위하여 경서를 태우고 학자들을 구덩이에 생매장시킨 가혹한 정치를 이르는 말
248	不可思議 (불가사의)	사람의 생각으로는 미루어 헤아릴 수도 없다는 뜻으로, 사람의 힘이 미치지 못하고 상상조차 할 수 없는 오묘한 것 🔸 不可知解(불가지해) 法苑珠林(법원주림)
249	不可抗力 (불가항력)	인간의 힘만으로는 도저히 저항해 볼 수도 없는 힘이라는 뜻으로, 천재지변 등 사람의 힘이 미치지 못하는 자연의 위대한 힘을 이르는 말
250	不俱戴天 (불구대천)	하늘 아래 같이 살 수 없는 원수란 뜻으로, 도저히 그냥 둘 수 없을 만큼 원한이 깊이 사무친 원수를 말함 🔸 不共戴天(불공대천)
251	不問可知 (불문가지)	묻지 않아도 옳고 그름을 가히 알 수 있음 🔸 明若觀火(명약관화)
252	不問曲直 (불문곡직)	굽음과 곧음을 묻지 않는다는 뜻으로, 옳고 그름을 가리지 않고 함부로 일을 처리하는 것을 말함 🔸 曲直不問(곡직불문)

253	不要不急 (불요불급)	꼭 필요하지도 않고 급하지도 않음	
254	不遠千里 (불원천리)	천리 길도 멀다하지 않는다는 뜻으로, 먼 길인데도 개의하지 않고 열심히 달려감을 이르는 말	
255	不撤晝夜 (불철주야)	밤낮을 가리지 않는다는 뜻으로, 조금도 쉴 사이 없이 일에 힘씀	
256	不恥下問 (불치하문)	자기보다 아랫사람에게 배우는 것을 부끄럽게 여기지 아니함을 두고 이르는 말	
257	不偏不黨 (불편부당)	어느 한 쪽으로 기울어짐 없이 공정하고 중립적인 위치에 섬	
258	鵬程萬里 (붕정만리)	붕새가 날아갈 길이 만리라는 뜻으로, 머나먼 노정 또는 사람의 앞길이 매우 요원하다는 것을 의미함	
259	非夢似夢 (비몽사몽)	꿈인지 생시인지 어렴풋한 상태에 있음을 의미함	
260	悲憤慷慨 (비분강개)	슬프고 분한 느낌이 마음 속에 가득 차 있음	
261	髀肉之嘆 (비육지탄)	장수가 전쟁에 나가지 못하여 넓적다리에 살이 피둥피둥 찌는 것을 한탄한다는 뜻으로, 뜻을 펴보지 못하고 허송세월을 보낸다는 의미	
262	非一非再 (비일비재)	같은 일이 한두 번이 아님을 말함	
263	貧者一燈 (빈자일등)	가난한 사람이 밝힌 등불 하나라는 뜻으로, 가난 속에서도 보인 작은 성의가 부귀한 사람들의 많은 보시보다도 가치가 큼을 이르는 말	
264	憑公營私 (빙공영사)	관청이나 공공의 일을 이용하여 개인의 이익을 꾀함	
265	氷炭之間 (빙탄지간)	얼음과 숯 사이란 뜻으로, 둘이 서로 어긋나 맞지 않는 사이나 서로 화합할 수 없는 사이를 말함 ❀ 犬猿之間(견원지간) 不俱戴天(불구대천)	
266	四顧無親 (사고무친)	사방을 돌아보아도 친척이 없다는 뜻으로, 의지할 만한 사람이 도무지 없음을 의미함 ❀ 赤手空拳(적수공권) 孑孑單身(혈혈단신)	
267	捨己從人 (사기종인)	자기의 이전행위를 버리고 타인의 선행을 본떠 행함	
268	士氣衝天 (사기충천)	사기가 하늘을 찌를 듯이 높음	
269	士農工商 (사농공상)	선비·농부·장인·상인 등 네 가지 신분의 백성으로, 봉건시대의 계급 관념을 순서대로 일컬음	
270	四面楚歌 (사면초가)	사방에서 들리는 초(楚)나라의 노래라는 뜻으로, 적에게 둘러싸인 상태나 누구의 도움도 받을 수 없는 고립상태에 빠짐을 이르는 말 ❀ 孤立無援(고립무원) 進退兩難(진퇴양난)	

| 271 | 四面春風 (사면춘풍) | 사면이 봄바람이라는 뜻으로, 언제 어떠한 경우라도 좋은 낯으로만 남을 대함을 이르는 말 |

| 272 | 四分五裂 (사분오열) | 네 갈래 다섯 갈래로 나눠지고 찢어진다는 뜻으로, 하나의 집단이 이념·이익 등에 따라 갈라져 혼란스러움을 표현함 |

| 273 | 砂上樓閣 (사상누각) | 모래 위에 세운 누각이란 뜻으로, 기초가 튼튼하지 못하여 오래 가지 못하는 것을 말함 |

| 274 | 死生決斷 (사생결단) | 죽고 사는 것을 가리지 않고 끝장을 내려고 덤벼듦 |

| 275 | 四書三經 (사서삼경) | 유교의 대표적인 경전인 논어·맹자·대학·중용의 사서와 시경·서경·역경의 삼경을 말함 |

| 276 | 四柱單子 (사주단자) | 혼인을 정하고 신랑 집에서 해·달·날·시의 사주를 적어서 신부 집으로 보내는 간지 |

| 277 | 四柱八字 (사주팔자) | 태어난 연·월·일·시의 사주와 그에 따른 간지(干支) 여덟 글자를 뜻하며, 피치 못할 타고난 운수를 빗대어 말함 |

| 278 | 四通八達 (사통팔달) | 길이 사방팔방으로 통해 있음
㈜ 四通五達(사통오달) |

| 279 | 事必歸正 (사필귀정) | 처음에는 시비와 곡직을 가리지 못하여 그릇되더라도 모든 일은 결국에 가서는 반드시 바른 길로 돌아옴 |

| 280 | 山紫水明 (산자수명) | 산빛이 곱고 강물이 맑다는 뜻으로, 산수가 아름다움을 이르는 말
㈜ 淸風明月(청풍명월)
江湖煙波(강호연파) |

| 281 | 山戰水戰 (산전수전) | 산에서의 싸움과 물에서의 싸움이라는 뜻으로, 세상의 온갖 고난을 다 겪어 세상 일에 경험이 많음을 이르는 말
㈜ 百戰老將(백전노장) |

| 282 | 山川草木 (산천초목) | 산천과 초목, 즉 산과 물과 풀과 나무라는 뜻으로 자연을 일컬음 |

| 283 | 殺身成仁 (살신성인) | 제 몸을 죽여 인(仁)을 이룬다는 뜻으로, 남을 위해 자신의 목숨을 희생함
㈜ 捨生取義(사생취의) |

| 284 | 三可宰相 (삼가재상) | 이러하든 저러하든 모두 옳다고 함
㈜ 三可政丞(삼가정승) |

| 285 | 三綱五倫 (삼강오륜) | 삼강은 군위신강(君爲臣綱), 부위자강(父爲子綱), 부위부강(夫爲婦綱)이고, 오륜은 군신유의(君臣有義), 부자유친(父子有親), 부부유별(夫婦有別), 장유유서(長幼有序), 붕우유신(朋友有信)으로 유교 도덕의 가장 기본이 되는 원칙 |

| 286 | 三顧草廬 (삼고초려) | 유비가 제갈공명을 세 번이나 찾아가 군사로 초빙한 데서 유래한 말로, 인재를 얻기 위해 수고를 아끼지 않음을 뜻함
㈜ 三顧之禮(삼고지례) |

| 287 | 森羅萬象 (삼라만상) | 우주 안에 있는 온갖 사물과 현상
㈜ 萬彙群象(만휘군상) |

| 288 | 三旬九食 (삼순구식) | 한 달에 아홉 번 밥을 먹는다는 뜻으로, 집안이 가난하여 먹을 것이 없어 굶주린다는 말
㈜ 上漏下濕(상루하습) |

289	三位一體 (삼위일체)	기독교에서 성부·성자·성령이 한 몸이라는 것으로, 세 가지 것이 하나로 통일되는 일을 말함
290	三人成虎 (삼인성호)	세 사람이면 없던 호랑이도 만든다는 뜻으로, 거짓말이라도 여러 사람이 말하면 남이 참말로 믿기 쉽다는 말
291	三日天下 (삼일천하)	권세의 허무를 일컫는 말로, 극히 짧은 기간 동안 정권을 잡았다가 실권함을 비유함
292	三從之道 (삼종지도)	여자는 어려서 어버이께 순종하고 시집가서는 남편에게 순종하고, 남편이 죽은 뒤에는 아들을 따라야 한다는 도덕관을 말함 ❀ 三從之義(삼종지의) 三從之禮(삼종지례)
293	三尺童子 (삼척동자)	키가 석 자 밖에 되지 않는 어린 아이라는 뜻으로, 철모르는 어린 아이를 이르는 말
294	三遷之敎 (삼천지교)	맹자의 어머니가 아들의 교육을 위하여 3번 거처를 옮긴 것을 말하며, 생활환경이 교육에 있어 큰 역할을 함
295	傷弓之鳥 (상궁지조)	한 번 화살을 맞아 다친 새라는 뜻으로, 어떤 일에 봉변을 당한 뒤로는 뒷일을 경계함을 비유하는 말 ❀ 驚弓之鳥(경궁지조)
296	桑田碧海 (상전벽해)	뽕나무 밭이 푸른 바다가 되었다는 뜻으로, 세상이 몰라 볼 정도로 바뀌었음을 나타냄 ❀ 滄桑之變(창상지변), 滄海桑田(창해상전), 隔世之感(격세지감)
297	霜風高節 (상풍고절)	어떠한 난관이나 어려움에 처해도 결코 굽히지 않는 높은 절개를 뜻함 ❀ 傲霜孤節(오상고절) 雪中松柏(설중송백)
298	塞翁之馬 (새옹지마)	변방에 사는 노인의 말이라는 뜻으로, 세상만사가 변화가 많아 어느 것이 화가 되고 어느 것이 복이 될지 예측하기 어렵다는 말 ❀ 轉禍爲福(전화위복)
299	生巫殺人 (생무살인)	선무당이 사람 잡는다는 뜻으로, 기술과 경험이 부족한 사람이 일을 한다고 나섰다가 도리어 일을 그르침을 말함
300	生不如死 (생불여사)	몹시 곤란한 지경에 빠져 삶이 차라리 죽음만 못하다는 뜻
301	先見之明 (선견지명)	앞을 내다보는 안목이라는 뜻으로, 장래를 미리 예측하는 날카로운 견식을 두고 이르는 말
302	雪上加霜 (설상가상)	눈 위에 또 서리가 내린다는 뜻으로, 어려운 일이 겹침을 이름 또는 환난이 거듭됨을 비유하여 이르는 말 ⊕ 錦上添花(금상첨화)
303	說往說來 (설왕설래)	서로 변론을 주고받으며 옥신각신함 ❀ 言去言來(언거언래) 言往說來(언왕설래)
304	世俗五戒 (세속오계)	신라 진평왕 때 원광법사가 세운 사군이충(事君以忠), 사친이효(事親以孝), 교우이신(交友以信), 임전무퇴(臨戰無退), 살생유택(殺生有擇)의 다섯 가지 계율을 말함
305	歲寒三友 (세한삼우)	추운 겨울의 세 벗이라는 뜻으로, 소나무와 대나무 그리고 매화를 말함
306	歲寒松柏 (세한송백)	소나무와 측백나무는 한겨울에도 변색되지 않기에 역경에 처해도 그 지조와 절개를 굽히지 않고 변하지 않음을 뜻함

한자 깊이 익히기

307 騷人墨客 (소인묵객): 시문과 서화를 일삼는 풍류객을 뜻함

308 小貪大失 (소탐대실): 작을 것을 탐하다가 오히려 큰 것을 잃음
  유 矯角殺牛(교각살우)

309 束手無策 (속수무책): 손을 묶인 듯이 어찌 할 방책이 없어 꼼짝 못하게 된다는 뜻으로, 뻔히 보면서 어찌할 바를 모르고 꼼짝 못한다는 뜻

310 送舊迎新 (송구영신): 묵은 해를 보내고 새해를 맞음

311 松都三絶 (송도삼절): 황진이가 칭한 말로 송도의 세 가지 유명한 존재, 즉 서화담, 황진이, 박연폭포를 일컬음

312 宋襄之人 (송양지인): 송나라 양공(襄公)의 어짊이란 뜻으로, 쓸데없이 베푸는 인정을 이르는 말

313 首丘初心 (수구초심): 여우는 죽을 때 구릉을 향해 머리를 두고 초심으로 돌아간다는 뜻으로, 죽어서도 고향 땅에 묻히고 싶어하는 마음을 일컬음

314 手不釋卷 (수불석권): 손에서 책을 놓지 않는다는 뜻으로, 늘 책을 가까이 하여 학문을 열심히 함

315 首鼠兩端 (수서양단): 구멍 속에서 목을 내민 쥐가 나갈까 말까 망설인다는 뜻으로, 거취를 결정하지 못하고 망설이는 경우를 두고 말함

316 漱石枕流 (수석침류): 돌로 양치질하고 흐르는 물을 베개 삼는다는 뜻으로, 말을 잘못해 놓고 그럴듯하게 꾸며대거나 남에게 지기 싫어하는 마음이 강해 억지로 무리한 이유를 붙이는 것을 말함

317 袖手傍觀 (수수방관): 팔짱을 끼고 보고만 있다는 뜻으로, 직접 손을 내밀어 간섭하지 않고 그대로 내버려둠을 말함

318 水魚之交 (수어지교): 물과 물고기의 사귐이란 뜻으로, 임금과 신하 또는 부부 사이처럼 매우 친밀한 관계를 이르는 말
  유 魚水之親(어수지친)

319 羞惡之心 (수오지심): 자기의 옳지 못함을 부끄러워하고, 남의 옳지 못함을 미워하는 마음

320 誰怨誰咎 (수원수구): 누구를 원망하며 누구를 탓하랴는 뜻으로, 남을 원망하거나 꾸짖을 것이 없음을 나타낸 말

321 守株待兎 (수주대토): 그루터기를 지켜 토끼를 기다린다는 뜻으로, 고지식하고 융통성이 없음을 비유하여 말함
  유 刻舟求劍(각주구검)

322 壽則多辱 (수즉다욕): 오래 살면 욕심이 많다는 뜻으로, 오래 살수록 고생이나 망신이 많음을 이르는 말

323 宿虎衝鼻 (숙호충비): 자는 범의 코를 찌른다는 뜻으로, 가만히 있는 사람을 건드려서 화를 자초함을 말함

324 脣亡齒寒 (순망치한): 입술이 없으면 이가 시리다는 뜻으로, 이해관계가 서로 밀접하여 한 쪽이 망하면 다른 쪽도 화를 면하기 어려움을 말함
  유 假道滅虢(가도멸괵)

325	升斗之利 (승두지리)	한 되와 한 말의 이익이라는 뜻으로, 대수롭지 않은 이익을 말함
326	乘勝長驅 (승승장구)	싸움에서 이긴 기세를 몰아 적을 계속해서 물리침
327	是非之心 (시비지심)	옳고 그름을 가릴 줄 아는 마음
328	視死如歸 (시사여귀)	죽는 것을 고향에 돌아가는 것과 같이 여긴다는 뜻으로, 죽음을 두려워하지 아니함을 이르는 말
329	始終一貫 (시종일관)	처음부터 끝까지 일의 방침이나 태도가 한결같음 유 始終如一(시종여일)
330	食少事煩 (식소사번)	먹을 것은 적고 할 일은 많음이란 뜻으로, 수고는 많이 하나 소득이 적음을 이르는 말
331	識字憂患 (식자우환)	글자를 아는 것이 오히려 근심이 된다는 뜻으로, 차라리 모르는 것이 약일 수도 있음
332	信賞必罰 (신상필벌)	상을 줄만한 훈공이 있는 자에게는 반드시 상을 주고, 벌과 죄가 있는 자에게는 반드시 벌을 준다는 뜻
333	身言書判 (신언서판)	중국 당나라 때 관리를 뽑는 네 가지 조건으로 인물의 잘남(身), 언변의 좋음(言), 학식의 풍부함(書), 판단력의 출중함(判)을 일러 말함
334	新陳代謝 (신진대사)	묵은 것이 없어지고 새 것이 대신 생기거나 들어섬
335	神出鬼沒 (신출귀몰)	귀신처럼 자유자재로 나타나기도 하고 숨기도 한다는 뜻으로, 변화무쌍하여 이를 헤아릴 수 없음을 말함
336	身土不二 (신토불이)	몸과 태어난 땅은 하나라는 뜻으로, 우리 땅에서 나는 우리 농산물이 몸에 좋다는 것을 말함
337	實事求是 (실사구시)	사실에 토대하여 진리를 탐구한다는 뜻으로, 공론만 일삼은 양명학에 대한 반동으로서 문헌학적인 고증의 정확을 존중하는 과학적이고 객관주의적 학문 태도를 말함
338	心機一轉 (심기일전)	어떠한 동기에 의하여 지금까지 품었던 생각과 마음의 자세를 완전히 바꿈
339	深思熟考 (심사숙고)	깊이 생각하고 신중히 고려함
340	十年減壽 (십년감수)	목숨이 십 년이나 줄었다는 뜻으로, 몹시 놀랐거나 매우 위험한 고비를 겪었을 때 쓰는 말
341	十伐之木 (십벌지목)	열 번 찍어 안 넘어가는 나무가 없다는 뜻으로, 아무리 어려운 일도 끊임없는 노력이 있다면 성공할 수 있음을 말함
342	十匙一飯 (십시일반)	열 사람이 한 술씩 보태면 한 사람이 먹을 분량은 된다는 뜻으로, 여러 사람이 힘을 합하면 한 사람을 돕기 쉽다는 말

343	阿鼻叫喚 (아비규환)	극악한 죄를 저질러 아비지옥(阿鼻地獄)에 떨어진 자가 혹독한 고통을 견디지 못하여 울부짖는다는 뜻으로, 비참한 지경에 처하여 그 고통에서 벗어나려고 비명을 지르며 몸부림치는 상황을 표현한 말
344	我田引水 (아전인수)	자기 논에 물을 댄다는 뜻으로, 자기의 이익만을 생각하고 먼저 행동함 😊 牽强附會(견강부회)
345	安居危思 (안거위사)	편안한 때일수록 위험이 닥칠 때를 생각하여 미리 대비하여야 함을 이르는 말 😊 居安思危(거안사위)
346	安分知足 (안분지족)	자기 분수에 만족하여 다른 데 마음을 두지 않음 😊 安貧樂道(안빈낙도)
347	安貧樂道 (안빈낙도)	가난한 생활을 하면서도 편안한 마음으로 자기의 분수를 지킴 😊 安分知足(안분지족)
348	安心立命 (안심입명)	천명을 깨닫고 생사와 이해를 초월하여 마음의 평안을 얻음
349	眼下無人 (안하무인)	눈 아래에 사람이 없다는 뜻으로, 사람됨이 교만하여 남을 업신여김을 이르는 말 😊 眼中無人(안중무인) 傍若無人(방약무인)
350	暗中摸索 (암중모색)	어둠 속에서 손을 더듬어 찾는다는 뜻으로, 어림짐작으로 사물을 알아내려 함을 이르는 말 😊 暗中摸捉(암중모착) 群盲評象(군맹평상)
351	哀乞伏乞 (애걸복걸)	애처롭게 하소연하면서 빌고 또 빎
352	藥房甘草 (약방감초)	한방 조제 시 꼭 들어가는 감초처럼 무슨 일에나 빠짐없이 반드시 끼어드는 사람 또는 사물을 이르는 말
353	弱肉強食 (약육강식)	약한 것이 강한 것에게 먹힌다는 뜻으로, 생존경쟁의 치열함을 나타내는 말
354	羊頭狗肉 (양두구육)	양 머리를 걸어놓고 개고기를 판다는 뜻으로, 겉은 훌륭해 보이나 속은 그렇지 못한 경우를 이르는 말 😊 表裏不同(표리부동), 面從腹背(면종복배), 羊質虎皮(양질호피)
355	梁上君子 (양상군자)	대들보 위에 있는 군자라는 뜻으로, 도둑을 미화하여 점잖게 부르는 말 😊 無本大商(무본대상) 綠林豪傑(녹림호걸)
356	兩手兼將 (양수겸장)	장기에서 두 개의 장기짝이 한꺼번에 장을 부르는 말밭에 놓이게 된 관계로, 두 가지 문제가 맞물려 옴짝달싹 못하게 된 경우를 이르는 말
357	兩者擇一 (양자택일)	둘 중에서 하나를 가림 😊 二者擇一(이자택일)
358	養虎遺患 (양호유환)	범을 길러 화근을 남긴다는 뜻으로, 화근거리를 키워 나중에 더 큰 화를 당함을 비유한 말 😊 自業自得(자업자득)
359	魚頭肉尾 (어두육미)	물고기는 머리 쪽이 맛이 있고, 짐승의 고기는 꼬리 쪽이 맛이 있다는 뜻
360	魚魯不辨 (어로불변)	어(魚)자와 노(魯)자를 구별하지 못한다는 뜻으로, 몹시 무식함을 비유하여 이르는 말 😊 目不識丁(목불식정)

361	**漁父之利** (어부지리)	어부의 이익이라는 뜻으로, 둘이 다투는 틈을 타서 엉뚱한 제3자가 이익을 가로챔을 이르는 말 유 犬兎之爭(견토지쟁) 　蚌鷸之爭(방휼지쟁)
362	**語不成說** (어불성설)	말이 하나의 일관된 논리로 되지 못하고 이치에 맞지 않음을 뜻함
363	**抑強扶弱** (억강부약)	강자를 누르고 약자를 도와줌 반 抑弱扶強(억약부강)
364	**焉敢生心** (언감생심)	어찌 감히 그런 마음을 먹을 수 있느냐는 뜻
365	**言文一致** (언문일치)	실제로 쓰는 말과 글로 적은 말이 일치하는 것을 뜻함
366	**言語道斷** (언어도단)	말할 길이 끊어졌다는 뜻으로, 너무나 엄청나거나 기가 막혀서 말문이 막힘
367	**言中有骨** (언중유골)	말 속에 뼈가 있다는 뜻으로, 예사로운 표현 속에 만만치 않은 뜻이 들어 있음
368	**如履薄氷** (여리박빙)	얇은 얼음을 밟듯 몹시 위험하고 아슬아슬한 지경을 가리키는 말 유 百尺竿頭(백척간두)
369	**與世推移** (여세추이)	세상의 변화에 따라 함께 변함
370	**易地思之** (역지사지)	처지를 서로 바꾸어 생각한다는 뜻으로, 상대방의 처지에서 생각해 봄
371	**緣木求魚** (연목구어)	나무에 올라가서 물고기를 구한다는 뜻으로, 불가능하거나 되지도 않을 엉뚱한 일을 억지로 하려함을 비유함
372	**炎凉世態** (염량세태)	권세가 있을 때에는 아첨하여 쫓고, 권세가 기울면 푸대접하는 세속의 세태를 말함
373	**拈華微笑** (염화미소)	연꽃을 따서 미소짓는다는 뜻으로, 불교에서 이심전심의 뜻으로 쓰이는 말 유 以心傳心(이심전심) 　教外別傳(교외별전) 　不立文字(불립문자)
374	**榮枯盛衰** (영고성쇠)	개인이나 사회의 성하고 쇠함이 서로 뒤바뀌는 현상 유 塞翁之馬(새옹지마)
375	**五車之書** (오거지서)	다섯 수레에 가득 실을 만큼의 많은 책을 말함 유 汗牛充棟(한우충동)
376	**五里霧中** (오리무중)	짙은 안개가 5리에 걸쳐 끼어 있다는 뜻으로, 무슨 일에 대하여 방향이나 상황을 알 길이 없음을 이르는 말
377	**寤寐不忘** (오매불망)	누군가를 그리워하여 자나깨나 잊지 못함 유 輾轉反側(전전반측) 　輾轉不寐(전전불매)
378	**吾鼻三尺** (오비삼척)	내 코가 석자라는 뜻으로, 곤경에 처해 자기 일도 해결하기 어려운 판국에 남을 도울 여지가 없다는 말

379	烏飛梨落 (오비이락)	까마귀 날자 배 떨어진다는 뜻으로, 아무런 관계도 없이 한 일이 공교롭게 다른 일과 때가 일치해서 혐의를 받게 됨을 이르는 말	388	溫故知新 (온고지신)	옛 것을 익히고 그것을 미루어 새 것을 앎, 즉 옛 것을 연구하여 거기서 새로운 지식이나 도리를 찾아내는 일을 말함
380	傲霜孤節 (오상고절)	서릿발이 심한 추위 속에서도 굴하지 않고 홀로 꿋꿋하다는 뜻으로, 모진 고난 속에서도 굴하지 않는 높은 절개를 이름	389	蝸角之爭 (와각지쟁)	달팽이의 촉각 위에서 싸운다는 뜻으로, 하찮은 일로 벌이는 승강이나 사소한 싸움을 이르는 말 유 蝸角之勢(와각지세) 蝸牛角上(와우각상)
381	吳越同舟 (오월동주)	오나라 사람과 월나라 사람이 한 배에 타고 있다는 뜻으로, 서로 적의를 품고 있는 사람이 같은 곳에 있거나 같은 처지를 당함을 이르는 말 유 同舟相救(동주상구)	390	臥薪嘗膽 (와신상담)	섶에 누워 쓸개를 씹는다는 뜻으로, 원수를 갚으려고 온갖 괴로움을 참고 견딤을 이르는 말 유 切齒扼腕(절치액완)
382	五臟六腑 (오장육부)	오장과 육부를 분노 따위의 심리상태가 일어나는 몸 안의 곳으로서 이르는 말	391	外柔內剛 (외유내강)	겉으로 보기에는 부드러우나 속은 꿋꿋하고 강함 반 內剛外柔(내강외유)
383	烏合之卒 (오합지졸)	까마귀가 모인 것 같은 무리라는 뜻으로, 제대로 훈련도 하지 않은 어중이떠중이가 모인 보잘 것 없는 군사를 일컬음 유 烏合之衆(오합지중)	392	要領不得 (요령부득)	사물의 주요한 부분을 잡을 수 없다는 뜻으로, 말이나 글의 요령을 잡을 수 없음을 이르는 말
384	玉骨仙風 (옥골선풍)	빛이 썩 희고 고결하여 신선과 같은 뛰어난 풍채와 골격	393	樂山樂水 (요산요수)	산을 좋아하고 물을 좋아한다는 뜻으로, 산수의 경치를 좋아함을 이르는 말
385	屋上架屋 (옥상가옥)	지붕 위에 거듭 집을 세운다는 뜻으로, 공연히 쓸모없는 일이나 물건을 더함을 비유함 유 畵蛇添足(화사첨족)	394	窈窕淑女 (요조숙녀)	마음씨가 고요하며 말과 행동이 얌전하고 아름다운 여자를 일컬음
386	玉石俱焚 (옥석구분)	옥과 돌이 함께 불타버린다는 뜻으로, 착한 사람이나 악한 사람이 함께 망함을 이르는 말	395	欲速不達 (욕속부달)	어떤 일을 급하게 서두르면 도리어 이루지 못함
387	玉石混淆 (옥석혼효)	옥과 돌이 함께 뒤섞여 있다는 뜻으로, 선과 악 또는 좋은 것과 나쁜 것이 함께 섞여 있음을 말함 유 玉石混交(옥석혼교) 玉石同架(옥석동가)	396	龍頭蛇尾 (용두사미)	머리는 용이나 꼬리는 뱀이라는 뜻으로, 시작은 거창하나 끝은 갈수록 보잘 것 없음을 비유하여 이르는 말

397	**龍蛇飛騰** (용사비등)	용과 뱀이 하늘로 날아오르는 것과 같이 살아 움직이는 매우 힘찬 글씨를 가리키는 말	
398	**愚公移山** (우공이산)	우공이 산을 옮긴다는 뜻으로, 남이 보기엔 어리석은 일처럼 보이지만 어떤 일이라도 끊임없이 노력하면 반드시 이루어질 수 있음을 말함 윤 磨斧爲針(마부위침) 積土成山(적토성산)	
399	**優柔不斷** (우유부단)	줏대 없이 어물거리기만 하고 딱 잘라 결단을 내리지 못함	
400	**牛耳讀經** (우이독경)	소 귀에 경 읽기라는 뜻으로, 우둔한 사람은 아무리 가르치고 일러주어도 알아듣지 못함을 비유하여 이르는 말 윤 馬耳東風(마이동풍) 對牛彈琴(대우탄금)	
401	**羽化登仙** (우화등선)	날개가 돋아 신선이 되어 하늘로 오른다는 뜻으로, 술이 거나하게 취하여 기분이 좋은 모습을 나타냄	
402	**雨後竹筍** (우후죽순)	비가 온 뒤에 솟는 죽순처럼 어떤 일이 동시에 많이 일어남을 비유함	
403	**元亨利貞** (원형이정)	역학에서 말하는 `천도(天道)의 네 원리로, 생물이 시작되어(元) 형통하고(亨) 조화를 이루어(利) 성숙하는(貞) 것을 말함	
404	**遠禍召福** (원화소복)	화를 멀리하고 복을 불러들임	
405	**危機一髮** (위기일발)	위험의 순간이 머리카락 하나의 간격만큼 절박함을 이르는 말 윤 百尺竿頭(백척간두) 風前燈火(풍전등화)	
406	**韋編三絶** (위편삼절)	공자가 책을 하도 많이 읽어서 그것을 엮어 놓은 끈이 세 번이나 끊어짐을 뜻하는 것으로, 한 권의 책을 몇 십 번이나 되풀이해서 읽음을 비유하는 말	
407	**威風堂堂** (위풍당당)	남을 압도할 만큼 풍채가 위엄이 있고 당당함	
408	**柔能制剛** (유능제강)	부드러운 것이 강한 것을 이긴다는 뜻으로, 약한 것을 보이고 적의 허술한 틈을 타 능히 강한 것을 제압함을 비유하여 이르는 말 윤 弱能制强(약능제강)	
409	**類萬不同** (유만부동)	많은 것이 서로 같지 않고 다름, 분수에 맞지 않거나 정도에 넘침	
410	**流芳百世** (유방백세)	향기가 백대에 걸쳐 흐름이란 뜻으로, 꽃다운 이름이 후세에 길이 전함 반 遺臭萬年(유취만년)	
411	**有備無患** (유비무환)	미리 준비하면 나중에 우환을 당하지 않음 윤 居安思危(거안사위)	
412	**唯我獨尊** (유아독존)	천상천하 유아독존, 즉 이 세상에 나보다 존귀한 사람은 없으며 오직 나만이 잘났다고 뽐내는 일	
413	**流言蜚語** (유언비어)	전혀 근거가 없는 말이나 뜬소문 윤 道聽塗說(도청도설) 浮言浪說(부언낭설) 街談巷說(가담항설)	
414	**類類相從** (유유상종)	같은 무리끼리 서로 사귀며 따름	

한자 깊이 익히기

415 悠悠自適 (유유자적)
여유가 있어 한가롭고 걱정이 없는 모양이라는 뜻으로, 속세에 속박됨이 없이 자기가 하고 싶은 대로 마음편이 지냄을 이르는 말

416 唯一無二 (유일무이)
둘이 아니고 오직 하나뿐이라는 뜻으로, 유일성을 강조함

417 有終之美 (유종지미)
끝을 잘 맺는 아름다움이라는 뜻으로, 시작한 일을 끝까지 잘하여 결과가 좋음을 이르는 말

418 遺臭萬年 (유취만년)
냄새가 만년까지 남겨진다는 뜻으로, 더러운 이름을 오래도록 남김
반 流芳百世(유방백세)

419 隱忍自重 (은인자중)
괴로움을 감추어 참고 몸가짐을 신중히 함
반 輕擧妄動(경거망동)

420 陰德陽報 (음덕양보)
사람이 보지 않는 곳에서 좋은 일을 베풀면 반드시 그 일이 드러나서 갚음을 받음

421 吟風弄月 (음풍농월)
맑은 바람과 밝은 달을 대하여 시를 지어 읊으며 즐김
유 吟風詠月(음풍영월)

422 泣斬馬謖 (읍참마속)
눈물을 머금고 마속의 목을 벤다는 뜻으로, 사랑하는 신하를 법대로 처단하여 질서를 바로잡음을 이르는 말

423 異口同聲 (이구동성)
입은 다르지만 하는 말은 같다라는 뜻으로, 여러 사람의 말이 한결같음을 이르는 말
유 如出一口(여출일구)

424 以卵擊石 (이란격석)
계란으로 바위치기, 즉 턱없이 약한 것으로 엄청나게 강한 것을 당해 내려는 어리석음을 비유하여 이르는 말
유 以卵投石(이란투석)

425 耳目口鼻 (이목구비)
귀ㆍ눈ㆍ입ㆍ코를 아울러 이르는 말

426 以心傳心 (이심전심)
말이나 글에 의하지 않고 마음에서 마음으로 전함
유 拈華微笑(염화미소)
　 敎外別傳(교외별전)
　 不立文字(불립문자)

427 以熱治熱 (이열치열)
열은 열로써 다스린다는 뜻으로, 힘에는 힘으로 또는 강한 것에는 강한 것으로 상대함을 이르는 말

428 二律背反 (이율배반)
서로 모순ㆍ대립하여 양립하지 않는 두 명제가 동등한 타당성을 가지고 주장되는 일
유 矛盾(모순)

429 泥田鬪狗 (이전투구)
진흙탕에서 싸우는 개라는 뜻으로, 명분이 서지 않는 일로 몰골이 사납게 싸움을 이르는 말

430 因果應報 (인과응보)
원인과 결과는 서로 물리고 물린다는 뜻으로, 과거 또는 전생의 선악의 인연에 따라 뒷날 길흉화복의 갚음을 받게 됨을 이르는 말

431 人口膾炙 (인구회자)
널리 세상 사람의 이야기꺼리가 됨, 즉 사람의 입에 자주 오르내림을 비유하여 이르는 말

432 人面獸心 (인면수심)
얼굴은 사람의 모습을 하였으나 마음은 짐승과 같다는 뜻으로, 사람의 도리를 지키지 못하고 배은망덕하거나 행동이 흉악하고 음탕한 사람을 말함

353

433	人死留名 (인사유명)	사람은 죽어서 이름을 남김 유 虎死留皮(호사유피)	
434	仁者無敵 (인자무적)	어진 사람은 널리 사람을 사랑하므로 천하에 적대할 사람이 없음을 이르는 말	
435	忍之爲德 (인지위덕)	참는 것이 덕이 됨	
436	一刻千金 (일각천금)	극히 짧은 시간도 천금에 해당할 만큼 큰 가치가 있다는 뜻으로, 즐거운 때나 중요한 때가 금방 지나가는 아쉬움을 비유해 이르는 말	
437	一擧兩得 (일거양득)	한 가지 일로써 두 가지 이득을 얻음 유 一石二鳥(일석이조)	
438	日久月深 (일구월심)	날이 오래고 달이 깊어간다는 뜻으로, 무언가 바라는 마음이 세월이 갈수록 더해짐을 이르는 말	
439	一口二言 (일구이언)	한 입으로 두 말을 한다는 뜻으로, 말을 이랬다저랬다 함을 이르는 말	
440	日暖風和 (일난풍화)	일기가 따뜻하고 바람이 온화함	
441	一刀兩斷 (일도양단)	한칼로 쳐서 두 동강이를 낸다는 뜻으로, 머뭇거리지 않고 일이나 행동을 선뜻 결정함을 비유함 유 一刀割斷(일도할단) 반 優柔不斷(우유부단)	
442	一蓮托生 (일련탁생)	죽은 뒤에 극락정토에서 같은 연꽃 위에 다시 태어난다는 뜻으로, 사물의 선악이나 결과의 선악에 관계없이 행동이나 운명을 함께 함을 이르는 말	
443	一網打盡 (일망타진)	그물을 한 번 쳐서 물고기를 모조리 잡는다는 뜻으로, 한꺼번에 모조리 다 잡음을 말함	
444	一脈相通 (일맥상통)	생각·성질·처지 등이 어느 면에서 한 가지로 서로 통함을 이르는 말	
445	一面如舊 (일면여구)	처음 만나 사귀었으나 오래 사귄 것처럼 친밀함	
446	一目瞭然 (일목요연)	한 번 보고도 분명히 안다는 뜻으로, 잠깐 보고도 환하게 알 수 있음을 이르는 말	
447	一罰百戒 (일벌백계)	한 가지 죄과를 무거운 벌로 다스림으로써, 여러 사람에게 경각심을 불러일으킬 정도의 본보기로 처벌을 내림	
448	一絲不亂 (일사불란)	한 오라기의 실도 흐트러지지 않았다는 뜻으로, 질서나 체계 따위가 잘 잡혀 있어서 조금도 흐트러짐이 없음을 이르는 말	
449	一瀉千里 (일사천리)	강물이 쏟아져 단번에 천리를 간다는 뜻으로, 어떤 일이 거침없이 기세 좋게 진행됨을 말함	
450	一石二鳥 (일석이조)	돌 하나로 두 마리의 새를 잡는다는 뜻으로, 한 가지 일로 두 가지 이익을 얻음을 비유하여 이름 유 一擧兩得(일거양득)	

451	一笑一少 (일소일소)	한 번 웃을 때마다 한 번 젊어진다는 뜻 유 一怒一老(일로일로)
452	一心同體 (일심동체)	여러 사람이 마음을 하나로 합쳐서 한 마음 한 몸이 됨을 이르는 말
453	一魚濁水 (일어탁수)	한 마리의 물고기가 그 물을 흐리게 한다는 뜻으로, 한 사람의 잘못으로 여러 사람이 그 해를 당함을 이르는 말
454	一言之下 (일언지하)	말 한마디로 끊음, 즉 한마디로 딱 잘라 말함
455	一葉知秋 (일엽지추)	나뭇잎 하나가 떨어짐을 보고 가을이 옴을 안다는 뜻으로, 한 가지 일을 보고 장차 오게 될 일을 미루어 짐작함
456	一葉片舟 (일엽편주)	나뭇잎처럼 작은 한 조각의 작은 배를 말함
457	一衣帶水 (일의대수)	띠처럼 좁은 강이나 해협 또는 그와 같은 강을 사이에 두고 가까이 접해 있음을 이르는 말 유 指呼之間(지호지간)
458	一以貫之 (일이관지)	하나로써 그것을 꿰뚫음, 즉 한 방법이나 태도로 한결같이 꿰뚫음
459	一日之長 (일일지장)	하루 먼저 세상에 났다는 뜻으로, 연령이 조금 위가 되는 일 또는 조금 나음을 이르는 말
460	一長一短 (일장일단)	장점도 있고 단점도 있음을 뜻함
461	一場春夢 (일장춘몽)	한바탕의 봄꿈처럼 헛된 영화나 덧없는 일이란 뜻으로, 인생의 허무함을 비유하여 이르는 말 유 老生之夢(노생지몽), 南柯一夢(남가일몽), 邯鄲之夢(한단지몽)
462	一觸卽發 (일촉즉발)	한 번 닿기만 하여도 곧 폭발한다는 뜻으로, 조그만 자극에도 큰 일이 벌어질 것 같은 아슬아슬한 상태를 이르는 말 유 累卵之勢(누란지세), 風前燈火(풍전등화), 焦眉之急(초미지급)
463	一寸光陰 (일촌광음)	아주 짧은 시간
464	日就月將 (일취월장)	날마다 달마다 성장하고 발전한다는 뜻으로, 학문이나 기술이 날로 달로 진보하고 발전해 나아감
465	一波萬波 (일파만파)	한 사건이 그 사건에 그치지 않고 잇달아 많은 사건으로 번짐
466	一敗塗地 (일패도지)	한 번 싸우다가 여지없이 패하여 다시 일어나지 못함
467	一片丹心 (일편단심)	한 조각의 붉은 마음이라는 뜻으로, 변하지 않는 참된 충성이나 정성을 표현함
468	一筆揮之 (일필휘지)	단숨에 글씨나 그림을 줄기차게 써 내려감

469 一攫千金 (일확천금)	한꺼번에 많은 돈을 얻는다는 뜻으로, 아무런 노력 없이 벼락부자가 됨을 뜻함
470 臨渴掘井 (임갈굴정)	목마른 자가 우물을 판다는 뜻으로, 준비 없이 일을 당하여 서두름을 이름
471 臨機應變 (임기응변)	어느 때 어느 자리에서 뜻밖의 일을 당했을 때 재빨리 그에 알맞게 대처하는 일
472 臨戰無退 (임전무퇴)	신라시대 원광법사가 지은 화랑오계 중의 하나로, 싸움에 임하여 물러섬이 없어야 한다는 말
473 立身揚名 (입신양명)	사회적으로 인정을 받고 출세하여 이름을 세상에 드날림 유 立身出世(입신출세)
474 自家撞着 (자가당착)	자기의 언행이 전후 모순되어 일치하지 않음 유 二律背反(이율배반) 自己矛盾(자기모순)
475 自强不息 (자강불식)	스스로 힘을 쓰고 가다듬어 쉬지 아니함
476 自激之心 (자격지심)	자기가 일을 해놓고 그 일에 대하여 스스로 미흡하게 여기는 마음
477 自給自足 (자급자족)	자기가 필요한 것을 스스로 생산하여 충당함
478 自問自答 (자문자답)	스스로 묻고 스스로 대답한다는 뜻으로, 마음속으로 대화함을 이르는 말
479 自手成家 (자수성가)	물려받은 재산 없이 스스로의 힘으로 일가를 이룸, 즉 스스로의 힘으로 사업을 이룩하거나 큰 일을 이룸
480 自繩自縛 (자승자박)	자기 줄로 자기를 묶는다는 뜻으로, 자기의 언행이나 행동으로 말미암아 자기 스스로 꼼짝 못하게 되는 일
481 自業自得 (자업자득)	자기가 저지른 일의 과보(果報)를 자기 자신이 받음 유 養虎遺患(양호유환) 自作自受(자작자수)
482 自中之亂 (자중지란)	같은 패 안에서 일어나는 싸움
483 自初至終 (자초지종)	처음부터 끝까지의 과정 유 自頭至尾(자두지미)
484 自暴自棄 (자포자기)	자신을 스스로 해치고 버린다는 뜻으로, 몸가짐이나 행동을 되는 대로 취함
485 自畵自讚 (자화자찬)	자기가 그린 그림을 스스로 칭찬한다는 뜻으로, 자기가 한 일이나 행동을 스스로 칭찬하며 자랑함
486 作心三日 (작심삼일)	마음 먹은 지 삼일이 못간다는 뜻으로, 한 번 결심한 것이 오래 가지 못함을 뜻함 유 初志一貫(초지일관)

한자 깊이 익히기

487 **張三李四** (장삼이사)
장씨의 셋째 아들과 이씨의 넷째 아들이란 뜻으로, 지극히 보통의 평범한 사람들을 일컬음
🔸 甲男乙女(갑남을녀), 匹夫匹婦(필부필부), 善男善女(선남선녀)

488 **才勝德薄** (재승덕박)
재주는 있으나 덕이 부족함을 뜻함

489 **賊反荷杖** (적반하장)
도둑이 도리어 몽둥이를 든다는 뜻으로, 잘못한 사람이 도리어 잘 한 사람을 나무라는 경우를 이르는 말
🔸 客反爲主(객반위주)

490 **積小成大** (적소성대)
작은 것도 쌓이면 크게 됨
🔸 積塵成山(적진성산) 積土成丘(적토성구)

491 **赤手空拳** (적수공권)
맨손과 맨주먹이란 뜻으로, 아무 것도 가진 것이 없음

492 **適者生存** (적자생존)
생존 경쟁의 결과 그 환경에 맞는 것만이 살아남고 그렇지 못한 것은 차차 쇠퇴·멸망해 가는 자연도태의 현상을 일컬음

493 **適材適所** (적재적소)
어떤 일에 적당한 재능을 가진 자에게 적합한 지위나 임무를 맡김

494 **積塵成山** (적진성산)
티끌 모아 태산이란 뜻으로, 아무리 작은 것이라도 쌓이고 쌓이면 큰 덩어리가 된다는 말
🔸 積小成大(적소성대) 積土成丘(적토성구)

495 **電光石火** (전광석화)
번갯불이나 부싯돌의 불이 번쩍이는 것처럼, 몹시 짧은 시간이나 매우 재빠른 동작을 비유하여 말함

496 **前代未聞** (전대미문)
지난 시대에는 들어본 적이 없다는 뜻으로, 지금까지 들어본 적이 없는 매우 놀라운 일이나 새로운 것을 두고 이르는 말
🔸 破天荒(파천황) 未曾有(미증유)

497 **前途洋洋** (전도양양)
앞길이나 앞날이 크게 열리어 희망이 있음

498 **戰戰兢兢** (전전긍긍)
매우 두려워하여 벌벌 떨면서 조심함
🔸 小心翼翼(소심익익) 戰戰慄慄(전전율율)

499 **輾轉反側** (전전반측)
잠을 이루지 못하고 누워서 몸을 이리저리 뒤척임
🔸 寤寐不忘(오매불망) 輾轉不寐(전전불매)

500 **轉禍爲福** (전화위복)
화가 바뀌어 오히려 복이 된다는 뜻으로, 어떤 불행한 일이라도 끊임없는 노력과 강인한 의지로 힘쓰면 불행을 행복으로 바꾸어 놓을 수 있다는 말
🔸 禍因爲福(화인위복)

501 **絕世佳人** (절세가인)
세상에 비할 데 없이 아름다운 여자
🔸 絕世美人(절세미인) 絕代佳人(절대가인)

502 **絕長補短** (절장보단)
긴 것을 잘라서 짧은 것에 보태어 부족함을 채운다는 뜻으로, 좋은 것으로 부족한 것을 보충함을 이르는 말
🔸 絕長續短(절장속단)

503 **切磋琢磨** (절차탁마)
옥돌을 자르고 줄로 쓸고 끌로 쪼고 갈아 빛을 낸다는 뜻으로, 학문이나 인격을 끊임없이 갈고 닦음

504 **切齒腐心** (절치부심)
이를 갈고 속을 썩이다는 뜻으로, 원통하고 분한 정도가 매우 심한 모양을 일컬음
🔸 臥薪嘗膽(와신상담) 切齒扼腕(절치액완)

505	漸入佳境 (점입가경)	가면 갈수록 경치가 아름다워진다는 뜻으로, 문장이나 산수 따위가 점차 재미있게 되어감	
506	頂門一鍼 (정문일침)	정수리에 침 하나를 꽂는다는 뜻으로, 상대방의 급소를 찌르는 따끔한 충고나 교훈을 이르는 말	
507	井底之蛙 (정저지와)	우물 안 개구리라는 뜻으로, 견문이 좁고 세상물정에 어두운 사람을 일컬음 유 井中之蛙(정중지와) 坐井觀天(좌정관천)	
508	糟糠之妻 (조강지처)	지게미와 쌀겨로 끼니를 이어가며 고생을 같이 해온 아내를 일컬음	
509	朝令暮改 (조령모개)	아침에 명령을 내리고서 저녁에 다시 바꾼다는 뜻으로, 상부에서 내린 법령이 일관성 없이 자주 바뀜을 비난하는 말 유 朝令暮得(조령모득) 朝令夕改(조령석개)	
510	朝三暮四 (조삼모사)	아침에 세 개, 저녁에 네 개라는 뜻으로, 간사한 잔꾀로 남을 속이거나 눈앞에 보이는 차이만 알고 결과가 같음을 모르는 어리석음을 말함	
511	鳥足之血 (조족지혈)	새발의 피란 뜻으로, 분량이 극히 적거나 비교가 안 될만한 작은 물건을 말함	
512	足脫不及 (족탈불급)	맨발로 뛰어도 따라가지 못한다는 뜻으로, 능력이나 재질·역량 따위가 뚜렷한 차이가 있음을 이름	
513	種豆得豆 (종두득두)	콩 심은데 콩 난다는 뜻으로, 원인이 있으면 반드시 그에 합당한 결과가 뒤따름을 일컬음 유 種瓜得瓜(종과득과) 因果應報(인과응보)	
514	縱橫無盡 (종횡무진)	행동이나 마음이 내키는 대로 거리낌이 없음	
515	坐不安席 (좌불안석)	마음에 불안이나 근심 등이 있어 한자리에 오래 앉아 있지 못함	
516	左之右之 (좌지우지)	왼쪽으로 돌렸다 오른쪽으로 돌렸다 한다는 뜻으로, 사람이 어떤 일이나 대상을 제 마음대로 처리하거나 다루는 것을 말함	
517	左衝右突 (좌충우돌)	이리저리 닥치는 대로 부딪침	
518	主客顚倒 (주객전도)	주인은 손님처럼 손님은 주인처럼 행동을 바꾸어 한다는 뜻으로, 서로 입장이 뒤바뀜을 비유함 유 客反爲主(객반위주)	
519	晝耕夜讀 (주경야독)	낮에는 밭을 갈고 밤에는 공부한다는 뜻으로, 어렵게 공부함을 이르는 말 유 螢雪之功(형설지공)	
520	走馬加鞭 (주마가편)	달리는 말에 채찍질한다는 뜻으로, 형편이나 힘이 한창 좋을 때에 더욱 힘을 더한다는 말	
521	走馬看山 (주마간산)	말을 타고 달리면서 산을 본다는 뜻으로, 수박 겉 핥기 식으로 바빠서 자세히 살펴보지 않고 대강 훑어봄을 말함	
522	酒池肉林 (주지육림)	술이 못을 이루고 고기가 수풀을 이룬다는 뜻으로, 매우 호화스럽고 방탕한 생활을 말함 유 肉山脯林(육산포림) 肉山酒池(육산주지)	

523	**竹馬故友** (죽마고우)	대나무 말을 타고 놀던 옛 친구라는 뜻으로, 어릴 때부터 가까이 지내며 자란 친구를 말함 🔄 竹馬舊友(죽마구우) 騎竹之交(기죽지교)
524	**衆寡不敵** (중과부적)	적은 수로써 많은 수효를 대적하지 못함 🔄 寡不適中(과부적중)
525	**衆口難防** (중구난방)	여러 사람의 입을 막기 어렵다는 뜻으로, 많은 사람들이 함부로 떠들어대는 것은 감당하기 어려우니 말과 행동을 조심해야 함을 이르는 말
526	**芝蘭之交** (지란지교)	지초와 난초의 사귐이란 뜻으로, 벗 사이의 맑고 고상한 교제를 의미함 🔄 金蘭之交(금란지교) 斷金之交(단금지교)
527	**指鹿爲馬** (지록위마)	사슴을 가리켜 말이라고 한다는 뜻으로, 간사한 꾀로써 윗사람을 농락하고 아랫사람을 겁주어 멋대로 권세를 부림을 말함
528	**支離滅裂** (지리멸렬)	이리저리 흩어져 갈피를 잡을 수 없음
529	**至誠感天** (지성감천)	지극한 정성에는 하늘도 감동한다는 뜻으로, 무엇이든 정성껏 하면 하늘이 움직여 좋은 결과를 맺는다는 말
530	**池魚之殃** (지어지앙)	연못에 사는 물고기의 재앙이라는 뜻으로, 아무런 상관도 없는데 화를 당할 때 말함
531	**知行合一** (지행합일)	지식과 행동은 둘이 아닌 하나이므로, 알면 반드시 행동으로 실천해야 한다는 뜻 🔄 知行一致(지행일치) 知行竝進(지행병진)
532	**指呼之間** (지호지간)	손짓하여 부르면 대답할 수 있을 정도의 가까운 거리를 말함 🔄 咫尺之間(지척지간)
533	**珍羞盛饌** (진수성찬)	맛이 좋은 음식으로, 성대하게 잘 차린 진귀한 음식 🔄 膏粱珍味(고량진미)
534	**進退兩難** (진퇴양난)	나아갈 수도 물러설 수도 없는 궁지에 빠진 상태를 말함 🔄 進退維谷(진퇴유곡)
535	**此日彼日** (차일피일)	오늘 내일하며 일을 핑계하고 자꾸 기한을 늦춤
536	**滄海一粟** (창해일속)	큰 바다에 던져진 좁쌀 한 톨이라는 뜻으로, 지극히 작은 것이나 이 세상에서의 인간 존재의 허무함을 이르는 말 🔄 大海一滴(대해일적) 九牛一毛(구우일모)
537	**天高馬肥** (천고마비)	하늘이 높고 말이 살찐다는 뜻으로, 가을의 청명함과 풍성함을 표현함
538	**千慮一失** (천려일실)	천 가지 생각 가운데 한 가지 실수란 뜻으로, 지혜로운 사람도 많은 생각 가운데에는 실수가 있을 수 있음을 표현한 말
539	**天方地軸** (천방지축)	너무 바빠서 두서를 잡지 못하고 허둥대는 모습을 표현한 말 🔄 天方地方(천방지방)
540	**天生緣分** (천생연분)	하늘에서 정해준 연분, 즉 부부의 연을 일컬음

541	泉石膏肓 (천석고황)	산수풍경을 몹시 사랑함을 표현한 말 ❀ 泉石膏肓(천석고맹) 煙霞痼疾(연하고질)	
542	天壤之差 (천양지차)	하늘과 땅 사이와 같은 엄청난 차이 ❀ 天壤之判(천양지판) 雲泥之差(운니지차)	
543	天佑神助 (천우신조)	하늘이 돕고 신이 도움, 즉 인간의 힘으로 불가능한 것을 하늘과 신의 도움으로 가능하게 된 경우를 말함	
544	天衣無縫 (천의무봉)	선녀의 옷에는 바느질한 자리가 없다는 뜻으로, 시나 문장이 매우 자연스러워 조금도 꾸민 데가 없이 완전함	
545	天長地久 (천장지구)	하늘과 땅이 오래도록 변하지 않는다는 뜻으로, 사물이 오래도록 계속됨을 이르는 말	
546	千載一遇 (천재일우)	천 년에 한 번 만난다는 뜻으로, 좀처럼 얻기 어려운 좋은 기회를 말함 ❀ 千歲一時(천세일시) 千秋一時(천추일시)	
547	天眞爛漫 (천진난만)	천진함이 넘친다는 뜻으로, 조금도 꾸밈없이 아주 순진하고 참됨	
548	千差萬別 (천차만별)	여러 가지 사물이 모두 차이가 있고 구별이 있음을 뜻함 ❀ 千態萬象(천태만상)	
549	千篇一律 (천편일률)	천 가지 책이 모두 하나의 내용과 형식이라는 뜻으로, 여러 사물이 거의 비슷하여 특색이 없음을 비유하여 이르는 말	
550	徹頭徹尾 (철두철미)	머리에서 꼬리까지 통한다는 뜻으로, 처음부터 끝까지 방침이나 생각을 바꾸지 않고 철저히 함	
551	鐵石肝腸 (철석간장)	철이나 돌과 같은 간과 창자라는 뜻으로, 굳고 단단한 절개나 마음을 말함 ❀ 鐵心石腸(철심석장) 鐵腸石心(철장석심)	
552	徹天之恨 (철천지한)	하늘을 뚫을 정도의 사무친 한을 뜻함 ❀ 千秋之恨(천추지한)	
553	轍環天下 (철환천하)	수레를 타고 하늘을 돌아다닌다는 뜻으로, 여러 나라를 두루 여행함	
554	靑雲之士 (청운지사)	학덕이 높은 어진 사람 또는 높은 벼슬에 오른 사람을 일컬음	
555	靑雲之志 (청운지지)	남보다 훌륭하게 출세할 뜻을 갖고 있음	
556	靑天白日 (청천백일)	맑게 갠 하늘에서 밝게 비치는 해라는 뜻으로, 누구나 다 볼 수 있도록 공개된 상황이나 일을 말함	
557	靑出於藍 (청출어람)	쪽에서 뽑아 낸 푸른 물감이 쪽빛보다 더 푸르다는 뜻으로, 제자가 스승보다 뛰어남을 이르는 말 ❀ 出藍之譽(출람지예) 後生可畏(후생가외)	
558	淸風明月 (청풍명월)	맑은 바람과 밝은 달이라는 뜻으로, 결백하고 온건한 성격의 사람을 평하여 이르는 말 ❀ 江湖煙波(강호연파) 山紫水明(산자수명)	

한자 깊이 익히기

559	**樵童汲婦** (초동급부)	땔나무를 하는 아이와 물을 긷는 여자라는 뜻으로, 보통의 평범한 사람들을 일컬음 ⓤ 張三李四(장삼이사), 匹夫匹婦(필부필부), 甲男乙女(갑남을녀)
560	**草綠同色** (초록동색)	풀빛과 녹색은 같은 빛깔이란 뜻으로, 같은 처지의 사람과 어울리거나 행동함을 말함 ⓤ 類類相從(유유상종)
561	**焦眉之急** (초미지급)	눈썹이 타게 될 만큼 위급한 상태란 뜻 매우 다급한 일이나 경우 ⓤ 風前燈火(풍전등화), 累卵之危(누란지위), 一觸卽發(일촉즉발)
562	**初志一貫** (초지일관)	처음에 세운 뜻을 이루려고 끝까지 밀고 나감 ⓑ 作心三日(작심삼일)
563	**寸鐵殺人** (촌철살인)	한 치의 칼로도 사람을 죽인다는 뜻으로, 경구나 격언 등으로 남을 감동시키거나 남의 약점을 찌를 수 있음 ⓤ 頂門一鍼(정문일침)
564	**秋風落葉** (추풍낙엽)	가을 바람에 떨어지는 낙엽이라는 뜻으로, 세력이나 형세 따위가 갑자기 기울거나 시듦을 나타냄
565	**春秋筆法** (춘추필법)	공자의 역사 비판처럼 대의명분을 밝혀 세우는 사필(史筆)의 준엄한 논법을 말함
566	**出將入相** (출장입상)	나가서는 장수, 들어와서는 재상이라는 뜻으로, 문무를 겸비한 사람을 일컬음
567	**忠言逆耳** (충언역이)	바른 말은 귀에 거슬린다는 뜻으로, 바른 말은 사람들이 듣기 싫어하지만 자신을 이롭게 함 ⓤ 良藥苦口(양야고구) 金言逆耳(금언역이)
568	**取捨選擇** (취사선택)	취할 것은 취하고, 버릴 것은 버린다는 뜻
569	**醉生夢死** (취생몽사)	술에 취한 듯 살다가 꿈을 꾸듯이 죽는다는 뜻으로, 아무 일도 이루지 못하고 한평생을 흐리멍텅하게 살아감을 비유하여 이름
570	**置之度外** (치지도외)	내버려 두고 상대하지 않음 ⓤ 度外視(도외시) 置之勿問(치지물문)
571	**七顚八起** (칠전팔기)	일곱 번 넘어지고 여덟 번 일어난다는 뜻으로, 여러 번의 실패에도 굽히지 않고 분투함을 이르는 말
572	**七縱七擒** (칠종칠금)	제갈공명이 적의 장수 맹획(孟獲)을 일곱 번 놓아주고 일곱 번 사로잡았다는 뜻으로, 뛰어난 전술과 계략을 말함
573	**針小棒大** (침소봉대)	바늘만한 것을 몽둥이 만하다고 말함, 즉 작은 일을 크게 과장하여 부풀려 말하는 것을 비유함
574	**他山之石** (타산지석)	다른 산에 있는 하찮은 돌도 자기 구슬을 가는 데 도움이 된다는 말로, 다른 사람의 하찮은 언행도 자기의 지식과 인격을 닦는 데 도움이 됨을 뜻함 ⓤ 反面教師(반면교사)
575	**卓上空論** (탁상공론)	탁자 위에서만 펼치는 헛된 논설이란 뜻으로, 현실성이 없는 허황된 이론이나 논의를 말함 ⓤ 猫項懸鈴(묘항현령)
576	**貪官汚吏** (탐관오리)	탐욕이 많고 부정을 일삼는 벼슬아치를 말함

| 577 | 泰山北斗 (태산북두) | 중국 제일의 명산인 태산과 북두성이라는 뜻으로, 세상 사람들이 우러러 받들고 존경하는 사람을 일컬음 |

| 586 | 破竹之勢 (파죽지세) | 대나무를 쪼개는 기세라는 뜻으로, 처음 시작만 되면 쉽게 쫙 쪼개지는 대나무처럼 거침없이 적을 향해 쳐들어가는 기세를 비유하여 말함 유 迎刃而解(영인이해) 勢如破竹(세여파죽) |

| 578 | 泰然自若 (태연자약) | 마음에 충동을 받아도 동요하지 않고 천연스러운 것 |

| 587 | 八方美人 (팔방미인) | 어느 모로 보나 아름다운 미인, 즉 모든 면에서 두루 능통한 사람을 이름 |

| 579 | 太平聖代 (태평성대) | 어질고 착한 사람이 다스리는 태평한 세상 유 鼓腹擊壤(고복격양) 堯舜之節(요순지절) |

| 588 | 八字所關 (팔자소관) | 팔자에 의해 운명적으로 결정된 것, 즉 인생은 인위적인 노력에 의해 개척되기 보다는 타고난 숙명에 따라 이미 결정되어짐을 말함 |

| 580 | 兔死狗烹 (토사구팽) | 토끼를 다 잡고 나면 사냥개를 삶는다는 뜻으로, 필요할 때 요긴하게 써 먹고 쓸모가 없어지면 가혹하게 버리는 것을 말함 |

| 589 | 敗家亡身 (패가망신) | 가산을 탕진하고 몸을 망침 유 人亡家廢(인망가폐) 人亡宅廢(인망택폐) |

| 581 | 吐哺握發 (토포악발) | 입 속에 있는 밥을 뱉고 머리카락을 움켜쥔다는 뜻으로, 현인(賢人)을 얻기 위해 식사 때나 머리를 감을 때라도 황급히 나아가 예의를 갖춤을 의미함 |

| 590 | 偏母膝下 (편모슬하) | 아버지 없이 홀어머니 품에서 자란 자식 |

| 582 | 波瀾萬丈 (파란만장) | 파도의 물결치는 것이 만장의 길이나 된다는 뜻으로, 일의 진행에 변화가 심함을 비유하여 이르는 말 유 波瀾重疊(파란중첩) |

| 591 | 弊袍破笠 (폐포파립) | 해진 옷과 부러진 갓이라는 뜻으로, 너절하고 구차한 차림새를 말함 유 弊衣破冠(폐의파관) |

| 583 | 破廉恥漢 (파렴치한) | 수치심을 모르고 부끄러워하지 않는 사람 유 沒廉恥漢(몰염치한) |

| 592 | 抱腹絶倒 (포복절도) | 배를 안고 넘어질 정도로 몹시 우스워서 몸을 가누지 못하는 모습을 말함 유 捧腹絶倒(봉복절도) |

| 584 | 破邪顯正 (파사현정) | 부처의 가르침에 어긋나는 사악한 도리를 깨뜨리고 바른 도리를 드러낸다는 뜻으로, 그릇된 생각을 버리고 올바른 도리를 행함을 비유해 이르는 말 |

| 593 | 表裏不同 (표리부동) | 마음이 음흉하여 겉과 속이 같지 않음을 뜻함 반 表裏相應(표리상응) 表裏一致(표리일치) |

| 585 | 破顔大笑 (파안대소) | 얼굴이 찢어지도록 크게 웃는다는 뜻으로, 즐거운 표정으로 한바탕 크게 웃음을 이르는 말 유 破顔一笑(파안일소) 呵呵大笑(가가대소) |

| 594 | 風樹之嘆 (풍수지탄) | 부모에게도 효도를 다하려고 할 때에는 이미 돌아가셔서 그 뜻을 이룰 수 없음을 이르는 말 유 風樹之感(풍수지감) 風樹之悲(풍수지비) |

한자 깊이 익히기

595 風前燈火 (풍전등화)
바람 앞의 등불이란 뜻으로, 존망이 달린 매우 위급한 처지를 비유하여 이르는 말
유 百尺竿頭(백척간두)
　一觸卽發(일촉즉발)
　累卵之危(누란지위)

596 彼此一般 (피차일반)
저것이나 이것이나 마찬가지임, 즉 두 편이 서로 같다는 뜻

597 匹夫之勇 (필부지용)
하찮은 남자의 용기라는 뜻으로, 소인이 깊은 생각 없이 혈기만 믿고 함부로 부리는 용기를 말함

598 匹夫匹婦 (필부필부)
평범한 남자와 평범한 여자, 즉 평범한 보통사람들을 일컬음
유 甲男乙女(갑남을녀)
　善男善女(선남선녀)
　張三李四(장삼이사)

599 何待明年 (하대명년)
어찌 명년을 기다리라는 뜻으로, 기다리기가 매우 지루함을 이르는 말
유 何待歲月(하대세월)
　鶴首苦待(학수고대)
　百年河淸(백년하청)

600 夏爐冬扇 (하로동선)
여름의 화로와 겨울의 부채라는 뜻으로, 아무 소용없는 말이나 재주를 비유하여 이르는 말 또는 철에 맞지 않거나 쓸모없는 사물을 비유하여 이르는 말

601 下石上臺 (하석상대)
아랫돌 빼서 윗돌 고이고, 윗돌 빼서 아랫돌 괴기라는 뜻으로, 임기응변으로 어려운 일을 처리함을 말함
유 彌縫策(미봉책)
　姑息之計(고식지계)

602 鶴首苦待 (학수고대)
학처럼 목을 길게 빼고 기다린다는 뜻으로, 몹시 기다림을 이르는 말
유 延頸擧踵(연경거종)

603 邯鄲之夢 (한단지몽)
한단에서 꾼 꿈이라는 뜻으로, 인생의 부귀영화는 일장춘몽과 같이 허무함을 이르는 말
유 南柯一夢(남가일몽), 一炊之夢(일취지몽), 邯鄲之枕(한단지침)

604 邯鄲之步 (한단지보)
한단에서 걸음걸이를 배운다는 뜻으로, 제 분수를 잊고 무턱대고 남을 흉내 내다가 이것저것 다 잃음을 비유하여 이르는 말
유 邯鄲學步(한단학보)

605 汗牛充棟 (한우충동)
수레에 실어 운반하게 되면 소가 땀을 흘리게 되고, 쌓아올리면 들보에 닿을 정도의 많은 책을 말함
유 五車之書(오거지서)

606 閑雲野鶴 (한운야학)
한가로운 구름 아래 노니는 들의 학이란 뜻으로, 벼슬과 어지러운 세상을 버리고 강호에 묻혀 사는 사람을 일컬음

607 緘口無言 (함구무언)
입을 다물고 아무런 말이 없음
유 默默不答(묵묵부답)

608 含憤祝願 (함분축원)
분을 품고 원한을 쌓음

609 咸興差使 (함흥차사)
조선 태조 이성계가 왕위를 물려주는 과정에서 두 차례의 왕자의 난을 겪고 난후, 태종이 왕위에 올라 아버지를 모셔오려고 함흥으로 차사를 보냈으나, 태조는 오는 대로 가두거나 죽였다는 데서 나온 말로 심부름을 가서 아주 소식이 없거나 더디을 때 쓰는 말

610 合從連橫 (합종연횡)
중국 전국시대의 외교정책으로, 6개국이 동맹하여 서쪽의 진나라에 대항하자는 소진(蘇秦)의 합종설과 진나라와 그 동쪽에 있던 6개국이 동서로 서로 연합하자는 장의(張儀)의 연횡설을 말함

611 駭怪罔測 (해괴망측)
평소 그 정도를 헤아릴 수 없을 만큼 몹시 괴이하고 놀라운 일
유 奇怪罔測(기괴망측)

612 偕老同穴 (해로동혈)
부부가 한 평생을 같이 지내며 같이 늙고 죽어서는 같이 무덤에 묻힌다는 뜻으로, 부부금실이나 부부 사랑의 굳은 맹세를 말함

613	虛心坦懷 (허심탄회)	마음을 비우고 생각을 터놓음, 감춤이 없이 솔직하여 마음에 아무런 거리낌이 없음	
622	糊口之策 (호구지책)	입에 풀칠한다는 뜻으로, 겨우 먹고 살아가는 방책을 말함 ⊕ 糊口之計(호구지계)	
614	虛張聲勢 (허장성세)	헛되이 목소리의 기세만 높인다는 뜻으로, 실력이 없으면서 허세로 떠벌리는 사람을 이름	
623	好事多魔 (호사다마)	좋은 일에는 방해가 되는 일이 많음	
615	虛虛實實 (허허실실)	적의 허를 찌르고 실을 취하는 계책	
624	虎死留皮 (호사유피)	범이 죽으면 가죽을 남기는 것과 같이, 사람도 죽은 뒤에는 이름을 남겨야 한다는 말 ⊕ 豹死留皮(표사유피)	
616	軒軒丈夫 (헌헌장부)	외모가 준수하고 늠름하며 쾌활하고 의젓한 남자	
625	虎視耽耽 (호시탐탐)	범이 날카로운 눈초리로 먹이를 노린다는 뜻으로, 틈만 있으면 덮치려고 기회를 노리며 형세를 살핌	
617	懸頭刺股 (현두자고)	상투를 천장에 달아매고 송곳으로 허벅다리를 찔러서 잠을 깨운다는 뜻으로, 학업에 매우 힘씀을 이르는 말	
626	浩然之氣 (호연지기)	도의에 근거를 두고 굽히지 않고 흔들리지 않는 바르고 큰 마음, 공명정대하여 조금도 부끄러움이 없는 용기를 두고 이르는 말	
618	賢母良妻 (현모양처)	어진 어머니이면서 또한 착한 아내	
627	好衣好食 (호의호식)	좋은 옷과 좋은 음식이라는 뜻으로, 잘 입고 잘 먹는 생활을 말함	
619	懸河口辯 (현하구변)	세차게 흐르는 물처럼 거침없이 말을 잘함 ⊕ 懸河之辯(현하지변) 懸河雄辯(현하웅변)	
628	呼兄呼弟 (호형호제)	형이라 부르고 아우라고 부른다는 뜻으로, 친형제처럼 가깝게 지내는 사이를 이르는 말	
620	螢雪之功 (형설지공)	반딧불과 눈의 도움을 빌어 공부한다는 뜻으로, 쉬지 않고 부지런히 면학에 힘쓰는 것을 말함 ⊕ 螢窓雪案(형창설안)	
629	惑世誣民 (혹세무민)	이단의 말로 세상을 어지럽히고 백성을 속이는 일	
621	狐假虎威 (호가호위)	여우가 호랑이의 위세를 빌려 호기를 부린다는 뜻으로, 남의 세력을 빌어 위세를 부림 ⊕ 假虎威狐(가호위호) 借虎爲狐(차호위호)	
630	魂飛魄散 (혼비백산)	넋이 날아가고 흩어진다는 뜻으로, 몹시 놀라 어찌할 바를 모름을 비유한 말	

한자 깊이 익히기

631 渾然一體 (혼연일체): 사람들의 행동이나 의지가 조금도 차이 없이 한 덩어리가 됨

632 昏定晨省 (혼정신성): 저녁에는 잠자리를 보아 드리고 아침에는 문안을 드린다는 뜻으로, 자식이 아침과 저녁으로 부모의 안부를 물어서 살핌을 이르는 말
- 反哺之孝(반포지효)

633 紅爐點雪 (홍로점설): 뜨거운 불길 위에 한 점 눈을 뿌리면 순식간에 녹듯이 사욕이나 의혹이 일시에 꺼져 없어지고 마음이 탁 트여 맑음을 일컫는 말

634 畵龍點睛 (화룡점정): 벽에 용을 그린 뒤에 마지막으로 눈동자를 그려 넣었더니 그 용이 곧 승천하여 하늘로 올라갔다는 뜻으로, 사물의 가장 중요한 부분을 끝내어 일을 완성시킴을 말함

635 畵蛇添足 (화사첨족): 뱀을 그리고 발을 더한다는 뜻으로, 하지 않아도 될 일을 하거나 필요 이상으로 쓸데없는 일을 하는 것
- 屋上架屋(옥상가옥)

636 花朝月夕 (화조월석): 꽃이 핀 아침과 달 밝은 저녁이란 뜻으로, 경치가 가장 좋을 때를 이르는 말
- 陽春佳節(양춘가절)

637 畵中之餠 (화중지병): 그림의 떡이란 뜻으로, 보기만 하고 탐이 나도 어찌해 볼 수 없는 상황을 이르는 말

638 確固不動 (확고부동): 확고하여 흔들리거나 움직이지 않음
- 確固不拔(확고불발)

639 換骨奪胎 (환골탈태): 뼈를 바꾸고 태(胎)를 빼앗는다는 뜻으로, 선인이 지은 시문의 뜻과 어구를 자기 것으로 소화한 뒤 그것을 바탕으로 독자적인 시문을 짓는 일 또는 얼굴이나 모습이 이전보다 몰라보게 좋아졌음을 비유하는 말

640 鰥寡孤獨 (환과고독): 홀아비·과부·고아 및 늙어서 자식이 없는 사람들이란 뜻으로, 외롭고 의지할 곳 없는 사람을 비유해 이르는 말

641 荒唐無稽 (황당무계): 말이나 행동이 터무니 없고 근거가 없어 생각할 가치도 없음

642 會者定離 (회자정리): 만나면 언젠가는 헤어지게 되어 있다는 뜻으로, 인간의 힘으로 어찌할 수 없는 이별의 아쉬움을 표현한 말
- 去者必返(거자필반)

643 橫說竪說 (횡설수설): 말을 이렇게 했다 저렇게 했다, 두서없이 생각나는 대로 이야기 함

644 後生可畏 (후생가외): 후진들이 선배들보다 젊고 기력이 좋아, 학문을 닦음에 따라 큰 인물이 될 수 있으므로 오히려 두렵게 여김

645 厚顔無恥 (후안무치): 얼굴이 두껍고 부끄러움이 없다는 뜻으로, 뻔뻔스러워 부끄러워할 줄 모르는 사람들을 일컬음

646 訓蒙字會 (훈몽자회): 조선 중종 때 최세진이 지은 한자 학습서로, 3660자의 한자를 사물에 따라 갈라 한글로 음과 뜻을 달아 놓음

647 興亡盛衰 (흥망성쇠): 흥하고 망하며, 성하고 쇠하는 일
- 榮枯盛衰(영고성쇠)

648 興盡悲來 (흥진비래): 즐거운 일이 지나가면 슬픈 일이 닥쳐온다는 뜻으로, 세상 일이 돌고 돎을 이르는 말
- 苦盡甘來(고진감래)

상공회의소 한자시험 중급 기본서 3급

기출 및 모의고사

제1회

제2회

제3회

기출 및 모의고사 정답

3급 기출 및 모의고사·제1회

120문항 | 60분

<제1영역> 漢字

[1~2] 다음 필순(筆順)에 대한 설명에 가장 알맞은 한자(漢字)는 어느 것입니까?

1. 위에서 아래로 쓴다.
   ① 女 ② 言 ③ 知 ④ 川 ⑤ 囚

2. 좌우의 모양이 같을 때에는 가운데를 나중에 쓴다.
   ① 公 ② 不 ③ 小 ④ 雙 ⑤ 車

[3~4] 다음 한자(漢字)의 획수(劃數)는 모두 몇 획입니까?

3. 師 ① 8 ② 9 ③ 10 ④ 11 ⑤ 12
4. 忘 ① 11 ② 10 ③ 9 ④ 8 ⑤ 7

[5~6] 다음 한자(漢字)의 부수(部首)는 무엇입니까?

5. 烈 ① 夕 ② 火 ③ 刀 ④ 心 ⑤ 一
6. 動 ① 田 ② 重 ③ 千 ④ 里 ⑤ 力

[7~8] 다음 한자(漢字)와 그 조자(造字)의 방식이 같은 한자는 어느 것입니까?

> 예) 한자 '日'은 그 조자(造字)의 방식이 구체적인 사물의 모습을 본떠서 만든 상형자(象形字)이다. 이와 비슷한 한자로는 '山'이 있다.

7. 入 ① 子 ② 上 ③ 成 ④ 筆 ⑤ 相
8. 鳥 ① 下 ② 伸 ③ 飛 ④ 名 ⑤ 要

[9~14] 다음 한자(漢字)의 음(音)은 무엇입니까?

9. 結 ① 연 ② 결 ③ 길 ④ 사 ⑤ 고
10. 强 ① 항 ② 강 ③ 상 ④ 홍 ⑤ 경
11. 德 ① 덕 ② 성 ③ 득 ④ 심 ⑤ 도
12. 條 ① 종 ② 주 ③ 류 ④ 역 ⑤ 조
13. 實 ① 매 ② 패 ③ 과 ④ 실 ⑤ 모
14. 顯 ① 두 ② 형 ③ 현 ④ 과 ⑤ 인

[15~19] 다음의 음(音)을 가진 한자는 어느 것입니까?

15. 각 ① 良 ② 墓 ③ 刻 ④ 김 ⑤ 周
16. 수 ① 首 ② 書 ③ 石 ④ 序 ⑤ 早
17. 현 ① 向 ② 賢 ③ 兄 ④ 湖 ⑤ 引
18. 인 ① 慈 ② 危 ③ 壬 ④ 忍 ⑤ 財
19. 명 ① 防 ② 私 ③ 億 ④ 鳴 ⑤ 課

기출 및 모의고사

[20~24] 다음 한자(漢字)와 음(音)이 같은 한자는 어느 것입니까?

20. 口   ① 敎 ② 同 ③ 答 ④ 刊 ⑤ 究
21. 産   ① 上 ② 赤 ③ 孫 ④ 算 ⑤ 申
22. 株   ① 近 ② 洲 ③ 局 ④ 黑 ⑤ 匹
23. 私   ① 絲 ② 推 ③ 伐 ④ 監 ⑤ 孔
24. 霜   ① 巳 ② 散 ③ 傷 ④ 惜 ⑤ 仙

[25~30] 다음 한자(漢字)의 뜻은 무엇입니까?

25. 答   ① 질문 ② 대답
         ③ 적합 ④ 침묵
         ⑤ 웃음
26. 陽   ① 볕 ② 장소
         ③ 말씀 ④ 어둠
         ⑤ 거짓
27. 智   ① 정신 ② 인식
         ③ 지혜 ④ 사실
         ⑤ 지식
28. 驗   ① 예측하다 ② 시험하다
         ③ 견디다 ④ 말달리다
         ⑤ 휘두르다
29. 忌   ① 좋아하다 ② 가혹하다
         ③ 욕심내다 ④ 꺼리다
         ⑤ 인내하다
30. 索   ① 깎다 ② 용서하다
         ③ 밀치다 ④ 번성하다
         ⑤ 찾다

[31~35] 다음의 뜻을 가진 한자(漢字)는 무엇입니까?

31. 별   ① 時 ② 景 ③ 星
         ④ 暗 ⑤ 省
32. 쌓다 ① 再 ② 者 ③ 益
         ④ 貯 ⑤ 産
33. 국화 ① 群 ② 花 ③ 菊
         ④ 惡 ⑤ 嚴
34. 증거 ① 又 ② 證 ③ 借
         ④ 處 ⑤ 序
35. 보리 ① 禾 ② 豆 ③ 葉
         ④ 麥 ⑤ 囚

[36~40] 다음 한자(漢字)와 뜻이 비슷한 한자는 어느 것입니까?

36. 路   ① 罪 ② 道 ③ 丹 ④ 救 ⑤ 卒
37. 餓   ① 欺 ② 飢 ③ 緊 ④ 納 ⑤ 飾
38. 境   ① 易 ② 孔 ③ 冠 ④ 壞 ⑤ 界
39. 系   ① 細 ② 興 ③ 續 ④ 斷 ⑤ 責
40. 察   ① 飮 ② 榮 ③ 防 ④ 省 ⑤ 爲

〈제2영역〉 語彙

[41~45] 다음 한자어(漢字語)와 발음(發音)이 같은 한자어는 어느 것입니까?

41. 敬老 ① 路程   ② 徑路
          ③ 慶事   ④ 競走
          ⑤ 頃刻

42. 冬至　① 藥指　② 間紙
　　　　　③ 米質　④ 同志
　　　　　⑤ 童話

43. 感謝　① 監査　② 恩師
　　　　　③ 卽死　④ 感動
　　　　　⑤ 甘酒

44. 宣傳　① 死地　② 善戰
　　　　　③ 警戒　④ 經費
　　　　　⑤ 救助

45. 呼氣　① 好評　② 使氣
　　　　　③ 好期　④ 好感
　　　　　⑤ 戶數

[46~47] 다음 괄호 속 한자(漢字)의 음(音)이 다르게 발음되는 것은 어느 것입니까?

46. ① (糖)分　② 砂(糖)
　　③ 製(糖)　④ 血(糖)
　　⑤ (糖)度

47. ① 稅(率)　② 比(率)
　　③ 換(率)　④ 輕(率)
　　⑤ 效(率)

[48~57] 다음 단어들의 '□'에 공통으로 들어갈 알맞은 한자(漢字)는 어느 것입니까?

48. 前□, □半, 晝□
　　① 權　② 骨　③ 夜　④ 爲　⑤ 進

49. □理, 正□, □警
　　① 整　② 服　③ 戰　④ 義　⑤ 試

50. □識, 確□, 承□
　　① 認　② 知　③ 定　④ 諾　⑤ 規

51. 決□, 定□, 換□
　　① 算　② 選　③ 宮　④ 率　⑤ 忌

52. □種, □位, 商□
　　① 上　② 順　③ 却　④ 事　⑤ 品

53. □福, 不□, 多□
　　① 新　② 行　③ 幸　④ 辛　⑤ 巨

54. 水□, □蟲, 殺□
　　① 虎　② 路　③ 軍　④ 害　⑤ 春

55. □動, 選□, 快□
　　① 運　② 擇　③ 樂　④ 擧　⑤ 申

56. □點, 習□, 獲□
　　① 得　② 黑　③ 慣　④ 保　⑤ 吾

57. □立, 建□, □計
　　① 利　② 擴　③ 築　④ 算　⑤ 設

[58~65] 다음 한자어(漢字語)와 뜻이 반대(反對)이거나 상대(相對)되는 한자어는 어느 것입니까?

58. 權利　① 業務　② 義務
　　　　　③ 勞務　④ 任務
　　　　　⑤ 高位

59. 可決　① 否決　② 解決
　　　　　③ 終決　④ 先決
　　　　　⑤ 決判

60. 埋沒　① 輕勘　② 抽象
　　　　③ 坊任　④ 發掘
　　　　⑤ 拙作

61. 加熱　① 燒却　② 冷却
　　　　③ 忘却　④ 棄却
　　　　⑤ 減少

62. 樂觀　① 參觀　② 觀覽
　　　　③ 告訴　④ 觀念
　　　　⑤ 悲觀

63. 利益　① 過失　② 失手
　　　　③ 完全　④ 實益
　　　　⑤ 損失

64. 賢明　① 愚劣　② 愚弄
　　　　③ 愚直　④ 愚昧
　　　　⑤ 美容

65. 添加　① 削減　② 未熟
　　　　③ 養家　④ 相剋
　　　　⑤ 充實

[66~70] 다음 성어(成語)에서 '□'에 들어갈 알맞은 한자(漢字)는 어느 것입니까?

66. 目不□丁
　　① 植　② 式　③ 食　④ 識　⑤ 人

67. 一寸□陰
　　① 光　② 廣　③ 觀　④ 過　⑤ 正

68. □火可親
　　① 燈　② 母　③ 旦　④ 食　⑤ 知

69. 明哲保□
　　① 奴　② 身　③ 負　④ 囚　⑤ 占

70. 天高馬□
　　① 卑　② 碑　③ 非　④ 批　⑤ 肥

[71~75] 다음 성어(成語)의 뜻풀이로 적절한 것은 어느 것입니까?

71. 見物生心
　　① 싼 값에 물건을 산다.
　　② 물건을 싫어하는 마음
　　③ 사물과 사람의 마음은 다르다.
　　④ 물건을 여러 사람들이 사려고 한다.
　　⑤ 물건을 보면 가지고 싶은 욕심이 생긴다.

72. 敬天勤民
　　① 하늘은 스스로 돕는 자를 돕는다.
　　② 하늘이 두려워 백성들에게 잘 대해 준다.
　　③ 하늘을 공경하고 백성을 위해 부지런히 일한다.
　　④ 한 하늘 아래 함께 살아갈 수 없는 원수 사이
　　⑤ 자신의 할 일을 다 해 놓고 하늘의 명을 기다린다.

73. 會者定離
　　① 회의를 개최하다.
　　② 사물을 정리하고 깨끗이 하다.
　　③ 약속은 반드시 지켜야 한다.
　　④ 만나면 언젠가는 헤어지게 되어 있다.
　　⑤ 지난 일은 후회해도 소용없다.

74. 三顧草廬

① 고향을 향해 세 번 절을 하다.
② 인재를 얻기 위해 수고를 아끼지 않다.
③ 세 사람이면 없던 호랑이도 만든다.
④ 일을 하기에 앞서 세 번 생각하다.
⑤ 열 번 찍어 안 넘어가는 나무가 없다.

75. 轉禍爲福

① 임기응변에 강하다.
② 운명은 타고난 것이 아니라 개척해 가는 것이다.
③ 착한 일을 많이 하면 복이 되어 돌아온다.
④ 행복은 멀리 있지 않다.
⑤ 화가 바뀌어 오히려 복이 되다.

[76~80] 다음의 뜻을 가장 잘 나타낸 성어(成語)는 어느 것입니까?

76. 출세하여 고향에 돌아오다.

① 錦繡江山 ② 錦衣還鄕
③ 錦衣夜行 ④ 今時初聞
⑤ 天下第一

77. 못하는 일이 없다.

① 無味乾燥 ② 無知莫知
③ 無爲徒食 ④ 無所不爲
⑤ 無用之物

78. 여러 방면으로 널리 아나 정통하지 못하다.

① 博學多識 ② 博學審問
③ 博而不精 ④ 薄利多賣
⑤ 八方美人

79. 모든 일이 끝나서 더 이상 어떻게 해볼 도리가 없다.

① 萬事休矣 ② 斗酒不辭
③ 凍足放尿 ④ 砂上樓閣
⑤ 不遠千里

80. 내버려 두고 상대하지 않는다.

① 天壤之差 ② 泰然自若
③ 咸興差使 ④ 厚顔無恥
⑤ 置之度外

〈제3영역〉讀解

[81~86] 다음 문장에서 밑줄 친 한자어(漢字語)의 음(音)은 무엇입니까?

81. 勤勉과 성실이 우리 집의 가훈이다.
    ① 은근 ② 근면 ③ 노력 ④ 근검 ⑤ 절약

82. 직장인들은 年俸 을(를) 많이 받기를 원한다.
    ① 연봉 ② 연차 ③ 연수 ④ 연말 ⑤ 연금

83. 정월 초하룻날, 부모님은 할아버지께 歲拜(을)를 올렸다.
    ① 인사 ② 현찰 ③ 세배 ④ 문안 ⑤ 음식

84. 경기가 어려워지면 求職 이/가 쉽지 않다.
    ① 승리 ② 취직 ③ 취업 ④ 구난 ⑤ 구직

85. 그 동화책은 착하게 살면 복을 받는다는 教訓을/를 준다.
① 교환 ② 교련 ③ 교훈 ④ 교수 ⑤ 주제

86. 번화가에서 商街들이 늦게까지 영업을 한다.
① 가게 ② 주점 ③ 상점 ④ 상인 ⑤ 상가

[87~92] 다음 문장에서 밑줄 친 한자어(漢字語)의 뜻풀이로 적절한 것은 어느 것입니까?

87. 사치 풍조를 根絕하자.
① 완전히 없애 버림
② 적극적으로 도와 줌
③ 일정기간 동안만 없애 버림
④ 여러 사람들이 힘을 합쳐 막음
⑤ 양자가 합의하여 공평하게 나누어 가짐

88. 그는 靑雲의 꿈을 안고 유학을 떠났다.
① 헛됨   ② 소망
③ 출세   ④ 알참
⑤ 가족

89. 곤충 중에는 雌雄을/를 구별하기 어려운 것도 있다.
① 머리와 꼬리   ② 눈과 코
③ 양지와 음지   ④ 팔과 다리
⑤ 암컷과 수컷

90. 임금과 신하는 만장일치로 遷都하기로 결정하였다.
① 벌을 내림   ② 수도를 옮김
③ 왕위를 계승함 ④ 사신을 보냄
⑤ 상을 내림

91. 정치인은 국민으로부터 위임받은 권력을 濫用해서는 안 된다.
① 모르는 척 함   ② 아껴 씀
③ 즐겨 씀   ④ 나누어 씀
⑤ 함부로 씀

92. 선생님은 나를 頻繁하게 구박하였다.
① 가끔   ② 한번
③ 돌연   ④ 이유 없이
⑤ 자주

[93~95] 다음 문장에서 빈칸에 들어갈 가장 적절한 한자어(漢字語)는 어느 것입니까?

93. 철수는 여러 번의 □□ 끝에 마침내 성공을 거두었다.
① 運動 ② 例示 ③ 失敗 ④ 公衆 ⑤ 湖水

94. 그 회사는 신문에 일할 사람을 찾는 구인 □□를 냈다.
① 廣告 ② 開放 ③ 商品 ④ 飛行 ⑤ 勝利

95. 가진 것을 나눌수록 즐겁고 □□해집니다.
① 平和 ② 幸福 ③ 快樂 ④ 希望 ⑤ 率直

[96~98] 다음 문장에서 밑줄 친 한자어(漢字語)의 한자표기(漢字表記)가 바르지 않은 것은 어느 것입니까?

96. ① 大衆 의 ② 所費 충동을 ③ 刺戟 하는 대중 ④ 媒體 의 횡포를 ⑤ 告發 한다.

97. 광해군 ① 末年 에 ② 東大門 문루가 북서쪽으로 기울어졌다. 사람들은 ③ 變考 의 징조라며 쑥덕거렸는데, ④ 果然 얼마 후 인조 ⑤ 反正 이 일어났다.

98. ① 宇宙 의 나이가 별의 평균 ② 隨命 보다 길든 짧든, ③ 有限 한 부피 ④ 內部 에 있는 별들만이 우리의 하늘을 밝혀 줄 수 있다는 ⑤ 結論 에 이르게 된다.

[99~101] 다음 문장에서 밑줄 친 단어(單語)를 한자(漢字)로 바르게 쓴 것은 어느 것입니까?

99. 오늘의 첫 일정은 무엇입니까?

① 日程 ② 一定 ③ 理解 ④ 延長 ⑤ 全市

100. 운동선수들이 합숙 훈련을 받는다.

① 宿食 ② 合宿 ③ 寄宿 ④ 熟練 ⑤ 含叔

101. 북한 주민들은 당으로부터 식량을 배급 받는다.

① 配給 ② 培給 ③ 陪給 ④ 背給 ⑤ 杯給

[102~104] 다음 문장에서 밑줄 친 단어(單語)나 어구(語句)의 뜻을 가장 잘 나타낸 한자(漢字) 또는 한자어(漢字語)는 어느 것입니까?

102. 겨울에는 독감으로 인해 괴롭고 아프다.

① 高聲 ② 苦惱 ③ 苦痛 ④ 疾病 ⑤ 苦難

103. 용돈을 아껴 쓰면 급한 일로 돈이 필요할 때 요긴하게 잘 쓸 수 있습니다.

① 愛用 ② 節約 ③ 要約 ④ 有用 ⑤ 惜敗

104. 서로 의논해 가며 일을 처리하였다.

① 意見 ② 主張 ③ 對話 ④ 相議 ⑤ 議論

[105~107] 다음 글을 읽고 물음에 답하시오.

> 우리가 ㉠ 누리고 있는 문화는 거의 모두가 서양적인 것이다. 우리가 연구하는 학문이 또한 예외가 아니다. ㉡ 피와 ㉢ 뼈와 ㉣ 살을 조상에게서 물려받았을 뿐, 문화라고 일컬을 수 있는 거의 모든 것이 서양에서 받아들인 것인듯싶다. 이러한 현실을 앞에 놓고서 ㉤ 민족 ㉥ 문화의 ㉦ 전통을 찾고 이를 ㉧ 계승하자고 한다면, 이것은 편협한 배타주의로 ㉨ 오인되기에 알맞은 이야기가 될 것 같다.

105. ㉠'누리는'의 뜻을 포함하고 있는 한자어는?

① 所有 ② 固有 ③ 保有 ④ 享有 ⑤ 公有

106. ⓛ~㉣의 뜻을 가진 한자어를 순서대로 바르게 연결한 것은?

① 血-骨-肉 ② 血-育-骨
③ 骨-血-肉 ④ 穴-骨-肉
⑤ 穴-骨-育

107. ㉤~㉧ 중 한자 표기가 바르지 않은 것은?

① ㉤ 民族   ② ㉥ 文化
③ ㉦ 傳統   ④ ㉧ 繼乘
⑤ ㉨ 誤認

[108~110] 다음 글을 읽고 물음에 답하시오.

㉠백성을 사랑하는 ㉡근본은 씀씀이를 ㉢절약함에 있고, 씀씀이를 절약하는 근본은 ㉣검소함에 달려 있다. 검소한 뒤에야 청렴할 수 있고 청렴한 뒤에야 인자할 수 있으니 검소함은 백성을 다스림에 있어 가장 먼저 힘써야 할 바이다.

108. ㉠'백성'과 ㉡'근본'의 한자 표기를 바르게 짝지은 것은?

① 白姓 - 近本 ② 百姓 - 根本
③ 百誠 - 觀本 ④ 白成 - 結本
⑤ 白省 - 現本

109. ㉢'절약'의 '약'과 같은 한자를 사용한 것은?

① 藥師 ② 弱孫 ③ 密約 ④ 自若 ⑤ 反逆

110. ㉣'검소'의 '소'와 같은 한자를 사용한 것은?

① 取消 ② 所望 ③ 平素 ④ 老少 ⑤ 小子

[111~115] 다음 글을 읽고 물음에 답하시오.

유전자는 인간의 삶에 결정적인 영향을 미치는 존재다. 물론 ㉠유전자가 한 인간을 100% 결정하지 않으며, 또 특정 유전 물질이 있다고 해서 곧바로 그러한 특질이 발현되는 것은 아니다. 하지만 유전자에 내재되지 않은 특질이 인간에게 ㉡發現될 수 없다. 예를 들어 피부색과 연관된 유전자에 ㉢검은색 유전 정보가 들어있다면, 다른 제3의 요인에 의해 나의 피부가 검은색으로 발달하지는 않는다는 말이다. 이런 ㉣점 때문에 인간은 유전 정보에 의해 ㉤發達된다고 말할 수 있다.

111. ㉠의 한자표기가 바른 것은?

① 流轉子   ② 流傳子
③ 遺轉子   ④ 遺傳子
⑤ 有轉子

112. ㉡의 독음이 바른 것은?

① 발현 ② 실현 ③ 필연 ④ 시현 ⑤ 표현

113. ㉢의 뜻을 가장 잘 나타낸 것은?

① 赤色 ② 黃色 ③ 靑色 ④ 褐色 ⑤ 黑色

114. ㉣과 같은 한자를 사용하는 것은?

① 店鋪 ② 卜占 ③ 黑點 ④ 漸漸 ⑤ 改訂

115. ㉤의 독음이 바른 것은?

① 발견 ② 발달 ③ 발현 ④ 필견 ⑤ 필달

[116~120] 다음 글을 읽고 물음에 답하시오.

압구정동은 강을 북쪽에 끼고 있다. ㉠거실이 강을 면하느냐 해를 면하느냐는 건 ㉡苦悶의 주제가 될 만도 했다. 그러나 건설회사는 아파트는 남향이어야 분양된다는 계명을 지켰다. 거실에서 보이는 풍경이 한강이 아닌 ㉢앞 동의 ㉣화장실이 되더라도 남동이든 남서든 남향이 되어야 한다고 믿었다. 건설회사는 ㉤입주자에게는 큰 ㉥관심이 없었다. 한강에도 관심이 없었다. 굳이 ㉦강변의 아파트라고 달리 지으면 ㉧시간만 더 걸렸다. 한강 남쪽 강변의 아파트들은 모두 강을 등지게 되었다. 문제는 당연히 생기기 시작했다. 시인묵객이 아니라도 시원하게 강을 바라보고 싶지 않은 이가 있을까. 입주자들은 부엌의 벽을 뜯고 강을 향해 대형 유리창을 내기 시작했다. 집집마다 서로 다른 ㉩인테리어 업체를 불러 망치를 들이댔으니 윗집과 아랫집의 창이 같을 수가 없었다. 한강변에는 크고 작은 창들이 제멋대로 얼굴을 내밀었다.

116. ㉠의 한자표기가 바른 것은?
① 居室 ② 巨室 ③ 據室 ④ 據實 ⑤ 拒實

117. ㉡의 독음이 바른 것은?
① 고독 ② 고민 ③ 고려 ④ 고심 ⑤ 고문

118. ㉢의 뜻을 가장 잘 나타낸 것은?
① 全 ② 傳 ③ 戰 ④ 前 ⑤ 面

119. ㉣~㉧의 한자표기가 바른 것은?
① 化粧室   ② 立住者
③ 觀心   ④ 江辯
⑤ 視間

120. ㉩의 뜻을 가장 잘 나타낸 한자어는?
① 裝飾 ② 內裝 ③ 修飾 ④ 外裝 ⑤ 建制

3급 기출 및 모의고사·제 2 회

120문항 | 60분

〈제1영역〉漢字

[1~2] 다음 필순(筆順)에 대한 설명에 가장 알맞은 한자는 어느 것입니까?

1. 삐침을 먼저 쓰고 파임을 나중에 쓴다.
   ① 人 ② 門 ③ 力 ④ 身 ⑤ 己

2. 가로 획과 세로 획이 교차될 때에는 가로 획을 먼저 쓴다.
   ① 十 ② 女 ③ 九 ④ 車 ⑤ 山

[3~4] 다음 한자(漢字)의 획수(劃數)는 모두 몇 획입니까?

3. 都 ① 10 ② 11 ③ 12 ④ 13 ⑤ 14
4. 縱 ① 17 ② 18 ③ 19 ④ 20 ⑤ 21

[5~6] 다음 한자(漢字)의 부수(部首)는 무엇입니까?

5. 部 ① 口 ② 立 ③ 邑 ④ 心 ⑤ 刀
6. 業 ① ⺿ ② 木 ③ 羊 ④ 立 ⑤ 十

[7~8] 다음 한자(漢字)와 그 조자(造字)의 방식이 같은 한자는 어느 것입니까?

> 예 한자 '日'은 그 조자(造字)의 방식이 구체적인 사물의 모습을 본떠서 만든 상형자(象形字)이다. 이와 비슷한 한자로는 '山'이 있다.

7. 富 ① 四 ② 去 ③ 君 ④ 早 ⑤ 上
8. 來 ① 面 ② 赤 ③ 才 ④ 留 ⑤ 見

[9~14] 다음 한자(漢字)의 음(音)은 무엇입니까?

9. 弔 ① 종 ② 가 ③ 제 ④ 기 ⑤ 조
10. 香 ① 춘 ② 향 ③ 일 ④ 성 ⑤ 진
11. 秀 ① 내 ② 과 ③ 유 ④ 수 ⑤ 이
12. 殉 ① 순 ② 열 ③ 알 ④ 일 ⑤ 구
13. 享 ① 사 ② 정 ③ 향 ④ 간 ⑤ 조
14. 吸 ① 급 ② 구 ③ 습 ④ 갈 ⑤ 흡

[15~19] 다음의 음(音)을 가진 한자(漢字)는 어느 것입니까?

15. 축 ① 體 ② 則 ③ 指 ④ 祝 ⑤ 抽
16. 잔 ① 殘 ② 暫 ③ 回 ④ 附 ⑤ 張
17. 골 ① 坤 ② 卷 ③ 谷 ④ 骨 ⑤ 哭

18. 휘 ① 揮 ② 吸 ③ 尖 ④ 竊 ⑤ 好
19. 절 ① 卽 ② 轉 ③ 漸 ④ 竊 ⑤ 哲

29. 息 ① 일하다 ② 잠자다 ③ 그리워하다 ④ 쉬다 ⑤ 노래하다
30. 濕 ① 젖다 ② 흐르다 ③ 울다 ④ 아프다 ⑤ 마르다

[20~24] 다음 한자(漢字)와 음(音)이 같은 한자는 어느 것입니까?

20. 且 ① 借 ② 昌 ③ 册 ④ 淺 ⑤ 今
21. 吹 ① 丑 ② 就 ③ 針 ④ 蟲 ⑤ 決
22. 沙 ① 召 ② 削 ③ 詳 ④ 徐 ⑤ 詐
23. 劃 ① 悔 ② 懷 ③ 獲 ④ 曉 ⑤ 進
24. 讓 ① 額 ② 陽 ③ 疫 ④ 儀 ⑤ 我

[31~35] 다음의 뜻을 가진 한자(漢字)는 무엇입니까?

31. 도둑 ① 尊 ② 渡 ③ 盜 ④ 淨 ⑤ 從
32. 검다 ① 黑 ② 墨 ③ 默 ④ 赤 ⑤ 鳥
33. 놀다 ① 交 ② 學 ③ 騎 ④ 運 ⑤ 遊
34. 어지럽다 ① 欄 ② 亂 ③ 絡 ④ 略 ⑤ 害
35. 희롱하다 ① 了 ② 淚 ③ 臨 ④ 賴 ⑤ 弄

[25~30] 다음 한자(漢字)의 뜻은 무엇입니까?

25. 藝 ① 화목 ② 재주 ③ 기세 ④ 싸움 ⑤ 허락
26. 暖 ① 덥다 ② 따뜻하다 ③ 시원하다 ④ 춥다 ⑤ 뜨겁다
27. 優 ① 부족하다 ② 근심하다 ③ 넉넉하다 ④ 쾌활하다 ⑤ 어리석다
28. 緩 ① 빠르다 ② 느리다 ③ 따뜻하다 ④ 꿰매다 ⑤ 가리키다

[36~40] 다음 한자(漢字)와 뜻이 비슷한 한자는 어느 것입니까?

36. 起 ① 助 ② 易 ③ 然 ④ 最 ⑤ 興
37. 牽 ① 肩 ② 引 ③ 延 ④ 滯 ⑤ 遊
38. 擊 ① 供 ② 寡 ③ 顧 ④ 攻 ⑤ 崩
39. 釋 ① 放 ② 複 ③ 倣 ④ 培 ⑤ 邪
40. 協 ① 和 ② 識 ③ 號 ④ 祝 ⑤ 唱

[46~47] 다음 괄호 속 한자(漢字)의 음(音)이 다르게 발음되는 것은 어느 것입니까?

46. ① 令(狀)   ② (狀)況
    ③ (狀)態   ④ 症(狀)
    ⑤ (狀)上

47. ① (衰)顏   ② 盛(衰)
    ③ 齊(衰)   ④ (衰)微
    ⑤ (衰)殘

<제2영역> 語彙

[41~45] 다음 한자어(漢字語)와 발음(發音)이 같은 한자어는 어느 것입니까?

41. 良識   ① 養育   ② 桃泥
          ③ 養蜂   ④ 草食
          ⑤ 樣式

42. 理解   ① 理致   ② 理念
          ③ 利害   ④ 難解
          ⑤ 吏讀

43. 練修   ① 年數   ② 年末
          ③ 藥水   ④ 研磨
          ⑤ 演說

44. 初喪   ① 初動   ② 恒常
          ③ 肖像   ④ 映像
          ⑤ 草案

45. 遲刻   ① 知覺   ② 智慧
          ③ 樓閣   ④ 連鎖
          ⑤ 紙幣

[48~57] 다음 단어들의 '□'에 공통으로 들어갈 알맞은 한자(漢字)는 어느 것입니까?

48. □助, □出, □命
    ① 救   ② 相   ③ 運   ④ 家   ⑤ 威

49. □節, □和, □理
    ① 事   ② 禮   ③ 平   ④ 調   ⑤ 吟

50. 濕□, □候, 感□
    ① 度   ② 氣   ③ 性   ④ 地   ⑤ 印

51. □腦, □髮, 沒□
    ① 右   ② 頭   ③ 長   ④ 殺   ⑤ 堅

52. □價, 韓□, 用□
    ① 高   ② 國   ③ 紙   ④ 法   ⑤ 乃

53. 男□, □利, □安
    ① 女   ② 有   ③ 便   ④ 平   ⑤ 抱

54. □類, □苗, 雜□
    ① 呼   ② 人   ③ 育   ④ 食   ⑤ 種

55. 希□, 慾□, 野□
   ① 望 ② 求 ③ 生 ④ 心 ⑤ 閉

56. 尊□, 品□, □重
   ① 對 ② 性 ③ 質 ④ 貴 ⑤ 紅

57. □劇, □悲, 歡□
   ① 悲 ② 喜 ③ 聲 ④ 痛 ⑤ 淚

64. 普遍   ① 特技   ② 特級
         ③ 記錄   ④ 特輯
         ⑤ 特殊

65. 濕性   ① 油性   ② 彈性
         ③ 硬性   ④ 乾性
         ⑤ 耐性

[58~65] 다음 한자어(漢字語)와 뜻이 반대(反對)이거나 상대(相對)되는 한자어는 어느 것입니까?

58. 架空 ① 實際   ② 儉約
         ③ 拙作   ④ 理性
         ⑤ 宥和

59. 困難 ① 容易   ② 否決
         ③ 微官   ④ 完備
         ⑤ 散在

60. 平等 ① 有別   ② 差別
         ③ 差減   ④ 鑑別
         ⑤ 配當

61. 他律 ① 放任   ② 排除
         ③ 速成   ④ 放置
         ⑤ 自律

62. 當番 ① 非番   ② 順番
         ③ 每番   ④ 宿直
         ⑤ 當然

63. 斬新 ① 拒否   ② 陳腐
         ③ 腐敗   ④ 排斥
         ⑤ 刷新

[66~70] 다음 성어(成語)에서 '□'에 들어갈 알맞은 한자(漢字)는 어느 것입니까?

66. □不將軍
   ① 讀 ② 同 ③ 獨 ④ 島 ⑤ 念

67. □義名分
   ① 代 ② 大 ③ 對 ④ 明 ⑤ 意

68. 走馬□山
   ① 干 ② 看 ③ 甘 ④ 脚 ⑤ 刊

69. 附和□同
   ① 腦 ② 惱 ③ 雷 ④ 賴 ⑤ 奈

70. 沙上□閣
   ① 累 ② 漏 ③ 屢 ④ 樓 ⑤ 累

[71~75] 다음 성어(成語)의 뜻풀이로 적절한 것은 어느 것입니까?

71. 我田引水
   ① 다른 사람에게 은혜를 베풀다.
   ② 자기 방식만을 고집하다.
   ③ 세상일은 본인이 하기 나름이다.
   ④ 자기의 이익만을 먼저 생각하고 행동하다.
   ⑤ 말이 이치에 맞지 않다.

72. 雪上加霜
   ① 엎치락뒤치락하다.
   ② 엎친 데 덮치다.
   ③ 부질없이 거듭하다.
   ④ 같은 값이면 다홍치마이다.
   ⑤ 엉뚱한 일을 억지로 하다.

73. 千載一遇
   ① 하늘이 내려주신 인재
   ② 운명적인 만남
   ③ 하늘의 재앙
   ④ 남보다 훌륭하게 출세할 뜻을 지니고 있음
   ⑤ 좀처럼 얻기 어려운 좋은 기회

74. 面從腹背
   ① 웃어른을 공경하여 절을 하다.
   ② 양의 탈을 쓴 늑대처럼 행동하다.
   ③ 얼굴과 몸 전체에 편안함이 있다.
   ④ 사람을 겉모습만 보고 판단해서는 안 된다.
   ⑤ 겉으로는 순종하는 체하고 속으로는 딴 마음을 먹다.

75. 發憤忘食
   ① 화를 이기지 못하다.
   ② 의욕이 사라지다.
   ③ 놀이에 푹 빠지다.
   ④ 열심히 노력하다.
   ⑤ 여러 방면으로 정통하다.

[76~80] 다음의 뜻을 가장 잘 나타낸 성어(成語)는 어느 것입니까?

76. 온갖 일을 다 겪다.
   ① 山戰水戰   ② 富貴在天
   ③ 坐不安席   ④ 多多益善
   ⑤ 坊坊曲曲

77. 사물의 이치를 구명하여 자기의 지식을 확고하게 한다.
   ① 車載斗量   ② 格物致知
   ③ 束手無策   ④ 塞翁之馬
   ⑤ 一場春夢

78. 고지식하고 융통성이 없다.
   ① 水魚之交   ② 袖手傍觀
   ③ 今時初聞   ④ 守株待兎
   ⑤ 羞惡之心

79. 뜻을 굽히지 않다.
   ① 犬馬之勞   ② 見蚊拔劍
   ③ 見危授命   ④ 堅忍不拔
   ⑤ 我田引水

80. 제 마음대로 휘두르다.
   ① 右往左往   ② 左之右之
   ③ 寸鐵殺人   ④ 三人成虎
   ⑤ 安分知足

〈제3영역〉 讀解

[81~86] 다음 문장에서 밑줄 친 한자어(漢字語)의 음(音)은 무엇입니까?

81. 그는 전란이 발생하자 호국의 <u>干城</u>이 되어 나라를 구했다.

　① 간성 ② 주인 ③ 장성 ④ 인물 ⑤ 장군

82. 그는 <u>權貴</u>한 집안의 자손답지 않게 겸손하다.

　① 존귀 ② 건실 ③ 부귀 ④ 부유 ⑤ 권귀

83. 망망대해에서 15일 동안이나 표류하다 드디어 저 멀리 <u>陸地</u>의 한 자락을 보게 되었다.

　① 토지 ② 능지 ③ 육지 ④ 국지 ⑤ 대지

84. 내년은 대통령 <u>選擧</u>이/가 있는 해이다.

　① 선출 ② 선거 ③ 선수 ④ 선전 ⑤ 투표

85. 안개 낀 날에 가로등 빛이 뿌옇게 흩어지는 것은 빛의 <u>散亂</u> 현상 때문이다.

　① 반사 ② 굴절 ③ 파동 ④ 산만 ⑤ 산란

86. 우리가 현재 <u>觀測</u>하고 있는 별빛은 이미 사라진 별에서 나온 것일 수도 있다.

　① 관찰 ② 추측 ③ 관망 ④ 관측 ⑤ 발견

[87~92] 다음 문장에서 밑줄 친 한자어(漢字語)의 뜻풀이로 적절한 것은 어느 것입니까?

87. 지구가 태양 주위를 돈다는 것은 <u>不變</u>의 법칙이다.

　① 완벽한　　② 절대적인
　③ 변하지 않는　④ 믿을 수 없는
　⑤ 모두 아는

88. 오랜만에 <u>同窓</u>을 만났다.

　① 같은 학교에서 공부한 사람
　② 같은 과목을 좋아했던 사람
　③ 같은 마을에서 살았던 사람
　④ 같은 집에서 하숙했던 사람
　⑤ 같은 회사에서 근무했던 사람

89. 경기가 안 좋으면 <u>負債</u>가 많은 기업이 늘어난다.

　① 고용　　② 해고
　③ 빚　　　④ 순이익
　⑤ 적자

90. 그는 인생의 <u>黃昏</u>기에 있다.

　① 상승　　② 절정
　③ 안정　　④ 전환
　⑤ 쇠퇴

91. 나는 그에게 선생님이란 <u>呼稱</u>을 사용하였다.

　① 함부로 부름　② 존경을 다해 부름
　③ 높여 부름　　④ 낮추어 부름
　⑤ 이름지어 부름

92. 내 말에는 秋毫의 거짓도 없다.
   ① 아주 큼 ② 아주 작음
   ③ 호탕함 ④ 소심함
   ⑤ 대범함

[93~95] 다음 문장에서 빈칸에 들어갈 가장 적절한 한자어(漢字語)는 어느 것입니까?

93. 발사 명령에 □□(은)는 방아쇠를 당겼다.
   ① 家屋 ② 最近 ③ 送舊 ④ 射手 ⑤ 視線

94. 곰은 겨울이 되면 겨울잠을 자는 □□이 있다.
   ① 餘裕 ② 個性 ③ 人性 ④ 性格 ⑤ 習性

95. 농부들은 □□을/를 제거하기 위해 농약을 뿌린다.
   ① 昆蟲 ② 害蟲 ③ 幼蟲 ④ 松蟲 ⑤ 花草

[96~98] 다음 문장에서 밑줄 친 한자어(漢字語)의 한자표기(漢字表記)가 바르지 않은 것은 어느 것입니까?

96. ① 固定觀念에서 벗어나 ② 事物을 새롭게 보는 ③ 發祥의 ④ 轉換이 ⑤ 必要하다.

97. 사람들은 주어진 ① 木標를 가장 ② 效果적으로 ③ 達成하는 데에 모든 ④ 觀心과 ⑤ 努力을 기울인다.

98. 정면의 문을 열면 ① 二層으로 오르는 ② 階端이 나타나고 좌우편 문을 열면 ③ 居室과 ④ 食堂으로 가는 ⑤ 複道가 나타난다.

[99~101] 다음 문장에서 밑줄 친 단어(單語)를 한자(漢字)로 바르게 쓴 것은 어느 것입니까?

99. 언어는 사회의 기본적인 요소이다.
   ① 要素 ② 要所 ③ 尿素 ④ 材料 ⑤ 腰帶

100. 그의 독단적 행동을 좌시하지 않겠다.
   ① 坐市 ② 坐視 ③ 佐視 ④ 座視 ⑤ 佐市

101. 아직도 하루하루를 절박하게 살아가고 있는 사람들이 많다.
   ① 切箔 ② 折粕 ③ 絕拍 ④ 切迫 ⑤ 竊取

[102~104] 다음 문장에서 밑줄 친 단어(單語)나 어구(語句)의 뜻을 가장 잘 나타낸 한자(漢字) 또는 한자어(漢字語)는 어느 것입니까?

102. 날씨가 너무 더워 나무 밑 그늘진 곳을 찾았다.
   ① 音止 ② 陽地 ③ 休息 ④ 陸地 ⑤ 陰地

103. 시는 머리로 <u>외우는</u> 것이 아니라 가슴으로 느껴야 한다.

① 記憶 ② 推理 ③ 計算 ④ 得音 ⑤ 暗記

104. 그는 오직 출세에만 <u>마음이 매달려</u> 친구들을 저버렸다.

① 熱誠 ② 執着 ③ 固執 ④ 專力 ⑤ 努力

[105~107] **다음 글을 읽고 물음에 답하시오.**

조선시대 ㉠<u>호구</u> 통계의 기초자료가 되는 호적은 국가 ㉡<u>차원</u>에서 신분제의 동요를 막고 양반층에 의한 지배체계를 확고히 하고자 하는 ㉢<u>의도</u>를 지닌 자료이다. 그러므로 호적에는 ㉣<u>개개인</u>의 직역이 등재되어 있었다. 따로 ㉤<u>신분</u>을 기록하지 않더라도 호적에 등재된 직역을 통해 그 사람의 신분을 확인할 수 있게 하였다. 예컨대, ㉥<u>평민</u>인 경우에는 군역을 기록하였는데, ㉦<u>보병</u>, 기병, 포보 등의 ㉧<u>예</u>가 그것이다.

105. ㉠ '호구'의 '구'와 같은 한자를 사용한 한자어는?

① 重九 ② 究理 ③ 救命 ④ 句文 ⑤ 口味

106. ㉡ '차원'과 ㉢ '의도'의 한자 표기를 바르게 짝지은 것은?

① 次元 – 意圖   ② 次遠 – 議圖
③ 車元 – 醫圖   ④ 車原 – 意度
⑤ 次願 – 意道

107. ㉣~㉧ 중에서 한자 표기가 바르지 않은 것은?

① ㉣ 個個人   ② ㉤ 身分
③ ㉥ 平民   ④ ㉦ 保兵
⑤ ㉧ 例

[108~110] **다음 글을 읽고 물음에 답하시오.**

18㉠<u>세기</u> 독일의 동물학자 하이네만 박사가 처음으로 시작한 동종 요법에서는 동양의 ㉡<u>鍼術</u>과 같이 인간의 육체적, 심리적 현상을 ㉢<u>지배</u>하는 어떤 에너지, 즉 생명력의 변화로부터 병이 생긴다고 본다. 동종 요법은 '유사성의 원리'라는 생물학적 법칙에 근거한 것으로 동일한 증상을 인공적으로 만들어 치료하는 것이다.

108. ㉠의 한자 표기로 바른 것은?

① 世己 ② 世紀 ③ 歲記 ④ 稅期 ⑤ 細紀

109. ㉡의 독음이 바른 것은?

① 의술 ② 환술 ③ 금술 ④ 침술 ⑤ 도술

110. ㉢ '지배'의 '배'자와 같은 한자를 사용하는 것은?

① 配達 ② 背信 ③ 排除 ④ 培養 ⑤ 背景

[111~115] 다음 글을 읽고 물음에 답하시오.

우리가 ㉠늘 듣게 되는 대중 가요 역시 서양 음악에 바탕을 두고 있다. 요즘은 ㉡신세대의 음악과 ㉢구별하기 위해서 우리나라 근대기에 만들어진 이른바 트로트 음악을 전통 가요라고 부르기도 하지만 알고 보면 트로트 역시 우리의 전통 음악과는 거리가 멀다. 트로트의 원류가 일본의 엔카 음악이라는 것은 ㉣상식이 되었는데, 엔카 음악 역시 일본에서 서양 음악을 수용하는 과정에서 ㉤屈折되어 나타난 것이다.

111. ㉠의 뜻을 가장 잘 나타낸 것은?
① 暫時 ② 恒常 ③ 瞬間 ④ 永遠 ⑤ 種種

112. ㉡의 '신' 자와 반대되는 뜻을 지닌 한자는?
① 臼 ② 具 ③ 舊 ④ 龜 ⑤ 區

113. ㉢의 한자표기가 바른 것은?
① 區別 ② 久別 ③ 九別 ④ 口別 ⑤ 球別

114. ㉣의 한자표기가 바른 것은?
① 常式 ② 常識 ③ 尙食 ④ 相識 ⑤ 上識

115. ㉤의 독음이 바른 것은?
① 혼용 ② 첨부 ③ 혼합 ④ 굴절 ⑤ 파생

[116~120] 다음 글을 읽고 물음에 답하시오.

우리가 ㉠言語를 효과적인 ㉡道具로 사용할 수 있는 것은 그 ㉢運用의 ㉣原理가 ㉤經濟的이기 때문이다. 언어는 매우 작은 ㉥수의 기본 요소들을 결합하여 궁극에는 무한한 생각을 표현 전달한다. 대부분의 언어는 10개 미만의 모음과 20개 남짓한 ㉦자음을 ㉧결합시켜 몇 천 개의 음절을 만든다. 이것을 다시 결합시켜 수만 개의 ㉨단어를 만든다. 이들이 만들어 내는 ㉩문장, 또는 텍스트의 수효는 무한하다. 새로운 ㉪표현이 필요할 때마다 신어를 만들어 낼 수 있으며, ㉫상상이나 거짓말까지도 언어로 표현할 수 있다. 이러한 언어의 무한한 창조성으로 말미암아 인간은 그 동안 방대한 양의 학술 문장을 비롯하여, ㉬含蓄性이 풍부한 문장, 예술적인 문장들을 만들어 내었다.

116. ㉠~㉤의 독음이 바르지 못한 것은?
① 언어 ② 도구 ③ 이용 ④ 원리 ⑤ 경제적

117. ㉥의 한자표기가 바른 것은?
① 誰 ② 隨 ③ 數 ④ 壽 ⑤ 樹

118. ㉦과 반대되는 한자어는?
① 母音 ② 毛音 ③ 矛音 ④ 某音 ⑤ 貌音

119. ㉧~㉫의 한자표기가 바르지 못한 것은?
① 結合 ② 單語 ③ 文場 ④ 表現 ⑤ 想像

120. ㉬의 독음이 바른 것은?
① 감축성 ② 구축성
③ 신축성 ④ 함축성
⑤ 보편성

3급 기출 및 모의고사 · 제3회

120문항 | 60분

〈제1영역〉漢字

[1~2] 다음 필순(筆順)에 대한 설명에 가장 알맞은 한자는 어느 것입니까?

1. 삐침을 먼저 쓰고 파임을 나중에 쓴다.
　①六　②先　③今　④魚　⑤耳

2. 가운데를 꿰뚫는 획은 나중에 쓴다.
　①工　②不　③小　④中　⑤來

[3~4] 다음 한자(漢字)의 획수(劃數)는 모두 몇 획입니까?

3. 胃　①8　②9　③10　④11　⑤12
4. 鄕　①9　②10　③11　④12　⑤13

[5~6] 다음 한자(漢字)의 부수(部首)는 무엇입니까?

5. 感　①口　②戈　③心　④感　⑤厂
6. 幸　①土　②干　③羊　④辛　⑤十

[7~8] 다음 한자(漢字)와 그 조자(造字)의 방식이 같은 한자는 어느 것입니까?

> 예 한자 '日'은 그 조자(造字)의 방식이 구체적인 사물의 모습을 본떠서 만든 상형자(象形字)이다. 이와 비슷한 한자로는 '山'이 있다.

7. 魚　①十　②靑　③衣　④動　⑤言
8. 家　①口　②末　③改　④軍　⑤弓

[9~14] 다음 한자(漢字)의 음(音)은 무엇입니까?

9. 寬　①매　②실　③견　④부　⑤관
10. 婚　①혼　②성　③호　④결　⑤살
11. 收　①우　②수　③확　④추　⑤지
12. 號　①구　②처　③불　④호　⑤번
13. 拜　①비　②상　③주　④절　⑤배
14. 怒　①심　②초　③녀　④노　⑤분

[15~19] 다음의 음(音)을 가진 한자는 어느 것입니까?

15. 난　①難　②歌　③變　④若　⑤獨
16. 근　①個　②觀　③親　④勤　⑤接
17. 접　①廷　②切　③漸　④蝶　⑤場

18. 금 ① 琴 ② 謹 ③ 級 ④ 祈 ⑤ 念
19. 매 ① 盲 ② 梅 ③ 脈 ④ 幕 ⑤ 業

[20~24] 다음 한자(漢字)와 음(音)이 같은 한자는 어느 것입니까?

20. 花 ① 湖 ② 患 ③ 貨 ④ 婚 ⑤ 合
21. 許 ① 亥 ② 刑 ③ 虛 ④ 革 ⑤ 向
22. 責 ① 册 ② 宙 ③ 賞 ④ 敗 ⑤ 貨
23. 貿 ① 刻 ② 眉 ③ 憫 ④ 博 ⑤ 霧
24. 架 ① 閣 ② 暇 ③ 幹 ④ 剛 ⑤ 禁

[25~30] 다음 한자(漢字)의 뜻은 무엇입니까?

25. 責 ① 말하다 ② 화내다
      ③ 울다   ④ 꾸짖다
      ⑤ 그르다
26. 希 ① 기쁘다 ② 바라다
      ③ 흥하다 ④ 망하다
      ⑤ 따르다
27. 居 ① 살다 ② 자다
      ③ 먹다 ④ 눕다
      ⑤ 힘들다
28. 渴 ① 시원하다 ② 씻다
      ③ 울다   ④ 구하다
      ⑤ 목마르다
29. 稱 ① 일컫다 ② 지시하다
      ③ 가르치다 ④ 말하다
      ⑤ 다투다
30. 濁 ① 맑다 ② 흐리다
      ③ 밝다 ④ 어둡다
      ⑤ 외롭다

[31~35] 다음의 뜻을 가진 한자(漢字)는 무엇입니까?

31. 베풀다 ① 誠 ② 省
          ③ 說 ④ 設
          ⑤ 語
32. 굳세다 ① 改 ② 讀
          ③ 强 ④ 賣
          ⑤ 溫
33. 수컷   ① 屋 ② 雄
          ③ 權 ④ 研
          ⑤ 將
34. 도끼   ① 斤 ② 刀
          ③ 克 ④ 機
          ⑤ 松
35. 무리   ① 獨 ② 群
          ③ 區 ④ 窮
          ⑤ 胃

[36~40] 다음 한자(漢字)와 뜻이 비슷한 한자는 어느 것입니까?

36. 斷 ① 絕 ② 專 ③ 援 ④ 竊 ⑤ 尾
37. 逃 ① 漂 ② 荷 ③ 避 ④ 畢 ⑤ 鳴
38. 訪 ① 問 ② 來 ③ 巡 ④ 尋 ⑤ 免
39. 髮 ① 毛 ② 某 ③ 貌 ④ 模 ⑤ 卷
40. 珍 ① 補 ② 穀 ③ 譜 ④ 覆 ⑤ 寶

[46~47] 다음 괄호 속 한자(漢字)의 음(音)이 다르게 발음되는 것은 어느 것입니까?

46. ① (行)脚 ② 旅(行)
    ③ (行)列 ④ 飛(行)
    ⑤ (行)使
47. ① 窮(塞) ② 壅(塞)
    ③ (塞)責 ④ 語(塞)
    ⑤ 要(塞)

〈제2영역〉 語彙

[41~45] 다음 한자어(漢字語)와 발음(發音)이 같은 한자어는 어느 것입니까?

41. 詩歌 ① 是非 ② 短期
         ③ 念頭 ④ 市街
         ⑤ 變數
42. 果刀 ① 怪力 ② 果樹
         ③ 過渡 ④ 過程
         ⑤ 短刀
43. 現狀 ① 形態 ② 現在
         ③ 輕傷 ④ 晚成
         ⑤ 懸賞
44. 極端 ① 末端 ② 木壇
         ③ 群團 ④ 暗示
         ⑤ 劇團
45. 驅逐 ① 苟且 ② 馬具
         ③ 區域 ④ 構築
         ⑤ 斷乎

[48~57] 다음 단어들의 '□'에 공통으로 들어갈 알맞은 한자(漢字)는 어느 것입니까?

48. 回□, □禮, 正□
    ① 答 ② 信 ③ 敬 ④ 視 ⑤ 杯
49. □去, □速, 看□
    ① 除 ② 光 ③ 護 ④ 過 ⑤ 丙
50. □美, 答□, 探□
    ① 讚 ② 危 ③ 禮 ④ 求 ⑤ 訪
51. 居□, 寢□, 敎□
    ① 住 ② 牀 ③ 材 ④ 室 ⑤ 又
52. □鏡, 肉□, □科
    ① 銅 ② 眼 ③ 質 ④ 敎 ⑤ 圓
53. □讚, □端, 窮□
    ① 稱 ② 北 ③ 塞 ④ 柳 ⑤ 極
54. □髮, 憤□, 震□
    ① 長 ② 痛 ③ 央 ④ 李 ⑤ 怒

55. 漆□, 氷□, 懸□
    ① 器　② 水　③ 象　④ 板　⑤ 戌

56. □空, 書□, □橋
    ① 虛　② 册　③ 架　④ 鐵　⑤ 杯

57. 虛□, □野, □凉
    ① 荒　② 像　③ 廣　④ 凄　⑤ 謝

64. 勇敢　① 卑怯　② 卑俗
    ③ 卑劣　④ 野卑
    ⑤ 無識

65. 親近　① 疏通　② 疏忽
    ③ 疏脫　④ 疎遠
    ⑤ 緊密

[58~65] 다음 한자어(漢字語)와 뜻이 반대(反對)이거나 상대(相對)되는 한자어는 어느 것입니까?

58. 溫暖　① 講席　② 鷄鳴
    ③ 迎新　④ 伐採
    ⑤ 寒冷

59. 眞實　① 虛勢　② 虛僞
    ③ 虛點　④ 虛空
    ⑤ 虛事

60. 保守　① 留保　② 固守
    ③ 退步　④ 進步
    ⑤ 却步

61. 放心　① 操心　② 落心
    ③ 誠心　④ 孝心
    ⑤ 安心

62. 勝利　① 敗北　② 切望
    ③ 困境　④ 自慢
    ⑤ 勝敗

63. 紛爭　① 紛糾　② 所願
    ③ 利益　④ 調整
    ⑤ 和解

[66~70] 다음 성어(成語)에서 '□'에 들어갈 알맞은 한자(漢字)는 어느 것입니까?

66. 百□大計
    ① 年　② 日　③ 月　④ 面　⑤ 牙

67. 先公後□
    ① 正　② 事　③ 政　④ 私　⑤ 仕

68. 送□迎新
    ① 久　② 俱　③ 舊　④ 構　⑤ 九

69. 滄海一□
    ① 束　② 蔬　③ 屬　④ 粟　⑤ 速

70. 兎死□烹
    ① 構　② 狗　③ 龜　④ 懼　⑤ 區

[71~75] 다음 성어(成語)의 뜻풀이로 적절한 것은 어느 것입니까?

71. 刻舟求劍
   ① 모면하지 못할 위험에 빠지다.
   ② 판단력이 둔하여 세상일에 어둡고 어리석다.
   ③ 눈 앞의 이익을 먼저 챙기다.
   ④ 보잘 것 없는 작은 일에 어울리지 않는 큰 대책을 세우다.
   ⑤ 하는 일 없이 세월만 보내다.

72. 姑息之計
   ① 모순
   ② 적을 능가하는 뛰어난 계략
   ③ 남을 배려하지 않는 고지식한 사고방식
   ④ 남의 가여운 처지를 생각함
   ⑤ 근본 해결책이 아닌 임시방편의 대책

73. 張三李四
   ① 지극히 보통의 평범한 사람들
   ② 수없이 많은 사람들
   ③ 기재가 뛰어난 사람들
   ④ 신분이 미천한 사람들
   ⑤ 세상으로부터 존경받는 사람들

74. 反目嫉視
   ① 반대 방향을 바라보다.
   ② 엉뚱한 곳을 쳐다보다.
   ③ 서로 미워하고 질투하다.
   ④ 잘못을 저질러 상대방을 쳐다보지 못하다.
   ⑤ 여러 가지 사물이 모두 차이가 있다.

75. 自家撞着
   ① 자기가 살 집을 스스로 짓다.
   ② 자기의 언행이 전후 모순되어 일치하지 않다.
   ③ 자기가 필요한 것을 스스로 생산하여 충당하다.
   ④ 자기 꾀에 자기가 빠지다.
   ⑤ 스스로 힘을 쓰고 가다듬다.

[76~80] 다음의 뜻을 가장 잘 나타낸 성어(成語)는 어느 것입니까?

76. 묻지 않아도 알 수 있다.
   ① 一擧兩得   ② 一片丹心
   ③ 說往說來   ④ 不問可知
   ⑤ 自業自得

77. 어떤 분야의 일에 대해서 전혀 모른다.
   ① 門外漢   ② 無所不知
   ③ 進退兩難   ④ 一日三省
   ⑤ 門前成市

78. 시작은 거창하나 끝은 보잘것없다.
   ① 龍蛇飛騰   ② 欲速不達
   ③ 龍頭蛇尾   ④ 愚公移山
   ⑤ 足脫不及

79. 몹시 놀라다.
   ① 螳螂拒轍   ② 丹脣皓齒
   ③ 堂狗風月   ④ 此日彼日
   ⑤ 大驚失色

80. 이리저리 흩어져 갈피를 잡을 수 없다.
① 至誠感天　② 池魚之殃
③ 千慮一失　④ 焦眉之急
⑤ 支離滅裂

〈제3영역〉 讀解

[81~86] 다음 문장에서 밑줄 친 한자어(漢字語)의 음(音)은 무엇입니까?

81. 그녀의 첫인상에 親近감이 들었다.
① 친밀 ② 친근 ③ 친숙 ④ 친구 ⑤ 친우

82. 한복에서 두드러지는 것은 부드럽고 우아한 曲線의 미이다.
① 곡선 ② 전아 ③ 축적 ④ 유종 ⑤ 원숙

83. 나의 꿈은 국제적인 園藝 사업가가 되는 것이다.
① 원예 ② 연예 ③ 도예 ④ 곡예 ⑤ 서예

84. 미래 교육의 중심은 다양성을 尊重하는 인성 교육이 되어야 한다.
① 존경 ② 존중 ③ 존엄 ④ 수용 ⑤ 인정

85. 아버지의 음악적 자질이 자식에게 遺傳 되었다.
① 계승 ② 교육 ③ 전수 ④ 유전 ⑤ 전파

86. 그의 진심이 무엇인지 判別할 수 없다.
① 구별 ② 판별 ③ 짐작 ④ 판단 ⑤ 추정

[87~92] 다음 문장에서 밑줄 친 한자어(漢字語)의 뜻풀이로 적절한 것은 어느 것입니까?

87. 내일은 바람이 多少 강하게 불겠습니다.
① 매우　② 조금
③ 다시　④ 아직
⑤ 이전과 비슷한 정도로

88. 山川 도망은 해도 팔자 도망은 못한다.
① 자연　② 고향
③ 나라　④ 영토
⑤ 야밤

89. 어떤 작품을 대상으로 결정할지 審査 하기가 어려웠다.
① 추측함　② 부여함
③ 깊이 생각함　④ 상대함
⑤ 조사하여 결정함

90. 개인은 각자의 이익을 追求 하기 마련이다.
① 기원함
② 남몰래 구함
③ 많이 축적해 둠
④ 남과 힘을 합쳐 구함
⑤ 목적을 이룰 때까지 뒤쫓아 가서 구함

91. 그는 현지의 기후 상황을 본사로 打電 했다.
① 번개가 내리침
② 사람을 보내 연락함
③ 편지로 연락함
④ 무선이나 전보를 침
⑤ 번개처럼 재빨리 연락함

92. 여당과 야당이 예산안 통과를 두고 尖銳하게 대립하였다.
   ① 여유있게   ② 격렬하게
   ③ 친절하게   ④ 부지런하게
   ⑤ 예상보다 심하게

[93~95] 다음 문장에서 빈칸에 들어갈 가장 적절한 한자어(漢字語)는 어느 것입니까?

93. 옷깃만 스쳐도 ☐☐이라는데, 앞으로 잘 지냅시다.
   ① 原因 ② 仁情 ③ 因緣 ④ 人格 ⑤ 人煙

94. 그 낚시꾼은 한참의 기다림 후에 ☐☐을 낚아 올렸다.
   ① 縮尺 ② 尺度 ③ 越尺 ④ 咫尺 ⑤ 水尺

95. 컴퓨터 게임에 너무 ☐☐하면 건강에 해롭다.
   ① 沒落 ② 陷沒 ③ 沒收 ④ 沒頭 ⑤ 沒策

[96~98] 다음 문장에서 밑줄 친 한자어(漢字語)의 한자표기(漢字表記)가 바르지 않은 것은 어느 것입니까?

96. ① 科去나 지금이나 ② 自然은 ③ 生活의 ④ 空間이며서 ⑤ 同時에 아름다움의 대상이다.

97. ① 年齡과 지역을 뛰어넘어 국민들이 ② 平等하게 ③ 正報 통신 기술을 이용할 수 있도록 물적 ④ 資源이 ⑤ 構築되어야 한다.

98. ① 偏見과 개념적 ② 體系는 모두 ③ 歷史 인식의 ④ 過程에 ⑤ 影香을 미친다.

[99~101] 다음 문장에서 밑줄 친 단어(單語)를 한자(漢字)로 바르게 쓴 것은 어느 것입니까?

99. 방학 때 여행을 통하여 견문을 넓힌다.
   ① 見門 ② 見問 ③ 見聞 ④ 遺聞 ⑤ 遺門

100. 사람들의 입에서 입으로 소문이 널리 퍼졌습니다.
   ① 所聞 ② 小聞 ③ 所問 ④ 小問 ⑤ 笑聞

101. 그의 죄를 입증할 명백한 증거가 없다.
   ① 增去 ② 證去 ③ 贈去 ④ 增擧 ⑤ 證據

[102~104] 다음 문장에서 밑줄 친 단어(單語)나 어구(語句)의 뜻을 가장 잘 나타낸 한자(漢字) 또는 한자어(漢字語)는 어느 것입니까?

102. 토끼는 함정이 있는 곳에 이르렀습니다.
   ① 到達 ② 下達 ③ 到來 ④ 以來 ⑤ 到宿

103. 그 요새는 쉽게 정복할 수 없도록 굳고 튼튼하게 지어졌다.
   ① 建設 ② 堅固 ③ 固執 ④ 製造 ⑤ 剛健

104. 경기장은 관중들의 열기로 가득 차 있다.
   ① 對備 ② 滿期 ③ 善處 ④ 論理 ⑤ 充滿

[105~107] 다음 글을 읽고 물음에 답하시오.

바다에는 주인이 따로 없어 누구나 바다에 나가 고기를 잡으면 자기 것이 된다. 그러므로 자연히 남획하게 되는 경향이 나타나고 급기야는 고기의 ㉠씨가 마르기까지 한다. 어부들도 고기의 씨가 마르면 자신에게 ㉡損害가 돌아온다는 사실을 잘 알고 있다. 그러나 자기만 잡지 않으면 문제가 해결될 것이라고 생각하지는 않기 때문에 고기 잡는 ㉢손을 멈추려 하지 않는다.

105. ㉠'씨'의 뜻을 가장 잘 나타낸 것은?

① 民　② 魚　③ 幼　④ 核　⑤ 種

106. ㉡과 반대되는 뜻을 가지는 한자어는?

① 利益　② 損失　③ 濫用　④ 富有　⑤ 得失

107. ㉢'손'의 속뜻을 가장 잘 나타낸 한자는?

① 手　② 事　③ 力　④ 動　⑤ 客

[108~110] 다음 글을 읽고 물음에 답하시오.

몸에 대한 관심은 어제오늘의 일이 아니다. 한 사회학 보고서에 따르면, 미국에서 1930년대에는 바싹 마른 몸매의 여성이, 1950년대에는 마릴린 먼로와 같이 풍부한 몸매의 여성이 ㉠인기를 끌었다고 한다. 대공황으로 ㉡經濟 사정이 좋지 않았던 1930년대에는 일하는 여성이 필요했기에 민첩해 보이는 마른 여성이 매력의 ㉢象徵이 되었다. 하지만 경제 사정이 좋아지기 시작한 1950년대에는 여성이 ㉣幸福한 가정을 꾸리기를 바라는 ㉤風潮(으)로 바뀌면서 사람들은 풍만한 ㉥曲線미를 지닌 여배우의 이미지를 ㉦선호하였다.

108. ㉠'인기'의 '기'자와 같은 한자를 사용하는 것은?

① 勇氣　② 西紀　③ 武器　④ 神奇　⑤ 棄却

109. ㉡~㉥ 중 독음이 바르지 않은 것은?

① ㉡ 경제　② ㉢ 상징
③ ㉣ 행복　④ ㉤ 풍경
⑤ ㉥ 곡선

110. ㉦'선호'의 '선'자의 한자 표기로 바른 것은?

① 先　② 善　③ 宣　④ 選　⑤ 旋

[111~115] 다음 글을 읽고 물음에 답하시오.

의사 박인국 ㉠博士는 일본 ㉡帝國 대학을 우수한 성적으로 졸업한 ㉢수재이다. 그는 ㉣개업을 하여 일본 사람처럼 ㉤행세하는 한편, ㉥환자를 받는 데도 선별한다. 형무소에서 병보석으로 나온 환자들, 일본인들이 마땅치 않게 여길 환자나 치료비 부담 능력 등이 없어 보이는 환자는 무슨 ㉦구실을 붙이든 받지 않는다. 대신에 일본인들의 치료에는 발 벗고 나선다. 그 결과 그는 황국 신민이란 칭찬을 받은 친일파로 득세한다.
고향인 ㉧이북에서 해방을 맞자 민족 반역자로 몰려 감옥에 갇힌다. 마침 감옥에 이질이 만연되자 그는 형무 소장의 명령으로 응급치료실에서 일하게 되는데, 감옥에서 러시아어를 열심히 공부한 덕으로 스텐코프라는 ㉨軍醫官을 사귀게 된다.

111. ㉠'박사'의 '사'와 같은 한자를 사용한 한자어는?

① 史料　② 講師　③ 烈士　④ 事案　⑤ 奉仕

112. ⓛ~ⓗ 중에서 한자 표기가 바르지 않은 것은?

① 諸國 ② 秀才 ③ 開業 ④ 行世 ⑤ 患者

113. ⓢ '구실' 의 한자 표기로 바른 것은?

① 舊實 ② 口實 ③ 口失 ④ 舊室 ⑤ 口室

114. ⓞ '이북' 의 한자 표기로 바른 것은?

① 移北 ② 而北 ③ 二北 ④ 以北 ⑤ 已北

115. ⓩ '軍醫官' 에서 醫 의 부수로 바른 것은?

① 匚 ② 殳 ③ 醫 ④ 矢 ⑤ 酉

[116~120] 다음 글을 읽고 물음에 답하시오.

노동자 측에서는 노동 시간의 ㉠ 양보다 ㉡ 질적 ㉢ 성과가 더 중요하다는 점을 들어 ㉣ 노동 시간의 ㉤ 단축을 강력히 ㉥ 주장하고 있다. 즉, 노동 시간을 단축하게 되면 늘어난 ㉦ 여가 시간을 통해 자기 ㉧ 계발의 ㉨ 기회를 확대할 수 있게 되고, 이를 통해 ㉪ <u>獲得</u>한 지식과 ㉫ <u>經驗</u>이 업무 수행 능력을 높임으로써 기업의 경쟁력이 ㉬ <u>提高</u>된다는 것이다. 아울러, 장시간의 노동에서 벗어나 ㉭ <u>家族</u>이나 이웃과 함께 하는 시간이 많아지면, 한 개인으로서 인간 관계 ㉮ <u>回復</u>에 도움이 됨은 물론, 노동자로서도 재충전의 기회를 충분히 갖게 된다. 이 경우 직장과 일에 대한 애정을 느끼게 되어 생산성 향상을 기대할 수 있으며, 잔업이나 특근 등 지난날 장시간의 노동으로 인해 발생했던 직업병과 산업 재해도 줄일 수 있다는 것이 노동자 측의 주장이다.

116. ㉠과 ㉡의 한자표기가 바르게 짝지어진 것은?

① 兩 - 秩 ② 良 - 質
③ 洋 - 姪 ④ 養 - 秩
⑤ 量 - 質

117. ㉢~㉥의 한자표기가 바른 것은?

① 城果 ② 勞動 ③ 短畜 ④ 主將 ⑤ 興假

118. ㉧의 한자표기가 바른 것은?

① 開發 ② 啓發 ③ 改發 ④ 癸發 ⑤ 個發

119. ㉨의 한자표기가 바른 것은?

① 幾回 ② 期會 ③ 機會 ④ 其回 ⑤ 期回

120. ㉪~㉮의 독음이 바르지 못한 것은?

① 획득 ② 경험 ③ 제고 ④ 가족 ⑤ 회부

只要功夫深 鐵杵磨成針
지요공부심 철저마성침
공을 들여 열심히 노력하면 절굿공이도 갈아서 바늘을 만들 수 있다.

> 한눈에 보는 정답표

3급 기출 및 모의고사 제1회

〈제1영역〉

漢字(한자)

1.②	2.⑤	3.③	4.⑤	5.②	6.⑤	7.②	8.③	9.②	10.②
11.①	12.⑤	13.④	14.③	15.③	16.①	17.②	18.④	19.④	20.⑤
21.④	22.②	23.①	24.③	25.②	26.①	27.③	28.②	29.④	30.⑤
31.②	32.④	33.③	34.②	35.④	36.②	37.②	38.⑤	39.③	40.④

〈제2영역〉

語彙(어휘)

41.②	42.④	43.①	44.②	45.③	46.②	47.④	48.③	49.④	50.①
51.①	52.⑤	53.③	54.④	55.④	56.①	57.⑤	58.②	59.①	60.④
61.②	62.⑤	63.⑤	64.④	65.①	66.④	67.①	68.①	69.②	70.⑤
71.⑤	72.③	73.④	74.②	75.⑤	76.②	77.④	78.③	79.①	80.⑤

〈제3영역〉

讀解(독해)

81.②	82.①	83.③	84.⑤	85.③	86.⑤	87.①	88.③	89.⑤	90.②
91.⑤	92.⑤	93.③	94.①	95.②	96.②	97.③	98.②	99.①	100.②
101.①	102.③	103.②	104.④	105.④	106.①	107.④	108.②	109.③	110.③
111.④	112.①	113.⑤	114.③	115.②	116.②	117.②	118.④	119.①	120.②

> 한눈에 보는 정답표

3급 기출 및 모의고사 제2회

〈제1영역〉

───── 漢字(한자) ─────

1.①	2.①	3.③	4.①	5.③	6.②	7.③	8.①	9.⑤	10.②
11.④	12.①	13.③	14.⑤	15.④	16.①	17.④	18.①	19.④	20.①
21.②	22.⑤	23.③	24.②	25.②	26.②	27.③	28.②	29.④	30.①
31.③	32.①	33.⑤	34.②	35.⑤	36.⑤	37.②	38.④	39.①	40.①

〈제2영역〉

───── 語彙(어휘) ─────

41.⑤	42.③	43.①	44.③	45.①	46.①	47.③	48.①	49.④	50.②
51.②	52.③	53.③	54.⑤	55.①	56.④	57.②	58.①	59.①	60.②
61.⑤	62.①	63.②	64.⑤	65.④	66.③	67.②	68.②	69.③	70.④
71.④	72.②	73.⑤	74.⑤	75.④	76.①	77.②	78.④	79.④	80.②

〈제3영역〉

───── 讀解(독해) ─────

81.①	82.⑤	83.③	84.②	85.⑤	86.④	87.③	88.①	89.③	90.⑤
91.⑤	92.②	93.④	94.⑤	95.②	96.③	97.①	98.②	99.①	100.②
101.④	102.⑤	103.⑤	104.②	105.⑤	106.①	107.④	108.②	109.④	110.①
111.②	112.③	113.①	114.②	115.④	116.③	117.②	118.①	119.③	120.④

한눈에 보는 정답표
3급 기출 및 모의고사 제3회

〈제1영역〉 ──── 漢字 (한자) ────

1. ③	2. ④	3. ②	4. ⑤	5. ③	6. ②	7. ③	8. ④	9. ⑤	10. ①
11. ②	12. ④	13. ⑤	14. ④	15. ①	16. ④	17. ④	18. ①	19. ②	20. ③
21. ③	22. ①	23. ⑤	24. ②	25. ④	26. ②	27. ①	28. ⑤	29. ①	30. ②
31. ④	32. ③	33. ③	34. ①	35. ②	36. ①	37. ③	38. ④	39. ①	40. ⑤

〈제2영역〉 ──── 語彙 (어휘) ────

41. ④	42. ③	43. ⑤	44. ⑤	45. ④	46. ③	47. ⑤	48. ①	49. ④	50. ⑤
51. ④	52. ②	53. ⑤	54. ⑤	55. ④	56. ③	57. ①	58. ⑤	59. ②	60. ④
61. ①	62. ①	63. ⑤	64. ①	65. ④	66. ①	67. ④	68. ③	69. ④	70. ②
71. ②	72. ⑤	73. ①	74. ③	75. ②	76. ④	77. ①	78. ③	79. ⑤	80. ⑤

〈제3영역〉 ──── 讀解 (독해) ────

81. ②	82. ①	83. ①	84. ②	85. ④	86. ②	87. ②	88. ①	89. ⑤	90. ⑤
91. ④	92. ②	93. ③	94. ③	95. ④	96. ①	97. ③	98. ⑤	99. ③	100. ①
101. ⑤	102. ①	103. ②	104. ⑤	105. ⑤	106. ①	107. ②	108. ①	109. ④	110. ④
111. ③	112. ①	113. ②	114. ④	115. ⑤	116. ②	117. ②	118. ②	119. ③	120. ⑤

상공회의소 한자 답안지 1
(1문항~60문항)

생활회의소 한자 답안지 2
(61문항 ~ 120문항)